reinhardt

D1660783

Erich Kasten

Body-Modification

Psychologische und medizinische Aspekte von Piercing, Tattoo, Selbstverletzung und anderen Körperveränderungen

Mit 128 Abbildungen und 5 Tabellen

Ernst Reinhardt Verlag München Basel

PD Dr. *Erich Kasten*, Diplom-Psychologe, lehrt Medizinische Psychologie am Universitätsklinikum in Magdeburg

Titelfotos: großes und kleines Foto rechts: © Eglinski/stock.XCHNG (http://sxc.hu), kleines Foto links: © Reitzenstein 1923

Bibliografische Information der Deutschen Bibliothek

Die Deutsche Bibliothek verzeichnet diese Publikation in der Deutschen Nationalbibliografie; detaillierte bibliografische Daten sind im Internet über <http://dnb.ddb.de> abrufbar.
ISBN 10: 3-497-01847-3
ISBN 13: 978-3-497-01847-5

© 2006 by Ernst Reinhardt, GmbH & Co KG, Verlag, München

Dieses Werk, einschließlich aller seiner Teile, ist urheberrechtlich geschützt. Jede Verwertung außerhalb der engen Grenzen des Urheberrechtsgesetzes ist ohne schriftliche Zustimmung der Ernst Reinhardt GmbH & Co KG, München, unzulässig und strafbar. Das gilt insbesondere für Vervielfältigungen, Übersetzungen in andere Sprachen, Mikroverfilmungen und für die Einspeicherung und Verarbeitung in elektronischen Systemen.

Printed in Germany
Reihenkonzeption Umschlag: Oliver Linke, Augsburg
Satz: Fotosatz Reinhard Amann, Aichstetten
Druck und Bindung: Friedrich Pustet, Regensburg

Ernst Reinhardt Verlag, Kemnatenstr. 46, D-80639 München
Net: www.reinhardt-verlag.de E-Mail: info@reinhardt-verlag.de

Inhalt

	Vorwort	9
1	Einleitung	11
2	Geschichte der Körpermodifikation	17
2.1	Traditionelle Formen des Körperschmucks	17
2.2	Archaische Rituale und Körpermodifizierung	25
3	Arten von Body-Modification	32
3.1	Körperbemalung, Schminken, Haartracht	32
3.2	Veränderungen des Körpergewichts	35
3.3	Krafttraining und Bodybuilding	38
3.4	Tattoos/Tätowierungen	42
3.5	Piercings	48
3.6	Surface Bars	55
3.7	Play-Piercings und Stretching-Games	56
3.8	Dehnung, Fleischtunnel	62
3.9	Schamlippen-, Penis-, Hoden- und Vorhautverlängerung	65
3.10	Korsetts	68
3.11	Implants	70
3.12	Saline-Injektionen	73
3.13	Sewings, Sutures, Nähte	73
3.14	Skarifizierung	74
3.15	Branding	79
3.16	Cutting	82
3.17	Blood-Plays	84
3.18	Suspensionen und Feuerlaufen	87
3.19	Schönheitsoperationen	90

3.20	Zahnveränderungen	100
3.21	Knochenveränderungen und Knochenbrüche	103
3.22	Die Spaltung von Körperteilen	106
3.23	Genitalbeschneidung und Genitalverstümmelung	108
3.24	Geschlechtsanpassung	114
3.25	Veränderungen der Stimme	133
3.26	Kastration und Nullifikation	134
3.27	Amputation und Selbstamputation	150
3.28	Enukleation des Auges	169
3.29	Selbst-Kannibalismus und Selbst-Vampirismus	173
3.30	Leben, Krankheit, Altern	179
4	**Häufigkeit von Body-Modifications**	**183**
5	**Soziale Stigmatisierung durch Body-Modifications**	**187**
6	**Medizinische Komplikationen**	**193**
7	**Body-Modification und Schmerz**	**211**
8	**Emotionen: Nervosität, Angst, Euphorie**	**222**
9	**Motive für Body-Modification**	**228**
9.1	Erhöhung der Attraktivität	229
9.2	Vorbilder, Gruppendruck und Nachahmung	233
9.3	Erwachsen bzw. unabhängig werden	234
9.4	Identitätsfindung, sich von der Masse abheben	234
9.5	Neugier, Mutprobe, Sensation-Seeking	236
9.6	Protest, Rebellion	238
9.7	Einen Lebensabschnitt markieren	240
9.8	Körperkontrolle	242
9.9	Männlicher bzw. weiblicher wirken	243
9.10	Liebe und Liebeskummer	244
9.11	Steigerung der Empfindungsfähigkeit	245

9.12	Sexuelle Motive	245
9.13	Fetischismus, Exhibitionismus, Sadomasochismus	248
9.14	Religiöse Motive	251
9.15	Spirituelle Bedeutung	253
9.16	Grenzerfahrungen	257
9.17	Body-Art: Body-Modification als Kunst	260
9.18	Derealisation und Depersonalisation	265
9.19	Körperdysmorphe Störungen	266
9.20	Body-Modification als Selbsttherapie	270
9.21	Selbstzerstörung	275
10	**Die Qual der Wahl: Das Was, Wo und Wie**	279
11	**Body-Modification und Sucht**	283
11.1	Piercings, Tattoos & Co.	283
11.2	Runner's High	288
11.3	Mager-, Fett- und Ess-Brech-Sucht	289
12	**Normalität und Body-Modification**	299
13	**Body-Modification und Selbstverletzung**	305
13.1	Arten und Motive der Selbstverletzung	306
13.2	Neurobiologie der Selbstverletzung	315
13.3	Unterschiede und Gemeinsamkeiten zwischen Body-Modification und Selbstverletzung	321
14	**Lust und Schmerz**	327
15	**Schlussbetrachtungen**	339
16	**Anhang**	345
	Richtlinien der Arbeitsgemeinschaft wissenschaftlich-medizinischer Fachgesellschaften AWMF bezüglich der Anforderungen der Hygiene beim Tätowieren und Piercen	345
	Rechtliche Aspekte	348

Glossar 352
Literatur 357
Verzeichnis der Internetseiten 381
Sachregister 386

Vorwort

„I cry through the blood; my body cries for me"[144]

Body-Modification – was ist das? Ein 16-jähriges Mädchen schreibt auf einer Internetseite, dass sie ihren eigenen Körper als Leinwand ansehe, um sich darauf künstlerisch auszudrücken. Gewöhnlich zeichnete sie zunächst mehrere Muster auf ein Blatt Papier und wählte davon das schönste aus. Dieses schnitt sie sich dann mit einem Skalpell in die Haut. Ihre ältere Schwester wusste davon, Mutter und Stiefvater dagegen waren völlig ahnungslos. Einmal, so fährt sie in ihrem Erfahrungsbericht fort, bekam sie jedoch beim Sportunterricht einen Ball gegen den Arm, an dem sie eine frische „Schmucknarbe" hatte, so dass es zu bluten anfing. Als die Lehrerin sich um sie kümmerte, bemerkte sie die Schnitte und brachte sie zu einer Krankenschwester und schließlich zu einem Sozialberater, der ihre Mutter anrief, um sie abholen zu lassen:

> „Als wir zu Hause ankamen", berichtete sie, „wäre ich am liebsten tot gewesen. Meine Mutter flippte total aus, meinetwegen und wegen meiner Schwester, die ihr, um mich zu verteidigen, ihre eigenen Narben gezeigt hatte. Meine Mutter wollte es nicht hören. Sie war so verbohrt, dass sie gar nicht mehr aufhörte zu schreien, wenn wir ihr etwas erklären wollten. Mein Stiefvater saß einfach nur am Tisch und machte gar nichts."

Noch am selben Abend brachte die Mutter beide Geschwister in eine psychiatrische Klinik. Die drei Wochen dort beschreibt die Erzählerin als die schlimmsten in ihrem Leben: Egal was sie versuchte, sie schaffte es nicht, den Leuten klar zu machen, dass sie sich nicht schnitt, um sich selbst zu verletzen, sondern um sich selbst zu helfen; jeder versuchte, ihr beizubringen, dass sie gestört sei und dass sie nicht nur sich selbst, sondern auch ihre Familie verletzen würde. Ihre Schwester hatte es noch schwerer, da sie die ältere war und die Mutter sie für alles verantwortlich machte. Nach der Entlassung aus der Psychiatrie sei plötzlich der Stiefvater zu ihr gekommen:

> „Eines Abends, als ich in meinem Zimmer war, kam er und setzte sich zu mir auf das Bett. Er fragte, ob er meinen Arm sehen könne. Ich zeigte ihm die Narben und er sagte kein Wort. Stattdessen rollte er sich den Ärmel hoch und zeigte mir eine eingebrannte Schmucknarbe in der Form einer Spirale. Er sprach kein Wort, sondern umarmte mich einfach nur. Er hat mir damit mehr geholfen, als er jemals verstehen wird."[96]

Dieses Buch verfolgt nicht das Ziel zu beweisen, ob Körperveränderungen gut oder schlecht sind – diese Entscheidung muss jeder für sich selbst treffen, und letztlich führen wir alle Körperveränderungen an uns durch. Aufgabe dieses Buches ist es, zu zeigen, welche Formen der Body-Modifications heute möglich sind, und vor allem: was die Motive der Menschen sind, den oft üblen Schmerz zu ertragen, um ihren Körper zu verändern. Hierzu sollen die Betreffenden selbst zu Wort kommen. Aus unterschiedlichsten Quellen wurden mehrere hundert Berichte zusammengetragen, um typische Hintergründe darzustellen. Aktuelle Forschungsergebnisse ergänzen das Bild.

Während Body-Modification in Amerika bereits seit Ende der 1970er Jahre untersucht wurde, ist das Thema hier in Deutschland erst recht spät entdeckt worden. Eine wesentliche Aufgabe dieses Bandes sehe ich daher darin, dem Leser unvoreingenommen authentische Aussagen von modifizierten Menschen nahe zu bringen und diese Angaben in wissenschaftliche Theorien einzugliedern.

Dieses Buch wäre ohne die Hilfe vieler Personen nicht möglich gewesen. Immer wieder war ich erstaunt, wie bereitwillig man versucht hat, mir weiterzuhelfen und mir sehr offen Informationen zu geben. Mein besonderer Dank gilt allen Betroffenen, die ihre eigene Geschichte der Öffentlichkeit zur Verfügung gestellt haben. Besonders bedanken für die Überlassung von Bildmaterial möchte ich mich bei den Mitarbeitern des Stephenson-Verlages, bei der Fotografin Bianca Krause, bei dem Pazifikforscher Prof. Dr. Ron Crocombe, bei Prof. S. V. Perovic, bei „John" aus Philadelphia, der Sanssouci-Klinik, Potsdam, bei T. J. Kehler für seine Hausarbeit über Bodybuilding sowie bei allen professionellen und Hobbyfotografen, die bei PixelQuelle.de und stock.XCHNG ihre Bilder lizenzfrei zur Verfügung gestellt haben. Eine große Hilfe war mir Frau Uta Herbert, die viele Zeichnungen und Grafiken anfertigte.

Travemünde, Sommer 2006   Erich Kasten

1 Einleitung

Viele finden es einfach nur gruselig und schütteln den Kopf, wenn sie von Menschen hören, die sich mit dem Skalpell Symbole in die Haut schneiden, um daraus Narben zu erzeugen. Aber letztlich ist das nur das Extrem eines Verhaltens, das jeder durchführt – es ist schwierig, einzugrenzen, was genau in den Bereich der Körpermodifizierung gehört. Seit Urzeiten verändern Menschen aus unterschiedlichsten Gründen ihr Äußeres: Wir alle schneiden uns die Fingernägel und gehen zum Friseur, manche färben sich die Haare und viele suchen die Fußpflege auf. Frauen mit durchstochenen Ohrläppchen sind auch in der zivilisierten westlichen Kultur nichts Besonderes, viele Mädchen lackieren und härten sich die Fingernägel oder kleben künstliche auf. Die einen gehen zum Bodybuilding, um einen Muskelaufbau wie Conan der Barbar zu bekommen, die anderen fasten, um im Sommer am Strand ihre persönliche Version einer Idealfigur zu präsentieren. Auch Sonnenbräune ist eine Spielart der Körperveränderung. Immer mehr Menschen lassen Schönheitsoperationen vornehmen – fast jeder Mensch im westlichen Kulturkreis ist heute bemüht, seinen Körper in der einen oder anderen Form zu optimieren.

Seit den 1980er Jahren ziehen nun neue Formen der Körpermodifikation, im Englischen als „*body modification*", „*BodMod*" oder im auch „*Body-Art*" bezeichnet, die Aufmerksamkeit auch der Wissenschaft auf sich: Techniken der Körperveränderung wie Tätowierungen, Piercings, Brandings, Skarifizierungen, Cuttings, Implantate, Sewings, Verstümmelung durch Beschneidung, Spaltung von Körperteilen und sogar Amputationen (s. z. B. Brownell 1991; Banks et al. 1992; Leary & Jones 1993; Bordo 1994; Hanley et al. 1996; Sheldon & Wilkinson 1998; Borkenhagen, 2004).

Fast keine dieser Techniken ist wirklich neu; alle wurden abgeleitet von ritualisierten Formen des Körperschmückens, wie es bei den Ureinwohnern vieler Länder lange Brauch ist. Bereits 1910 schildert Buschan in seinem Buch „Illustrierte Völkerkunde" diverse solcher Körperveränderungen: Anders als die von Natur aus oft schon reichlich schmucken Tiere müsse der Mensch seine ganze Phantasie, technische Geschicklichkeit und künstlerische Begabung aufbieten, um den natürlichen Mangel an Körperschmuck auszugleichen. Schon Buschan stellte fest, dass wie im Tierreich auch beim Homo sapiens der Schmucktrieb des männlichen Individuums stärker ausgeprägt ist. Anders als dort sei beim Menschen das Hauptmotiv nicht ausschließlich, im Dienste der Fortpflanzung die Aufmerksamkeit des anderen Geschlechts auf sich zu ziehen, dem Körperschmuck kommt überdies eine hohe Bedeutung als soziales Abzeichen zu: zur Unterscheidung der verschiedenen Klassen, Stände und Berufe.

Während viele Ureinwohner afrikanischer, australischer und asiatischer Länder seit Tausenden von Jahren Körperschmuck wie Stäbe durch die Nasenscheidewand, Tätowierungen oder Schmucknarben tragen, gab es in Europa im Mittelalter und auch in der Neuzeit kaum Hinweise darauf. Was mag dazu geführt haben, dass es ausgerechnet in den hoch zivilisierten Ländern Europas und Nordamerikas plötzlich eine Subkultur gibt, in der sich diese frühen und obendrein noch äußerst schmerzhaften Arten der Dekorierung des eigenen Körpers mit einer überraschenden Geschwindigkeit ausbreiten?

Abb. 1:
Eine „Moderne Primitive": Piercings bringen Stammesrituale in die westliche Welt der Gegenwart.
(Foto: Eglinski / stock.XCHNG[6])

Stirn, Decker und Brähler (2003) verweisen auf die enorme medizinisch-technische Entwicklung der letzten hundert Jahre: die Risiken selbst bei schweren Eingriffen sind kalkulierbar geworden. Entsprechend lebten wir im „Jahrhundert des Machbaren". Aglaja Stirn (2003b) geht von einer generellen Veränderung der Einstellungen zum Körper in der Postmoderne aus: Während die körperliche Unversehrtheit in Mitteleuropa lange Zeit von zentraler Bedeutung war, wird mit dem eigenen Äußeren nun spielerisch experimentiert.

Früher konnten Menschen auch Eigentum sein: Es gab Sklaven und Leibeigene, Kinder hatten ihren Eltern zu gehorchen und Frauen wurden als Besitz betrachtet. Heute verlangen 13-Jährige Piercings und Tattoos mit dem Argument: „*Mein Körper gehört mir!*" Frühere Generationen arbeiteten sieben Tage die Woche vom ersten Hahnenschrei bis Sonnenuntergang, der Körper diente dazu, das eigene und das Überleben der Familie zu sichern. Heute leben wir zunehmend in einer Freizeitgesellschaft, in der Maschinen, Computer und Automaten die menschliche Arbeitskraft zusehends ersetzen. Der Kampf ums tägliche Brot ist dem Kampf gegen die Langeweile gewichen. Und schließlich wird selbst der eigene Körper zum *Fun-Faktor*, den man formen kann.

Armando Favazza, einer der bekanntesten Forscher auf dem Gebiet selbstverletzender Verhaltensweisen, in einem Interview auf die Frage, warum sich heute so viele Teenager piercen lassen: „...*weil sich ihre Eltern darüber aufregen.*" Wie wir noch sehen werden, gibt es viele Motive zur Körpermodifikation; eines der wesentlichsten ist sicherlich die Rebellion. Aus entwicklungspsychologischer Sicht gibt es bei Heranwachsenden eine Phase des Protests, in der sie sich von ihren Eltern nicht nur abnabeln, sondern prinzipiell alles verkehrt finden, was die konventionelle, „spießige" Gesellschaft an Werten entwickelt hat; ohne sich dabei ihrer Macht auf die Weiterentwicklung unserer Kultur bewusst zu sein. Der Erwachsene von heute will jung sein, bis weit über die sechzig. Obwohl Modeerscheinungen jugendlicher Subkulturen von den Erwachsenen einerseits brüsk abgelehnt und sogar bestraft werden, wird vieles bald zum Trend, dem die „Junggebliebenen" nacheifern. Viele moderne Kleidungsstücke wurden ursprünglich von Jugendlichen kreiert, die sich hiermit vom Aussehen ihrer Eltern und Lehrer unterscheiden wollten. Das Oberhemd nicht in, sondern über der Hose zu tragen, und dann auch noch offen, wäre in den 1950er und 1960er Jahren völlig undenkbar gewesen, ebenso ein kurzärmeliges über ein langärmeliges T-Shirt zu ziehen. Jeans mit Löchern waren in den 1960er Jahren ein Grund für Preisnachlass und kein Designerstück wie heute. Entsprechend beim Körperschmuck: von Punks, Skinheads und Rockern als Rebellion gegen die konservative Gesellschaft gemeinte Tattoos, Piercings und grüngefärbte Irokesenschnitte werden im Jugendwahn nur allzu rasch nachgeahmt und aufgesogen. Auch der Ausdruck „primitiv" war lange Zeit ein Schimpfwort für als unangemessen empfundene Verhaltensweisen unterschiedlicher jugendlicher Subkulturen. In den hoch technisierten Kulturformen westlicher Länder bemühen sich nun gerade viele Unzufriedene, möglichst „primitiv" auszusehen, um sich von dieser in ihren Augen stromlinienförmigen, gleichmachenden Gesellschaft abzugrenzen.

Wroblewski gab 1988 mit „Modern Primitives" als einer der Ersten einen Bildband heraus, in dem er nicht nur Leute mit Ganzkörper-Tätowierungen zeigte, sondern auch Menschen mit riesigen Nasen-

Abb. 2:
Punk als Ausdruck der Rebellion
(Foto: Kassandra/www.PixelQuelle.de)

ringen, gepiercte Punks, obskur verkleidete Personen und schwangere Frauen mit phantasievollem Körperschmuck. Der Begriff des „modernen Primitiven" hat sich seitdem nicht nur im Sprachgebrauch der BodMod-Generation festgesetzt, sondern auch Eingang in viele wissenschaftliche Publikationen gefunden (z.B. Cazazza 1989; Vale & Juno 1989; Califia & Califia 1993; Leo 1995).

Manche der rebellisch gemeinten Formen des Körperschmucks wie etwa Gesichtstätowierungen, große Nasenringe und Sicherheitsnadeln durch die Wangen sind inzwischen gezähmt und zivilisiert worden. Das dezente Tattoo am männlichen Oberarm ist mittlerweile ebenso gesellschaftsfähig wie das kleine Piercing durch den Nasenflügel. Man muss heute schon deutlich mehr bieten, um seiner Rebellion Ausdruck zu geben. Nach Ansicht von Michel Serres (in Wroblewski 1988) treibt die Nietenlederjacke im Kaufhausangebot die Avantgarde vor sich her und zwingt sie dazu, immer grellere Zeichen der Entblößung und Deklaration zu setzen. Neben den Mainstream-Körperveränderungen Piercing und Tattoo verbreiten sich mittlerweile z.B. auch Genitalschmuck, Branding, Skarifizierungen und Implantate (z.B. Myers 1992). Kenntnis von diesen neuen Möglichkeiten erhalten die Interessierten heute problemlos auf einschlägigen Seiten im Internet, in Tattoo- und Piercingstudios und natürlich aus dem Kreis der Gleichaltrigen.

Die mehr oder minder heimliche Rebellion gegen das Establishment wie auch der Versuch, jugendlich zu wirken, sind aber sicherlich nicht die einzigen Gründe, warum Körperschmuck sich explosionsartig ausgebreitet hat; die Zeit war vielmehr „reif" für eine solche Entwicklung. Borkenhagen (2004) geht davon aus, dass der eigene Körper heute als Instrument für eine Selbstinszenierung benutzt wird und nicht wie früher lediglich dem Broterwerb dient: Bodybuilding, Bodystyling, Tattoos, Piercings, Diäten, Fit-

Abb. 3 und 4:
Was ist aus den Tätowierungen der rebellierenden Hardrocker geworden? Hier zwei angepasste Versionen der Neuzeit. (Foto: Klaus Rupp/www.PixelQuelle.de)

ness, Lifting und Schönheitschirurgie sehen viele Psychologen und Soziologen als Maßnahmen der Individualisierung in einer überbevölkerten Massenwelt gesehen (MacRae 1975; Featherstone 1991; Turner 1991; Eubancs 1996). Auch Aglaja Stirn wies darauf hin, dass der eigene Körper heute zunehmend als Leinwand zum Ausdruck künstlerischer Fähigkeiten gesehen und dabei „letzte Grenzen" überschritten werden (Stirn 2003). Darüber hinaus verweist etwa Mathias Hirsch (2002) darauf, dass die Modifikation des eigenen Körpers auch Kommunikationsfunktion habe, und Techniken der Body-Modification mitunter auf unbewältigte psychische Konflikte hinweisen können und dann psychoanalytisch betrachtet als symbolische Abwehr von Traumafolgen zu interpretieren sei, eine Frage, die später noch ausführlich diskutiert wird.

Untersuchungen zur modernen Ausbreitung von Tätowierungen und Piercings in Europa und Nordamerika gibt es insbesondere in den Populationen Heranwachsender inzwischen zur Genüge. Psychologische Disziplinen beschäftigen sich mit der Motivation Jugendlicher und versuchen zu verstehen, warum diese sich freiwillig einer derartig schmerzhaften Prozedur unterziehen (Lemonick 1999; Frederick & Bradley 2000; Forbes 2001). Die vorwiegend amerikanischen Publikationen beschränken sich hierbei fast ganz auf die Gruppe der College-Studenten – Menschen, die eine sehr große Anzahl von BodMods auf sich vereinen, werden nur am Rande statistischer Auszählungen vermerkt, extreme Techniken wie das Zunähen von Mund und Vagina, die Penisspaltung oder Amputation von Zehen und Fingern sind selbst in der internationalen Literatur, wenn überhaupt, nur in seltenen Einzelfallstudien zu finden.

Bislang war es schwierig, an Fallbeispiele von Leuten heranzukommen, die solche extremen Körperveränderungen freiwillig an sich durchführen. Heute bietet die „Dokumentenanalyse" via Internetrecherche als wissenschaftliches Verfahren umfangreiche Möglichkeiten. Ein Vorteil ist, dass man rasch eine Fülle an Informationen hat und sich die interessanten heraussuchen kann, ohne eine persönliche Befragung oder Untersuchung durchführen zu müssen. Die entsprechenden Internetseiten wurden in eckigen Klammern durchnummeriert, ein Verzeichnis findet sich am Buchende. Das vorliegende Material beruht überwiegend auf einer solchen Dokumentenanalyse, lediglich ein Teil der Fallbeschreibungen wurde in persönlichen Befragungen gewonnen.

Natürlich ist diese Form der Datenerhebung aus wissenschaftlicher Sicht kritisch zu sehen. Insbesondere bei der Interpretation der aus den USA stammenden Zitate muss man der Aussagen vorsichtig sein: Da wird häufig und viel gelobt, werden positive Aspekte übermäßig in den Vordergrund gestellt – jeder, der schon einmal in den USA war, weiß, dass man dort entgegen allen Vorurteilen extrem höflich ist und bemüht, niemals etwas Verletzendes zu sagen. Hierdurch fehlen bei vielen Darstellungen oft auch die unangenehmen Aspekte der Prozedur. Ein anderes Problem ist, dass viele Selbstbeschreibungen aus Internet-Homepages von Piercing- bzw. Tattoostudios stammen. Natürlich haben diese wenig Interesse an Berichten von unzufriedenen Kunden oder Erzählungen über extrem schmerzhafte Eingriffe. Zumindest in einer Selbstdarstellung (Shamus[19]) wird gesagt, dass eine Geschichte von dem Inhaber der bekannten BMEzine-Seite zunächst abgelehnt wurde, überarbeitet werden musste und erst dann erschien. Die überaus positiven Beschreibungen, in denen zum Teil schwere Eingriffe als „kaum schmerzhaft" geschildert werden, sind daher mit Vorsicht zu genießen und sollten niemanden dazu verführen, dies naiv zu glauben. In mehreren Fällen waren kritische, negative Schilderungen nach wenigen Tagen plötzlich aus dem Internet verschwunden. Der Besitzer der kommerziellen BMEzine-Seiten und Inhaber der Copyrights von hunderten Fotos stellte auf Anfragen zunächst überhöhte Forderungen, etwa dass er Einfluss nehmen wolle darauf, was in diesem Buch über Körperveränderungen ausgesagt werde, und reagierte dann auf Anfragen gar nicht mehr. Derartiges erschwerte die wissenschaftliche Arbeit leider sehr. Von diversen Fotos, für die die notwendigen Abdruckgenehmigungen ausblieb, wurden daher Zeichnungen angefertigt.

2 Geschichte der Körpermodifikation

2.1 Traditionelle Formen des Körperschmucks

Körpermodifikationen werden, wie bereits in der Einleitung gesagt, schon seit Jahrtausenden durchgeführt. Hierzu gehören z. B. die Tätowierungen der Südsee-Insulaner und die Schmucknarben bei Afrikanern. Diese Techniken hatten bei den Ureinwohnern unterschiedliche Bedeutungen – zur Förderung der Schönheit, als Merkmal der Zugehörigkeit zu einem Stamm oder einer Sippe (Ward 1984), als rituelle Handlung beim Übergang von einem Lebensabschnitt in einen anderen (Alves 1991) oder zur Unterstreichung der Sexualität (Brown, Edwards & Moore 1988). Insbesondere die Fähigkeit, Schmerz zu ertragen, signalisierte in diesen Ritualen den Übergang vom Kind zum Erwachsenen.

Den Körper zu bemalen, zu tätowieren, mit Narben zu markieren oder in seiner Form zu verändern ist ein uraltes menschliches Bedürfnis. Schon 60.000 Jahre v. Chr. kennzeichneten die australischen Ureinwohner ihre Körper mit Farben. Ägyptische Mumien nubischer Frauen sind tätowiert, im klassischen Griechenland wiesen Handwerker ihren Beruf mit einer Marke auf der Haut aus. Auch der prähistorische „Ötzi" im Tiroler Gletscher trug tätowierte Linien als Schmuck. Mindestens seit 5.000 Jahren schmücken sich die Menschen in der Pazifikregion mit Ringen in ihren Nasen, Ohren oder Lippen. Sie bemalen ihre Haut für Rituale oder als Schmuck oder markieren sie dauerhaft durch Tätowierungen.

Als Kapitän James Cook 1769 an Bord der „Endeavour" in die Bucht von Matavi einfuhr, glaubte er, das

Abb. 5:
Historische Abbildung von unterschiedlichen Frisuren, Schmuck und Schmucknarben zur Individualisierung bei zwei Afrikanerinnen vor rund 100 Jahren (Friedenthal 1911, 273)

18 Geschichte der Körpermodifikation

Abb. 6:
Historische Abbildung eines Gesichts-Tataus (Buschan 1910, 213)

Paradies gefunden zu haben: Hier wohnte ein halb nacktes Volk sorglos unter Palmen. Arbeit war fast unbekannt, und die Menschen schienen in vollkommener Harmonie zu leben. Beschrieben wurde auch ein kulturelles Gut: die Tätowierungen, die oft den ganzen Körper bedeckten. Kapitän James Cook brachte das einheimische Wort „*Tatau*" mit, das in London bald zu „Tattoo" wurde. Joseph Banks ließ sich auf der ersten Cook-Expedition den Arm tätowieren und verschaffte dem Hautschmuck nach seiner Rückkehr starke Beachtung. Charles Darwin sagte 1859, vom nordischen Polarmeer bis nach Neuseeland gebe es kein Volk ohne Hautschmuck: *„Die Körper der Männer auf Tahiti sehen aus wie von Lianen umwachsene, edle Baumstämme."* Wie so viele Aspekte ihrer Kultur erklären die Tahitianer den Ursprung des Tatau durch eine Legende: Zwei Söhne des Gottes Ta'aron, Mata Mata Arahu und Tu Ra'I Po, erfanden die Tätowierung, um die Tochter der ersten Menschen, Hina Ere Ere Manua, zu verführen. Das gelang auch, denn das Mädchen war so begeistert vom kunstvollen Schmuck der beiden, dass sie der strikten Überwachung durch ihre Mutter entfloh.

Im alten Polynesien wurden Mädchen zwischen acht und zehn Jahren tätowiert, damit sie möglichst attraktiv in die Pubertät eintreten konnten; ein nicht tätowiertes Mädchen war für Männer tabu. Jungen wurden mit elf oder zwölf Jahren erstmals markiert. Vollendet wurden die Zeichen kaum vor dem 30. Lebensjahr. Tätowieren war ein Ritus, von Trommeln und Flöten begleitet; eine komplexe Arbeit, denn jedes einzelne Motiv hatte einen Namen und musste einer bestimmten Person zugeordnet werden. Eine Art Kamm aus Holz mit bis zu 20 Nadeln aus Knochen war das Werkzeug, das Pigment gewannen die Tahitianer aus der Asche einer ölhaltigen Nuss. Die Nadeln wurden mit dem Pigment getränkt und mit einem kleinen Holzstab in die Haut eingeschlagen – der Name Tatau stammt angeblich vom Geräusch dieser Schläge.

Körperveränderungen kommen natürlich nicht nur vom Pazifik: In Asien gibt es noch heute Schamanen und Gurus, die sich in ritueller Trance selbst die Wangen, die Zunge oder andere Körperteile durchbohren (Ward 1984). Die Technik der Suspension etwa, das Aufhängen eines Menschen an durch die Brustmuskulatur gebohrten Haken („*Sonnentanz*"), soll auf Rituale der Aufnahme eines jungen Kriegers in nordamerikanischen Indianerstämmen zurückgehen (Benecke 1999; Stirn 2003b). Auch das Volk der Maya in Südamerika war Körperschmuck bis hin zu knöchernen Veränderungen gegenüber sehr aufgeschlossen (Christensen 1989). Auch Lippen-, Ohr- und Nasenschmuck kam bei fast allen Stämmen vor: Der gewöhnliche Unterlippenpflock war aus Obsidian, daneben gab es Lippenstäbe aus Harz sowie Lippengehänge; in den Ohren steckte meist ein zylindrischer Holzpflock, auf der Vorderfläche z. B. mit Türkis-Mosaik verziert.

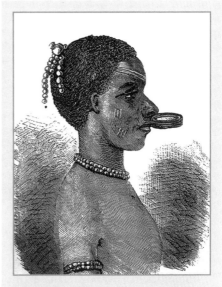

Abb. 7:
Historische Zeichnung afrikanischen Gesichtsschmucks: Tellerlippe und Schmucknarben (Hellwald 1877, 599)

Ein anderes Beispiel für eine seit Jahrtausenden praktizierte Form der Körpermodifikation ist die Beschneidung. Bei Juden und Moslems gehört das Entfernen der Vorhaut zur religiösen Pflicht, in vielen Ländern Afrikas wird sie durchgeführt, wie auch in Australien oder den USA. Mitunter sah man in der Zirkumzision auch eine „*Therapie der Selbstbefleckung*". Bis zum Ende der 1970er Jahre wurden in den USA fast 90 % der neugeborenen Jungen beschnitten, seitdem ist jedoch ein rückläufiger Trend zu beobachten. Jeder vierte Mann weltweit ist beschnitten. Auch die weibliche Genitalverstümmelung mit Entfernung der Klitoris und/oder inneren Schamlippen und Zunähen der weiblichen Geschlechtsteile zählt zu den Körperveränderungen und wird insbesondere in afrikanischen Kulturen seit Jahrtausenden durchgeführt wird (Sheldon & Wilkinson 1998; Dirie 1999).

In frühen Kulturen wurden häufig Gesichtspiercings an Ohren, Nase und Lippen vorgenommen, das Durchstechen von Brustwarzen und Genitalien hingegen wird eher selten beschrieben. Auf Borneo soll es Ureinwohner gegeben haben, die ihren Penis mit Knochen piercten (Ferguson 1999). Bilder aus dem Kamasutra lassen erkennen, dass man auch in Indien bereits früh das Piercing im männlichen Intimbereich praktiziert hat. In der Südpazifikregion gab es Landstriche, in denen Frauen mit langen Schamlippen als besonders fruchtbar galten. Nach Eibl-Eibesfeldt (1997) wurde in Afrika

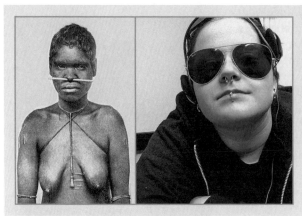

Abb. 8 (links):
Pflock durch die Nasenscheidewand bei einer Afrikanerin (Reitzenstein 1923, 223)

Abb. 9 (rechts):
Moderne Variante des Septum-Piercings rund einhundert Jahre später (stock.XCHNG[6])

daher schon von früher Kindheit an an den Schamlippen der Mädchen gezogen. Mitunter übernahmen alte Männer und Frauen diese Aufgabe. Präkolumbischen Wandgemälden zufolge soll es bereits bei den Maya Penisdurchbohrungen gegeben haben (Christensen 1989). Australische Ureinwohner führten sogar eine „penoskrotale Hypospadie" durch, bei der die Harnröhrenöffnung an die Unterseite des Penis oberhalb des Hodensacks verlegt wurde.

Bei einigen Praktiken ist umstritten, ob es sich dabei um freie Erfindungen handelt oder nicht. Gelegentlich wurde behauptet, dass bereits ägyptische Pharaos Nabelpiercings besessen haben sollen, was inzwischen allgemein eher als Mythos gilt. Auch die Ringe durch die Brustwarzen römischer Gladiatoren gehören aller Wahrscheinlichkeit nach in den Bereich der Fabeln; meist saßen die Ringe zum Befestigen von Schild oder Waffen in einer engen Lederweste. Dass der heute *„Prinz Albert"* genannte Ring durch die Eichel bereits im viktorianischen Zeitalter getragen worden sein soll, um den Penis in der damals üblichen, hautengen Hose festzuhalten, wurde schon wegen der beträchtlichen Infektionsgefahr bei diesem Eingriff von Ferguson (1999) zum modernen Mythos erklärt. Überhaupt muss man berücksichtigen, dass viele Piercings mit wohlklingenden Bezeichnungen nicht zwangsläufig aus den mythischen Welten des fernen Ostens stammen müssen, sondern teilweise eher moderne Wortgeschöpfe sind.

Ihre negative Bewertung verdanken viele Formen der Körpermodifizierung ihrem historischen Ausbreitungsweg. In Europa wurden Tätowierungen erstmals von Seeleuten importiert, die diese Technik bei Südseeinsulanern kennen gelernt hatten. Entsprechend breiteten Tattoos sich auch am schnellsten unter Seemännern aus. Der Lebenswandel dieses Berufszweiges dürfte damals eher unstet gewesen sein – Matrosen mussten während der Fahrten auf großen Segelschiffen unter harten Bedingungen arbeiten und schlugen dann beim Landgang im Hinblick auf Alkohol und Prostitution bekanntlich schwer über die Stränge. Dies mag ein Grund dafür gewesen sein, dass Menschen, die mit dem Gesetz in Konflikt gekommen und im Gefängnis gewesen waren, häufig zugleich zu der Gruppe von Tätowierten gehörten (Mosher, Oliver & Dolgan 1967). Noch Ende des 20. Jahrhunderts hing Personen mit sehr vielen Tätowierungen der Ruch des „Knastbruders" an. Bekannt sind die drei Punkte in dem Hautlappen zwischen Daumen und Zeigefinger, die anzeigen, dass jemand „gesessen" hat. Insofern haftete Tätowierungen lange Zeit ein etwas anrüchiges Flair an. Die damals vorherrschenden und meist auf die Arme tätowierten Bildchen wie *Anker*, *Segelschiffe* und insbesondere mehr oder minder unbekleidete Frauen werden heute immer seltener und sind von tribalen Formen zu unterscheiden, die häufig aus ineinander verschlungenen Mustern bestehen, aus „*Horrorbildern*" unterschiedlicher Herkunft oder aus mehr psychedelisch wirkenden Motiven (Lautman 1994).

Das erste *Piercing* in Deutschland war das Durchstechen der Ohrläppchen zum Tragen von Ringen. Motorrad fahrende Rocker der 1960er und 1970er Jahre hatten Tätowierungen, Ohrringe und andere Formen des Körperschmucks schon lange vor der Punk-Bewegung.

Abgesehen von langen Haaren, psychedelischer Körperbemalung und gelegentlich Nasenringen als Mitbringsel einer Indienreise hatte die Hippie-Bewegung erstaunlich wenig mit Körpermodifizierung zu tun. Da Jugendliche prinzipiell immer das Gegenteil von dem tun, was ihre Eltern für

Abb. 10:
Die Hippie-Bewegung der 1960/70er Jahre entwickelte phantasievolle neue Formen der Körperbemalung, war aber in anderen Bereichen der Body-Art weniger kreativ. (Foto u. Verfremdungen: E. Kasten)

gut und richtig halten, war zu erwarten, dass die Love-and-Piece-Generation nun ihrerseits wiederum Kinder großziehen würde, die wiederum eine völlig entgegengesetzte Kultur entwickelten. Punks der 1970er und 1980er Jahre wehrten sich mit aggressiver Musik, Mülltonnen-Outfit, Sicherheitsnadeln in den Wangen und Doc-Martens-Stiefeln gegen die friedvolle Jeans-und-Turnschuh-Generation, die ihnen vorangegangen war. Hakenkreuze, von der Hippie-Bewegung der Nachkriegszeit drastisch abgelehnt, wurden plötzlich zum provokanten Symbol, Ketten der Klospülung wurden zum Schmuck erklärt und Kruzifixe ihrer religiösen Bedeutung entfremdet. Unterwäsche wurde außen getragen und Kleidung wie auch der eigene Körper zerfetzt, um die „Spießer" zu provozieren; „Trash" drückte die völlige Ablehnung der Konsumgesellschaft aus. Schönheit wurde hier neu definiert.

Punks waren die Ersten, die sich in den 1970ern mit Sicherheitsnadeln Mund und Wangen durchstoßen hatten zum Zeichen ihres Protests gegen die konventionelle, bürgerliche Gesellschaft (Wocjik 1995; Lotz 1997). A. Stirn (2003) schreibt, der selbstverletzende Schmuck sollte Verstümmelung und damit auch soziale Stigmatisierung bedeuten. Es wurde eine Gegenkultur geschaffen, die schockieren und provozieren sollte, als Ausdruck der Ohnmacht in einer Gesellschaft, die nur dem Wettbewerb frönt. Die Punks wollten Abscheu erregen – was ihnen mit dieser damals noch völlig unverständlichen Technik der Durchstoßung eines sensiblen Weichteils an sich selbst und ohne jegliche Betäubung auch gelang. Niemand hätte auch nur im Ansatz erahnen können, dass eine derart schmerzhafte Prozedur jemals zum Modetrend bei pubertierenden Sechzehnjährigen werden könnte. Allerdings sind Sicherheitsnadeln nicht dafür hergestellt, als Piercingschmuck getragen zu werden, und allergische Reaktionen mit üblen Entzündungen waren eine gängige Folge. Erstaunlich ist, wie schnell das den Punks verhasste Establishment auch diesen Protest einfach aufsog und inzwischen hochglanzpolierten Modeschmuck für Piercingzwecke aus garantiert allergiefreien Metallen kommerziell anbietet. Noch haben Piercings einen Hauch von Rebellion, von Piraten mit riesigen Ohrringen und Punks mit Sicherheitsnadeln in den Wangen; gleichzeitig gibt es ganze Industriezweige, die an der Produktion dieser Schmuckstücke verdienen.

Inzwischen haben sich auch die ursprünglichen No-Future-Punks weiter entwickelt. Zbinden (1998) unterscheidet z.B. Subgruppen wie „Peace-Punks", „Roller-Punks", „Positive Punks", „Anarchist Punks", „Oi-Punks" und „Cyberpunks". Auch andere Bewegungen sind daraus erwachsen, so die „Grufties" und die „Gothics". Mitunter gibt es sogar Überlappungen mit den Skinheads. Insgesamt hat sich die Punkbewegung als ein erstaunlich langlebiges Phänomen gezeigt, die einen ungeahnt massiven Einfluss auf Kleidung und Mode ausgeübt hat.

Auf eine etwas makabere Weise schwappt der Punk-Kult inzwischen wieder in die Ursprungsländer des traditionellen Körperschmucks zurück: Véronique Zbinden (1998) zeigt in ihrem Buch einige Fotos von Afrikanern aus einfachen Stammeskulturen, die nun Sicherheitsnadeln als Ohrschmuck tragen oder, in einem anderen Beispiel, Plastikdosen in den gedehnten Ohrläppchen.

In einer Analyse der kulturhistorischen Bedingungen muss man den Einfluss der Punks von einer kleinen Gruppe trennen, die sich in den 1970er Jahren aus der Sado-Maso-Szene in Los Angeles entwickelte und heute als Begründerin der „Modern Primitives" gilt: Um den Millionär Dough Malloy sammelte sich Anfang der 1970er Jahre eine geringe Anzahl von Leuten, die sich nach dem Vorbild tribaler Rituale piercten. Einer von ihnen wurde später unter dem Pseudonym „Fakir Musafar" berühmt (Zbinden 1998; Feige & Krause 2002). Als „Reinkarnation eines indianischen Kriegers" imitierte er dessen Sonnentanz, woraufhin die amerikanischen Ureinwohner ihn entrüstet verklagten und ihm die Benutzung

Abb. 11:
Die westliche BodMod-Generation ahmt Körperveränderungen von Stammeskulturen nach. Dieses Massai-Mädchen steckte sich nun eine (westliche) Plastikdose in die gedehnten Ohrlöcher.
(Barbara Schneider, www.bariez.com)

des Begriffs „Sundance" verboten wurde. Auf Fakir Musafar gehen viele Extremformen zurück, so legte er sich auf Nagelbetten, bemalte sich vollständig mit Goldfarbe, behängte sich von oben bis unten mit festgekniffenen Wäscheklammern, umhüllte seinen Penis mit Gips oder hängte schwere Gewichte an seine Piercings.

Jim Ward war ein anderes Mitglied der Gruppe um Malloy; er eröffnete 1975 das „Gauntlet", das erste Fachgeschäft für Piercing und Intimschmuck in Los Angeles. Schnell folgten Filialen in San Francisco, New York, Seattle und dann sogar in Paris. Mit „Piercing Fans", einer vierteljährlich erscheinenden Illustrierten, kam 1978 die erste einschlägige Zeitschrift heraus. Auf Tätowierungen spezialisierte Magazine gab es damals schon; diese nahmen das Piercing-Thema rasch mit auf. Heute gibt es Piercing-Tattoo-Studios bekanntlich selbst in Kleinstädten von überschaubarer Größe, sowie eine unüberschaubare Anzahl von Piercern und Tätowierern, die im Graubereich arbeiten.

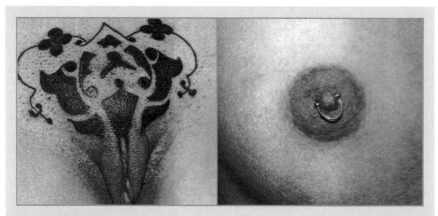

Abb. 12 und 13:
Genital-Tattoos und Piercings sind nicht so neu, wie man denkt; diese Abbildungen stammen aus einem 1983 erschienenen Buch. Damals wurde diese Körperkunst aber noch als „Sexuelle Sensation" angepriesen (Fotos: Preuss 1983, 28).

Wenngleich es viele Überschneidungen zwischen Punks und Modern-Primitives gibt, so unterscheiden sie sich doch wesentlich: Punks geht es darum, den Verlust aller Illusionen aufzuzeigen und die Oberflächlichkeit dieser Gesellschaft anzuklagen; die „Modernen Primitiven" übertragen rituelle Stammeskulturen auf die heutige, technisierte Welt, ihnen liegt dabei vor allem an der Metamorphose, Bereicherung und Verschönerung des Körpers mit spirituellem Hintergrund. Punks drücken Verzweiflung, Zerstörung und Chaos aus, Modern Primitives sehen eine Zukunft, in der sich Technik mit stammesgeschichtlicher Kultur vereinigt und ihr Körper zum Kunstwerk wird.

Den ersten modernen Piercingschmuck trugen vorwiegend Homosexuelle und Anhänger der sadomasochistischen Szene in Nordamerika. Während die Punks ihre Sicherheitsnadeln offen zur Schau stellten, um zu provozieren, benutzten Homosexuelle und Sadomaso-Gruppen die kleinen Schmuckstücke mehr zur Steigerung der sexuellen Lust (Califia & Califia 1993).

Der erste Tattoo-Kongress fand 1978 in Reno (Nevada/USA) statt und etwa seit 1980 gelten unterschiedliche Formen des Körperschmucks auch als Kunstform (Miller 1997; Jones 1998). Inzwischen, etwa seit Mitte der 1990er, ist das Tragen von Piercings und Tätowierungen gerade in den jugendlichen Subgruppen zumindest in den westlichen Kulturen so weit verbreitet, dass es im soziologischen Sinne schon wieder als konformes Verhalten gesehen werden kann. Rebellion der Jugendlichen ist ja aus entwicklungspsychologischer Sicht ein natürlicher und auch wichtiger Prozess, um sich von den Eltern abzunabeln und neue Ideen in unsere Gesellschaft einzubringen. Für diese Art des Protestes reichen Piercings und Tattoos inzwischen nicht mehr; häufig unterstützen es Eltern geradezu, wenn ihre Kinder den Wunsch danach äußern, und schenken den ersehnten Gutschein für das Piercingstudio zum Geburtstag oder zum Weihnachtsfest. Der Rebellion bleiben nur zwei Möglichkeiten: entweder zu immer extremeren Formen des BodMod zu greifen – oder aber völlig darauf zu verzichten.

2.2 Archaische Rituale und Körpermodifizierung

Schon in uralten Mythen findet sich der Glaube, Körpermarkierungen würden eine Person vor bösen Kräften bewahren (Stirn 2003b). Bei den Hindus in Indien z.B. gibt es die Legende, der Gott Vishnu habe seiner Frau Lakshmi Muster in die Hände tätowieren lassen, um sie vor dem Bösen zu schützen. Ein gepierctes junges Mädchen, das durch Indien reiste, weiß indes zu berichten, dass sie ausgerechnet dort deswegen von allen angestarrt wurde; eine Frau habe sich gar geweigert, sie zu begrüßen. Vor ihrer nächsten Indienreise nahm sie den Körperschmuck heraus und ersetzte ihn durch kaum sichtbare Retainer. Diesmal machte sie keine solchen Erfahrungen.[51]

Wie ertrugen Angehörige einfacher Kulturen den Schmerz, der mit den Ritualen der Körperveränderung verbunden war? Sahadeo und Stella (1974) wie auch Lal und Seruvakula (1974) beschreiben in „Holy Torture in Fiji" hinduistische Zeremonien wie z.B. das „Dura Gram Puja", bei dem jedes Jahr im August die Hindus ihren Göttern huldigen und dessen Teilnehmern man z.B. Zunge und Wangen mit dünnen Gabeln aus Metalldraht durchsticht, die Hände in kochendes Öl eintaucht, sie über eine Reihe von scharfkantigen Messerblättern gehen und über glühende Holzkohle laufen lässt. Der bekannte Pazifikforscher Ron Crocombe setzte sich schon 1974 damit auseinander, warum sich diese Menschen nicht verletzen, keine Brandwunden davontrugen und keinerlei Zeichen von Schmerz zeigten. Schmerz wahrzunehmen, so Crocombe, setze ein gewisses Maß an Bewusstheit voraus, das durch die Rituale systematisch vermindert wurde: Die Teilnehmer kamen während des zehn Tage andauernden Fests kaum zu Schlaf und waren schließlich hochgradig übermüdet; auch Hunger habe seiner Ansicht nach die Schmerzwahrnehmung beträchtlich vermindert – die Teilnehmer erhielten lediglich eine auf das Notwendigste beschränkte Diät. Vom Morgen des vorletzten Tages an durften sie gar nichts mehr essen. Auch die Konzentration auf andere Dinge kann das Schmerzempfinden stark reduzieren: Während des kritischen Teils vieler Rituale waren die Teilnehmer gedanklich völlig auf ein Heiligtum fokussiert – auf Anweisung der Hohepriester, sich etwa beim Durchstechen der Zunge gedanklich wie visuell auf einen heiligen Schrein zu konzentrieren.

Abb. 14 und 15:
Rituale auf den Fidschi-Inseln: Hier wurden mit kleinen Dreizacken die Wangen durchbohrt oder Zunge oder Hals durchstochen und Metallstäbe bzw. Schnüre durchgezogen. (Sahadeo et al. 1974, 40)

Nach Crocombes (1974) Ansicht entsteht schnell ein Gruppendruck: Sobald das Ritual angefangen hatte, bestand eine starke Verpflichtung, es auch bis zum Schluss durchzuhalten und an den Aufgaben teilzunehmen; es wäre peinlich, sich zurückzuziehen, oder vielmehr würde es mehr Mut erfordern, sich zu weigern und das Ritual zu verlassen. Tatsächlich soll sich nie jemand zurückgezogen haben: Neben dem sozialen Gruppendruck übten die Hohepriester autoritären Einfluss aus, indem sie behaupten, die Göttin würde jeden bestrafen, der sich dieser Prüfung zu entziehen versuche: *„The Goddes can punish those who break a promise to her."*

Keinen Schmerz zu spüren und nicht zu bluten gilt als religiöses Zeichen eines göttlichen Schutzes. Entsprechend wird auch kein Teilnehmer zugeben, Schmerz gespürt oder geblutet zu haben, dass er also nicht unter göttlicher Protektion stand, etwa weil er gesündigt hatte. Entsprechend schwierig sind ehrliche Auskünfte zu bekommen.

Wer sich diesen Ritualen unterziehen muss, steht unter einer hohen psychischen Anspannung, die von den Hohepriestern systematisch gesteigert wird – laute Trommelmusik und das gemeinschaftliche Tanzen schaffen eine Atmosphäre, der sich der Einzelne nicht mehr entziehen kann. Aufgrund der Spannung wird schließlich beim Durchstechen von Wangen und

Zunge, Messer- und Feuerlaufen sehr viel mehr Schmerz erwartet – und der tatsächliche Schmerz entsprechend leichter ertragen.

Sahadeo und Stella (1974) nennen das Beispiel eines neunjährigen Jungen, der bei der Suva-Zeremonie allen Peitschschlägen widerstand und damit die Anwesenden schwer beeindruckte. Dass er trotz seiner Jugend und seiner geringen Körpergröße so viel Mut aufbrachte, bedeutete in diesem religiösen Kontext, dass seine kindliche Unschuld ihn durch göttlichen Schutz resistent gegen Leiden sein ließ. Allerdings bedienten sich die Hohepriester auch kleiner Tricks. So erhielten die Teilnehmer einige Schläge mit einer Peitsche, um „rein" zu werden; die Peitsche bestand aber aus einem relativ dicken, runden Seil. Schmerzhaft beim richtigen Auspeitschen ist es, wenn nur ein Teil einer dünnen Seilspitze mit hoher Geschwindigkeit über die Haut fährt. Die Priester schlugen jedoch mit einer spektakulär wirkenden Geste so zu, dass das Seil sich lediglich um den entsprechenden Körperteil wickelte. Darüber hinaus wurde das Seil vorher in geheiligtes Wasser getaucht, welches dann beim Schlagen auf eindrucksvolle Weise heraussprühte. Damit sah das Auspeitschen insgesamt beträchtlich schlimmer aus, als es wirklich war, zumal gerade die Kleineren oder Jüngeren von dem Druck des Peitschschlages fast umgeworfen wurden.

Während der Rituale wurden auch unterschiedliche Körperteile wie Hals, Arme und Brust durchstochen und dünne Dreizacke bzw. Metallstäbe oder als „Schlange Gottes" bezeichnete Drähte durch diese Körperöffnungen gezogen. Hierbei sah man niemals Blut fließen, was als übernatürliches Zeichen galt. Auch wenn die Hohepriester mit dramatisch anmutenden Gesten die Metallteile durch den Körper bohrten, stellte Crocombe (1974) bei näherer Untersuchung fest, dass in der Regel nur die obersten Hautschichten durchstochen wurden. Die ganze Prozedur ist vergleichbar mit dem Setzen einer subkutanen Spritze, bei der ebenfalls kaum Blut austritt. Allerdings gibt es hier auch Phänomene, die nicht so einfach zu erklären sind. So ist die Zunge ein sehr sensibler, gut durchbluteter Körperteil, und auch das Durchstechen der Wangen mit Dreizacken, die dann quer durch den Mund gehen, müsste gravierendere Folgen haben; die Teilnehmer berichteten, dass sie keinen Schmerz gespürt haben und kein Blut ausgetreten sei. Die fehlenden physiologischen Reaktionen der Teilnehmer bedürfen sicherlich weiterer Untersuchungen.

Die ausbleibenden Blutungen werden zum Teil darauf zurückgeführt, dass durch die psychische Spannung massiver Stress erzeugt und daher viel Adrenalin ausgeschüttet werde. In der Tat löst Adrenalin in einer so genannten Fight-and-Flight-Reaktion zwar Herzrasen und höheren Blutdruck aus, periphere Hautanteile werden dabei jedoch oft schlechter durchblutet – während manche in einer individualspezifischen Reaktion z. B. vor wichtigen mündlichen Prüfungen hektische rote Flecken im Gesicht und Halsbereich bekommen, sind andere ganz blass, obwohl sie sehr aufgeregt sind. Diese Minderdurchblutung der Körperperipherie könnte bei Verletzungen im Kampf vor hohem Blutverlust schützen.

Auch mit dem Kult des Feuerlaufens hat sich die Wissenschaft beschäftigt. Allerdings laufen die Teilnehmer nicht wirklich durch brennendes Feuer, sondern über auf mehrere Quadratmeter Fläche ausgebreitete glühende Holzkohlereste. Ohne jeden Zweifel müsste dies normalerweise schwere Verbrennungen hervorrufen. Allerdings dauerte das Überqueren der glühenden Fläche nur zwischen vier und sieben Sekunden, darüber hinaus befinden sich die Füße dabei nicht stetig im direkten Kontakt mit der Hitze; der wirkliche Kontakt mit der Glut ist also relativ kurz. Selbst die Hohepriester blieben niemals mitten in der Glut stehen, sondern jeder Teilnehmer tat etwa fünf oder sechs schnelle Gehschritte. Der einzelne Fuß kam also rund drei Mal für etwa knapp eine halbe Sekunde mit der Hitze in Kontakt, die nächste halbe Sekunde konnte er in der Luft wieder etwas abkühlen.

Eine weitere Prüfung war das Herausholen von Früchten („Gulagulas") mit den bloßen Händen aus einem Topf mit kochendem Öl. Auch hierbei müssten die Teilnehmer sich eigentlich schwere Verbrennungen zuziehen. Allerdings stellte Crocombe (1974) fest, dass der Topf recht hoch mit Früchten angefüllt war; man musste diese also nicht ganz von unten herausfischen, sondern von relativ dicht unter der Oberfläche. Auch wurden ständig Früchte nachgefüllt – wer die Gulagulas zu essen versuchte, fand sie nicht eben gar.

Ein weiteres Ritual ist das „Tanzen auf Messern". Die Schneiden wurden von Wissenschaftlern geprüft: sie waren alle recht scharf und durchaus geeignet, tiefe Schnitte zu erzeugen. Allerdings war der „Messertanz" kein wirklicher Tanz, sondern eher ein sehr vorsichtiges Gehen über sieben bis fünfzehn parallel befestigte, scharfe Schneiden von jeweils rund 60 cm Länge. Insgesamt deckten die Messer knapp 30 cm ab und hatten immer nur zwei bis drei Zentimeter Abstand. Beim gleichmäßigen Aufsetzen des Fußes verteilte sich das Gewicht so, dass die Schneiden nicht mehr in die Haut eindrangen, insbesondere da die für das Schneiden notwendige Querbewegung völlig fehlte; im Rhythmus der Musik wurden nur Arme und Schultern bewegt, nicht aber die Füße. Verständlicherweise wurden jedwede Seitwärtsbewegungen mit den Füßen vermieden. Crocombe (1974) berichtete lediglich von einem einzigen Fall, in dem ein junger Mann ekstatisch auf den Messern herumhüpfte, sich entgegen der Prophezeiung der Priester prompt schnitt und eine Stunde später noch immer eine stark blutende Fußwunde hatte.

Die unterschiedlichen Faktoren führten letztlich gemeinsam dazu, dass die Teilnehmer keinen Schmerz mehr spürten – ein Trancezustand durch Trommelrhythmen, ekstatischen Tanz, Hunger, Übermüdung, religiöse Bedeutung des Fests und Gefühle der Gemeinschaft.

Auch die Riten der islamischen Sufi wurden verschiedentlich wissenschaftlich untersucht (Green & Green 1977; Larbig 1982; Hussein et al. 1993), etwa anhand von Blut-, Urin- und Stuhlwerten, Herzschlag, Blutdruck, Atmung, elektrischem Hautwiderstand, Temperatur usw., meist ohne wesentliches Ergebnis. Nur im EEG zeigte sich ein Einsetzen von Alpha-Wellen und ein Anstieg von Theta-Wellen bei zwei Personen, während man ihnen Nadeln in den Körper stach. Alpha-Wellen treten normalerweise bei völliger Ruhe, beim Einschlafen oder Meditieren auf, Theta-Wellen sind typisch für den Schlaf. Die beiden Derwische waren also in einem tiefen Trancezustand, während man Nadeln in sie einführte.

Auch Crocombe (1974) zitierte einen Teilnehmer, der berichtete, dass er während des Rituals die vielen Menschen um sich herum zwar bemerkt, sich aber nicht um sie geschert habe. Seine Teilnahme empfand er als wesentlichste religiöse Erfahrung seines Lebens, die er niemals vergessen werde: Sie habe ihm unerschütterliches Vertrauen in die göttliche Kraft gegeben und seinen Glauben an übernatürliche Mächte verstärkt; auch sein eigenes moralisches Verhalten sei stark beeinflusst worden.

Doch gaben die Teilnehmer nicht nur religiöse Motive an. Crocombe (1974) fand bei vielen Befragten ganz persönliche Probleme im Vordergrund; der religiöse Kontext diente häufig dazu, private Ziele zu erreichen, etwa die Reinwaschung von Schuld. Sahadeo und Stella (1974) stellten fest, dass Teilnehmer des Suva-Festes vorher in einem Tempel gebetet und versprochen hatten, sie würden die Prüfungen der Zeremonie durchstehen, wenn die Göttin ihnen einen bestimmten Wunsch erfüllte. Die Wunschliste reichte von einer Arbeit über die Hoffnung auf Schwangerschaft bei verheirateten kinderlosen Frauen bis zur Heilung von einer Erkrankung. Lal und Seruvakula (1974) beschreiben vielfältige Motivationen, am Feuerlaufen teilzunehmen. Ein 39-Jähriger etwa litt unter chronischem Geldmangel und hatte im Gebet gesagt, er würde jedes Jahr über das Feuer gehen, wenn sich so seine Armut verringern und er seine achtköpfige Familie samt Vater ernähren könnte. Obwohl sich an seiner Einkommenssituation eigentlich nichts änderte, kam er fortan besser mit seiner Lebenssituation zurecht und konnte sogar seine Schulden zurückzahlen. Nachdem er 13 Jahre auf dem Fest durch die Glut gelaufen war, erlitt seine Tochter eine schlimme Lungenkrankheit. Er leistete nun den Eid, er würde sich auf der Zeremonie auch noch die Wangen durchstechen lassen. Die Tochter wurde tatsächlich wieder gesund, und ließ er sich fortan kleine Spieße durch den Mund stechen, bevor er durch die Glut lief.

Durch Bestehen der Prüfungen wie Feuerlaufen oder Messertanz mit der damit verbundenen Opferung der eigenen Schmerzen hofften viele, eine göttliche Protektion zu erwirken, manche erhofften sich die Heilung von schwerer Krankheit. So berichten Sahadeo und Stella (1974) z. B. von einem Mann, der seit Jahren unerträgliche Kopfschmerzen hatte und dem kein Arzt wirklich hatte helfen können; nach der Teilnahme sei er wieder gesund gewesen. In einem Artikel von Lal und Seruvakula (1974) wird ein 14-jähriger Junge beschrieben, der den Eid geleistet hatte, über die Glut zu gehen, wenn sich seine chronische Hauterkrankung bessern würde; dies geschah, und er hielt sein Versprechen.

Sahadeo und Stella (1974) zitierten außerdem einen Hohepriester, sogar ein Leprakranker sei durch die Teilnahme an dem Suva-Fest innerhalb von nur sieben Stunden geheilt worden, ein medizinisch höchst erstaunlicher Befund; die Geschichte ließ sich indes nicht verifizieren. Ein anderes Beispiel handelt von einem frühgeborenen Kind: Der Vater betete während der Feste zu einer Göttin, sie möge es am Leben lassen und ihm „*viel Fleisch und Blut*" geben; der Wunsch wurde wortwörtlich erfüllt, bereits mit elf Jahren wog der Sohn 165 Pfund, war aber geistig erheblich retardiert. Um Intelligenz hatte der Vater leider nicht gebeten. In dem Buch „Holy Torture in Fiji" von Sahadeo et al. (1974) wird ferner von sechs Frauen mit Kinderwunsch berichtet, die nach der Hochzeit jahrelang nicht schwanger geworden waren oder nur Fehlgeburten erlitten hatten. Der Hohepriester behauptete, alle von ihnen seien nach Durchstehen der Prüfungen schwanger geworden. Ein Teil von ihnen kam im Jahr darauf mit ihren Säuglingen zum Fest, um sich zu bedanken.

Obwohl sich viele Krankheiten spontan bessern, wird dann die Heilung auf das Ritual zurückgeführt. Auch ein gewisser Placeboeffekt durch das Fokussieren der Gedanken weg von der Krankheit und hin zum Heilungsprozess sollte nicht unterbewertet werden. Wer übrigens trotz der Teilnahme nicht gesund wurde, zweifelte die spirituelle Bedeutsamkeit der Zeremonie in der Regel nicht an, sondern betrachtete seine Krankheit weiterhin als eine von einem Gott gesandte Prüfung.

Solche Rituale kommen in vielen Kulturen vor, so etwa im Sufismus, einer Richtung des Islam, bei der man stark mit dem Körper arbeitet, um ihn zu öffnen und sein Herz zu reinigen. Der heilige Tanz findet sich bei Untergruppen der Sufi wie den Issawa, den Gnaua und den Hamadscha. Deren oft ekstatische Religiosität spielt insbesondere im islamischen Afrika eine wichtige Rolle. Favazza (1996) berichtet von extremen Formen. Aischa Quandischa etwa ist ein Dschinn, d. h. ein Geist in Form einer Frau, die man mit Blutopfern versucht zu besänftigen; ihre Anhänger verletzen sich in rituellen Tänzen selbst. Mit Aischa Quandischa „verheiratet zu sein", bedeutet im Sprachgebrauch so viel wie „besessen" zu sein.

Die „Hadra" ist eine dieser rituellen Zeremonien. Die Teilnehmer tanzen nach den Rhythmen einer lauten Musik, viele geraten in Trance. Die Betroffenen singen, einige schreien und manche fallen zuckend und sich windend auf den Boden. In Extremfällen schlagen sie sich dann gegen den Kopf oder fügen sich mit einem Messer oberflächliche Wunden zu, bis sie von Blut bedeckt sind. Hierbei erhoffen sie eine Vision von Aischa Quandischa. Oft werden diese Rituale auch im Rahmen einer Heilung benutzt; der Erkrankte wird dazu mit dem Blut benetzt oder soll blutgetränkte Brotstücke essen. Der Begriff Hadra, obwohl als rituelles Fest in den Ursprungsländern heute nur noch selten begangen, ist geblieben: Inzwischen laden französische Jugendliche zu Hadra-Technoparties ein.

Besonders unter Jugendlichen und jungen Erwachsenen gibt es heute starke Bestrebungen, solche Rituale wieder zu beleben. Das Buch „urban primitive" (2003) von Raven Kaldera und Tannin Schwartzstein informiert umfassend über die Magie der modernen Großstädte. Es enthält zahlreiche Illustrationen des Radierers Willi Tomes alias Thomas Peupelmann, der nach eigenen Angaben nach einem Ufoabsturz im Herbst 1979 auf einem Hasenacker in der Nähe von Engerda gefunden wurde. Körperveränderungen werden darin als rituelle Magie gefeiert, die konkrete Bedeutung und jedes Piercings oder Tattoos wird erklärt. So wurde Schmuck in der Augenbraue mit der Sonne assoziiert; in der Magie diene er dem klaren Sehen:

„Besonders gut eignet es sich für Menschen, die leicht von ihren eigenen Gefühlen überwältigt werden und denen es schwer fällt, objektiv zu sein. Das Piercing dient der Entwicklung des ‚Vogelauges', das dir eine langfristige Sicht verleiht, als würdest du hoch oben fliegen und weit sehen können. Es kann magisch auch dazu benutzt werden, durch die Augen anderer Tiere zu sehen, wenn du einen Talisman mit dem eingekerbten Tier deiner Wahl daran befestigst." (Kaldera & Schwartzstein 2003, 133)

Nach Ansicht der Autoren sollten Art und Ort des Körperschmucks mit der Persönlichkeit und der momentanen Entwicklungsphase des Trägers übereinstimmen, um keinen Schaden anzurichten. So signalisieren bestimmte Piercings der Nase, dass man auf einer magischen Ebene ein Alter erreicht hat, in dem man ernsthaft über eine feste sexuelle Beziehung nachdenkt. Wer immer noch wild flirten möchte, sollte sie sich daher nach Ansicht von Kaldera und Schwartzstein (2003) nicht zulegen. Lippenpiercings bedeuten gemäß diesem Kodex, dass man darauf achten soll, was man sagt; Zungenpiercings sind ein Zauber gegen Lügen. Weibliche Intimpiercings werden als Magie gegen Vergewaltigung benutzt und als Zeichen der Selbstanerkennung. Nabelpiercings stehen in Verbindung mit dem Mond und werden zur Beschwörung der weiblichen Energie verwendet, sie sollen die Fruchtbarkeit unterstützen und besonders gut für Frauen geeignet sein, die sich Kinder wünschen. Wer schwanger wird, muss sich diesen Schmuck dann natürlich irgendwann entfernen.

3 Arten von Body-Modification

3.1 Körperbemalung, Schminken, Haartracht

Nach Buschan (1910) liegt der Ursprung der Hautbemalung im Bestreichen des Körpers mit feuchter Erde zur Kühlung und zum Schutz gegen Insekten. Eine andere Motivation mag die Tarnung bei der Jagd oder auf dem „Kriegspfad" gewesen sein. Die Kriegsbemalung nordamerikanischer Indianerstämme ist eine der bekanntesten Arten des Körperschmucks, sie diente zugleich der Unkenntlichmachung von Gesichtszügen und damit der besseren Tarnung. Auch Reitzenstein (1923) gab einen interessanten Überblick über die Bedeutung der Körperbemalung. So verzierten die Frauen der Kutschin-Indianer das Kinn mit einigen strahlenförmig von der Unterlippe über das Kinn laufenden, rot pigmentierten Narben oder bemalten sich das Gesicht schwarz. Die Frauen der Krähen- und Schwarzfußindianer scheitelten ihr Haar über der Stirn und färbten den Scheitel mit Ocker rot. Frauen der Mundruku malten sich ein schwarzes, halbmondförmiges Zeichen ins Gesicht, dessen Hörner nach oben hin spitz zuliefen. Reitzenstein führte dies nicht zuletzt auf den Spieltrieb zurück, stellte darüber hinaus aber auch eine tiefere, symbolische Bedeutung fest, etwa bei den Reifezeremonien, bei der Eheschließung und bei den Totenriten. Zbinden (1998) berichtete, dass die Papuas sich zum Zeichen der Trauer mit weißem Schlamm einschmierten.

Erste Hinweise auf die Benutzung von Schminke zur Veränderung des Aussehens finden sich auf Wandgemälden aus dem Ägypten des Altertums. Unter den Pharaonen stand die Betonung mancher Gesichtspartien für Göttlichkeit. Sie bemalten vor allem das obere

Abb. 16:
Gesichtsbemalung bei einer Seri-Indianerin in Nordamerika (Foto: Reitzenstein 1923, 203)

und untere Lid mit einem Farbstrich, den sie zur Schläfe hin verlängerten. Ursprünglich wohl als Sonnenschutz gedacht, lässt diese Art des Schminkens die Augen auch größer und damit attraktiver erscheinen; daher blieben diese Techniken nicht lange auf die Pharaonen beschränkt. Ägyptische Frauen wie auch Männer färbten sich die Augenbrauen, hellten ihre tiefschwarzen Haare mit Henna auf oder tönten sie mit Wacholderbeersaft. Mit anderen Farbstoffen ließen sich rosa Wangen erzeugen oder tiefrote Lippen. Auch das Färben der Fingernägel geht vermutlich bereits auf das alte Ägypten zurück. Andere Kosmetika waren wahrscheinlich sämtlich Versuche, mit Ölen die Haut vor dem Austrocknen in der heißen Luft zu schützen. Röntgenuntersuchungen haben gezeigt, dass die Ägypter bereits 2100 v. Chr. über schwarze, grüne, blaue und gelbe Make-ups verfügten. Erst etwa ab etwa dem 8. Jahrhundert v. Chr. eroberte die Kosmetik Griechenland und später Rom.

Schon Ovid (43 v. Chr.–18 n. Chr.) gab in seiner *„Ars amatoria"* klassische Hinweise zur Herstellung eines antiken Make-ups, immer wieder verbunden mit der Warnung, den Mann nicht in die Geheimnisse des Schminkens einzuweihen.

Neben Kosmetik hat insbesondere die Frisur eine lange kulturgeschichtliche Tradition. In früheren Zeiten war sie Ausdruck der gesellschaftlichen Stellung ihres Trägers. Zur Zeit der Ägypter durften Diener beispielsweise nur kurze Haare tragen. Im antiken Rom reichte das Spektrum von offen über toupiert, lockig, gescheitelt bis hin zum Dutt. Schon Apuleius aus Madaura im heutigen Algerien schrieb vor annähernd zweitausend Jahren: *„Überhaupt ist die Frisur von größter Wichtigkeit"* (Metamorphosen II 9, 1–5). Während in der frühen Römischen Republik ein einfacher, schlichter

Abb. 17: Unterschiedliche Frisuren in afrikanischen Kulturen als Ausdruck von Individualität, Geschlecht, Gruppen- und Stammeszugehörigkeit (Hellwald 1877, 631)

34 Arten von Body-Modification

Abb. 18 bis 22:
Veränderungen durch Haarschnitt und Bartrasur sind wohl die häufigste und beliebteste Möglichkeit der Körperveränderung. (Foto: E. Kasten, Modifikationen: U. Herbert)

Dutt modern war und falsches, aufgeputztes, gewelltes und parfümiertes Haar als Kennzeichen von Huren galt, wurde gerade dieses in der Kaiserzeit beliebt: Locken, die schon damals mit einem aus Eisen bestehenden „Calamistrum" erzeugt wurden, waren ein wichtiger Bestandteil der beliebten Hochfrisuren; Perücken und Haarteile nutzte man zur Unterstützung der Hochfrisuren sowie zum Verstecken von kahlen Stellen. Die beliebten blonden Perücken wurden aus den abgeschnittenen Haaren gefangener Germaninnen hergestellt.

Sogar das Enthaaren der Beine und unter den Achseln war bereits üblich, wie man Ovids „Ars amatoria" vernehmen kann. Neben Pinzetten gab es hierfür auch eine Paste, die man durch Auflösen von Harz in Öl gewann.

Durch Frisuren drücken auch heute einzelne Gruppierungen ihre Haltung zur Gesellschaft aus. Die Hippies der 1960er Jahre brachten die langen Haare bei Männern wieder in Mode, nachdem das Dritte Reich den Herren „freie Ohren" aufgenötigt hatte. Die Punks der 1970er Jahre trugen ihre Gesinnung durch den Irokesenschnitt in die Öffentlichkeit, Skinheads mögen es bekanntlich eher ultrakurz. Heute bietet der ständige Wechsel der Frisur die Möglichkeit, sich immer neu darzustellen. So sind gefärbte Haare bei Frauen mehr die Regel als die Ausnahme, und mit so genannten renaturierenden Mitteln, die die natürliche Haarfarbe zurückbringen sollen, lassen sich auch immer mehr Männer ermuntern, die grauen Haare noch etwas warten zu lassen.

Eine besondere Stellung innerhalb der Veränderungen der Haartracht hat das Schamhaar: Viele Frauen stutzen es, selbst manche Männer rasieren sich im Intimbereich völlig kahl. Viele Frauen lassen gerade noch einen vertikalen Strich an Härchen stehen, womöglich, um den Unterschied zur Unbehaartheit des Kindes zu verdeutlichen; was die Vagina geradezu überzeichnet und umso stärkere Signalwirkung haben kann. Darüber hinaus lässt sich mit geringer oder fehlender Schambehaarung Jugend oder gar Jungfräulichkeit assoziieren.

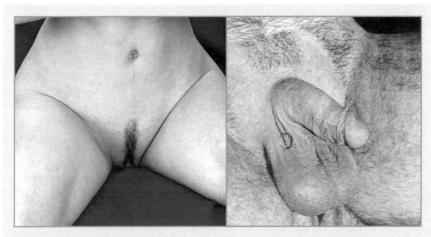

Abb. 23 und 24:
Genitalrasuren sollen die Geschlechtsteile betonen und damit sexuell stimulierend wirken. (Abb. 23 links: Foto: SW Entertainment, 2002[131]; Abb. 24 rechts: Foto: J. Wolter: Body-Piercing & Tattoo, 2005, S. 26)

Nachteil der Intimrasur ist, dass die Haare nachwachsen, dann kratzen, scheuern und jucken und stetig wieder abrasiert werden müssen. Aufgrund der faltigen Haut im Geschlechtsbereich ist die Rasur überdies nicht einfach und führt mitunter zu Verletzungen. Epilierung von Haaren an empfindlichen Teilen wie Schamlippen oder Hodensack (Skrotum) ist kaum möglich und Enthaarungs-Cremes haben oft üble Effekte auf die zarte Schleimhaut der Vagina.

3.2 Veränderungen des Körpergewichts

Abgesehen vom Haareschneiden dürfte eine der häufigsten Arten der Körpermodifikation die Veränderung des Körpergewichts sein: Durch das Überangebot an Nahrungsmitteln in unserer Kultur nehmen die meisten von uns langsam, aber sicher immer mehr zu und unterziehen sich dann Diäten und Fastenkuren. Das Zu- wie das Abnehmen ist eine Form der Körpermodifizierung, auch wenn die Gewichtszunahme nicht immer bewusst und schon gar nicht erwünscht geschieht. Umso bewusster und auch schmerzhafter sind dann die Versuche der Gewichtsreduktion.

Dabei gab es auch Kulturen, in denen Menschen regelrecht gemästet wurden. Reitzenstein beschrieb dies in seinem 1923 herausgegebenen Buch „Das Weib bei den Naturvölkern". Manche Frauen wurden so lange gefüttert, bis sie sich nicht mehr aus eigener Kraft vom Platze bewegen konnten, einmal gelang es selbst sechs Männern nicht mehr, eine Frau zu transportieren.

Es gibt wenig Dinge, mit denen man sich lebenslang wiederholt so intensiv beschäftigen kann wie mit dem eigenen Körpergewicht. Die meisten Menschen in unserer westlichen Kultur fühlen sich heute zu dick, sind darüber frustriert und versuchen obskure Diäten. Eine Betroffene schrieb hierzu:

> „Ich heiße Silvia, bin 35 Jahre alt und wiege bei einer Größe von 1,65 m derzeit 66,5 kg. [...] Mit Anfang 20 war ich richtig fett – rund 90 kg. Der Grund war: Ich habe jeden Frust mit Essen kompensiert, das ging so weit, dass ich heimlich gegessen habe und meine Vorräte im Kleiderschrank versteckt habe, vornehmlich Mohrenköpfe und Marsriegel. Ich habe mich geschämt, zu essen, vor allem in der Öffentlichkeit. Mein einziger Wunsch war der, wieder unter 70 kg zu kommen. Hab ich dann auch geschafft – dank einer Behandlung gegen meine leichte Schilddrüsenunterfunktion und Weight-Watcher-Motivation. [...] Der Preis für die gewonnene Schlankheit war, so gut wie gar nichts mehr zu essen (z.B. nur eine Vollkornbrezel oder ein Honigmelone am Tag!). Natürlich konnte ich diese Lebensweise nur mit Appetitzüglern durchhalten, mehrere Jahre! Damit habe ich dann doch endlich aus Vernunftgründen aufgehört. Gott sei Dank habe ich einen lieben Freund, der mich toll findet und mit dünnen Frauen nichts anfangen kann."[126]

Der klassische Ratschlag zum Umgang mit Übergewicht ist: weniger, bewusster und langsamer zu essen – die meisten Übergewichtigen stopfen Nahrung nebenbei in sich hinein, während sie sich unterhalten oder fernsehen; die eigentliche Befriedigung durch die Nahrungsaufnahme bleibt aus, da man gedanklich gar nicht dabei ist, wie gut das schmeckt, was man gerade isst. Bewusstes Essen führt überdies viel eher zu einer Sättigung. Das Führen einer genauen Liste, wann, was und wie viel gegessen wurde, kann dem Betroffenen helfen, einen Überblick zu bekommen und Nährstoffe einzusparen. Feste Regeln sind auch beim Halten des Gewichts sinnvoll, etwa prinzipiell nach 20:00 Uhr nichts mehr zu essen, maximal zwei Scheiben Brot am Abend, keine Mahlzeiten zwischendurch usw. Sinnvoll ist die grundlegende Änderung der Ernährungsgewohnheiten, d. h. vermehrt ballaststoffreiche, kalorienarme, vitaminreiche Nahrungsmittel. Süßigkeiten ist schon im Supermarkt zu widerstehen. Sind sie erst einmal zu Hause, ist die Verführung in einer aktuellen Problemsituation zu groß. Gruppendruck beim gemeinsamen Abnehmen wie bei den „Weight Watchers" kann helfen, konsequent abzunehmen und das niedrigere Gewicht dann auch langfristig zu halten. Selbst eine Psychotherapie kann angezeigt sein, damit der Übergewichtige lernt, auf Frustrationen nicht sofort mit Essen zu reagieren; das Erlernen anderer Möglichkeiten der Konfliktlösung ist wichtig. Diäten alleine helfen fast nie, wenn man parallel dazu nicht auch Sport treibt: Gymnastik, Radfahren, Schwimmen, Walking und alle anderen Arten intensiver körperlicher Bewegung wandeln Fett- in Muskelgewebe um, ohne dass man dabei darben muss. Übrigens steigt der Spiegel an Glücksbotenstoffen (Endorphinen) im Gehirn nach wenigen Tagen des Fastens – und macht trotz Hunger eher euphorisch.

Diese Ratschläge sind leichter gegeben als befolgt, insbesondere, wenn mit der Nahrungsaufnahme ein als frustrierend empfundenes Leben bereichert werden soll. Eine Betroffene berichtete freimütig:

> „Ich fühle mich zurzeit kraftlos und überfordert. Der Dreifachbelastung – Kind, Beruf und Haushalt – fühle ich mich nicht gewachsen. Hinzu kommen noch Probleme im privaten Bereich, die meine Fressattacken eher noch verstärken. Mir fehlt einfach die Energie, eine Diät durchzuhalten. Außerdem kann ich, wenn es mir sowieso schon nicht gut geht, nicht auch noch auf das Essen verzichten!" [125]

Gesundheitliche Beeinträchtigungen und Attraktivitätsverlust durch leichtes Übergewicht werden von den Betroffenen oft übersteigert wahrgenommen, während das Ideal, gertenschlank zu bleiben, jenseits der dreißig immer schwieriger durchzuhalten ist. Vor allem Frauen haben oft ein negatives Bild von ihrem Körper. Sie beobachten, kontrollieren und zügeln ihr Essverhalten, um abzunehmen oder wenigstens nicht zuzunehmen. Statt endloser Diätversuche gibt es inzwischen Ansätze, die innere Einstellung dieser Personen zu verändern. Diese Therapie gegen den Schlankheitswahn wirkt dem übertriebenen Magerkeitsideal entgegen und bietet insbesondere Frauen ein Training an, den eigenen Körper positiver wahrzunehmen.

Pinhas und Mitarbeiter führten 1999 eine sehr interessante Untersuchung durch, in der mehreren Frauen Bilder von ideal-schlanken Models gezeigt wurden. Die meisten Probandinnen reagierten hinter-

Abb. 25:
Schlankheit ist heute ein ersehntes Schönheitsideal, aber die Rechnung „noch schlanker = noch schöner" geht nur bis zu einer gewissen Grenze auf.
(Foto Kai Schoening & Nina Lutzer / www.PixelQuelle.de)

her ärgerlich-depressiv. Groesz et al. (2002) stellen in einer Analyse von 25 Arbeiten zu diesem Thema fest, dass Frauen eine signifikant höhere Unzufriedenheit mit dem eigenen Körper zeigen, wenn man sie mit superschlanken Models konfrontierte, als nach der Betrachtung von Fotos von übergewichtigen Frauen. Man vergleicht stetig mit sich selbst und begeht dabei den so genannten Kontrastfehler.

Neben denen, die sich zu dick fühlen, gibt es auch welche, die meinen, zu dünn zu sein. Manche davon nehmen einfach nicht zu – aufgrund ihrer genetischen Veranlagung oder durch Hormonstörungen wie die Schilddrüsen-Überfunktion; auch Dünnsein kann ein Problem darstellen. Birgit, eine Dünne, sagt hierzu:

> *„Ich habe selbst noch nie eine Diät gemacht, weil ich schon immer zu dünn bin. Ich bin 1,61 m groß und wiege 46 kg. Als dünne Frau habe ich jetzt mal eine Bitte an alle normalen und übergewichtigen Frauen: Seid nett zu uns Dünnen! Schon von Kindheit an muss ich mir verletzende Kommentare über meine Figur anhören. So Sachen wie z.B. die Mutter meiner Freundin Annabel: ‚Iss, sonst schaust du mal aus wie die Birgit' oder ‚Du solltest zum Arzt gehen', ‚Findest Du das schön so dünn? Also mir gefällt das nicht' […]. Jetzt im Erwachsenenalter schmeißt schon mal ab und zu eine von meinen Freundinnen Kommentare wie ‚Jetzt bist du aber zu dünn' oder ‚Also mehr darfst du aber nicht abnehmen' […]. Dünne Frauen wie ich sind so was wie Freiwild, da meint jeder, er darf ohne Rücksicht alles sagen, was ihm so einfällt. Leider tut es uns aber auch weh, ständig wegen unserer Figur kritisiert zu werden! Ich gefalle mir so auch nicht besonders und hatte sogar schon Zeiten, wo ich mich nicht ins Schwimmbad getraut hab, weil ich mich so geschämt hab. Wenn ich versuche, zuzunehmen und richtige Fresskuren starte, nehme ich vielleicht zwei Kilo zu, und das nur am Bauch. Sieht dann noch blöder aus, dünn mit Bauch. Deswegen mache ich das auch nicht mehr."* [130]

Auf suchtartige Störungen des Essverhaltens wie Adipositas, Bulimie und Anorexie und die damit verbundene Körpermodifizierung wird später noch näher eingegangen.

3.3 Krafttraining und Bodybuilding

Diäten alleine bringen bekanntlich keinen dauerhaften Effekt, besser und gesünder ist es, das Fett in Muskelmasse umzuwandeln. Viele, die ihren Körper formen wollen, gehen ins Fitness- oder Bodybuilding-Studio. Für Decker (2003) ist mit der Entwicklung der Sportarten im 19. Jahrhundert auch die Formbarkeit des eigenen Körpers entdeckt worden. In den letzten Jahrzehnten hat die Zahl der Sporttreibenden enorm zugenommen. Heute sind Fitness, Sportlichkeit und ein attraktives, dynamisches Aussehen und

Tabelle 1: Trainingsmotive von Fitness-Studio-Besuchern (nach Dreßler 2002)

	sehr wichtig	eher wichtig	eher unwichtig	sehr unwichtig
Gesundheit	67,7 %	23,4 %	6,8 %	2,1 %
die körperliche Leistungsfähigkeit erhalten	21,0 %	34,0 %	39,7 %	5,3 %
Verbesserung durch regelmäßiges Training	14,2 %	44,2 %	32,1 %	9,5 %
eine attraktive Figur bekommen	19,9 %	39,8 %	32,5 %	7,8 %
Spaß haben	27,6 %	43,4 %	16,9 %	12,1 %
vom Alltag abschalten/ Stress abbauen	39,4 %	28,9 %	17,2 %	14,5 %

Auftreten wichtiger denn je. Gemäßigtes Bodybuilding, das „Workout" zum Abschluss des Arbeitstages gehören beinahe schon zum Alltag. Befragt nach ihren Trainingsmotiven, nannten Besucher Düsseldorfer Fitness-Studios vor allem Gesundheit und Stressabbau (Dreßler 2002; alle Ergebnisse in Tabelle 1).

Vor allem die Sorge um ihre Gesundheit veranlasst die Menschen also, ins Fitness-Studio zu gehen, ferner die Verbesserung ihrer Leistungsfähigkeit sowie der Spaß am Training. Kraftsport treiben auffällig mehr Männer als Frauen. Laut einer qualitativen Untersuchung mit dem Titel „Körper-Normen, Körper-Formen" suchen Männer, mit täglichen Leistungsvergleichen sich ihrer Männlichkeit zu versichern. Beate Hofstadler und Birgit Buchinger (2001) stellten in ihren Interviews fest, dass viele Männer sich durch Dicksein in ihrer Männlichkeit bedroht fühlten. Deshalb betreiben sie Sport mitunter bis an die Grenze zur Verausgabung:

> „Es ist absurd, aber ich liebte den Schmerz. Ich hab' stundenlang trainiert, bis ich meine Arme nicht mehr bewegen konnte. Ich hab' meine Beine so hart trainiert, dass ich hinfiel, weil ich nicht mehr laufen konnte."

Arten von Body-Modification

Wie sehr gerade Bodybuilding eine Art der Körpermodifizierung ist, zeigt ein Ausspruch des deutschen Bodybuilders Bernd Breitenstein, der einst als Kind sehr unter seinem Übergewicht gelitten hatte:

> *„Ein solcher Körper wächst einem nicht zu, man muss ihn sich schaffen. Ein Bildhauer am eigenen Fleisch. Die Muskelfaser ist das Material, die Ernährung der Meißel, das Training der Hammer."*

Unter Krafttraining versteht man Übungen, die eine Verbesserung der Muskelkraft bewirken sollen. Vom Medizinball über das eigene Körpergewicht bis hin zu komplizierten Maschinen kommen die verschiedensten „Gerätschaften" zum Einsatz. Das Grundprinzip besteht in einer muskulären Dauerbelastung. Durch reines Fitnesstraining wachsen die Muskeln nicht unbedingt, man wird einfach kräftiger und körperlich belastbarer. Bodybuilding im engeren Sinn ist ein systematisches Training mit Gewichten – Freihanteln, Geräten etc. Es geht zwar auf das Gewichtheben zurück, Bodybuilder sind jedoch oft mehr an der „Verschönerung" ihres Körpers interessiert als an einer funktionellen Muskulatur oder einem Zuwachs an Körperkraft. Unter Umständen können die in mancher Augen so schick aussehenden Muskelmassen dann sogar weniger Kraft haben; die muskuläre Höchstbelastung kann Muskelfasern sogar splitten lassen. Über Erfolg oder Misserfolg entscheiden hierbei allerdings nicht nur ein systematisches Training und Ehrgeiz, sondern auch körperliche Voraussetzungen und das Einhalten strikter Ernährungspläne.

Bereits in der Antike gab es die ersten „Bodybuilder": Griechische Sportler trainierten mit hantelähnlichen Gebilden, um sich auf Wettkämpfe vorzubereiten. Als Begründer des neuzeitlichen Bodybuildings gilt der Königsberger Zirkusringer Eugen Sandow, der Anfang des 20. Jahrhunderts als Stangenverbieger und Gewichtheber auftrat. Immer noch erfreut es sich wachsender Beliebtheit. Bewertet werden Muskulösität, Symmetrie, Vaskulösität und Präsentation, sowie die Muskelmasse selbst nach Dichte, Härte und Teilung der Muskeln. Es gilt, die einzelnen Muskelgruppen gut voneinander

Abb. 26:
Muskelpakete: ein Zeichen von Männlichkeit? (Foto: Christopher Thomas)

abzugrenzen – schön „definierte" Muskeln zu bekommen. Die Symmetrie erfordert eine ausgewogene Entwicklung der einzelnen Körperteile zueinander. Die Vaskulösität schließlich meint, wie deutlich die epifaszialen Venen aufgrund des geringen Körperfettanteils sichtbar werden.

Viele Menschen, die eine Körperveränderung durch Hantel-, Kraft- oder Fitnesstraining anstreben, haben immer die dicken Muskelpakete eines Arnold Schwarzeneggers vor Augen; Schulz (1991) hingegen wies darauf hin, dass drei Ziele anzustreben seien: Kraft, Ausdauer und Gelenkigkeit. Bei den meisten Trainingsarten des Bodybuildings werden vorwiegend nur die so genannten langsamen Muskelfasern stimuliert; die schnellen Muskelfasern bleiben oft inaktiv und auch die intramuskuläre Koordination wird durch stures Gewichtheben wenig trainiert (Kunz et al. 1990). Zur Schnellkraftentwicklung dienen spezielle Übungen mit Abbremsen und anschließendem Beschleunigen des eigenen Körpers oder eines Gerätes wie beim Boxen, Springen und an entsprechenden Geräten. Stets sind Agonist und Antagonist einer Muskelgruppe mit angepassten Bewegungsausführungen zu trainieren. Schnelle Belastungssteigerungen führen auch schnell zu Schäden. Wichtig ist immer die intensive Aufwärmung und Vordehnung der Muskulatur, z. B. Wirbelsäulengymnastik vor schweren Kniebeugen. Nach dem Training ist auf ein so genanntes Cool-down zu achten, das heißt: lockeres Auslaufen kombiniert mit leichten Dehnübungen der trainierten Muskulatur.

Eine Körpermodifizierung durch Muskelaufbau lässt sich auch durch Anabolika erreichen. Alle Anabolikapräparate, die im Sport Verwendung finden, gehen auf Testosteron, das männliche Geschlechtshormon, zurück. Hier unterscheidet man eine androgene (die männlichen Geschlechtsmerkmale beeinflussende) und eine anabole (stoffwechselbegünstigende) Komponente. Bei der Herstellung synthetischer Anabolikaprodukte hat man versucht, die anabole Wirkung zu betonen; die androgene ließ sich allerdings bis heute nie ganz unterdrücken. Ergebnis des Anabolikadopings bei Frauen waren deshalb nicht selten Athletinnen mit sehr tiefer Stimme und mehr oder minder starkem Bartwuchs. Allgemein kann man sagen, dass eine regelmäßige Einnahme von Anabolika bei weiblichen Athleten sehr viel stärkere Leistungssteigerungen bewirkt als bei männlichen. Grund dafür ist der weit niedrigere Testosteronspiegel im Blut der Frauen. Anabolika wirken ausschließlich in Verbindung mit körperlichem Training und werden als Tabletten eingenommen oder gespritzt. Bekannte Anabolikapräparate sind Stanozolol, Dianabol und Nandrolon. Die Einnahme von Anabolika ist im Sport natürlich verboten, sie können im Urin nachgewiesen werden.

Der Anabolikakonsum unter Freizeitsportlern steigt. Wie eine aktuelle Studie ergab, schlucken rund 19 % aller Fitnessstudiobesucher Anabolika. Die Medikamente stammen hauptsächlich vom Schwarzmarkt, nur knapp 20 % wurden von Hausärzten verschrieben. In 10 % der Fälle waren die Trainer am Handel beteiligt. Der Wunsch nach einem muskelbepackten

Körper ist heute so groß, dass nach einer Untersuchung aus Großbritannien immer mehr junge Männer Anabolika einnehmen. Dawson hatte 1.000 Jugendlichen in England befragt, hiervon gaben 63 zu, bereits mindestens einmal Anabolika angeboten bekommen zu haben. 26 Jugendliche sagten, sie hätten bereits selbst Anabolika genommen. Der Mediziner warnte vor dem Fehlschluss, Anabolika seien der schnelle und gefahrlose Weg zu einem muskulösen Körper: Der Missbrauch dieser Stoffe kann Krebs, Herzleiden, Stimmungsschwankungen und Impotenz auslösen.

Schlägt der sportliche Ehrgeiz um in krankhafte Sucht nach immer männlicherem Aussehen und der Gesundheit eher abträglichem Training, so spricht man von „Biggerexie", auch Muskelsucht, Muskeldysmorphie oder Adoniskomplex genannt: Obwohl die Betroffenen meist gut trainiert sind, fühlen sie sich immer noch schmächtig und unansehnlich. Soziale und berufliche Kontakte werden zunehmend vernachlässigt und der gesamte Alltag wird dem straffen Trainingsplan untergeordnet.

Auch die Bundeszentrale für gesundheitliche Aufklärung (BZgA) befasst sich mit diesem Problem und ordnet es bei den Essstörungen ein: Zugunsten des Muskelaufbaus wird auf bestimmte Nahrungsmittel verzichtet, wodurch eine unbändige Gier nach genau diesen entsteht. Oft wird die Erkrankung erst nach Jahren, in weit fortgeschrittenem Stadium erkannt und muss dann mitunter sogar stationär behandelt werden. Als mögliche diagnostische Hinweise zur Früherkennung der Biggerexie gelten: regelmäßiges, exzessives Betreiben von Sport, ein starker Gewichtsverlust, die Einnahme von leistungssteigernden Substanzen, Hormonstörungen, veränderte Brustwarzen und Akne durch Anabolikaeinnahme sowie ein fehlender Bezug zum eigenen Aussehen.

3.4 Tattoos/Tätowierungen

Beträchtlich schneller und müheloser als Muskeln kann man sich Tattoos und Piercings zulegen; allerdings werden einem auch diese Körperveränderungen nicht geschenkt. Eine Schülerin berichtete:

> *„Ich hörte die Tätowiermaschine surren und wusste, nun geht es los. Der erste Kontakt fühlte sich wie ein Bienenstich an, also dachte ich, dass ich damit klarkomme. Mein Design bestand überwiegend aus geraden Linien, die sie nonstop durchzog, bevor sie Tinte nachfüllte. Daher fühlte ich einen konstanten Schmerz. Ich strampelte in dem Stuhl herum, aus dem mein Hintern halb herausrutschte, während die anderen zusahen. Ich fühlte mich wie der größte Feigling auf der ganzen Welt, weil es wehtat. Ich versuchte, es nicht zu zeigen, aber natürlich sah man mir an, dass ich Schmerzen hatte. Als die Nadel mir über die Wirbelsäule hinwegrasselte, spürte ich den Schmerz auf dem gesamten Rücken, aber das ging vorbei. Mein ganzes Tattoo dauerte etwa 30 Minuten, aber mir kam das wie zwei Stunden vor."* [106]

Jeder fünfte Deutsche zwischen 15 und 25 Jahren trägt mittlerweile ein Tattoo. Als persönliche Ausdrucksform hat es sich im Massengeschmack etabliert und erregt heute kaum noch Anstoß.

Die Inselgruppe Polynesien im Pazifischen Ozean gilt als Ursprungsort des Tattoos. Von dort kommt auch sein Name: „Tatau" ist die Bezeichnung für das Einritzen von Ornamenten in menschliche Haut; Pflanzensäfte oder Ruß machten die Narbe farbig und damit zum dauerhaften Symbol der Stammeszugehörigkeit und des sozialen Status. Durch rituelle Tätowierungen glaubte man, Dämonen fern halten zu können. Die formvollendetsten Tatauierungen fand man damals in Ozeanien und im zentralen Südamerika. In Neuseeland findet sich eine besondere Tatauierung des Gesichts: bei den Männern ein Gewirr von Spiralen, bei den Frauen Zeichen von den Lippen und Mundwinkeln hin zum Kinn. In der Südsee war die Tatauierung ein Recht der Vornehmen, bei anderen Stämmen gab sie das Stammesabzeichen wieder.

Die Herstellung der Tataus ging unterschiedlich vonstatten. Zunächst wurde ein einfacher Dorn zum Einstechen der Ornamente benutzt, die noch blutenden Stellen mit Holzkohlenpulver eingerieben, welches einheilte und durch die Oberhaut hindurch dunkelblau schimmerte. In der Südsee wurden hakenförmige Instrumente verwendet, mit einer Klinge aus Muschelschale oder Knochen an einem hölzernen Stiel, deren Schneide feine Spitzen zeigte. Diese wurden mit Farbstoff bestrichen durch einen leichten Schlag in die Haut eingetrieben. Bei anderen Völkern benutzt man mehrere zusammengebundenen Nadeln.

Abb. 27 (links): Gesichts- und Oberkörper-Tatau eines Kadiuémädchen aus dem südamerikanischen Chaco südlich der Anden (Foto: Buschan 1910, 133)

Abb. 28 (rechts): Moderne Ganzkörpertätowierung im japanischen Stil bei einem Mann (Foto: Preuss 1983, 27)

Besonders auffällig war die Bemusterung der Ainufrauen, Formosanerinnen und Aleuten, die sich eine Art Schnurrbart tätowierten; die Männer rissen sich derweil sämtliche Barthaare aus. Faden- oder Rußtatauierung war im nördlichen Asien und bei den Eskimos gebräuchlich: Ein in Tran getränkter und mit Lampenruß geschwärzter Faden wurde dabei mit einer Nadel durch die Haut gezogen; der Ruß blieb im Stichkanal zurück und heilte als Punkt in die Haut ein (nach Reitzenstein 1923, 111ff).

Tätowierungen wurden in vielen Kulturen als Auszeichnungen verliehen – wollten also erst verdient sein. Auf Borneo durfte sich ein Krieger die ganze Hand tätowieren lassen, wenn er einen Feind getötet hatte, und nur einen einzelnen Finger, wenn dieser Gegner mit mehreren Kriegern gemeinsam besiegt worden war.

Auch wenn man die Pazifikinseln gemeinhin als Ursprungsort von Tätowierungen ansieht, gab es diese wohl schon sehr viel früher an den unterschiedlichsten Orten der Welt. Man fand sie an ägyptischen Mumien, es wird berichtet, Soldaten im antiken Rom sollen sie getragen haben, und japanische Kriminelle wurden früher mit Tätowierungen im Gesicht bestraft; die daraus entstandene Kunst wird als „Irezumi" noch heute in Japan praktiziert. Die Blütezeit lag im 17. und 18. Jahrhundert und war vor allem unter Geishas weit verbreitet: Extrem bunte Motive bedeckten hier fast den gesamten Körper. Enthusiasten haben eigene Galerien und kaufen tatsächlich die Haut von Trägern der Irezumi-Tätowierungen, um sie nach deren Tod ausstellen zu können, was in dem Kinofilm „Tattoo" übersteigert dargestellt wird.

Nach der Entdeckung der Pazifischen Inseln im Jahre 1771 kehrten tätowierte Seeleute nach Europa zurück. Schon wenige Jahrzehnte später war diese Kunst in die europäische Kultur integriert: Die Motive erinnerten nicht mehr an die ursprünglichen. Nach Erfindung der Tätowiermaschine 1891 wurde dieser Körperschmuck erschwinglicher und breitete sich auch in den unteren sozialen Schichten aus, als deren Zeichen es seitdem galt. Neben maritimen und militaristischen Symbolen und Totenköpfen waren nackte Frauen das bevorzugte Motiv. Dieses Stereotyp haftet dem

Abb. 29:
Tätowierung im fernöstlichen Stil
(Foto: Sarah Avayou/stock.XCHNG[6])

Tattooträger heute noch an, obwohl die künstlerischen Ausdrucksformen sich in den letzten Jahrzehnten stark verändert haben.

Eine andere Gruppe, die sich frühzeitig mit Tätowierungen schmückte, waren Motorradfahrer und Rocker seit den 1960er Jahren (DeMello 1995). Nachdem das Motorrad noch in den 1950ern eher als billiges Auto des kleinen Mannes galt, bildete sich bald eine Kultur heraus, in der Motorradfahren als besonders männliche Handlung galt, und es gründeten sich eine Vielzahl von Gruppen wie z. B. die bekannten *Hell's Angels*. Hier etablierte sich das Tragen unterschiedlicher BodMods rasch, allen voran Tätowierungen und Ohrringe. Auch diese historische Verbindung zwischen PS-starken Harley Davidsons, Lederkleidung und ausgelebter Aggressionsbereitschaft wird bis heute mit Tattoos in Verbindung gebracht (Stuppy et al. 1998; Rooks et al. 2000). In Strafvollzugsanstalten, Mitte des 20. Jahrhunderts noch einer der häufigsten Orte für den Erwerb einer Tätowierung (Phelan & Hunt 1998; Birmingham et al. 1999, Bammann & Stöver 2006), tätowierten überwiegend Laien nach dem Prinzip „*learning by doing*". Resonanz bei der breiten Masse fanden Tätowierungen dann in den USA in den 1980er, in der Bundesrepublik in den 1990er Jahren (Farrow et al. 1991; Sperry 1991; 1992). Einen hervorragenden Überblick über die Wiederbelebung der jahrhundertealten Kunst des Tätowierens in der modernen Gesellschaft gab Steward (1990); er beleuchtete, wie Tattoos in den 1950er und 60er Jahren von Seemännern über amerikanische Streetgangs schließlich zu den Punks gerieten.

Inzwischen gilt das Tätowieren zunehmend als künstlerische Ausdrucksform sowohl des Tätowierers wie auch des Tätowierten. Die Motive der „Traditionals" wurden individueller und künstlerischer und bewirkten heute eine neue Wahrnehmung und Akzeptanz des Tattoos. Spirituelles Interesse spiegelt sich in der Wahl asiatischer Motive wie z. B. chinesischer Schriftzeichen für „Mut" oder „Glück".

Bis jetzt ist noch kein Ende des Trends in Sicht. Tätowierungen werden wie Piercings überwiegend in eigenen Studios angefertigt. Insbesondere Jugendliche greifen jedoch auch selbst zu Schulfüller und Stecknadeln und „injizieren" sich oft selbst oder gegenseitig (Houghton et al. 1995a, b; 1996), indem etwa ein Herz mit den Initialen des bzw. der Liebsten im Unterarm verewigt wird. In einer 2003 veröffentlichten Studie von Brooks und Mitarbeitern an 210 Jugendlichen hatten immerhin 18 % ihren Körperschmuck selbst oder durch Freunde anbringen lassen. Bereits 1992 forderte Anderson, gesetzlich zu regeln, wer tätowieren darf. Erste Ansätze einer staatlichen Regulierung für Tätowierungen in den USA fassen Sperry (1991; 1992), Tope (1995), Korn (1996) und Lansner (1998) zusammen. Selbst 2000 wiesen Armstrong & Fell noch darauf hin, dass um die gesamte Body-Art noch eine juristische Grauzone besteht. In Deutschland ist das Gesundheitsamt zuständig, das aber vor allem hygienische Bedingungen nach § 12a des Bundesseuchengesetzes (Infektionshygiene-Verordnung vom 10.05.1988) überprüft. Zolondek et al. machten 1998 einen ersten Vorschlag zu Vorschriften fürs Tätowieren und Piercen. Inzwischen gibt es ausführliche Hinweise der Arbeitsgemeinschaft wissenschaftlicher medizinischer Fachgesellschaften (AWMF), die im Anhang dieses Buches nachzulesen sind.

In Deutschland werden vereinzelt Ausbildungen zum „Tätowierer mit Diplom" angeboten, die jedoch noch nicht staatlich anerkannt, sondern eher als interner Qualitätsnachweis zu werten sind. Diese Ausbildungen bestehen aus einem theoretischen und einem praktischen Teil und finden meist an einem einzigen Wochenende statt. Vermittelt werden gemäß entsprechenden Internetseiten theoretische Kenntnisse zu den Bereichen Hygiene, Sterilisation und Desinfektion, Kontraindikation, Dermatologie, Einrichtung eines Arbeitsplatzes, erforderliches medizinisches Zubehör. Im praktischen Teil werden die Ausbildungskandidaten mit Techniken vertraut gemacht, wofür in der Regel ein Freiwilliger mitzubringen ist.

Körperteile haben unterschiedlich viele Schmerzrezeptoren und sind in Hinblick auf ihre Sensibilität unterschiedlich groß im Gehirn repräsentiert. Hierdurch können gleich große Verletzungen ganz unterschiedlich stark wehtun: Eine große Tätowierung am Rücken verursacht weniger Schmerz als eine kleine an der Hand. Wichtig gerade beim Tätowieren ist außerdem, ob sich unter der bearbeiteten Haut ein Muskel befindet oder ein Knochen. So wird z. B. der Schmerz bei Anlegung eines Tattoos auf dem Oberarm von den meisten als unangenehm, aber erträglich geschildert. Bei einer Tätowierung über den Fußknöchel schießen dann doch vielen die Tränen in die Augen. Sonneneinstrahlung ist Gift für viele Tattoos: Farben werden blass und verschwinden schlimmstenfalls, natürlich auch im Solarium.

Tätowierungen sind oft Bedeutungsträger etwa als glückbringendes Symbol (Blanchard 1994; Hewitt 1997; Bell 1999). Mit der psychodynamischen Bedeutung von Tattoos setzten sich z. B. Fried (1983) und Grumet (1983) auseinander. Weitere Informationen über Tätowierungen finden sich unter anderem bei Sanders (1989), Larkin (1993), Krakow (1994), Armstrong & McConnell (1994), Wright (1995), Martin (1997), Putnins (1997), Hewitt (1997), Winner (1999); Mello (2000) oder Feige und Krause (2004).

Eine spezielle Unterart der Tätowierung ist das so genannte „permanente Make-up", eine Mikropigmentierung, bei der winzige Mengen Farbstoff in die Haut eingebracht werden, z. B. um Lippenfärbungen, Eyeliner oder Wangenrötungen dauerhaft anzubringen. Man kann damit Zeit für das morgendliche Schminken einsparen, geht aber dieselben Risiken ein wie bei anderen Tätowierungen. Insbesondere die Anbringung eines dauerhaften Eyeliners direkt am Auge gilt als medizinisch problematisch.

Bei den so genannten Bio-Tattoos werden die Farben nur knapp unter die oberste Hautschicht gebracht. Die Pigmente sollen nach etwa drei bis fünf Jahren durch die natürliche Selbsterneuerung der Haut wieder verschwinden. Wie lange ein solches Bio-Tattoo hält, hängt vom Alter der

Haut, von der Pflege und von der chemischen Stabilität der Farbpigmente ab. Der unschädlich und natürlich klingende Ausdruck „Bio-Tattoo" ist leider trügerisch: Zum Teil werden dafür die gleichen Farbstoffe benutzt wie für die echten. Nach der Zeitschrift Ökotest geben fast alle diese Farben Hautkrebs erregende Stoffe ab. Die Deutsche Gesellschaft für Ästhetische Dermatologie warnt, das Risiko für die Auslösung von Allergien und Ekzemen durch Bio-Tattoos sei sogar noch höher als bei klassischen Tätowierungen, da die natürlichen Farbstoffe chemisch nicht stabil sind und sich im Lauf der Zeit zersetzen; schädliche Stoffe gelangten so in die Blutbahn.

Hall-Smith und Bennett zeigten 1991, dass viele Tattoo-Träger sich später mit der in der Jugend unter Schmerzen erworbenen Tätowierung so gar nicht mehr identifizieren können, diese aber nicht mehr loswerden. Holmstrom (1998) rät hier: *„Thinking about a tattoo? Better think again."* Unter dem wohlklingenden Titel „*Think before you ink*" wies auch Gard (1999) erneut auf die unbestreitbare Tatsache hin, dass man mit einem Tattoo eine lebenslange Bindung eingeht. Eine Entfernung insbesondere von kleinen Tätowierungen ist heute zwar möglich, aber sehr aufwändig – und bedeutend teurer als die Anbringung (Angis 1977; Balakrishnan & Papini 1991; Kilmer et al. 1993; Armstrong et al. 1996).

In den USA haben geschätzte zehn Millionen Menschen mindestens ein Tattoo, zwischen 50.000 und 100.000 Jugendliche pro Jahr lassen sich neu tätowieren; rund die Hälfte von ihnen bedauert diesen Schritt irgendwann. Die Entfernung geschieht heute meist mit Laser, für jede einzelne Farbe ein spezieller. Obwohl ein Durchgang bei kleineren Tätowierungen oft nur wenige Minuten dauert, sind daher meist mehrere Sitzungen notwendig. Nicht immer ist die vollständige Entfernung gewährleistet: Manchmal verbleiben Pigmentreste in der Haut oder diese ist später so stark depigmentiert, dass sie insbesondere im sonnengebräunten Zustand stets weißlicher bleibt als der Rest (Taylor et al. 1990). Infolge der Lasertherapie kann es außerdem zur Narbenbildung der betroffenen Hautareale kommen (Alora et al. 2000).

Noch eine andere Form ist das Henna-Tattoo. Henna wird aus der indischen Mehndi-Pflanze gewonnen. In Asien, Afrika und im Orient hat das Haarefärben mit Henna und das Bemalen von Körper, Hand- und Fußflächen eine lange Tradition. Seit etlichen Jahren sieht man Mehndis auch in Deutschland immer öfter: Es gibt sie als Lösung, Paste oder auch als Stift zu kaufen. Die Farben werden lediglich mit einem Pinsel aufgetragen. Die Motive bleiben bei normalem Waschen drei bis acht Wochen auf der Haut. Auch Henna-Tattoos können leider, wenn auch extrem selten, gefährlich werden: Das Deutsche Ärzteblatt berichtet 2001 von mehreren Patienten, die unter Verätzungen der Haut litten, nachdem sie sich im Urlaub Henna-Tattoos hatten machen lassen. Einige verspürten ein starkes Brennen schon kurz nach dem Auftragen; trotz des Abwaschens war die Haut darunter aufgeplatzt, anschließend bildeten sich entzündete Blasen. Wer seinen Kör-

48　Arten von Body-Modification

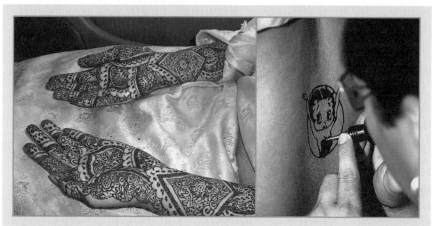

Abb. 30 (links):
Traditionelle Mehndi-Bemalung der Hände für eine indische Hochzeitszeremonie (Foto: Rema Nasaredden/stock.XCHNG[6])

Abb. 31 (rechts):
Gemalt statt gestochen: Henna-Tattoo (Foto: Joe Kucharski/stock.XCHNG[6])

per trotzdem damit schmücken möchte, sollte die Verträglichkeit des Hennas vorher testen. Dazu reicht es, eine winzige Menge an der Unterseite des Unterarms auszuprobieren. Kommt es zur Rötung, am besten drauf verzichten. Eine weitere Unterart ist das Airbrush-Tattoo, bei der das meist bunte Muster mit einer Spritzpistole auf die Haut gesprüht wird; auch dies hält nur einige Wochen.

3.5　Piercings

Piercings, obwohl eine sehr schmerzhafte Angelegenheit, sind eine der ältesten Arten von Körperschmuck und kommen in sehr vielen frühen Kulturen vor. Schon im Altertum waren in Ägypten Piercings verbreitet. Auch im antiken Rom wurde diese Art von Körperschmuck getragen. Aus Indien gibt es eine 400 Jahre v. Chr. verfasste Beschreibung über das Anbringen und die Nachsorge von Piercings, die als wirkungsvoller Schutz gegen böse Geister galten. Für Südamerika schrieb Buschan (1910):

> *„Von den unzähligen Formen der echten Körperverunstaltungen hier auch nur einen Überblick zu geben, ist unmöglich. Es genügt zu sagen, dass sich Ohr-, Ober- und Unterlippen-, Nasenscheidewand-, ja selbst Nasenflügeldurchbohrungen mit zahlreichen Beispielen belegen lassen. Wenn auch von*

Abb. 32:
Formosanerin mit Ohrpflock und
Gesichts-Tätowierung
(Foto: Reitzenstein 1923, 223)

Abb. 33:
Nasenpiercing bei einer indischen
Tänzerin
(Foto: Friedenthal 1911, 364)

der Größe ihrer Ohrpflöcke manche Stämme den Namen Orejones (Großohren) bekommen haben, so finden sich jedoch selten so unförmige ‚Verzierungen' wie die Lippenpflöcke der Gêsstämme; die großen Scheiben aus Muschelschale, mit denen die Miranya und Mayoruna in früherer Zeit ihre Nasenflügel ausdehnten, sind mehr ein allein stehendes Kuriosum. Man trägt Federn in den Ohren, Stäbe, kurze Pflöcke oder Federn in Nasenscheidewand, Mundwinkel und Unterlippe; der Lippenpflock der Osttupi war aus Holz oder grünem Stein, in der Form einem kleinen Zylinderhute mit flacher Krempe nicht unähnlich. Am vielseitigsten sind die Karaya, die Rohrstäbchen mit Federrosetten in den Ohrläppchen, kurze Holzpflöcke, lange, dünne Holzspäne, dünne Harzstifte, Muschelstückchen oder schwere Pflöcke aus Quarz (bis 17,5 cm lang) in der Unterlippe tragen." (Buschan 1910, 109f)

Das Durchbohren von Körperteilen geht historisch aller Wahrscheinlichkeit nach auf Blutopfer an die Götter zurück. Neben Tier- und Menschenopfern praktizierten im Altertum z. B. die Maya das Durchbohren der Zunge als Zeichen der Demut vor den Göttern. Auch das rituelle Durchbohren der Wangen in Indien und Indonesien zeigt Ehrerbietung vor den göttlichen Mächten (Zbinden 1998).

In frühen Epochen wurden körperliche wie auch psychische Erkrankungen vorwiegend über die „Dämonologie" erklärt: Krankheiten galten als von Dämonen verursacht, welche durch die natürlichen Körperöffnungen in den Leib eindrangen. Gerade hier wurden daher spirituelle Merkmale angebracht, um die bösen Geister abzuwehren.

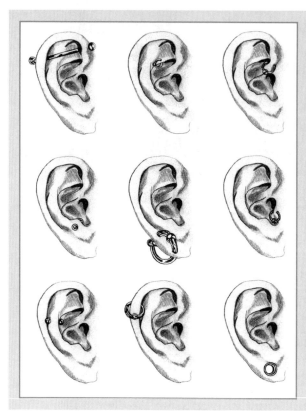

Abb. 34:
Alleine am Ohr gibt es diverse Varianten, ein Piercing zu setzen. Obere Reihe von links nach rechts: Industrial, Rook, Daith; mittlere Reihe: Anti-Tragus, Lobe, Tragus; untere Reihe: Snug, Helix, Flesh-Tunnel (Zeichnungen: U. Herbert)

Überdies dienten Piercings, Tattoos und verwandte Körpermodifizierungen in tribalen Strukturen sicherlich der Markierung der Stammeszugehörigkeit, die so häufig schon aus großer Entfernung zu erkennen war – wie heute vielfach die Zugehörigkeit zu verschiedenen jugendlichen Subkulturen.

Wie Tätowierungen, so werden auch Piercings überwiegend in entsprechenden Studios gesetzt. Die Betreiber eines Piercingshops haben in der Regel keine medizinische Ausbildung, für das Eröffnen eines Studios reicht ein Gewerbeschein aus. Die meisten haben das Piercing bei erfahrenen Freunden oder Bekannten erlernt, in Selbstversuchen am eigenen Körper ausprobiert oder die Techniken aus Büchern, dem Internet und Videos abgeschaut. Wie in vielen Bereichen hinkt der Gesetzgeber mit einer Regulation dieses Berufszweiges, der ja immerhin Mini-Operationen durchführt, hinterher. Erste Regelungen gab es in England z.B. erst Mitte der 1990er Jahre (Department of Health 1998).

Trotzdem sind die hygienischen Standards der Piercingstudios in Deutschland recht hoch, mit einer Prüfung durch das Gesundheitsamt muss ja auch diese Berufsgruppe rechnen. Darüber hinaus ist es keine gute

Reklame, wenn die Kunden reihenweise Infektionen bekommen. Vereinzelt wurden in Piercingstudios schon ernstzunehmende Krankheiten wie z. B. Hepatitis übertragen (Man et al. 1999).

Neben verschiedenen anderen gesundheitlichen Risiken, die weiter hinten in diesem Buch abgehandelt werden, besteht beim Piercen vor allem ein großes Infektionsrisiko, das sich durch gewissenhafte Pflege im Anschluss vermindern lässt. Auch mangelnde Hygiene beim Stechen kann zu Entzündungen führen (siehe z. B. Tweeten & Rickman 1998). Bei Minderjährigen muss der Piercer die Einverständniserklärung der Eltern einholen; ohne diese ist der Straftatbestand der Körperverletzung erfüllt.

Wie fürs Tätowieren werden auch fürs Piercen Seminare angeboten, deren theoretischen Inhalte sich jeweils überschneiden. Bescheid wissen muss der Piercer über die Anatomie der Haut und der Schleimhaut, über die Wundversorgung und den Vorgang der Wundheilung. Außerdem sind spezielle Kenntnisse über den Verlauf von Nerven und Blutgefäßen gefordert. Des Weiteren muss der Piercer wissen, was er bei Komplikationen tun kann und welche Notfallmaßnahmen bei starken Blutungen, Ohnmacht, Schock und Kreislaufzusammenbruch zu ergreifen sind. Zudem müssen Krankheiten erkannt werden können, bei deren Vorliegen auf gar keinen Fall zu piercen ist (z. B. Diabetes, Bluterkrankheit, HIV und Hepatitis). Im praktischen Teil dieser Ausbildung werden Kenntnisse vermittelt hinsichtlich Vorbereitung, Schmuckauswahl, Durchführung und Nachsorge sowie über Stretching, also das Aufdehnen der Piercingöffnung.

In Deutschland wie in den meisten anderen westlichen Ländern ist es üblich, die sterilen Verpackungen vor den Augen des Kunden zu öffnen, damit dieser sich überzeugen kann, dass in Sachen Hygiene alles seine Richtigkeit hat. Dennoch bleibt das Manko, dass Piercer halboperative Mini-Eingriffe durchführen, für die Heilpraktiker und Krankenschwestern eine mehrjährige Berufsausbildung benötigen und die, wie etwa die Setzung eines Implantats, selbst diesen Berufsgruppen strengstens verboten wäre.

Auch Ärzte führen mitunter Piercings durch, obwohl dies nach Meinung der Bundesärztekammer keine ärztliche Tätigkeit ist. Die Ärztekammer begründete ihre Sichtweise mit dem Hippokratischen Eid, der auch besagt, dass ein Arzt keinem Menschen Schaden zufügen darf; Piercing dient nun nicht der Heilung, es bestehen im Gegenteil sogar Gesundheitsrisiken. Die Europäische Gemeinschaft hat als ersten Schritt eine Konvention verabschiedet, nach der in Piercing-Schmuckstücken kein Nickel enthalten sein darf, das hoch Allergie auslösend ist (Amtsblatt der Europäischen Gemeinschaften, Nr. L 188/1).

Wie Tattoos werden auch Piercings oft von Nicht-Fachleuten angebracht: Von den 210 von Brooks et al. (2003) befragten Jugendlichen gaben 10 % zu, ihr Piercing von einem Verwandten bekommen zu haben, 4 % durch Freunde und 7 % durch andere Nichtprofessionelle; 7 % hatten es sich selbst gestochen. Demnach stammt knapp ein Drittel der Löcher aus Hinterzimmern.

Am häufigsten gepierct werden auch heute noch weiterhin die Ohren, nur eben nicht mehr bloß am Ohrläppchen. Im Gesicht kommen außerdem oft Piercings der Nasenflügel vor, seltener – und schmerzhafter – wird die Nasenscheidewand (Septum) durchstoßen; noch seltener die Nasenwurzel in Höhe der Augen (Brücke bzw. *bridge*). Außerdem werden die Augenbrauen gepierct, die Lippen und die Zunge (s. z. B. Price & Lewis 1997; Bassiouny et al. 2001). Manche Leute tragen auch Oberflächenpiercings im Nackenbereich. Das Piercen der Hautfalten an den Händen ist möglich, wird aber selten durchgeführt, da das Risiko groß ist, diese Schmuckstücke bei handwerklichen Arbeiten abzureißen. Unter Teenagern ist das Bauchnabelpiercing äußerst beliebt, obwohl es wegen der ständig aufliegenden Kleidung immer das Risiko einer Entzündung birgt. Brustwarzenpiercings erfreuen sich neuerdings bei beiden Geschlechtern steigender Beliebtheit, trotz des Risikos bei Frauen, damit zumindest einen Teil der Milchkanäle von den Brustdrüsen zu schädigen. Neben Ringen werden dort auch Stäbe angebracht, mitunter zwei sich überkreuzende. Manchmal hält das eigentliche Piercing eine kleine Platte, welche die ganze Brustwarze bedeckt. Übersichten über die verschiedenen Piercing-Arten geben z. B. Armstrong et al. (1995), Armstrong (1996; 1998), Muldoon (1997), Ziegler und Zoschke (1997) sowie Feige und Krause (2004). Über Möglichkeiten der Nachsorge informierten z. B. Zbinden (1998) und Feige & Krause (2000).

Eine frische Piercingöffnung kann mit vielen Einschränkungen verbunden sein: Bei nagelneuen Gesichtspiercings kann einige Zeit lang kein Make-up aufgelegt werden, bei Lippen- oder Zungenpiercings sollte keinesfalls geraucht werden, bei Genitalpiercings muss oft lange auf Geschlechtsverkehr verzichtet werden, mit einem frischen Zungenpiercing kann man einige Tage nur Babybrei zu sich nehmen.

Hinsichtlich genitaler Piercings gibt es inzwischen fast schon mehr Unterarten als bei allen anderen Körperpiercings zusammen (Übersicht s.

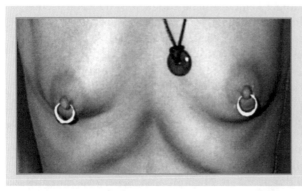

Abb. 35:
Brustwarzenpiercings mit Ringen
(Foto: Piercing extrem, Stephenson 2000, 12)

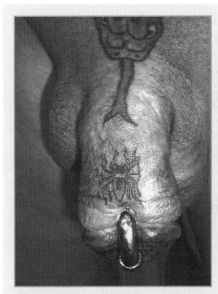 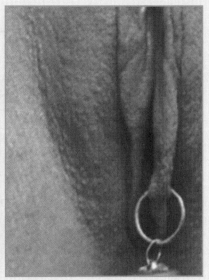

Abb. 36:
Prinz Albert und Tattoos auf der Penisoberseite (Internet, „John", mit freundl. Genehmigung)

Abb. 37:
Glöckchen-Piercing durch die kleine Schamlippe (Foto: Piercing extrem, Stephenson 2000, 31)

z. B. Albert 1997): bei Männern z. B. Piercings am Hoden (z. B. Hafada und Guiche), am Schambein (Pubic), entlang des Penisschafts (Frenum, Frenulum, Frenulum-Leiter), durch die Vorhaut (Oetang) sowie mehrere Arten, die die Eichel durchstoßen (Prinz Albert, Apadravya, Ampallang). Bei Frauen werden Piercings der großen wie auch der kleinen Schamlippen gestochen, durch die Klitorisvorhaut und in seltenen Fällen auch direkt durch die Klitoris; Fourchette ist ein Piercing am unteren Ende der Vagina zum Anus hin, Christina ein vertikales Piercing am oberen Treffpunkt der äußeren Schamlippen.

Piercer dürfen keine Lokalanästhetika injizieren – die Betäubungsspritze dürfte in dem entsprechenden Körperteil allerdings ebenso wehtun wie das eigentliche Durchstechen. Selten werden Salben aufgetragen, die einen leicht betäubenden Effekt auf die Haut haben, sich aber für Schleimhäute in der Regel nicht eignen; meist wird ganz auf Betäubung verzichtet. Im Sinne eines gewissen Mannbarkeits-Ritus – Träger des Piercings zeigen, dass sie Schmerzen ertragen können – ist dies von den Kunden vermutlich auch durchaus gewünscht. Die Durchstoßung des Körperteils mit einer entsprechend großen Nadel erfordert je nachdem recht viel Kraft und Geschicklichkeit. Piercer prüfen vorher sehr genau, wo die Blutgefäße ent-

Arten von Body-Modification

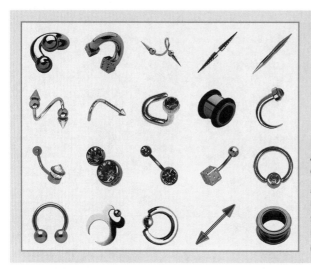

Abb. 38:
Gerade, gedreht, gebogen oder einfach nur krumm? Unterschiedliche Arten von Piercingschmuck (Foto: U. Herbert)

langlaufen. Wenn kein Gefäß verletzt wurde, sind die Blutungen meist gering. Bei einigen Körperteilen, die stark zum Anschwellen neigen (insbesondere die Zunge), muss statt des endgültigen Schmuckstücks zunächst ein spezielles Teil für die Abheilungsphase eingesetzt werden; da das Gewebe durch den Einstich dicker wird, muss dieses Übergangspiercing also weiter oder länger sein. Erst nach Abschwellen und Abheilen der Wunde sollte dann das endgültige, passgenaue Piercing eingesetzt werden.

Als „Punchen" bezeichnet man eine Piercingtechnik, bei der das Piercing nicht mit einer herkömmlichen Nadel gestochen wird, sondern mit einer hohlen Kanüle, deren Spitze flach zuläuft und die Gewebe aus dem Stichkanal entfernt, d. h. herausstanzt. Das macht Sinn bei Piercings durch Knorpel.

Nach dem Einsetzen des Schmuckstückes sollte der Kunde über die Nachsorge informiert werden: Die Wunde ist bis zur völligen Abheilung steril zu halten, um nachträgliche Infektionen zu vermeiden. Insbesondere muss das Einwachsen verhindert werden und es muss sich Narbengewebe bilden, das aber nicht am Schmuck klebt; bei den heute meist üblichen Teilen aus Stahl oder Titan ist diese Wahrscheinlichkeit aber ohnehin nicht hoch. Oft wünscht sich der Kunde nach einiger Zeit ein größeres Schmuckstück, die Öffnung muss hierzu in einer langwierigen Prozedur gedehnt werden, bis die nächstfolgende Größe passt. Exemplarische Heilungszeiten betragen z. B. beim Augenbrauenpiercing 6–9 Wochen, für Lippen und Ohr 6–10 Wochen (Ohrknorpel deutlich länger), Nase 7–9 Wochen, Brustwarze 3–6 Monate, Bauchnabel 4–9 und Intimbereich 3–12 Monate. Je größer das gewünschte Schmuckstück, umso länger muss gedehnt werden; dieser Vorgang alleine dauert Monate.

Ein Vorteil und Nachteil zugleich von Piercings ist, dass sich die Hautöffnung rasch zu schließen beginnt und dann fast völlig verschwindet, wenn das Schmuckstück länger nicht getragen werden kann. Bei kleinen Öffnungen reichen mitunter schon wenige Tage. Das unter Schmerzen erworbene Piercing kann nicht unbedingt wieder an derselben Stelle gestochen werden, da das Narbengewebe härter und der Einstich dort meist schmerzhafter ist. – Will man, was mit steigendem Alter und rückläufigem Modetrend bereits heute immer häufiger der Fall ist, sein Piercing nicht mehr, so heilt es meist komplikationslos zu.

3.6 Surface Bars

Ein Surface Bar ist ein Schmuckstück, das die Form einer Heftklammer hat, d. h. die beiden Enden des Stabes sind in einem Winkel von 90 Grad gebogen; es ist natürlich deutlich größer als eine Heftklammer und eignet sich für Oberflächenpiercings. Während dieser Schmuck in den USA offenbar häufiger gesetzt wird, scheint man in Deutschland schwieriger dranzukommen.

„Plug" aus Zürich berichtet, dass er im Internet einmal ein Bild eines Surface Bars im Schambereich gesehen hatte. In keinem Studio war man jedoch bereit, ihm ein solches zu setzen. Fest entschlossen, es haben zu wollen, stellte er sich eine Liste mit den Utensilien zusammen, die er benötigte. Über Apotheke und Internet bekam er das meiste zusammen. Kummer machte ihm aber das Surface Bar, das er nirgendwo auftreiben konnte. Er bog also einen langen Barbel im Schraubstock selbst zurecht. Zwei Tage später setzte er sich das Piercing. Zunächst ging er duschen, um die Haut etwas aufzuweichen, und rasierte sich die Stelle über dem Penis, wo das Surface Bar sitzen sollte. Besonders schwierig war das Ansetzen der Klammer, um den Hautbereich zu halten, der durchstochen werden sollte:

> *„Erneuter Versuch und diesmal bekomme ich die Nadel rein. Uaaah – sie ist drin! Das Durchstechen der geklemmten Haut ist O. K. Doch wie ich spüre, dass die Nadel kurz vor dem Austreten ist, nimmt der Schmerz merklich zu. Langsam schiebe ich die Spitze aus der Haut. Mir kommen Zweifel bei dem Schmerz. Gut, dass der gleich wieder vorbei ist, als ich mit der Nadel ganz durch bin. Bevor ich die Klammer entferne, will ich den Schmuck drinnen haben. Oh, der Schmuck ist dicker als der Schlauch meiner Nadel! Also jetzt bin ich schon so weit, da werd ich den Stichkanal wohl dehnen müssen. Gut, dass ich von früher eine Dehnsichel besitze."*[141]

Er ließ die Sichel eine Weile drin. Nach etwa fünf bis zehn Minuten Fummelei schaffte er es dann endlich, den Schmuck einzusetzen.

56 Arten von Body-Modification

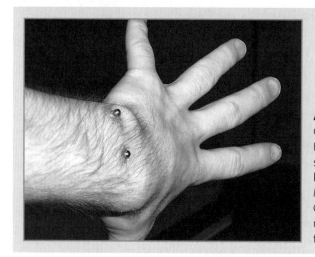

Abb. 39:
Gerade gemachter Barbell im Unterarm, strenggenommen aber kein Surface Bar, da das Metall hier an der Oberfläche liegen müsste (Foto: fdqm/stock.XCHNG[6])

3.7 Play-Piercings und Stretching-Games

Im Gegensatz zu den permanenten Piercings handelt es sich bei den Play-Piercings nur um einen vorübergehend getragenen Körperschmuck: dünne Nadeln meist, die man durch die Haut sticht und dann einige Zeit dort stecken lässt; seltener wird temporär auch ein Schmuckstück eingesetzt. Die Betreffenden stecken sich dabei oft gleich mehrere Dutzend solcher Nadeln durch die Haut. Das Ganze hat Spiel- und Experimentiercharakter – es dient dazu, ungewöhnliche Erfahrungen zu machen, ähnlich der Suspension (s. u.). Dieses „Spiel" wird mitunter auch der Sadomaso-Szene zugeordnet.

Der Schmerz beim Eindringen einer Nadel gleicht der bei einer Injektion oder Blutentnahme beim Arzt. Der eigentliche Kick, den die „User" dabei haben, soll durch die psychische Bewertung entstehen, auf eine solch geregelte Art und Weise verletzt zu werden. Möglicherweise werden bei jedem Einstich auch Endorphine im Gehirn ausgeschüttet, in Extremfällen spricht man von „Pain Junkies", d. h. Menschen, die süchtig nach dem Erleben von Schmerz sind. Die Nadeln werden manchmal noch bewegt bzw. die Haut wird damit gedehnt, was zusätzliche extreme Gefühle auslöst.

Gewöhnliche Steck- oder Nähnadeln sind für diesen Zweck nicht gerade ideal und müssen zumindest sterilisiert werden. Sie sind auch eigentlich nicht spitz genug, um damit die Haut leicht durchstechen zu können. Die meisten sind überdies mit Chrom beschichtet, das sich in der Piercingwunde lösen kann; Chrom ist krebserregend. Benutzt werden also keine Nadeln aus dem Nähkästchen der Großmutter, sondern meist medizinische Kanülen, wie sie auf Einmalspritzen aufgesetzt werden. Diese sind hohl und haben insbesondere ein angespitztes, recht scharfes Ende, mit dem man den zusammengedrückten Hautlappen leicht durchstoßen kann. Mitunter gibt es aber auch schon spezielle Piercingnadeln für diesen Zweck, oder es werden hypodermische Nadeln bzw. Akupunkturnadeln benutzt, die es auch in unterschiedlichen Stärken gibt. Beim Play-Piercing, wo es nicht darauf ankommt, eine möglichst große Öffnung für ein Schmuckstück zu stechen, werden überwiegend sehr dünne Nadeln bevorzugt.

Natürlich ist das Gefühl beim Durchstechen der Haut umso schwächer, je dünner die Nadel ist. Eine 30er Gauge (im angloamerikanischen Raum verwendete Maßeinheit, die 0,3 mm entspricht) spürt man an wenig sensiblen Körperstellen unter Umständen nicht viel mehr als einen Mückenstich. Diese Nadeln gibt es auch in unterschiedliche Längen: 15 mm gelten als zu kurz, 40 mm reichen für diesen Zweck eines Play-Piercings und 50 mm Länge lassen sich sogar mehrfach durch die Haut stecken. Eine entsprechende Internet-Homepage mit Ratschlägen für das Play-Piercing weist recht vehement darauf hin, dass man möglichst alle Körperteile, die gepierct werden sollen, vorher mit antibakterieller Seife gründlich abwaschen oder mit Alkohol desinfizieren sollte. Allerdings zerstört man damit auf großen Flächen die natürliche Hautflora.

Beim Play-Piercing werden die Nadeln in die Hautoberfläche von fast jedem erdenklichen Körperteil gesetzt, etwa Beine, Arme, Bauch, Brust, Rücken und Schultern. Oft entstehen kunstvolle Muster, etwa ein Kreis von Nadeln rund um die Brustwarze oder zwei parallele Reihen gerader Nadeln den gesamten Rücken hinunter. Mitunter werden bei diesen „Spielen" die Nadeln auch noch mit Fäden verbunden und zusammengezogen wie bei einem Korsett (s. u.).

Im Prinzip hat Play-Piercing eine gewisse Ähnlichkeit mit Akupunktur, bei der ja auch Nadeln in die Haut gestochen werden. Allerdings ist die Technik eine andere: Bei der Akupunktur werden die Nadeln senkrecht ein Stück in die Haut eingestochen, beim Play-Piercing wird sie durchstochen.

Abb. 40:
Play-Piercing der empfindlichen Mundregion mit Kanülen, die normalerweise auf Einmalspritzen aufgesetzt werden (Zeichnung: U. Herbert; nach einem Foto aus dem Internet)

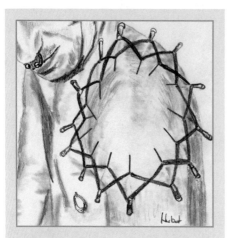

Abb. 41:
Play-Piercing auf der Schulter mit umflochtener Schnur (Zeichnung: U. Herbert, nach einem Foto im Internet)

Außerdem ist der Zweck völlig unterschiedlich. Beim Play-Piercing geht es im Wesentlichen um den Nervenkitzel, bei der Akupunktur um Heilung.

Beim Play-Piercing wird wie bei einer subkutanen Injektion ein Loch in die Haut gemacht. Auch wenn es zunächst wenig blutet und die Öffnung sich nach dem Herausziehen der Nadel meist schnell wieder verschließt, kommt es oft zu Hämatomen, kleinen Blutgerinnseln unter der Haut, durch die sich nachträglich blaue Flecken bilden können, die oft deutlich größer sind als die eigentliche Wunde beim Durchstechen der Haut. Am Tag nach dem Play-Piercing betrachtete Steffy sich im Spiegel:

„*Ich sah in den Spiegel und war zuerst total erschrocken von den roten Punkten auf meinem Arm und den großen, rot-schwarzblauen Flecken auf meinem Rücken. Mir war klar, dass sie im Lauf der Zeit verblassen würden, und Michelle hatte auch welche davon; also war ich nicht besonders besorgt. Ich muss nur aufpassen, sie immer bedeckt zu halten. Aber ich weiß genau, dass unter dem Hemd der Beweis von einer Nacht ist, in der ich persönlich Mut bewiesen habe und ein Wagnis eingegangen bin.*"[78]

Play-Piercing kommt auch bei Sadomaso-Spielen vor. Gerade der Intimbereich lässt sich vor dem Durchstechen aber schlecht desinfizieren, und das Risiko, dort später eine Entzündung zu bekommen, ist besonders hoch. Am häufigsten werden hier beim Mann die Penisvorhaut, die Unterseite des Gliedes und der Hodensack (Skrotum), bei der Frau die Schamlippen, die Klitorisvorhaut und der Busen durchstochen.

Besonders schmerzempfindlich sind die kleinen Schamlippen der Frau und beim Mann das Gewebe, mit dem die Vorhaut an der Eichel (Glans) verwachsen ist, aber auch der Hodensack. Noch sensitiver und überdies schwer zu durchstechen sind die Brustwarzen; diese Mini-Operation gehört mit zu den schmerzhaftesten beim Play-Piercing. Dennoch werden gerade hier oft zwei oder sogar drei Nadeln gestochen, die sich sternförmig kreuzen. Kaum weniger qualvoll ist es, sie kreuz-, kreis- oder sternförmig auf Brust bzw. Busen zu setzen.

Vereinzelt werden auch die Glans und die Klitoris selbst durchstochen, was gleichfalls extrem schmerzhaft ist und vor allem beim häufigen Setzen von Nadeln immer mehr Gewebe zerstört – mit der Gefahr, dass diese Areale immer weniger sensitiv werden. Unbedingt zu vermeiden ist ein Durchstoßen der Peniswurzel, da hier etliche sehr große Blutgefäße verlaufen. Ebenso gefährlich ist das Piercen nicht nur des Skrotums, sondern der Hoden selbst: zum einen besteht hier bei einer Infektion die Gefahr der künftigen Impotenz, zum andern, da die Hoden im Skrotum frei beweglich sind, können darin steckende Nadeln beim Hin- und Herschwingen Löcher hineinreißen. Einige Leute durchstechen sich dennoch mit längeren Nadeln den gesamten Hodensack von vorne nach hinten in Richtung Anus, was gleichfalls zu beträchtlichen inneren Verletzungen und Blutungen führen kann. Ein weiteres Risiko, das von den Betreffenden aber immer wieder aufs Neue in Kauf genommen wird, ist es, zu masturbieren oder Geschlechtsverkehr auszuüben, solange sich die Nadeln noch im Körper befinden.

Beim üblichen Play-Piercing bleiben die Nadeln nicht allzu lange im Körper, sondern müssen irgendwann unter vorsichtigem Drehen entfernt werden, bevor die Wunde verschorft und die Nadel noch einzuheilen beginnt.

Brent Moffat rühmte sich im Internet, sich innerhalb von sieben Stunden 702 Nadeln selbst gesetzt zu haben. Zugegen waren dabei rund hundert Zuschauer, drei Fernsehsender und unzählige Radio- und Zeitungsreporter. Bis zur 500sten Nadel, so schrieb Brent in einem Bericht, sei es gar nicht so schlimm gewesen, aber dann setzte der Schmerz ein, das Gewebe begann anzuschwellen und er fühlte sich insgesamt nicht mehr sehr gesund. Nach der 600sten war seine Haut so angeschwollen, dass es schwierig wurde, überhaupt noch eine Stelle zu finden, die man piercen konnte, außerdem waren die Schmerzen kaum noch zu ertragen. Er entschied sich, an seinen Beinen die 700 noch voll zu machen und dann, als krönenden Abschluss, zwei durch die Brustwarzen zu setzen, was sich als keine gute Idee erwies, weil ihm die erste furchtbare Schmerzen verursachte und ihm bei der zweiten schwarz vor Augen wurde und er fast umgefallen wäre. Nach dem Herausnehmen der Nadeln habe sich seine Haut bei jeder Berührung angefühlt, als würde man einen Stromstoß von 100.000 Volt anlegen. Er

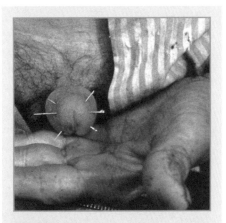

Abb. 42:
Play-Piercing der männlichen Eichel mit gewöhnlichen Nähnadeln (Foto: Wolter 2005, 51)

stellte fest, dass er mit beiden Beinen in einer Pfütze aus Blut stand. Brent gab an, dass die wesentliche Leistung war, sich diese 702 Nadeln selbst einzustechen. Es soll jedoch Leute geben, denen bis zu 2.000 Nadeln von einer anderen Person eingestochen wurden.[58]

Ein Mann, der schon mehrfach Play-Piercings durchgeführt hatte, wies darauf hin, dass das Erlebnis stark von der jeweiligen Stimmung abhängig sein könne. Er habe es einmal zusammen mit einer geliebten Frau gemacht, zur Entspannung im Urlaub, kurz nachdem er einige wichtige Prüfungen bestanden hate: *„Jede Nadel, die in meinen Körper eindrang, entspannte mich mehr und mehr und nahm Stress und Anspannung des letzten Semesters von mir."* Ein anderes Mal habe er einen unpassenden Zeitpunkt gewählt. In jener Nacht habe er gegenüber dieser Spielerei ein sehr zwiespältiges Gefühl gehabt und es eigentlich nur getan, weil seine Freundin es unbedingt wollte; nach 20 Nadeln hatte er genug: *„Die Piercings ließen nichts aus mir heraus, was heraus gemusst hätte; ich hab' mich einfach nur schwarz geärgert."* Wieder ein anderes Mal legte er sich mehrere Piercingnadeln im Genitalbereich an – kurz nach der gemeinsamen Dusche mit seiner Freundin war er spontan auf den Gedanken gekommen. Er stach sich zunächst ein Frenum und vermerkte: *„Meine Endorphine wurden nun ins Gehirn gepumpt und ich bekam den Rausch. Der Rausch bedeutete nur eins; ich musste mehr davon haben."* Insgesamt setzte er sich sechs Nadeln in den Intimbereich und hatte danach das Gefühl, die Energie fühlen zu können, die seinen Körper durchströmte: *„Ich fühlte mich selbst nun mehr als Energiekugel im Vergleich zum lethargischen Menschen, der ich sonst bin."*[81]

Als „needle freaks" werden gemeinhin Süchtige bezeichnet, die sich Drogen spritzen. Durch Konditionierung kann aber der Vorgang des Spritzens für diese Personen so lustvoll werden, dass sie schon alleine an der Einführung der Nadel euphorische Freude empfinden. Inzwischen wird der Begriff Needle-Freak bisweilen auch für Piercing- und Tattoo-Süchtige benutzt.

Eine Spielart des Play-Piercings sind Stretching-Games. Hierbei sticht man ein Loch und führt dann einen Metallstab, einen langen biegsamen Draht oder eine dicke Plastikschnur durch mehrere Piercinglöcher hindurch, etwa durch den Mund, die Wangen, das Jochbein und die Stirn. Es gibt auch Stretching-Games, bei denen auf diese Art und Weise zwei Menschen miteinander verbunden werden. Jede Bewegung des einen überträgt sich dann zwangsläufig auf den anderen.

In dem folgenden Beispiel ließ sich eine Trillian, halb aus Langeweile, halb aus Experimentierfreudigkeit, ein solches temporäres Piercing anbringen. Der Piercer reinigte ihre Wangen zunächst mit einer antibakteriellen Flüssigkeit und trocknete sie dann ab. Danach ließ er sie den Mund mit einer medizinischen Mundwäsche für rund 30 Sekunden ausspülen. Nun legte er zwei Finger in ihren Mund, waagerecht zwischen ihre Zähne, um den Mund offen zu halten, und sagte ihr, sie solle tief Atem holen. Trillian schreibt, sie habe nur einen winzigen, leichten Piekser in ihrer Wange gespürt, zunächst auf der einen Seite, dann auf der anderen Seite, anschließend ein leichtes Gleiten, als der Piercer den Spieß anbrachte und dazu die Innenseite ihrer Wangen etwas auseinander zog. Nun durfte sie in den Spiegel sehen. Über ihre Gefühle in diesem Moment sagt sie:

> *„Ich trage gepiercte Ohren, meine Nase, mein Schamhügel und meine kleinen Schamlippen sind gepierct... Ich trage diesen Kriegsschmuck schon seit drei Jahren, ich bin gut in der Schule und bin schon für viele Dinge gelobt worden, die ich in meinem Leben gemacht habe... Aber dies war besser. Es war auf gleichem Niveau mit den vielen Orgasmen, die ich in meinem Leben gehabt habe. Alles wurde still, als ich mich mit diesem Stab sah, der durch die Backen hindurchging. Ich konnte den Spieß mit meiner Zunge fühlen – zuerst war es nahezu unmöglich, zu sprechen, aber dann entdeckte ich, dass man den Stab mit der Zunge im Mund hin und her bewegen kann, ohne dass es weh tut. Tatsächlich fühlte sich das total gut an."* [71]

Favazza (1996) beschrieb etliche pathologische Formen eines solchen Play-Piercings, darunter einen 32-jährigen Mann, bei dem der Zusammenhang zwischen autoerotischen Handlungen und Nadelstichen sehr deutlich zutage trat. Er hatte schon im Alter von etwa zehn Jahren begonnen, seine Finger mit Nähnadeln und Zwirn zusammenzunähen. Später stach er sich gewöhnliche Näh- oder Stecknadeln in den Körper, bevorzugt in den Brustbereich. Obwohl er das als schmerzhaft und blutig empfand, erregte es ihn auch sexuell, er bekam regelmäßig Erektionen dabei und masturbierte dann. Favazza berichtet weiter von psychiatrischen Patienten, die sich selbst Nadeln einstechen, diese oft waagerecht unter die Haut einführen, bis die Nadel nicht mehr sichtbar ist, und dann das Gewebe so massieren, dass das Metall noch weiter von der Eintrittsstelle wegwandert, dort einwächst und, außer durch einen chirurgischen Eingriff, nicht ohne Weiteres entfernt werden kann.

Auch nicht mehr als spielerische Variante des Play-Piercings zu bezeichnen sind Extremformen, die man gemeinhin als „menschliche Nadelkissen" bezeichnet. Gould und Pyle (1956) listeten einige klinischen Berichte auf. So stach sich eine 26 Jahre alte Frau, die im Gefängnis einsaß und auf ihre Gerichtsverhandlung wartete, 30 Nadeln in den Brust-Bauchbereich und schlug sie dann mit einem Gebetsbuch tief ein. Sie verstarb an den Folgen, bei der Autopsie wurden Nadeln unter anderem in ihrer Lunge, in der Leber und sogar im Herz entdeckt. Eine andere Frau hatte sich 217 Nadeln in den Bauch und 100 weitere in einen Tumor auf der Schulter eingedrückt; nicht oberflächlich wie beim Play-Piercing, sondern senkrecht tief in den Körper hinein.

3.8 Dehnung, Fleischtunnel

Wie bereits oben gesagt, neigen viele User dazu, Piercings zu dehnen, um größere Schmuckstücke einsetzen zu können; an manchen Körperteilen lässt sich dies schier unfassbar weit treiben. In der Regel wird die Ausdehnung mit einer „Dehnsichel" durchgeführt, einem kleinen, konisch geschnittenen Halb- bis Dreiviertelbogen, der mit zwei Gummiringen vor und hinter der Piercingöffnung fixiert wird. Andere zwingen einfach ein größeres Schmuckstück durch das Loch und warten darauf, dass der Schmerz nachlässt.

Gedehnt werden können nur Piercings in Weichteilen, also keine, die durch den Knorpel gehen. Am häufigsten führen die Träger dies an den Ohrläppchen durch: es werden später Hohlringe mit stetig steigender Größe eingesetzt. Männer dehnen mitunter die Piercings in ihren Brustwarzen. In bestimmten afrikanischen Kulturen üblich, beim modernen Piercing aber seltener, wird auch eine Öffnung unterhalb des Mundes gedehnt, bis eine Scheibe dort eingesetzt werden kann. Auch genitale Piercings werden mitunter auf erstaunliche Weiten ausgedehnt. Ab einer gewissen Größe spricht man hier von einem „*flesh tunnel*", einem Fleischtunnel. Es lassen sich an diese Öffnungen überdies Gewichte anhängen, die das Ganze noch weiter nach unten ziehen, d. h. die Öffnung weiter vergrößern. In Extremfällen lassen sich so Ohrläppchen und Brustwarzen um mehrere Zentimeter verlängern.

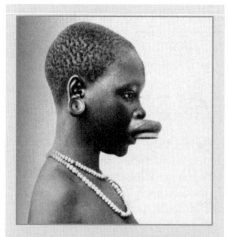

Abb. 43:
Frau in Ostafrika mit stark ausgedehnter Oberlippeneinlage und Dehnung der Ohrläppchen (Foto: Reitzenstein 1923, 224)

Reitzenstein (1923, 131ff) schilderte diese Dehnungen in verschiedenen Kulturen folgendermaßen:

„Man durchbohrt hier Ohrmuscheln, Nasenflügel, Nasenscheidewand, Lippen, Wangen und Geschlechtsteile und fügt oft sehr große, nach unseren Begriffen erschreckende Gegenstände ein. Das Ohrläppchen muss hier am meisten aushalten."

Beispielsweise wurde das Ohrläppchen mit einem Dorn durchbohrt und zunächst ein Faden eingezogen, der am dritten Tag durch einen feinen Strohhalm ersetzt wurde. An jedem zweiten oder dritten Tag kam ein weiterer Strohhalm hinzu, bis ein fingerdickes

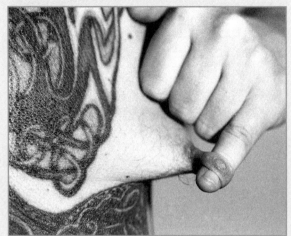

Abb. 44:
Dehnung einer gepiercten Brustwarze
(Foto: Bianca Krause)

Bündel hindurchpasste. Nach rund vierzehn Tagen wurde dieses durch einen spundartigen Holzpflock ersetzt, der, um die entstandene Öffnung immer mehr zu erweitern, täglich um eine Windung Bast- oder Baumwollstoff verdickt wurde. Auch ein fest zusammengerollter, stark elastischer Palmblattstreifen wirkte so federnd, dass man schließlich nach Aussage von Reitzenstein

> „eine große Taschenuhr in der Öffnung des mißhandelten Ohrläppchens unterbringen könnte. Der nach unseren Begriffen Verunzierte kann dann ganz bequem das Ohrläppchen über das Ohr ziehen."

Die großen Lippenteller sollen historisch durch Verehrung von Vögeln entstanden sein – als Versuch, deren Schnabel nachzubilden. Durch die Verkleidung in ein Tier glaubte man, sich auch dessen Fähigkeiten und Kräfte aneignen zu können. Unklar ist, ob die großen Lippenteller mancher afrikanischer Stämme lediglich einem Schönheitsideal dienten. Es gibt Hinweise darauf, dass dieser Schmuck unter anderem auch ein Schutz vor Sklavenhändlern gewesen sein könnte, die wegen ihrer (nach europäischen Maßstäben) Hässlichkeit von diesen Frauen abgelassen haben sollen.

In den letzten tausend Jahren hat sich an diesen Techniken nichts Wesentliches geändert, sie werden auch heute noch von der modernen Bod-Mod-Generation in gleicher Weise angewandt. Eine 34 Jahre alte Frau berichtet von ihren Erfahrungen bei der Anbringung eines Genitalschmucks. Seit ihrer Pubertät habe sie immer geglaubt, dass ihre inneren Labien größer seien als die anderer Frauen:

> *„Irgendwie habe ich mich nackt immer noch nackter gefühlt. Bei meiner besten Freundin war zu Schulzeiten nur ein zarter Schlitz zu sehen, bei mir hingegen wurden die Schamlippen durch meine herausquellenden Labien auseinander gedrückt und ich hatte das Gefühl, alle Welt würde mich anstarren in der Sauna, unter der Dusche, beim Sport etc. Ich hätte also lieber kleine oder besser gar keine Labien gehabt."*

Das habe sich allerdings geändert, als sie ihren jetzigen Partner kennen lernte. Der habe sie mit ihren Labien versöhnt – gerade deren Länge habe ihn stets sehr erregt. Beim Liebesspiel habe man dann begonnen, Ohrclips und kleinen Kettchen im Genitalbereich anzubringen. In jener Zeit habe sie erstmals über ein Piercing nachgedacht. Dann reiste sie mit ihrem Partner nach London; vor der Auslage eines Piercing-Shop fragte er sie, ob sie es sich vorstellen könne, ihre Schamlippen dauerhaft zu schmücken. Sie stimmte zu und war kurz darauf Besitzerin von zwei 14g-Ringen mit 12 mm Durchmesser. Nach drei Wochen war sie beschwerdefrei und fing an, dieses neue Gefühl zwischen ihren Beinen zu genießen. Irgendwann habe sie dann mehr gewollt. Ihr Freund schlug vor, Fleischtunnel in den Labien zu machen, und fand im Internet einen Online-Shop, der Ringe aus Chirurgenstahl anbot. Dort bestellte man zwei Stück: 6 mm lang, 10 mm Durchmesser. Sie wollte, dass die Tunnel sich flach einfügen und wie große Ösen aussehen sollten. Die Vergrößerung habe sie mit Hilfe von Acrylringen geschafft: *„Nur der Gedanke daran, am Ende etwas Besonderes oder gar Einzigartiges zu haben, ließ mich diese Tortur durchstehen."* Erst gedachte sie, allabendlich Acrylringe von jeweils einem Millimeter mehr einzusetzen. Bis zum Aufziehen der Löcher auf 3 mm gab es kein Problem, aber danach war ans Einschlafen nicht mehr zu denken. Sie habe dann auf morgens und alle vier Tage umgestellt. Ab dem jeweils dritten Tag habe sie auch mal an andere Dinge als an ihre Labien denken können. Dies ging gut bis 1 Gauge Größe: *„Dann begann die Hölle für drei Wochen. Die restliche Dehnung auf 10 mm habe ich in dieser Zeit mit Hilfe von Acrylstöpseln geschafft. Diese Dinger sind klobig und einfach ekelig. Nach knapp zwei Monaten konnte ich also endlich meine Tunnel tragen."*[47]

Dehnen lassen sich nicht nur Piercinglöcher, sondern auch natürliche Körperöffnungen. Im Internet finden sich unbestätigte Geschichten von Personen, die sich die Harnröhre dehnen, indem sie zunehmend größere Gegenstände dort einführen. In Extremfällen soll schließlich sogar homosexueller Geschlechtsverkehr zwischen Männern möglich geworden sein, bei dem das erigierte Glied der einen Person in die derartig geweitete Harnröhre der anderen eingeführt werden konnte.

3.9 Schamlippen-, Penis-, Hoden- und Vorhautverlängerung

Die oben berichtete Dehnungstechnik lässt sich in ähnlicher Weise auch zur Verlängerung des männlichen Gliedes wie auch der inneren weiblichen Schamlippen (seltener auch der äußeren) anwenden.

Schon vor fast einhundert Jahren hat sich Reitzenstein mit diesem Thema auseinandergesetzt und für damalige Zeiten erstaunlich detailliertes Wissen zusammengetragen. Er berichtet von Schamlippenverlängerungen bei Indianerstämmen in Amerika und bei verschiedenen Volksgruppen in Ozeanien.

Heute werden Schamlippen meist durch Anhängen von Gewichten verlängert. Diese halten mit Klammern, was nach kurzer Zeit schmerzt. Oft werden daher Piercingöffnungen benutzt, die dann mit Gewichten behängt werden, wobei infolge des stetigen Ziehens durch die Schwerkraft ein Längenwachstum einsetzt. Eines der Wunder der menschlichen Psyche ist, dass manche Frauen übermäßig große innere Schamlippen als *„hässlich"* und *„hurenhaft"* empfinden und sie von Schönheitschirurgen kürzen oder sogar ganz entfernen lassen (s. u.), während andere Frauen sich an denselben Körperteil Gewichte hängen, gerade um extrem lange *Labia minor* zu erzeugen.

Auch beim viel beworbenen „penis enlargement" wird die Dehnungstechnik benutzt. Runde Gewichte mit einem darin befindlichen Scharnier werden oberhalb der Eichel des Penis befestigt. Meist gibt es Gummimanschetten, um an dem in seiner Größe ja extrem variablen männlichen Glied nicht abzurutschen. Dann soll man weite Unterhosen tragen und alles Weitere der Schwerkraft überlassen. Die Technik hat verschiedene Nachteile. Zum einen ist anzunehmen, dass das Gewicht doch immer wieder mal abrutscht – wie erklärt man dann den Arbeitskollegen, was da gerade aus der Hose gepurzelt ist? Zum anderen ist fraglich, was bei einer Spontanerektion geschieht. Daher gibt es für denselben Zweck noch andere, röhrenförmige Gestelle, die nachts getragen werden sollen und, auf den Penisschaft aufgesetzt, mit steter Federkraft die Eichel vom Körper wegdrücken. Beim gewöhnlichen Verfahren wird für die Verlängerung des Penis oder die Korrektur von Peniskrümmungen ein Expander gebraucht, der das Glied mit einer Kraft zwischen 500 und 1.200 Gramm bis zu zehn Stunden am Tag unter Spannung halten muss, um eine durchschnittliche Verlängerung von bis zu einem Zentimeter pro Monat zu erreichen. Das Tragen der Geräte ist unangenehm; um nicht abzurutschen, schnüren auch sie unterhalb der Eichel ein und dehnen den Penis im Wesentlichen nur in die Länge. Von einigen Anbietern wird auch ein Wachstum der Dicke behauptet, was aber physiologisch schwer nachvollziehbar ist.

Dieselbe Technik kann auch benutzt werden, um das Skrotum in die Länge zu ziehen. Über den Hoden werden hierbei kreisförmige Gewichte angebracht, die den Hodensack umschließen und nach unten und dadurch massiv in die Länge ziehen. Die Betroffenen tragen später mitunter Lederringe oder ähnliche Accessoires um diese Verlängerung herum.

Abb. 45:
Gerät zur Penisverlängerung, mit dem die Eichel permanent vom Körper weggedrückt wird; hierdurch setzt ein Längenwachstum des Gliedes ein. (Grafik: U. Herbert, nach Bildern aus dem Internet)

Abb. 46:
Mit einer zunehmenden Anzahl von Gewichten um den oberen Teil des Skrotums lässt sich der Hodensack nach und nach beträchtlich in die Länge ziehen. (Grafik: U. Herbert, nach Bildern aus dem Internet)

Diese Techniken führen zwar vor allem bei jungen Männern, wenn das Gewebe noch reproduktionsfreudig ist, zu einem erstaunlichen Längenwachstum; am Durchmesser des Penis lässt sich auf diese Weise jedoch kaum etwas ändern. Die solchermaßen erzeugte Penisverlängerung ist allerdings nicht mehr rückgängig zu machen. Eher unwahrscheinlich ist die von einigen Herstellern behauptete „Steigerung der sexuellen Potenz", hat sie doch nichts mit der Länge des männlichen Gliedes zu tun, abgesehen vielleicht von psychologischen Aspekten.

Mitunter werden zu diesem Zweck auch Vakuumpumpen angeboten, was nicht ungefährlich ist, da diese den Rückfluss des Blutes verhindern. Derartige Vorrichtungen werden ansonsten vorwiegend zum Herbeiführen einer Erektion benutzt. Der Penis wird hierbei in einen (meist transparenten) Zylinder eingeführt, wo durch Herauspumpen der Luft allmählich ein Unterdruck entsteht, durch den der Penis prall wird. Hierdurch ließe sich theoretisch auch ein Dickenwachstum erreichen, aber der Unterdruck schädigt auf Dauer die Zellwände und verhindert den Rückfluss des Blutes. Um einen dauerhaften Wachstumseffekt zu erreichen, hieße es also: pumpen, Luft reinlassen, wieder pumpen, erneut Luft reinlassen, nochmals pumpen...

Weniger Nachteile hat eine etwas neuere Methode der Wechseltraktion am Penis, auch Up-and-down-Prinzip genannt. Ein automatisch mit Druckluft angetriebenes Multifunktionsgerät erreicht kurzfristig eine Zugkraft von bis zu 2 kg, die dann wieder reduziert wird. Nach Angaben des Herstellers muss der Penis hierzu mit zwei Silikonschläuchen an den

Kunststoffträger gebunden und dann in das zweiteilige Stretchingsystem eingeführt werden. Die aktive Dehnung dauert etwa 6 Sekunden mit einer Pause von rund 3 Sekunden. Die Eichel bleibt in dieser Pause normal durchblutet. Die Verlängerung des Penis soll bei Anwendung von einer Stunde pro Tag gleichfalls im Bereich von etwa 1 cm pro Monat liegen.

Eine weitere Methode ist das Penistraining, das ohne all diese technischen Hilfsmittel auskommt. Wie bei jedem Muskel ist auch die Kraft des männlichen Gliedes abhängig vom Ausmaß seiner Beanspruchung – wird der erigierte Penis nicht mehr hart genug, so liegt das mitunter an einer Schwäche des Gewebes und mangelnder Durchblutung. Der Penis braucht eine gut funktionierende Muskulatur. Wird die glatte Penismuskulatur nicht ausreichend gefordert, atrophiert sie und versagt bei Bedarf. Je mehr und je ausgiebiger sich jemand durch Geschlechtsverkehr oder Masturbation sexuell betätigt, umso besser ist es um Größe und Kondition des Penis bestellt: Bei jeder Erektion wird er gut durchblutet und mit Sauerstoff versorgt, der das Wachstum der glatten Muskelzellen fördert. Nächtliche Spontanerektionen verhindern allerdings ohnehin, dass das Glied gar nicht mehr beachtet wird, und stellen damit zumindest ein Minimum sicher. Neben regelmäßiger sexueller Betätigung kann die Penisdurchblutung auch durch spezielle Übungen verbessert werden. Vor allem die Oberschenkelmuskulatur sollte beansprucht werden, da von den Arterien, die diese Muskeln versorgen, auch die Penisgefäße abzweigen. Die meisten Ausdauersportarten wie Rudern, Schwimmen oder Laufen sind geeignet.

Angeboten werden natürlich auch Medikamente für das Peniswachstum. PDE-5-Hemmer mit dem Wirkstoff Sildenafil und ähnliche Medikamente verbessern angeblich die Penisdurchblutung und sorgen so für eine glückende Erektion. Andere Penisvergrößerungsprodukte enthalten verschiedene Kräuter, Vitamine und Mineralien. Bei näherer Beschäftigung mit diesen Produkten wird aber rasch klar, dass sie in der Regel nur kreislaufsteigernde oder allgemein aktivierende Wirkung haben (in deren Folge natürlich eine bessere Erektion auftreten kann); es gibt aber absolut keinen Grund anzunehmen, dass sich hierdurch eine Penisverlängerung im Sinne einer Körperveränderung ergeben könnte. Schon alleine aus anatomischen und physiologischen Ursachen kann es kein oral zu verabreichendes Medikament geben, das gezielt nur auf das Wachstum eines einzigen Körperteils wirkt. Die meisten Mittel wirken mehr oder minder als Aphrodisiakum und unterstützen bestenfalls die sexuelle Stimulation.

Mitunter bieten plastische Chirurgen eine operative Penisverlängerung an. Der äußerlich sichtbare Penis setzt sich noch weit im Körperinneren fort und macht dabei einen S-förmigen Bogen. Bei der operativen Penisverlängerung wird dieser Bogen etwas begradigt und ein Stück des inneren Teils dabei nach außen verlagert. Durch diese Begradigung erhält der Operateur den Überschuss, welcher als Verlängerung dient. Im Verlauf der Operation werden die beiden oberen Haltebänder des Gliedes zunächst gelöst und am Ende der Penisverlängerung wieder fixiert. Allerdings hängt der sichtbare Teil der Peniswurzel dann etwas tiefer am Körper als vorher.

Bei der Penisverdickung im Rahmen plastischer Schönheitschirurgie kommen körpereigene Fettzellen zum Einsatz. Um eine permanente Penisverdickung zu erreichen, werden die vom Patienten entnommenen Körperfettzellen aufbereitet, gereinigt und zerkleinert und dann in den Penis injiziert, wo sie anwachsen und sich vermehren sollen. Bisweilen verschwindet der Effekt jedoch nach einigen Monaten, so dass die Implantierung der Fettzellen erneut durchgeführt werden muss.

Insbesondere beschnittene Männer wünschen sich mitunter eine intakte Vorhaut – zum einen stellt diese einen Schutz der Eichel dar, zum anderen erleichtert sie die Masturbation. Auch die Wiederherstellung der Vorhaut wird gewöhnlich dadurch erreicht, dass man die Haut für eine bestimmte Zeitspanne unter moderater Spannung hält, etwa mit Hilfe von elastischem Klebeband oder einer der Techniken zur Penisverlängerung, die fast alle dafür sorgen, dass auch die Vorhaut mitwächst: wenn die Haut unter Zugspannung steht, dann bildet sie neue Zellen und wird länger.

3.10 Korsetts

Das Anlegen eines Korsetts war und ist vor allem für beleibte Frauen eine Möglichkeit, ihren Körper noch kurz vor einem festlichen Ereignis in die richtigen Proportionen zu zwängen. Korsetts können aber auch langfristig angelegt werden, um das Wachstum eines Körperteils zu behindern oder in eine bestimmte Form zu zwängen. Bekannt sind z. B. die Ringe, durch die burmesische Frauen immer längere Hälse bekamen, so dass ein späteres Entfernen gar nicht mehr möglich gewesen sein soll, da der Kopf mehr auf den Ringen als auf Rückgrat und Halsmuskulatur ruhte und die Bandscheiben auseinander gezogen waren.

Die Itiburis aus Neuguinea reduzieren ihren Taillenumfang durch immer engere Gürtel. Einer der bekanntesten Nachahmer dieser Form der Corsettage ist Fakir Musafar, der es schließlich auf einen Taillenumfang von nur noch 45 cm gebracht haben soll (Zbinden 1998). Laut Guinness-Buch lag der engste jemals gemessene Umfang mit 33 cm bei der Engländerin Ethel Granger; Cathie Jung (USA) hat momentan mit 38,1 cm die schmalste Taille aller lebenden Menschen (Guinness World Records 2002).

Der Begriff Korsett wird innerhalb der BodMod-Szene unterschiedlich benutzt. Meist ist damit ein nur temporär bei einer Play-Piercing-Sitzung mit Hilfe von Schnüren eng angelegtes Korsett gemeint, das einen Teil der Haut zusammenzieht. Oft wird das Band mehr zum Schmuck um die eingestochenen Piercingnadeln gewickelt, ohne starken Zug auszuüben. An diesen Stellen lassen sich auch Piercingringe einlegen, durch welche die Bänder gezogen werden; dies wird auch länger getragen. In einem Fallbericht schrieb ein Mädchen namens Jennifer, wie sie sich auf einem Bod-Mod-Treffen unter den kritischen Blicken vieler Schaulustiger ein solches Korsett anlegen ließ und dann mehrere Tage damit herumlief. Schlafen musste sie dann allerdings auf dem Bauch.[72]

Auch Einschnürungen zwecks permanenter knöcherner Veränderungen wie beim Spitzkopf der Maya (s. u.) lassen sich als Korsetts bezeichnen. Eine andere bekannte Einschnürung war die Modulierung der Füße im früheren China. Man bandagierte dort jahrelang die Füße der Mädchen, da man kleine Füße für attraktiver hielt, bis diese völlig verkrüppelt waren. Das Zusammenschnüren der Füße war ein Zeichen der oberen Sozialklasse, arbeiten gehen konnten die Frauen mit den solchermaßen deformierten Füßen nicht; viele konnten kaum damit laufen. Der Prozess

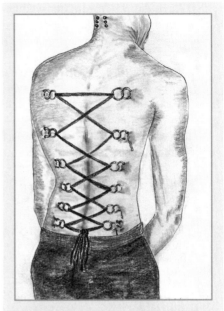

Abb. 47:
„Korsett" durch eingestochene Piercingringe (Zeichnung: U. Herbert nach einem Foto im Internet)

begann schon in der frühen Kindheit: Mit einer extrem festen Binde wurde der Fuß so zusammengeschnürt, dass die Sohle in Richtung Hacke gepresst wurde. Insbesondere in Wachstumsphasen verursachte dies massive Schmerzen bis hin zu Entzündungen und Blutungen. Dennoch hielt sich diese Sitte runde tausend Jahre. Erst 1894 gründete sich eine Gesellschaft mit dem Ziel, die Mädchen hiervon zu befreien, und 1902 gab es ein entsprechendes staatliches Edikt. Dennoch ließ die Bevölkerung nicht davon ab, zu tief saß die Gleichsetzung der winzigen Lotusfüßchen mit perfekter Schönheit.

In vielen Kulturen versuchte man, Körperteile zu formen, so etwa in Westindien die Unterschenkel von Mädchen während des Wachstums. Es wurde ihnen bereits in früher Jugend eine Art Halbstrumpf über den Unterschenkel gezogen, der vom Knöchel bis zur Wade eine kräftige Kompression ausübte. Über der Wade lag eine andere Binde, an deren oberem Rand ein runder, mehr als tellerbreiter Kragen aus Binsen oder Baumwolle und an deren unterem Rand ein ähnlicher, nur kleinerer Kragen angebracht war. So quoll die Wade dick zwischen den beiden Bandagierungen hervor; dieses Schönheitsideal war zugleich ein Zeichen freier Geburt, denn den Sklavinnen stand dies nicht zu.

Auch das Wachstum der weiblichen Brust kann auf diese Weise behindert und der Busen dann in die gewünschte Form gezwängt werden. Riedel sagte über die Bewohnerinnen von Amboa:

> „Wenn die Brüste bei den Mädchen sich zu entwickeln anfangen, werden sie mit warm gemachten Bambuszylindern wiederholt gedrückt, um das Wachstum hinzuhalten. Kleinen Brüsten geben die Frauen den Vorzug."

Auch die Busenschnur afrikanischer Völker diente einem einseitigen Schönheitsbegriff. Bowditch berichtete von den Aschanti:

> „Die Busen der 13- und 14-jährigen Mädchen sind wahre Modelle; aber die jungen Weiber zerstören absichtlich diese Schönheit, um ihnen eine Form zu geben, die sie für schöner halten, indem sie ein breites Band fest über die Brüste binden, bis diese endlich die runde Gestalt verlieren und kegelförmig werden."

Reitzenstein berichtet, viele der Mädchen spannten die Busenschnur straff über die obere Busenpartie um den Brustkorb, so dass dadurch die Haut gespannt und der Busen hochgezogen wurde. In Uganda dagegen, wo man früher offenbar die hängende Brust vorzog, wurde das Band so gelegt, dass es die Brust herunterzog. Wieder anders verhielt sich die Sache dagegen bei den Zentralaustraliern, von denen Spencer und Gillen erzählten:

> „Um bei einen Mädchen das Wachstum der Brüste zu befördern, versammeln sich die Männer im Ungunja oder Männerlager, wo sie alle miteinander lange Gesänge, deren Worte eine Ermahnung an die Brüste zu wachsen, ausdrücken [...]" (alle Zitate nach Reitzenstein 1923, 127ff).

3.11 Implants

Der gegenwärtig letzte Schrei des Körperkults ist die Implantierung von Objekten unter die Epidermis. Hierzu wird die Haut aufgeschnitten und dann operativ so weit von der Unterhaut abgelöst, dass man das gewünschte Objekt dort hineinschieben kann. Anschließend wird der Schnitt wieder vernäht. Beliebt sind z. B. kleine Hörnchen auf der Stirn, oder auch Titanstäbe in den Unterarmen, die ein androidenhaftes Aussehen verleihen. Wieder andere tragen solche Implantate im Bereich des Brustbeins, auf dem Handrücken oder im Genitalbereich. „*Genital Beadings*" oder „*Yakuza Beads*" sind kleine Kugel- oder Stabimplantate im Schaftbereich des Penis. Die Implantate werden nach dem Einsetzen unter die Haut von außen mit Klebebändern fixiert, damit sie in Ruhe einkapseln können.

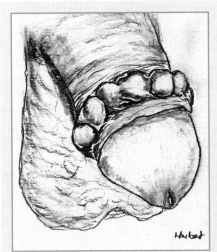 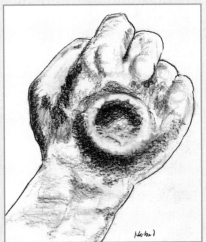

Abb. 48:
Ein Ring von Perlen-Implantaten unterhalb der Eichel
(Zeichnung: U. Herbert nach Fotos aus dem Internet)

Abb. 49:
Unter der Haut der Hand implantierter Ring
(Zeichnung: U. Herbert nach Fotos aus dem Internet)

Auf einer Internetseite erzählt „Kevin", dass seine Faszination an Körpermodifikationen bereits begann, als er mit zehn Jahren alt war und eine Dokumentation im Fernsehen über das Leben eines indigenen Volkes sah; am meisten faszinierte ihn, dass die Männer von der Pubertät an Perlen in ihren Penis implantierten. Von diesem Moment an habe er auch *„geperlt"* sein wollen. Später, mit 15, wurde er regelmäßiger Gast in Piercingstudios. Mit 18 hatten sich schon rund 30 Piercings auf seinem Körper angesammelt und ein paar Tattoos. Aber er war noch immer nicht zufrieden, da er nicht das bekommen hatte, was ihn ursprünglich einmal an die Welt der Körperkunst gereizt hatte: die Perlen. In einem Piercing-Shop freundet er sich mit einem der Piercer näher an, mit „Lou". Sie fingen an, Sachen auszuprobieren, die laut Lou bis dahin noch nie versucht worden waren. Nicht viel später begannen sie, an der Idee zu arbeiten, wie man die Perlenimplantate machen könnte. In drei Schritten sollten Titankugeln implantiert werden:

„Klar, ich war an diesem Punkt schon etwas nervös, aber ich hatte so viel Adrenalin in meinen Venen, dass es nichts gab, was mich hätte davon abhalten können, meine heißersehnten Perlen zu kriegen."

Lou klammerte den ersten Bereich, piercte das eine Loch zunächst mit einer dünnen Nadel, gefolgt von einer größeren Erweiterung, und schob die Perle hinein:

> „Es war tatsächlich eher schmerzlos, alles, was ich fühlte, war etwas Druck von der Dehnung durch den 2er, bevor er die Perle einsetzte."

Nachdem alle eingesetzt worden waren, umwickelten sie den Penis mit Verbandsstoff und bedeckten das Ganze mit einem Latex-Präservativ, um eventuell austretendes Blut aufzufangen. *„An dem Abend war ich ziemlich betrunken, was den Schmerz erträglich werden ließ, aber für die meiste Zeit habe ich wenig oder keine Schmerzen gespürt."* Der nächste Monat verlangte von ihm, immer wieder die Perlen an die richtige Stelle zu rücken, damit sie dort einwuchsen, wo sie hinsollten. Erst nach ein paar Monaten saßen die Kugeln mit einem Spielraum von einem halben Zentimeter in jede Richtung gut in ihrer Position.

> „Jetzt endlich kann ich von mir sagen, dass ich mich wirklich vollständig fühle. Endlich habe ich meine Perlen. Alles in allem war die Geschichte einfach und schmerzlos, sie sehen phantastisch aus und, ganz wichtig, sie lassen meiner Freundin Schauder über den Rücken laufen!!! Ich würde das jedem Mann empfehlen, es ist die Zeit wert, die man während der Heilung abstinent leben muss."[4]

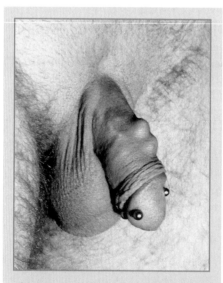

Abb. 50:
Perlen-Implantat in der Oberseite des Penis (Foto: Bianca Krause)

„Lizardman", im wirklichen Leben Erik Sprague, ist ein Amerikaner, der von oben bis unten mit einem Schuppenmuster und anderen Ornamenten tätowiert ist und sich die Zunge hat spalten und die oberen Schneidezähne zuspitzen lassen. Er tritt in Shows auf und erwirbt mit diesem Aussehen sein Einkommen. 1999 ließ er sich in Philadelphia zwei Reihen subdermaler Implantate aus Teflon über den Augenbrauen einpflanzen, um den Eindruck von hörnerartigen Erhebungen auf der Stirn zu erzeugen. Der Einschnitt und das Einführen des Messers zur Vertiefung der Höhle waren nicht so schmerzhaft, wie man das erwarten würde, so schrieb Lizardman auf seiner Homepage; aber der Druck sei unerträglich gewesen:

"Ich würde es damit vergleichen, dass ein Schraubstock deine Schläfen quetscht, während gleichzeitig an der Haut gezogen wird."

Für die Taschen brauchte es mehrere verschiedene Messer, und das Gewebe ließ sich nicht gerade einfach ablösen. Vor allem hatte auf der linken Stirnseite eine alte Narbe, die das Ganze ziemlich schwierig werden ließ und die ein paar laut hörbare „Plopps" verursacht habe. Ingesamt benötigte der Piercer fünf Stunden. Im Anschluss fühlte Lizardman sich müde und zittrig. Kaum zu Hause angekommen, brach er förmlich zusammen und schlief eine ganze Weile. Die Nachsorge bestand vor allem aus der Reinigung der Wunde und dem Auflegen von Eispackungen auf die Schwellungen. Am dritten Tag danach waren seine Augen völlig zugeschwollen, als hätte er zwei Faustschläge draufbekommen, da das ins Gewebe ausgetretene Blut durch die Schwerkraft nach unten bis über die Augen abgesackt war. Die Schwellungen und die dunkel geränderten Augen ließen ihn zu diesem Zeitpunkt aussehen *„wie einen Höhlenmenschen, der einen Kampf verloren hat"*. Erst nach rund einem Monat waren die Implantate schmerzfrei und abgeheilt.[17]

3.12 Saline-Injektionen

Eine weitere Technik der Körperveränderung, die allerdings nur vorübergehend ist, ist die Injektion von physiologischer Kochsalzlösung in unterschiedliche Körperteile. Isotonische Kochsalzlösung wird für diverse medizinische Zwecke genutzt und lässt sich, steril in Flaschen abgefüllt, in Apotheken erwerben. Im Körper richtet Kochsalzlösung in kleinen Mengen keinen Schaden an. Die Benutzer injizieren sie sich mit sterilen Einmalspritzen überwiegend in den Genitalbereich, beispielsweise in die Schamlippen, Hoden, den Penis oder die Brust; so viel, bis diese Teile prall abstehen. Die meisten weichen Körperteile lassen sich so auf rund die doppelte Dicke vergrößern. Da die Kochsalzlösung langsam vom Gewebe wieder abgebaut wird, lässt der Effekt allmählich wieder nach.

3.13 Sewings, Sutures, Nähte

Das Zusammennähen von Köperöffnungen oder Körperteilen (Suturing, Sewing) ist eine Technik aus dem Bereich der Play-Piercings. Die Motivationen hierfür sind sehr unterschiedlich. In einem Fall hat sich jemand den Mund aus politischen Gründen zugenäht, um auf die Unterdrückung seiner Volksgruppe hinzuweisen, und ist mit dem zugenähten Mund vor die Presse getreten. In anderen Fällen haben Menschen sich den Mund zunähen lassen, um nur noch flüssige Nahrung zu sich nehmen zu können und ab-

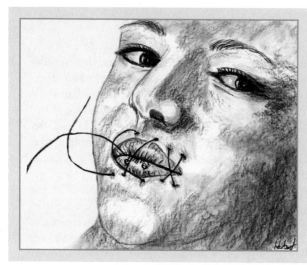

Abb. 51:
Zugenähter Mund
(Zeichnung: U. Herbert nach einem Foto im Internet)

zunehmen. Meist aber steckt lediglich Experimentierfreudigkeit dahinter. Beim Selbstverletzen hat das Zunähen des Mundes Symbolcharakter und steht als Sinnbild für die eigene Hilflosigkeit.

Eine Motivation zum Sewing des Mundes schilderte „Bizarroboy" aus Schottland:

> „Ich wollte es tun. Ich wollte diese Erfahrung machen. Ich wollte mein Leben auf eine sehr persönliche Weise berühren. Ich wollte dadurch herausgefordert und verändert werden. Ich wollte den Schmerz spüren. Ich wollte wissen, wie es ist, wenn man von unserer normalen Form der Kommunikation ausgeschlossen ist. Ich wollte spüren, wie der Faden durch meine Lippen gezogen wird. [...] Diese einfache Prozedur des Stechens und Nähens sollte Symbol für unseren Kampf sein, auf einer höheren Ebene gehört zu werden."[65]

Eine weitere Form ist das Einnähen von Mustern auf der Haut bei Play-Piercing-Sessions oder das Zusammennähen von Körperteilen, z.B. der Finger, oder sogar das Zusammennähen von zwei Menschen bei Stretching-Games. Favazza (1996) berichtete von einem Fall, in dem sich jemand Knöpfe direkt auf die Haut genäht hatte.

3.14 Skarifizierung

Skarifizierung bedeutet das Erzeugen von Schmucknarben; der Begriff kommt vom englischen Wort „scar" (Narbe). Diese Narben werden in der Regel erzeugt durch Schneiden (Cutting), Brennen (Branding) oder durch das Aufbringen chemischer Substanzen. Die häufigste und präziseste Art ist das Cutting, das Schneiden der Haut mit einem Skalpell.

Das bewusste Erzeugen solcher Schmucknarben ist eine Jahrtausende alte Technik. Viele kulturhistorisch „primitive" Malereien, Zeichnungen und geschnitzte Figuren zeigen Schmucknarben (z. B. Lommel 1967). Reitzenstein schrieb hierzu:

> „Ähnlich der Tatauierung sind die Schmucknarben; auch sie werden mehrfach bei Gelegenheit der Reifezeremonie hervorgerufen. Das klassische Gebiet ist Australien und Afrika. Eine andere Veranlassung zur Hervorrufung solcher oft ganze Wülste darstellender Narben ist die Trauer." (1923, 114f)

Tätowierung eignet sich für schwarzhäutige Menschen wenig, da die Pigmente in dem dunklen Untergrund kaum zu erkennen sind. Dies dürfte einer der Gründe sein, warum in Afrika Schmucknarben sehr stark verbreitet sind. Dahinter steht oft eine spirituelle Bedeutung: So glaubte man in Kamerun, dass die in die Körper geschnittenen Zeichen vor Krankheiten schützen und böse Geister abschrecken würden.

Die moderne Technik zum Setzen von Schmucknarben unterscheidet sich kaum von dem Vorgehen der Naturvölker, abgesehen davon, dass moderne Skalpelle und antiseptische Medikamente zur Verfügung stehen. Um tiefere Narben zu erzeugen, kratzen manche der heutigen User nach der Setzung der Narbe den Schorf mehrfach ab („*picking*") und stören damit den Heilungsprozess. Dies führt oft dazu, dass die Narbe sich von der umliegenden, gesunden Haut später noch deutlicher abhebt.

Oji aus Edmonton (Alberta) über die Nachsorge beim Anfertigen einer Skarifizierung:

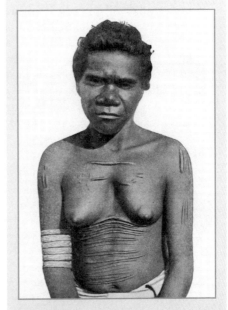

Abb. 52:
Schmucknarben bei einer Australierin (Foto: Reitzenstein 1923, 185)

> „Schrubbe die Narbe, bis sie blutet. Das tut meist noch mehr weh als das eigentliche Schneiden, aber das Bluten ist wichtig. [...] Sobald ich die Narbe zum Bluten gebracht habe, mache ich zwei Dinge: Ich freue mich über die Schlachthaus-Szene in meiner Dusche und sprühe mein Blut

> *überall hin. [...] Und wenn du viel antibakterielle Seife benutzt und sie tief in die Narbe einreibst, kannst du den Heilungsprozess der Haut so irritieren, dass das Gewebe anschwillt und dadurch aufhört zu bluten. [...] Aber glaube nicht, dass du aufhören kannst, wenn die Narbe anfängt abzuheilen: Du musst trotzdem höllisch weiterschrubben, wenn du in der Dusche bist."* [100]

Mitunter werden Tattoo-Tinte oder andere Farbstoffe, aber auch Asche oder Essigbalsam in die noch offene Wunde gegeben, um besser sichtbares Narbengewebe zu erzeugen: Essigbalsam führt zu einer stärkeren Rötung, die auch nach der Abheilung noch sichtbar sein soll; Asche eingerieben macht besonders schwulstige, nach oben ausgebuchtete Narben.

Problematisch ist immer, wie gut sich solche zusätzlich eingebrachten Substanzen in der frischen Wunde verteilen: oft wirkt das Ergebnis eher ungleichmäßig. Ein Teil des Farbstoffes bleibt in der Wunde und wächst in das spätere Bindegewebe ein, so dass sich damit bunte Narben erzeugen lassen. Durch die ungleichmäßige Farbverteilung und die Tatsache, dass ein großer Teil des Farbstoffes im Verlauf des Heilungsprozesses abgebaut wird, kann das Ganze später mitunter nicht wie eine gut gemachte, farbige Skarifizierung aussehen, sondern wie ein schlecht angefertigtes, verwaschen wirkendes Tattoo, dessen Entfernung sich äußerst schwierig gestaltet. Das oben genannte Picking sollte bei solchen eingefärbten Narben vermieden werden, da man damit auch die Farbpartikel herauspult.

Sarah aus Ontario hatte sich mit dem Kauterisator, einem Elektrogerät, zwei Sterne in die Schulterblätter einbrennen lassen und berichtete, dass nach einer Woche der Schorf locker wurde und allmählich abfallen wollte. Sie nahm daraufhin eine lange, heiße Dusche, um ihn aufzuweichen. Danach holte sie ihr „*Folterwerkzeug*" heraus, ein Taschenmesser, um die Kanten des Schorfs anzuheben – und dann mit einer Pinzette den Schorf ganz abzuziehen. Diese Prozedur wiederholte sie drei Wochen lang. Ihrem Internet-Eintrag nach habe es zwar manchmal etwas geblutet, „*... aber Blut hat mich noch nie erschreckt*". Danach wurde die Wunde mit Alkohol gereinigt und dann roter Weinessig aufgetragen:

> „*Beides brennt ziemlich übel und ich hab jedes Mal meine Fingernägel tief in den Teppich eingekrallt. Es fühlt sich so ähnlich an, als wenn du dir den Zeh gestoßen hast, es tut höllisch weh und man kann nichts dagegen machen als abzuwarten, bis der Schmerz wieder aufhört.*"

Nach drei Wochen des Abpulens und Einreibens hatte sie dann endgültig keinen Schorf mehr, und alles, was jetzt noch übrig war, war eine dunkelrote, leicht hochstehende Narbe.[110]

Bei der chemischen Skarifizierung wird die Hautoberfläche durch das Auftragen einer stark basischen oder sauren Lösung angegriffen. Dabei ist größte Genauigkeit gefordert, damit die Flüssigkeit nicht an andere Stellen gelangt. Außerdem verlangt das Erzeugen von Narben mit solchen Laugen oder Säuren viel Erfahrung, damit die Flüssigkeit nicht etwa zu früh oder zu spät wieder abgewaschen wird. Insider raten von dieser Methode eher ab, wenn es um die Erzeugung wirklich kunstvoller und genauer Schmucknarben geht; wie groß die Narben später ausfallen, lässt sich so gut wie gar nicht vorhersagen. Da die Lauge oder Säure leicht zerfließt, ist es auch kaum möglich, präzise geformte Muster zu erzeugen. Oft wird hierzu, wie bei Druckverfahren früher, eine Maske auf die Haut geklebt bzw. Haut, die nicht geätzt werden soll, mit einer dicken Fettschicht geschützt und erst dann die scharfe Lösung mit einer Glaspipette vorsichtig aufgetropft; Pinsel sind meist ungeeignet, da sie sich durch Lauge oder Säure ebenfalls auflösen und dann ihre Bestandteile mit in die frische Wunde gelangen. Auf die Haut geklebte Schablonen können sich zum einen ebenso auflösen, zum anderen gelangen die Flüssigkeiten auch leicht unter die Schablone. Manche tröpfeln etwas Säure oder reiben Chemikalien in ein vorher mit dem Skalpell geschnittenes Cutting ein, um die Narbe zu vertiefen.

Die so genannte abrasive Skarifizierung erzeugt Narben durch Reibungshitze bzw. durch das Abscheuern von Hautschichten. Richtig angewandt ergeben sich flache Narben, die sich im Wesentlichen nur durch ihre Färbung von der gesunden Haut unterscheiden. Durch abrasive Skarifizierung lassen sich sowohl großflächige Narben wie auch filigrane Muster erzeugen. Auch mit elektrischen Geräten, wie sie üblicherweise zur Gravur von Metall, Holz oder Glas benutzt werden, lassen sich Narben in die Haut schleifen.

Beim Tätowieren kommt es mitunter unbeabsichtigt zur Bildung von Narben, wenn der Tätowierer zu tief einsticht oder einzelne Stellen zu lange oder zu intensiv bearbeitet. Umgekehrt lassen sich aber gerade so auch Schmucknarben erzeugen. Dann wird zwar keine Farbe eingebracht, aber bewusst viel zu tief gestochen. Das Ergebnis kann allerdings recht unterschiedlich ausfallen. „Justme" aus Oklahoma ließ sich mit dieser Tätowiermethode eine Skarifizierung zwischen seinen Schulterblättern anbringen:

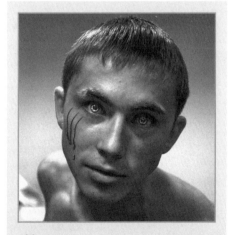

Abb. 53:
Skarifizierung (Foto: Konstantyn Breyak/stock.XCHNG[6])

„Die Vibration der Nadel erschütterte sozusagen meinen ganzen Körper. Gavan sagte zu mir, dass er sehr viel härter als bei einem normalen Tattoo drücken würde [...]. Mein Rücken tat dabei nicht weh, es war mehr ein ärger-

liches Gefühl [...]. Gavan ging fünfmal über jede Linie. Das tat sehr viel mehr weh, weil die Haut davon irritiert wurde, aber es machte die Narbe nachher besser sichtbar." [104]

Ein Hauptproblem bei den durch Cutting erzeugten Skarifizierungen ist, das sich niemals exakt vorhersagen lässt, wie das spätere Narbengewebe aussehen wird. Der Heilungsprozess geschieht bei jedem Menschen unterschiedlich; dunklere Hauttypen neigen zum Beispiel eher zu schwulstigen Narben bis hin zur Keloidbildung (Wulste) als helle Typen. Darüber hinaus verändern Narben sich auch mit dem natürlichen Alterungsprozess. Letztlich muss man sich hier vor Augen halten, dass man beim Cutting einen Teil der Haut entfernt und nicht unbedingt davon ausgehen kann, dass sie so abheilt, wie der Betreffende sich das wünscht. Der Regenerationsprozess folgt seinen eigenen Gesetzen.

Ohnehin sollte der Interessierte sich sehr gut überlegen, an welcher Stelle er sich die Narbe anbringen lässt. Haut muss sich sehr elastisch an Bewegungen anpassen können, insbesondere im Bereich der Gelenke. Narbengewebe ist jedoch bei weitem nicht so gut dehnbar wie die ursprüngliche Haut und neigt unter Umständen dazu, immer wieder aufzureißen. Rückgängig machen lässt sich die Skarifizierung kaum; selbst bei einer Hauttransplantation können wieder neue Narben entstehen.

Dass Narbengewebe schön sein kann, wenn nicht gar bewundernswert, will wohl nicht jedem sofort eingehen, werden Narben doch oft eher mit einer Entstellung aufgrund schwerer Unfälle oder Verbrennungen gleichgesetzt. Stammesgeschichtlich betrachtet weisen Narben jedoch auch auf Mut, Tapferkeit, Kampfeslust und Heldenhaftigkeit hin: Noch im 19. Jahrhundert galt der mit einem Degen als Semi-Verletzung angelegte Schmiss noch als Standeszeichen höherer Klassen; und in grauer Vorzeit könnten gerade Männer mit Narben die besseren Ernährer gewesen sein, da sie offenbar keine Gefahr scheuten, an vorderster Linie kämpften, um die Sippe vor Feinden zu schützen oder Tiere zu jagen. Vielleicht ist auch das ein Grund, warum viele Ureinwohner sich Schmucknarben an ihren Körpern angebracht haben. Lilith B., die sich seit ihrer Kindheit selbst schnitt, schilderte ihre Ansichten über Narben:

„Im Allgemeinen mag ich es nicht, dass die Leute meine Narben sehen, obwohl das manchmal nicht zu vermeiden ist, im Sommer, beim Arzt, wenn ich mich recke, um nach Dingen zu greifen. Warum ich sie verstecke, höre ich Dich fragen? Na ja, nicht jeder ist genauso happy wie ich, wenn er meine Narben sieht. Unabhängig von der Intention ist Cutting trotzdem noch ein Tabu-Thema, egal wie gut ich mich damit fühle. Das ist so eine kleine Erregung, die einen richtig schwindlig macht, wenn ich weiß, dass ich eine frische Narbe oder eine offene Wunde habe, versteckt unter meiner Kleidung, niemand außer mir weiß es. Vielleicht hört sich das etwas schmierig an, aber es ist für mich, als wenn man im Kleid ohne Slip rumläuft! Die Leute

sehen Cutting immer als Selbstverstümmelung an, ich bemitleide die sehr, sie werden niemals die wirkliche Schönheit einer Narbe verstehen können. Eigentlich hat doch jeder irgendwo Narben, eine wenigstens, niemand hat eine absolut perfekte Haut und das Leben ist nun mal so, dass unsere Erfahrungen sich in die Haut eingraben. Mehr mache ich ja auch nicht. Was ist daran verkehrt, wenn ich mir meine Erfahrungen in die Haut schneide? [...] Jedes Bild erzählt eine Geschichte; mein Körper ist ein großes, abstraktes Kunstwerk! Vielleicht werden viel mehr Menschen eines Tages die konstruktive Kraft des Cuttings entdecken. Wenn man es richtig und sicher macht, kann es die größte Erleichterung von negativer Energie sein und der größte Adrenalinrausch überhaupt. Ich fühle mich stark, wann immer ich meine Narben sehe, sie sehen wundervoll aus. Ich bin stolz darauf."[93]

3.15 Branding

Branding (Brennen) ist eine Technik, mit deren Hilfe Vieh das Zeichen des Eigentümers eingebrannt wird. Es entsteht ein dauerhaftes und gut sichtbares Narbengewebe, oft wachsen an dieser Stelle im Tierfell die Haare nicht mehr.

Vor allem in Nordamerika wurden früher auch Sklaven mit dem im Feuer stark erhitzten und dann aufgedrückten Brenneisen gekennzeichnet. Im Mittelalter war die Brandmarkung auch eine Form der Strafe.

Bei der modernen „Anwendung" am Menschen sind die Techniken verfeinert: Für Schmucknarben arbeitet man sich mit vielen kleinen Brennungen Stück für Stück voran. Um durch Branding bleibende Narben zu erzeugen, muss mindestens eine Verbrennung dritten Grades erreicht werden.

Man unterscheidet zwei Hauptformen. Beim „Strike Branding" werden kleine Metallstempel stark erhitzt und dann aufgedrückt, was eckige und etwas abgehackt wirkende Narben ergibt. Für filigranere Muster werden abwechselnd unterschiedlich geformte Metallteile benutzt. Auch das Branding mit dem Lötkolben fällt in diese Rubrik, da dieser immer wieder abgesetzt und gewartet werden muss, bis er heiß genug ist. Beim „Cautery Branding" mittels eines so genannten Kauterers bzw. Kauterisators wird die Haut durch Strom verödet und ergibt Narben in jeder gewünschten Form.

Beim Strike-Branding kommen meist zwei bis drei Zentimeter lange Metallplättchen aus unterschiedlichen Metallen, von Kupfer bis Karbonstahl, zum Einsatz, die man vorher in Form gebogen hat. Zunächst wird das gewünschte Symbol auf die Haut gezeichnet. Je nachdem, an welchem Punkt des Musters man arbeitet, benutzt man ein gerades, abgerundetes, gebogenes, eckiges oder wellenförmiges Teil. Dieses wird mit einer Zange aufgenommen, in einer Propangasflamme erhitzt und dann für rund eine Sekunde auf die Haut gepresst. Hierbei darf weder die Person, die das

Brennen durchführt, wackeln oder zittern, noch darf die zu brennende Person schreckhaft zurückzucken. Zumindest beim Anlegen des Brandings muss man sich hier im Vergleich zu anderen Methoden der Skarifizierung um die Sterilität des benutzten Materials verhältnismäßig wenig Gedanken machen. Größere Metallstücke zuzuschneiden und ganze Symbole in einem Arbeitsgang einzubrennen, hat wenig Sinn, weil der Schmerz zu groß ist und, da die Haut keine plane Ebene darstellt, die Einbrenntiefe sehr unterschiedlich sein kann.

Neben Piercen und Tätowieren ist inzwischen auch das Branding zum Forschungsfeld einer experimentierfreudigen Jugend geworden. Im folgenden Fallbericht merkte ein Heranwachsender bei seinem Selbstversuch sehr schnell, wie man es besser nicht machen sollte. Er hatte Büroklammern benutzen wollen und eine Zange, um sie festzuhalten. Die Büroklammern wollte er in einem Heizofen erhitzen. Nachdem er die Teile geformt hatte, legte er sie probeweise dort auf, wo er das Branding machen wollte, und bog sie entsprechend der Körperwölbung seines Beins.

> *„Diejenigen von euch, die sich ein bisschen mit Brandings auskennen, werden jetzt sagen: ‚So geht das auf gar keinen Fall!' Und alles, was ich dazu sagen kann, ist: Es wäre gut gewesen, wenn ihr alle da gewesen wärt, um mir das vorher zu sagen."*

Natürlich gab es eine Fülle von Problemen mit der Technik, die er sich ausgedacht hatte. Zum Beispiel entwickelte die elektrische Heizung nicht genug Hitze. Auch die Büroklammern erwiesen sich als wenig geeignet, da sie aus ziemlich dünnem Metall bestanden, also zwar schnell Hitze aufnahmen, sie aber ebenso schnell verloren.[117]

Das Kauterisieren ähnelt in vieler Hinsicht mehr dem Cutting als dem Branding. Auch hier wird das Design vorher aufgemalt und der heiße Kauterisations-Stift Stück für Stück vorsichtig über das Linienmuster gezogen; entsprechend lassen sich sehr viel mehr Details herausarbeiten als beim Strike-Branding. Bei manchen dieser medizinischen Elektrokauterisatoren wird die Hitze mit einem kurzen Lichtbogen erzeugt, der wie bei einer Zündkerze unter hoher Voltzahl von der Anode zur Kathode überspringt; die oberste Hautschicht wird hierbei regelrecht verdampft. Neuerdings werden stattdessen auch Laserstrahlen benutzt.

Brandings heilen wie alle Verbrennungen nur langsam ab und schmerzen extrem. Zunächst entsteht eine übel aussehende Wunde, von der oft erst nach einem Monat der Schorf weggeht, wenn sie sich zu einem roten Streifen zurückgebildet hat und dann allmählich pinkfarben und immer heller wird. Die Heilungszeit liegt zwischen sechs und zwölf Monaten. Jinna, eine Kanadierin, erzählte, wie sie sich selbst recht unkonventionell ein Branding gesetzt hatte:

„Zuerst gehört habe ich von Brandings vor ein paar Monaten, als ich nach Infos über Tattoos suchte [...], aber als ich es dann tatsächlich gemacht habe, nein, die Idee stammte nicht unbedingt daher. So, wie kam es also, dass es mir in den Sinn kam? Also schön, wie viele andere, die sich für eine Selbstmodifikation entscheiden, war es einer von diesen Tagen ... du weißt schon, diese dunklen, dunklen Tage. Ich hab es nicht gemacht, um mich selbst zu verletzen oder damit ich mich schlecht fühle; ich wollte irgendetwas Produktives machen, um mich besser zu fühlen (an diesem Punkt heben wahrscheinlich die Therapeuten, die dies hier lesen, ihre Augenbrauen). Wonach ich mich eigentlich gefühlt hatte, war, ein weiteres Tattoo zu bekommen, aber als mir klar wurde, dass diese Möglichkeit zu dem Zeitpunkt nicht bestand, da ließ ein kleiner Dämon auf meiner Schulter die Idee eines Brandings in mein Gehirn flutschen. (Ich meine das als Metapher, ich sehe keine wirklichen Dämonen irgendwo)."

Die Werkzeuge ihrer Wahl waren eine Nagelfeile aus Metall und ein Feuerzeug; den Aufkleber darauf las sie dann erst am nächsten Tag – worauf stand, dass man dieses Feuerzeug nicht länger als 30 Sekunden brennen lassen dürfe. Sie zeichnete mit einem Kalligraphie-Stift das Muster auf die Haut und hielt dann die Spitze der Nagelfeile in die Flamme, bis diese glühte. Stolz berichtete sie, dass sie beim ersten Mal nicht mal zurückgezuckt sei. Es habe nicht sehr schlimm wehgetan und nach vier Sekunden sei der Schmerz bereits wieder vergangen. Allerdings habe sie auch keine Angst vor Schmerzen und könne sich beim Tätowieren sogar entspannen. Da sie jedes Mal nach dem Erhitzen nur etwa einen halben Zentimeter des Designs schaffte, dauerte das Ganze anderthalb Stunden. Am zweiten Tag war das Branding mit gelblichem Eiter bedeckt: *„Gehört das so? Hab ich was falsch gemacht? Nur die Zeit (oder ein Fachmann) kann das verraten."*[111]

Spike aus Milton/Keynes benutzte eine weitaus einfachere, aber mindestens ebenso wenig empfehlenswerte Technik des Brandings. Er brannte sich die Buchstaben FTW (*„Fuck The World"*) mit selbstgedrehten Zigaretten in die Haut seiner linken Hand; dazu musste er innerhalb von rund zwei Stunden zwölf Stück rauchen. Er selbst fand das Ganze weitgehend schmerzlos. Zur Reinigung der frischen Wunde wie auch zur Schmerzbekämpfung benutzte er Wodka. Als er am nächsten Tag zur Arbeit fuhr, machte er kein Geheimnis aus dem, was er getan hatte, und konnte die entsetzten Reaktionen seiner Kollegen nur schwer verstehen.[97]

Hier soll nicht der Eindruck erzeugt werden, Brandings könnten nur zu Hause und nur mit obskuren Techniken selbst angefertigt werden. Es gibt heute durchaus eine Reihe von Profis mit künstlerischen Ambitionen. In der folgenden Beschreibung ließ Nikki sich das Branding von einem Fachmann mit der Kauterisierungstechnik setzen. Nach einem Gespräch entscheidet er sich, das Wort „Glaube" in Braille-Schrift oben auf seinem Handrücken einbrennen zu lassen. Josh, der Künstler, ließ ihn zunächst noch zusehen, wie er bei jemand anderem ein Branding setzte. Das half Nikki etwas, weil derjenige nicht so ein gequältes Gesicht gemacht habe wie viele andere, und er Josh dabei viele Fragen stellen konnte.

„Über das Gefühl beim Brennen war ich völlig überrascht, weil es sich gar nicht heiß anfühlte, sondern scharf. Es fühlt sich an, als wenn man geschnitten wird, würde ich sagen. Du kannst fühlen, wie er die Spitze in die Haut setzt, und dann die Bewegung, wenn die Linie gezogen wird. Der Geruch (von dem man sagt, dass er ekelhaft sein soll) war etwa so, als wenn man eine Hand voll Haare nimmt und ins Feuer wirft. Es war nicht gerade angenehm, aber auch nicht furchtbar. (Einige machten Scherze, dass sie durch den Geruch Hunger auf Hamburger kriegen würden, während das Branding gemacht wurde, aber ich glaube, nach einer Weile gewöhnt man sich einfach daran). Der Brandgeruch hing trotz mehrfachen Waschens noch tagelang an mir."[117]

Eine weitere Unterform ist das *„Cold Branding"*, oft auch als *„Freeze branding"* bezeichnet. Hier wird extreme Kälte statt der Hitze benutzt, mit ähnlich destruktivem Einfluss auf die oberen Hautschichten. Die Anwendung geschieht meist mit flüssigem Nitrogen, Flüssigsauerstoff oder einer Mischung aus Trockeneis und Alkohol. Die Vorgehensweise ist nahezu identisch mit dem Strike-Branding: das entsprechende Metallstück wird in die tiefgekühlte Flüssigkeit getaucht und dann auf die Haut gepresst. Die Andruckzeit ist jedoch deutlich länger als beim normalen Branding. Den eigentlichen Effekt sieht man hier oft erst 10 bis 15 Minuten später, wenn die bearbeitete Hautstelle beginnt, sich zu röten und anzuschwellen. Der Akutschmerz soll beträchtlich geringer sein als bei der heißen Variante. Falls an der entsprechenden Stelle Haare nachwachsen, sollen diese angeblich schneeweiß sein. Außerdem wird behauptet, dass es durch Cold-Branding seltener zur Keloidbildung kommt.

3.16 Cutting

Beim „Cutting" wird das gewünschte Design regelrecht in die Haut geschnitzt, um eine entsprechende Narbe zu erzeugen. Es gibt auch hier unterschiedliche Techniken, angefangen vom einfachen Aufschlitzen des Gewebes bis hin zu parallelen Schnitten, bei denen der dazwischenliegende Hautlappen gleichfalls abgetrennt wird, um breitere Narben zu erzeugen. Hierzu werden fast ausschließlich steril verpackte, chirurgische Einmal-Skalpelle verwendet.

Im Gegensatz zur Skarifizierung durch Branding lassen sich damit sehr präzise Verletzungen der Haut anbringen. Nach der Abheilung existiert im Normalfall eine leicht abgehobene Narbe in Form des Schnittmusters.

Nach Angabe einiger User soll Cutting, mit einem scharfen Skalpell durchgeführt, nicht sehr viel schmerzhafter sein als das Tätowieren. Allerdings sind Adrenalinausschüttung und damit körperliche wie auch psychische Symptome der Aufregung weitaus stärker, und die Wunde blutet massiv. In dem folgenden Fallbeispiel berichtete eine Frau, wie sie sich ein Cutting selbst gemacht hatte. Nachdem sie die Form eingeschnitten hatte, bekam sie Hemmungen, ob sie die dazwischenliegenden Hautstücke tatsächlich abtrennen sollte. Schließlich rang sie sich dazu durch, es zu tun:

„Ich begann, die Hautstücke abzutrennen, und das war echt ein Gefühl, das ich vorher noch nie gehabt habe. Meist, wenn ich mir mal eine Narbe geholt habe, war das, weil ich mich irgendwo geschnitten oder aufgerissen habe, aber dies hier war wirklich Hautstücke aus dem Körper herausschneiden. Das reichte, um einen exzellenten Adrenalinrausch auszulösen." [109]

Der Begriff Cutting wird sowohl von Fachleuten wie auch innerhalb von Insidern unscharf benutzt und nicht nur für das vorsichtige Erzeugen von Schmucknarben, sondern auch für wilde Schnitte bei selbstverletzendem Verhalten. Menschen, die sich mit Messern oder Rasierklingen selbst in die Arme schneiden, tun dies oft aus einem Gefühl der Verzweiflung heraus – um den Schmerz zu spüren und ihr eigenes Blut fließen zu sehen, und weniger, um attraktives Narbengewebe zu erzeugen. Im Internet stellte eine 18-jährige Selbstverletzerin ihre Motivation folgendermaßen dar:

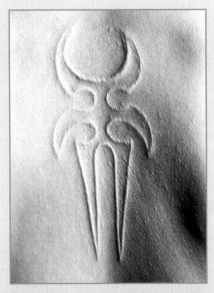

„Schmerz ist das, was dich dazu bringt, es immer wieder zu tun. [...] Dieser plötzliche Ruck in die Realität ist alles, was du brauchst, um wieder in dein eigenes Leben zurückzuschnappen. Also, bei mir ist das so, ich würde jeden Tag total benommen rumlaufen, aber ein Streich mit der Rasierklinge und ich bin wieder am Leben." [141]

Abb. 54:
Eine durch Cutting erzeugte Skarifizierung (Foto: Bianca Krause)

Auf die Hintergründe dieses Verhaltens wird in Kapitel 9 noch ausführlicher eingegangen, dennoch ist es für das weitere Verständnis sinnvoll, einmal kurz die Unterschiede zwischen Cutting im klinisch-psychiatrischen Sinn und Cutting im

Rahmen von Body-Modification zu skizzieren. Bei der Body-Art geht es in erster Linie um die Verschönerung des Körpers – Schmerz und Blut sind dabei lediglich ein unvermeidbares Übel. Beim Cutting im Rahmen einer Selbstverletzung hingegen geht es um den Schmerz, die Narbe ist eher ein Nebenprodukt. Dennoch gibt es überraschend viele Überschneidungen. Ein Teil der Menschen, die sich Piercings, Tattoos oder Brandings setzen, geben unumwunden zu, dass sie den Schmerz auch als angenehm empfinden. Zumindest bei Cutting, Branding, dem Zunähen von Körperöffnungen und bei der Selbst-Amputation verwischen die Grenzen zwischen Body-Art und Selbstverletzung (Strong & Favazza 1998).

Die meisten Selbstverletzer spüren Schuldgefühle und verbergen ihre Narben. Andere wiederum finden ihre Narben schön, mitunter schnitzen sie sich Worte oder Symbole in die Haut, die sie dann bewundern. Zwischen Cutting im Sinne von Körperkunst und Cutting als Selbstverletzung lässt sich dann nicht mehr ohne Weiteres unterscheiden.

Im Grunde müsste jeder Künstler, der das Schneiden von Cuttings professionell anbietet, zugleich Psychologe sein, um abschätzen zu können, ob und in welchem Ausmaß die Motivation eines Kunden, der eine Skarifizierung möchte, auch die Selbstverletzung ist. Zwar ist es besser, wenn Menschen mit einer Sehnsucht nach körperlichem Schmerz unter hygienischen Bedingungen von einem Profi geschnitten werden, als wenn sie sich alleine zu Hause mit der Rasierklinge quer über Arm, Brust oder Bauch fahren. Aber es gilt zu bedenken, dass diese Personen immer wiederkommen und weitere BodMods haben wollen. Es besteht ein hohes Risiko, dass ein Körper hier nach und nach zerstört wird und zumindest ein Teil der Betroffenen eher in eine psychotherapeutische Praxis gehört als ins Piercingstudio.

3.17 Blood-Plays

Blut hat in allen Kulturen eine große religiöse Bedeutung. Im Christentum soll das Blut von Jesus Christus all seine Anhänger von Sünden reinwaschen. Durch das Trinken des Blutes eines gefährlichen Tieres oder eines besiegten Feindes sollen sich dessen Kräfte übertragen. Die in Karl Mays „Winnetou" geschilderte Blutsbrüderschaft hatte Auswirkungen auf Tausende von Jungen. Blutbünde zwischen Angehörigen konspirativer Gemeinschaften sollten die Verbindung stärken. Blutrache war über Tausende von Jahren Bestandteil vieler Kulturen. Blut wurde jahrhundertelang auch zur Behandlung von Krankheiten eingesetzt, so sollte einst ein an Lepra erkrankter ägyptischer Pharao zu Heilzwecken zweimal täglich im Blut von 300 israelischen Kindern baden. Ähnliches wurde König Richard ärztlich verordnet, der von 1189 bis 1199 England beherrschte und gleichfalls Lepra hatte; er sollte im Blut eines neugeborenen Kindes baden und dessen Herz essen. Im antiken Rom galt das frische Blut getöteter Gladiatoren als Mittel gegen Epilepsie. Noch 1823 beschrieb der Schriftsteller Hans Christian Andersen einen Fall, in dem Angehörige eines Epileptikers sich nach dem Vollzug der Todesstrafe an einem Kriminellen um dessen Blut bemühten, das der Anfallkranke zu trinken bekommen sollte. Favazza (1996) zitiert den mittelalterlichen Ratschlag, zur Genesung das Blut aus dem frisch amputierten Schwanz einer Katze zu trinken.

Über Jahrtausende hinweg wurden Blutopfer von Tieren und Menschen dargeboten, um Götter und Dämonen zu besänftigen. In Nigeria soll es ein Ritual gegeben haben, bei dem das Blut eines totgeborenen Fötus über den Feldern und Quellen verteilt wurde, um eine gute Ernte zu erbitten (Lincoln 1981). Insbesondere bei Teufelsanbetungen spielte Blut eine besondere Rolle. Gilles de Rais (1404–1440), ein französischer Adliger, der mit Jeanne D'Arc zusammen gegen die Engländer gekämpft hatte, kam der Überlieferung nach später auf die Idee, den Satan anzurufen. Francesco Prilati, ein ehemaliger italienischer Priester, riet ihm zu diesem Zweck, die brutalsten überhaupt vorstellbaren Sünden zu begehen. De Rais entführte daraufhin angeblich ein Kind, schnitt ihm die Kehle durch, entfernte Hände, Augen und Herz und opferte den Rest dem Teufel in einer satanischen Zeremonie. Nachdem ihm der Antichrist daraufhin nicht erschien, soll er dasselbe an insgesamt 700 Kindern wiederholt haben, bis er 1440 verurteilt und gehängt wurde (Nye 1991).

Blutige Rituale spielen in vielen Kulturen eine wichtige Rolle bei der Initiation. So berichtete Hogbin (1970) in seinem Buch „Die Insel der menstruierenden Männer" davon, dass die Papua auf Neuguinea bei bestimmten Zeremonien scharfkantige Grasblätter in die Nasenlöcher einführen, bis die Nase zu bluten anfängt: Weil die Männer die Frauen um ihre Menstruation beneideten, die dabei ihr altes, verbrauchtes, unreines Blut verlören. In einer Art Selbstreinigung brächten sich die Männer so zum Bluten, um ihre Gesundheit, Stärke und Schönheit zu erhalten. Andere Stämme verletzen in ähnlicher Absicht etwa die Zunge, bis diese stark blutet.

Offenbar empfinden auch heute noch viele Menschen Blut als etwas ganz Besonderes. Parkin und Eagles (1993) beschrieben drei Fälle von Frauen, die alle eine lange Vorgeschichte von Anorexie (Mager-

Abb. 55:
Moderner weiblicher Vampir
(Foto: Ellen Evelin Grünert / www.Pixel-Quelle.de)

sucht) und Bulimie (Fress-Kotz-Sucht) hatten und die sich durch Einstechen in eine Vene absichtlich zum Bluten brachten. Ein weiterer Fall dieser Art wurde von Brown (1993) berichtet. All diese Frauen hatten interessanterweise eine medizinische Ausbildung. Auch sie gaben an, das Bluten führe zu einem Gefühl der Erleichterung und man könne sich dadurch von Ängsten, Ärger und Anspannung befreien. Eine der Frauen entwickelte mit 17 Jahren eine Anorexie und dann eine Bulimie, während der sie begann, sich selbst Verbrennungen zuzufügen und sich auch mehrfach selbst zu schneiden. Mit dem Aderlass begann sie im letzten Jahr ihrer medizinischen Ausbildung und gab als Grund an, dass sie dadurch ein Gefühl der Kontrolle bekommen würde, Spannungen abbauen könne und den Blutverlust subjektiv als befriedigend erlebe. Sie ließ hierbei bis zu einem Liter Blut ab und war fest davon überzeugt, auf diesem Wege auch ihr Gewicht reduzieren zu können.

Mitunter münden Cuttings und Play-Piercings auch in Blood-Plays ein, Blutspiele, bei denen nicht mehr das Aufschneiden oder Durchstechen der Körperteile im Vordergrund steht, sondern die Gewinnung von eigenem Blut: häufig, um sich selbst damit zu bemalen oder zu schminken; mitunter auch für die Herstellung von Kunstwerken auf einer Leinwand. In vielen Fällen entwickeln die Anwender einen festen Handlungsablauf, der an religiöse Rituale tribaler Kulturen erinnert. Ein Mädchen, das sich als Kind bereits selbst verletzt hatte und nach einer Vergewaltigung dann wieder damit begann, berichtete hierzu:

> „Über die nächsten paar Monate hinweg entwickelte ich eine Art Ritual beim Cutting. Ich schnitt acht gerade Linien auf meinen Bauch und dann ein X über der achten; danach schmierte ich mir das Blut ins Gesicht. Ich machte das in der Dusche, so dass ich mir über das Problem, wie ich mich hinterher reinigen sollte, keine Gedanken machen musste." [92]

Bei einem Play-Piercing blutet es in der Regel wenig, wenn man die Nadeln einsticht, dagegen viel, wenn sie wieder herausgezogen werden. Mitunter spielen auch die Playpiercer dann noch mit ihrem Blut. Eine schrieb Folgendes:

> „Sofort nachdem ich die Nadeln rausgenommen hatte, begann das Blut meinen Arm runter zu laufen. Das war irgendwie der befriedigendste Teil dieses Erlebnisses. Fasziniert sah ich zu wie das Blut den Arm herunter floss (...) Ich sah auf die Narben von Rasierklingen, Nadeln und allem anderen, was scharf war und womit ich meine Haut aufgeschnitten hatte, als ich noch jünger war. Das frische Blut wusch die alten Sünden weg." [67]

Viele der Betroffenen sagen, dass sie mit dem Blutfluss auch das Gefühl haben, dass die Anspannung aus ihnen herausfließt (Favazza 1996).

3.18 Suspensionen und Feuerlaufen

Unter einer Body-Suspension versteht man das Aufhängen von Personen mit Seilen an Gestellen oder einem Baum. Hierzu durchsticht man die Haut an mehreren Stellen und dreht Haken hinein, die dann mit einem Tau verbunden werden, an dem der Betreffende anschließend hochgezogen wird.

Die Ogala-Sioux nannten es Sonnentanz („Sun-Dance"), die Mandan-Indianer „O-Kee-Pa". Catlin (1967) beschrieb dieses Ritual als Erster. Alexander (1967) berichtete, dass der Sun-Dance ein Ritual war, das insbesondere bei Stämmen verbreitet war, die Büffel jagten. Die gesamte Zeremonie erstreckte sich über einen Zeitraum von acht Tagen, wobei die Aufhängung selbst der eigentliche Höhepunkt war. Nachdem die heranwachsenden Krieger mehrere Tage gefastet und kaum geschlafen hatten, erschien der als Dämon verkleidete Medizinmann und stach Pflöcke durch die Haut. An einige der Öffnungen wurden Tierschädel gebunden, an anderen wurde der Betroffene an einem Gestell hochgezogen. Dann ließ man den „Tänzer" immer schneller kreisen, bis er das Bewusstsein verlor. Catlin war völlig verblüfft von der Gelassenheit, mit der die Krieger diese Qualen erlitten. Der Sonnentanz drückte symbolisch den Tod aus, woraufhin eine neue Geburt und die Verleihung eines Kriegernamens erfolgte. Dieses uralte Ritual wurde insbesondere durch den Kinofilm „Ein Mann, den sie Pferd nannten" bekannt (Elliot Silverstein 1969). Neuerdings wehren amerikanische Indianer sich dagegen, dass das, was Jugendliche heute z. T. betreiben, als „Sundance" bezeichnet wird, so dass allgemein die Bezeichnung „Suspension" vorherrscht. Als Ritual wird diese Technik noch heute in Indien und Thailand praktiziert.

Es gibt mehrere Formen von Suspensionen mit verschiedener Anzahl von Haken in unterschiedlichen Stärken. Grob unterteilen lassen sich Aufhängungen in vertikale und horizontale. Zu den vertikalen zählen „Vertical Chest Suspensions", „Suicide Suspensions" und „Knee Suspensions", zu den horizontalen gehören die „Coma Suspensions" und die „Superman Suspensions". Diese Namen bezeichnen entweder die Platzierung der Haken wie z. B. Knie oder Brust oder hängen von der Lage des Körpers ab, die Suicide- oder die Superman-Suspensions etwa verdanken ihren Namen dem Eindruck auf ihren Betrachter. Ein Namenszusatz ergibt sich meist aus der Anzahl der verwendeten Haken, „4 Point Suicide Suspension" bedeutet z. B., dass eine Aufhängung mit vier Haken durchgeführt wird.

Die Anzahl der Haken ist ein zweischneidiges Schwert. Viele Haken bedeuten, dass man viele Piercings bohren muss, Schmerz, Blutverlust und Infektionsgefahr sind dadurch größer. Andererseits wird die Suspension mit vielen Haken von den Benutzern als deutlich angenehmer empfunden, da sich das Körpergewicht auf viele Stellen verteilt, die Zugspannung an einzelnen Positionen nicht so hoch ist, wodurch sich überdies die Gefahr verringert, dass die Haut hier ein- oder durchreißt.

Arten von Body-Modification

Die Löcher für die Haken werden mit sterilen „Needle Blades" vorgestochen, um die Haken dann einzusetzen. Letztere werden für gewöhnlich nicht zum Stechen verwendet – obwohl sie in der Regel spitz zulaufen, durchtrennen sie die Haut nicht richtig. Der Betreffende wird dann mit einer Seilwinde hochgezogen, bis er frei in der Luft schwebt. Mitunter werden die User hin und her geschaukelt oder sie versuchen, sich völlig zu entspannen und das Gefühl zu genießen, frei im Raum zu schweben. Im Grunde müsste man sie hierzu nicht mit Haken durchstechen, sondern könnte ihnen einfach Gurte anlegen, sie daran hochziehen und schwingen lassen. Das wäre dann aber nur der halbe Spaß – im Sinne eines archaischen Rituals gehört das blutige Durchstechen des Körpers als Mutprobe mit dazu und erhöht Körpergefühl und Selbstbewusstsein. Nach fünf bis fünfzehn Minuten, mitunter aber auch deutlich später wird der Betreffende wieder heruntergelassen und seine offenen Wunden werden medizinisch versorgt.

Suspensionen sind natürlich nicht frei von unerwünschten Nebenwirkungen. Neben der Infektionsgefahr besteht immer das Risiko, dass die Haut reißt und es zu üblen Verletzungen kommt. Als Folge des Abziehens der Haut mit den Haken dringt fast immer Luft in die Hautöffnungen ein, die nach der Aufhängung wieder mühsam herausmassiert werden muss, damit es nicht zu Gesundheitsschäden kommt. Danny aus Auckland erzählte:

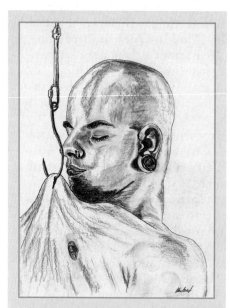

Abb. 56:
Bei einer Chest-Suspension wird der Betroffene an zwei durch die Brust gebohrten Haken emporgezogen (Zeichnung: U. Herbert nach einem Foto im Internet)

„Von der Entfernung der Haken habe ich kaum etwas gespürt. Aber danach fing der Spaß erst richtig an: Rücken-Furze! Wie man mir später erklärte, fangen sich nach der Suspension kleine Luftblasen unter der Haut ein, die man durch ziemlich verrücktes Pressen und so wieder herausmassieren muss."[89]

Die „Suspensions-Bondage" ist eine Abwandlung dieser Aufhängung aus dem S/M-Bereich. Hier wird der Partner gefesselt und dann an Seilen so hochgezogen, dass er frei im Raum schwebt. Dies geschieht mit Hilfe von Seilen und Bändern; es werden jedoch keine Löcher gepierct und keine Haken in das Fleisch gebohrt.

Suspensionen und Feuerlaufen 89

Abb. 57:
Feuerlaufen
(Foto: Wus/www.Pixel-Quelle.de)

Wie eine Suspension ist auch das Feuerlaufen keine echte Body-Modification, da nichts am Körper dauerhaft verändert werden soll. Beide Techniken werden aber in BodMod-Performances häufig durchgeführt und als wesentliche, bewusstseinserweiternde Erlebnisse geschildert. Giina aus Winnipeg berichtete, wie sie unter sehr kontrollierten Bedingungen am Feuerlaufen teilgenommen hatte. Zunächst erklärte man der Gruppe einige Grundregeln, insbesondere dass man über die Glut schreiten, aber nicht rennen soll, da die Sturzgefahr sonst zu groß sei. Beim Gehen sollte man sich konzentriert vorsagen: „Kühles Gras, kühles Gras, kühles Gras." Rettungspersonal war anwesend und die eigentliche, rund zwei Meter lange Glutfläche war von nassem Rasen umgrenzt:

> „Endlich war ich an der Reihe. Ich stand am Ende des Feldes und blickte auf die Kohlen. Ich konnte sehen, wie die rote Glut darin flackerte. Plötzlich setzte mein gesamtes Denken aus. Ich sah nur noch das Ende des Feldes und hatte das Gefühl, irgendetwas würde mich nach vorne ziehen. Ich ging mit den langsamen Schritten über die Glut, die man uns empfohlen hatte, fühlte mich aber, als wenn ich schweben und nicht gehen würde. Als ich das Ende erreichte, wischte ich meine nackten Füße ab, um Kohlereste loszuwerden, und blickte mich um. Die Leute jubelten mir zu, viele schüttelten mir die Hände [...]. Ich glaube, jetzt weiß ich, was Leute meinen, die sagen, dass sie Ekstase erlebt haben. In diesem Moment hatte ich das Gefühl, ein helles Licht würde aus meinen Augen und meiner Stirn ausstrahlen, und ich hörte den Lärm der 700 Leute um mich herum nicht mehr. Am besten war, dass ich mich überhaupt nicht verbrannt hatte. Ich hatte es geschafft! Ich war high!"[55]

3.19 Schönheitsoperationen

Schön zu sein ist ein menschliches Grundbedürfnis und Grundlage der gesamten kosmetischen Industrie (z.B. Blanco-Davila 2000). Nach Kaplan (1991, 384) versucht jede normale Frau in irgendeiner Weise, ihren Körper zu dem Objekt der Begierde zurechtzuschnitzen, das Männer erregt. In einer Zeit, da „Jugendlichkeit" das höchste Ideal ist, nimmt auch das Bedürfnis zu, möglichst jung auszusehen, was eine der Hauptmotivationen ist, sich der plastischen Chirurgie anzuvertrauen. Harris (1982) stellte die Theorie auf, dass Menschen, die eine solche Schönheitsoperation anstreben, meist ein besonderes Bewusstsein für Ästhetik entwickelt haben und extrem sensibel bezüglich ihres Aussehens sind. Spätestens seit der RTL-Serie „Alles ist möglich", in der ein TV-Sender Schönheitsoperationen finanzierte und diese Leute dann vor, während und nach den Operationen gefilmt hat, wird das Thema zunehmend öffentlich diskutiert. Kritische Stimmen verurteilen diese verharmlosenden Unterhaltungsserie, da dort suggeriert wird, Schönheitsoperationen seien unproblematisch und so normal wie ein Besuch im Kosmetikstudio.

Borkenhagen (2003) fasste mehrere andere Arbeiten zusammen, gemäß derer die Schönheitschirurgie derzeit die am schnellsten wachsende Disziplin der Medizin ist, und berichtete für das Jahr 2002 6,9 Millionen Schönheitsoperationen in den USA sowie rund 400.000 Eingriffe in Deutschland.

Einen kurzen Überblick über die Entwicklung der plastischen Chirurgie gaben Euler, Brähler und Brosig (2003). Demnach wurden bereits um 1830 die infolge einer Syphilis entstandenen „Sattelnasen" schönheitschirurgisch korrigiert. Daneben kamen Hauttransplantationen, die Schließung von Gaumenspalten und Operation eines Schiefhalses vor. Kaplan (1991) berichtet von einem historischen Beispiel aus Flauberts Madame Bovary über einen misslungenen plastischen Eingriff, in dem Charles Bovary den Klumpfuß eines jungen Mädchens durch eine acht Pfund schwere Apparatur aus Metall und Holz umformen wollte. Aus dieser Frühform der plastischen Chirurgie, die im Wesentlichen die Korrektur angeborener, unfall- oder krankheitsbedingter Missbildungen zum Auftrag hatte, entstand die Schönheitschirurgie, die heute oft eher der persönlichen Koketterie als der Beseitigung wirklicher Beeinträchtigungen verpflichtet scheint. Die Unterschiede sind jedoch akademisch, beide Formen überlappen sich und die Begriffe werden synonym gebraucht.

Nach Millet und Laxenaire (1994) führen vier Gründe zum schönheitschirurgischen Eingriff: 1. tief greifendes psychisches Unbehagen, 2. der Wunsch, sich selbst oder jemand anderem zu gefallen, 3. der Wunsch nach Veränderung im Rahmen einer Lebenskrise und 4. der Versuch, den Alterungsprozess aufzuhalten („Anti-Aging").

Bevor auf die mit diesen Operationen verbundene Problematik näher eingegangen wird, zunächst ein kurzer Überblick über die typischerweise betroffenen Körperbereiche und die am häufigsten angewandten Methoden.

Entfernung von Falten: Bei sichtbaren Falten um den Mund herum oder bei Krähenfüßen an den Augen lässt sich eine Gesichtsglättung mit dem Laser vornehmen (Laser-Abrasion, Laser-Peeling). Hierbei werden obere Hautschichten zu Bruchteilen von Millimetern abgetragen. Gleichzeitig soll dies zu einer gewissen Hautstraffung führen, da eine Neubildung von Kollagen angeregt wird und die Haut sich dabei überdies selbst glatter zieht. Die Behandlung kleiner Areale erfolgt unter örtlicher Betäubung, große Flächen oder vollständige Gesichtsbehandlungen erfordern eine Vollnarkose. Acht bis zwölf Tagen muss man rechnen, bis die Neubildung der Haut abgeschlossen ist. In den folgenden drei bis fünf Monaten ist direkte Sonnenbestrahlung zu meiden. Bei kleineren, nur im Vergrößerungsspiegel sichtbaren Fältchen kommt auch eine Behandlung mit Alpha-Hydrox-Säure (AHA-Säure, s. u.) in Betracht. Auch Altersflecken, Leberflecken, Sommersprossen und so genannte Feuermale lassen sich mit Alpha-Hydrox-Säure oder laserchirurgisch behandeln.

Botulinumtoxin, das von dem Bakterium Clostridium botulinum produziert wird, ist ein extrem starkes Nervengift. Es ist seit langem als Verursacher von Nahrungsmittelvergiftungen bekannt. Seine Wirkung beruht auf der Hemmung des Botenstoffes Acetylcholin, welches das Signal vom Nerven zur Muskelzelle vermittelt. Daraufhin wird der betroffene Muskel gelähmt. Das Gift wirkt gegen Falten im Augen- und Stirnbereich, indem es die Übertragung des Signals von der Nerven- zur Muskelzelle blockiert, so dass die Stirn nicht mehr in Falten gelegt werden kann. Der Effekt hält im Allgemeinen zwischen drei und sechs Monaten an, worauf die Behandlung wiederholt werden.

Lifting: Beim Liften wird im Rahmen einer Operation, meist im Gesichtsbereich, nicht nur, wie allgemein angenommen wird, „hängende" Haut herausgeschnitten und der Rest gestrafft und wieder zusammengenäht – das Facelifting dient in erster Linie der Repositionierung der abgesunkenen Wangenfett- und Gesichtsmuskelstrukturen und erst in zweiter Linie der Faltenglättung. Das Gesicht wirkt anschließend jugendlicher. Dies erfordert meist mehrere Schnitte, die so gesetzt werden, dass die ohnehin dünnen Narben später in unauffälligen Bereichen liegen (etwa an der Haargrenze). Oft wird ein Stirnlifting durchgeführt, abgesunkene Augenbrauen werden angehoben, das abgesunkene Wangenfett, das die so genannten Wangenbäckchen verursacht, wird ebenfalls entfernt, die Mundhebermuskeln und der erschlaffte Hals können gestrafft werden. In der Regel wird eine Korrektur der tieferen Strukturen der Haut durchgeführt, die dann wieder darüber ausgebreitet werden kann.

Unterspritzen: Hier werden bestimmte Präparate in die Faltenregion injiziert. Es sind Unterspritzungen z. B. mit Milchsäure oder Hyaluronsäure möglich, der kosmetische Effekt hält vier bis sechs Monate an, danach sind diese Substanzen vollständig abgebaut. Die Verwendung von körpereigenem Fett vermeidet die Nachteile körperfremder Präparate; Fettzellen werden im Spendeareal entfernt und an der gewünschten Stelle wieder eingebracht. Dieses Verfahren eignet sich vor allem zur Korrektur von tiefen Falten, zum Unterspritzen von Lippen und Auffüllen eingesunkener Wangen, Schläfen, Handrücken usw., sowie zur Korrektur von Haut- und Bindegewebsdefekten wie z. B. Operationsnarben oder andere Verletzungen.

Ohrenkorrektur: Meist handelt es sich um eine Korrektur abstehender Ohren. Die gebräuchlichsten Methoden setzen an der Rückseite des Ohres an: Zunächst muss ein Hautstreifen entfernt werden, anschließend wird der Knorpel eingeschnitten oder ausgedünnt, bis die Spannung so weit vermindert ist, dass eine mühelose Fältelung des Knorpels gelingt. Zum Schluss wird ein formender Druckverband angelegt; für vier bis sechs Wochen ist ein Stirnband zu tragen, das die Ohren in der neuen Stellung fixiert, bis der Heilungsprozess abgeschlossen ist.

Lippenveränderungen: Durchgeführt wird meist die oben beschriebene Unterspritzung. Dauerhafte Lippenveränderungen erreicht man durch eine chirurgische Korrektur, die in aller Regel eine dünne Narbe an der Lippen-Rot-Weiß-Grenze hinterlässt; da diese manchmal sichtbar bleibt, ist eine solche Maßnahme nur selten angezeigt. Weiterhin ist die Lippenauffüllung mit Gore-Tex-Fäden möglich, welche über einen minimalen Zugang im Mundwinkel in die Lippe eingelegt werden.

Nasenkorrekturen: Die Nase kann sehr prägend für den Gesamteindruck des Gesichts sein, und eine zu breite oder zu kurze Nase kann durchaus als belastend erlebt werden; andererseits ist die besondere Nasenform auch charakteristisch für ihren Träger und seine Individualität. Rhinoplastik ist die operative Veränderung der äußeren Form der Nase (Verkleinerung, Vergrößerung, Änderung der Form des Nasenrückens, der Nasenflügel und -löcher). Ebenso besteht die Möglichkeit, die Länge der Nase und den Winkel zwischen Nase und Oberlippe zu korrigieren. Der Eingriff wird vorwiegend aus ästhetischen Gründen, zur Harmonisierung der Relation zwischen Nase und Gesicht (ästhetische Rhinoplastik), oder zur Funktionsverbesserung der Nasenatmung (funktionelle Rhinoplastik) durchgeführt. Zu beachten ist, dass nicht jede Nasenform zu jedem Gesicht passt. Bei der Operation wird der Nasenknorpel verändert, manchmal auch die knöchernen Nasenteile im oberen Bereich. Bei funktionellen Problemen der Nasenatmung wird die Nasenscheidewand geradegestellt oder verkürzt. Zur Nasenvergrößerung wird eine Knorpeltransplantation z. B. aus dem Ohrknorpel vorgenommen.

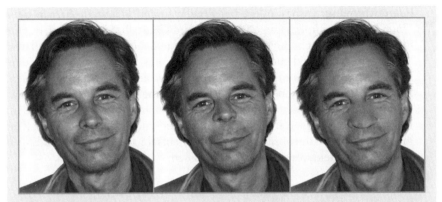

Abb. 58 bis 60:
Unterschiedliche Nasenformen bei sonst völlig identischem Gesicht
(Foto: U. Herbert)

Kurzsichtigkeit lässt sich heute mit verschiedenen operativen Eingriffen behandeln, bei denen die durchsichtige Hornhaut über der Pupille abgetragen wird. Bei der photorefractiven Keratectomie wird mit dem Laser ein Teil der obersten Schicht der Hornhaut abgetragen. Diese Methode ist mit großen postoperativen Schmerzen verbunden und die Heilung dauert bis zu einem Jahr.

Bei der Lasik („Laser in situ Keratomileusis") wird zuerst ein Hornhautlappen abgetrennt, darunter Hornhautgewebe entfernt und dann der Hornhautlappen zurückverpflanzt. Lasik führt zur schnelleren Wiederherstellung des Sehvermögens und ist weniger schmerzhaft. Aber der technische Aufwand ist wesentlich größer, und daraus resultiert eine höhere Komplikationsrate. Eines der Probleme der dünnen Resthornhaut besteht unter anderem in der Gefahr einer Keratokonus-Bildung, bei der die Hornhaut durch den Augeninnendruck nach außen hin ausgebeult und unter anderem die Brechkraft wieder verändert wird.

Zahnweißung („Bleaching"): Der Zahnschmelz wird im Laufe der Jahre dünner und die dunkleren inneren Zahnschichten treten stärker hervor – die Zähne werden gelb; ein chemisches Bleichmittel (z. B. Wasserstoffperoxyd) bewirkt eine Aufhellung. Bei Zahnstein und Belägen durch Nikotin, Rotwein, Kaffee oder Tee wirkt es weniger. Das Bleichmittel sollte erst nach einer professionell Zahnreinigung und Zahnstein-Entfernung auf die sauberen Zähne aufgetragen werden. Es hat keinen Einfluss auf die Farbe von Keramik- und Kunststoff-Füllungen, die nach einem Bleaching oft dunkler erscheinen. Häufig kommt es auch vorübergehend zu einer Überempfindlichkeit der Zähne.

Haarentfernung: Insbesondere bei Frauen finden Haare an Armen oder Unterschenkeln, übermäßige Behaarung im Genitalbereich oder der „Damenbart" im Gesicht meist wenig Akzeptanz. Neben Rasur, Depilator, Wachsentfernung und chemischen Methoden lässt sich mit dem Laser eine längerfristige Entfernung durch Vernichtung der Haarwurzel erzielen. Aber auch hier wachsen die ungeliebten Härchen ein halbes bis ein Jahr später allmählich wieder nach. Eine Frau aus Longwood in Florida mit dem Internet-Pseudonym „Gravedigger's daughter" mochte sich nicht den Rest ihres Lebens die Augenbrauen zupfen und entschied sich, die überzähligen Härchen mit Elektrolyse entfernen zu lassen:

> *„Das erst Mal fühlte es sich ziemlich seltsam an. Es war nicht so sehr das Einführen der Nadel, das komisch war, sondern die kleine Hitze und der Schock, der dann in dem Bereich auftrat. Ich spürte, wie ich anfing, ein bisschen zu schwitzen, und nach ein paar Haaren meinte sie zu mir, ich sei wohl schon außer Puste."*

Sie ließ natürlich trotzdem weitermachen. Hinterher kühlte sie den bearbeiteten Bereich, der sich wie nach einem Sonnenbrand anfühlte, mit Aloe-Gel.[103]

Haarwuchsmittel: Während Frauen über zu viele Haare klagen, schimpfen Männer eher über den meist genetisch bedingten Haarverlust beim Älterwerden. Wer nicht zum Toupet greifen will, probiert meist diverse Mittel aus, die das Haarwachstum fördern sollen. In der Regel wird hier allerdings nur die Durchblutung der Kopfhaut angeregt; dasselbe lässt sich im Prinzip über Massagen oder Kopfhauttraining besser und billiger erreichen. Ursache für den Haarausfall bei Männern ist der hohe Testosteronspiegel, der die Haarwurzel schädigt. Einige Substanzen wie Rogaine oder Propecia, welche das Testosteron blockieren, scheinen einen gewissen Erfolg zu haben; beides muss allerdings lebenslang eingenommen werden. Propecia wird zur Therapie des genetisch bedingten Haarausfalls bei Männern benutzt und hemmt in den Haarfollikeln die Umwandlung von Testosteron in das hochwirksame Dyhidrotestosteron. Als Nebenwirkungen können jedoch auftreten: verminderte Libido, geringere Ejakulationsmenge, Probleme der Erektion oder Vergrößerung der männlichen Brust.

Auch die *Transplantation von Eigenhaar* ist möglich, z. B. vom Hinter- in den Oberkopfbereich; es kann aber nie so dicht gepflanzt werden wie echtes Haar. Daher werden mitunter ganze behaarte Hautlappen transplantiert. Bis zum vollständigen Einwachsen des Transplantats vergehen rund acht bis neun Monate. Haar-Cloning ist eine viel versprechende Technik, aber derzeit noch nicht ausgereift.

Schwangerschaftsmale, d. h. helle Falten in der Bauchdecke, entstehen oft durch den prallen Bauch und auch nach rigorosen Diäten. Hier wird mitunter Alpha-Hydrox-Säure empfohlen, die Milch- oder Fruchtsäure enthält, welche als Hautglätter gelten. Sie sollen den „Zellmüll" zwischen den Hornzellen lösen: die abgestorbenen Hautschüppchen werden abgestoßen und die Zellerneuerung wird angekurbelt. Gemäß Auskunft der Hersteller werden die produzierenden Zellschichten angeregt, verstärkt Collagen und Elastin zu bilden; Feuchtigkeit wird wieder gespeichert, Unreinheiten, Sonnenfältchen und braune Flecken verschwinden, das Hautrelief soll glatter werden.

„**Besenreiser**" sind kleine, blaurot schimmernde Äderchen, meist an den Beinen, manchmal auch im Gesicht. Sie sind überwiegend genetisch bedingt; doch auch Übergewicht, viele Schwangerschaften, Östrogenpräparate, sitzende Tätigkeiten mit überkreuzten Beinen und zu enge Kleidung spielen bei der Entstehung eine Rolle. Eine Möglichkeit, sie loszuwerden, ist die Verödung (Sklerotherapie). Hierbei wird eine Substanz in die Ader injiziert, durch welche das Blutgefäß kollabiert und verschwindet. Die Blutversorgung bzw. Entsorgung wird dann statt über Arterien und Venen durch umliegende Gefäße sichergestellt. In der Regel lassen sich Besenreiser an den Beinen durch Sklerotherapie sehr erfolgreich behandeln, Besenreiser im Gesicht sind hingegen schwieriger zu entfernen. Mitunter wird dort zusätzlich Silikon-Gel appliziert; auch Laserchirurgie kommt zum Einsatz. Größere Krampfadern werden operativ herausgezogen.

Fettabsaugen: Die derzeit häufigste Schönheitsoperation ist das Fettabsaugen. Es kann allerdings nur Fett an der Oberfläche, d. h. unter den obersten Hautschichten, abgesaugt werden kann. Bei kleinen Mengen und an unempfindlichen Stellen reicht ein ambulanter Eingriff mit örtlicher Betäubung. Größere Absaugmengen machen eine stationäre Aufnahme erforderlich. Bei der Tumeszenztechnik und beim Tulip-System wird das Fettgewebe zunächst mit Injektionen von Kochsalzlösung aufgeschwemmt: Die Flüssigkeit bläst die Fettzellen so weit auseinander, dass sie mit einer Kanüle abgesaugt werden können. Bei der Ultraschalltechnik implodieren die Fettzellen, die entstandene Fett-Öl-Lache wird danach abgesaugt. Beim Lipopulsing erfolgt die Fettlösung mittels hochfrequenter Energie-Impulse. Bei der Feintunnelungstechnik wird das Fett mit feinen Kanülen von zwei bis drei Millimetern Durchmesser dicht unter der Hautoberfläche abgesaugt. Die Kanülen werden unter die Haut eingeführt und etwa 4.000 bis 8.000 Mal in der Sekunde gerüttelt (Ultrafibration); nach der Behandlung hängt die Haut lose über den operierten Bereichen und muss sich erst wieder zusammenziehen. Es sollte über mehrere Wochen Kompressionskleidung angelegt werden, zunächst Tag und Nacht, dann nur noch nachts. Mögliche Komplikationen sind: größere Hämatome (Blutungen), Perforationsverletzungen, Infekte, Thrombosen, Embolien oder Hautnekrosen. Außerdem ist nicht jeder mit dem Ergebnis zufrieden, denn es kann zu Asymmetrien, Dellen- und Stufenbildungen kommen. Da die meisten Fettzellen in den behandelten Gebieten völlig entfernt wurden, können künftig nur noch die verbliebenen Fettzellen wachsen. Das bedeutet aber leider nicht, dass man nun für immer schlank bleibt – der Körper wird weiterhin alle überschüssig zugefügten Kalorien in den restlichen Fettzellen speichern. Fettabsaugen nützt also nicht viel, wenn nicht gleichzeitig die Ernährung umgestellt wird.

Straffungs-Operationen: Bei schlaffer Haut am Bauch, an Oberschenkeln oder auch an Oberarmen lässt sich mit einer Operation überschüssiges Gewebe entfernen. Häufig treten diese Veränderungen am Bauch nach Schwangerschaften auf, bei denen die Bauchhaut derart gedehnt wurde, dass Anteile der Haut gerissen sind. Oft stören aber auch Hautüberschüsse am Oberschenkel, die innenseitig übermäßiges Fettgewebe besitzen. Bei dieser operativen Haut- und Fettentfernung müssen größere Hautschnitte und längere Narben hingenommen werden.

Brustveränderung: Gerade für die weibliche Brust gibt es kulturell vermittelte Schönheitsideale hinsichtlich Größe und Form, welche sich aufgrund der Weichheit des Gewebes und der Auswirkung der Schwerkraft trotz aller Anstrengungen nicht lebenslang halten können. Der Busen ist daher häufig das Objekt künstlicher Veränderung, die im Wesentlichen der Anpassung des realen Zustandes an ein ideales Bild dient. Zu schwere Brüste können aber nicht nur das Körperbewusstsein einer Frau beein-

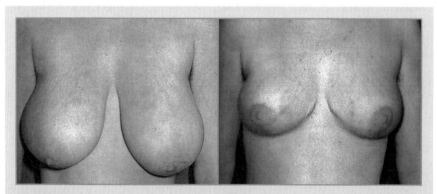

Abb. 61 und 62:
Veränderung eines Busens durch ästhetische Chirurgie. Besteht ein starker Leidensdruck, kann die plastische Chirurgie durchaus „psychotherapeutisch" wirksam sein. (Foto: Preuss 1983, 7)

trächtigen, sondern auch zu Rückenschmerzen führen; viele Frauen fühlen sich bei körperlichen und sexuellen Aktivitäten gehemmt, was auch psychische Probleme mit sich bringt. Hier kann eine Brustreduktion oder -straffung helfen, bei der überschüssiges Brust- und Hautgewebe entfernt wird. Auch mehrere Schwangerschaften verändern häufig die Form, der Busen erschlafft und hängt. Hier wird die Brust wieder angehoben und die überschüssige Haut und teilweise auch das Brustgewebe werden entfernt. In der Regel sitzt die Brustwarze danach allerdings nicht mehr an der richtigen Stelle; zum Abschluss der Operation muss also oft eine Verlagerung des Brustwarzenkomplexes vorgenommen werden.

Abb. 63:
Silikonimplantate im Busen
(Foto: Christopher Thomas)

Andere Frauen wiederum leiden unter Ihren von Natur aus kleinen Brüsten. Zur Brustvergrößerung werden Implantate mit unterschiedlichen Füllungen wie z. B. Öl, Hydrogel, Silikon-Gel oder Kochsalzlösung eingesetzt. Einige Frauen leiden darunter, dass die Brustwarze, die sich normalerweise aus dem Vorhof erhebt, nach innen eingezogen ist („Schlupfwarze"). Auch hier kann eine plastische Operation durchgeführt werden; dabei bleibt die Stillfähigkeit erhalten.

Ada Borkenhagen (2003) brachte in ihrem Artikel über Patientinnen, die eine Brustreduktion anstreben, das Beispiel einer Frau, die sehr nachvollziehbar schilderte, wie sehr sie darunter litt, dass sämtliche Männer in ihrer Umgebung ihr offenbar ständig auf den Busen starrten. Bei einem Fest seien die Sprüche über ihren *„Vorbau"* mit steigendem Alkoholisierungsgrad dann immer „zotiger" geworden und sie habe sich gefühlt *„wie so 'ne Gummipuppe von Beate Uhse"*. Interessant ist auch das Fallbeispiel einer 49-Jährigen, die, nachdem ihre Kinder erwachsen und aus dem Haus waren, als wichtigsten Grund angab: *„Jetzt will ich mal was für mich tun. Ich gönn mir jetzt mal eine Brustverkleinerung."* Dieselbe Patientin lehnte es strikt ab, sich im Gesicht oder am Bauch „herumschneiden zu lassen"; aber die *„Fleischmassen"* ihres Busens waren für sie *„der reine Ballast"*. Borkenhagen sah als wesentlichen Grund für Schönheits-OPs, dass die Betreffenden sich in ihrem Körper nicht mehr zu Hause fühlten und ihr Aussehen nicht mehr zu ihrem Selbstbild passte.

Verkleinerung der Schamlippen: Normalerweise werden die inneren (kleinen) von den äußeren (großen) Schamlippen knapp bedeckt. Bei großen inneren Schamlippen stehen diese deutlich hervor, manchmal um etliche Zentimeter. Wenn Frauen viel Sport wie Radfahren oder Reiten betreiben, kann dies stören, durch die Reibung kann es zu Entzündungen und sogar zu kleinen Geschwüren kommen; auch beim Geschlechtsverkehr kann dies behindern. Gerade um diese Schönheitsoperationen gibt es erbitterte Debatten über Sinn oder Unsinn solcher Eingriffe. Während weiter vorne (Kap. 3.9) bereits dargestellt wurde, dass manche Frauen wie auch Männer lange Labia sehr erotisch finden, gibt es andere, die darunter leiden.

Die Verkleinerung der inneren Schamlippen wird normalerweise unter Lokalanästhesie durchgeführt. Der Rand der Schamlippe kann an der Schnittkante nicht vollständig glatt gestaltet werden, da er von Natur aus unregelmäßig ist. Ebenso ist die Herstellung einer vollkommenen Symmetrie der beiden Schamlippen äußerst schwierig. Danach kann es zur Schwellung, zum Bluterguss, zu einem kurzzeitigen Taubheitsgefühl, Spannungsgefühl und Narbenbeschwerden insbesondere beim Sitzen und beim Harnlassen kommen; im ungünstigen Fall auch zu Infektionen. Wegen der guten Durchblutung der Genitalregion sind Nachblutungen nicht ganz auszuschließen. In den ersten Tagen muss auf sehr gute Hygiene geachtet werden (z. B. Kamillosansitzbad), rund einen Monat lang ist auf Geschlechtsverkehr zu verzichten.

Operative Vergrößerung der äußeren Schamlippen: Zur Schlaffheit der großen Schamlippen kommt es manchmal nach der Geburt, und auch mit dem Alter. Das Fettgewebe verschwindet, und aus den jugendlich-prallen, großen Schamlippen wird hängende Haut. Die Operation wird entweder unter Teil- oder Vollnarkose durchgeführt: Eigenes Fettgewebe von anderen Körperstellen wird aufbereitet und in die großen Schamlippen einspritzt. Dadurch werden sie größer und üppiger und wirken nach Ansicht mancher plastischer Chirurgen auch jünger. Da das Fett im Lauf der der Zeit absorbiert wird, hält der Effekt oft nur etwa sechs Monate an. Die vollständige Rekonvaleszenz dauert rund drei Wochen. Während dieser Zeit muss man auf erhöhte Hygiene achten und Enthaltsamkeit üben.

Jungfernhäutchen-Wiederherstellung: Im Rahmen einer Vaginoplastik lässt sich auch das Jungfernhäutchen restaurieren, ein Eingriff, den vor allem Klientinnen aus Ländern im Mittleren Osten, in Lateinamerika und Afrika vornehmen lassen, wo Mädchen heute noch jungfräulich in die Ehe zu gehen haben.

Hemmung der Schweißbildung: Botulintoxin wird unter anderem auch zur Hemmung einer übermäßigen Schweißbildung (Hyperhidrose) benutzt. Nach Harth, Wendler und Linse (2003) gewöhnen viele Betroffene sich allerdings so rasch daran, dass sie, obwohl sie eigentlich ganz normal schwitzen, gar nicht mehr ohne leben wollen. Die Autoren schlagen hierfür den Begriff „Botulinophilie" vor.

So viel zur Übersicht über die Möglichkeiten der modernen plastischen Chirurgie. Die Anzahl der Schönheitsoperationen steigt, rund jede fünfte wird bereits an einem Mann durchgeführt. Am häufigsten ist das Fettabsaugen, gefolgt von Brustoperationen und Nasenkorrekturen. Handelt es sich um einen rein ästhetischen Eingriff, übernehmen die Krankenkassen keine Kosten – sie zahlen nur dann, wenn der Körper stark von der Norm abweicht und das Selbstbewusstsein der betroffenen Person hierdurch massiv angegriffen ist; fast immer wird dazu ein psychologisches Gutachten gefordert.

Eine Vielzahl von Prominenten lebt dieses Verhalten vor. Demi Moore und Pamela Anderson sollen Busen-Implantate haben, von Cher, Elizabeth Taylor und Tom Jones behauptet die Yellow Press, sie hätten sich das Gesicht liften lassen. Über Michael Jackson ist bekannt, dass er, neben einer drastischen Veränderung der Nase und der Lippenbreite, zunächst dunkelhäutig war und seine gesamte Haut hat aufhellen lassen.

Sämtliche Eingriffe dieser Art führen zunächst durch eine Phase von Schmerzen und temporärem Attraktivitätsverlust. Eine 50-Jährige berichtet, wie sie sich am Tag nach der Operation im Spiegel anblickte und ihr klar wurde, warum jeder sie so anstarrte: sie hatte einen riesigen Nach-OP-Helm aus Verbandgaze auf und im Gesicht mehrere Verbände. Das, was man noch davon sehen konnte, vereinigte alle Farben des Regenbogens auf sich. Sie sah aus, so schrieb sie, als hätte sie einen Unfall mit dem plastischen Chirurgen gehabt, aber keine Schönheitsoperation. Wie ein Gespenst aus einem Horrorfilm. Man brachte ihr das Frühstück, aber zu essen war noch nie in ihrem Leben so schwierig gewesen. Ihre Lippen mit den Fettinjektionen waren dermaßen angeschwollen, dass sie nicht einmal eine weiche Weintraube in den Mund bekam. Nach etwas Saft und Joghurt nahm sie dann das Schmerzmedikament ein und ging ins Bett. Die Fettinjektionen verursachten den meisten Schmerz. Man hatte die Fettpolster direkt in die Wangenmuskulatur gespritzt, außerdem in die Falten des Nasen-Lippenbereichs – und so viel in ihre Lippen, *„dass Mick Jagger gegen mich wie ein billiger Amateur wirken würde"*. Am letzten Tag entfernten dann eine Ärztin und eine Krankenschwester in der Klinik die Kopfhaube, sie wagte einen Blick in den Spiegel und war zu Tode erschrocken. Sie sah schrecklich aus. Zwar nicht mehr blau, aber immer noch total geschwollen: *„War dies das Gesicht, mit dem man mich nach Hause schicken wollte? Was, wenn es so bleiben würde? Mir war total mulmig."*[121]

Bei allen Arten der Schönheitsoperation sollte sichergestellt sein, dass die Betroffenen diese zur Normalisierung eines entstellten Äußeren anstreben. Sinnvoll sind plastische Operationen bei Extrembildungen eines auch für das Selbstbewusstsein wesentlichen Körperteils. Aus psychologischer und medizinischer Sichtweise eher abzulehnen wären Operationen, die lediglich einer idealisierten Perfektionierung dienten; was dabei herauskommen kann, ist mitunter ein tatsächlich nur noch wenig charakteristisches Barbiepuppen-Aussehen. Wenn jemand eine durchaus noch im Normalbereich liegende Nasen-, Ohren- oder Brustform vehement ablehnt und extrem darunter leidet, sollte an eine körperdysmorphe Störung (s. Kap. 9.19) gedacht werden: Diese Menschen erhoffen sich die Lösung all ihrer Probleme durch die plastische Korrektur, was in der Regel nicht eintritt. Mitunter wird die soziale Isolation nach der Operation sogar noch größer, da das Umfeld negativ auf die Entscheidung des Betreffenden wie auch auf das Ergebnis reagieren kann.

Trotz gelegentlicher Komplikationen ist die überwiegende Zahl der Patienten mit dem Ergebnis ästhetischer Operationen hoch zufrieden. Euler et al. (2003) fassten mehrere Studien zusammen und fanden, dass zwischen 60 und 75 % der Patienten das Ergebnis als „exzellent" bis „gut" beurteilten. Am zufriedensten waren Patientinnen mit Brustoperationen, am wenigsten zufrieden die Patienten mit Nasenkorrektur. Dennoch gaben auch hier noch 90 % an, ihre Rhinoplastik entspräche dem, was sie sich gewünscht hatten (Zweifler & Glasberg 2000).

3.20 Zahnveränderungen

Auch Zahnveränderungen, von der Zahnspange bei Kindern bis zum spitzen Zufeilen der Schneidezähne bei Anhängern des Vampirkults, gehören zum Bereich der Körpermodifizierung. Letztlich lässt sich fast jede Form der Gebisssanierung mit allen zahnärztlich notwendigen Maßnahmen wie die Extraktion von Zähnen, Füllungen und Rekonstruktionen auch unter dem Aspekt der Körperveränderung betrachten.

Zahnlücken und Zahnmissbildungen wie schiefe, überzählige, übereinander gewachsene, miteinander verschmolzene Zähne und andere Zahnanomalien verschlechtern nicht nur die mechanische Kaufunktion, sondern haben häufig negativen Einfluss auf die Attraktivität und damit auf das Selbstbewusstsein des Betroffenen. Durch die Beeinträchtigung der Ästhetik trauen sich die Menschen in Extremfällen nicht mehr, laut zu lachen, oder reduzieren sogar ihre verbale Kommunikation auf ein Minimum, aus Angst, andere könnten ihre Zahnfehlstellung bemerken. In einer Zeit, in der Krankenkassen die Zahnsanierung nur noch zögernd bezahlen, werden Zahnlücken auch in Deutschland immer häufiger – und gelten als Zeichen von Armut. Wer heute sichtbare Zahnlücken hat, wird von der Umwelt schnell stigmatisiert und intuitiv einer niedrigen Sozialschicht zugeordnet. Viele Fehlstellungen, Lücken und Missbildungen des Gebisses führen außerdem häufig dazu, dass die Aussprache beeinträchtigt ist. In manchen Fällen verletzen Menschen sich ständig ihre Lippen oder die Innenteile der Wangen durch Fehlstellungen von Zähnen, indem sie sich unbeabsichtigt selbst beißen.

Eine Fülle zahnärztlicher Maßnahmen kann viele dieser Defizite beseitigen. Man unterscheidet grundsätzlich zwischen herausnehmbarem (Gebiss) und festsitzendem Zahnersatz (Kronen, Brücken) bzw. eine Kombinationen beider Arten. Hinzu kommt die Möglichkeit des Einpflanzens künstlicher Zahnwurzeln (Zahnimplantate) und, vorwiegend bei jüngeren Leuten, die einer kieferorthopädischen Schließung kleinerer Zahnlücken durch Zusammendrücken der anderen Zähne. Nach Daten aus dem Internet (www.zahnwissen.de, 09/2005) zogen deutsche Zahnärzte im Jahr 2000 insgesamt 13,5 Millionen Zähne. Seit Anfang der 1990er Jahre ist diese Zahl weitgehend konstant geblieben. Im Schnitt fehlen den Bundesbürgern schon in der Lebensmitte zwischen 35 und 44 Jahren sechs (im Westen) bis acht (im Osten) Zähne. Bei den Senioren jenseits des 65. Lebensjahres sind die Lücken noch zahlreicher: Ihnen fehlen zwischen 20 und 23 Zähne, ein Viertel ist gar völlig zahnlos. Gehen bei jüngeren Patienten einzelne Zähne verloren, werden diese aus Kostengründen heute oft nicht mehr ersetzt, die Zahnersatzquote liegt nur bei 35 %. Erst mit zunehmendem Zahnverlust wächst auch diese Quote: Bei älteren Patienten werden drei Viertel der verloren gegangenen Zähne ersetzt und völlig zahnlose Menschen tragen in Deutschland fast ausnahmslos Prothesen.

Schon bei rund 8 % aller Erstklässer ist eine kieferorthopädische Frühbehandlung im Milchgebiss indiziert. Meist drängt ein Kreuzbiss zur frühzeitigen Therapie. An einer Studie mit 2.320 deutschen Schülern der ersten Schulklasse waren nur 15 % frei von Schief- oder Fehlstellungen. Bei 77 % stellten die Forscher Anomalien fest, die aber keiner Frühbehandlung bedurften. Tatsächlich relevante Anomalien, die eine rasche apparative kieferorthopädische Behandlung erforderlich machten, wurden wie gesagt bei 8 % der Kinder diagnostiziert (www.zahnwissen.de, 09/2005). Zahn- und Kieferfehlstellungen können das Beißen, Kauen und Sprechen ganz erheblich stören und sollten in der Regel therapiert werden. Fast jeder Zweite wird inzwischen irgendwann im Lauf seines Lebens kieferorthopädisch behandelt. Bei entsprechender Mitarbeit werden auch bei Erwachsenen gute Erfolge verzeichnet. Die Veränderung erfolgt entweder mit festsitzenden und/oder herausnehmbaren Geräten, im Volksmund meist „Zahnspange" oder „Klammer" genannt. Bei schweren Fehlstellungen kann eine kombinierte kieferorthopädisch-kieferchirurgische Behandlung erforderlich sein.

Neben diesen modernen kieferorthopädischen Veränderungen durch den approbierten Zahnarzt gibt es natürlich auch Zahnveränderungen, die seit Jahrhunderten in frühen Kulturen durchgeführt wurden und die meist der Schönheit galten. Abhängig davon, was gerade Mode war, wurden Zähne zum Teil heraus gebrochen, abgeschlagen oder abgefeilt, in anderen Kulturen dagegen zugespitzt. Zahnfeilungen und das Einsetzen von Plättchen in die Fläche der Schneidezähne kamen ebenfalls vor. In einem Kapitel über die malayische Kultur berichtete Buschan zum Beispiel:

> „Die Zahnfeilung besteht zumeist in einem mehr oder weniger beträchtlichen Abschleifen der Schneide- und Eckzähne, bisweilen bis auf das Zahnfleisch. Abgesehen von diesem Abschleifen kommt häufig noch das Einfeilen einer Querrinne über die Zahnreihe vor; in diese Rinne werden dann bisweilen Goldplättchen eingelegt. Seltener ist das Spitzfeilen der einzelnen Zähne (es ist eigentlich falsch, wenn man von ‚Feilen' spricht, denn zumeist besteht der Vorgang darin, daß mit Hammer und Meißel die Zähne Splitter für Splitter abgetragen werden)." (Buschan 1910, 254)

Auch bei den Bantu in Afrika wurden solche Techniken angewandt:

> „Entfernen der inneren oder auch aller vier Schneidezähne des Unterkiefers wird häufig und bei sehr zahlreichen, jetzt weit voneinander entfernt lebenden Stämmen beobachtet. Einige Zambesi-Stämme entfernen sogar die vier Schneidezähne des Oberkiefers. Sonst werden diese letzteren vielfach in ihrer Form verändert." (Buschan 1910, 389f)

In einigen afrikanischen Kulturen glaubte man früher, der Tod käme durch den Mund in den Körper, und feilte daher einige Zähne ab, so dass durch die entstandene Lücke der Tod auch wieder aus dem Körper herausfinden kann.

Reitzenstein (1923) berichtete von traditionellen Zahnveränderungen in Australien, wo Knaben wie Mädchen zur Zeit der Reife zwei Zähne ausgeschlagen wurden. In anderen Ländern wurden sie eigenartig zugefeilt, neben der Spitzfeilung kam hier auch die Flachfeilung vor. Auch das Schwärzen der Zähne war weit verbreitet, Brooke Low berichtete von den Rejang Dajak:

> „Die oberen Schneidezähne werden bei beiden Geschlechtern oft in eine einzige scharfe Spitze zugefeilt; durch die Mitte eines jeden wird ein Loch gebohrt und dieses mit Messing ausgefüllt. Der Schmelz wird mit einem rauhen Stein weggekratzt und die Zähne mit Blättern eingerieben, die sie schwarz färben. Die unteren Schneidezähne werden auf die Hälfte ihrer natürlichen Höhe niedergefeilt und in der selben Weise geschwärzt; dagegen weder spitz zugefeilt noch mit Metall plombiert. Es ist eine Sitte, sich in der erwähnten Weise zu verstümmeln, sobald das Pubertätsalter erreicht ist. Junge Männer tun es, wenn sie anfangen, den Mädchen gefallen zu wollen. Sie verabscheuen weiße Zähne und halten sie für scheußlich." (Reitzenstein 1923, 116f)

Selbst diese alten Techniken werden in manchen Subkulturen heute wieder modern. Mitunter haben Anhänger des Vampirkults derartig spitz zugefeilte Zähne. Auch der bereits in Kapitel 3.11 über Implants vorgestellte Lizardman hat sich seine Zähne verändern lassen; zwei Quellen hatten in ihm den Wunsch nach abgefeilten Zähnen geweckt: der Film „Nosferatu" sowie Bilder von den Dinka, die im National Geographic als „Krokodilmenschen" bezeichnet wurden. Erst Jahre später wandte er sich mit dieser Idee an den plastischen Chirurgen, der ihm die Implantate gemacht hatte und ihn an einen befreundeten Zahnarzt verwies. Das Abfeilen geschah mit einem Standardbohrer. Eine ganze Stunde lang wurden seine vorderen, oberen Schneidezähne Stück für Stück in die richtige Form gebracht: *„Das Gefühl war nicht gerade angenehm, aber auch nicht übermäßig schmerzhaft, ich spürte vor allem die Vibrationen."* Nachdem alle vier Zähne spitzgefeilt worden waren, zog er sie probeweise über seine Unterlippe, um die Schärfe zu prüfen, und fing sofort an zu bluten. Daraufhin wurden sie noch etwas abgestumpft. Direkt danach waren die Zähne extrem sensitiv, aber das verschwand relativ schnell. Seine Sprache, so schrieb er, sei von Anfang an nur leicht beeinträchtigt gewesen. Das sei schnell vorbeigegangen, weil er rasch lernte, wie seine beiden Zungenspitzen die scharfen Zähne treffen mussten. Er machte Zungen- und Sprachübungen, bis er zufrieden war. Abschließend sagte er:

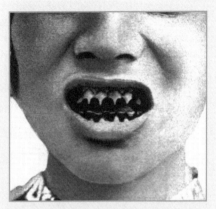

Abb. 64:
Spitz zugefeilte Zähne im Oberkiefer und schwarz gefärbte Zähne im Unterkiefer (Foto: J. Wolter: Body-Piercing und Tattoo 2005, S. 79)

„Einige Leute hatten mir prophezeit, dass die Zähne durch die Schädigung des Zahnschmelzes schrecklich angreifbar sein und nicht lange halten würden. [...] Auf jeden Fall sind meine Zähne noch immer kräftig und völlig gesund und zeigen keine Nebeneffekte durch das Abfeilen. Ich schreibe dies ein paar Jahre später und bin noch immer unglaublich glücklich damit. Sie sind weiterhin scharf und stark (ich beiße gelegentlich Löcher in Metallbecher in meinen Bühnenshows)."[17]

3.21 Knochenveränderungen und Knochenbrüche

Eine Körpermodifizierung durch Veränderung der Knochenform zu erreichen, erscheint zunächst wenig glaubhaft, ist aber möglich, wenn man schon in früher Kindheit damit beginnt. Einige Historiker vermuten, dass Aknaton, ein ägyptischer Pharao, mit einem deformierten Kopf zur Welt kam und die einheimischen Adligen daraufhin versucht haben, mit Kopfbandagen die Schädel ihres Nachwuchses in dieselbe königliche Form zu bringen (Kramer 2006). Diese Art der Veränderung war vermutlich ein Privileg der oberen Sozialklassen und blieb dann annähernd tausend Jahre lang erhalten. Insbesondere die Schädelform von Nofretete ist mit hoher Wahrscheinlichkeit das Ergebnis einer Modifikation des kindlichen Schädelknochens. Auch in der klassischen griechischen Literatur gibt es Hinweise darauf, dass die Syrakuser denjenigen als Anführer ausgewählt haben sollen, der den längsten Kopf hatte, was gleichfalls dazu führte, dass Eltern die Schädel der für diesen Job in Betracht kommenden Knaben einbandagierten.

Afrika ist sicherlich von der ägyptischen Kopfformung beeinflusst worden. Nach Ansicht von Favazza (1996) sind die langen Schädel vieler afrikanischer Figuren nicht künstlerische Ausdrucksform, sondern repräsentieren tatsächlich das Aussehen einer Person. Aus Asien wurden Modifikationen des Hauptes berichtet und ebenso von den pazifischen Inseln. In Malekula wurde der obere Teil des Schädels sogar so geformt, dass er zwei Einbuchtungen bildete. Die Samoaner sollen Steine eingebunden haben, um den vorderen Teil der Stirn abzuflachen. In Nordamerika gab es die Flachkopf-Indianer, die eine solche Deformation erreichten, indem sie ein Brett eng an dem vorderen Teil des Kopfes der Kinder festbanden, das das gesamte erste Lebensjahr über dort belassen wurde. Eine der alternativen Erklärungen für dieses Abbinden ist allerdings, dass damit lediglich verhindert werden sollte, dass der Kopf der Kinder ständig nach vorne kippte, während sie von ihren Müttern auf dem Rücken mit sich herumgetragen wurden.

Deborah Blom (2005) berichtete von der alten Kultur der Tiwanaku, Vorfahren der Inka in Südamerika: Schädelfunde in den Anden lassen darauf schließen, dass man damals die Form des Schädels systematisch verändert hatte. Die typische Schädelform dürfte im Wesentlichen der Identifikation der Gruppenzugehörigkeit gedient haben: die „Collaguas" formten ihren Kopf spitz nach oben, die „Cabanas" dagegen flachten ihn ab. Als Vorbild werden in beiden Fällen unterschiedliche Berge angenommen – die Collaguas lebten in der Nähe eines spitzen Vulkans, die Cabanas am Rande eines eher flach ansteigenden Berges. Nach Blom (2005) ist überliefert, dass die Collaguas die Köpfe der Cabanas als unproportioniert und hässlich empfunden haben sollen. Auch die Nachfahren dieses Volkes, die Inka, haben derartige Veränderungen des knöchernen Schädels durchgeführt, um sich durch Verlängerung des Kopfes von den unteren Sozialklassen zu unterscheiden. Solche Modifikationen des Schädels sind wie gesagt nur in der Kindheit möglich. Hierzu wurden entweder Holzbrettchen mit Schnüren fest an dem oberen, vorderen Teil des Kopfes befestigt, um diesen abzuflachen, oder die obere Kopfhälfte wurde mit breiten Bändern so umwickelt, dass das Wachstum nur noch in eine Richtung gehen konnte. Nach den Daten von Blom waren rund 83 % der Schädel auf diese Art modifiziert.

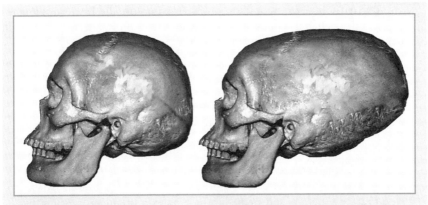

Abb. 65:
Normaler Schädel (links) und Simulation eines in der Kindheit durch Umbindung platt gedrückten Schädels (rechts), bei dem das Wachstum nur noch nach hinten gehen konnte. (Modifiziertes Foto nach einer Zeichnung von Blom 2005; Foto: E. Kasten)

Noch im 19. Jahrhundert hat man insbesondere in der ländlichen Bevölkerung in Holland und Frankreich auf eben diese Weise die Köpfe von Kindern geformt. Diese Gepflogenheit wurde allerdings zunehmend von Ärzten kritisiert und Krankheiten wie Epilepsie, geistige Behinderung sowie psychische Störungen wurden mit dem Ausmaß der erzwungenen Schädelabflachung in Zusammenhang gebracht.

Trotzdem lebte diese Sitte seit der Phrenologie von Franz Joseph Gall (1758–1828) bis ins 20. Jahrhundert hinein stetig immer wieder auf. Gall meinte, die Ausprägung einer bestimmten kognitiven Fähigkeit erfordere ein entsprechend großes Hirnareal. Man glaubte damals, dass Eigenschaften wie Weisheit, Heimattreue, Mutterliebe, Arroganz, Stolz oder Wille an bestimmten Stellen des Gehirns verankert seien; eine geringe Ausprägung solcher Charaktermerkmale würde demnach auf einen zu kleinen Gehirnbereich zurückgeführt werden können, eine hohe hingegen auf ein sehr großes Hirnareal, was zu einer Ausstülpung des Schädelknochens an dieser Stelle führen sollte. Anhand von Ausbeulungen und Einbuchtungen des Kopfes glaubte Gall, besondere geistige Fähigkeiten wie auch Mängel erkennen zu können. Auch sollte intensive Massage des Schädels an bestimmten Stellen die erwünschten Charaktereigenschaften stimulieren können. Die Anhänger dieser Theorie glaubten auch, durch Kopfverlängerung mehr Platz für ein größeres Gehirn schaffen zu können. Dr. Bart Hughes vertrat sogar noch 1962 die Ansicht, dass der Schädelknochen das Gehirn zu stark einengen, sein Wachstum verhindern und durch die räumliche Enge insbesondere den Blutfluss verschlechtern würde. Er war der Ansicht, dass man dem durch Trepanation, die Entfernung eines Stückes des Schädelknochens, Abhilfe schaffen könnte. Wenngleich auch derartige Löcher mit der Zeit wieder zuwachsen, überzeugte er mit seiner Theorie doch einige fanatische Anhänger wie z. B. Joseph Mallen und Amanda Fielding, die diese Operation tatsächlich an sich durchführen ließen (s. Favazza 1996, 90ff).

Beim Erwachsenen sind Veränderungen der Knochenstruktur nur noch durch tiefgreifende chirurgische Eingriffe möglich. In einigen Fällen fügen Personen sich aber selbst Knochenbrüche zu. Dieses Verhalten fällt eindeutig in den Bereich der Selbstverletzungen. Wie beim Sich-Schneiden kommt es hier zu dem Versuch, sich einen Knochen zu brechen, in der Regel dadurch, dass die Betreffenden hochgradig unter Druck stehen. Eine 22-jährige Frau, die bereits seit neun Jahren Selbstverletzungen an sich durchführte, berichtete:

> *„Ich haue mit den Händen oder Armen gegen irgendwas aus Zement, gegen die Kanten, bis ich es knacken höre und überzeugt bin, dass ich einen Knochen gebrochen habe. Diese Sachen dauern drei bis fünf Stunden. Aber ich habe es bisher jedes Mal geschafft, mir einen Knochen zu brechen."*[140]

3.22 Die Spaltung von Körperteilen

Eine Spaltung von Körperteilen kommt nur an zwei Stellen vor, einmal die Zungenspaltung, zum anderen die Spaltung der Eichel, in seltenen Fällen auch des ganzen Penis.

Zungenspaltungen, die eine Art Schlangenzunge erzeugen, werden normalerweise unter recht blutigen Umständen mit dem Skalpell vorgenommen. Die zweite Technik ist die sog. „Angelschnur-Methode", bei der ein Zungenpiercing mit Hilfe einer Schnur bis zur Spaltung der Zunge ausgedehnt wird.

Während Zungenspaltungen gerade unter amerikanischen Jugendlichen immer moderner werden, sind Spaltungen im Genitalbereich erheblich seltener. Die Subincision oder Hypospadiasis ist eine Technik, die wohl ausschließlich australische Ureinwohner durchgeführt haben. Der Eingriff ist Teil eines Mannbarkeitsrituals, hierbei öffnet man die Harnröhre mit einem scharfkantigen Werkzeug und spaltet den Penis an der Unterseite immer weiter auf. Während der Zeremonie trennen häufig auch die schon erwachsenen Männer ihre Urethra noch ein Stück weiter auf, bis sie schließlich oberhalb des Skrotums angekommen sind. Der Sinn dieses Rituals ist unbekannt und auch die Aborigines sagen offenbar lediglich, dass sie es tun, weil es schon immer so war. Eine mögliche Erklärung ist Empfängnisverhütung, da das Sperma nun sehr weit unterhalb der Eichel austritt und beim Geschlechtsverkehr also kaum die Vagina erreichen kann. Manche Völker-

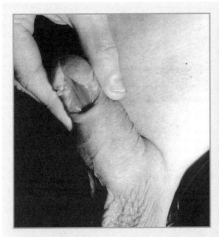

Abb. 66:
Aufspaltung der Harnröhre
(Foto: Bianca Krause)

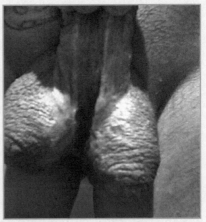

Abb. 67:
Hier wurde der Penis von einem Amerikaner an der Unterseite bis an die Grenze zum Hoden aufgespalten. („John", mit freundlicher Genehmigung des Betroffenen)

kundler meinen, dass der Penis durch das Aufschlitzen einer Vagina ähnele und das Blut hier dem weiblichen Menstruationsblut gleichgesetzt werde. Andere Ethnologen sind sich sicher, dass die Ureinwohner dadurch ihr Geschlechtsorgan dem eines Kängurus nachbilden wollten. Wieder andere meinen, dass der aufgespaltene Penis beim Sexualakt mehr Genuss bereiten könne.

Im Internet findet man auf einschlägigen Seiten erstaunlich viele Bilder von Spaltungen im Genitalbereich. Die Szene ist aber extrem kritisch und es war kaum möglich, Abdruckgenehmigungen für diese Art von Fotos zu bekommen.

Bei Feige und Krause wurde ein 40-jähriger Gastronom vorgestellt, der mit dem Thermo-Cutter an sich selbst eine Spaltung der Glans vorgenommen hat:

„Man kann zwar auch mit dem Skalpell einschneiden, allerdings besteht dabei die Gefahr, dass man in der Folgenacht daran verblutet, wenn niemand einen beobachtet – unweigerlich tritt nachts nämlich eine Erektion auf, und wenn der Schwanz dann aufgeschnitten ist, sind dem strömenden Blut Tür und Tor geöffnet. Das ist halt gefährlich... Aber jetzt, wo alles abgeheilt ist, habe ich auch einen Höllenspaß damit, das ist ein ganz neues Feeling, wenn da eine Zunge dazwischengeht..."(Feige & Krause 2004, 110)

Ein 36-jähriger Krankenpfleger erzählte im selben Band von seinem Entschluss, sich die Eichel spalten zu lassen:

> „Innerhalb eines Abends ist also die Idee entstanden und auch umgesetzt worden. Keine großen Bedenken. Wirklich nicht! Ich sehe in Andreas eine sehr große Vertrauensperson. Und es war von meiner Seite aus natürlich auch eine gewisse Neugierde. Wie ist das? Ich sagte ihm: ‚Erst einmal nur einen Zentimeter, gucken wir doch mal!' Es passierte, alles heilte gut ab, alles war schön [...]. Dann ist es wieder passiert. Und wieder passiert. Und wieder passiert. Jetzt bin ich an einem Punkt, jetzt ist es bis zu drei Zentimetern auf, und dabei bleibt es. Es soll ja noch eine gewisse Ästhetik haben."
(Feige & Krause 2004, 136)

3.23 Genitalbeschneidung und Genitalverstümmelung

Es gibt erhebliche Unkenntnis darüber, was genau eine Beschneidung ist. Erstaunlich viele Menschen verwechseln sie mit der Kastration. In einer Befragung von 60 Schülern stellte Goldman (1997) fest, dass 38 % der Mädchen und 55 % der unbeschnittenen Jungen unsicher waren, worin der Unterschied zwischen einem beschnittenen und einem unbeschnittenen Penis liegt.

Die Beschneidung bei Männern hat eine lange Tradition und ist nach wie vor weltweit verbreitet. Sie wurde offenbar bereits im alten Ägypten praktiziert. Manche afrikanischen Stämme sehen in der Vorhaut des Penis Ähnlichkeit mit der Vagina, erst die Beschneidung entferne diese weiblichen Anteile und mache den Heranwachsenden zu einem vollständigen Mann. Noch heute wird bei jedem jüdischen Knaben an seinem achten Lebenstag von einem „*Mohel*" (Beschneider) mit einem speziellen Messer die Vorhaut des Penis entfernt. Diese „*Brit Mila*" basiert auf 1 Mose 17, 10–13:

> „Ihr sollt aber die Vorhaut an eurem Fleisch beschneiden. Dasselbe soll ein Zeichen sein des Bundes zwischen mir und euch; ein jegliches Knäblein, wenn es acht Tage alt ist, sollt ihr beschneiden bei euren Nachkommen."

Denselben Text findet man in der Genesis:

> „Ein Unbeschnittener, eine männliche Person, die am Fleisch ihrer Vorhaut nicht beschnitten ist, soll aus ihrem Stammesverband ausgemerzt werden. Er hat meinen Bund gebrochen."

Die Beschneidung wird im Hebräischen als „*Brit*" (Bund) bezeichnet. Der Säugling wird durch die Beschneidung zum „*Ben Brit*", zu einem Sohn des Bundes.

Auch Angehörige des islamischen Glaubens sind fast immer beschnitten. Der Koran fordert die Beschneidung allerdings nirgends, weder für Jungen noch für Mädchen. Sie ist jedoch in der gesamten islamischen Welt für Jungen obligatorisch, da sie als „sunna" (nachzuahmendes Vorbild) gilt. Sie ist mit einem Familienfest verbunden, das meist stattfindet, wenn der Knabe zwischen sieben und zehn Jahre alt ist. Danach gehört der Junge zur Gemeinschaft der Männer.[135, 148]

Eine Beschneidung kann aus medizinischen Gründen bei einer Phimose, einer Verengung der Vorhaut, notwendig sein. Die Vorhaut kann dann nicht oder nur unter Schmerzen über die Eichel des Penis nach unten geschoben werden. Begünstigend sind Entzündungen, die wiederum zu narbigen Verengungen der Vorhaut führen können. Zugleich steigert eine bereits bestehende Phimose das Entzündungsrisiko, es kann sogar die Eichel in Mitleidenschaft gezogen werden.

Es gibt unterschiedliche Arten der Beschneidung. Üblich ist die Zirkumzision, bei der die Vorhaut rundherum abgeschnitten oder durch Abschnürung entfernt wird. Bei der Superzision wird die Vorhaut lediglich ein-, jedoch nicht abgeschnitten. Bei der Plastik-Bell-Methode wird eine Glocke aus Plastik über die Eichel geschoben und die über die Glocke gezogene Vorhaut am Rand abgebunden, so dass die Blutversorgung des Gewebes unterbrochen ist. Nach ein paar Tagen fällt der schwarz gewordene Hautlappen ab. Diese Methode wird meist bei kleinen Kindern angewandt.

Die Vorhaut hat biologisch den Zweck, die Eichel vor Verletzungen zu schützen. Einer der Hauptgründe, warum die Entfernung schon in der Bibel empfohlen wurde, ist sicherlich, dass sich zwischen Vorhaut und

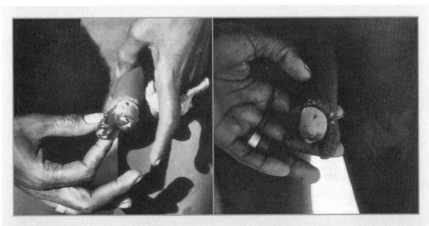

Abb. 68:
Beschneidung der Vorhaut ohne Narkose während eines afrikanischen Mannbarkeitsritus (Foto: J. Wolter 2005, 47)

Eichel Zellreste ansammeln, die dort verrotten und das so genannte Smegma bilden, eine übelriechende, klebrig-weißliche Substanz, die bei Übertragung auf Frauen Gebärmutterkrebs erregen kann. In vielen Ländern wie z. B. Indien wird das Problem schlicht dadurch umgangen, dass die Männer aufgefordert sind, ihre Vorhaut zurückgeschoben zu tragen. In westlichen Nationen dürfte das Problem noch einfacher mit Wasser und Seife zu lösen sein. Nicht zu vergessen: Masturbation ist deutlich leichter mit einer intakten Vorhaut; beschnittene Männer müssen im Erfinden einer stimulierenden Technik hier deutlich kreativer sein. Ein zweiter Grund für die Beschneidung mag daher sein, die Selbstbefriedigung zu erschweren. Ein Vorteil eines beschnittenen Gliedes kann wiederum sein, dass die Vorhaut beim Geschlechtsverkehr nicht immer wieder über die Eichel rutscht und die Scheide der Partnerin so intensiver gefühlt werden kann.

Auch Mediziner haben die Beschneidung lange Zeit unterstützt und eine Fülle sonderbarer Theorien aufgestellt. Nach Ritter (1992) behaupteten Ärzte noch im 19. Jahrhundert behauptet, dass die Beschneidung vor Geisteskrankheiten und Epilepsie schützen würde. 1940 wurde die Entfernung der Vorhaut empfohlen, damit sexuell übertragbare Krankheiten sich weniger verbreiten, ja selbst der Vorsorge gegen Krebs sollte das Verfahren dienen. Burton (2001) zitierte sogar eine Quelle aus den 1980ern, in der die Beschneidung als Prophylaxe gegen AIDS angepriesen wurde. Die meisten der Befürworter argumentieren damit, dass die Glans ohne Vorhaut sauberer und leichter zu reinigen sei und dass sich daher keine Krankheitskeime darunter bilden könnten. Ritter (1992) hingegen zitiert eine Meta-Analyse der Amerikanischen Akademie der Pädiater (AAP), wonach die Annahme, dass es bei unbeschnittenen Kindern häufiger zu Infektionen der Harnwege kommt, nicht haltbar sei. Die AAP hatte bereits 1971 darauf hingewiesen, dass es keinerlei medizinisch begründete Notwendigkeit für eine Beschneidung von Kindern gibt, und empfohlen, stattdessen besser ein Aufklärungsprogramm zu starten, wie der junge Mann seinen Penis am besten sauber halten kann.

In den wenigen Studien, in denen sich eine Differenz zwischen un- und beschnittenen Kindern zeigte, blieben auch 96 bis 99 % der Kinder mit intakter Vorhaut in dem Beobachtungszeitraum von einem Jahr ohne urogenitale Entzündungen. Die Anzahl der Komplikationen bei einer Beschneidung lag dagegen in unterschiedlichen Studien zwischen 0,2 und 38 % (Goldman 1997). Je nachdem, was unter einer Komplikation verstanden wurde, reichte die Skala von Blutungen, Infektionen und Narbenbildung über chirurgische Verletzungen und die Deformation des Penis bis hin zum Tod des Kindes. Ritter (1992) zitierte einige Fälle, in denen als Folge der Beschneidung der gesamte Penis amputiert werden musste. Auch für die Kinder, die ohne unerwünschte Nebenwirkungen aus der Prozedur hervorgehen, ist der Eingriff sicherlich alles andere als angenehm, da er ohne Vollnarkose erfolgt, zum Teil wird nicht einmal lokal anästhesiert.

Alleine in den USA werden jedes Jahr über eine Million Beschneidungen durchgeführt, je nach Bundesstaat sind rund 20 bis 50 % der männlichen Bevölkerung beschnitten. Allerdings sinkt die Zahl neuer Vorhautentfernungen seit Jahren. In Europa liegt der Anteil weit darunter, z. B. in England etwa werden nur 0,5 % der neugeborenen männlichen Säuglinge beschnitten.

Die Zirkumzision beeinträchtigt weder die Potenz noch die sexuelle Erregbarkeit. Allgemein wird davon ausgegangen, dass eine Beschneidung keinerlei Einfluss auf die Sexualität hat, weder im positiven noch im negativen Sinne. Manche Männer jedoch berichteten über intensivere Orgasmen nach der Entfernung ihrer Vorhaut, da die direkte Stimulation der Glans größer ist. In einer US-amerikanischen Umfrage gaben Frauen an, einen beschnittenen Penis als hygienischer und auch erotischer zu empfinden.

Im Rahmen einer Body-Modification im Jugend- oder Erwachsenenalter wird eine Beschneidung eher selten durchgeführt. Lediglich ein Fallbeispiel ließ sich finden, in dem ein Jugendlicher berichtete, wie er sich die Vorhaut selbst entfernt hat:

„Mit ca. 17 Jahren habe ich dann zum ersten Mal einen beschnittenen Penis gesehen und war total davon angetan. Doch da ich bezüglich solcher Sachen sehr schüchtern bin, habe ich es nicht gewagt, meinen Arzt oder gar meine Eltern auf dieses Thema anzusprechen, also selbst ist der Mann. Im Internet habe ich auch ziemlich schnell eine Seite gefunden, auf der man ein Gerät bestellen konnte, mit dem man eine Beschneidung selbst durchführen konnte. Auf der Seite wurde allerdings davon abgeraten, die Beschneidung auf eigene Faust durchzuführen. Doch da ich so besessen von dem Gedanken war, beschnitten zu sein, habe ich mir das Gerät, als ich 18 war, sofort bestellt. Ich habe dann tatsächlich die Beschneidung selbst durchgeführt, glücklicherweise habe ich alles ohne Probleme überstanden, jedoch kann ich von solchen Selbstversuchen nur abraten, man sollte das einem Arzt überlassen. Die Risiken sind einfach zu groß." [39]

Thompson und Abraham beschrieben 1983 einen 24 Jahre alten Patienten ohne jegliche psychische Störung in der Vorgeschichte, der nach dem Tod eines Elternteils versuchte, sich mit einer Haushaltsschere die Vorhaut abzuschneiden. Als Grund gab er an, dass er durch den Tod seines Vaters schwer depressiv geworden sei und gehofft habe, dass ihm das helfen würde.

Ein völlig anderes Thema ist die Infibulation. Die weibliche „Bescheidung" mit Entfernung der Klitoris und/oder inneren Schamlippen und Zunähen der weiblichen Geschlechtsteile wird insbesondere in afrikanischen Kulturen seit Jahrtausenden durchgeführt (Sheldon & Wilkinson 1998; Dirie 1999). Diese Form soll unterschiedliche Gründe haben; zum einen wurde hierdurch gewährleistet, dass die Frau „rein" in die Ehe ging. Eine bereits entjungferte Frau war und ist auch heute noch in bestimmten afrikanischen und orientalischen Ländern „nichts wert" und findet keinen Ehemann. Auch später werden mitunter noch Eingriffe dieser Art vorgenommen, die man als Rezirkumzision bezeichnet: Mädchen, die freiwillig oder durch Vergewaltigung vorehelichen Geschlechtsverkehr hatten, werden oft heimlich wieder zugenäht, um ihre Jungfräulichkeit erneut herzustellen. Auch manche Witwen lassen sich auf diese Art behandeln, um ihre Heiratschancen zu erhöhen. Nach Weitung des Vaginalbereichs durch mehrere Geburten verlangen afrikanische Männer mitunter von ihren Frauen eine Rezirkumzision, um die ursprüngliche Enge wiederherzustellen, die ihnen größeren Genuss beim Verkehr bereitet.

Ein wesentlicher Grund für die afrikanische Genitalverstümmelung ist, dass die Klitoris als männlicher Teil angesehen wird, quasi als Miniaturausführung eines Penis; um die Frau von diesem männlichen Anteil zu „befreien" und sie noch weiblicher werden zu lassen, wird eine Klitorisektomie durchgeführt. Während die Beschneidung bei Männern die Masturbation schwieriger macht, wird sie bei Frauen also unmöglich. Derartig verstümmelte Frauen galten als treuer, da sie beim Geschlechtsverkehr keinen Orgasmus spüren können und sie entsprechend kaum Verlangen danach haben konnten, fremdzugehen. Anders als in modernen westlichen Zivilisationen, in denen mancher Mann sich hingebungsvoll darauf konzentriert, auch seine Partnerin zum sexuellen Höhepunkt zu bringen, ließ die Infibulation Männer ihre Lust nunmehr an den Frauen „ausleben". Die Partnerin, da sie selbst ja keinen Orgasmus empfinden kann, sollte sich dabei nur darauf konzentrieren, ihrem Ehemann größtmögliche Freude zu bereiten.

Die hygienischen und medizinischen Bedingungen sind oft extrem schlecht und ein Teil der derartig misshandelten Mädchen stirbt auch heute noch an den Folgen. Auch wenn diese Prozedur zumal aus unserer westlichen Perspektive äußerst grausam sein mag, ist sie doch in den afrikanischen Ländern tief verwurzelt und gilt als Grund zum Feiern; oft bekommen die Mädchen Geschenke und werden festlich gekleidet.

Ethnologen beschrieben zu Beginn des 20. Jahrhunderts eine Vielzahl verschiedener Rituale und Techniken der Genitalverstümmelung bei Mädchen, die das Leid der Opfer dieses Eingriffs aber kaum repräsentieren. In dem Buch „Wüstenblume" beschreibt das heute sehr bekannte Fotomodel Waris Dirie, wie sie als Kind im Alter von etwa fünf Jahren selbst beschnitten wurde. Eindringlich schildert sie die schlimmen Umstände der Verstümmelung, den Schmerz und die Folgen, die sie bis ins Erwachsenenalter massiv beeinträchtigten.

Die Annahme, dass eine Frau durch derartige Eingriffe zwangsläufig völlig anorgastisch wird, ist allerdings nicht richtig. Entfernt wird ja nur die Spitze der Klitoris, eines Organs, das sich tief ins Körperinnere fortsetzt (s. Metoidioplastik unter Kap. 3.24 Geschlechtsanpassung); die Orgasmusfähigkeit ist damit zwar deutlich erschwert, aber anatomisch nicht völlig ausgeschlossen. Zum rein körperlichen Problem kommt freilich schnell eine psychologische Komponente – die Erwartungshaltung.

Es gibt verschiedene Formen der weiblichen „Beschneidung": die Sunnabeschneidung, die Klitorisektomie und die Infibulation. Sie unterscheiden sich darin, wie viel Körpersubstanz entfernt wird. Die *Sunnabeschneidung* wird auf den Propheten Mohammed zurückgeführt. Hier wird die Vorhaut der Klitoris abgetrennt, oft aber auch die Klitorisspitze. Diese Form der Beschneidung ist selten, sie wird als zu mild und daher uneffektiv erachtet. Klitorisektomie und Exzision bestehen im teilweisen oder vollständigen Herausschneiden von Klitoris, Labia minora und majora; ihr Umfang hängt nicht zuletzt ab von der Geschicklichkeit der Operateurin und dem Widerstand des Kindes. Die *Infibulation* wird in über 25 Ländern Afrikas und in einigen Staaten im Mittleren Osten und in Asien praktiziert. Sie wird auch pharaonische oder sudanesische Beschneidung genannt. Bei dieser Form treten die meisten Komplikationen und Gefahren auf. Nach Entfernung von Klitoris und der inneren Labien werden die großen Schamlippen zusammengenäht, häufig kommen Akaziendornen zur Anwendung, die in die Wundränder gesteckt werden, oder ein Vernähen mit Katzen- oder Schafsdarm. Alleine hierdurch gibt es viele Infektionsquellen. Die Verschließung wird dann durch Immobilisation erreicht, das feste Zusammenschnüren der Beine, bis die Wunde abgeheilt ist. Um das völlige Zusammenwachsen der frischen Wundränder zu verhindern, werden kleine Fremdkörper wie z. B. Pflanzenstängel in die Wunde gelegt, die später auch die Größe der Vaginalöffnung bestimmen. Urin und Menstruationsblut können blockiert werden, was wiederum zu Infektionen der Geschlechts- und Fortpflanzungsorgane führen kann. Beim ersten Geschlechtsverkehr wird der zugenähte Teil mehr oder minder brutal aufgerissen. Geburten sind auch nach der Wiederöffnung besonders schmerzhaft und sehr risikoreich für Mutter und Kind.

Während früher die Infibulation meist im Zusammenhang mit Pubertätsriten durchgeführt wurde, werden die Mädchen heutzutage in sehr jungen Jahren, manchmal bereits als Säuglinge, genital verstümmelt und die rituelle Komponente verschwindet. Die Operation wird immer häufiger auch im Krankenhaus unter guten hygienischen Bedingungen durchgeführt, obwohl sich viele afrikanische Staaten inzwischen grundsätzlich davon distanzieren. Juristisch handelt es sich hier um Körperverletzung, wenn der Prozess gegen den Willen des Kindes durchgeführt wird; was fast immer der Fall ist.

Als eines der wenigen europäischen Länder beschäftigte sich die Schweiz mit der Frage, wie häufig dort die Bitte um Beschneidung an Ärzte herangetragen wird (Thierfelder et al. 2003; Joeger et al. 2002). Nach Schätzung der Autoren leben dort rund 6.700 betroffene Frauen. In einer Befragung von Frauenärzten bestätigten 20 %, dass sie bereits mit beschnittenen Frauen konfrontiert waren; von diesen hatten 40 % um eine Reinfibulation gebeten, um ihre Jungfräulichkeit „wiederherzustellen"; in seltenen Fällen sollte eine primäre Beschneidung durchgeführt werden.

Auf der anderen Seite gibt es offenbar in der BodMod-Generation auch

Frauen, die aus unterschiedlichen Gründen eine Beschneidung im Genitalbereich wünschen oder diese selbständig herbeiführen. Eine 22-Jährige berichtete, sie habe schon mit 14 Jahren begonnen, sich kleine Stecknadeln unter die Haut zu stechen. Später benutzte sie einen Tacker (zum Zusammenheften von Papier); die Metallwinkel tackerte sie sich direkt in die Haut, ließ sie dort einige Zeit stecken und entfernte sie dann wieder. Auch ritzte sie sich mit einem Skalpell Muster und Zeichen in die Haut. Mit 16 stach sie sich Nadeln durch Schamlippen und Klitoris und schrieb, sie habe dabei die heftigste sexuelle Erregung ihres Lebens gespürt. Zu der Zeit spürte sie auch, dass sie sich mehr zu Mädchen als zu Jungen hingezogen fühlte. Außerdem, so berichtete sie, trage sie Piercings durch Zunge, Lippe, Bauchnabel, Brustwarze, Ohren und habe eine gespaltene Zunge sowie zehn Tätowierungen. Mit 18 zog sie von zu Hause aus und konnte ihre geheimen Vorlieben nun freier ausleben. Sie ließ sich die kleinen Schamlippen und die Klitorisvorhaut entfernen und später noch ein Piercing direkt durch die Klitoris stechen.[56]

3.24 Geschlechtsanpassung

Beschneidung und Infibulation werden überwiegend in der Kindheit und gegen den Willen des Kindes durchgeführt. Eine Geschlechtsanpassung dagegen geschieht ausnahmslos freiwillig und stellt wohl eine der einschneidendsten Körperveränderungen dar. Allerdings gibt es auch hier sehr unterschiedliche Formen: Transvestiten finden es erotisch, wie das andere Geschlecht auszusehen; Transgender sind Personen, die wie das andere Geschlecht leben, und Transidente (Transsexuelle) sind solche, die eine Geschlechtsanpassung anstreben. Den Begriff Transgender prägte Virginia Charles Prince in den 1970er Jahren; die Amerikanerin lebte als Frau und war körperlich ein Mann. Das Wort wird leider in unklarer Weise oft auch als Oberbegriff für alle Formen des Geschlechterwechsels benutzt. Im Gegensatz zum aus dem Englischen kommenden Wort „sex", das die biologisch-anatomische Geschlechtszugehörigkeit bezeichnet, meint „gender" eher die soziale Rolle, die mit einem Geschlecht verbunden ist.

Der Versuch, das eigene Geschlecht zu verändern, ist ein seit alters her bekanntes Phänomen. Bei einigen amerikanischen Indianerstämmen sollen sich vereinzelt Männer wie eine Frau gekleidet und gelebt haben. In der Südsee gab es den „mahu", der nach Erreichen der Pubertät Frauenkleider trug und Frauenarbeiten verrichtete. Bei den alten Germanen war Transvestismus mitunter mit dem Priestertum verbunden. Auch römische Priester waren manchmal wie Frauen gekleidet. Der römische Kaiser Nero soll sich in einen Brautschleier gehüllt haben, als er einen Lustsklaven heiratete. Historischen Überlieferungen zufolge soll Kaiser Elagabalus sogar sein halbes Reich demjenigen versprochen haben, der ihn mit weiblichen Genitalien ausstatten würde. Johanna von Orleans wird aus heutiger Sicht mitunter als weibliche Transsexuelle gesehen. Auch der angeblich homosexuelle französische König Heinrich III. (1574–1589) soll mit dekolletiertem Frauengewand zu Audienzen erschienen sein. Historiker der frühen Neuzeit stellen heraus, dass zwischen 1650 und 1850 Geschichten sehr populär waren, in denen Frauen in Männerkleidung auftraten. Das Ausüben von Männerberufen, vor allem als Soldat oder Seemann, war für Frauen oft die einzige Möglichkeit, sich ihren Lebensunterhalt selbst zu verdienen und ein selbstbestimmtes Leben zu führen. So berichtet A. Steidele (2004) von einem historischen Fall. In den Jahren 1720/21 musste sich das preußische Gericht mit einer Frau beschäftigen, die fast zwanzig Jahre lang als Mann gelebt hatte. Catharina Linck hatte in mehreren Kriegen als Musketier gedient, darunter auch in der preußischen Armee, sie war als Prophet durch die Lande gezogen, war in bürgerlichen Arbeiten als Mann durchgegangen und hatte schließlich sogar die 19-jährige Catharina Mühlhahn geheiratet. Der Strafprozess kam durch eine Anzeige deren Mutter ins Rollen, die von Anfang an die Männlichkeit des Schwiegersohns bezweifelt hatte. 1720 überwältigte sie ihn mit Hilfe einer Nachbarin und führte den Nachweis, dass sein *„membrum virile"* aus einer schwarzen, ledernen Wurst bestand und die unbestrittene Fähigkeit des Pinkelns im Stehen durch ein mitgeführtes Horn zustande kam. Artikel 116 der Constitutio Criminalis Carolina bestimmte den Tod als *„Strafe der Unkeuschheit, die wider die Natur geschieht"* (d. h. auch der Homosexualität). Catharina Linck wurde daraufhin im November 1721 in Halberstadt öffentlich enthauptet.

François Timoléon, auch bekannt als Abbé de Choisy, der im 17. Jahrhundert lebte, wurde schon während seiner Kindheit von seiner Mutter in Mädchenkleider gesteckt. Er trug enge Korsetts, die seine Taille schmal erscheinen ließen und seine Brust anhoben. Häufig verließ er seine Heimatstadt Lyon und blieb wochenlang in Paris; dort versuchte er, soweit möglich, als Frau zu leben. Am Hof Ludwig des XV. lebte der Chevalier d'Eon de Beaumont 49 Jahre lang als Mann und 34 Jahre als Frau. Emil August, von 1772 bis 1822 Herzog von Sachsen, lief oft in Frauenkleidern umher; er trug Ringe, Armbänder, Haarspangen und französische Perücken mit langen blonden Haaren und benutzte Damenparfüm.

Ob man männlich oder weiblich ist, ist nicht nur eine Frage der Anzahl der X- und Y-Chromosomen, sondern hat auch weit reichende psychische und soziale Komponenten. Die anatomische Geschlechtszugehörigkeit bezieht sich rein auf die körperlichen Unterschiede, d. h. auf das Vorhandensein von Hoden oder Eierstöcken, Penis oder Klitoris. Die mentale Identität beruht darauf, zu welchem Geschlecht sich jemand als zugehörig sieht. Im Normalfall ist man zufrieden mit den anatomischen Besonderheiten des eigenen Körpers. Bei Transidenten stimmen anatomische und mentale Geschlechtszugehörigkeit nicht überein; geistig fühlen sie sich dem Geschlecht zugehörig, das mit ihren körperlichen Merkmalen nicht übereinstimmt.

Die soziale Geschlechtszugehörigkeit ergibt sich aus der Rollenverteilung von Mann und Frau in der Gesellschaft. So werden auch heute noch Jungen in vieler Hinsicht anders erzogen als Mädchen und haben als Erwachsene häufig andere Aufgaben. Obwohl die Geschlechter sich in vielerlei Hinsicht in ihren sozialen Rollen, etwa beruflich, stark angenähert haben, bleiben dennoch viele Unterschiede – nicht nur im Gebrauch von Kosmetika, in der Art der Bekleidung usw. Diese sozialen Geschlechterrollen stammen noch aus einer Zeit, in der ausschließlich die Frauen für das Ernähren und Versorgen der Kinder verantwortlich waren und in vieler Hinsicht nicht so flexibel sein konnten wie Männer, die tagelang auf der Jagd waren. Manche betrachten die Geschlechterrollen lediglich als gesellschaftliches Konstrukt; andererseits ist aus der Neurobiologie bekannt, dass die Hormone schon während der Schwangerschaft das Gehirn des Menschen prägen und dass es spezifische Rezeptoren für Östrogene und Testosteron im Gehirn gibt (LeVay 1994); eine geringe Identifizierung mit dem eigenen Geschlecht beruht demnach auf einer irreversiblen Fehlprägung des Gehirns. Entsprechend wird der Transidentität Krankheitswert zugeschrieben – samt Anrecht auf Heilung für die Betroffenen.

Der Begriff „Transvestit" wurde von dem Sexualwissenschaftler Magnus Hirschfeld (1868–1935) geprägt, der Transvestitismus damals noch folgendermaßen definierte:

> *„Es ist dies der Drang, in der äußeren Gewandung des Geschlechtes aufzutreten, der eine Person nach ihren sichtbaren Geschlechtsorganen nicht zugehört. Wir haben diesen Trieb als transvestitischen bezeichnet, von trans entgegengesetzt und vestitus gekleidet, wobei wir gern zugeben wollen, dass mit diesem Namen nur das Augenfälligste der Erscheinung getroffen wird, weniger der innere rein psychologische Kern."* (Hirschfeld 1922, 139ff)

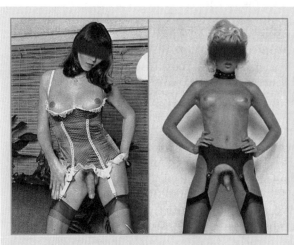

Abb. 69 und 70: Transvestiten sind Männer, die sich wie Frauen kleiden; beim fetischistischen Transvestitismus mit starker erotischer Komponente. Mit Hilfe von Hormoneinnahme lässt sich ein Brustwachstum erreichen (Foto: Preuss 1983, 66)

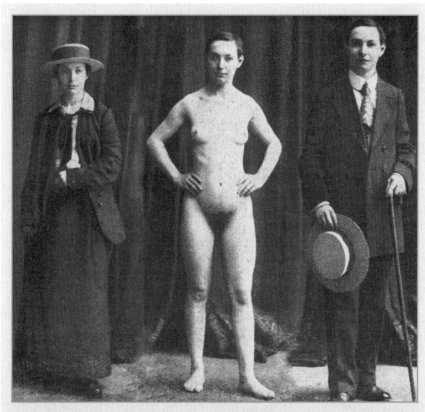

Abb. 71 bis 73:
Eine von M. Hirschfeld beschriebene „Patientin" in ihrer früheren weiblichen und späteren männlichen Bekleidung (Foto: Hirschfeld 1917, 20f)

Entgegen den Auffassungen anderer Psychoanalytiker, insbesondere der Sigmund Freuds, bestand Hirschfeld damals darauf, dass der „Verkleidungstrieb" nicht etwa lediglich eine Form von Homosexualität sei: Nach seinen Untersuchungen gäbe es etwa ebenso viele heterosexuelle Transvestiten wie homosexuelle. Als Beweis für das Angeborensein führt Hirschfeld an, dass psychische Therapien bei Transvestiten, wie bei Homosexuellen, meist völlig erfolglos seien. Aus der Analogie zur Homosexualität leitete er die hormonelle Bedingtheit des Transvestitismus ab: Ähnlich wie bei Homosexuellen ließen sich bei Transvestiten verschiedene charakteristische Typen erkennen, die *„nicht anders als glandulär"*, d. h. durch Drüsen verursacht, erklärlich seien.

Allerdings unterschied Hirschfeld damals noch nicht zwischen Transvestiten und Transsexuellen; dies geschah erst 1966 durch Harry Benjamin.

Nur so ist es erklärlich, dass Hirschfeld damals für die Transvestiten eine Reihe von Forderungen aufstellte, die aus heutiger Sicht eigentlich eher für Transidente gelten. Unter anderem stellte Hirschfeld fest, dass die Kleidung für das körperliche und seelische Wohlbefinden von Transvestiten von lebenswichtiger Bedeutung sei. Deshalb warf er die Frage auf, *„ob der Arzt nicht nur berechtigt, sondern sogar verpflichtet ist, die Umkleidung zu gestatten, ja anzuordnen."*

Gemeinsam mit einem Rechtsanwalt setzte er sich schon damals dafür ein, dass den Betroffenen eine Änderung ihres Vornamens gestattet wurde. Anfang der 1920er Jahre durften männliche und weibliche Transvestiten daraufhin mit behördlicher Genehmigung ihre Vornamen in geschlechtsneutrale umändern, z. B. in Alex oder Toni. Darüber hinaus plädierte er dafür, dass „Transvestitenscheine" eingeführt und polizeilich anerkannt werden sollten. Darin wurde festgehalten, dass die betreffende Frau als „Männerkleidung-tragend" bzw. der betreffende Mann als „Frauenkleidung-tragend" bekannt sei. Während andere Mediziner und Psychologen noch krampfhaft versuchten, Transvestitismus bei ihren Patienten therapeutisch zu beseitigen, war Hirschfeld bestrebt, dem Wunsch der Transvestiten nachzukommen. Er versuchte, durch die Injektion von Organpräparaten (Hoden- oder Eierstock-Extrakten) die Körper von Transvestiten in die gewünschte Geschlechtsrichtung zu verändern, wenn auch noch recht undifferenziert; denn was er als Transvestit bezeichnete, hat sich inzwischen in sehr unterschiedliche Bilder aufgeteilt.

Heute trennt man unterschiedliche Formen von Transvestitismus. Als Cross-Dressing wird das Tragen von Kleidung des anderen Geschlechts in der Öffentlichkeit oder privat bezeichnet; in der Regel handelt es sich dabei um die normale Bekleidung des anderen Geschlechts. Cross-Dressing hat meist nichts mit sexuellen Handlungen zu tun, sondern wird unabhängig davon praktiziert. Transvestiten streben normalerweise keine Geschlechtsanpassung an, wenngleich Transvestitismus auch eine vorübergehende Phase von eigentlich Transsexuellen sein kann. Dies ließe sich durch eine Früherkennung verhindern, jedoch werden Transsexuelle auf der Suche nach ihrer Identität meist ohne ausreichende Informationen alleine gelassen.

Im Internet findet man den folgenden Bericht von „Claudi". Zum Anlass einer Junggesellenabschiedsfeier hatte man spaßeshalber beschlossen, dass der Heiratskandidat nur von Frauen umringt sein sollte. Also musste er sich „transformieren". Claudi merkte hierzu an:

> *„Zu weiblicher Kleidung fühlte ich mich schon immer ein bisschen hingezogen, und diesmal „musste" ich mich quasi weiblich anziehen. Äußerlich ließ ich mir möglichst wenig anmerken, aber innerlich war es schon ein kleiner Triumph! Glücklicherweise kam die Idee ja auch nicht von mir, sondern von einer gemeinsamen Freundin."*

Der Auftritt war dann ein großer Erfolg; am helllichten Tag stolzierte die verkleidete Gruppe in München-Schwabing herum. Nach diesem Abend hatte Claudi ein ausführliches Gespräch mit seiner Freundin über seine heimliche Entzückung. Seither definierte er sich als Crossdresser. Er berichtete, er trage gerne Strumpfhosen, allerdings nur unbemerkt. Seine Freundin gab ihm einige Unterrichtsstunden zum Thema Make-up. Außerdem kaufte er sich zwei Perücken, die er manchmal am Abend zu Hause trage.

Ein großer Durchbruch in seiner Crossdressing-Geschichte sei ein phantastischer Abend mit seiner Freundin gewesen. Beide hätten sich „aufgebrezelt" und dann als zwei Frauen die S-Bahn Richtung Stadtmitte genommen. Seiner Ansicht nach hätten manche Leute zwar bemerkt, dass irgendetwas mit ihm nicht ganz richtig war, aber die Mehrheit habe ihn gar nicht beachtet. Claudi ergänzt, der erste Gedanke, den seine Freundin gehabt habe, sei die Angst gewesen, er könnte sich in eine Frau umwandeln lassen wollen, was natürlich starke Auswirkungen auf die Beziehung gehabt hätte:

> „Als sie mich das erste Mal in Frauenkleidung sah, hatte sie außerdem Probleme, mich so anzufassen, wie sie es normalerweise macht. Umgekehrt hätte ich sicherlich auch Probleme, wenn meine Freundin plötzlich mit Vollbart vor mir stehen würde! Aber die Ängste wurden von Zeit zu Zeit kleiner. […] Inzwischen sieht sie mich beim ‚Crossdressen' einfach als bekannte Person, und hält mich nicht mehr für eine merkwürdige Frau mit großen Füßen. […] Inzwischen hilft mir meine ‚bessere Hälfte' sogar im Kaufhaus beim Kauf diverser ‚Ausstattung', die man als Crossdresser eben braucht. Außerdem gehen wir ab und zu zusammen als zwei Freundinnen aus."[2]

„Drag" ist eine extreme Form. Man trennt zwischen Drag Queens und Drag Kings. Drag Queens sind anatomisch Männer, die Frauen in einer überzeichneten Weise darstellen, sich ganz extrem weiblich verkleiden und sich so in der Öffentlichkeit zeigen. Der Begriff „Drag King" hingegen wird häufig für Frauen benutzt, die in übersteigerter Form Männlichkeit ausstrahlen.

Beim transvestitischen Fetischismus wird durch das Anziehen von Kleidungsstücken des anderen Geschlechts sexuelle Befriedigung erreicht. Fetischistische Transvestiten sind überwiegend Männer, die eine stark erotisch gefärbte Beziehung zu Kleidungsstücken des anderen Geschlechts haben, d.h. sie ziehen sich mit Genuss besonders typisch weibliche Kleidungsstücke wie Spitzen-BHs, Negligees, Tanga-Slips usw. an. Diese Transvestiten haben oft nur in Verbindung mit der entsprechenden Verkleidung eine befriedigende Sexualität.

Travestie wird meist in Form von Bühnenshows durchgeführt und ist eine Darstellung von Personen des eines Geschlechts durch Mitglieder des anderen. Transvestitismus und Travestie ist keinesfalls dasselbe: Travestie ist die Kunst, sich als biologischer Mann in eine Frau zu „verwandeln", um eine Illusion für das Publikum zu schaffen. Viele Travestiekünstler kleiden und verhalten sich außerhalb der Shows wie Männer; nur für den Bühnenauftritt verwandeln sie sich in Frauen und begeistern ihr Publikum. Es ist auch ein Gerücht, dass Travestiekünstler immer homosexuell sind; auch hier kommt das gesamte Spektrum vor.

Ein kleiner Teil der Transvestiten schluckt Hormonpräparate. Mit Hilfe von Östrogenen lässt sich ein Wachstum der Brust erreichen, die dann von einem weiblichen Busen kaum noch zu unterscheiden ist. Mit Antiandrogenen ließe sich gleichzeitig das männliche Aussehen unterdrücken, was aber von den Transvestiten in der Regel nicht gewünscht wird, da Antiandrogene das Testosteron blockieren, was zu einer drastischen Verminderung der sexuellen Erregungsfähigkeit führt. Die meisten Transvestiten sind aber sexuell durchaus aktiv, teils hetero-, häufig homo- und oft bisexuell. Derartig körperlich veränderte Transvestiten sind mitunter auch auf einschlägigen Pornoseiten vertreten, wo sie als „Shemale" bezeichnet werden: Männer, die mit langen Haaren, Schminke und Busen äußerlich wie Frauen aussehen, abgesehen davon, dass sie noch Penis und Hoden besitzen.

„Sex-swap" oder „Switch" heißen Grenzgänger zwischen den Geschlechtern: Sie lassen sich keinem der beiden eindeutig zuordnen und wechseln ständig hin und her. Diese Worte sind auch als Sammelbegriffe für Menschen geläufig, die in ihrem Aussehen nur zeitweise das Geschlecht wechseln. Mitunter wird dies auch mit der Abkürzung GIDNOS bezeichnet („Gender Identity Disorder Not Otherwise Specified"). Diese Kategorie umschließt eine Reihe von Individuen, die zwar eine Hormontherapie und Brustentfernung (oder Brustaufbau), jedoch keine operative Veränderung ihres Genitals wollen. Überwiegend fallen sie eher in die Gruppe der Transgender als in die der Transidenten.

Brandhurst (2004) schilderte in seinem Buch über extremes Sexualverhalten einen Menschen mit dem Alias Bert, der sich schon in der Pubertät dabei beobachtet hatte, dass er Mädchen darum beneidete, wie sie aussahen und sich anzogen. Dennoch versuchte er zwei Jahrzehnte lang, seiner Rolle als Mann gerecht zu werden, ohne aber jemals zu heiraten oder Kinder zu zeugen. Er ertappte sich dabei, beim Shoppen in der City mehr Zeit in der Abteilung für Damenunterwäsche als in der Herrenabteilung zuzubringen, und bestellte sich irgendwann hochhackige Damenschuhe im Versandhandel. Er lernte dann mit Kerstin eine neue Freundin kennen, mit der er auch S/M-Spiele betrieb. Zu einem Schlüsselerlebnis kam es, als sie ihn mit einem Umschnalldildo anal penetrierte:

> „Es schmerzte, aber es war ein angenehmer Schmerz. Es gefiel mir, es gefiel mir so sehr. Zum ersten Mal glaubte ich mich in einer Position zu befinden, die meinem Seelenzustand entsprechend war."

Später zerbrach diese Beziehung, er zog nun nach Feierabend immer häufiger Frauenkleidung an und wagte es schließlich sogar, damit auf die Straße zu gehen. Tagsüber lebte er als Mann, nachts als Frau. Dennoch fühlte er sich nicht als Transidenter und strebte keine Geschlechtsumwandlung an:

> „Als schwul empfinde ich mich nicht. Es ist undenkbar für mich, mit einem Mann zusammenzuleben. Natürlich habe ich mehrere Male mit einem Mann geschlafen, aber das war ernüchternd. Für mich ist klar: Ich will den Alltag als Frau verbringen mit einer Frau, die meine Obsession nicht nur versteht, sondern auch mit mir teilt. So gesehen würde ich mich als lesbisch bezeichnen, obwohl ich immer noch als Mann in der Öffentlichkeit stehe."
> (Brandhurst 2004, 187ff)

In der Regel besteht bei den meisten Formen des Transvestitismus nicht der Wunsch nach einem vollständigen Wechsel der Geschlechtsrolle. Die Übergänge zur Transidentität können aber in der Praxis fließend sein, da Transsexuelle auf dem Weg nach ihrer Identitätsfindung mitunter in die Transvestitenszene eintauchen, was dann leicht zu Verwechselungen führen kann. Intensives Cross-Dressing kann das Bedürfnis des Transidenten nach Geschlechtsanpassung unter Umständen für eine lange Zeit kompensieren.

Transidente wurden früher als Transsexuelle bezeichnet; dabei geht es bei ihnen weniger um die Sexualität als vielmehr um ihre geschlechtliche Identität. Inzwischen wird der ältere Begriff selten benutzt, wenngleich er noch in vielen Lehrbüchern steht. Transidente haben mental eine andere Geschlechtszugehörigkeit als gemäß ihrer Anatomie: Sie sind genetisch Frauen (XX), die sich wie Männer fühlen, bzw. Männer mit XY-Chromosomen, die sich psychisch als Frau empfinden. Die vorhandenen Geschlechtsorgane werden als fremd und unpassend wahrgenommen, mitunter gar als abstoßend. Die meisten Transidenten verhalten sich schon in ihrer Kindheit eher so wie das andere Geschlecht, was aber der Zuordnung der Eltern und Lehrer widerspricht, so dass sich erzieherische Probleme und Konflikte ergeben. Im Lauf der Zeit versteht der Transidente immer besser, was mit ihm los ist. Manche bewegen sich erst einmal in der Homo- oder Lesbenszene. Frauen versuchen dann, so männlich wie möglich zu sein, indem sie etwa ihren Busen verstecken, das Haar kurz tragen und sich männlich kleiden; die Männer mit umgekehrten Vorzeichen. Aber irgendwann kommt der Punkt, an dem sie sich bewusst werden, dass das allein ihre Probleme nicht löst.

Alexandra, eine operierte Transidente, berichtete, wie sie als einziger Junge nur unter Mädchen groß wurde, was ihr Verhalten sehr geprägt hat:

> „In dieser Zeit wuchs ich zuhause im Kreise meiner vier Schwestern recht integriert auf mit den Gefühl, wir fünf Kinder sind alle gleich. Beim Spielen gab es keine Trennung zwischen Junge und Mädchen. Es wurde wie selbstver-

ständlich mit Puppen, Puppenhaus, Schminken, Malen, Lego, Singen, Brettspielen gespielt. Wir fünf waren ein Herz und eine Seele. Ein Verhältnis, das für mich ganz normal war."[146]

Ein frühes Symptom einer Transidentität ist der Wunsch, lieber ein Kind des anderen Geschlechts zu sein, was dann auch verbal geäußert wird. Meist werden lieber Spiele des – typischerweise – anderen Geschlechts gespielt, etwa wenn Jungen sich stundenlang mit Puppen beschäftigen können. Auch hinsichtlich der Kleidung sind die Vorlieben nicht dem Chromosomensatz entsprechend, etwa wenn Mädchen sich hartnäckig weigern, Kleider oder Röcke zu tragen. In aller Regel spielen bis zur Vorpubertät Jungen lieber mit Jungen und Mädchen mit Mädchen. Bei transsexuellen Kindern ist dies meist anders. Manche Frauen, die später die Anpassung zum Mann anstreben, berichten, dass sie schon in ihrer Kindheit immer wieder versucht haben, wie ein Junge im Stehen zu urinieren. Zu Beginn der Pubertät ist für Mädchen das Wachstum des Busens und für Jungen die Vergrößerung ihres Penis extrem verunsichernd und mitunter versuchen sie, dies durch seltsame Techniken zu unterdrücken oder wenigstens zu kaschieren.

Ein Textauszug eines Betroffenen soll die Probleme verdeutlichen, die schließlich eine Geschlechtsanpassung mit sich bringt. Das folgende Beispiel stammt von der sehr informativen Schweizer Homepage www.transident.ch. Der Erzähler ist 1975 als Mädchen zur Welt gekommen und berichtete aus seiner Kindheit:

„Zum Beispiel das leidige Thema Kleider. Ich fühlte mich grausam unwohl, wenn ich Röcke anziehen sollte oder einfach Kleider, welche die Farbe Rosarot hatten. [...] Ich weiß noch, wie mein Bruder einen Aufstand machte, weil er ein Hemd mit Fliege und Jackett anziehen musste. Wie beneidete ich ihn darum, dass er so was anziehen durfte, und ich konnte es nicht verstehen, dass er dies nicht mochte. [...] Horrortrip Pubertät: Ich weiß nicht mehr, wie alt ich war, als da oben was wuchs, was für mich da absolut nicht hingehörte. Es war der absolute Horror. Ich weiß noch, wie ich mir immer wieder sagte: Das kann nicht sein, das wird wohl nicht noch größer werden. Aber es geschah doch. Ich griff zu Klebeband und versuchte so, meine Oberweite zu vertuschen. Ins Seebad, wo ich früher so oft war, ging ich so gut wie nie mehr hin. [...] Irgendwann bekam ich dann auch noch die Mens. Ich stritt es ca. zwei Jahre lang ab und versuchte, es geheim zu halten. Dann mit 16 Jahren, 1991, kam ich in die Lehre. Ich begann meine vierjährige Lehre als Tiefbauzeichner. [...] Mir war schon klar, dass ich eigentlich als Mann leben wollte, aber ich dachte, dass ich der einzige Mensch auf dieser Welt bin, der so ist. Ich traute mich nicht, irgendjemandem davon zu erzählen. Während der Lehrzeit lernte ich dann meinen ersten Freund kennen. Bis dahin machte ich mir keine Gedanken über Beziehungen. Während dieser Beziehung, welche gerade mal drei Wochen ging, versuchte ich, mich weiblich zu geben. Ich versuchte, meine innersten Wünsche, als Mann zu leben, zu verdrängen. Ich zog Miniröcke an und schminkte mich, doch ich fühlte mich ganz einfach nur verkleidet. Ich hasste es, wenn mein damaliger Freund versuchte, mich zu berühren. Nach drei Wochen hielt ich es nicht mehr aus und beendete diese Beziehung. Natürlich erzählte ich niemandem davon, wieso ich die Beziehung wirklich beendete. So rutschte ich in ein paar Beziehungen, aber es dauerte nie lange. Ich versuchte ganz einfach, ‚normal' zu sein. Immer wieder versuchte ich diese Rolle zu spielen. [...] In dieser Zeit, wo ich dort arbeitete, sah ich einmal die Sendung ‚Nur die Liebe zählt'. In dieser Sendung kam ein junger Mann vor, der früher mal eine Frau war. [...] Mir wurde klar: ich bin transsexuell und vor allem: ich bin nicht der einzige Mensch auf der Welt, dem es so geht.

Bisher kannte ich nur aus dem Fernseher Männer, die als Frauen ‚rumliefen'. Ich wusste aber damals nicht, dass es sich dabei nicht nur um Transvestiten handelt, sondern eben auch, dass es Transsexuelle gibt. Und eben auch so wie ich, geboren als Mädchen, aber mit der Seele eines Mannes. [...] Im April 2001 (da war ich 25 $\frac{1}{2}$ Jahre alt) meldete ich mich in Zürich an der Culmannstrasse an. [...] Es gab nur noch die Entscheidung: kämpfen oder alles aufgeben und dem Ganzen ein endgültiges Ende setzen, denn als Frau konnte ich nicht mehr weiterleben. [...] In Zürich absolvierte ich dann von Anfang Mai 2001 bis im Februar 2002 den Alltagstest. Mir war klar, dass ich diesen Alltagstest zu überstehen hätte, bevor ich die Hormone bekommen würde. Während dieser Zeit führte ich mein Coming-out in meinem ganzen Umkreis durch, auch an meinem Arbeitsplatz. Aber bereits im November 2001 hing mir dieser Alltagstest wirklich zum Hals raus. Mein Umfeld wusste Bescheid und mir wurde klar, dass sich nicht wirklich was ändern würde, bevor sich nicht auch mein Äusseres veränderte. Schlimm war auch der ‚Kampf' in meiner Familie. Meine Schwester hatte nie ein Problem damit, aber meine Mom und mein Bruder, da war es schon anders. Ich hatte riesige Mühe damit, dass meine Mom dies nicht so sah. Dass ich sie nicht davon überzeugen konnte. Wie hätte ich es ihr noch erklären sollen, dass ich mich nun mal als Mann fühlte. Ich überhäufte sie mit Informationen über das Ganze. Sie saß jeweils nur da und sagte kaum was dazu. Ich hätte gerne mal von ihr gehört, dass ich einfach ihr Kind bin, ob als Tochter oder eben als Sohn. Aber so etwas kam nie über ihre Lippen."[147]

Ein großer Teil der Betroffenen lebt über Jahrzehnte hinweg im subjektiv falschen Körper. Manche heiraten sogar und versuchen, ihre „eheliche Pflicht" so gut wie möglich zu erfüllen. Es besteht aber eine tiefe innere Unzufriedenheit und Unsicherheit mit dem anatomischen Geschlecht und sie finden im heterosexuellen Verkehr meist wenig oder gar keine Erfüllung, da er als homosexuelle Handlung empfonden wird. Wenn der Betreffende sich erst einmal zu dem Entschluss durchgerungen hat, sein Geschlecht anzupassen, dann versucht er oft, diese Operation so schnell wie möglich hinter sich zu bringen. Allerdings gibt es eine Fülle von juristischen, medizinischen und sozialen Barrieren zu überwinden.

In Deutschland muss zur Zeit folgendes vorgelegt werden bzw. erfüllt sein, wenn jemand eine Geschlechtsanpassung wünscht: zwei unabhängige sexualmedizinisch fundierte Gutachten über das Bestehen der Transidentität; regelmäßige gegengeschlechtliche Hormonbehandlung über mindestens ein Jahr; eine amtsrichterliche Bestätigung über die abgeschlossene Vornamensänderung oder die Einleitung der Personenstandsänderung; die Kostenübernahmeerklärung der gesetzlichen Krankenkasse für die operative Geschlechtstransformation; eine eingehende Aufklärung und Einverständniserklärung über Vorgehen, Irreversibilität und Risiken der operativen Schritte (zu den Voraussetzungen und zur Begleitung von operierten Transidenten siehe z. B. Osburg & Weitze 1993 ; Pfäfflin 1993; Sohn et al. 1996; Bosinski et al. 1994; Becker, Bosinski et al. 1997).

Insbesondere die psychologische bzw. psychiatrische Begutachtung empfinden Transidente oft als diskriminierend, sie wissen, dass sie weder psychisch krank sind noch eine Therapie brauchen. Allerdings erscheint es fachlich durchaus wichtig, Transidente abzugrenzen von Menschen mit körperdysmorphen Störungen (s. u.), die nach einer Geschlechtsanpassung möglicherweise schnell wieder ebenso depressiv werden wie vorher, weil das eigentliche Problem nicht im Aussehen, sondern in einem mangelnden Selbstbewusstsein mit neurotischer Entwicklung liegt. Auch andere psychische Störungen müssen ausgeschlossen werden. Im optimalen Fall ist der oder die Transidente psychisch völlig gesund, steckt aber aufgrund einer angeborenen Disposition schlicht im falschen Körper. Durch das jahrelange Leben mit diesem Problem pfropfen sich aber oft unterschiedlichste psychische und soziale Störungen auf, da die Umwelt das Verhalten des Transidenten nicht versteht.

In einigen Ländern müssen die Kandidaten vor der Operation ohne jede Hormongabe einige Zeit in der Kleidung und der sozialen Rolle des anderen Geschlechts leben. Dies ist eine extrem schwierige Prüfung. Viele haben hier die berechtigte Angst, sich lächerlich zu machen und gemobbt zu werden, denn dies ist auch der Zeitpunkt, an dem über die bevorstehende Anpassung mit Partner, Eltern, Verwandten, Bekannten, Arbeitskollegen und Vorgesetzten gesprochen werden muss. Es entsteht ein massiver Druck – und die Operation verspricht umso mehr Entlastung.

Eine geschlechtsanpassende Operation vom Mann zur Frau besteht aus folgenden operativen Schritten: Entfernung der Hoden (Orchiektomie), Verkürzung der Harnröhre, Schwellkörperentfernung, plastische Konstruktion einer Vagina durch Einstülpen der ursprünglichen Penishaut nach innen, plastische Konstruktion einer sensiblen Klitoris aus dem Gewebe der Glans und von Schamlippen aus dem Hodensack. Auf Wunsch erfolgt auch ein operativer Brustaufbau und bei großem Adamsapfel ggf. eine Schildknorpelverkleinerung. Manchmal muss nach mehreren Monaten ein weiterer Eingriff durchgeführt werden, in dem die Klitoris verkleinert und kleine Schamlippen gebildet werden. Dank der heutigen Operationsmetho-

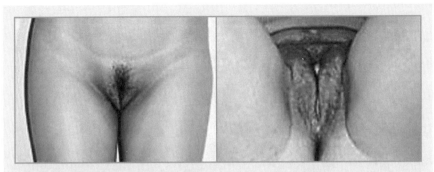

Abb. 74 und 75:
Künstlich geschaffene Vaginen nach einer Mann-Frau-Anpassung (mit freundl. Genehmigung der Sanssouci-Klinik Potsdam)

den bleibt die sexuelle Empfindungsfähigkeit in der Regel vollständig erhalten. Natürlich lässt sich durch Hormonbehandlung und Operation nur das körperliche Aussehen an das mentale Geschlecht angleichen; eine Eizellenproduktion ist nicht möglich, es kommt vielmehr zur Sterilität. Die Transplantation einer Gebärmutter ist zwar prinzipiell denkbar, derzeit aber noch Science Fiction.

Die geschlechtsanpassende Operation von der Frau zum Mann ist aufwändiger. Durchgeführt werden: Mastektomie (Brustentfernung), Hysterektomie (Gebärmutterentfernung), Ovarektomie (Eierstockentfernung) und Kolpektomie (Entfernung der Scheide). Zum Aufbau eines Penis (Penoidbildung) gibt es prinzipiell zwei Möglichkeiten:

Erstens: die Konstruktion eines Penoids aus Gewebe des Vorderarmlappens, das Nerven und Blutgefässe enthält, einschließlich Bildung einer Neo-Urethra durch Verlängerung der ursprünglichen Harnröhre. Dann erfolgt die Übertragung des Penoids vom Vorderarm in die Genitalregion und die mikrochirurgische Verbindung der Arterien und Venen an die Oberschenkelarterie bzw. die oberflächlichen Oberschenkelvenen. Die Klitoris verbleibt bei dieser Operationstechnik an der Basis des Penoids, nachdem lediglich die Klitorisvorhaut entfernt worden ist; damit bleibt die Orgasmusfähigkeit bestehen, die allerdings weiterhin durch Reizung der Klitoris und nicht des Penis erfolgt. Anschließend werden die großen Schamlippen für die spätere Aufnahme künstlicher Hoden in einer zweiten Operation vorbereitet. Ein weiterer Eingriff ist notwendig, wenn nach Erreichen der Sensibilität im Penis ca. acht bis zehn Monate später eine Erektionsprothese eingebaut werden soll. Man verwendet dafür ein hydraulisches Implantat mit einer Pumpe, die im Neoscrotum (Hodensack) platziert wird. Ein Reservoir kommt unter die Bauchdeckenmuskulatur und

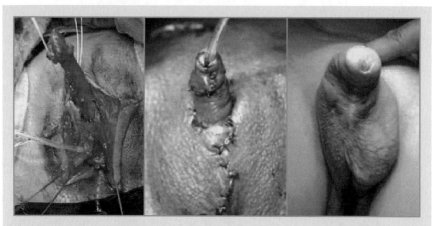

Abb. 76 bis 78:
Bei der Metoidioplastik wird der tiefer gelegene Teil der Klitoris freipräpariert, nach außen verlegt und daraus ein Penis geformt. Die Harnröhre wird verlängert und umschlossen. Aus den großen Schamlippen lässt sich dann der Hodensack bilden, der mit einem Implantat gefüllt wird. (Fotos: Perovic & Djordjevic 2003, 985)

zwei aufpumpbare Silikonstäbe werden im Penis platziert, so dass eine Erektion mittels eines Pumpsystems möglich ist. Gleichzeitig wird ein Silikonhoden implantiert (zu den medizinischen Techniken s. z. B. Meyer & Kesselring 1980; Meyer & Daverio 1987; Hage et al. 1993; Eicher 1992).

Zweitens: die Metoidioplastik. Hier wird kein Gewebe transplantiert, der Neophallus wird vielmehr gebildet, indem die Klitoris operativ freigelegt und herausgezogen wird. Die äußerlich sichtbare Klitoris ist nämlich nur die Spitze eines Organs, das sich sehr weit ins Körperinnere fortsetzt. Die Harnröhre muss ebenso freigelegt, verlängert und dann entsprechend eingepflanzt werden. Anschließend wird das Ganze mit Haut bedeckt. Aus den großen Schamlippen wird dann ein Skrotum gebildet und mit einem Implantat gefüllt. Ein Geschlechtsverkehr ist hiermit nicht möglich. Der so gebildete Penis ist nur wenige Zentimeter lang (Perovic & Djordjevic 2003).

Auf der Internetseite 4ftm, einer Informations- und Kommunikationsplattform von und für Transmänner, berichtet Manuel seine Geschichte. Ein kurzer Textauszug aus seinem Bericht über die Herstellung eines Penis mit der Methode der Gewinnung von Gewebe aus dem Unterarm:

„Bereits nach sechs Monaten (zum Erstaunen des Arztes) hatte ich bereits Gefühl im Penoid. Dieses Gefühl reichte bis in etwa zur Hälfte von der Penoidbasis in Richtung Spitze. Ich nahm bereits feinste Berührungen war, je-

doch empfand ich noch nichts an der wirklich berührten Stelle. Vielmehr merkte ich das alles in der Leiste. D. erklärte mir, dass dies normal sei, denn die Nerven wurden ja da quasi angeschlossen. Es brauche viel Zeit, bis sich auch der Kopf umgestellt hat. Nun, nach zehn Monaten, habe ich im ganzen Penoid Gefühl, also bis zur Spitze. Die eine Hälfte, in der ich schneller Gefühl hatte, also bis zur Mitte, ist nun für mich klar zu lokalisieren und es ist nicht mehr dieses Empfinden in der Leiste. Jedoch den Rest spüre ich noch immer in der Leiste. Zur Orgasmusfähigkeit: Nun diese hatte ich bereits, als ich nach Hause kam aus dem Spital, was 16 Tage nach der Operation war. Ob es sich nun anders anfühlt? Für mich ja. Es ist kompliziert zu beschreiben. Vielleicht kommt es auch einfach daher, dass es nun für mich mit Kopf und Körper übereinstimmt. Es ist viel intensiver und nicht mehr auf eine Region definiert. Wasserlassen: Mit dem Wasser lassen hatte ich nur das erste Mal ein Problem, nachdem der Katheter entfernt wurde (ca. 13 Tage nach OPs). Der Urin ging überall durch, nur nicht ins Klo. Aber nach etwas Übung klappte auch dies und ich habe heute keinerlei Probleme. Erste Versuche am Pissoir: Nun ja, die ersten beiden Male ging gar nichts. Ich ging rein, war allein, bis jemand kurz darauf dazukam. Da ging nichts mehr, mein Kopf blockierte. Aber auch dies ist inzwischen kein Problem mehr und für mich zur Selbstverständlichkeit geworden."[7]

„Warum tut sie uns das an?", fragte eine Ehefrau in dem Dokumentarfilm „Wenn der Vater eine Frau ist" (Margaret Ruthmann 2002, SWF). „*Ich habe einen Mann geheiratet und keine Frau*", sagte sie, reichte die Scheidung ein und suchte sich einen Freund. Auch der Sohn dieses Mann-zu-Frau-operierten Transidenten weigerte sich, mit seinem Vater vor die Tür zu treten. Die Transidente selbst quälten Schuldgefühle, sie hatte gehofft, nach der Operation wie in einer Wohngemeinschaft mit ihren Angehörigen weiterleben zu können, und musste nun zusehen, wie die Familie zerbrach. Auch viele Freunde und Bekannte hatten sich zurückgezogen.

Ein besonders sensibles psychosoziales Problem bei Geschlechtsoperationen stellt die Reaktion der nächsten Familienangehörigen dar. Gerade der Ehepartner reagiert häufig frustriert und entwickelt Schuldgefühle, fragt sich, neben wem man da jahrelang gelebt, mit wem man geschlafen habe? Im folgenden Textauszug schildert Alexandra, wie ihre Frau sie kurz nach der Operation im Krankenhaus besuchte:

„10:00 Uhr Renate kommt wieder. Sie ist ein wenig müde, die Nacht war für Sie anstrengend, in fremder Umgebung schlafen und die Hitze ... ist schon belastend. 10:30 Uhr Verbandswechsel im Bett ... Renate kann bleiben und sieht zum ersten Mal das Ergebnis der OP. Ich glaube für sie ein schon etwas belastender Eindruck, denn meine Körperlichkeit hat sich ja entscheidend verändert. Für sie als Noch-Ehefrau ein sicherlich zweischneidiges Erlebnis. Ich glaube, es wird ihr klar, dass nun der ‚Mann' endgültig beseitigt ist. Was

Abb. 79 bis 82:
Vom Mann zur Frau zu werden ist eine allmähliche Entwicklung, die lange vor der Geschlechtsoperation beginnt und auch danach bei weitem noch nicht abgeschlossen ist. Alexandra 1992, 2001, 2002 und 2003 (Fotos mit freundl. Genehmigung der abgebildeten Person)

> *für mich eine Befreiung ist, ist für sie sicherlich belastend, nun hat sie den Mann, den sie mal als Mann geheiratet hat, auch körperlich verloren. Ein bisschen Abschied steht da im Raum ... Mir wurde das so richtig bewusst, aber ich konnte ihr in diesem Moment nicht helfen. Ich war schon immer Frau und nun habe ich es erreicht, auch körperlich so zu sein, wie ich fühle. Ich spüre meine Ganzkörperlichkeit genau und das macht mich innerlich so richtig glücklich und eine tiefe Ruhe stellt sich bei mir ein."* [146]

Die Unmöglichkeit, das mentale Geschlecht durch Erziehung beeinflussen zu können, zeigt auch das Buch „Der Junge, der als Mädchen aufwuchs" von John Colapinto (2000), in dem der reale Fall des Bruce/Brenda/David Reimer mit Liebe zum Detail akribisch dargestellt wird. Bruce Reimer kam 1965 als völlig gesunder Junge mit seinem Zwillingsbruder Brian zur Welt. Bei der Beschneidung des acht Monate alten Säuglings gab es einen Zwischenfall durch den zur Entfernung der Vorhaut benutzten Kauterisator, bei dem der Penis massiv zerstört wurde. Eine Rekonstruktion wurde als nicht möglich erachtet, und so schlug man den Eltern vor, ihren Sohn besser einer Geschlechtsumwandlung zu unterziehen und ihn als Mädchen aufwachsen zu lassen. Nach langem Zögern stimmten die Eltern schließlich zu und mit der Kastration und Schaffung einer künstlichen Vagina wurde aus Bruce eine Brenda, der man die Haare lang wachsen ließ, ihr Kleider anzog und versuchte, sie unter psychologischer Anleitung wie ein Mädchen zu erziehen. Ab der Pubertät sollte sie dann eine hormonelle Behandlung bekommen und ihre innere Scheide operativ ausgeformt werden, so dass sie weiter in die weibliche Rolle hineinwachsen und schließlich auch Geschlechtsverkehr möglich sein würde. Sowohl der Unfall bei der Beschneidung wie auch die Geschlechtsumwandlung wurden vor dem Kind absolut geheim gehalten.

Die Fallgeschichte wurde mehrfach als voller Erfolg wissenschaftlich publiziert und sollte zeigen, dass die mentale Geschlechtszugehörigkeit nur geringfügig biologisch vorherbestimmt und überwiegend von Umwelteinwirkungen abhängt. Erst 1997 wurde endlich offiziell bekannt, dass das Ganze ein Fehlschlag war. Schon als Brenda in den Kindergarten kam, beschwerte die Erzieherin sich immer wieder, dass das Kind rüpelhaftes Verhalten zeigte und nicht wie die anderen Mädchen mit Puppen spielen wollte. Besonders auffällig war, dass Brenda prinzipiell nur im Stehen pinkelte. Die Kindergärtnerin kam schließlich zu der Schlussfolgerung: *„Sie war von ihrem Wesen her mehr ein Junge. Ich glaube nicht, dass sie das Gefühl hatte, ein Mädchen zu sein."* (Colapinto 2000, 73) Diese Verhaltensweisen setzten sich in der Schule fort, wo auch Brenda das Gefühl bekam, dass etwas mit ihr nicht stimmte. Die Lehrerin beschrieb sie als hübsches, adrett gekleidetes Mädchen mit langen, lockigen Haaren, aber ihr Benehmen passte überhaupt nicht zu ihrem Aussehen: sie war ein kleiner Rabauke und raufte ständig mit den Jungen. Als dann 1973 die innere Scheide angefertigt werden sollte, weigerte Brenda sich; sie war schon zu diesem Zeitpunkt zu dem Schluss gekommen, dass sie eigentlich ein Junge war. 1976, mit elf, begann sie, muskulöser zu werden, und bekam breitere Schultern. Das Kind beschäftigte sich weiterhin mit typischen Jungenspielen, baute Baumhäuser, bastelte an Gokarts und war sogar noch kampflustiger als ihr Zwillingsbruder. Eine Sitzung bei einem Psychologen ergab, dass Brenda ahnte, dass *„etwas mit ihren Geschlechtsorganen gemacht worden ist"* (S. 122). Einen Psychiater erstaunte ihr Auftreten, da sie mit Rock bekleidet breitbeinig dasaß, eine Hand resolut auf das Knie gestützt: *„Sie hatte nichts Feminines an sich."* (S. 123) Dennoch wurde nun eine Hormontherapie eingeleitet, Brenda bekam Brüste und wurde rundlicher im Bereich der Hüften; Veränderungen, die sie als tiefe Kränkung empfand.

Trotz der hormonellen Behandlung kam sie in den Stimmbruch und entwickelte eine tiefe, männlich klingende Stimme. 1979 entschloss sich Brenda, fortan als Junge zu leben, wobei er auf vehemente Probleme stieß, da er ja als Mädchen bekannt war. Nachdem er in der Schule dabei erwischt wurde, wie er im Stehen pinkelte, und ihm der Besuch der Damentoilette verboten worden war, versuchte er, das Herrenklo zu benutzen, wo er von den Mitschülern rausgeworfen wurde, die ihn ja für ein Mädchen hielten. Erst 1980 erfuhr er dann endlich von der fehlgegangenen Beschneidung als Säugling. Brenda nahm nun den Vornamen David an, unter dem er heute noch lebt, erhielt Testosteronspritzen und unterzog sich einer beidseitigen Brustamputation. 1981, kurz vor seinem 16. Geburtstag, wurde eine Penoidbildung mit Gewebe aus der Innenseite seiner Schenkel durchgeführt und ein künstliches Skrotum geschaffen. Glücklich wurde David dennoch zunächst nicht, denn sein Glied war natürlich nicht geeignet, eine Erektion zu bekommen. Ein Mädchen, das sich in ihn verliebte, entdeckte sein Geheimnis, mit dem Preis, dass kurze Zeit später sein gesamtes Umfeld davon wusste und

David einen Suizidversuch unternahm. Kurz vor seinem 20. Geburtstag wurde daraufhin eine zweite Penoidoperation durchgeführt, durch die er auch Geschlechtsverkehr durchführen konnte. 1990 heiratete er.

In eine völlig andere Gruppe gehören die so genannten Hermaphroditen bzw. Intersexuelle. Durch einen „biologischen Irrtum", d. h. durch Fehlbildungen während der Embryonalentwicklung, sind sie mit beiden Geschlechtsorganen zur Welt kommen: Es existiert eine Vagina und eine penisartig vergrößerte Klitoris. Die drängende Frage der Eltern, ob Junge oder Mädchen, lässt sich hier nicht mehr klar beantworten. Früher wurden diese Menschen schon im Kleinkindalter operiert, um sie darauf durch Erziehung in eine Geschlechtsrolle hineinzuzwingen. In den 1950er Jahren riet man, Kinder mit Mikropenis zum weiblichen Geschlecht zu operieren; ein zu kleiner, d. h. für den späteren Geschlechtsverkehr nicht ausreichender Penis mache die Identifikation mit der männlichen Geschlechtsrolle unmöglich und führe zur sozialen Stigmatisierung. Dieses Vorgehen sollte den Eltern Ungewissheit ersparen.

Leider hatte dies für einige Betroffene katastrophale Folgen, da ihnen genau das Geschlecht wegoperiert worden war, auf das ihr Gehirn biologisch geprägt war. Es handelte sich also um operativ erzeugte Transidente. Die früher übliche Praxis, Kinder gar nicht erst über ihre Intersexualität aufzuklären, wird daher zunehmend kritisiert. Nachuntersuchungen bei Kindern mit Intersexualität ergaben, dass bei 39 % der Betroffenen psychopathologische Befunde erhoben werden mussten. Heute versucht man, die Eltern dazu zu bewegen, bis in die Pubertät abzuwarten, in welche Richtung sich das Kind entwickelt, d. h. ob eher männliche oder eher weibliche Verhaltensweisen gezeigt werden, und lässt im Sinne des Rechtes auf sexuelle Selbstbestimmung den Jugendlichen dann mitentscheiden. Ein Teil der Betroffenen fühlt sich auch mit beiden Geschlechtsteilen wohl.

Asexuelle sind Personen mit völlig fehlendem sexuellem Interesse. Im Extremfall werden die eigenen

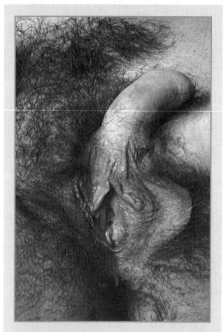

Abb. 83:
Intersexuelle (Hermaphroditen) besitzen männliche und weibliche Geschlechtsorgane (Foto: Preuss 1983, 66).

Geschlechtsorgane massiv abgelehnt und als eklig oder störend empfunden. In Einzelfällen verstümmeln oder amputieren diese Menschen dann in einem gewalttätigen Akt ihre Genitalien; oft nachdem sie jahrelang vergeblich versucht haben, einen Chirurgen zu finden, der ihre Einstellung versteht und diese Aufgabe medizinisch präziser durchführt.

Die 5-Alpha-Reduktase ist ein Enzym, das die Umsetzung von Testosteron in das viel stärkere Dihydrotestosteron katalysiert. Eine angeborene Stoffwechselstörung ist das 5-Alpha-Reduktase-Mangelsyndrom. Menschen, die hiervon betroffen sind, werden als Mädchen geboren – nach dem Prinzip „Eva über Adam" wird jedes Wesen weiblich, wenn kein Testosteron vorhanden ist. Durch den Mangel an diesem Enzym wird das Testosteron nicht umgewandelt und kann dadurch nur eine sehr schwache Wirkung ausüben; trotz des normalen männlichen Chromosomensatzes sieht das Geschlechtsorgan dann weiblich oder zumindest eher weiblich aus. Allerdings bestehen aufgrund des Testosterons kindliche Hoden, die oft im Bauchraum bleiben und nicht in den Hodensack abwandern, während der Pubertät aber natürlich trotzdem sehr viel größere Mengen an Testosteron zu produzieren beginnen. Dadurch wechselt das Kind plötzlich sein Geschlecht von zuerst scheinbar weiblich zu männlich.

Eine größere Studie in der Dominikanischen Republik an miteinander verwandten Betroffenen, die dieses Syndrom offenkundig genetisch vererbten, gibt einigen Aufschluss über die Entwicklung dieser Menschen. LeVay (1994) stellt u. a. fest, dass alle, obwohl sie als Mädchen aufgewachsen und entsprechend erzogen worden waren, doch schnell die männliche Ge-

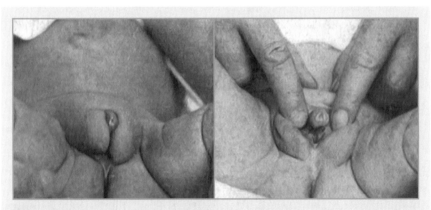

Abb. 84 und 85:
Dieser Säugling wurde von der Hebamme als weiblich eingestuft. Erst eine intensive ärztliche Untersuchung zeigte eine penisartig vergrößerte Klitoris und ein Paar Hoden in dem, was wie große Schamlippen aussah.
(Fotos: Hirschfeld 1917, 68f)

schlechtsidentität übernahmen, als ihr Körper in der Pubertät zu vermännlichen begann: Sie fingen an, sich wie Männer zu kleiden, und bemühten sich um sexuelle Beziehungen zu Frauen. Die Hormone scheinen also beträchtlich mehr Macht über unsere geschlechtlichen Verhaltensweisen auszuüben als die Erziehung.

In seinem Roman „Middlesex" beschrieb Jeffrey Eugenides (2003) das Schicksal von Calliope Helen Stephanides, die 1960 mit einem 5-Alpha-Reduktase-Mangelsyndrom als „Mädchen" geboren wurde, aber einen männlichen Chromosomensatz hatte und begann, sich in der Pubertät zu einem Jungen „umzuwandeln". Sehr authentisch werden hier die Gefühle geschildert, die eine Person hat, die als Mädchen großgezogen wurde und dann plötzlich ein männlich aussehendes Gesicht bekommt, immer größer und kräftiger wird, der dann noch erste Barthaare sprießen und die schließlich ein immenses Wachstum der Klitoris bemerkt. Dort spross plötzlich etwas, das sie folgendermaßen beschrieb:

> „Eine Art Krokus, kurz vor dem Erblühen. Ein rosafarbener Stängel, der sich durch das dunkle Moos zwängte. Aber eine wirklich seltsame Art Blume, weil es an einem einzigen Tag eine ganze Anzahl verschiedener Jahreszeiten durchlief. Es hatte einen ruhigen Winter, in dem es im Untergrund schlief. Fünf Minuten später regte es sich in seinem intimen Frühling. Während ich in der Schulklasse saß, mit einem Buch auf dem Schoß oder wenn ich nach Hause fuhr, konnte ich das Auftauen zwischen meinen Beinen spüren, ein reiches torfiges Aroma stieg aus feuchter Erde auf. Und dann – während ich vorgab lateinische Vokabeln zu lernen – das plötzliche, sich windende Leben unter meinem Rock. Beim Berühren fühlte sich der Krokus manchmal weich und schlüpfrig an, wie das Fleisch eines Wurms. Zu anderen Zeiten war es hart wie eine Wurzel." (Eugenides 2002, 373, Übers. E. K.)

Nach einem Unfall kam sie ins Krankenhaus, wo die Geschlechtsveränderung offenkundig und die Eltern informiert wurden. Die Umstellung war alles andere als leicht. Sie ging an einen Ort, wo niemand sie kannte, und begann, ihre Identität zu wechseln. Mit männlichen Kleidergrößen kam sie zunächst gar nicht zurecht und gab im Geschäft vor, ein Jackett für ihren Bruder kaufen zu wollen. Die größte Veränderung war, als sie sich die langen Haare abschneiden ließ:

> „Ich öffnete meine Augen. In dem Spiegel erkannte ich mich nicht mehr. Ich sah nicht mehr die Mona Lisa mit dem rätselhaften Lächeln. Nicht das schüchterne Mädchen mit den gelockten, langen Haaren im Gesicht, sondern ihren Zwillingsbruder. Durch die Entfernung der Umrahmung meiner Haare sah man die jüngsten Veränderungen des Gesichts noch deutlicher. Mein Kinn sah kantig und breiter aus, mein Hals dicker, mit der Ausbuchtung eines Adamsapfels in der Mitte. Es war ohne Frage ein männliches Gesicht, aber die Gefühle tief in diesem Jungen waren die eines Mädchens." (Eugenides 2002, 501, Übers. E. K.)

Im Grunde kann durch vermehrte Testosteronproduktion bei jeder Frau eine Körperveränderung geschehen. Bei der angeborenen Nebennierenhyperplasie erhält das Kind schon während der Schwangerschaft zu große Mengen an Testosteron; die weiblichen Kinder mit XX-Chromosomensatz haben dann ein stark männliches Äußeres. Auch lässt nach den Wechseljahren bei der Frau die Östrogenproduktion rasch nach, während die Nebennieren weiter Testosteron produzieren; dies hat bei alten Frauen häufig eine gewisse Vermännlichung zur Folge mit tieferer Stimme und Damenbart; auch Altern ist ja eine Form der Körpermodifizierung – auf die wir nur wenig Einfluss haben.

3.25 Veränderungen der Stimme

Eine gewisse Änderung der Stimme findet ständig statt, je nachdem, mit wem man spricht und was man ausdrücken möchte; Stimmlage, Pressdruck, Tonhöhe und Artikulation sind völlig anders, wenn man mit seinem Chef ein Gespräch hat, als wenn man gerade seine Kinder ausschimpft. Bei Männern steigt die Tonhöhe um etwa eine Oktave, wenn sie mit ihrer Freundin sprechen. Die Bandbreite der Stimmmodulation ist ohnehin sehr groß. Antrainierte Veränderungen der Stimme sind oft notwendig bei Menschen, die beruflich viel reden müssen – bei einem Vortrag vor vielen hundert Leuten klar zu sprechen, das muss oft erst erlernt werden.

Insbesondere bei Transvestitismus und mehr noch bei Transidentität passt die Stimme in der Regel nicht mehr zum veränderten Aussehen. Eine Operation der Stimmbänder fällt aber oft nicht in den Katalog der Kliniken für plastische Chirurgie. Es gibt zwei Möglichkeiten der Abhilfe: ein Sprachtraining oder eine Operation der Stimmbänder in der HNO-Klinik. Ohnehin muss bei vielen Mann-Frau-Transidenten eine Verkleinerung des zu großen Adamsapfels erfolgen; hierbei lassen sich auch die Stimmbänder verkleinern, indem sie gestrafft werden. Um den Muskelzug auf die frischen OP-Nähte für einige Zeit zu verringern, wird in jede Stimmlippe Botulinum-Toxin eingespritzt, das eine Lähmung der Muskulatur bewirkt. Die Stimme klingt deshalb in dieser Phase hauchig und relativ schwach. Insgesamt wird sie um sechs Halbtöne bis zu einer Oktave angehoben; dies entspricht der weiblichen Sprechtonhöhe. Erst nach etwa einem halben Jahr ist dann der endgültige Stimmklang erreicht. Allerdings klingt die Stimme oft zunächst zwar heller, aber unnatürlich, kratzig und vom Sprachrhythmus her immer noch männlich. Eine logopädische Übungsbehandlung zur Erreichung der weiblichen Sprechweise ist also in jedem Fall notwendig. Alexandra berichtet auf Ihrer Internet-Homepage über ihre Erfahrungen:

„Ja, auch die Stimme der Frau sollte stimmen und stimmig sein. (...) Verlasse Dich nicht auf die Stimmband-OP, die in den seltensten Fällen zu einem befriedigenden Ergebnis führt. Oft klingt die Stimme danach eher nach einer unnatürlichen Männerstimme, ähnlich der „Micky Maus Stimme". Warum? Weil sich auch schon vor dem Stimmbruch die Stimme der Jungen von der Mädchenstimme unterscheidet. Das weibliche wie auch das männliche Sprachmuster sind ein angelerntes Verhalten, das nur schwer abzulegen ist. (...) Das Problem ist weniger anatomisch bedingt, sondern sitzt im Kopf. Solange Du vor der Wortformung im Kopf eine männliche Stimme hörst, wird das Ergebnis immer männlich klingen. Denn die männlichen Sprachmuster haben wir gelernt und fortwährend angewendet, während über die Stimmbänder dann nur noch die Ausgabe erfolgt. Sprache, Wahrnehmung und Weltsicht gehören zusammen. So kannst Du an der Sprache weibliches Denken und Fühlen vom männlichen unterscheiden. (...) Männer sprechen eher mit gleichbleibender Tonhöhe, lediglich die Dynamik und Lautstärke wird verändert. Frauen variieren ihre Tonhöhe und färben ihre Sprache sehr emotionell. Frauensprache ist eine sehr bewegte Sprache. Will eine Frau etwas betonen, dann zieht sie die Tonhöhe nach oben."[16]

3.26 Kastration und Nullifikation

Unter einer genitalen Selbstverstümmelung versteht man die Verletzung der eigenen Genitalien ohne die vordringliche Absicht, daran zu sterben (Yang & Bullard 1993); bei Männern handelt es sich meist um eine teilweise oder vollständige Kastration, d. h. die Ausschaltung oder Entfernung der männlichen Keimdrüsen. Der Begriff Nullifikation bezeichnet die völlige Entfernung der äußeren männlichen Genitalien, so dass der Betreffende zumindest von seinem Aussehen her keinem Geschlecht mehr zugeordnet werden kann, sondern sexuell ein Neutrum bildet.

Es gibt drei Arten der absichtlichen Genitalverstümmelung bei Männern: die Abtrennung des Penis (auch Penektomie, z. B. als mittelalterliche Strafe bei Ehebruch), die Vernichtung der Hoden (Orchiektomie) und schließlich das völlige Abschneiden des gesamten äußeren Genitals (Nullifikation). Kastration wurde z. B. im Nahen Osten bei Männern durchgeführt, um sie zu Haremswächtern zu machen. Der Prophet Mohammed hatte die Kastration verboten, indem er sagte, niemand, der kastriert sei, könne zu seinen Gefolgsleuten gehören. Dennoch wurden in den arabischen Ländern Eunuchen als Haremswächter geradezu fließbandmäßig hergestellt und gehandelt: überwiegend Sklaven, die ohnehin meist zu den „Ungläubigen" gehörten. Ihnen wurden in der Regel nur die Hoden entfernt, was die Testosteronproduktion reduziert, die ja ausschlaggebend für den männlichen Sexualtrieb ist. Außerdem entsprach dies einer Sterilisation. Da aber die Nebennieren noch geringe Mengen an Testosteron bilden, bedeutet dies nicht automatisch völlige Impotenz, der Eunuch war also zu einer Erektion meist durchaus noch fähig. Auch bei talentierten Knaben in Kirchenchören wurde eine Kastration durchgeführt, um die hellen Stimmen zu erhalten, die sonst im pubertären Stimmbruch verloren gegangen wären. Erst 1880 erließ Papst Leo XIII. ein Edikt, das die Kastrierung dieser Chorsänger verbat. Im alten China kamen Eunuchen gelegentlich in hohe politische Positionen; da sie keine Nachkommen zeugen konnten, waren sie für den eigentlichen Herrscher keine direkte Bedrohung.

Eine regelrechte Kastrationsepidemie wurde Anfang der 1980er Jahre in Thailand beschrieben. Nach Berichten der Printmedien über eine eifersüchtige Frau, die ihrem Mann den Penis abgeschnitten hatte, kam es zu einer überraschenden Nachahmungswelle. Insgesamt wurden in den thailändischen Krankenhäusern rund hundert Männer behandelt, die bei einer ehelichen Auseinandersetzung nicht nur den Disput, sondern auch ihr Glied verloren hatten. Mitte der 1980er Jahre ging dieser „Trend" wieder stark zurück (Bhanganada et al. 1983).

Die Angst vor einer Kastration spielt vor allem in der Psychoanalyse eine große Rolle. Nach Sigmund Freud begehren Jungen in der so genannten ödipalen Phase ihre Mutter und hassen ihren Vater, da sie diesen als Rivalen um die Liebe der Mutter erleben. Irgendwann stellen die Knaben fest, dass Mädchen keinen Penis, sondern eine Spalte zwischen den Beinen haben; dies wecke die Kastrationsangst. Umgekehrt soll es bei kleinen Mädchen, die einen nackten Jungen erblickten, zum „Penisneid" kommen; sie fühlen sich um dieses Organ beraubt oder fragen, wann ihnen so etwas wächst. Auch wenn diese Theorie recht spezifisch auf den Moralvorstellungen des ausgehenden 19. Jahrhunderts basiert, spielt sie noch heute in der Psychoanalyse eine wichtige Rolle.

Das berühmteste mythologisches Beispiel genitaler Selbstverstümmelung ist Rudra, eine Erscheinungsform des indischen Gottes Schiwa und Sprössling von Brahma. Als er die Göttin Gauri heiraten und mit ihr Nachkommen zeugen sollte, zog Rudra sich in eine tausendjährige Askese unter Wasser zurück. Als er wieder auftauchte, kastrierte er sich selbst und setzte seinen „Lingam" in die Freiheit, der dann als feurige Säule in den Himmel schoss. Schiwas Lingam ist noch heute eines der bedeutendsten Symbole des Hinduismus.

In Indien gibt es seit Jahrtausenden eine religiöse Sekte, die Hijra, die sich selbst als das „dritte Geschlecht" bezeichnet. Es handelt sich entweder um Hermaphroditen oder um Männer, die sich mit einer männlichen Geschlechtsposition nicht identifizieren können. Ihr Aussehen ist weiblich, sie tragen Saris und nehmen Frauennamen an; vielfach unterziehen sich Männer, die den Hirja beigetreten sind, einer Kastration. Nur durch diese werden sie zu vollwertigen Mitgliedern. Fels und Pillai-Vetschera (2001) berichteten, dass früher traditionell großer Wert darauf gelegt wurde, dass nach dem Abtrennen der äußeren Genitalien die Wunde offen blieb, damit das alte, „unrein-männliche" Blut aus dem Körper austreten konnte; etwa 40 % der Kandidaten starben. Zu überleben galt als Beweis dafür, dass die von den Hijra besonders verehrte Muttergöttin Bahuchara Mata das neue Mitglied angenommen hatte und nun durch dieses wirkte. Auch die indische Gesellschaft sah das so – und entlohnte die Hijra für ihr Segnen und Singen. Ihre Göttin gibt den Hijra die Macht, jemanden zu verfluchen, vor allem aber, Segen zu spenden. Wem ein Kind geboren wurde oder wer ein neues Haus bezog, erhielt Besuch von den Mitgliedern dieser Sekte. Konnte man sich über den Preis der Segnung nicht einigen, so hob die Hijra ihren Rock, um den Forderungen Nachdruck zu verleihen: der Anblick der neutralisierten Genitalregion sollte einen Fluch bewirken. Häufig wurden Waisenkinder durch Adoption in die Gemeinschaft aufgenommen. Im modernen Indien spielen die Hijras aber keine große Rolle mehr, manche von ihnen sind inzwischen im Rotlichtmilieu gelandet und es gibt große Probleme, Nachwuchs zu finden.

Während der Einfluss dieses dritten Geschlechts in Indien nachlässt, beschrieben Master und Santucci 2003 einen ersten Fall in den USA. Hier hatte ein Mann sich die gesamten äußeren Genitalien vollständig entfernt, um zu einer Hirja zu werden.

Die Skoptsi oder Skoptzy war eine 1771 von Andrej Ivanov Blochin (später Kondratij Selivanov) gegründete Sekte, in der man glaubte, dass Adam und Eva geschlechtslos gewesen und erst durch den Sündenfall zu Mann und Frau geworden seien. Angehörige dieser Gemeinschaft versuchten daher, durch Kastration des männlichen Genitals und Amputation der weiblichen Busen, z. T. auch der Schamlippen, zu diesem „neutralen", „reinen" Zustand zurückzukehren. Diese Sekte soll zu ihrer Blütezeit in Russland 5.400 Anhänger gehabt haben, davon hatten sich rund 700 Männer und 100 Frauen einer Entfernung der Geschlechtsorgane unterzogen (Vago 2000). Man glaubte, der Messias würde wieder erscheinen, sobald die Sekte 144.000 Mitglieder zählen würde. Sie wurde dann aber verboten und Selivanov verhaftet, er starb 1832 im Gefängnis. Noch Anfang des 20. Jahrhunderts gab es vereinzelt Anhänger, die aber keine Kastration mehr durchführten, sondern nur noch enthaltsam lebten[1]. Thompson und Abraham schilderten 1983 den Fall eines 37-jährigen Patienten, der sich selbst einen seiner Hoden ganz und den anderen teilweise entfernt hatte und angab, er habe in einem früheren Leben zu einer russischen Sekte gehört und sich dort mit einem glühenden Kaminhaken kastriert.

Als wesentliche Motive für genitale Selbstverstümmelung in der heutigen Zeit nennt die wissenschaftliche Literatur: Schuldgefühle assoziiert mit sexuellen Konflikten, sexuelle Abweichungen, Störungen der sexuellen Identität, den Versuch, den Drang nach Masturbation zu beherrschen, als belastend empfundene transsexuelle oder homosexuelle Tendenzen, Ekelgefühle den eigenen Genitalien gegenüber, Abwesenheit einer männlichen Vaterfigur in der Kindheit, erzwungene sehr frühe sexuelle Aktivität und schwere Ambivalenz hinsichtlich der reifen Sexualität Erwachsener, psychotische Phasen mit religiösem Wahn, Schizophrenie, Affektive Psychosen, Alkoholvergiftung, Persönlichkeitsstörungen, und zwar insbesondere die Borderline-Persönlichkeit (Wise et al. 1989; Schweitzer 1990; Martin & Gattaz 1991; Aboseilf et al. 1993; Krasucki et al. 1995; Shimizu & Mizuta 1995; Nakaya 1996; Feldman 1988). Conancher et al. (1991) diskutierten insbesondere den Zusammenhang zwischen genitaler Selbstverstümmelung und Suizidabsichten.

Einen guten Überblick der wichtigsten Motive für genitale Selbstverletzung gibt auch Bourgeois (1984). 60 Fallbeschreibungen aus der Literatur ordnete er drei diagnostischen Kategorien zu: der Schizophrenie, dem Transvestitismus bzw. der Transidentität sowie religiös-kulturellen Komplexen. Ferner spielten bei der Motivation eine Rolle: sexuelle Verwirrung, masochistische Beziehungen zu Frauen, eine starke weibliche Identifikation, die Ablehnung des eigenen Penis, homosexuelle Gefühle, tatsächliche oder eingebildete Erkrankungen, extreme Religiosität und Depressionen. Rund 10 % der geschilderten Patienten machten einen Suizidversuch, 2 % starben daran. 87 % waren als psychotisch eingestuft worden, 25 % hatten vor der genitalen Selbstverletzung Alkohol getrunken. Bourgeois identifizierte drei Risikogruppen: junge schizophrene Männer mit spezieller sexueller Besessenheit oder Angst, ältere Männer mit Depressionen oder schwerer körperlicher Erkrankung und Männer mit dem Hang zur impulsiven Gewalttätigkeit insbesondere unter Alkohol. Hinzu kommen psychisch nicht gestörte Transsexuelle.

Als Ideengeber für Verhaltensweisen wie die Selbstkastration sollte man das Internet nicht unterschätzen. Viele kommen durch die entsprechenden, jedermann leicht zugänglichen Homepages überhaupt erst auf die Idee, solche Handlungen an sich durchzuführen (Master et al. 2000). Wassersug et al. führten 2004 eine Internetbefragung mit Personen durch, die sich in hierfür spezialisierten virtuellen Chat-Rooms trafen, um etwas über die Motivation von Menschen herauszufinden, kastriert zu werden. Von den 134 Männern, die antworteten, waren 17 % bereits kastriert, 78 % noch nicht und 5 % machten keine Angabe. 40 % der Befragten sagten aus, dass sie sich hierdurch eine „eunuchoide Ruhe", d. h. die Befreiung von sexuellen Trieben, erhofften. Immerhin rund 30 % gaben aber auch zu, dass sie sexuell erregende Phantasien mit der Vorstellung verbinden, kastriert zu sein. Ein weiteres Drittel wünschte sich eine Entfernung der Hoden aus kosmetischen Gründen. 40 % gaben an, dass sie sich diesem Eingriff sofort unterziehen würden, wenn diese kostengünstig, sicher und einfach zu bekommen wäre, ein Viertel der Befragten wollten lieber erst eine antiandrogene hormonelle Behandlung durchführen, um den Effekt risikolos erproben zu können; 40 % war es jedoch zu peinlich, mit ihrem Arzt über das Thema zu sprechen.

Die folgenden Beispiele sind grob einigen Bereichen der Motivation zugeordnet worden, was schwierig ist, da sich in der Regel mehrere Ursachen addieren müssen, bis sich die emotionale Situation so zuspitzt, dass es zu einer Handlung mit derart schweren Konsequenzen wie der Selbst-Kastration kommt.

Befreiung von Schmerzen im Genitalbereich: Eine historische Fallbeschreibung aus dem 19. Jahrhundert handelte von einem 27-jährigen Floristen, der immer Schmerzen in seinen Hoden spürte. Seine Sexualität war nur schwach ausgeprägt und er masturbierte auch nicht. Eines Nachts, um die Schmerzen loszuwerden, griff er sich den Hodensack mit der linken Hand und schnitt ihn dann mit einem Rasiermesser ab. Mit den in einem Taschentuch eingepackten Testis suchte er dann ein Krankenhaus auf. Eine spätere medizinische Untersuchung zeigte im Übrigen keinerlei krankhafte Veränderung der Hoden (zit. nach Favazza 1996).

Mishra und Kar berichteten 2001 in einem indischen wissenschaftlichen Journal von genitaler Selbst-Amputation. In dem von diesen Autoren beschriebenen Fall handelte es sich um einen 56 Jahre alten Hindu. Mit 29 Jahren war ihm aufgrund einer Hernie (Leistenbruch) der rechte Hoden entfernt worden, was sich aber auf sein Sexualleben nicht negativ auswirkte. Selbst kurz vor der Tat hatte er nach eigener Angabe noch ein- bis zweimal pro Monat Sexualverkehr mit seiner Frau. Er litt seit seinem 39. Lebensjahr unter wiederkehrenden depressiven Phasen, die mit einem Antidepressivum medikamentös behandelt wurden. Mit 56 hatte er Symptome einer Harnverhaltung entwickelt, die auf eine bösartige Vergrößerung der Prostata zurückgeführt wurde. Gelegentlich litt er in diesem Zusammenhang unter Inkontinenz (spontanes Harntröpfeln). Eine Woche später wurde er in die chirurgische Notaufnahme eingeliefert, da er sich selbst mit einem Rasiermesser Penis und Skrotum amputiert hatte. Der Patient war bei Bewusstsein und gab an, er habe das gemacht, um endlich sein urologisches Problem des Harntröpfelns und die damit zusammenhängenden sozialen Peinlichkeiten loszuwerden. Er verneinte entschieden, dass es sich dabei um einen Suizidversuch gehandelt habe, obwohl er im Verlauf seiner Depression vorher Todeswünsche geäußert hatte. Die Amputation hatte er in einem abgelegenen Zimmer durchgeführt, wo die Wahrscheinlichkeit entdeckt zu werden nur gering war; auch danach suchte er keine Hilfe und beklagte sich nicht über Schmerzen. Er schien von den Folgen unberührt und spürte auch kein Bedauern über seine Tat, auch nicht in Hinblick auf sein zukünftiges sexuelles Leben. Allerdings war seine Urteilsfähigkeit zu dem Zeitpunkt schwer beeinträchtigt. Eine chirurgische Replantierung der abgeschnittenen Organe war in diesem Fall nicht mehr möglich, so dass lediglich eine Wundvernähung stattfand und insbesondere der Penisstumpf mit Haut bedeckt wurde. Erst zwei Monate später begann er seine Handlung zu bereuen und meinte, er hätte aufgrund einer spontanen Idee nicht so drastisch handeln dürfen.

In Tokio wurde 2001 ein Handwerker ins Krankenhaus eingeliefert, der sich bei einem Arbeitsunfall den rechten Testikel zerquetscht hatte, was zu schweren Einblutungen in das Skrotum führte. Der Mann wurde als wenig intelligent, aber ohne Vorgeschichte einer psychischen Störung geschildert. Aufgrund der Schmerzen hatte er sich mit einer normalen Haushaltsschere den Hodensack selbst aufgeschnitten, den Testikel entfernt und das ganze dann mit Garnstichen wieder vernäht. In das Hospital wurde er erst 36 Stunden später eingeliefert, da die Wunde innerlich weiterblutete und ihm ein Bluterguss entfernt werden musste, der weit über ein halbes Pfund wog (Murota-Kawano et al. 2001).

Befreiung von einem zu starken Sexualdrang: Selbstkastration scheint nach einigen Berichten in den frühen Zeiten des Christentums und im Mittelalter aus religiösen Gründen häufiger geschehen zu sein, um sich gegen den Sexualtrieb zu wehren, in dem man den Versuch einer Verführung durch den Teufel sah. Der bekannteste Fall ist der des Kirchensängers Origines, der sich selbst entmannte. Selbstkastration im Glaubenswahn kam so häufig vor, dass das 1. Konzil von Nicäa 325 einen Beschluss gegen diese Kastrationsmanie erließ.

In einem klassischen Fall wurde ein 30-jähriger Steinmetz beschrieben, der ein unersättliches Verlangen nach Geschlechtsverkehr in sich trug, obwohl ihm in der Kindheit nach einem Unfall ein Hoden entfernt worden war. Seine Frau verließ ihn wegen seines übertriebenen Sexualdranges, was seine Probleme massiv verstärkte. Masturbation ekelte ihn an und schließlich schlitzte er sich das Skrotum auf und zerstörte seinen verbliebenen Testikel. Nachdem er sich hiervon erholt hatte und meinte, seinen Trieb nun unter Kontrolle zu haben, kehrte seine Frau wieder zu ihm zurück. Trotz der Kastration war sein Geschlechtstrieb aber ebenso stark wie vorher, so dass sie nach zwei Wochen erneut floh (zit. nach Favazza 1996).

Bradley (1933) schilderte ebenfalls einen Patienten, der durch genitale Selbstverstümmelung seinen Geschlechtstrieb unter Kontrolle bringen wollte. Den ersten Geschlechtsverkehr hatte er angeblich schon im Alter von neun Jahren. Später vergriff er sich im Stall am heimischen Vieh, vor allem an den Schafen. Selbst während er verheiratet war und regelmäßig Geschlechtsverkehr ausübte, masturbierte er zusätzlich häufig. Mit 40, genervt von seiner Hypersexualität, schärfte er sich ein Messer und schnitt sich beide Hoden heraus. Auch dies stillte seinen sexuellen Appetit nicht und er heiratete danach zum dritten Mal. Später infizierte er sich und andere mit Gonorrhöe und schnitt sich dann reumütig mit seinem Taschenmesser die Hälfte seines Penis ab. Auch damit nicht genug; noch mit 61 Jahren musste er ins Gefängnis, da er versucht hatte, ein zehnjähriges Mädchen zu vergewaltigen.

Befreiung von homosexuellen Gefühlen: Manchmal versuchen Menschen sich durch Selbst-Kastration von homosexuellen Gefühlen zu befreien, die sie an sich selbst nicht wahrhaben wollen. Ein 28-Jähriger spürte gleichgeschlechtliche Impulse in sich, die ihm Angst verursachten. Daraufhin versuchte er, sich selbst zu kastrieren, und wäre dabei fast verblutet (Lewis 1927).

Ein 28 Jahre alter Schizophrener amputierte sich den Penis, weil er Angst davor hatte, homosexuell zu werden (Lennon 1963).

Transidentität, der Wunsch, weiblich zu sein: Als einer der ersten publizierte Esman 1954 die Geschichte eines Patienten, der mit der Amputation der äußeren Genitalien einen „Fehler der Natur" korrigieren wollte. Esman schilderte das Leben eines Mannes, der sich schon als Kind mit seinem alkoholkranken Vater nicht identifizieren konnte. Er entwickelte den Wunsch, wie ein Mädchen aussehen zu wollen. Sexuelle Erfahrungen mit weiblichen Prostituierten verliefen enttäuschend, Homosexualität betrachtete er als unnatürlich. Im Alter von 44 Jahren, in betrunkenem Zustand, kastrierte er sich.

Cleveland beschrieb 1956 einen Betroffenen, der in einem Waisenhaus groß geworden war, wo man Mädchen vorzog und Knaben recht grausam behandelte. Deshalb hatte er Mädchen schon immer beneidet und sich gewünscht, auch eines zu sein. Dennoch heiratete er, wurde aber geschieden und versuchte nun, sich zu kastrieren. Dies gelang ihm jedoch wegen starker Schmerzen nicht. Nach erneuter Hochzeit und einer zweiten Scheidung verletzte er seinen Hodensack ein weiteres Mal. Mit 29 steigerte er sich immer weiter in die Vorstellung hinein, dass alle seine Probleme gelöst werden könnten, wenn er keinen Geschlechtstrieb mehr hätte. Also öffnete er vorsichtig sein Skrotum und entfernte die Hoden. Der Mann schrieb später eine sehr klare Analyse über seine transsexuellen Gefühle.

Ein weiterer Fall von Mones und DePriest beschrieb das Schicksal eines Mannes, der sich seinen Penis mit einer großen Schere abgeschnitten hatte. Er litt unter der wahnhaften Vorstellung, dass seine äußeren Genitalien männlich seien, seine inneren aber weiblich und dass er eine Gebärmutter besäße, die in seinem Anus endete. Er war so felsenfest von seiner rektalen Vagina überzeugt, dass er sogar versuchte schwanger zu werden, indem er dort Sperma einführte.

Engelmann und Mitarbeiter beschrieben 1974 einen Fall, in dem ein Mann mit seiner maskulinen Geschlechtsrolle nicht zurecht kam, starke Schuldgefühle entwickelte und sich dann im Alter von 26 Jahren die Spitze seiner Eichel kappte. Conacher und Westwood (1987) listeten sieben Fälle versuchter oder erfolgreicher Selbstkastration auf, immerhin vier davon waren von Transsexuellen durchgeführt worden, denen man eine Geschlechtsanpassung verweigert hatte. Auch Murphy und Mitarbeiter (2001) stellten den Fall eines Transsexuellen vor, der das Warten auf die Geschlechtsanpassung nicht mehr ertrug und dann selbst Hand an sich legte.

Im Gegensatz zu Psychotikern, die eine Kastration oft impulsiv durchführen, handeln die Transsexuellen meist besonnen, nach jahrelangen Überlegungen und der Suche nach Information. Die meisten hatten im Vorfeld versucht, eine Geschlechtsoperation zu erhalten, diese war aber abgelehnt worden, zu teuer oder mit zu vielen Hindernissen verbunden. In vielen der beschriebenen Fälle wurde ausgesagt, dass die Selbst-Operationen so sauber und unter zweifelsfreien hygienischen Bedingungen durchgeführt worden waren, dass es ein Chirurg kaum besser hätte tun können. Die meisten der in der Literatur aufgezählten Betroffenen wurden dennoch aktenkundig, da sie mit schweren Blutungen, Komplikationen oder massiven postoperativen Schmerzen nicht zurecht kamen.

Religiöse Gründe: Mitunter kommen Menschen aus religiöser Überzeugung auf den Gedanken, sich selbst zu kastrieren. Ausschlaggebend ist hier eine Textstelle in dem Bibelzitat Matthäus 19:12, die wörtlich aus dem griechischen Original übertragen folgendermaßen lautet: „Denn es sind etliche Verschnitte, die sind aus dem Mutterleib also geboren. Und sind etliche Verschnitte, die von Menschen verschnitten sind. Und sind etliche Verschnitte, die sich selbst verschnitten haben, um des Himmelreichs willen. Wer es fassen mag der fasse es." Die aktuelle deutsche Übersetzung hat diesen Text interessant variiert und entschärft: „Manche Menschen sind von Geburt an eheunfähig, manche – wie die Eunuchen – sind es durch einen späteren Eingriff geworden. Noch andere verzichten von sich aus auf die Ehe, weil sie ganz davon in Anspruch genommen sind, dass Gott jetzt seine Herrschaft aufrichtet. Das sage ich für die, die es verstehen können."

Favazza (1996) beschrieb in seinem Buch über Selbstverletzung unter anderem das Schicksal eines 32-jährigen Mannes, der sechs Jahre lang durch Predigen in der Öffentlichkeit versucht hatte, seine Seele zu reinigen. Er behängte sich mit religiösen Symbolen, ließ sich den Kopf kahl scheren und meditierte viel. Was ihn stark belastete, waren vorangegangene Lebensepisoden von Trunkenheit, Aggression und sexuellen Verirrungen. Schließlich schnitt er sich beide Hoden ab und opferte sie Gott. Nach dem Tod seines Vaters ging er fünf Jahre später eine Beziehung mit einem Homosexuellen ein. Hiervon angeekelt, wandte er sich wieder der Religion zu und las im Neuen Testament den oben zitierten Satz: „Es sind da Eunuchen, die sich selbst zu Eunuchen für das Heil des Königreichs im Himmel gemacht haben." Dieser Satz hatte so großen Einfluss auf ihn, dass er sich, als er zwei Wochen später erneut sexuelles Verlangen spürte, seinen Penis mit einer Rasierklinge abschnitt und verbrannte. Er wurde als schizophren diagnostiziert und meinte später zu seinen Handlungen:

„Auch wenn man mich offiziell für geistesgestört einstuft und ich in den Augen der Welt als verrückt gelte, ist es für mich trotzdem besser, mich selbst gereinigt zu haben." (Favazza 1996, 26f).

Religiöse Wahnvorstellungen brachten einen 26-jährigen in der Fallbeschreibung von Kushner (1967) zur Sexualverstümmelung. Er hatte akustische Halluzinationen, schor sich den Kopf kahl und „predigte" in der Öffentlichkeit. Bei dem Versuch, mitten im Winter draußen in freier Natur zu meditieren, wäre er fast erfroren. Seine Suche nach spiritueller Erleuchtung war jedoch schwer belastet durch frühere Episoden von Trunkenheit, Aggression, Masturbation und sexueller Untreue. Mit 32 Jahren schnitt er sich beide Testis heraus, um sie Gott zu opfern. Als er in die Klinik eingeliefert wurde, trug er sie in einer Schachtel bei sich. Fünf Jahre später, nach dem Tod seines Vaters, begann er reichlich Alkohol zu trinken und ließ sich auf eine homosexuelle Beziehung ein. Hiervon enttäuscht wandte er das Matthäus-Zitat an. Er legte sich einen Holzblock und ein Rasiermesser zurecht und wartete ab, bis er sexuell erregt war. Dann trennte er sich seinen Penis ab, warf ihn ins Feuer und sah zu, bis er verbrannt war. Kushner beschreibt einen weiteren Mann, der im Alter von 35 Jahren plötzlich tiefgreifende religiöse Gefühle und den Wahn entwickelte, er müsse das Sexleben der gesamten Welt verändern, indem er ein Zeichen setzte und sich selbst entmannte. Er war überzeugt, dass dieser Akt der Reinigung ihn zu einem Piloten machen würde, der die göttliche Botschaft ins Weltall tragen könne. Kushner ging aber davon aus, dass die religiösen Motive hier nur vorgeschoben und der eigentliche Grund für die Genitalverletzung homosexuelle Gefühle waren, die dem Betreffenden Angst machten.

Ein von Evins, Whittle und Rous (1977) beschriebener 25-jähriger Schizophrener entfernte sich beide Hoden und versuchte sich das Glied abzutrennen, da er die Stimme seiner Mutter hörte, die ihm sagte, dass er nur so Eintritt in das himmlische Königreich finden könne. Ein 29-Jähriger, der streng religiös erzogen worden war, wollte Priester werden, aber man nahm ihn nicht an. Daraufhin entwickelte er Symptome einer paranoiden Schizophrenie und schnitt sich in Übereinstimmung mit dem Matthäus-Zitat seinen Penis ab (Greilsheimer & Groves 1979). Bourgeois (1984) schilderte das Fallbeispiel eines 23-Jährigen, der nicht psychotisch war und der sich aus religiösen Gründen von sexuellem Verlangen und dem Drang nach Masturbation befreien wollte.

Nicht nur Gott, auch der Teufel kann in der Vorstellung mancher Betroffener eine Kastration fordern. Favazza (1996) berichtete über einen 35-jährigen Schizophrenen, den er 1984 behandelte. Dieser lebte mit einer gleichfalls als schizophren diagnostizierten Frau zusammen. Der mental leicht retardierte Patient hatte einen ungewöhnlich starken Sexualdrang, während seine Freundin eine sexuelle Phobie entwickelt hatte und den Intimverkehr verweigerte. Er masturbierte daher drei- bis fünfmal täglich, zum Teil so massiv, dass Blut aus seinem Geschlechtsorgan austrat. Weil seine Partnerin dann stationär aufgenommen werden musste, fühlte er sich einsam und glaubte die Stimme des Teufels zu hören, der ihm befahl, seine Genitalien abzuschneiden. Er widerstand diesem „Befehl" lange Zeit, bis er eines Abends angetrunken war und „hörte", wie der Teufel zu ihm sagte: *„Jetzt kannst du dich nicht mehr kontrollieren. Geh' jetzt los und schneide es ab."* Der Mann ging daraufhin ins Bad, sicherte seinen Penis mit einer Barbecue-Zange und schnitt ihn ab. Hinterher zeigte er wenig Bedauern und meinte, dass er nun mit seiner Freundin besser auskommen würde.

Schuldgefühle und Strafe: Ein 19-Jähriger hatte sich an mehreren Kindern vergangen und das Gericht hatte ihm die freiwillige Kastration empfohlen. Dies legte er wörtlich aus und schnitt sich selbst die Hoden heraus (Beilin & Gruenberg 1948). Hemphill berichtete 1951 von einem depressiven 66-Jährigen, der sich den Penis und einen Hoden abgetrennt hatte. Er litt unter Schuldgefühlen wegen einer inzestuösen Affäre mit seiner Cousine. Nachdem er impotent geworden war, projizierte er dieses auf seine Genitalien, die er nun ohnehin für überflüssig hielt, und trennte sie ab. Hinterher fühlte er sich ruhig und ausgeglichen, da er nun nicht mehr sündigen konnte. Kenyon und Hyman publizierten 1953 den Bericht eines Japaners, der in New York studierte und sich sein Geschlecht als Strafe für schlechte Zensuren abschnitt. Hahn und Hahn beschrieben 1967 einen 20 Jahre alten Koreaner, der sich nach seiner ersten sexuellen Erfahrung, dem Geschlechtsverkehr mit einer Prostituierten, mit einem Rasiermesser das Glied abgetrennt hatte. Ein 21-Jähriger suchte einen Arzt auf und bat, man solle ihm beide Hoden entfernen, um ihn von seiner übermäßigen Aggressivität zu befreien; außerdem hatte er das Gefühl, durch ständige Selbstbefriedigung seinen Körper zu zerstören. Nachdem dies ärztlicherseits abgelehnt worden war, versuchte er mit verschiedenen Medikamenten seinen Testosteronspiegel zu dämpfen. Als er auch keinen Arzt mehr fand, der bereit war, ihm diese Medikamente zu verschreiben, versuchte er eine Orchiektomie selbst durchzuführen, musste aber nach mehreren Stunden aufgeben, da er die Schmerzen nicht mehr ertragen konnte (Kalin 1979). Auch ein von Clark (1981) beschriebener Patient wurde von den Ärzten abgewiesen. Der Betroffene war in der Vorgeschichte bereits mehrfach wegen depressiver Erkrankungen hospitalisiert und begann exzessiv zu trinken. In diesem Zustand entwickelte er schwere Schuldgefühle, weil er sich sexuell zu minderjährigen Mädchen hingezogen fühlte. Er entschloss sich zu einer Kastration und suchte zunächst Hilfe in einem Krankenhaus, wurde dort aber abgewiesen. Daraufhin schnitt er sich den Hodensack eigenständig ab. Hall, Lawson und Wilson veröffentlichten 1981 die Geschichte eines Amerikaners, der wegen seines „sündigen Lebens" in Depressionen versunken war. Eines Tages sprang ihm seine Katze auf den Schoß, was ihn sexuell erregte, und er versuchte, mit dem Tier Geschlechtsverkehr auszuüben. Hinterher fühlte er sich schuldig und hoffnungslos und glaubte, dass Gott ihm diese Handlung nur verzeihen könne, wenn er für seine Sünden büßen würde. Er amputierte sich selbst eine Hand und die Spitze seines Penis.

Psychosen und andere psychiatrische Krankheiten: Ein 24-jähriger Schizophrener entfernte sich seine Hoden mit Hilfe einer Gürtelschnalle, wickelte die Testikel dann in Papier ein, auf das er schrieb: *„Ausstellung A, ein Fleischball"* (Beilin und Gruenberg 1948). Ein schwer depressiver 60-jähriger Mann in Australien konnte sich von Schuldgefühlen wegen sexueller Verhaltensabweichungen in jüngeren Jahren gedanklich nicht lösen und schnitt sich schließlich beide Testikel heraus (Lennon 1963). In einem anderen Beispiel desselben Autors hatte sich ein 42-Jähriger während einer manischen Phase entmannt, indem er sich den Penis mit einem Gummiband abschnürte und dann abtrennte. Den Stummel warf er danach achtlos auf den Fußboden seines Autos und fühlte sich stolz und glücklich. Er stand kurz vor der Scheidung von seiner Frau und gab später als Grund an, dass er nun ja ohnehin keine Verwendung mehr für dieses Körperteil habe.

Dass Psychotiker nicht immer in einem völlig verwirrten, umnachteten Zustand handeln, zeigt ein Beispiel von Jilek (zit. nach Favazza 1996): Ein 31-jähriger Patient mit Vorgeschichte einer Schizophrenie und akustischen und taktilen Halluzinationen hatte sein Skrotum zunächst mit Eis tiefgekühlt und reichlich Schmerzmedikamente eingenommen, bevor er sich beide Hoden herausschnitt. Dennoch schlugen seine Versuche, die entstandene Blutung zu stoppen, völlig fehl und er wurde im Zustand eines kardiovaskulären Schocks in die Notaufnahme eingeliefert. Später gab er an, Leute hätten ihn durch seine Hoden gefoltert.

Der Fall eines 29-Jährigen, der unter einer Major Depression mit psychotischen Anteilen litt, wurde von Pabis, Mirla und Tozmans (1980) beschrieben. In seiner Kindheit war er längere Zeit in einem Heim für emotional gestörte Kinder untergebracht, später arbeitete er als Strichjunge. Im Alter von 29 Jahren stellte er sich am Meeresstrand ins Wasser und schnitt sich dort mit einem Küchenmesser das Skrotum auf und trennte sich die Hoden heraus. Diese brachte er dann nach Hause und gab sie seiner Mutter, um ihr das Leben, das sie ihm bei seiner Geburt geschenkt hatte, wieder zurückzugeben. Nach der Selbstkastration verschwanden erstaunlicherweise mehrere Symptome seiner psychischen Störung und er war heiterer als vorher.

Myers und Nguyen (2001) beschrieben einen bis dahin völlig normalen jungen Mann, der überraschend eine Autokastration an sich durchführte und erst danach das Bild einer schizophrenen Erkrankung entwickelte. Gossler, Vesely und Friedrichs (2002) präsentierten den Fall eines jungen Schizophrenen, der schon in der frühen Jugend begonnen hatte, seine Genitalien zu verletzen, und der sich schließlich selbst kastrierte. Die Autoren brachten dies mit allgemeinen Abhängigkeits-Konflikten von Jugendlichen in Zusammenhang. Gößler, Vesely und Friedrich berichteten 2002 von einem jungen schizophrenen Patienten mit früher genitaler Automutilation und nachfolgender Selbstkastration. Die Selbstverletzung am Genital wurde von diesen Autoren als „psychotischer" Lösungsversuch eines adoleszenten Abhängigkeitskonflikts diskutiert. Mineo, Jolley und Rodriguez berichteten 2004 von einem 32-jährigen Patienten, der wegen schizoaffektiver Persönlichkeitsstörung in einem Aufbewahrungsheim untergebracht war. Er schnitt sich eines Tages das letzte Drittel seines Penis mit einer Rasierklinge ab. Im Gegensatz zu anderen Fällen stand hier zwar ein Suizidversuch im Vordergrund seiner Handlung, dennoch ist zu hinterfragen, warum er den Selbstmord nicht auf andere Art ausgeführt hatte?

Sexuelle Motive: Verletzungen der Genitalregion kommen auch absichtlich in Verbindung mit sadomasochistischen Spielen, aber auch bei autoerotischen Handlungen vor. Zerman und Schubert veröffentlichten 1997 eine Einzelfallbeschreibung eines Patienten mit selbst durchgeführter Genitalverstümmelung durch Strangulation des Skrotums. Die Genitalverstümmelung ist oft unbeabsichtigt. Kato und Kollegen (1987) berichteten von der unfreiwilligen Strangulation des Penis durch einen zur Erregungssteigerung selbst angelegten Ring, den der Betroffene während der Erektion nicht wieder entfernen konnte.

Nutzlosigkeit der Geschlechtsorgane: Favazza (1996) zitierte mehrere Berichte aus dem 19. Jahrhundert: Etwa von einem Wirt, der sich nach dem Vorwurf seiner Frau, sein Penis sei zu nichts mehr nütze, das Genital mit einem großen Messer einfach abschnitt. Obwohl er es überlebte, beantragte seine Frau daraufhin die Scheidung. Blacker und Wong (1963) beschrieben vier Betroffene, die sich aufgrund einer Psychose oder einer Borderline-Störung im Genitalbereich verstümmelt hatten. Der Kastration vorangegangen war meist ein Zustand der langjährigen sexuellen Verwirrung mit allmählicher Dissoziation ihres Geschlechtsorgans aus dem eigenen Körperschema. Oft fanden sie ihren Hoden und/oder Penis widerwärtig.

Eine hierzu passende Geschichte erzählt „Tom", ein Betroffener, über seine persönliche Motivation zu einer Nullifikation auf der Internetseite von „bmeworld". Erst im späteren Lebensalter fand er heraus, dass er wohl intersexuell geboren worden war, d. h. sein Geschlecht war nach der Geburt nicht eindeutig zuzuordnen. Schon im Kindesalter war eine chirurgische Operation durchgeführt worden, um dies zu „korrigieren". Eine der Nebenwirkungen dieses Eingriffs war leider, dass er in seinen äußerlich weitgehend normal aussehenden, männlichen Genitalien keinerlei erotische Empfindungen spüren konnte. Er bekam dagegen problemlos eine Erektion und konnte auch seine jeweilige Partnerin zufriedenstellen; nur er selbst empfand dabei im Genitalbereich sehr wenig. Er war verheiratet, schrieb aber: „*Geschlechtsverkehr war für mich ebensoviel Arbeit und ebenso freudvoll wie am Lastwagen einen Reifen zu wechseln.*" Da er im Genitalbereich außerdem ständig Schmerzen verspürte, hatte er endgültig genug, als er Ende 30 war. Er unterbreitete seinen Wunsch, die ganze Genitalregion entfernen zu lassen zunächst seinem Hausarzt und dann einem Psychologen. Es sei sehr schwierig gewesen, einen Chirurgen zu finden, der das machte, aber er schaffte auch das und als er 42 Jahre alt war, wurde ihm sein Genital entfernt. Er berichtet, dass er nun Hormonpräparate einnehmen müsse, um Nebenwirkungen wie Feminisierung seines Körpers (Wachstum der Brüste), Osteoporose, Fettleibigkeit und Hitzewallungen zu verhindern (der hormonelle Status eines Kastraten ist etwa vergleichbar mit dem einer Frau nach den Wechseljahren). Die Hormondosis sei jedoch so gering, dass dadurch zwar Probleme vermieden würden, sie reiche aber nicht aus, um den Drang nach sexuellem Verkehr wirklich zu steigern. Mit seiner sexuellen Situation, so sagte er, sei er zufrieden wie nie zuvor in seinem Leben. Er persönlich möge es, wie er zwischen seinen Beinen nun aussehe, und da er ohnehin auch früher schon kaum einen Orgasmus erlebt habe, vermisse er auch nichts. Sein persönliches Bedürfnis, unbedingt Sex haben zu müssen, sei nach der Entfernung weitgehend erloschen. Dennoch möge er es, seine Partnerin oral zu befriedigen; dies sei eine Sache für ihn, die mehr im Kopf ablaufe und kein körperliches Bedürfnis:

> *„Sex, d.h. erotische Gefühle, sind dennoch ein Teil meines Lebens wie es auch früher schon war. Meine Situation hat mich schon früh gezwungen andere Wege zu finden als den einfachen Geschlechtsverkehr, um meine Sexualität auszudrücken und mich daran zu erfreuen. Ich bitte dran zu denken, dass das größte Sexorgan eines Menschen seine Haut ist und das wichtigste im Gehirn sitzt."*

Bei ihm seien viele andere Teile seines Körpers deutlich berührungsempfindlicher als das wahrscheinlich bei anderen Männern der Fall sei, etwa seine Brustwarzen. Wahrscheinlich, so meinte er, eine Kompensation für die Gefühllosigkeit im Genitalbereich. Den körperlichen Imperativ, unbedingt Sex haben zu müssen, spüre er nicht mehr, aber er würde es weiterhin sehr genießen, berührt zu werden oder den warmen Körper eines anderen Menschen neben sich zu spüren. Auf die Frage, ob er seinen Penis und seinen Hoden nicht vielleicht doch vermisse, antwortete er:

> *„Für mich ist das sehr angenehm. Der einzige Nachteil ist, dass ich im Sitzen urinieren muss und das ist auch nur wegen zwei Dingen negativ: 1) es dauert sehr viel länger als einfach den Reißverschluss aufzumachen und es zu tun und 2) viele öffentliche Toiletten sind, uh ... eklig!"* [18]

Der ziemlich makabere „Darwin Award" wird jedem verliehen, der auf möglichst ungeschickte Weise versucht, seine eigenen Gene aus dem Verkehr zu ziehen. Hierzu gehört z.B. die Geschichte eines Mannes, der gegen einen Elektrozaun urinierte, den er gerade kurz zuvor selbst gelegt und unter Strom gesetzt hatte. Auf der Internetseite zum Darwin Award fand sich auch folgender Bericht:

„*Einem operierenden Arzt wurde ein Patient überstellt, der einen ballonartig angeschwollenen Hodensack ohne Testikel hatte. Dafür steckten in dem Skrotum, wie das Röntgenbild deutlich zeigte, 80 Metallklammern. Erklärung: Bei der Autoerotik am Treibriemen einer Bandsäge hatte sich der Mann den Hodensack aufgerissen und das nach dem Verlust seiner Hoden entleerte Skrotum mit einem Bürohefter zugetackert.*"[3]

Wechselberger et al. beobachteten 2003 in Österreich einen Mann, der versucht hatte, seinen Testikel gegen ein Schnapsfläschchen auszutauschen. Drei aktuelle Fallbeispiele legten Moudfid et al. (2004) vor: Einer der Patienten hatte sich den Penis selbst amputiert, der andere selbigen mit einem Metallring stranguliert und der dritte hatte sich beide Hoden herausgenommen. Die Autoren wiesen darauf hin, dass diese Handlungen nicht nur bei Schizophrenen, sondern häufig auch in Verbindung mit Alkohol oder anderen Drogen zu finden sind. Selbstkastration kommt übrigens in unteren Sozialschichten deutlich häufiger vor als in oberen und mittleren Klassen (Suk & Son 1980).

Die medizinischen Möglichkeiten der chirurgischen Replantierung der äußeren Genitalien schildern z. B. Becker, Hofner et al. (1997).

Genitale Selbstverletzungen gibt es auch im Tierreich. Meyer-Holzapfel (1968) schilderte einen Affen, der seinen Penis und seine Hoden auffraß. Hong und Ediger (1978) schrieben, dass in einer überbevölkerten Population 8,5 % aller Mäuse ihren eigenen Penis fraßen; die Erklärung der Autoren: Durch das übersteigerte und infolge der räumlichen Enge oft gestörte Kopulationsverhalten komme es zu Störungen des Urogenitalsystems, die solche Schmerzen verursachten, dass die Mäuse an ihrem Penis zu nagen begannen, um die Ursache des Schmerzes zu beseitigen. Es gibt Hinweise, dass dies auch bei Menschen einer der Gründe für genitale Selbstverletzung sein kann. Favazza (1996) wies daraufhin, dass viele Männer, die sich selbst kastrieren, in ihrer Vorgeschichte irgendeine Erkrankung der Genitalien haben, etwa der Hoden, die in der Kindheit nicht abgesunken waren, Störungen infolge einer Mumps-Erkrankung oder eine Harninkontinenz. Hierdurch, so Favazzas Annahme, richte sich die Aufmerksamkeit besonders stark auf diesen Körperteil, der bei einer psychischen Krise dann bevorzugtes Opfer der Destruktion werden könne. In diesem Zusammenhang ist ein historischer Tierversuch von Interesse. Tinklepaugh (1928) frustrierte „Cupid", einen männlichen Affen, über längere Zeit, indem er ihm immer wieder die Partnerin wegnahm, an die er sich gerade gewöhnt hatte und mit der er kopulieren wollte. Schließlich begann Cupid sich selbst in den Fuß zu beißen, riss sich das Skrotum auf und verletzte das Ende seines Schwanzes. Einen ähnlichen Versuch, der zeigte, dass die ständige Frustration durch nicht beendete sexuelle Vereinigungen in Autoaggressionen enden können, führte auch Sackett (1968) durch.

Die freiwillige Kastration bei Sexualstraftätern ist in vielen Ländern üblich, im relativ kleinen Dänemark wurden zwischen 1929 und 1952 immerhin 600 Männer aus diesem Grunde entmannt (Bowmann & Engle 1957). Allerdings ist die Wirkung äußerst umstritten. In Deutschland gibt es seit 1969 das Gesetz über die „freiwillige Kastration"; es erlaubt die Kastration als Maßnahme gegen einen abnormen Geschlechtstrieb. Bei der Operation werden entweder die Hoden vollständig oder nur die Keimdrüsen entfernt. Für beides bedarf es der Zustimmung des Betroffenen. Damit grenzt sich das Gesetz gegen die Zwangskastrationen der NS-Zeit ab. Dennoch ist es bis heute umstritten. Psychologen kritisieren die zugrunde liegende Reduktion von Sexualität auf die Hormonausschüttung und bezweifeln die Wirksamkeit der Operation, da der größere Teil unserer Sexualität sich im Gehirn abspielt. Der bekannteste Sexualstraftäter, der sich dieser Operation unterzog, war Jürgen Bartsch. Er hatte vier Jungen im Alter von acht bis dreizehn Jahren vergewaltigt und ermordet. 1976 entschloss er sich zu einer Operation; er wollte sich kastrieren lassen, um seinen Sexualtrieb loszuwerden, starb aber während des Eingriffs an einer falschen Narkose. Ein anderer Fall war der von Klaus Grabowski, einem verurteilten Sexualtäter, der Anfang der 1980er Jahre nach einer Kastration aus der Haft entlassen wurde. Kurz darauf vergewaltigte und ermordete er ein 7-jähriges Mädchen; die Mutter des Opfers erschoss ihn später im Gerichtssaal. Heute kommt das Kastrationsgesetz nur noch etwa alle drei bis vier Jahre zur Anwendung.

Genitale Selbstverletzung ist, gemessen an der Anzahl der Publikationen zu diesem Thema, offenbar bei Männern häufiger, kommt aber durchaus auch bei Frauen vor und betrifft hier oft die Entfernung zu langer Schamlippen oder einer subjektiv als zu groß empfundenen Klitoris (Feldman 1988; Krasucki et al. 1995; Sheldon & Wilkinson 1998). Sheldon und Wilkinson (1998) gingen davon aus, dass zumindest ein Teil genitaler Verstümmelungen bei Frauen vermieden werden könnte, wenn mehr Ärzte bereit wären diese Veränderungen im Rahmen von Schönheitsoperationen zu unterstützen.

Favazza (1996) gab einen Überblick über einige in der Literatur beschriebene Fälle weiblicher Genitalverstümmelung, die allerdings überwiegend aus dem Bereich psychisch gestörter Patientinnen stammen. In einer der Beschreibungen hatte eine 24-jährige Frau sich Reißzwecken in die Vagina eingeführt und dadurch Blutungen verursacht, vermutlich, um einen Schwangerschaftsabbruch zu erreichen. Sie hatte bereits drei Kaiserschnitte hinter sich, nur eines der Kinder hatte überlebt und nun war sie erneut schwanger geworden. In einem anderen Fall hatte eine 19-jährige, unverheiratete Mutter sich Schambereich und Scheide blutig gekratzt. French und Nelson beschrieben 1972 eine 38 Jahre alte Frau, die unter einer Epilepsie litt, anorektisch-bulimische Verhaltensweisen zeigte und deswegen auch schon hospitalisiert gewesen war. Nach einer Auseinandersetzung mit ihrem Mann, der behauptete, bei einer Scheidung würden die Kinder wegen ihrer Epilepsie bei ihm bleiben, zerschnitt sie sich ihr Genital mit einer Rasierklinge. Die Autoren merkten hierzu an, dass sie damit ihren einzigen Körperteil bewusst zerstörte, an dem ihr Mann überhaupt Interesse hatte. Eine weitere Fallbeschreibung handelte von einer 20-jährigen Schizophrenen, die unzählige Objekte wie z. B. Glasscherben, Pins oder eine Bleistiftspitze in ihre Vagina steckte und sich damit immer wieder beträchtlich verletzte. Sie gab an, dass Stimmen ihr das befehlen würden, außerdem glaubte sie, von Männern verfolgt und sexuell belästigt zu werden (Standage et al. 1974).

Insgesamt ist die weibliche genitale Selbstverletzung wohl weitaus seltener als die männliche, was möglicherweise daran liegt, dass das maskuline Genital weitaus exponierter ist als das feminine. Darüber hinaus ist die Sexualität von Männern stark auf ihr Geschlechtsorgan ausgerichtet, während Frauen ihre Geschlechtlichkeit eher mit dem ganzen Körper ausleben. Hierdurch fokussiert sich im Krisenfall das männliche Denken oft auf Penis und Skrotum. Männliche Genitalverstümmelung wird in der wissenschaftlichen Literatur entsprechend weitaus häufiger beschrieben als weibliche.

Goldney und Simpson beschäftigten sich 1975 mit dem Caenis-Syndrom und beschrieben eine Betroffene, die ihre äußeren Geschlechtsorgane verletzte und gleichzeitig Essstörungen und eine hysterische Persönlichkeitsstruktur zeigte. Infolge häufiger genitaler Selbstverletzung musste zwei vergleichsweise jungen Patientinnen von Ziolko und Hoffmann (1977) schließlich sogar die Gebärmutter entfernt werden. Wise et al. stellten 1989 gleich drei Fälle weiblicher Genitalverstümmelung vor. Eine der Frauen litt unter einer schweren Persönlichkeitsstörung und verletzte ihr Geschlechtsorgan geradezu gewohnheitsmäßig. Eine andere litt unter Wahnvorstellungen mit Veränderungen der Körperproportionen, was dazu führte, dass sie versuchte sich eine ihrer äußeren Schamlippen zu entfernen.

Auf die geringere Häufigkeit genitaler Selbstverstümmelung bei Frauen weisen auch Krasucki et al. (1995) hin. Sie schilderten eine schizophrene Frau, bei der diese Handlungen darauf zurückgeführt wurden, dass sie schon sehr früh zu sexuellen Aktivitäten gezwungen worden war und unter Minderwertigkeitsgefühlen litt. Als Erwachsene hatte sie eine schwere Abneigung gegen Geschlechtsverkehr entwickelt. Wie bei anderen Schizophrenen konnte bei ihr in einer Untersuchung mit einem bildgebenden Verfahren eine Erweiterung der Ventrikel im Gehirn festgestellt werden.

Fanton et al. berichteten 1999 den interessanten Fall einer 16-Jährigen, die angegeben hatte, vergewaltigt worden zu sein, und die erhebliche Verletzungen des Genitals vorweisen konnte. Eine eingehende Untersuchung der Wunden zeigte jedoch, dass diese für Vergewaltigung sehr untypisch und auch mit ihrer Schilderung des Tatherganges nicht in Einklang zu bringen waren. Schließlich musste das Mädchen zugeben, dass die Geschichte frei erfunden war und sie sich die Wunden im Rahmen einer Selbstverletzung zugefügt hatte. Darauf, dass solche Fälle nicht selten sind, wird in Kapitel 13, BodMod und Selbstverletzung, nochmals näher eingegangen.

Bei einem mir bekannten forensischen Verfahren der Gerichtsmedizin von Anfang der 1980er Jahre wurde geschildert, dass ein Mann im Rahmen von sadistischen Handlungen seiner Freundin Stücke aus den Brustwarzen und Schamlippen biss. Sie verließ ihn zwar mehrfach wegen seiner Gewalttätigkeit, kehrte aber immer wieder zurück, offenbar lag hier eine symbiotische Beziehung vor. Hierbei handelt es sich freilich nicht vordringlich um eine bewusste Körperveränderung; die zurückbleibenden Narben waren nur unerwünschtes Nebenresultat.

Habek und Mitarbeiter präsentierten 2002 den bizarren Fall einer dementen 81-jährigen Frau, die unter chronischem Alkoholismus litt und in diesem Zustand ihre Vagina aufgeschnitten und den vorgefallenen Uterus regelrecht seziert hatte.

3.27 Amputation und Selbstamputation

Eine weitere Extremform der Body-Modification ist das Abschneiden von Körperteilen. Überwiegend handelt es sich um versicherungsrechtlich relevante Tatbestände, bei denen z. B. jemand durch eine als Unfall getarnte Selbstamputation die eigene Berufsunfähigkeit erzwingen möchte oder sich anderweitig aus der Verantwortung stehlen will (s. z. B. Arkin & Baumgardner 1985; Puschel et al. 1998). Geschichten von Soldaten, die sich z. B. bei einem Sturmangriff selbst ins Bein oder in den Fuß geschossen haben, sind bekannt. Eine zweischneidige Sache allerdings: Wer erwischt wurde, den bestrafte man wegen „Wehrkraftzersetzung" mit dem Tode.

Der Bergsteiger Aaron Ralston schnitt sich selbst den Unterarm ab. Der versierte Kletterer war im Blue John Canyon im Osten Utahs in einer engen Felsspalte unterwegs, als ein zentnerschwerer Felsbrocken herabfiel und seinen rechten Unterarm einklemmte. Nach mehr als fünf Tagen unsäglicher Qual musste das Undenkbare getan werden. Nachdem er sich willentlich den Arm gebrochen hatte, begann der völlig entkräftete Ingenieur mit einem Allzweckmesser, Haut, Sehnen und Muskeln zu durchtrennen. Er veröffentlichte seine Geschichte in einem Buch (Ralston 2005).

Manche Menschen verletzen sich ständig selbst und amputieren sich im Extremfall sogar Körperteile, da sie unfähig sind, Schmerzen zu spüren. Hereditäre sensible Neuropathie ist der Oberbegriff für chronisch fortschreitend verlaufende, erbliche Formen von Polyneuropathie, d. h. einer Nervenerkrankung, bei der viele Nerven gleichzeitig betroffen sind. Eine Unterform ist die familiäre Dysautonomie (Riley-Day-Syndrom), eine Krankheit des autonomen Nervensystems. Es handelt sich um eine angeborene Fehlbildung, die sich schon im Säuglingsalter bemerkbar macht; die Hälfte der Erkrankten stirbt vor ihrem 30. Geburtstag. Symptome sind: Erbrechen, Schluckstörungen, Schweißausbrüche und Hornhautgeschwüre. Das Heiß-Kalt-Empfinden kann beeinträchtigt sein, sowie der Gleichgewichtssinn, die Sprache und Koordinationsfähigkeit. Diese Krankheit kann auch dazu führen, dass Menschen Schmerz nicht mehr normal empfinden können; oft spüren sie zwar etwas, aber es tut ihnen nicht weh. Ein Betroffener dürfte auch der Künstler Edward H. Gibson gewesen sein. Bei Bühnenshows ließ er sich vom Publikum Nadeln tief in den Körper einstechen, ohne ein Anzeichen von Schmerz zu zeigen. Später wollte er sich sogar an ein Kreuz nageln lassen, was aber abgebrochen werden musste, da Zuschauer ohnmächtig wurden, als man ihm einen Nagel durch die Handfläche schlug.

Shelley beschrieb 1962 eine 16-Jährige mit Enzephalitis, die plötzlich mit ihrem rechten Augapfel in der Hand vorgefunden wurde und lediglich berichten konnte, ihr Auge sei einfach spontan herausgefallen, Schmerzen spürte sie keine. Favazza (1996) berichtete, dass die von diesem Syndrom Betroffenen schon im Säuglings- und Kindesalter oft schwerwiegende selbstverletzende Verhaltensweisen zeigen, z. B. ihre Zunge, Lippen oder Finger zerkauen, ihr Gesicht zerkratzen, sich Knochen brechen und diverse andere Verletzungen zuziehen. Sie lernen aus ihrem Fehlverhalten nichts, da es ihnen ja nicht wehtut. Dubovsky (1975; 1978) beschrieb einen 22-jährigen Patienten mit erblicher sensorischer Neuropathie, der weder Schmerz noch Temperatur, Druck oder andere Wahrnehmungen auf der Haut spüren konnte. Er verwundete sich ständig an Beinen oder Armen und ihm waren bereits Körperteile amputiert worden, da er Entzündungen nach einer Verletzung nicht rechtzeitig bemerkt und behandelt hatte. Später schnitt er sich „aus experimentellen Gründen" absichtlich Wunden in den Körper, um den Heilungsprozess zu beobachten. Schließlich entfernte er sich sogar einen seiner Zeigefinger mit einem Sägemesser und legte ihn danach in eine Plastiktüte, die er *„für spätere Untersuchungen"* im Kühlschrank aufbewahrte. Bach-Y-Rita publizierte 1974 eine Untersuchung an acht Insassen einer Spezialeinrichtung für besonders gewalttätige Strafgefangene, die auch Selbstverletzungen durchführten. Im Mittel trug jeder Einzelne von ihnen 93 eigenverursachte Narben; eine generell gestörte Schmerzwahrnehmung liegt hier nahe.

Erkrankungen wie die Dysautonomie sind jedoch extrem selten und kommen daher nicht als einzige Erklärung für Selbstamputationen in Frage, die für die unterschiedlichsten Kulturen und mehrere tausend Jahre berichtet werden. Amputationen einzelner Fingerglieder wurden z. B. in Nordafrika beschrieben, in Ozeanien und auf den pazifischen Inseln, in Australien und bei einigen nordamerikanischen Indianerstämmen wie den Crow, den Mandans und den Flachland-Indianern. Stirn (2003) schrieb, dass es auf Papua-Neuguinea Volksgruppen gab, die eines toten Angehörigen durch die willentliche Amputation von Fingergliedern gedachten. Reitzenstein zitiert eine Beobachtung Kolbs bei den Hottentotten, wonach

Frauen, deren Mann verstorben war und die wieder heiraten wollten, sich ein Fingerglied amputieren mussten (Reitzenstein 1923). Bei den Kutschin-Indianern hoffte man, Schwerkranke zu heilen, wenn man ihrer Tochter oder Schwester den kleinen Finger der rechten Hand amputierte.

Die Amputation von Körperteilen war im Mittelalter eine häufig angewandte Strafe; erwischte Diebe mussten ihr Vergehen mit dem Verlust einer Hand bezahlen. In Europa wurden den Händen von Gehenkten magische Kräfte zugeschrieben, in Frankreich sollen Diebe mitunter eine solche mumifizierte Hand mit sich geführt haben, da man glaubte, diese könne Menschen zum Einschlafen bringen.

Selbstamputationen geschehen jedoch nicht immer nur wegen versicherungsrechtlicher Probleme, im Rahmen von Ritualen oder um das nackte Leben zu retten, sondern auch aufgrund psychischer Probleme. Schon Krafft-Ebing zitierte in seinem frühen Lehrbuch der Psychiatrie 1890 Fälle von Selbstverstümmelung und Selbstamputation; so wurde unter dem Kapitel über Melancholie ein Fallbeispiel von einem Patienten genannt, der sich die Augen aus der Orbita herauswühlte. Favazza (1996) berichtet den Fall einer 46 Jahre alten Frau, die sich mit einem Rasiermesser selbst die Zunge herausschnitt – sie habe eine Botschaft von Gott erhalten, ihre Zunge abzuschneiden. Am berühmtesten ist der Fall des niederländischen Malers Vincent van Gogh, der sich im Verlauf eines schizophrenen Schubes Weihnachten 1888 selbst ein Ohr amputierte und dieses dann einer Prostituierten schenkte. Man vermutet, dass er akustische Halluzinationen hatte und versuchte, diese damit einzudämmen. Eine ähnliche Fallbeschreibung wurde 90 Jahre später publiziert. Hier hatte sich ein 34-Jähriger das rechte Ohr abgetrennt, da Stimmen ihm befohlen hatten, durch diese Handlung für die Sünden seiner Kindheit zu büßen (Silva et al. 1989).

Slawson und Davidson (1964) berichteten von einer 23-jährigen, als hysterisch diagnostizierten Frau, die immer wieder Stücke ihrer eigenen Zunge abbiss. Auf Nachfrage gab sie an, ihre Zähne würden versuchen, ihre Zunge zu zerstören. Sie benutzte ständig ihre Finger, um ihre Zähne daran zu hindern, mit dem Effekt, dass auch die Finger schon völlig zerkaut waren. In einer psychoanalytischen Erklärung sahen die Autoren eine unbewusste Verbindung zwischen der Vagina der Patientin, symbolisiert durch ihren Mund, wobei die Zunge für einen unerklärlicherweise eingedrungenen Penis stehe, der zerstört werden müsse. Dies erinnert an das Konzept der „Vagina dentata", der mit Zähnen bewaffneten weiblichen Schamlippen in den Träumen mancher Männer. In einer anderen Fallbeschreibung (Michael & Beck 1973) wurde von einem 33-jährigen Schizophrenen berichtet, der schon als Kind Sprachstörungen hatte, sich als Erwachsener zwei Drittel der eigenen Zunge abschnitt und dieses Stück die Toilette hinunterspülte.

Favazza (1996) schilderte drei weitere Fälle, zwei davon mit sonderbaren, tödlichen Ausgängen. Ein 18-jähriger nigerianischer Student begann plötzlich, sich seltsam zu verhalten, und biss sich schließlich wiederholt so stark auf die Zunge, bis diese zu großen Teilen aus nekrotischem Gewebe bestand, das entfernt werden musste. Er widerstand allen therapeutischen Verfahren bis hin zu Heilkrampfbehandlung. Wegen der Zungenverletzung musste er über eine Magenkanüle ernährt werden, verlor schnell massiv an Gewicht und verstarb plötzlich. Im zweiten Fall litt eine gleichfalls 18 Jahre alte Studentin an akustischen Halluzinationen und hatte die Wahnvorstellung, sie habe ihre Eltern und ihre beste Freundin gegessen. Ihr wurden hochpotente Neuroleptika verabreicht. Zwei Tage später zeigte sie seltsame Kopfbewegungen und biss plötzlich ihre Zunge ab. Im letzten Bericht ging es um einen ebenfalls psychotischen jungen Mann, der seine Zunge durch Selbstbeißen massiv verletzt hatte. Er kam in ein Krankenhaus, wo seine Zunge genäht wurde, zog die Nähte jedoch wieder heraus, biss weiterhin auf seiner Zunge herum und starb wenig später. Auch wenn Favazza hier nicht näher darauf eingeht, ist bei allen dreien nicht auszuschließen, dass sowohl das auffällige Verhalten selbst wie auch letztlich das Ableben der Patienten auf medikamentöse Nebenwirkungen der vermutlich in allen drei Fällen verabreichten Neuroleptika zurückzuführen sind, die bekanntlich zu Dyskinesien (Bewegungsstörungen) und zu Agranulozytosen (allergischen Reaktionenen) führen können.

Menschen, die sich selbst Gliedmaßen amputieren oder sie amputieren lassen wollen, werden gemeinhin als psychisch krank eingestuft, da der „normale" Mensch den Wunsch der Betroffenen nicht nachvollziehen kann. Diese Lehrmeinung findet sich auch in der überwiegenden Anzahl wissenschaftlicher Publikationen zu diesem Thema.

Schlozman (1998) berichtete von zwei Einzelfallstudien mit Selbstamputation einer der oberen Gliedmaßen und gab einen Überblick über elf einschlägige Artikel. Sämtliche Patienten waren als psychotisch eingestuft worden, allerdings handelte es sich bei den meisten keinesfalls um einen Suizidversuch. Die Versuche der Selbstamputation entsprangen oft einem psychotischen Gefühl der Schuld, fehlgeleiteten religiösen Vorstellungen, in einem Fall auch einer dissoziativen Störung (Tavcar et al. 1999; Brenner 1999). T. Sakalauskas (2004) schilderte zwei Fallbeispiele. Bei dem ersten handelte es sich um den 32-jährigen Thomas Passmore, der in einem schizophrenen Schub

Abb. 86:
Amputiertes Fingerglied
(Zeichnung: U. Herbert, nach einem Foto im Internet)

glaubte, seine Hand sei vom Teufel besessen, weil er die Zahl 666 darauf sah. Er holte eine Kreissäge und trennte diese Hand damit ab. Passmore und seine in Eis gepackte Hand wurden danach sofort in das Norfolk General Hospital in Virginia gebracht. Als man ihm die Hand wieder annähen wollte, stimmte er zunächst zu, lehnte dann aber ab, da er fürchtete, in die Hölle zu kommen, wenn man ihm die Hand wieder anbrachte. Der Chirurg rief daraufhin den örtlichen Richter; da diesem Passmores psychotische Störung nicht bekannt war, entschied er, dass man die Hand gegen den Willen des Patienten nicht wieder anbringen dürfe. Die Operation wurde daraufhin nicht durchgeführt. Als Passmore nach Abklingen des schizophrenen Schubes wieder zu klarem Verstand kam, nahm er sich einen Rechtsanwalt und verklagte das Krankenhaus. Vor Gericht verlor er jedoch. Im zweiten Fall schnitt sich ausgerechnet ein Chirurg selbst die rechte Hand ab. Der 30-jährige Arzt Khurshed Ansari in Saint Louis, Missouri, benutzte dafür ein Fleischermesser, eine Säge und eine Nadel. Nachdem er seine Hand amputiert hatte, packte er sie in einen Karton und legte einen Zettel hinzu, auf dem lediglich stand: *„Dies ist die Hand, die den Ärger verursacht hat"*, und schickte das Ganze dann per Taxi zu der Frau, die ihn verlassen hatte. Die bekam das blutdurchtränkte Päckchen jedoch nie, sondern eine Zimmergenossin, die sofort die Polizei rief. Die fand Ansari wenig später komatös in einer Blutlache im Bad seiner Wohnung.

Kobayashi et al. berichteten 2002 von der Selbstamputation bei einem schizophrenen Patienten, der sich die linke Hand abgeschnitten hatte. Der 29-Jährige litt bereits sei zwölf Jahren an chronischer Schizophrenie mit Abulie (Willenlosigkeit) und autistischen Anteilen. Nach einem Wechsel des behandelnden Arztes, der seine Medikation auf Risiperdon umstellte, wurde er aktiver, wirkte freundlich und zugewandt. Drei Wochen später schnitt er sich plötzlich mit einem von seiner Familie sonst für große Früchte benutzten Messer die linke Hand ab, die bei der Einlieferung ins Krankenhaus noch an etwas Haut und Sehnen hing. Die Gelenkkapsel war so zerstört, dass eine Replantation unmöglich war und die Hand vollständig amputiert werden musste. Auf Nachfrage konnte er später berichten, dass halluzinatorische Stimmen ihm befohlen hatten, dies zu tun. Zu anderen Zeiten konnte er jedoch keine klare Auskunft über die Ursache seines Verhaltens geben oder er sagte, er habe lediglich einen überflüssigen Körperteil entfernen wollen. Dann war er wieder autistisch und abulisch, lachte grundlos, hatte auditorische Halluzinationen und Denkstörungen. Die Autoren gehen davon aus, dass der selbstzerstörerische Akt in dem stark bewusstseinsgestörten Zustand eines akuten schizophrenen Schubes geschah.

Bei Personen, die eine Amputation anstreben, kann auch eine körperdysmorphe Störung vorliegen, auch Dismorphophobia genannt. Die Betroffenen sind extrem unglücklich mit einem bestimmten Aspekt ihres körperlichen Aussehens. Meist sind die Abweichungen minimal (wenn sie überhaupt bestehen), werden aber völlig übersteigert wahrgenommen. Oft suchen diese Menschen plastische Chirurgen auf, mitunter probieren sie die unterschiedlichsten Arten der Body-Modification, um ihr Aussehen zu verändern. Da die eigentliche, zugrunde liegende Ursache aber psychischer Natur ist und eher in Gefühlen der Minderwertigkeit gesucht werden muss, haben ihre Bemühungen meist keinen langfristigen Effekt. Wenn also eine Person immer wieder die Amputation von noch weiteren Gliedmaßen wünscht, damit aber nur kurzfristig zufrieden ist, sollte man auch an eine körperdysmorphe Störung denken. Differentialdiagnostisch streben die von einer körperdysmorphen Störung Betroffenen allerdings in der Regel auch nur die Veränderung eines Körperteils an, nicht unbedingt dessen völlige Entfernung.

Es gibt Menschen, so Derfner (2000), die einen inneren Zwang fühlen, sich Körperteile zu amputieren. Medizinisch wird das Phänomen als Apotemnophilia bezeichnet. Der Begriff setzt sich aus den griechischen Worten „apo" = von, „temnein" = schneiden und „philia" = Freund zusammen, eine Bezeichnung für Menschen also, die sich die Amputation eines Körperteils wünschen. Hier steht nicht zwangsläufig immer eine psychisch-pathologische Störung im Vordergrund.

In der folgenden Zeitungsnachricht vom 7. Oktober 1999 dürfte es sich um einen solchen Apotemnophilen gehandelt haben. Ein 53-Jähriger hatte sich selbst die Kleinausführung einer Guillotine gebastelt und sich damit den Arm amputiert; den abgetrennten Körperteil legte er in eine Plastiktüte, verstaute ihn im Kühlschrank und rief den Rettungswagen. Die Ärzte im Krankenhaus wollten den Arm wieder anbringen, aber er verweigerte jede über das Vernähen der Wunde und die Bandagierung des Armstumpfes hinausgehende Behandlung. Er ging sogar so weit, damit zu drohen, sich nach der Entlassung aus dem Hospital sofort wieder den Arm zu amputieren, wenn man diesen wieder annähen würde. Er sagte der Polizei zunächst, dass es sich um einen Unfall in seiner Garage gehandelt habe, erst später gab er zu, dass er sich den Arm selbst abgetrennt hatte. Die Polizei spürte seinen Angaben nach und fand in seinem PC nicht nur die Internetseite mit der Bauanleitung für die Guillotine, sondern insgesamt 50 Seiten mit detaillierten Angaben über Selbstverletzung und insbesondere selbst durchgeführte Amputationen.[12]

Eine Internetseite über Selbstamputation enthält verschiedene Aussagen Betroffener, die hier als „*Wannabes*" („want-to-bes", sprich: die-anders-sein-möchten) bezeichnet werden. Einer schrieb: „*Blöd, dass ich nicht mit 500 Zehen zur Welt gekommen bin. Es gibt mir einen totalen Kick, so eine Amputation zu machen.*" Die Seite endet mit einem Hinweis, der auch Verständnis wecken soll:

> „*Wir hoffen, dass mit diesen Erklärungen, die wir hier aufgeschrieben haben, eine ganze Menge Chirurgen und anderes Pflegepersonal, das mit Amputierten zu tun hat, endlich mal anfangen, über die gefährlichen Dinge*

nachzudenken, die Wannabes eines Tages tun werden. Also, noch mal, es ist besser, folgendermaßen zu denken, wenn man mit ihnen zu tun hat: Kann ich offener sein in Bezug auf das Denken eines Wannabe, wenn ich weiß, dass Wannabes nicht verrückt sind und keinen Hirnschaden haben? Und kann ich ihnen helfen ihren Plan auf einem sicheren Weg auszuführen?"[11].

Die Betreffenden selbst ziehen als leicht verständlichen Vergleich heran:

„Wenn du deinen Haarschnitt nicht mehr leiden magst, was machst du dann? Du gehst zum Friseur und lässt die Haare abschneiden. Was aber machst du, wenn du nun plötzlich einen Teil deines Körpers nicht mehr magst, ja sogar hasst?" [15]

Harris und Snyder wiesen 1986 in einem Artikel auf die Problematik mangelnder Achtung vor sich selbst und vor dem eigenen Körper bei Menschen hin, die zur Selbstverstümmelung neigen; nach Ansicht dieser Forscher haben diese häufig auch ein hohes Suizidrisiko. Unbestätigten Zahlen zufolge geht man davon aus, dass rund 30 % tatsächlich irgendwann Suizid begehen oder an den Folgen einer Selbstamputation sterben werden. Anzunehmen ist, dass die meisten zunächst einmal einen oder mehrere Ärzte, insbesondere auch plastische Chirurgen und Schönheitschirurgen aufsuchen und ihren sonderbaren Wunsch dort vortragen. Sie werden natürlich abgewiesen und sinnen dann auf andere Möglichkeiten, bis sie es selbst tun.

Everaerd berichtete 1983 von einem Fall von Apotemnophilia, in dem er die Beziehung zwischen Amputation und Sexualität näher beleuchtete. Er zitiert hier unter anderem eine Fallbeschreibung von Krafft-Ebing (1890) über einen Patienten mit einer sexuellen Beziehung zu einer beinamputierten Frau. Als diese Verbindung auseinander brach, suchte der Mann sich eine Frau mit derselben Behinderung. Nach Krafft-Ebing gibt es durchaus Menschen mit einer Präferenz für behinderte Partner, man spricht hier von einer Alloatemnophilia oder Acrotomophilia. Der Fachterminus stammt von den griechischen Wörtern „acro" = Extremität, „tomo" = schneiden und „philia" = Freund. Gemeint sind Menschen, die sich sexuell stark zu Personen mit fehlenden Körperteilen hingezogen fühlen. Im Extremfall können sie den sexuellen Höhepunkt nur mit einem behinderten Partner erreichen oder indem sie sich beim Verkehr vorstellen, ihr Partner sei amputiert; Arm- oder Beinstümpfe wirken auf sie erotisch. Die meisten dieser Menschen sind selbst nicht behindert, wenngleich es Übergänge zur Apotemnophilia gibt, wenn Betroffene sich nur in behinderte Partner verlieben können und zugleich selbst eine Amputation anstrebt. Auch gibt es besondere pornographische Heftchen und Internetseiten mit behinderten Models für diese Gruppe, allerdings ist die Nacktheit der hier dargestellten Personen für den Acrotomophilen eher nebensächlich, sie sind oft mehr daran interessiert, sich den Arm- oder Beinstumpf anzusehen, was sie differentialdiagnostisch in die Nähe des Fetischismus rückt. Für manche dieser Fetischisten sind durchaus nicht nur Amputierte sexuell erregend, sondern auch Menschen in Rollstühlen, Personen mit verkrüppelten Beinen oder Füßen oder solche, die Arm- oder Beinprothesen tragen (Schorsch 1975).

London und Caprio (1950) beschrieben einen Patienten, der eine Amputation simulierte, indem er sein Bein stark nach oben anwinkelte und das Knie in einen ausgestopften Stiefel steckte. Mitunter zog er sich dazu außerdem einen Rock seiner Mutter an und bewunderte dann voller Entzücken sein Aussehen in einem Spiegel.

Auch Money et al. (1977) schrieben über zwei Patienten mit Hang zur Apotemnophilia, die gleichfalls Präferenzen für amputierte Partner hatten und phantasierten, selbst eine Beinamputation zu haben. Zunächst schilderten sie einen Mann, der sich an das John Hopkins Hospital gewandt hatte, um sich ein Bein amputieren zu lassen. Er gab an, dass er eine Art Transsexueller sei, nur dass sein Problem nichts mit dem Genital zu tun habe, sondern mit seinem Bein. Im Alter von zwei Jahren hatte er sich Fuß und Bein so schwer verbrannt, dass er fast ein Jahr lang nicht richtig gehen konnte. In seiner Jugend begann er dann, sich in seinen sexuellen Phantasien als Einbeinigen vorzustellen, und benutzte Bilder von amputierten Personen bei der Masturbation. Später hatte er eine Beziehung zu einem älteren beinamputierten Mann und danach zu einer behinderten Frau. Da sein Versuch misslang, einen Chirurgen zu finden, der ihm das Bein abschnitt, fing er an, sich absichtlich das Bein zu verletzen: unter anderem hämmerte er einen Stahlnagel hinein und infizierte die Wunde mehrfach mit Fäkalien; in einem anderen Versuch band er sich das Bein mit einer Aderpresse ab. Allerdings konnte sein Bein medizinisch immer gerettet werden. Er besuchte dann Fortbildungskurse zur Ausstattung Behinderter mit passenden Prothesen.

Ein zweiter von Money et al. (1977) beschriebener Fall der Apotemnophilie handelte von einem Mann, der sich das rechte Bein chirurgisch entfernen lassen wollte. Obwohl er keine sexuellen Erfahrungen mit Amputierten hatte, glaubte er, dass dies für ihn sehr befriedigend sein würde. Während des Geschlechtsverkehrs phantasierte er sich oder seine Partnerin als amputiert. Er selbst war mit einem Klumpfuß geboren worden, der zwar operiert worden war, durch den er aber niemals richtig gut laufen konnte; später arbeitete er ehrenamtlich mit Amputierten.

Ein von Everaerd (1983) vorgestellter Patient, Herr A., wies gleich beim ersten Kontakt darauf hin:

> „Ebenso wie ein Transsexueller mit seinem Körper nicht glücklich ist und einen Körper mit einem anderen Geschlecht haben will, auf die gleiche Art bin ich auch nicht mit meinem Körper zufrieden, aber bei mir betrifft es ein Bein, das fehl am Platz ist."

Der Patient lebte bei seinen Eltern und hatte bis zu seinem 44. Lebensjahr noch nie eine sexuelle Beziehung. Herr A. besorgte sich in der Folgezeit eine Fülle von Informationsmaterial über andere Fälle von Apotemnophilia und versuchte, einen Psychologen zu überzeugen, ihn bei seinem Vorhaben, einen Chirurgen zu finden, zu unterstützen. Zu seiner Kindheit befragt, konnte er sich erinnern, dass ihn ein Junge mit einem Holzbein fasziniert hatte, da dieser unter seiner Behinderung absolut gar nicht zu leiden schien, sondern fröhlich war und bei allen Spielen mitmachte. Er selbst fühlte sich zu diesem Zeitpunkt einsam und hielt diesen Jungen für viel glücklicher als sich selbst. Fortan symbolisierte ein Holzbein für ihn Glück und Fröhlichkeit.

Später sammelte er Zeichnungen, Bilder und Zeitungsausschnitte von Menschen mit fehlenden Gliedmaßen. Das Ansehen dieser Bilder erzeugte erotische Gefühle in ihm; beim Masturbieren stellte er sich oft amputierte Jungen vor. Unter anderem phantasierte er dabei, eine Gruppe von Jugendlichen würde sich mit einer Guillotine gegenseitig Gliedmaßen abschneiden. Für ihn war jedoch nicht der Akt der Amputation wichtig, sondern das Ergebnis. Schließlich wurde der Wunsch, selbst amputiert zu sein, immer stärker; so stark, dass er schließlich das Gefühl hatte, es nicht mehr kontrollieren zu können. Durch diesen unerfüllten Wunsch seien seine gesamte Existenz und seine sozialen Beziehungen generell behindert; wenn die Entfernung des Beines nicht möglich sei, würde er die einzige Alternative im Selbstmord sehen. Falls er amputiert werden könne, sei es für ihn wichtig, keine moderne Prothese zu tragen, sondern sichtbar behindert zu sein, sich äußerlich von anderen zu unterscheiden. Er erhoffte sich, dass das Sehen und Fühlen des Beinstumpfes ihm ein gutes Gefühl vermitteln würde. Er könne dies nicht erklären, da er damit ja keine Erfahrungen habe, so sagte Herr A., aber er habe die innere Gewissheit, dass es so sein werde. Sexuell, so gab er zu, würde es ihm einen enormen Kick geben, einen Beinstumpf zu sehen und zu berühren; das müsse nicht notwendigerweise sein eigener sein. Das sei aber nicht der Grund, weswegen er amputiert werden wolle. Vielmehr wäre eine Beinamputation die Voraussetzung, um ein Holzbein tragen zu können. Er tue das nicht, um sein Image zu verändern oder Aufmerksamkeit auf sich zu ziehen. Im Gegenteil sei es wohl so, dass die Umwelt wahrscheinlich komisch reagieren werde, wenn er in der heutigen Zeit noch mit einem Holzbein herumlaufen würde. Er habe jahrelang über die Amputation nachgedacht, die Idee aber zunächst immer wieder verworfen. Seiner Ansicht nach habe er ein Recht auf ein Holzbein; er könne nicht verstehen, warum die Chirurgen es ablehnten, ihm ein Bein abzutrennen. Ihm sei auch klar, dass die Amputation ein irreversibler Schritt sei. Es ginge ihm auch nicht darum, einmal auf einem Holzbein zu gehen, gerade das Permanente sei wichtig für ihn. Ihm sei klar, dass es nicht witzig sei, für den Rest des Lebens nur noch auf einem Bein zu laufen, auch habe er bereits gründlich darüber nachgedacht, dass das Ganze auch eine Enttäuschung werden könne, aber er wolle dennoch seine Chance nutzen und es unbedingt versuchen. Letztlich sehe er es als eine Frage seines persönlichen Glücks.

Im weiteren Verlauf legte der Patient sich als temporäre Lösung zunächst zwei Krücken zu, humpelte damit durch sein Haus und stellte sich vor, er sei bereits amputiert. Dies, so schrieb er, gäbe ihm ein sehr gutes Gefühl. Er würde sich dann auch vorstellen, er habe bereits ein Holzbein, dann könne er intensiv spüren, wie sich beim Gehen der Beinstumpf gegen das Holz presse und wie das Holzbein bei jedem Schritt ein dumpfes Geräusch auf dem Boden verursache:

> *„All dieses gibt mir das Gefühl, mich körperlich gut zu fühlen, und es hilft mir, geistig glücklich zu sein, was ich dann auch rational akzeptieren kann. Es ist diese totale Befriedigung, die mir ein Gefühl der intensiven Zufriedenheit vermittelt."*

Die Frage, die er sich auch am Ende der Behandlung bei dem Psychologen stellte, war nicht: „Wie kann ich diesen Wunsch loswerden?", sondern: „Wie kann ich ein Holzbein bekommen?"! Dennoch sah er schließlich ein, dass sein Wunsch von anderen nicht akzeptiert werden würde.

Beresford (1980) beschrieb einen 29 Jahre alten Mann, der nach mehreren Versuchen, seinen rechten Unterschenkel loszuwerden, hospitalisiert wurde. Immer wieder verletzte er sich dort, unter anderem schoss er hinein. Er berichtete, seine beste Spielkameradin in der Kindheit sei ein Mädchen gewesen, dessen rechtes Bein durch Kinderlähmung schwer verkrüppelt war. Die mentale Ablehnung seines Beins hatte begonnen, nachdem seine Mutter sich wieder verheiratet hatte. Er lebte dann später vereinsamt in einem Wald, mit einem Hund als einzigem Begleiter. Nach langer Diskussion einigte man sich auf eine Beinamputation unterhalb des Knies, die auch komplikationslos verheilte. Mit einer Prothese kam er gut zurecht und eine Psychotherapie hielt er nicht für notwendig.

Sowohl in den Beschreibungen von London und Caprio (1950) wie auch von Money et al. (1977) spielten vorangegangene sexuelle Phantasien in Richtung auf Personen mit fehlenden Gliedmaßen eine tragende Rolle. Money (1977) äußerte die Ansicht, zwischen Amputierten und Personen mit Alloapotemnophilia könne eine durchaus tragfähige Beziehung entstehen. Einen 28-Jährigen, der durch den Anblick oder auch durch Fotografien von amputierten Frauen sexuell erregt wurde, beschrieben Wakefield et al. (1977). Der Mann wünschte sich schließlich, auch selbst amputiert zu sein, und steckte einen Finger in Trockeneis, bis dieser abstarb. Das Ganze deklarierte er als Arbeitsunfall und ließ sich den nekrotischen Rest von einem Arzt entfernen. In einem anderen Fall schnürte er sich eine Zehe mit Gummiband ab und entfernte sie mit einem Rasiermesser. Ansonsten, so seine Angabe, sei er glücklich verheiratet. Er selbst realisierte zwar, dass sein Verlangen bizarr sei, meinte aber lapidar, dass es *„nun mal so sei"*.

Es scheint einige Menschen zu geben, die durch den Anblick Amputierter sexuell erregt werden. Zumindest gibt es ein breit gefächertes Angebot im Internet, wo solche Bilder gegen Geld erhältlich sind. Auf den Außenstehenden wirkt es sicherlich seltsam, dass man hier zwischen Seiten mit Arm- oder Beinamputierten wählen kann, zwischen solchen mit nur teilweise oder völliger Entfernung dieser Gliedmaßen, mit ein- und beidseitig Amputierten und Personen mit mehrfachen Behinderungen, von denen einzelne nur noch aus Kopf und Rumpf bestehen[10]. Auch der Umfang der Bekleidung ist recht variabel gehalten, wobei aber selten die Geschlechtsorgane im Vordergrund stehen, sondern überwiegend der amputierte Körperteil. Ob Personen mit einer solchen Vorliebe mit einem behinderten Partner eine tragfähige Beziehung bilden können? Der bessere Weg ist vermutlich, dass jemand einen Menschen trotz einer Behinderung liebt und nicht deswegen; wenn nur das Fehlen eines Körperteils die Grundlage einer rein sexuellen Beziehung bildet, nicht aber gegenseitige Liebe, dann dürfte das keine sinnvolle Basis sein. Da Amputierte oft schlechtere Chancen haben, einen Partner zu finden, eröffnen sich hier andererseits auch Möglichkeiten.

Auch Money und Sirncoe beschäftigten sich 1986 mit Acrotomophilia, der Vorliebe für einen amputierten Partner, und zitieren einen Bericht aus einer Selbsthilfegruppe. Der Betreffende war 47 Jahre alt, Ingenieur in einer Elektronikfirma, seit 25 Jahren mit einer nichtbehinderten Frau verheiratet und Vater von vier Kindern zwischen 13 und 20 Jahren. Schon in seiner Kindheit hatte er Phantasien, Behinderten zu helfen, und besonders beeindruckt hatte ihn das Mädchen im Rollstuhl in dem Film „Heidi". Ein Lehrer fand dann heraus, dass er farbenblind war, und ihm wurde schlagartig klar, dass auch er ein Behinderter war, worauf er sich noch mehr mit dieser Gruppe identifizierte. In der siebten Klasse hatte er eine Freundin, die taub war. Als Kind war er fett und unsportlich und hasste es, nackt im Duschraum zu erscheinen. Der Sportunterricht war die Hölle für ihn und einmal täuschte er einen verknacksten Knöchel vor, um dem zu entgehen. Aber der Sportlehrer verordnete ihm beim nächsten Mal eine zusätzliche Stunde, die noch viel schlimmer war. Wenn er nur amputiert wäre, so habe er sich damals vorgestellt, dann müsste er jetzt nicht über die Hürden springen. Heimlich begann er, mit seinem Bein in die Hosen eingeklemmt, zu Hause wie ein Beinamputierter herumzuhumpeln. Manchmal machte er sich auch ein Holzbein aus einem Stück Balken und lief damit herum. Da ihm das Spaß machte, entschied er, dass er auch als Amputierter würde leben können. Als Schlüsselerlebnis berichtet er:

> „Einmal, als ich dafür übte, ein Amputierter zu sein, lehnte ich mich gegen die Werkbank, und ein magisches Gefühl tauchte in meiner Leistengegend auf. Ich konnte einen Orgasmus bekommen nur dadurch, dass ich mir vorstellte, amputiert zu sein! Das wurde daraufhin meine regelmäßige Methode zu masturbieren."

In der weiteren Zeit veränderte sich dann seine Phantasie, selbst behindert zu sein, hin zu einer amputierten Partnerin. Er schnitt sich Zeitungsbilder von Filmstars aus und machte sie dann Stück für Stück zu Amputierten, bis sie nur noch ein Torso ohne Gliedmaßen waren. Gleichwohl hatte er in dieser Zeit Beziehungen zu völlig normalen Mädchen und heiratete auch eine, mit der er zwei Jahre zusammen gewesen war. Vier Jahre nach der Hochzeit bekannte er ihr seine seltsame Neigung, aber sie nahm ihm das ziemlich übel, so dass das Thema sechs Jahre lang nicht weiter diskutiert wurde. Später erklärte sie sich manchmal bereit, so zu tun, als sei sie amputiert, aber sie tat dies mit so viel Widerwillen und Zögern, dass er keine Freude daran hatte. Eines Tages las er in der Zeitung von einer jungen Frau, der von einem betrunkenen Seemann mit einer Axt beide Arme abgeschlagen worden waren und die überlebt hatte. Er fand diese Geschichte schrecklich und erregend zugleich. Seine Frau weigerte sich, überhaupt mit ihm darüber zu sprechen. Mit großer Mühe machte er dann die Bekanntschaft mehrerer amputierter Frauen. Die meisten Beziehungen waren nur platonisch, einige aber auch sinnlich und er wurde der Liebhaber von zweien. Beim Geschlechtsverkehr mit seiner eigenen Frau stellte er sich dann später vor, sie sei eine der beiden, oder er phantasierte, um sich zu erregen, sie habe eine frische Amputation. Beim Masturbieren dachte er auch daran, selbst eine Amputation zu haben. Ihn erregte ebenfalls die Vorstellung, zuzusehen, wie ein Körperteil einer Frau, die er kannte, gerade entfernt wurde. Einen Stumpf zu berühren war für ihn ebenso erotisch wie eine weibliche Brust zu streicheln.

Irgendwann korrespondierte er mit über 50 „*devotees*" (svw. „Anhänger, Verehrer, Liebhaber") weltweit, die dieselbe Vorliebe hatten. Außenstehende, dass sei ihm klar, sähen diese Faszination an Amputationen gewöhnlich als krank oder psychisch gestört an. Natürlich wären da einige, die offensichtlich verrückt seien; das sei eine kleine Minderheit, die aber unglücklicherweise sehr viel Aufsehen errege. Die meisten aus der Gruppe, die er kennen gelernt habe, kämen sehr gut mit ihrem Leben und mit anderen zurecht. Alle haben das Gefühl,

Abb. 87:
Der Torso als Kunstwerk – Männer mit Acrotomophilie finden Frauen mit amputierten Gliedmaßen erotisch. (Foto: stock.XCHNG[6])

durch die Amputation mehr bieten zu können, nicht weniger. Wenn er selbst sein Leben noch einmal leben könnte, dann würde er nicht noch einmal so viele Jahre mit dem frustrierenden Versuch vergeuden, eine amputierte Partnerin zu suchen, sondern hätte mit 13 sein Knie unter einen Güterzug gelegt. Jetzt sei es aber zu spät für ihn, noch selbst zu einem Amputierten zu werden.

Money und Sirncoe, die diese ausführliche Selbstbeschreibung 1986 publiziert haben, wiesen darauf hin, dass Acrotomophilia meist ihren Ursprung in der Kindheit hat und dann ein Leben lang erstaunlich stabil bleibt. Wie im obigen Beispiel gehen viele Betroffene den „Ersatzweg", sich einen entsprechend behinderten Partner zu suchen. Auch Favazza (1996) weist auf die kleine Gruppe hin, die durch das Betrachten amputierter Gliedmaßen sexuell stark erregt werden.

Das Ausblenden eines Körperteils wiederum kann aufgrund neurologischer Störungen geschehen. So gibt es Patienten, die nach einem Schlaganfall oder einem Schädel-Hirn-Trauma unter einem Neglekt, einer halbseitigen Vernachlässigung, leiden und in deren Bewusstsein eine Körperhälfte nicht mehr existiert. Die Patienten rasieren, waschen und schminken diese Körperhälfte nicht, da sie diese ja auch nicht mehr fühlen. Durch den Untergang des entsprechenden Hirnareals, das für die Steuerung dieses Körperteils verantwortlich war, existiert es in ihrem Bewusstsein nicht mehr. Oliver Sacks (1988) schilderte in seinem neurologischen Bestseller „Der Mann, der seine Frau mit einem Hut verwechselte" einen solchen Patienten mit einer so genannten Asomatognosie und zitierte ein weiteres Fallbeispiel seinen Kollegen Michael Kremer:

> *„Man bat mich, nach einem Patienten in der Kardiologie zu sehen, dessen Verhalten Rätsel aufgab. Er litt an Herzflimmern und hatte eine Embolie ausgebildet, durch die er linksseitig gelähmt war. Ich sollte ihn untersuchen, weil er nachts immer wieder aus dem Bett fiel. Die Herzspezialisten hatten keine Erklärung dafür. Als ich ihn fragte, was in der Nacht geschehe, erzählte er ohne Umschweife, dass er immer wieder ein totes, kaltes, behaartes Bein in seinem Bett vorfinde, wenn er nachts erwache. Er könne sich nicht erklären, woher das tote Bein stamme, und würde daher versuchen, es mit seinem gesunden Arm aus dem Bett zu schieben. Es würde aber irgendwie an seinem Körper haften, er könne es nicht wegbekommen. Jedes Mal, wenn er es geschafft habe, das Bein aus dem Bett zu drängen, dann würde er hinterherfallen. Seiner Ansicht nach würde es sich um einen schlechten Scherz des Klinikpersonals handeln, die ihm Nacht für Nacht ein amputiertes menschliches Bein ins Bett legen würden. Interessanterweise konnte man ihn niemals dazu bringen zu sagen, ob sein eigenes linkes Bein noch da sei. Seine Gedanken kreisten ausschließlich um das fremde Bein. Für seine eigene, gelähmte Körperhälfte hatte er praktisch kein Bewusstsein mehr."*
> (Sacks 1988, 86)

Möglicherweise steht auch hinter dem Wunsch mancher Wannabes nach Amputation von Körperteilen schlichtweg eine neurologische Störung – aus irgendwelchen Gründen ist die Repräsentation eines Körperteils aus ihrem Bewusstsein verschwunden und sie empfinden dieses nun als fremdes, störendes Anhängsel. Die Amputation stellt dann lediglich den Versuch dar, die Anatomie des Körpers an ihr mentales Bild davon anzupassen. So gesehen haben dann vielleicht die oben zitierten Betroffenen durchaus Recht; sie sind in mancher Hinsicht mit Transidenten zu vergleichen, die ein ähnliches Problem mit ihrem Geschlecht haben. Gleich eine psychische Störung anzunehmen, wenn sich jemand ein Körperteil amputieren lassen will, ist also nicht ohne Weiteres haltbar. Aber auch diese Annahme trifft offenkundig nicht auf jeden zu, der eine Amputation haben möchte, wie das folgende Beispiel zeigt.

Auf der Internetseite von ampulove findet sich die Selbstbeschreibung einer verheirateten 28-jährigen Einbeinigen. Ihre Argumentation ist in vieler Hinsicht logisch und nachvollziehbar und soll daher hier sehr ausführlich dargestellt werden. S. H. hatte sich nach eigenem Bekunden mit 16 Jahren das linke Bein in Höhe des Oberschenkels freiwillig amputieren lassen. Dies geschah letztendlich mit dem Einverständnis sowohl ihrer Eltern wie auch ihres Psychiaters, nachdem sie mehr als zwei Jahre dort in Behandlung gewesen war. Ihre Besessenheit von dem Wunsch nach einer Amputation war so stark, dass sie jeden Aspekt ihres Lebens überschattete. Die Fachleute erklärten sich aus Sicherheitsgründen schließlich einverstanden, die Amputation in einer Klinik durchführen zu lassen, um Schlimmeres zu verhindern. Eine wirkliche Erklärung für die Ursache ihres Wunsches konnte sie auch nicht geben, wie sie selbst sagte. Vom Beginn ihrer Schullaufbahn an habe sie immer gute Leistungen erbracht und sei auch sportlich gewesen, sie schilderte sich als kontaktreich und durchaus beliebt in ihrer Klasse. Nach ihrer Darstellung löste der Anblick von Personen mit Amputationen bei ihr auch keinerlei sexuelle Erregung aus, entsprechend habe sie als Kind auch keine Phantasien diesbezüglich entwickelt. Prothesen oder Krücken seien auch kein Fetisch für sie gewesen. Ebenso wenig war sie der Ansicht, dass ihr sonderbarer Wunsch darauf beruhte, Aufmerksamkeit bzw. Mitleid erregen zu wollen, oder auf masochistische Tendenzen hinwies. All diese Möglichkeiten seien auch von ihrem Psychiater verworfen worden. Lediglich die Idee, dass mit ihrem Wunsch nach Amputation auch Exhibitionismus verwoben sein könnte, mochte sie sonderbarerweise nicht ablehnen, zumal sie sich als „von Natur aus" etwas exhibitionistisch veranlagt einstufte. So machte sie im Alter von etwa zwölf oder 13 Jahren regelmäßig nackt gymnastische Übungen in der Nähe ihres Fensters und wusste, dass ein erwachsener Nachbar und manchmal auch einige Jungs sie heimlich dabei beobachteten. Sie hatte Spaß daran, die Übungen so zu machen, dass man durch das Fenster ihre Brüste und ihr Geschlecht sehen konnte, und stellte sich dabei vor, wie ihre Beobachter eine Erektion bekamen. Sie fand dies extrem erregend und ging danach regelmäßig ins Bad, um zu masturbieren. Irgendwie spielte die Vorstellung, dass es ähnlich erregend sei, als Amputierte beobachtet zu werden, eine wichtige Rolle bei ihrem Wunsch, ein Bein zu verlieren. Dies begründete sie damit, dass Amputation ebenso ein Tabuthema sei wie Nacktheit.

Ihr Wunsch nach einer Amputation hatte für sie drei Teilaspekte: Erstens habe sie ein sehr einfaches, zugleich aber auch äußerst intensives Gefühl dafür, dass sie amputiert sehr viel ästhetischer aussähe. Für sie selbst und für viele andere Wannabes wirken Einbeinige eindeutig attraktiver als Zweibeinige. Sie könne die Ursache dieser Wahrnehmung selbst nicht erklären, es habe ihrer Ansicht nach etwas mit der Asymmetrie zu tun, die durch die Amputation erzeugt werde. Dieses Erscheinungsbild war es, das sie in ihren Vorstellungen am heftigsten begehrt hatte, in dem festen Wissen, dass sie nach der Entfernung des Beins viel schöner aussehen würde als vorher. Der zweite Aspekt betrifft eine gewisse Neugier, welche Gefühle man durch die Amputation haben würde. Ihr fiel dazu kein Begriff ein, sie schrieb, es *„gelüste"* sie danach, zu wissen, wie es sich anfühlen würde, einen Stumpf anstatt eines Beins zu haben. Sie wollte dies in allen denkbaren Aspekten kennen lernen, und zwar so intensiv wie nur irgend möglich; jemandem, der das nicht ebenso gespürt habe, könne man dieses Begehren auch nicht wirklich erklären. Als letztes Motiv nannte sie die andauernde Herausforderung, das Leben auf einem Bein zu meistern; sie meinte dies in einem sportlichen Sinn. Was sie reizte, waren nicht die Probleme, die auftauchen würden, sondern die Aussicht darauf, diese zu überwinden.

Sie selbst habe Kontakt zu fünf anderen, die es geschafft haben, dass ihnen in ihrer Jugend Gliedmaßen amputiert wurden, zwei Frauen und drei Männer von Mitte zwanzig bis Mitte vierzig. Alle drei Männer hatten eine Amputation ganz einfach dadurch erreicht, dass sie irgendwann einen Arm absichtlich in eine Industriemaschine gesteckt hatten. Beide Frauen haben eine Amputation des Beines oberhalb des Knies: bei einer wurde es ebenfalls chirurgisch entfernt, nachdem auch der Psychiater dies empfohlen hatte, die andere behauptet, sie habe einem Bekannten 300,– Dollar dafür gezahlt, dass dieser ihr mit einem Gewehr das Knie zerschoss. In einer Lokalzeitschrift war sie als Opfer eines Jagdunfalls abgebildet worden. Die Zeit zwischen dem Entschluss und der Ausführung der Tat variierte zwischen mehreren Jahren und wenigen Sekunden. Zwei der Männer führten ihre „Unfälle" impulsiv durch, ohne dies lange geplant zu haben; sie sahen die Möglichkeit und reagierten spontan. Der Dritte arbeitete mehr als zwei Monate lang an einer großen hydraulischen Schere, um Stahlblechteile zuzuschneiden, und dachte dabei darüber nach, ob er sich seinen lebenslangen Traum erfüllen sollte oder nicht. Drei Tage, bevor er die Arbeit beenden musste, weil er wieder auf die Highschool gehen wollte, ließ er sich den Arm kurz über dem Ellbogen abtrennen. Eine der Frauen war drei Jahre lang in psychoanalytischer Behandlung, bis der Therapeut sich für eine chirurgische Entfernung in einer Klinik einsetzte. Für alle fünf sei eine unerträgliche Neugier der Hauptgrund gewesen, den betreffenden Körperteil aufzugeben; und alle fünf behaupten, seitdem glücklicher zu sein, und dass sie nichts anderes tun würden, wenn sie sich nochmals zu entscheiden hätten.

Sie selbst sah die Angelegenheit aber auch so, dass die eigentliche Amputation möglicherweise gar nicht das wirkliche Ziel gewesen sein könnte, sondern die wahre Motivation lag in der Intensität des Wunsches danach. Nachdem die Stärke dieses Begehrens einen gewissen Level überschritten hatte, wurde der Wunsch zum eigentlichen Problem. Eine dominante, alles verzehrende Besessenheit. Als sie selbst die Psychoanalyse begonnen hatte, habe sie an nichts anderes mehr denken können als daran, eine Beinamputierte zu werden. Sie sei so besessen von diesem Wunsch gewesen, dass sie nicht einmal mehr die einfachsten Aufgaben habe durchführen können und nur noch weit unterhalb ihres normalen Niveaus funktioniert habe. Selbst ihr Psychiater habe ihr nicht helfen können, wieder die Kontrolle über ihre mentalen Prozesse zu gewinnen. Am Ende wurde die Amputation nicht deswegen durchgeführt, weil sie es wollte, sondern weil es die einzige Möglichkeit war, sie davon abzubringen, es weiterhin zu wollen. Das sei ihrer Ansicht nach auch eingetreten. Trotz der Nachteile, die mit dem Verlust des Beines verbunden waren, hörte ihre Besessenheit daraufhin auf – sie konnte nicht mehr ihre gesamten Gedanken auf einen Wunsch richten, der bereits erfüllt worden war. Ihr Verstand hatte sich völlig beruhigt, als sie nach der Narkose wieder aufwachte. Die Erleichterung war so groß, dass es ihr nichts ausmachte, von nun an viele Dinge nicht mehr tun zu können. Sie war überzeugt, ein großes seelisches Problem gegen eine leichte Behinderung ausgetauscht zu haben, und das war es ihr wert.

Einer ihrer fünf ebenfalls betroffenen Bekannten hatte ihr etwas Ähnliches berichtet. Er hatte seine Hand bei der Heuernte in den Mähdrescher gehalten, weil er wissen wollte, ob er hinterher seine Finger noch immer spüren würde. Auch bei ihm spielte Neugier eine Rolle; sie war so stark, dass sie sein Leben schwierig machte. Er hatte sich darüber so lange Gedanken gemacht, die Frage ließ seinen Verstand einfach nicht mehr in Ruhe. Sich davon zu lösen hieß, sich von der Hand zu befreien. Nachdem er das getan hatte, war die Antwort auf seine Frage gar nicht mehr so wichtig. Immerhin könne er auch 30 Jahre später seine nicht vorhandene Hand noch spüren und sogar die einzelnen Finger „bewegen". Nun kannte er die Antwort und konnte sich geistig endlich wieder mit anderen Dingen beschäftigen. Die eigentlich sehr schwere Behinderung durch den Verlust einer Hand erschien ihm geradezu trivial verglichen mit dem Elend, das er vorher erlitten hatte. Auch bei ihm habe es keinerlei Enttäuschung gegeben, nur Verbesserungen. Er habe genau das bekommen, was er haben wollte, und war gewillt, die körperlichen Konsequenzen zu tolerieren. Zumindest dieses Beispiel lässt sich mit der oben beschriebenen Annahme eines neurologischen Defektes samt Erlöschen der mentalen Repräsentation also nicht ohne Weiteres in Übereinstimmung bringen.

Warum dieses Bedürfnis nach Amputation so stark wird, kann jedoch keiner der Betroffenen wirklich erklären. Möglicherweise liegt es daran, dass alle wissen, dass ihr Wunsch erfüllt werden kann. Die 28-jährige Beinamputierte verglich ihre Situation mit der eines Menschen kurz vor dem Hungertod, der hinter einer unzerbrechlichen Glaswand ein herrliches Bankett sieht; man kann nicht aufhören, darüber nachzudenken, so schrieb sie, wenn man das Ziel so dicht vor Augen habe.

Sie setzte sich auch mit den Parallelen zwischen dem Wunsch nach Amputation und dem nach Geschlechtsanpassung auseinander. Transsexuelle bekommen ihrer Ansicht nach nur ein Abbild dessen, was sie gerne sein möchten, bei Wannabes hingegen würden durch die Operation alle Wünsche erfüllt. Als ungerecht empfand sie, dass Transsexuelle, nachdem sie den psychologischen Test durchlaufen haben, in Kliniken operiert werden können und oft nicht einmal dafür bezahlen müssen, während Wannabes aus „ethischen Bedenken" abgelehnt werden. Man ignoriere damit in ihren Augen völlig die tiefgreifenden seelischen Nöte eines Menschen, der amputiert werden möchte. Dasselbe gelte für Schönheitsoperationen. S. H. hinterfragte in ihrem Internetbeitrag kritisch, warum man, wenn man genug Geld hat, einen größeren Busen, eine geradere Nase, überkronte Zähne oder verkürzte Schamlippen bekommen könne, aber keine Amputation, auch wenn man gerade das als attraktiv empfindet. Viele dieser Schönheitsoperationen haben in ihren Augen ebenso schwerwiegende Auswirkungen wie die Entfernung eines Körperteils. Ob am linken Fuß der kleine Zeh vorhanden ist oder nicht, bringe praktisch keine Vor- oder Nachteile im Leben, und wenn jemand unerträglichen psychischen Druck deswegen empfindet, warum sollte man den Zeh dann nicht chirurgisch entfernen?! Die Fachleute werden dann erklären, so schrieb sie, dass dies eine irrationale Idee sei und dass man den Zeh brauche, obwohl jeder wisse, dass man ihn nicht wirklich brauche. Derselbe plastische Chirurg würde vermutlich ohne mit der Wimper zu zucken die inneren Schamlippen einer Patientin verkürzen. Ihre abschließende Position ist: *„Dies ist mein Körper und ich sollte diejenige sein, die entscheidet, wie er aussieht."*[13]

Inzwischen wurde für diese Menschen eine eigene klinische Diagnosegruppe eingerichtet: eine „Störung der Körperidentität" (Body Integrity Identity Disorder, BIID) wird bei dem drängenden Wunsch diagnostiziert, den Körper an ein Idealbild anzupassen, das jemand von sich selbst hat; dies kann auch Menschen betreffen, die aktiv versuchen, eine Amputation zu erreichen. Nach den Diagnosekriterien sind sie auf keinen Fall als psychotisch einzustufen, im Gegenteil ist das Vorhandensein einer Psychose sogar als Ausschlusskriterium zu werten. Die BIID hat einige Gemeinsamkeiten mit der Störung der Geschlechtsidentität (Gender Identity Disorder, GID), da auch diese Menschen seit ihrer Kindheit das Gefühl haben, irgendetwas stimme an ihrem Körper nicht. Menschen mit einer Störung der Körperidentität können sich oft entsinnen, dass sie, als sie als Kind das erste Mal eine amputierte Person gesehen haben, den starken Wunsch verspürten, ihr eigener Körper möge ebenso aussehen. Die Betroffenen zeigen meist eine Kombination der folgenden Symptome: Gefühl, mit vier Gliedmaßen verkehrt ausgestattet worden zu sein, und nach der Amputation ein Gefühl der Stimmigkeit oder sogar Vollständigkeit; extrem starker Wunsch, einen bestimmten Körperteil nicht mehr zu haben; intensive Neidgefühle beim Anblick einer amputierten Person. Die Betroffenen reagieren typischerweise zunächst mit Angst, wenn sie diesen Wunsch an sich bemerken, und trauen sich nicht, dies anderen Personen mitzuteilen. Viele begeben sich in psychologische oder psychiatrische Behandlung, berichten aber selbst dort oft nichts von ihrem Begehren. Durch die Verdrängung des Wunsches nach Amputation kann es zu Phasen der Depression kommen, z. T. mit Suizidtendenzen. Zum Symptomkomplex gehören außerdem: häufige Spiele oder andere Handlungen, in denen so getan wird, als sei man amputiert, meist heimlich zu Hause, seltener auch in der Öffentlichkeit; Gefühle der Isolation, da Betroffene häufig der Ansicht sind, sie seien die Einzigen weltweit mit einem solch absonderlichen Wunsch. Wenn ihre Versuche, die Amputation auf legalem Wege zu erhalten, fehlschlagen, kommt es meist irgendwann zu Versuchen der Selbstamputation durch Zerschießen, Halten einer Gliedmaße in Maschinen oder bewusst herbeigeführte Infektionen, die eine Amputation durch den Arzt erforderlich machen sollen. Eine kleine Anzahl von Ärzten und Kliniken erkennt diese Störung inzwischen als Grund an, einen den Wünschen des Betreffenden entsprechenden chirurgischen Eingriff durchzuführen. Allerdings ist die Berichterstattung durch die Medien meist so extrem negativ, dass diese Ärzte und Kliniken in der Vergangenheit jedes Mal massiv unter Druck geraten sind, wenn bekannt wurde, dass es keinen medizinischen Grund für die Entfernung des Körperteils gab.

Die Unterschiede zwischen Apotemnophilia und einer Störung der Körperidentität (BIID) wurden bislang noch nicht klar herausgearbeitet, so dass beide Begriffe häufig synonym gebraucht werden. Einige Autoren sind der Ansicht, dass es bei Apotemnophilia eine starke sexuelle Komponente gibt, dass dort also wie bei der Acrotomophilia amputierte Gliedmaßen als sexuell erregend empfunden werden. Diese Komponente soll bei der BIID fehlen, hier fühle man sich einfach mit vier Gliedmaßen „unvollständig".

Das Verständnis für Wannabes hat, trotz zunehmender Einsicht in die Ursachen, in den letzten Jahren nicht zugenommen. Der englische Chirurg Robert Smith, der 1997 einem Universitätsmitarbeiter und einem deutschen Bootsbauer in der schottischen Stadt Falkirk auf deren Verlangen jeweils ein Bein amputiert hatte, musste sich heftige Vorwürfe von den Medien und den Fachkollegen gefallen lassen (Buck 2000). Apotemnophilia wurde hier von den Medien als „Geistesstörung" eingestuft und den Betroffenen vorgeworfen, die Verstümmelung diene ihrer sexuellen Erregung. Dr. Smith rechtfertigte die Operationen damit, dass viele Wannabes sich die Gliedmaßen aus Verzweiflung irgendwann selbst amputieren, in Körperteile hineinschießen oder ihre Gliedmaßen sogar auf Eisenbahngleise legen. Solche Taten habe er verhindern wollen. Beide Patienten waren vorher von zwei Psychiatern und einer Psychologin untersucht worden. Kevin Wright, einer der Betroffenen, sagte aus: *„Es war einfach kein Teil von mir. Durch das Abnehmen des Beines hat mich der Chirurg zu einem vollständigen Menschen gemacht."* (Buck 2000, 172) Mehrere weitere Patienten, die daraufhin bei dem Chirurgen um Hilfe ersuchten, wurden von der Verwaltung abgewiesen, da man nach dem Medienrummel um den Ruf des Krankenhauses fürchtete.

Im August 2000 ging eine weitere Fallgeschichte durch die Presse, in der ausgerechnet ein Psychologe die Amputation eines seiner Beine anstrebte. Der New Yorker Gregg Furth hatte schon mehrere Jahrzehnte lang versucht, einen Arzt zu finden, der bereit war, ihm das rechte Bein zu entfernen. Das Bein selbst war völlig gesund – das Problem lag in Furths Denken; er sagte, für ihn sei das eine Möglichkeit, intakt zu werden, und nicht etwa behindert: *„Für mich fühlt sich dieses Bein fremd an und ich möchte es loswerden."* Er wandte sich an den schottischen Arzt Dr. Robert Smith, der ja bereits zwei solcher Operationen durchgeführt hatte, wurde aber wie viele vor ihm wegen des Medienrummels in den beiden vorangegangenen Fällen abgelehnt. Schottische Politiker hielten diese Art von Operationen für „obszön" und forderten gesetzliche Bestimmungen, um sie zu verbieten. Smith, der mittlerweile sechs weitere Patienten auf der Warteliste hatte, entgegnete, dass die Betroffenen ohne chirurgische Entfernung irgendwann selbst Hand an sich legen würden. *„Diese Leute"*, so meinte er, *„sind wirklich verzweifelt."* Andere wissenschaftliche Kapazitäten wie z. B. Caplan, der damalige Direktor der Universität von Pennsylvania, sahen in dieser Art von Amputation den Hippokratischen Eid verletzt. Caplan argumentierte, man unterstütze damit ja nur die Besessenheit der Betreffenden, statt sie zu heilen.

Dass diese in ihrer Verzweifelung oft extreme Wege gehen, zeigt die Geschichte von Philip Brody, der gleichfalls mehrere Jahrzehnte lang unter Apotemnophilia gelitten hatte und sich dann in einem Hotel in Mexiko von John Ronald Brown ein gesundes Bein amputieren ließ. Brown war allerdings schon 1977 die Zulassung entzogen worden und Brody starb an den Operationsfolgen, woraufhin Brown zu 15 Jahren Gefängnis verurteilt wurde.

Eine andere Person soll ihr Bein so lange in Trockeneis gelegt haben, bis schwere Erfrierungen eine Amputation notwendig machten. Im Jahr 2003 erschien ein Artikel von Bensler und Paauw zu dem Thema. Die Forscher beschrieben die Fallgeschichte eines 20-jährigen Apotemnophilen, der von der Idee besessen war, eines seiner Beine amputieren zu lassen. Er hatte in der Vergangenheit etliche Male immer wieder dasselbe Bein zum Teil schwer verletzt und dies als Unfälle ausgegeben, um sein Ziel erreichen zu können.

BIID-Betroffene richten ihr Interesse überwiegend auf Körperteile, die man notfalls entbehren kann, überwiegend Zehen oder einzelne Finger, gefolgt von Beinen. Der Wunsch nach einer Amputation des Armes ist seltener als der nach einer Beinamputation. Etwas sarkastisch fragt ein Artikel auf der amerikanischen Internetseite www.pervscan.com, was denn wäre, wenn jemand die Existenz seines eigenen Kopfes nicht mehr ertragen könnte und amputiert haben wollte; etwas konstruktiver wird auf dieser Seite aber auch darauf hingewiesen, dass Schönheit letztendlich immer etwas sei, das nur im Auge des Betrachters liege. Nicht jeder mag Kubismus und moderne Kunst. Was für den Durchschnittsbürger hässliche Selbstverstümmelung ist, kann für einzelne Menschen attraktiv sein. Manche Frauen lassen sich fußballgroße Implantate in die Brüste setzen – wo liegt die Grenze? Wenn man die Geschlechtsumwandlung genehmigt und es sogar ein Gesetz für die freiwillige Kastration gibt, muss man dann auch das Abtrennen der Ohren, der Nase oder die Entfernung eines Auges oder beider erlauben? Hier herrscht auch bei Fachleuten massive Unsicherheit.

Abzugrenzen ist eine weitere, wiederum völlig andere Störung, die als „Mania operativa" bezeichnet wird und bei der die Betroffenen glauben, ständig neue Operationen haben zu müssen, und wegen mehr oder minder eingebildeten Symptomen beständig Ärzte, Kliniken und Therapeuten aufsuchen. Auch nach mehreren Eingriffen sind sie nicht geheilt, sondern tauchen mit ständig weiteren oder neuen Krankheiten wieder auf. In einer Studie von Hunter und Kennard (1982) wurde gar nachgewiesen, dass etliche Patienten sogar aus medizinischer Sicht völlig überflüssige Amputationen von Gliedmaßen erreichen konnten, indem sie Symptome simulierten. Dahinter stehen nicht dieselben Motive wie bei anderen hier vorgestellten Menschen, die sich eine Amputation wünschen; hier ziehen die Betroffenen vielmehr sekundären Krankheitsgewinn aus ihrer Störung und dem Krankenhausaufenthalt. Sie haben irgendwann gelernt, dass man sich nur um sie kümmert, wenn sie krank sind, und dass sie dann Zuwendung, Fürsorge und auch Mitleid von anderen Menschen erhalten. Nach dem Motto „Je schwerer der operative Eingriff, umso höher die Zuwendung" suchen sie dann beständig Ärzte auf und wollen wieder ins Krankenhaus eingeliefert werden, wo sie sich subjektiv in einer beschützten und behüteten Umwelt befinden.

3.28 Enukleation des Auges

Enukleation bedeutet „Entkernung" und meint in seiner biologischen oder medizinischen Bedeutung meist die Entfernung eines Zellkerns aus einer Zelle. Der Kernbereich der Augenlinse wird auch als „Nucleus lentis" bezeichnet; daher spricht man bei Zerstörung eines Auges mitunter auch von Enukleation (streng genommen müsste es Bulbektomie heißen, dieser Begriff wird aber bereits für die Entfernung des Riechhirns benutzt). Die Enukleation ist eine Sonderform der Amputation, allerdings mit extrem schwerwiegenden Folgen.

Blendung wurde schon in frühen Zeiten als Strafe für vielerlei Vergehen angewandt, insbesondere für Verrat, aber auch z. B. bei Wilddieberei. Bei den Westgoten wurde auch die Abtreibung mit Blendung bestraft. Die meisten Menschen fürchten Blindheit als eine der schwersten Einschränkungen eines selbständigen Lebens. Umso schwerer verständlich ist es, dass es Menschen gibt, die sich selbst zum Erblinden bringen. Bekanntestes Beispiel ist König Ödipus im gleichnamigen Drama von Sophokles. Ödipus stieß sich bekanntlich mit einer Nadel zum Halten von Gewändern selbst die Augen aus, als er entdeckte, dass er seinen eigenen Vater getötet und seiner Mutter beigewohnt hatte. Ein weiteres bekanntes Beispiel von Selbstblendung ist die heilige Lucia, eine historische Figur. Ihr Grab wurde aufgefunden, so dass zumindest feststeht, dass sie wirklich gelebt hat. Um sie rankt sich die Legende, sie habe schon als Kind ewige Jungfräulichkeit gelobt, ihre Mutter aber habe sie gegen ihren Willen verheiraten wollen. Ihren Verlobten wies Lucia ab. Die Legende berichtet, dass sie ihre schönen Augen ausgerissen und sie auf einer Schüssel ihrem Verlobten geschickt habe. Auch der Roman „Die Weisheit des Blutes" von Flannery (1979 verfilmt von John Huston) beinhaltet eine Enukleation. Geschildert wurde das Leben des Amerikaners Hazel Motes, der nach seiner Entlassung aus dem Militärdienst Laienprediger für eine Kirche ohne Christus, ohne Sünde und damit auch ohne Erlösung wird. Hazel setzte schließlich ein Zeichen, indem er sich selbst blendete.

Neben diesen literarischen Beschreibungen der Selbstblendung kommt die Enukleation tatsächlich bei schweren psychischen Störungen vor, insbesondere bei Psychosen mit Wahnvorstellungen. Ein erstes Beispiel beschrieb der Psychiater Krafft-Ebing 1890. Favazza (1996) gab eine Übersicht über die Literatur zu mehr als 30 Fällen von Personen, die sich selbst ein oder beide Augen entfernt haben, darüber hinaus fasst er die Ergebnisse von zwei größeren Studien mit 27 Schizophrenen bzw. 22 polnischen Strafgefangenen zusammen. Favazza selbst behandelte in einem Zweijahreszeitraum vier Betroffene und ging davon aus, dass die Häufigkeit dieses Verhaltens eher unterschätzt wird. Nach seiner Ansicht gibt es alleine in den USA jedes Jahr rund 500 neue Fälle von selbst durchgeführter Enukleation.

Sein Literaturüberblick zeigt, wie schwierig es ist, das extreme Verhalten der Selbstblendung einem einzelnen psychopathologischen Störungsbild zuzuordnen. Die wissenschaftliche Literatur berichtete Fälle im Zusammenhang mit organisch bedingten Störungen (insbesondere Demenz), Psychosen (Schizophrenie, Depression und Manie) wie auch mit Persönlichkeitsstörungen (Borderline, asoziale Persönlichkeit) und anderen Bereichen (z. B. Störungen der Impulskontrolle). In einem Fall zerstörte ein Hypochonder sein eigenes Auge, da er überzeugt war, dass es von Krebs befallen sei. Der Mann hatte das Auge immer wieder mit dem Daumen aus der Höhle herausgedrückt, um sich zu überzeugen, dass dahinter keine karzinogene Wucherung war, bis der Augapfel schließlich so geschädigt war, dass er von den Ärzten entfernt werden musste.

Auch viele andere der Fallberichte, die Favazza (1996) akribisch zusammengetragen hat, sind obskur. Zum Beispiel zitierte er einen Fall nach Axenfeld (1899), in dem ein 18-jähriges Mädchen übermäßig erregt wurde, sich nackt auf dem Fußboden des Flurs hin und her schmiss und sich dabei mit Speichel und Urin beschmierte. Nachdem man sie beruhigt hatte, zog sie sich den rechten Bulbus aus der Augenhöhle und sagte, sie müsse sterben.

Zunächst eher an Zauberei erinnert eine Geschichte von einem nigerianischen Arzt, der an einem akuten schizophrenen Schub litt und in einem afrikanischen Hospital untergebracht worden war. Als seine Angehörigen ihn am nächsten Tag besuchen wollten, mussten sie feststellen, dass ihm ein Auge und seine Hoden fehlten. Die Angestellten meinten zunächst, jemand sei in die Klinik eingedrungen, der das Auge und die Testikel für Ju-Ju, eine Form afrikanischer Magie, gebraucht habe. Die Familie brachte den Patienten dann nach London, weil man sich dort eine Augentransplantation erhoffte. Erst hier wurde der Verdacht geäußert, dass der Betroffene sich möglicherweise selbst verletzt haben könnte.

In manchen anderen Fallbeschreibungen spielt der so genannte böse Blick eine Rolle. Die Betreffenden zerstören ihre Augen, weil sie sich in den Glauben hineingesteigert haben, diese richteten Unheil an. So zerschnitt eine 21-Jährige ihre linke Cornea mit einer Glasscherbe und verbrannte sich wenig später die rechte Pupille mit einer glühenden Zigarette. Dabei wiederholte sie stetig, sie sei böse, da sie mit ihren Augen andere verletzen würde. Ein anderer Bericht handelte von einem 24-jährigen jungen Mann, der überzeugt war, Visionen von Jesus Christus zu haben, und angab, er gehöre der „kosmischen Erleuchtungsbewegung" an. Dieser entschied sich eines Tages, eines seiner Augen zu entfernen, um sich selbst rein zu machen, da er meinte, dass Strahlen des Hasses aus dem Auge leuchtete.

Bei depressiven Störungen spielt oft eine Selbstbestrafung eine große Rolle. So glaubte ein 19 Jahre altes Mädchen, das sich selbst entäugte, man habe im Radio gesagt, die Menschheit wäre besser dran, wenn sie blind sei. Ein 36-Jähriger gab an, er habe sich selbst entnukleisiert, weil er dadurch die Welt retten wollte. Ein 50-Jähriger zerstörte eines seiner Augen, um sich zu bestrafen, da er sich durch Inzest versündigt hatte. Ein 44-jähriger Ägypter spürte Schuldgefühle, weil er Oben-ohne-Bars aufgesucht hatte: Er glaubte, eine Statue der Heiligen Jungfrau Maria habe ihm gesagt, er müsse seine Augen herausnehmen, um sich von dieser Sünde reinzuwaschen. Ein Versuch mit einer Zange scheiterte mit üblen Verletzungen, er kam zur Beobachtung in eine psychiatrische Klinik; beim Ausfüllen eines psychologischen Tests rammte er sich dann den Bleistift ins linke Auge. Ein 28-Jähriger bildete sich ein, schuld am Tod seiner krebskranken Mutter zu sein; er meinte, er sei der größte Sünder auf dieser Welt und eine Wiedergeburt des Satans. Vor allem machte er sich Vorwürfe, da er seine jüngere Schwester sexuell missbraucht und als Jugendlicher auf Vögel geschossen hatte. Da er beim Schießen mit dem rechten Auge über Kimme und Korn gezielt hatte, entschloss er sich, dieses Auge zur Strafe zu zerstören. Als er zu diesem Entschluss kam, sah er einen Vogel draußen vor dem Fenster, was er für eine Bestätigung des göttlichen Willens hielt. Er drückte seine Finger in die Augenhöhle, riss sich das Auge heraus, warf es auf den Fußboden und wurde ohnmächtig.

Ein jüdischer Amerikaner hatte im Alter von 13 Jahren seine Mutter nackt gesehen und mit diesem Bild als erotische Phantasie onaniert. Er fühlte sich daraufhin schuldig und drückte fortan jahrelang auf seinen Augäpfeln herum, um sich von diesem inneren Bild zu befreien. In zwei Jahrzehnten schädigte er seine Augen dabei immer mehr, bis das eine völlig blind war.

Nicht selten spielen Drogen eine Rolle. Ein 18-Jähriger ohne psychiatrische Auffälligkeiten in der Vorgeschichte wurde aufgegriffen, als er nackt in den Straßen herumlief und seinen rechten Augapfel in der Hand trug; er hatte vier Tage hintereinander LSD eingenommen und dann gespürt, wie „das Böse" seine Gedanken zu kontrollieren begann. Er bildete sich ein, mit dem Auge auch den Teufel entfernen zu können, der von ihm Besitz ergriffen hatte. In einem anderen Fall litt ein 35-Jähriger unter einer Kokainpsychose und glaubte, er könne die belastenden Halluzinationen loswerden, indem er seine Augen zerstörte. Unter Drogen wie auch bei psychiatrischen Störungen kann es außerdem zur Blindheit kommen, weil die Betroffenen mit unbedeckten Augen lange Zeit direkt in die Sonne geblickt haben, nicht selten in dem Wahn, hierdurch „Erleuchtung" zu erlangen.

In selteneren Fällen sind auch chronische Schmerzen der Grund für diese Handlung. Einer der Berichte beschrieb einen 56-Jährigen mit einem diabetischen Schaden der Retina, der unter ständigen Schmerzen des linken Auges litt, bis er dieses wütend mit einem Messer zerstach.

Im selben Band schildert Favazza (1996) das Fallbeispiel eines 26-jährigen Mannes, der sich einbildete, Ähnlichkeit mit Jesus zu haben, und glaubte, Gott würde zu ihm sprechen. Eines Tages kratzte er sich selbst beide Augen aus und gab als Grund an: *„Gott hat es mir befohlen, um die Menschheit von ihren Leiden zu befreien."* In der Tat ist die Enukleation auch in der Bibel verankert. So heißt es in Matthäus 18, 9:

> „Und so dich dein Auge ärgert, reiß es heraus und wirf's von dir. Es ist dir besser, dass du einäugig zum Leben eingehest, denn dass du zwei Augen habest und werdest in das höllische Feuer geworfen."

Derartige religiöse Motive sind nicht selten. In einer der amerikanischen Berichte hatte ein 20-Jähriger die Droge „Angeldust" (Phenyciclidin) eingenommen und war daraufhin in einen Zustand schwerster Halluzinationen und Wahnvorstellungen geraten. Er las die Passage aus Matthäus 5, 28ff:

> „Ich aber sage euch: Wer eine Frau ansieht, sie zu begehren, der hat schon mit ihr die Ehe gebrochen in seinem Herzen. Wenn dich aber dein rechtes Auge zum Abfall verführt, so reiß es aus und wirf es von dir."

Der junge Mann war davon so angetan, dass er versuchte, sich das rechte Auge mit den Fingern herauszunehmen, und zerstörte dabei den Glaskörper völlig. Danach behauptete er, sich weiterentwickelt und nun keinerlei unanständige Gedanken mehr zu haben. Ein 18-jähriger Student lebte immer zurückgezogener, beschäftigte sich nur noch mit seinen religiöse Ideen, verkaufte seine ganze Habe und bezeichnete sich selbst als Evangelisten. Deshalb und aufgrund seiner lautstark geäußerten homosexuellen Phantasien wandten sich seine Freunde zunehmend von ihm ab. Schließlich suchte er sich einen einsamen Platz, band sich den Arm ab, sägte sich eine Hand ab und warf sie in einen See. Anschließend zerstörte er eines seiner Augen mit einem Schraubenzieher. Später gab er an, diese Handlungen seien eine Mission Gottes gewesen. Ein 25-Jähriger schließlich kratzte sich selbst die Augen aus, während er scheinbar ruhig in einem Park saß, und berichtete später, Gott habe ihm so geheißen, um die Menschen vor dem Leid zu bewahren.

Demgegenüber sind andere, gleichfalls von Favazza (1996) zusammengetragene Beispiele geradezu harmlos. So wurden Selbstverletzungen an den Augen (wie auch anderer Körperteile) gehäuft bei Soldaten während Kampfeinsätzen beobachtet, da dies eine der wenigen Möglichkeiten war, ins Lazarett statt in die vorderste Linie zu kommen und damit das nackte Überleben zu retten.

3.29 Selbst-Kannibalismus und Selbst-Vampirismus

Kannibalismus ist eine Verhaltensweise, die spätestens seit Daniel Defoes „Robinson Crusoe" so genannten „primitiven" Völkern angedichtet wird, die aber schon viel früher beschrieben wurde. In der griechischen Mythologie verspeiste bereits der Gott Kronos seine Nachkommen. Auch Atreus, Vorfahr des Achilles, serviert seinem Bruder Thyestes die eigenen Kinder. Selbst die katholische Lehre der Verwandlung von Brot und Wein in Leib und Blut Christi und deren Verzehr beim Abendmahl ist streng genommen nichts anderes als eine abstrakte Form des Kannibalismus. Psychoanalytiker gehen davon aus, dass es einen Urtrieb gibt, sich das Objekt der Verehrung im wahrsten Sinne des Wortes einzuverleiben. Ein Trieb, den Sigmund Freud als Teil der oralen Phase bei Kleinkindern definiert hat und der sich in Ausdrücken wie *„Ich hab dich zum Fressen gern"* äußert.

Der so genannte ethnologische Kannibalismus ist umstritten und nach Ansicht von Forschern bereits lange verschwunden. In früheren Kulturen kam es mitunter zum Verzehr von Menschenfleisch, der mythisch-religiöse Aspekt ist jedoch nicht zu unterschätzen. Kannibalismus muss hier in engem Zusammenhang mit Ahnenverehrung, dem Vererben von Eigenschaften eines ehemaligen Gegners und dem Opfergedanken gesehen werden. Die Yanomami in Brasilien und die Fare in Papua (Neuguinea) sollen nach Kämpfen Angehörige des unterlegenen Stammes gegessen haben. Von besonderer Bedeutung waren dabei Herz und Gehirn des Besiegten; ihr Verzehr sollte Eigenschaften wie Mut, Stärke und Schnelligkeit übertragen. Die Anthropophagie, auch „Menschenfresserei" genannt, ist aber eher eine Randerscheinung der Menschheitsgeschichte. Überwiegend scheint der Vorwurf des Kannibalismus nur benutzt worden zu sein, um fremde Völker als Barbaren abzuwerten, zu missionieren oder auszurotten. Ein Vorurteil, das offenbar in beide Richtungen wirkte. So schrieb der Afrikaforscher David Livingstone 1857 in seinem Reisebericht: *„Beinahe alle Schwarzen glauben, dass Weiße Kannibalen sind."* Dasselbe war schon im Mittelalter und noch lange darüber hinaus den Juden vorgeworfen worden, die angeblich die Kinder von Christen einfingen, weil sie deren Blut für ihre Rituale benötigten. Es gibt nur wenige Geschichten, in denen Augenzeugen Anthropophagie wirklich gesehen haben, meist handelt es sich nur um Berichte Dritter. So erzählt Dupeyrat (1954), ein Papua-Häuptling habe ihm den Schädel eines getöteten Feindes übergeben und dazu gesagt, er habe den Kopf abgeschnitten, als sein Gegner noch lebte, seine beiden Söhne hätten die Augen gegessen, seine Frau das Genital und seine Krieger Herz und Leber. Er selbst habe das Gehirn herausgesaugt und verzehrt. Er halte den Schädel in Ehren, da die Tapferkeit des Mannes nun auf ihn übergegangen sei.

Kannibalismus trat im 20. Jahrhundert fast nur in Notsituationen auf (s. z. B. Russell 1954; Stewart 1960; Read 1974). Bei der Belagerung von Leningrad (St. Petersburg) durch die deutsche Wehrmacht 1941 bis 1944 sollen 600.000 Menschen verhungert sein und es kam unter den Eingeschlossenen zum Kannibalismus, bei dem aber keine Menschen getötet, sondern lediglich Verstorbene verzehrt wurden.

Berühmt wurde der Fall des chilenischen Rugby-Teams, das 1972 mit dem Flugzeug in den Anden abstürzte. Ein Passagierflugzeug mit 45 Insassen an Bord prallte, bedingt durch einen Navigationsfehler, gegen einen Berg. Siebzehn Passagiere überlebten den Absturz, konnten zunächst jedoch nicht geborgen werden, da die Suchtrupps die Absturzstelle falsch berechnet hatten und schließlich die Suche einstellten. Bis auf eine Ausnahme entschlossen sich daher die Überlebenden, die beim Aufprall verstorbenen Passagiere zu essen. Der anhaltende Frost konservierte die Leichen. Als sich nach zwei Monaten endlich das Wetter besserte, stiegen zwei der Überlebenden ins Tal hinab und schafften es, Hilfe zu organisieren. Durch den Verzehr der Toten überlebten immerhin 16 Menschen 70 Tage lang in knapp 4.000 m Höhe.

Neben der Menschenfresserei aus Hunger gab es in den letzten hundert Jahren auch etliche Fälle von Anthropophagie aufgrund psychischer Störungen. Durch den Kinofilm *„Das Schweigen der Lämmer"* und *„Hannibal"* mit Anthony Hopkins in der Hauptrolle ist Kannibalismus insbesondere bei Serienmördern erstmals ins Bewusstsein der Öffentlichkeit gerückt; im Folgenden einige der bekanntesten Fälle.

Karl Denke (1870–1924) hatte in der Stadt Münsterberg (heute: Ziebice, Polen) mindestens 31 Menschen geschlachtet, verarbeitet, gegessen und Teile ihres Fleisches möglicherweise sogar auf dem Breslauer Wochenmarkt verkauft.

Friedrich Heinrich Karl Haarmann (1879–1925), der „Vampir von Hannover", hatte 24 Jungen im Alter zwischen 13 und 20 Jahren durch einen Biss in den Hals getötet, die Leichen danach zerstückelt und in die Leine geworfen. Es wurde spekuliert, dass er die Leichen zu Wurst verarbeitet hatte, da er einen gut gehenden Fleischhandel besaß. Berühmt ist ein Abzählvers aus damaliger Zeit: *„Warte, warte nur ein Weilchen, bald kommt Haarmann auch zu dir, mit dem kleinen Hackebeilchen macht er Leberwurst aus dir."*

Peter Kürten (1883–1931) erlangte als „Vampir von Düsseldorf" zweifelhaften Ruhm. Er erwürgte und vergewaltigte seine Opfer, um ihnen dann den Hals aufzuschlitzen und ihr Blut zu trinken. Er hatte keine Berufung gegen sein Urteil eingelegt und soll einem Arzt gegenüber erklärt haben: *„Sie können mich nicht verstehen, niemand kann mich verstehen!"*

Der Hilfsarbeiter Joachim Kroll, „Menschenfresser von Duisburg", war 1933 in Nordschlesien geboren worden. Kroll gab zu Protokoll, die ersten sexuellen Regungen gespürt zu haben, als er bei einem Schlachter lernte, wie man Kühe und Schweine tötete. Kroll wurde auffällig, als die Polizei nach der vierjährigen Marion Kettner suchte. Auf Eingeweide in der Toilette angesprochen, meinte er lapidar: *„Sehen Sie doch mal in der Tiefkühltruhe nach."* Tatsächlich lagen in der Truhe Stücke von gefrorenem Menschenfleisch, abgepackt in Plastiktüten und in einem Kochtopf befand sich eine Brühe von Möhren und Kartoffeln sowie eine kleine Menschenhand. Innerhalb von knapp zwei Wochen gestand er zunächst sieben weitere Morde, später erinnerte er sich sogar an vierzehn Tötungen. Kroll starb 1991 an einem Herzinfarkt in der JVA Rheinbach.

Kannibalismus kommt auch bei schweren psychischen Störungen vor. Burton-Bradley beschrieb 1976 das Fallbeispiel eines in Papua (Neu Guinea) lebenden 30 Jahre alten Mannes, der sich in einem akuten Zustand psychischer Krankheit entschloss, seinen Sohn zu töten. Das Kind wurde von ihm an einen einsamen Platz geführt und dort mit zwei Schlägen einer Axt in den Kopf getötet. Anschließend öffnete der Mann den Leichnam seines Kindes und aß einen Teil des Herzens. Später schlief er zwei Nächte neben dem Toten, da er auf eine Erleuchtung durch Gott hoffte und meinte, durch dieses Opfer der Menschheit geholfen zu haben. In der zweiten Nacht träumte er von einem Licht, das zum Himmel aufstieg, begrub seinen Sohn und kehrte in sein Dorf zurück.

Eine andere Fallbeschreibung (Benzech et al. 1981) handelte von einem 41-jährigen Schizophrenen, der schon im Alter von 29 Jahren mit seiner gleichfalls geisteskranken Frau zusammen versucht hatte, einen Nachbarn zu erdrosseln. Nach der Entlassung aus einer psychiatrischen Klinik pilgerte er durch Europa, da Gott ihm befohlen habe, religiöse Missionen zu erfüllen. Angeblich war dann seine Frau ertrunken, doch gab er später zu, sie getötet zu haben. Im weiteren Verlauf versuchte er, ein junges Mädchen zu vergewaltigen und ihr Blut zu trinken, wurde aber von deren Mutter von der Vollendung dieser Tat abgehalten. Er ermordete dann eine ältere Person, verzehrte große Stücke des Oberschenkels und versuchte, Blut aus einer Arterie des Leichnams zu trinken. Am nächsten Tag tötete er einen Bauern und dessen Frau mit einer Mistforke und schlug auf die Magd ein. Das Fleisch seiner Opfer habe er gegessen, so sagte er später, um mit Gott vereint zu sein, und zitierte dabei Passagen aus Johannes 6, 53–56:

> *„Jesus sprach zu ihnen: ‚Wahrlich, wahrlich ich sage euch: Werdet ihr nicht essen das Fleisch des Menschensohnes und trinken sein Blut, so habt ihr kein Leben in euch. Wer mein Fleisch esset und trinket mein Blut, der hat das ewige Leben, und ich werde ihn am Jüngsten Tage aufwecken. Denn mein Fleisch ist die rechte Speise, und mein Blut ist der rechte Trank. Wer mein Fleisch esset und trinket mein Blut, der bleibt in mir und ich in ihm.'"*

Geradezu berühmt geworden ist die Geschichte um den Menschenfresser Issei Sagawa, einem Japaner, der 1981 die 21-jährige Renée Hartevelt kennen lernte, eine deutsche Studentin, während er an der Sorbonne in Paris studierte. Sagawa bat sie, ihm in seinem Apartment Gedichte vorzulesen. Dann erschoss er sie und verspeiste Teile ihres Körpers. Den Mord an Renée Hartevelt beschrieb er in seinem Buch *„In the Fog"* und wurde so zu einer bizarren Kultfigur, die Rolling Stones haben sogar ein Song über ihn geschrieben: *„Too much Blood"*.

Jeffrey Lionel Dahmer wurde 1960 in Milwaukee geboren und wuchs in Bath (Ohio) auf. Er fand seine Opfer in Homosexuellen-Bars. Dahmer nahm sie mit nach Hause, um sie dort mit Schlafmittel zu betäuben. Dann strangulierte und verstümmelte er die Männer. Später verging Dahmer sich sexuell an den Leichen und aß Teile davon. Von diesen Aktivitäten machte er zahlreiche Fotos. Bei der Durchsuchung der Wohnung wurden ein menschlicher Kopf im Kühlschrank, abgehackte Hände in einem Kochtopf, drei Köpfe in einer Gefriertruhe und fünf Totenschädel in einem Regal gefunden. Weiterhin fand man ein Fass, welches mit Chemikalien gefüllt war und die Reste von drei Körpern barg.

Moderne Medien schaffen inzwischen völlig neue Aspekte des Kannibalismus. Der Fall Armin Meiwes erhitzte vor einigen Jahren die Gemüter. Er litt seit seiner Kindheit unter Minderwertigkeitsgefühlen und hegte den Wunsch, das Fleisch eines anderen Menschen zu verspeisen, um Teile von dessen Persönlichkeit in sich aufzunehmen. Meiwes versuchte ab 1999, per Internet Kontakt zu Menschen aufzunehmen, die kannibalistische Neigungen zeigen. Er richtete hierzu in einem alten Gutshaus einen „Schlachtraum" mit Bett, Fesseln für Sexspiele und einem Gerät zum Grillen von Fleisch ein. Im Februar 2001 kam der Kontakt zwischen Meiwes und dem 43-jährigen Diplom-Ingenieur Bernd Brandes zustande. Im März trafen sich die beiden. Brandes stimmte zu, dass Meiwes bei ihm eine Penektomie durchführen solle, sie dann den abgeschnittenen Penis gemeinsam verspeisen würden und Brandes sich danach von Meiwes töten und gänzlich verspeisen lassen wolle. Dies geschah auch und wurde filmisch dokumentiert. Der Fall hat durch die Bereitwilligkeit des Opfers auch rechtliche Fragen aufgeworfen. Armin Meiwes wurde 2004 wegen Totschlags erstinstanzlich, noch nicht rechtskräftig, zu achteinhalb Jahren Haft verurteilt. Das Urteil wurde vor Kurzem vom Bundesgerichtshof aufgehoben und zur erneuten Verhandlung zurückverwiesen, um das Vorliegen von Mordmerkmalen zu überprüfen.

Der Versuch eines Zeitungsjournalisten, nach diesem Mord den Tatablauf nachzuvollziehen und via Internet jemanden kennen zu lernen, der an Kannibalismus interessiert ist, endete tatsächlich positiv. Mehrere Personen meldeten sich, mit einigen kamen auch Treffen zustande[138]. Auszüge aus dem Gesprächsprotokoll mit einem Mann, der angab, Koch zu sein, und wegen eines Tötungsdeliktes angeblich schon Knasterfahrung hatte:

> „Der Höhepunkt wäre natürlich, einen zu schlachten. So wie mit Tieren. Also so richtig dich auffressen, das wäre es schon. Aber da müsstest du Wahnsinnsschmerzen ausstehen. […] Wir müssten schon dafür sorgen, dass du wieder zu dir kommst, ich würde den Schmerz schon ganz gerne mitbekommen. Das wäre schön."

Noch seltsamer als der ohnehin schon obskure Wunsch nach Kannibalismus ist der Verzehr von Teilen des eigenen Körpers. Die früheste Referenz von Selbstkannibalismus dürfte Ovids „Metamorphose" sein. Erysichthon hatte die Götter erzürnt und wurde mit einem unersättlichen Hunger bestraft. Dieser ging soweit, dass er schließlich begann, seine eigenen Gliedmaßen zu verzehren.

Drei ältere Fälle aus den Jahren zwischen 1745 und 1828 zitierte Favazza (1996). Ein zehn Jahre alter Junge, der über 50 Pfund Nahrung pro Tag zu sich nahm, aber gleich wieder erbrach, begann, das Fleisch von seinen eigenen Gliedmaßen abzunagen, sobald er nichts zu essen bekam. Geschildert wurde auch das Leben einer Frau, die schon als Kind maßlosen Hunger entwickelt hatte. So soll sie schon mit sechs Jahren zehn Pfund Brot pro Tag verzehrt haben. Auch als Erwachsene litt sie unter massiven Hungerattacken; wenn diese nicht befriedigt wurden, biss sie in ihr eigenes Fleisch. Der dritte dieser Fälle beschreibt einen 16-jährigen Jungen, der im Verlauf einer Typhus-Erkrankung einen so unersättlichen Appetit hatte, dass er versuchte, seine eigenen Finger zu essen. Auch Krafft-Ebing beschrieb 1890 den Fall eines Mannes, der Appetit auf die weiße Haut eines schönen, jungen Mädchens bekommen hatte. Da ihm dieser Wunsch nicht erfüllt wurde, verzehrte er stattdessen einen Teil der Haut aus seinem eigenen Unterarm.

Selbst-Kannibalismus gehört streng genommen nicht in den Bereich der Body-Modification, wenn das primäre Motiv ist, Teile des eigenen Körpers aus Hunger zu verzehren. Allerdings stellte M. Benecke 1999 ein Fallbeispiel von einer 28-jährigen Amerikanerin vor, das eine enge Verbindung zeigte zwischen einer Vielzahl an BodMods und einem Verhalten, das man als Selbst-Kannibalismus bezeichnen muss. Die S. E. genannte Frau, die aus einer Mittelschichtfamilie einer amerikanischen Großstadt stammte, zog nach dem Bachelor in Soziologie nach Manhattan/New York und arbeitete zunächst als Büroangestellte, bis sie diese Tätigkeit zugunsten eines Türsteherjobs in einem Musikclub aufgab. Bereits mit Beginn der Pubertät hatte S. E. sich mit Büroklammern dauerhafte Narben in Form von verschachtelten Dreiecken in ihre Handinnenflächen eingeritzt. Mit 26 begann sie mit Play-Piercings, darüber hinaus ließ sie sich an Bauchnabel, Brustwarzen, Labien und Zunge piercen. Das Zungenpiercing ließ sie später gegen Bezahlung von einem Chirurgen per Laser zu einer Spaltung der Zunge ausweiten. Weitere Körperveränderungen bestanden in umfangreichen Tätowierungen. Alle BodMods waren aber so angebracht, dass sie mit normaler Kleidung und den Haaren überdeckt werden können. S. E. verhielt sich ansonsten unauffällig, führte ein selbständiges Leben und wohnte in einer Wohngemeinschaft. Eine ihrer letzten Körperveränderungen war schließlich eine Skarifizierung, wobei einzelne Narben sich über den gesamten Rumpf zogen und eine Breite von bis zu sieben Millimeter hatten. Während einer Sitzung ließ sie sich die aus ihrem Rücken entnommenen Hautstreifen übergeben und aß diese auf.

Mindestens ebenso seltsam erscheint der folgende von Mintz 1964 publizierte Fall. Ein 37-jähriger Mann entwickelte während einer Schiffsreise plötzlich Wahnvorstellungen, dass man ihn foltern und töten wolle. Er verglich sich in diesem paranoiden Zustand mit Jesus Christus und begann, seinen Zeigefinger zu rösten, um zu beweisen, dass er der Folter widerstehen könne. Dann aß er den oberen und mittleren Teil dieses Fingers auf.

Selbst-Kannibalismus kommt auch im Tierreich vor. Es ist z. B. zu beobachten, dass Tiere an verletzten Körperstellen immer wieder kratzen, lecken oder daran herumnagen; diese übersteigerte Reinigung hat oft schwerere Folgen als die ursprüngliche Hautverletzung. Besonders Säugetiere neigen stark dazu. Bei in Zoos oder Tierparks gehaltenen Tieren wurde beobachtet, dass diese sich dabei mitunter allmählich den Schwanz oder ein ganzes Bein abnagten. Meyer-Holzapfel (1968) schilderte diverse Fälle, etwa ein Opossum, das auf diese Weise sein eigenes Bein verzehrte, eine Hyäne, bei der so nach und nach beide Hinterbeine verschwanden, und ein Löwe, der seinen Schwanz und Teile der Pfoten fraß.

Eine weitere Form des Selbst-Kannibalismus ist das Trinken des eigenen Blutes. Etwas harmloser als der Fall S. E., aber dennoch schockierend genug ist der Bericht einer 28-jährigen Frau, die schon seit 14 Jahren Selbstverletzungen an sich durchführte:

> *„Ich schneide mich mit einem Teppichmesser. Normalerweise binde ich mir den Arm ab, als wenn ich mir einen Schuss setzen wollte, und warte, bis die Venen schön vorgekommen sind, und ritze dann mit einem frischen Messerblatt. Dann quillt das Blut heraus und das ist der Moment, den ich am meisten liebe. Dann lecke ich mir das Blut ab, das ist irre gut. Meist mache ich vier oder fünf Schnitte. Ich liebe alles daran, das Gefühl der Klinge an der Haut, das Blut, die Farbe, der Geschmack, sogar das Geräusch, wenn die Klinge schneidet."* [140]

Das Aufsaugen des eigenen Blutes ist nicht ungewöhnlich und oft eine spontane Reaktion, wenn man sich zufällig verletzt hat, schon alleine um zu verhindern, dass das Blut auf die Bekleidung oder den Teppich tropft. Von daher ist wohl niemandem der salzige Geschmack des eigenen Blutes völlig fremd. Die Seltsamkeit dieses menschlichen Verhaltens fängt erst dort an, wo der Betreffende sich selbst die Adern anritzt, um das eigene Blut trinken zu können. Hierzu findet man allerdings im Internet erstaunlich viele Selbstbekenntnisse.

3.30 Leben, Krankheit, Altern

Auch das normale Leben hinterlässt Spuren auf unserer Haut, Narben durch Verletzungen und Falten durch den Alterungsprozess. Ein kugelrunder Bauch durch eine Schwangerschaft stellt eine gravierende und oft erwünschte Körperveränderung dar, die aber vergänglich ist. Viele Erkrankungen führen zu unerwünschten Veränderungen des Aussehens, vom Haarausfall über Hautkrankheiten bis hin zu Lepra.

Viele Menschen empfinden Narben als entstellend, die BodMod-Bewegung führt dazu, dass hier ein Umdenken einsetzte, und auch solche durch Unfälle entstandenen Körperveränderungen anders bewertet werden. Eine „Anyechka" schilderte im Internet, dass ihr frischgebackener Vater ihr damals beim Anlegen und Befestigen der Windeln einmal eine Sicherheitsnadel nicht nur durch den Stoff der Windel, sondern auch gleich durch die Haut führte, so dass sich eine Narbe entwickelte. Sie gewöhnte sich in ihrer Kindheit daran, denn die Narbe sah in ihren Augen wie ein Hund aus und sie war stolz darauf, eine besondere Markierung auf ihrem Körper zu haben:

> „Es ist meine Narbe, mein Körper. Was als furchtbarer Unfall begann, wurde zu etwas, ohne das ich mir mich selbst gar nicht mehr vorstellen kann. Statt mich hässlich zu fühlen oder dass es mir peinlich ist, habe ich mich entschlossen, mein unerwartetes, zufälliges BodMod als zu mir gehörig zu empfinden. Manche Unfälle können sich in etwas verändern, auf das man stolz ist." [101]

Oni von der amerikanischen Ostküste:

> „Ich bin schon 21 Jahre lang ein Sammler. Die meisten Kinder wachsen heran und sammeln Puppen, tauschen Karten, Briefmarken, Käfer und andere harmlose Dinge. Ich wurde groß und sammelte Narben. Seit einem Alter von drei Jahren habe ich meinen Körper mit Strähnen und Streifen verziert. Die meisten davon als Bezahlung für die Erinnerung an Sachen, die man besser nicht machen sollte: Berühre kein heißes Bügeleisen, fahre nicht mit geschlossenen Augen Fahrrad, stoße nicht mit einem LKW zusammen. Aber viele Narben beinhalten mehr, sie haben eine sehr spezielle Bedeutung für mich." [102]

Ella aus Kanada durfte mit vier Jahren den großen Topf mit dem Mittagessen umrühren, rutschte dabei aber aus und übergoss sich mit der kochend heißen Mahlzeit. Hierdurch zog sie sich auf rund einem Drittel ihres Körpers schwere Verbrennungen zu, die später Narbengewebe hinterließen, mit einer Fülle von Einschränkungen der Bewegungsfähigkeit. Obwohl ihr Gesicht zum Glück kaum betroffen gewesen war, musste sie jedes Jahr einer anderen Gruppe von Schulkindern erklären, warum sie so aussah und was mit ihr passiert war. Ihr Spitzname war *„Freddy's Schwester"* – nach einer Figur aus einem Horrorfilm. Sie litt unter ihren Entstellungen und weigerte sich, kurzärmelige Kleidungsstücke zu tragen. Im Alter von 17 oder 18 lernte sie Anhänger der BodMod-Bewegung kennen:

> „Ziemlich genau 16 Jahre nach dem Unfall traf ich dann auf einige wunderbare, erstaunliche Leute, die sagten, dass sie mich attraktiv fanden wegen meiner Narben und nicht trotz meiner Narben. Sie sagten, die wären cool. All die positiven Gedanken über mich, die da tief in meinem Reptilienhirn verborgen gewesen waren, platzten mir ins Vorderhirn. Ich fühlte mich gut. Ich fühle mich gut. Ich bin schön. Alles von mir, nicht nur der Teil, den das Wasser damals verpasst hat. [...] Ich habe einzigartige chaotische Fraktale eingeflochten in meine Haut. Ich habe eine riesige erogene Zone, die 33,3 % meines Körpers bedeckt. Das Leben ist schön. Und ich auch. Jetzt denke ich, dass meine Narben so eine Art Körperkunst sind. Obwohl ich sie mir nicht

Abb. 88 bis 97:
Kind – Jugendlicher – Erwachsener: Wahrscheinlich ist das Altern die größte Body-Modification überhaupt. (Fotos: E. Kasten)

bewusst ausgesucht habe, kann ich aus vollem Herzen sagen: wenn jemand käme und mir sagen würde, dass er sie wegmachen kann, ich glaube, ich würde sie lieber behalten wollen. [...] Ich habe mir meine Narben so lange angesehen, dass ich Bilder darin erkennen kann. Da ist ein Wasserfall auf meinem Arm und ein Schwalbenschwanz-Schmetterling. Die Muster auf meinem Rücken formen einen fast perfekten Drachen. Und die kleine Narbe auf meiner linken Schulter ähnelt einem Vogel mit ausgestreckten Flügeln." [99]

Auch eine Form der Körpermodifizierung, auf die hier nur am Rande eingegangen werden kann, ist das Altern. Der Mensch entsteht wie jedes Lebewesen aus der Verschmelzung von Eizelle und Spermium und macht unglaubliche Veränderungen seines Aussehens durch, bevor er überhaupt das Licht der Welt erblickt. Vom Säuglingsalter bis zu dem Augenblick, in dem man juristisch als erwachsen gilt, verändern sich die Körperproportionen massiv. Während Säuglinge einen überproportional großen Kopf und viel zu kurze Gliedmaßen haben, verändern sich diese Relationen von Jahr zu Jahr. Das Wachstum in der Kindheit ist die größte Körperveränderung, die wir durchmachen. Sie zählt nicht zu den BodMods, da sie nicht willkürlich ist, sondern wir ihr weitgehend ausgeliefert sind. Wachstum ist von Hormonen abhängig und unser Aussehen im Wesentlichen von Genen.

Ein zweiter Gestaltwandel steht im Alter bevor, der ebenso unausweichlich ist, aber im Gegensatz zum Wachstum des Kindes und Jugendlichen oft eher negativ bewertet wird und daher eines der wesentlichsten Motive für viele Wünsche nach Körperveränderung ist; man wird alt, die Haut wird schlaff, ins Gesicht graben sich Falten ein, die Wangen hängen und der Bauch schlägt Speckwellen.

Im Lauf des Lebens eignet man sich eine Fülle von Wissen an, so wird die Menschenkenntnis besser und in Zeiten, als Ackerbau und Viehzucht noch im Vordergrund standen, wussten gerade alte Menschen aufgrund jahrzehntelanger Erfahrungen bei vielen Problemen Rat. Während über Jahrtausende hinweg die Weisheit des Alters gefragt war, ist die diesbezügliche Nachfrage in unserer heutigen, schnelllebigen Zeit nahezu völlig zusammengebrochen. Das in einem langen Leben angesammelte Wissen ist nichts mehr wert, da sich die kulturellen Bedingungen mit einer Geschwindigkeit verändern, in der selbst junge Menschen leicht den Anschluss verlieren; die Konzepte von „Weisheit und Erfahrung" wurden ersetzt durch neue Werte. Heute gelten „Jugendlichkeit und Schönheit" als wichtigste Tugenden. Nach Lasch (1999) wird der Gedanke an den eigenen Tod als so unerträglich empfunden, dass man versucht, das Altern überhaupt abzuschaffen; fast die gesamte kosmetische Industrie verspricht daher Frische und faltenloses Aussehen.

Euler et al. (2003) entwickelten aufgrund dieser Tendenz ein neues Konzept der Weigerung, zu altern: das „Dorian-Gray-Syndrom". Dorian Gray ist die Hauptfigur eines Romans von Oscar Wilde. Besessen von dem Wunsch nach ewiger Jugend wünschte Dorian Gray sich, nicht er selbst möge altern, sondern ein Portrait von ihm. Der Wunsch ging in Erfüllung; die Hauptfigur blieb fortan jung und attraktiv, während das Bild zunehmend die Auswirkungen eines ausschweifenden Lebens zeigte. Unter dem Dorian-Gray-Syndrom verstehen die Autoren eine „Fetischierung des jugendlichen Körpers", d. h. die Unfähigkeit, in einem psychologischen Sinn zu reifen, im gleichzeitigen Bewusstsein, nicht mehr jugendlich-schön zu sein. Hieraus resultiert eine tiefgreifende Unzufriedenheit mit der Folge, den alternden Körper mit aller Gewalt jung halten zu wollen. Das Spektrum der krampfhaften Versuche reicht von bewusst jugendlicher Kleidung über die plastische Chirurgie bis hin zum mengenweisen Konsum von Lifestyle-Medikamenten. Euler et al. gehen weiter davon aus, dass die betroffenen Personen ihren eigenen Alterungsprozess völlig negieren und im Lebenspartner zugleich ständig ein Spiegelbild des eigenen Alters sehen, das sie als kränkend und unerträglich erleben. Oft wird der Partner dann verlassen und man versucht, sich einen deutlich jüngeren zu suchen, ein Verhalten, das gemeinhin als „Jennifer-Syndrom" bezeichnet wird. Durch die Affäre mit einer jüngeren Frau versuchen vor allem alternde Männer, die Illusion der Jugend aufrechtzuerhalten. Dieser Lifestyle-Kult um den eigenen Körper ist jedoch ein brüchiger Mechanismus, da sich der Strom der Zeit nicht endlos aufhalten lässt.

Eine letzte, noch massivere Körpermodifikation steht uns schließlich nach dem Tod bevor, wenn alles, was von einem Mensch bleibt, sein knöchernes Innengerüst ist.

4 Häufigkeit von Body-Modifications

Für viele Formen der Körperveränderung liegen nur ungenaue Zahlen vor. Verhaltensweisen wie Gewichtsreduktionen durch Diäten legt wohl fast jeder irgendwann einmal an den Tag. Die Zahlen für andere Bereiche wie z. B. Schönheitschirurgie wurden zum Teil bereits in den entsprechenden Kapiteln genannt. Im Folgenden geht es daher im Wesentlichen um Daten im Zusammenhang mit den modernen Formen der Body-Modification, insbesondere Piercing, Tätowierung, Cutting und Branding.

Da der Trend zum BodMod derzeit noch immer zunimmt (s. z. B. Armstrong & McConnell 1994; Armstrong & Kelly 2001), wurde für die Schätzung der Häufigkeit überwiegend die Literatur seit der Jahrtausendwende berücksichtigt. Braithwaite und Mitarbeiter (2001) befragten 860 amerikanische Heranwachsende und stellten fest, dass 29 % tätowiert und 69 % gepierct waren. 15 % hatten mehr als zwei Tattoos und 28 % trugen mehr als drei Piercings. Willmott (2001) untersuchte 152 Frauen, die wegen sexuell übertragbarer Erkrankungen in einer Klinik aufgenommen worden waren; 32 % trugen ein Piercing, 25 % bevorzugt am Bauchnabel. Makkai und Mac Allister (2001) stellten an einer Zufallsstichprobe von mehr als 10.000 Australiern über 14 Jahren fest, dass 10 % ein Tattoo und 8 % ein BodyPiercing hatten.

Mayers et al. (2002) untersuchten 481 Studenten, 51 % hatten ein Piercing und 23 % ein Tattoo; Frauen waren signifikant häufiger gepierct als Männer, hinsichtlich Tätowierungen fand man keinen Geschlechtsunterschied. Forbes (2001) befragte 341 College-Studenten, 25 bzw. 33 % hatten zumindest ein Tattoo oder Piercing. Carroll et al. (2002) untersuchten 484 Jugendliche im Alter zwischen 12 und 22 Jahren: 13,2 % waren tätowiert und 5,2 % hatten mehr als ein Tattoo; 26,9 % hatten Piercings und 11,8 % mehrere davon. Carroll und Mitarbeiter bezifferten die Anzahl von Personen mit vier und mehr Tattoos auf 1,3 %, mehr als vier Piercings hatten sich 2,9 % stechen lassen, aber nur 1,2 % trugen aktuell mehr als vier Piercings. Am häufigsten waren Ohr- (13,6 %), Zungen- (11,2 %) und Bauchnabelschmuck (10,7 %), Genitalpiercings waren mit nur 0,8 % vertreten. Generell waren in beiden Gruppen die Frauen in der Überzahl (Tattoo: 2 : 1; Piercing 3,5 : 1).

Brooks und Kollegen (2003) prüften das Vorhandensein von BodMods während einer Routineuntersuchung an einer Klinik an 210 Jugendlichen zwischen 14 und 18 Jahren. 47 % trugen irgendeine Art von Körperschmuck; Mädchen mit 63 % deutlich häufiger als Jungen (37 %). 42 % trugen Piercings, 10 % waren tätowiert, 4 % hatten eine Skarifizierung und eine einzige Person ein Branding. 10 % hatten mehr als einen einzelnen Typ des BodMods am eigenen Körper. Die 90 der 210 untersuchten Heranwachsenden vereinigten insgesamt immerhin 227 Schmuckstücke an ihren Körpern, d. h. viele waren mehrfach gepierct. 94 % trugen ein Schmuckstück im Ohrläppchen, 34 % im Ohrknorpel, 26 % in der Nase. Die 22 Jugendlichen mit Tätowierungen hatten insgesamt 36 unterscheidbare Tattoos, 77 % hiervon saßen am Arm oder am Bein.

In einer weiteren Studie von Armstrong et al. (2004a, b) an 450 Studenten trugen 32 % Piercings und 19 % ein Tattoo. Helen, eine junge Amerikanerin, beschrieb diesen Boom auf einer Internetseite:

> *„In meinem letzten Jahr auf der Highschool traf der Piercingtrend unsere Schule und die Leute stachen sich selbst die Nadeln links, rechts und durch die Mitte. [...] Ungefähr ein halbes Dutzend Leute trugen Zungenpiercings und der durchschnittliche Schüler piercte sich seine eigenen Lippen."* [27]

Braithwaite et al. (2001) berichteten aus ihrer Studie an 60 Jugendlichen, dass rund 21 % der Tätowierungen und 20 % der Piercings unprofessionell angefertigt worden waren. Bei Carroll et al. (2002) war dies zu 4,6 % bis 13,8 % der Fall. Die Selbstanfertigung wurde in Studien bislang leider nur selten erfragt, sie scheint aber gerade im psychopathologischen Bereich eine große Rolle zu spielen und bei Personen, die sehr viel Körperschmuck tragen. Häufig werden besonders Piercings im Intimbereich von den Betreffenden eigenhändig gestochen, möglicherweise aus Schamgefühl.

Roberti et al. (2004) fanden in einer Studie an 210 College-Studenten 83,1 % Frauen und 52,1 % Männer, die ein Piercing trugen oder getragen hatten. Frauen hatten ihr erstes Piercing überwiegend zwischen dem 16. und 17. Lebensjahr bekommen (44,4 %), Männer erst nach dem 18. Lebensjahr (42,9 %). Ein oder mehrere Tattoos trugen 47,9 % der Männer, jedoch nur 16,9 % der Frauen. Die meisten (55,2 % Männer und 63,0 % Frauen) hatten sich dieses Tattoo erst nach dem 18. Geburtstag anfertigen lassen. Die Tabellen 2 bis 5 geben einige der sehr detaillierten Zahlen dieser Studie von Roberti und Mitarbeitern wieder.

Brähler et al. (2004) befragten im Dezember 2002 und Januar 2003 je 1.000 Ost- und Westdeutsche im Alter von 14 bis 92 Jahren. Deutsche Männer trugen deutlich mehr Tattoos als Frauen, und Jüngere deutlich mehr als Ältere. Bei den Männern hatte die Altersgruppe bis 44 Jahre am häufigsten ein Tattoo (18,5 % bzw. 22,4 %). Bei den Frauen waren es hauptsächlich die 14- bis 34-Jährigen (14 % bzw. 13,7 %). Mit zunehmendem Alter wurden sehr viel seltener Piercings getragen. Auffallend war die große Häufigkeit bei jungen Mädchen und Frauen bis 24 Jahre. 38 % dieser Gruppe besaßen mindestens ein Piercing. In den Altersgruppen 35 bis 44 Jahre und darüber

Tabellen 2 bis 5: In welchem Alter und wie häufig lassen sich amerikanische College-Studenten Body-Modifications anfertigen? (Roberti et al. 2004)

Anzahl Piercings	Männer	Frauen
1	17,4 %	15,0 %
2	11,6 %	29,4 %
3	11,6 %	14,4 %
4	0,0 %	11,9 %
5 und mehr	11,6 %	12,5 %
Gesamt	52,1 %	83,1 %

Anzahl Tattoos	Männer	Frauen
1	23,1 %	10,0 %
2	24,8 %	6,2 %
3	0,0 %	0,0 %
4 und mehr	0,0 %	< 1,0 %
Gesamt	47,9 %	16,9 %

Alter beim 1. Piercing	Männer	Frauen
< 13 Jahre	6,3 %	18,0 %
14 – 15 Jahre	15,9 %	21,1 %
16 – 17 Jahre	34,9 %	44,4 %
> 18 Jahre	42,9 %	16,5 %

Alter beim 1. Tattoo	Männer	Frauen
< 13 Jahre	0,0 %	0,0 %
14 – 15 Jahre	0,0 %	4,0 %
16 – 17 Jahre	44,8 %	22,2 %
> 18 Jahre	55,2 %	63,0 %

dominierten die Männer. Immerhin 9 % bzw. 10 % der 14- bis 24-Jährigen und 8 % der 25- bis 34-Jährigen der Männer und Frauen hatten sowohl Tattoos als auch Piercings.

Hinsichtlich Tattoos und Piercings zeigten sich keine großen Ost-West-Unterschiede. Starke Zusammenhänge stellten sich allerdings zwischen dem Tragen von Tattoos und Piercings und der Arbeitslosigkeit heraus: Arbeitslose besaßen fast doppel so häufig Piercings wie junge Leute, die eine Beschäftigung hatten oder noch zur Schule gingen. Das gleiche Bild ergab sich in Bezug auf Tätowierungen. Bei den Piercings fand sich ein Zusammenhang zur Kirchenzugehörigkeit: Personen, die einer Kirche angehörten, hatten viel weniger Piercings als Konfessionslose.

Das Resümee der Studie lautete, dass Tattoos und Piercings bei den jungen Leuten inzwischen zu einem Massenphänomen geworden sind: Sie werden nicht mehr von einer extremen Minderheit als Körperschmuck verwendet, sondern sind auf dem Weg, sich bei jungen Menschen zum Normalfall zu entwickeln. Es gibt hier deutliche Geschlechtsunterschiede: Während Männer eher Tattoos bevorzugen, neigen Frauen mehr zum Körperschmuck mit Piercings. Nach Ansicht der Autoren kann dies wohl nicht mehr generell als Zeichen einer Autoaggression oder selbstverletzenden Verhaltens gelten. Vielmehr erscheinen Tattoos und Piercings als Ausdruck eines Lebensgefühls, das geprägt ist von Lust, dem Reiz an der Provokation und der Ausformung einer neuen Ästhetik.

5 Soziale Stigmatisierung durch Body-Modifications

„Ich habe mir schon immer ein Tattoo, Körperpiercing oder praktisch jede Art von BodMod gewünscht, so weit ich mich zurückerinnern kann. Meine Mutter, starrsinnig wie sie nun mal ist, weigerte sich aber absolut hartnäckig, mir irgendeine Art von Tattoo/Piercing oder was auch immer zu erlauben. Sie meinte, dass nur Verrückte und Schwachsinnige sich selbst verstümmeln und ihren Körper zerstören wollen." [112]

Nicht alle Menschen stehen Körperveränderungen offen gegenüber, die Träger haben, trotz weiter Verbreitung, häufig mit sozialen Vorurteilen und Stigmatisierungen zu kämpfen (Armstrong & Gabriel 1993; Steele 1997). Dies führt dazu, dass viele BodMod-Träger ihre kleinen Kunstwerke so anbringen lassen müssen, dass sie bei normaler Bekleidung gar nicht auffallen. Bei Feige und Krause (2004) etwa ist ein Piercer abgebildet, dessen Kopf und Hände völlig „clean" sind, der aber ansonsten eine flächendeckende Ganzkörpertätowierung besitzt; aus Rücksicht auf seine Tochter und die notwendige Teilnahme an Elternabenden verzichtete er darauf, auch hier noch Veränderungen anbringen zu lassen. Viele Träger von Body-Art müssen insbesondere aus beruflichen Gründen auf sichtbaren Körperschmuck verzichten.

Eher erheiternd schließlich ist, dass jeder von uns in der Entwicklung, meist in der Pubertät, eine Phase durchgemacht hat, in der man sich durch Kleidung, Haarschnitt, Sprache und andere Dinge bewusst von den Erwachsenen abgegrenzt hat. Wenn die eigenen Kinder in dieselbe Entwicklungsphase kommen, reagieren wir aber oft nicht viel anders als unsere eigenen Eltern vor zwanzig oder dreißig Jahren. Mike, ein 18-Jähriger aus Cleveland, konnte dies bestätigen:

„Ein Zungenpiercing war immer meine erste Wahl. Ich spielte mit der Idee meinen Eltern gegenüber, aber sie meinten sofort, es sei widerwärtig. Meine Eltern haben die freizügigen 60er mitgemacht, aber meine Mutter könnte es wahrscheinlich eher tolerieren, wenn ich mich mit Männern einlassen würde, als wenn ich mit einen Stück Metall in der Zunge nach Hause komme. Sie erzählten mir von Nonkonformität, Anti-Establishment und Hasch-Rauchen. Sie meinten, Piercing sei unnatürlich. Was sie wirklich meinten, war aber wohl: „sozial nicht akzeptabel". Was soll's, in den 60ern war es akzeptabel, sozial unakzeptabel zu sein. Das war ein Fimmel. Natürlich wartete ich die vier Jahre ab, bis ich 18 wurde. Jetzt gehörte mein Körper mir ganz legal alleine." [24]

Zu Recht wies eine Amerikanerin im Internet darauf hin, dass Piercingträger ihren Schmuck bei Ausübung der Berufstätigkeit oft entfernen müssen, sich aber andererseits niemand über Busenimplantate aufregt. Und sie fragte in ihrem Essay, was von beidem denn wohl die radikalere Modifizierung sei.

Alice-Ann Acor führte 2001 einen interessanten Versuch durch, in welchem den Teilnehmern Fotos unterschiedlicher Bewerber für einen Job vorgelegt wurden und entschieden werden sollte, welche dieser Personen in die engere Wahl kommen sollen; es nahmen 114 Arbeitgeber aus unterschiedlichen Branchen teil. Hinsichtlich der abgebildeten Personen wurde unterschieden zwischen „normalen" und solchen mit einem Augenbrauenpiercing. Dieser Körperschmuck hatte einen signifikanten Einfluss auf die Beurteilung des jeweiligen Bewerbers hinsichtlich seines Eindrucks, seiner Fähigkeiten, einer Einladung zum Vorstellungsgespräch und in Bezug auf eine Rangliste der Kandidaten. Unabhängig von der Art der Tätigkeit, für welche die Personen auf den Fotos sich beworben hatten, schnitten die Träger von Piercings drastisch schlechter ab.

Derartige Erwägungen halten trotz des großen Modetrends viele Jugendliche davon ab, sich einen solchen Körperschmuck zuzulegen. Eine 23-jährige Auszubildende schrieb mir in einer E-Mail:

> „Das Einzige, was ich an mir machen lassen würde, wäre ein Nasenpiercing! Das wollte ich ja schon vor drei Jahren, aber da ich weiß, was mein Chef davon hält, hab ich's sein gelassen ... Na ja, und wer weiß, es gibt viele Menschen – glaub ich –, die einen (selbst ganz ganz kleinen, kaum sichtbaren) Nasenstecker nicht wirklich tolerieren! Über ein Tattoo hab ich auch schon nachgedacht, aber NEIN, das möcht ich (im Moment) auch nicht. Nicht wegen dem Schmerz beim Stechen ... nee, ich muss ja dann mit diesem

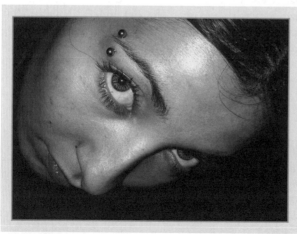

Abb. 98:
In der Studie von Alice-Ann Acor (2001) hatten bereits Bewerber mit einem Piercing der Augenbraue deutlich schlechtere Jobaussichten.
(Foto: Chris / www.Pixel Quelle.de)

Soziale Stigmatisierung durch Body-Modifications **189**

Abb. 99:
Die einen mögen's, die anderen nicht: Das inzwischen geradezu schon klassische „Hirschgeweih" über dem Steißbein (Foto: Hemera Technologies 2001)

„*Bild" mein Leben lang zufrieden sein ... und im Alter hat man doch 'nen anderen Geschmack. Aber im Ernst ... wenn ich mir wirklich mal eins stechen lassen würde, dann doch nur ein ganz kleines ... und nicht so ein Riesen-„Hirschgeweih", wie die meisten das heutzutage über dem Steißbein haben.*" [Anett]

Ohnehin erzwingt die Gesellschaft die Rückkehr zu konventionellem Verhalten langsam, aber sicher. Tovie, ein kanadisches Mädchen, beschrieb in ihrer Selbstdarstellung, wie sie sich im Lauf der Jahre immer mehr anpasste. Mit 14 hatte sie noch pinkfarbene Haare und diverse Piercings. Eines der ersten Schmuckstücke, das verschwinden musste, war der Ring durch die Nasenscheidewand, und auch ihre Haare bekamen eine natürlicher aussehende Färbung. Schließlich nahm sie einen Job in einem Friseursalon in Toronto an und musste sich auch das Lippenpiercing herausnehmen, da ihr Chef der Ansicht war, dass die Kunden sie sonst nicht ernst nehmen würden. Sie selbst fühlte sich dabei verraten und verkauft. Die einzigen Schmuckstücke waren nun Nabelpiercing und zwei Ringe an der Zunge, ihr Stolz und ihre Freude, wie sie sie nannte. Dies waren für sie die letzten Erinnerungen, die sie mit ihrem alten Ich verbanden. Da etwas an ihren Zähnen gemacht wurde, musste sie das Zungenpiercing aber zeitweise entfernen und bekam den Schmuck hinterher nicht mehr hinein, da die Öffnungen bereits zugewachsen waren:

> „Ich hätte fast angefangen, zu heulen. Ich hätte nie gedacht, dass ich eine so feste Verbindung zu zwei Metallteilen in meiner Zunge haben könnte; irgendwie hatte ich das Gefühl, ein Teil von mir würde fehlen. Der Schmuck repräsentierte eine der größten Veränderungen, die ich in meinem Leben gemacht habe [...]. Und nun war er weg. Ich blickte in den Spiegel und sah nur noch eine Kopie von dem, was ich eigentlich bin."[83]

Ein 35-jähriger Mann beschrieb sich zunächst als ordentlich erzogen, gut gekleidet, er arbeitete in zwei Jobs und verdiente eine solche Menge Geld, dass andere davon nur träumen können. Er sagte, er habe ein wundervolles Zuhause und eine Frau, die ihn liebe. Er stamme auch nicht aus einer kaputten Familie, sei nach nichts süchtig und trinke auch nicht viel Alkohol. Nie sei er kriminell gewesen, nicht sozial auffällig, und er halte sich auch nicht für pervers. Er bezahle seine Steuern pünktlich und gehe zu den Wahlen; er sei einfach nur ein durchschnittlicher, fröhlicher Mann, der ein unauffälliges Leben lebt und der Nachbar von nebenan sein könnte. So sei es jedenfalls bis vor kurzem gewesen, aber plötzlich sei er zum öffentlichen Feind Nummer eins erklärt worden. Nicht von seiner Familie oder seinen Freunden, die würden immer noch zu ihm halten, sondern von völlig Fremden auf der Straße, im Supermarkt, im Restaurant, beim Arzt und ganz besonders auf ihn abgesehen habe es die Polizei. Er hatte sich vor einem Monat den Unterarm tätowieren lassen. Nun beobachtet er, wie Frauen ihre Kinder plötzlich näher zu sich heranziehen, wenn er ihnen auf der Straße entgegenkommt, oder er hört, wie sich Leute im Restaurant lautstark über ihn unterhalten.[54]

Brandhurst (2004) schilderte die Lebensgeschichte des heute 52-jährigen Reinhold, der von Kopf bis Fuß tätowiert ist und unzählige Piercings trägt. Der sagte unter anderem:

> „Die meisten in Deutschland schütteln den Kopf, manche zeigen mir sogar den Vogel. Mütter ziehen ihre Kinder von mir fort. Es ist schade, aber wenn man so wie mein Freund Dickie Dick und ich ein bisschen anders ausschaut, dann wird man angeguckt wie ein Marsmensch. Oder wie ein Knastbruder. Das ist schon erschreckend. Ich meine, wir kommen doch nicht vom Mars. Und im Knast habe ich erst recht nicht gesessen. Wie kommen die Leute also dazu, mich auf den ersten Blick hin zu verurteilen, nur weil ich ein bisschen anders ausschaue, als sie es gewohnt sind? Wo soll das denn hinführen?"
> (Brandhurst 2004, 48)

Ein Mädchen mit dem Internet-Pseudonym „Fangrrl" hatte beträchtlich größere Probleme. Als Bedienung in einem Fast-Food-Lokal lernte sie vor elf Jahren den Inhaber eines Piercing- und Tattoo-Studios kennen. Nun sei sie 29 und habe drei Viertel ihres Armes tätowiert, diverse andere Tattoos, darunter einige selbstgemachte, sowie etwa 18 Piercings an Lippe, Nase, Brustwarzen usw. Mit dem Anlegen von immer mehr Körperschmuck ging leider auch ihr ganzes Leben den Bach runter. Sie schrieb, sie hätte nie gedacht, dass sie einmal so enden würde. Zweimal habe sie die Schule abgebrochen, sie ist geschieden, innerhalb von acht Jahren ist sie zehnmal umgezogen und lebe momentan arbeitslos in einer Stadt, die sie kaum kennt. Vor allem bei Vorstellungsgesprächen wegen eines Jobs habe sie schlechte Karten:

> *„Auch wenn ich die Piercings rausnehme, irgendwann bemerkt mal jemand die Tattoos und wo lässt mich das? Auf einem reißenden Fluss ohne Paddel. Tut mir leid. Wenn man mir vor fünf Jahren gesagt hätte, dass ich mal in eine so aussichtslose Situation gerate, keine Ahnung, ob ich mich dann anders entschieden hätte. Vielleicht hätte ich dann mehr meine Beine und weniger meine Unterarme tätowieren lassen? Vielleicht hätte ich mich in der Schule mehr anstrengen sollen, dann hätte ich jetzt mehr Möglichkeiten bei der Berufswahl. Ich weiß nicht. Ich bedaure es nicht unbedingt, dass ich so bin, wie ich jetzt bin. Aber trotzdem ein Tipp: Entscheide dich nicht leichtfertig für BodMods. Sie haben Auswirkungen auf dein Leben, die du dir jetzt noch gar nicht vorstellen kannst. Ich bedaure nichts, aber es hat den Weg viel härter und schwieriger gemacht, mit Hindernissen, die ich mir niemals hätte vorstellen können."* [49]

„Darkncrazy" schilderte ihre Schwierigkeiten folgendermaßen:

> *„Piercings im Allgemeinen haben mir schon immer einen Kick gegeben. Adrenalin, das durch meinen Körper pulsiert, pure Intensität. Das wurde leider zum Problem. Ich habe einen echten Job. Ein blöder, öder, langweiliger Job, aber ich bezahle damit meine Rechnungen. Ahnst du, wo mein Problem ist? Ich möchte gepierct sein, aber ich kann den Schmuck nicht tragen."* [50]

Eine Frau mit dem Pseudonym „Asurfael" berichtete von einem peinlichen Vorfall. Sie hatte alleine ein Play-Piercing an sich selbst gemacht, sich 40 Nadeln gesetzt, wieder herausgezogen, das ausgetretene Blut dann auf ihrem Oberkörper verteilt. Die ganze Prozedur hatte sie mit ihrer Videokamera gefilmt. Dummerweise geschah dann Folgendes:

> *„Ich war nackt in meinem Wohnzimmer, von Blut bedeckt. Ich saß aufrecht auf dem Stuhl neben dem Fenster, um möglichst natürliches Licht für die Aufnahmen zu bekommen. Das hatte eine peinliche Nebenwirkung. Bei einem Blick aus den Augenwinkeln sah ich meine Nachbarin auf ihrem Balkon stehen, die mich mit weit geöffneten Augen anstarrte. Das war wie ein kleiner Schock. Es tat nicht weh, aber bereitete mir eine ganze Menge unangenehmer Gefühle. Mir wurde klar, dass das, was ich getan hatte, nicht gerade normal ist. Ich hatte leichte Schuldgefühle gemischt mit Scham."* [69]

Jetten und Mitautoren (2001) wiesen darauf hin, dass gepierzte Jugendliche sich entsprechend mehr einer Subkultur zuwenden, in der das Tragen von Körperkunst völlig normal ist. Die Identifikation mit der Gruppe gibt hier die Kraft, vom Mainstream der Gesellschaft abzuweichen. In Anbetracht von bis zu 70 % gepiercten amerikanischen Jugendlichen in aktuellen Studien wird allerdings immer fraglicher, was genau die Hauptströmung ist und wen man wegen seiner Body-Art noch als Außenseiter deklarieren kann. Überdies haben Crocker und Major (1989) nachgewiesen, dass selbstauferlegte Stigmatisierungen, mit denen einzelne Individuen sich bewusst von der bürgerlichen Gesellschaft distanzieren, auch das Selbstwertgefühl erhöhen können. Gerade Jugendliche tragen dieses „Stigma" dann voller Stolz.

In einzelnen Fällen bewirken aber gerade Intimpiercings auch Streit mit dem Partner bis hin zum Drohen mit der Scheidung. Ein 41-jähriger Mechaniker mit Genitalpiercings:

> „Meine Frau legte irgendwann ihr Veto ein, ich glaube, da war ich bei 20 oder 21 Piercings am Glied angelangt, und ein halbes Dutzend Hafada-Ringe hing am Hodensack. Wir bekamen richtig Streit, als ich nicht aufhörte. [...] Sexuell brachte mir die Anzahl der Ringe im Intimbereich natürlich nichts mehr. Zu viel Metall, um noch halbwegs anständigen Sex praktizieren zu können. Selbst wenn ich gekonnt hätte, ich hätte es nicht gedurft. Meine Frau fand es nur noch widerlich. Aber es gab Momente, da war mir dies völlig egal. Ich wollte nur noch wissen, wie weit ich gehen kann. Ist da noch Platz für ein weiteres Piercing? Wo liegt meine Grenze?" (Brandhurst 2004, 41)

Nicht nur mit Piercings und Tattoos eckt man sozial an. Erstaunlicherweise kann sogar eine Körperveränderung durch Gewichtsabnahme negative soziale Folgen auslösen. Eine 38-jährige Frau schilderte folgendes Erlebnis:

> „Eine Gewichtsabnahme ab 15 kg (so dass man es wirklich sieht) hat erschreckende Schattenseiten. [...] Ich fühlte mich gut, aber mein Umfeld, welches zu Anfang sehr positiv auf mich reagierte und mich motivierte, verhielt sich plötzlich anders. Einige meiner ‚Freundinnen', die selbst nicht ganz schlank sind, nahmen absolut keine Notiz mehr von mir, nein, im Gegenteil, wenn ich von meinem Gefühl und meinem Willen erzählte, verdrehten sie die Augen oder wendeten sich einfach ab. Das war ja noch zu akzeptieren, denn ich weiß sehr wohl, dass, wenn man von einer Sache beinahe besessen ist, man den anderen tierisch auf den Geist gehen kann. Aber es kam noch schlimmer. Während mein ‚männliches Umfeld' insgesamt sehr positiv und anspornend reagierte, fingen Frauen an, zu mahnen, obwohl ich mein Ziel- und auch Normalgewicht noch gar nicht erreicht hatte. Einige machten sich ‚nur' Sorgen um mich, was wiederum sehr positiv ist, denn man merkt hier ja, dass ihnen etwas an mir liegt, andere hingegen veränderten ihr Verhalten mir gegenüber. Es wurde unpersönlich und ablehnend. [...] Manchmal braucht man nur ein neues Auto zu kaufen, eine Sache bei der Lotterie gewinnen, erben oder einen Gönner haben und schon wird es ‚Neider' geben, die leider den Satz ‚Man muss auch gönnen können' nicht anwenden können."[127]

6   Medizinische Komplikationen

Bei fast allen Arten der Körpermodifikation, selbst bei denen, die als gesund gelten, kann es zu Komplikationen kommen. Einige der unerwünschten Nebenwirkungen wurden bereits in Kapitel 3 über die unterschiedlichen Arten der BodMods beschrieben. Hier noch einige Ergänzungen zu spezifischen Formen der Körperveränderung.

Gewichtsreduktion: Mit den teilweise durchaus negativen Auswirkungen von Fastenkuren samt Jojo-Effekt auf psychische oder körperliche Variablen beschäftigten sich z. B. Pönicke et al. (2005) und Coles et al. (2005). Es gibt eine Fülle von bekannten Folgen der Gewichtsabnahme wie z. B. Vitaminmangelerscheinungen, Kreislaufstörungen bis zum Kollaps durch das Hungern, Konzentrationsstörungen durch Unterzucker, depressive Verstimmungen, Magenschleimhautentzündung und ein erhöhtes Risiko für Gallensteinbildung oder Elektrolyt- und Wasserhaushaltstörungen bei rapidem Gewichtsverlust. Außerdem weisen neue Untersuchungen auf ein signifikant erhöhtes Osteoporoserisiko sogar bei begrenzter Gewichtsabnahme hin. Gefahren des Fastens sind eine negative Elektrolyt-, Stickstoff- und Spurenelementbilanz. In der Vergangenheit wurden Todesfälle auch bei Hypokaliämie im Verlauf von Nulldiäten beobachtet.

Insbesondere existieren Hinweise, dass das wiederholte Durchführen von Diäten Essstörungen als Folge haben kann. Wenn man die Kalorienzufuhr zu stark herunterfährt, täuscht man dem Körper eine Notsituation vor, der Stoffwechsel stellt sich auf die geringe Nahrungsmenge ein und schaltet auf Sparflamme: Er bunkert das Fett in Depots für kommende schlechte Zeiten. Isst man danach wieder normal, so nimmt man schneller zu als vorher. Der gefürchtete Jojo-Effekt setzt ein. Auch vor den so genannten „Eiweißdiäten" wird eher gewarnt, da wir heute ohnehin schon zu viel Eiweiß zu uns nehmen. Versuche, durch den Besuch einer Sauna abzunehmen, bringen nichts. Durch das Schwitzen verliert man nur Wasser, nicht aber Fett. Sobald man nach der Sauna wieder etwas trinkt, speichert der Körper das Wasser erneut.

Oft sind die anfallenden Kosten der Gewichtsreduktion beträchtlich, wenn der finanzielle Aufwand für die Diäten und die Medikamente berücksichtigt wird. Zahlreiche in Schlankheitsmitteln enthaltene Wirkstoffe können zudem gewohnheits- oder gar suchtbildend sein. Vorsicht ist geboten, wenn jemand im Rahmen einer Diät völlig auf Fett zu verzichten versucht.

Auch wenn Fett Energieträger ist und zu viel davon dick macht: Fett ist für den Körper lebenswichtig, um die fettlöslichen Vitamine A, D, E und K aufzunehmen. Wer am Tag wesentlich weniger als 30 Gramm Fett zu sich nimmt, bringt seinen Hormonhaushalt durcheinander und die Immunabwehr wird geschwächt.

Krafttraining und Bodybuilding: Bei übermäßig schwerem Training kommt es leicht zu Zerrungen der Muskeln und Sehnen. Seltener ist das Abreißen der Sehne vom Knochen, zur so genannten Abrissfraktur. Das Risiko beider Arten von Verletzungen lässt sich durch richtiges Krafttraining mit nur allmählichem Anstieg des Schwierigkeitsgrades erheblich vermindern. Eine der häufigsten Komplikationen ist der Tennisellenbogen (Epicondylitis humeri radialis/lateralis), dem eine Überlastungsreaktion der Handgelenk- und Fingerstreckmuskulatur zugrunde liegt. Gefährlich sind vor allem Rückschlagspielsportarten (Tennis, Squash, Badminton), Sportklettern (Klimmzüge) und Kraftsport. Dieser Schmerz ist extrem hartnäckig. Es zieht sich über Wochen und teilweise Monate hin. Kurze Trainingspausen bringen meist keine Besserung und nach Wiederaufnahme des Trainings fängt oft alles wieder von vorne an. Häufige Beschwerden beim Krafttraining der Beine sind Knorpelschäden der Kniescheibenrückseite – die Chondropathia patellae ist mit ca. 60 % der häufigste Überlastungsschaden am Kniegelenk. Das Gelenk muss beim Sportler ein Vielfaches an Belastung tolerieren. Eine falsche Auswahl der Trainingsmethoden kann zu einer Kniescheibenknorpelschädigung infolge überhöhter Belastung führen. Symptome sind rückseitiger Ruheschmerz, Schmerzverstärkung beim Bergabgehen, fühl- und tastbares Knirschen, gelegentliche Schwellung nach Belastung.

Beim Bodybuilding werden vorwiegend Oberarm und Brust leidenschaftlich gerne trainiert, denn diese Muskeln fallen ins Auge. Die Lieblingsübungen der meisten Sportler sind entsprechend Bankdrücken, Klimmzüge und Rudern an der Lat. Die Brustmuskulatur ist aber ein tonischer Muskel und neigt daher zur Verkürzung. Dadurch kommt es leicht zu der fatalen Situation, dass die Schultern vorfallen und die Brustwirbelsäule kyphotisch werden, dass also ein Rundrücken entstehen kann. Hieraus resultiert eine Vielzahl von Problemen, z. B. Halswirbelsäulen- und Schulterbeschwerden.

Japanische Wissenschaftler haben in einer Studie mit 28 gesunden Männern herausgefunden, dass massives Krafttraining schlecht für das Herz sein kann. Die eine Hälfte der Teilnehmer sollte ihr Bewegungspensum unverändert lassen und die andere stärkte ihre Muskeln durch regelmäßiges Krafttraining. Schon nach vier Wochen zeigte sich, dass die Arterien der Gewichtestemmer deutlich an Flexibilität verloren und ihre linken Herzkammern sich vergrößert hatten. Dieser Effekt normalisierte sich in einer längeren Ruhephase aber wieder. Wer Herz und Kreislauf stärken will, sollte daher lieber auf Fitness und Ausdauersport setzen, statt im Bodybuilding seine Bizepse zu vergrößern (http://focus.msn.de/gesundheit/herz/news/sportmedizin_nid_11019.html, 28.10.2004).

Insbesondere bei Anabolikamissbrauch darf der gesundheitliche Aspekt nicht vergessen werden. Eine Überdosierung solcher Präparate kann zu schweren Nebenwirkungen, eine Daueranwendung zu Langzeitschäden führen. Die Verminderung der Spermienproduktion, Unfruchtbarkeit und Hodenschrumpfung bei Männern, vermännlichende Effekte wie eine tiefe Stimme, Bartwuchs oder Libidoveränderungen bei Frauen sind nur einige der bekanntesten Auswirkungen des Anabolikadopings. Darüber hinaus hält man aber auch Lebertumore, erhöhten Blutdruck, Halluzinationen, Depressionen und Reizbarkeit für wahrscheinlich. Weitere Nebenwirkungen können Gynäkomastie, die Vergrößerung der männlichen Brustdrüse, und Akne sein. Vorsicht ist bei blutenden Verletzungen geboten, da einige Anabolika die Blutgerinnung hemmen.

Piercings, Tattoos und Skarifizierungen: Piercings, Tattoos, Brandings und Cuttings verletzen die Haut, womit natürlich eine Vielzahl unterschiedlichster Risiken verbunden ist, die von den Betroffenen aber generell verdrängt werden. Insgesamt sehen Heranwachsende oft überhaupt nicht ein, dass sie mit ihren Verhaltensweisen ein hohes Risiko für bleibende gesundheitliche Schäden eingehen (Smith & Rosenthal 1995). Millner und Eichold hatten 2001 in einer Befragung von 79 gepiercten oder tätowierten Personen festgestellt, dass diese sich kaum Gedanken über gesundheitliche Risiken ihres Körperschmucks machten. Zu einem ähnlichen Ergebnis war auch eine australische Studie gekommen (Houghton et al. 1995a).

Ein männlicher Jugendlicher aus Sydney berichtet im Internet anonym in folgendem Auszug von seinem waghalsigen Versuch, sich eine Sicherheitsnadel durch die Eichel zu ziehen. Mit Spiritus reinigte er zunächst seinen Penis und dann die Sicherheitsnadel, dann versuchte er, die Nadel einzustechen, stellte aber rasch fest, dass die so weich aussehende Glans aus sehr festem Gewebe besteht und sein Vorhaben sehr viel Kraft erforderte. Nachdem er fast durch war, beulte die Spitze der Nadel sein Glied nur noch von innen aus, stieß aber nicht durch. Mit einem Teelöffel drückte er nun von der anderen Seite dagegen, bis die Sicherheitsnadel seine Glans endlich durchstoßen hatte:

> „Wow! Mein Penis hatte eine Sicherheitsnadel durch seine Eichel. Ich schloss die Nadel und bewunderte meine Arbeit. Wenn ich Schmuck gehabt hätte, hätte ich ihn jetzt eingesetzt und wäre in die Ränge der Piercinggemeinschaft aufgestiegen."

Erst mehrere Stunden später entschied er sich dafür, die Nadel doch wieder zu entfernen, ohne zu ahnen, dass die eigentliche Katastrophe noch bevorstand. Er öffnete die Sicherheitsnadel also wieder und versuchte, sie vorsichtig und langsam herauszuziehen. Kaum war die Spitze im Fleisch verschwunden, begann Blut herauszuspritzen. Dermaßen alarmiert, entfernte er rasch die ganze Nadel; nun spritzte das Blut aus beiden Löchern. Hektisch versuche er, sie mit Daumen und Zeigefinger abzudichten, was ihm nicht gelang, und er bekam Panik, fragte sich, ob er den Notarzt rufen sollte. Er drückte dann Toilettenpapier fest auf die Blutungen und hielt einige Zeit lang zu, bis das Blut nur noch tropfte, und presste die Wunde weitere fünf Minuten zu, bis die Blutung weitgehend gestoppt war. Zwölf Stunden später war sein Penis arg geschwollen, blau angelaufen und, so schrieb er in seinem Bericht, er sollte besser nicht berührt werden.[82]

Nicht alle Arten von BodMods bleiben lebenslang; Tätowierungen verblassen durch Sonneneinstrahlung meist etwas oder lassen sich heute depigmentieren oder abschleifen. Die meisten Piercingöffnungen verwachsen rasch, sobald der Schmuck nicht mehr getragen wird, ebenso wachsen sogar gespaltene Zungen wieder zusammen, selbst das Narbengewebe durch Brandings und Skarifizierungen nivelliert sich im Lauf der Jahre. Nach Mayers et al. (2002) werden 18 % der Piercings und 4 % der Tätowierungen wieder entfernt.

Eine beträchtliche Anzahl von Piercings muss wieder herausgenommen werden, da es Probleme bei der Heilung gibt oder das Schmuckstück wieder herauswächst (Ferguson 1999). Während das Ohrläppchen eher selten Probleme bereitet, ist ausgerechnet der bei Jugendlichen extrem beliebte Ring durch den Bauchnabel kritisch, da der Körper sich an dieser Stelle ständig bewegt und darüber hinaus Kleidungsstücke auf das Piercing drücken.

Insbesondere das Setzen von Öffnungen im Penisbereich ist gefährlich, da es nachts zu Spontanerektionen kommt und die Wunde dann im Schlaf anfangen kann, stark zu bluten. Tommy, ein Jugendlicher mit frisch gesetztem Apadravya:

> „Am nächsten Morgen wachte ich durch einen brutalen Schmerz auf. Ich war zunächst ganz schön besorgt, aber es war dann doch nicht so schlimm. Ich hatte lediglich einen Harten, etwas, das der frisch gepiercte Apadravya gar nicht mag."[38]

Geschlechtsverkehr ist nach Anbringung eines Genitalpiercings zumindest für einige Wochen nicht möglich, bei bestimmten Schmuckstücken wie dem Piercing durch die Glans werden Abheilungszeiten von mehreren Wochen, z. T. aber auch bis zu einem Jahr berichtet (Feige & Krause 2004).

Häufig müssen Piercings wieder entfernt werden, wachsen heraus oder werden mit heftigen Immunreaktionen vom Körper abgestoßen. Ein 55-Jähriger berichtete über seine Versuche, sich ein Genitalpiercing anbringen zu lassen:

„Das Frenum war sehr unkomfortabel. Jede Bewegung zog daran und das beruhigte sich auch nicht. Danach: ein weiteres Frenum, ein Prinz Albert und ein Lorum. Alle mussten innerhalb von ein paar Wochen wieder entfernt werden, weil sie zogen, die falsche Größe hatten oder schlecht angebracht waren." (Feige & Krause 2004)

Ein Mann mit einem Prinz Albert erlebt folgende Entwicklung:

„Nach zwei Monaten hatte ich schwere Einrisse um die Öffnung des Harnleiters herum und es fing an, hübsch wehzutun. [...] Ein paar Tage später wachte ich eines Morgens auf und stellte fest, dass das kleine Schmuckstück rausgefallen war, beim Versuch es wieder einzusetzen musste ich feststellen, dass der Einriss, der da gewesen war, nun tote Haut war, die braun-schwarz gefärbt aussah und wund war. Ich zog das tote Gewebe raus und trug keinen Schmuck mehr in der PA-Öffnung für rund zwei Monate."

Danach ließ er sich einen Apadraya stechen.[37]

Eine 21-jährige Frau, sie hatte selbst einige Zeit lang als Piercerin gearbeitet und trug insgesamt 14 derartige Schmuckstücke an ihrem Körper, hatte trotz ihrer Fachkenntnisse eine Fülle von Problemen:

„Mein erstes Genitalpiercing hab ich etwa vor anderthalb Jahren bekommen. Es war ein Piercing der inneren Schamlippe, das nicht richtig gesessen hat und entfernt werden musste. Ich bin ein Symmetrie-Freak, habe aber eine dominante und eine total unterentwickelte innere Schamlippe und konnte daher nur eine piercen. [...] Daher hatte ich die Idee eines vertikalen, tief sitzenden Piercings der äußeren Schamlippe. [...] Das Piercing selbst war nicht so schmerzhaft, wie ich gedacht habe. Ich hatte eine Menge Blut erwartet, aber das war auch nicht so schlimm. Etwa drei Tage nach dem Piercing entstand ein blauer Fleck, nicht wirklich schlimm. Die Flecken waren dunkelrot, fast schwarz. Etwas unheimlich. Die nächsten Tage war ich total wund. Gehen war unangenehm, Sitzen war unangenehm und sogar Schlafen war unangenehm. Dann hab ich herausgefunden, dass die 3/16"-Kugeln der Barbells in die Piercingöffnungen gerutscht waren. Ich hab sofort 1/4"-Kugeln bestellt. Am Tag nachdem ich sie ausgewechselt hatte, war ich glücklich wie ein Muschelchen. [...] Etwa sechs Wochen nachdem die Piercings gemacht worden waren, musste ich bemerken, dass meine schlimmste Befürchtung eingetreten war... Ich konnte einen Teil des Barbells sehen. Also, der Barbell saß tief drinnen, als das Piercing gemacht worden war, und das konnte nur eins bedeuten: Mein Körper war dabei, das Piercing abzustoßen. Sogar durch zwei Zentimeter Gewebe hindurch! Der Körper ist ein verrücktes Ding."[119]

Besondere Folgen können Zungenpiercings haben. Auf einer Internetseite stand folgende Warnung:

> „Oh, ganz nebenbei noch: Wechselt die metallischen Kugeln besser gegen welche aus Plastik aus, sonst werdet ihr es bedauern, wenn ihr eine beim Frühstück runterschluckt. Ich habe auch jede Menge Geschichten von zerbrochenen Zähnen gehört und andere Horrorstorys von Zahnärzten."[25]

In der Tat bestätigen wissenschaftliche Arbeiten genau dieses Risiko (s. z. B. Reichl & Dailey 1996; Botchway & Kuc 1998). In etlichen Fällen sind Zähne oder Teile von Zähnen herausgebrochen, weil die Betreffenden unvermittelt auf ein losgelöstes Teil ihres Zungenpiercings gebissen haben (DeMoor et al. 2000). Ein weiteres Problem, das man nicht unterbewerten sollte, ist das Einatmen von sich lösenden Teilen eines Zungenpiercings. Über gesundheitliche Risiken beim deutlich häufigeren Verschlucken solcher Teile ist wenig bekannt. Kaldera und Schwartzstein (2003) schilderten einen Fall, bei dem der Stab des Zungenpiercings verschluckt wurde, sich durch die Eingeweide bohrte und eine Bauchfellentzündung verursachte. Im Normalfall werden die Kugeln aber aller Wahrscheinlichkeit nach den Körper innerhalb von einigen Tagen auf natürlichem Weg wieder verlassen. Mit eifriger Suche könnte man ein solchermaßen verlorenes Schmuckstück im Prinzip sogar wiederfinden; ob der Betreffende es dann wieder in seinen Mund setzen mag, ist dann letztlich eine Frage der persönlichen Hygieneansprüche. Hierzu gibt es eine 1999 erstmals herausgegebene und inzwischen überarbeitete Stellungnahme der Vereinigung amerikanischer Zahnärzte (American Dental Association), in der orale Piercings als gesundheitliches Risiko verurteilt werden.

Direkt nach dem Anbringen von Piercings kommt es zu Schwellungen des Gewebes, die z. B. beim Zungenpiercing recht unangenehm werden können:

> „Meine Zunge begann sofort, anzuschwellen [...]. Es tat definitiv weh, wenn ich kauen wollte [...]. Ich konnte wirklich keine Worte aussprechen, die ein ‚r' oder ein ‚s' beinhalteten [...]. Meine Zunge schwoll bis zu dem Punkt an, dass sie auf meinen unteren Zähnen lag und die oberen Zähne auf meiner Zunge [...]. Drei Tage später wurde die Unterseite meiner Zunge wund."[26]

Während die meisten Menschen sich davor fürchten, Sprachschwierigkeiten zu bekommen, wenn sie sich ein Zungenpiercing stechen lassen, äußerte Sonia gegenteilige Vorstellungen: *„Ich zögere, es zu entfernen, weil ich befürchte, Sprachschwierigkeiten zu haben."* (Zbinden 1998, 109)

In der bereits zitierten Studie von Mayers et al. (2002) berichteten 17 % der Befragten medizinische Komplikationen durch Körperpiercings, hierzu gehörten insbesondere Blutungen, Gewebeschäden und bakterielle Infektionen. Ein junger Mann aus Neuseeland hatte die Anbringung eines Prinz Alberts ohne große Schmerzen und mit nur geringer Blutung gut überstanden, schrieb dann aber:

„Zurück im Hotel ging ich ins Bad und sah runter auf das Präservativ – iiieee! – Horror! Jede Menge Blut, obwohl es in dem Piercing-Shop so gut ausgesehen hatte! So arbeiten die also da: das Ganze etwas abgewischt, schnell das Gummi drüber, und dann die Unterhose hoch! [...] Der einzige Nachteil ist, dass man beim Urinieren nicht mehr richtig so wie vorher geradeaus pinkeln kann! Das ist jetzt neun Monate her. Gelegentlich nehme ich ihn jetzt raus, wenn ich keinen Bock drauf habe, mich zum Pinkeln immer hinsetzen zu müssen."[35]

Eher eine Frage persönlicher Verantwortung ist in dem Problem zu sehen, dass intimer Piercingschmuck Präservative beim Geschlechtsverkehr leicht zum Einreißen bringen kann. Grundsätzlich möglich, wenn auch sehr selten sind schwere Verletzungen der Harnröhre und der Eichel, so berichten Higgins et al. (1995) von einem Riss der Urethra infolge eines Prinz Alberts. Durch Genitalpiercings können beim Geschlechtsverkehr bei beiden Partnern Verletzungen entstehen. Interessant ist da der folgende Lösungsversuch eines 38-jährigen Mechanikers mit 32 Piercings überwiegend am Hoden und an der Unterseite des Penis:

„Ansonsten, ich erinnere mich, dass meine Frau nach dem Sex sagte, dass es wehtat. Also habe ich mir meine Piercings am Schwanz angesehen. Ich stellte fest, dass zwischen zwei Ringen ein größerer Abstand war. Also habe ich in die Lücke noch einen weiteren Ring gesetzt. Jetzt konnte nichts mehr zwicken." (Feige & Krause 2004, 150)

Ein weiterer Bereich, der Schmerzen und auch Komplikationen verursachen kann, ist das Dehnen der Piercings. Ein Jugendlicher mit Genitalpiercing wusste hierzu zu berichten:

„Wie ich geplant hatte, hab ich das Ding ein bisschen aufgedehnt. Der Schmerz beim Stretchen eines Apadravya ist ebenso intensiv wie das ursprüngliche Piercing. Wow ... das hätte ich nicht gedacht, bevor ich es das erste Mal versucht habe."[38]

Feige und Krause (2004) berichten auch von einer 38-Jährigen mit Entzündung im Brustdrüsengewebe nach Brustwarzenpiercing. Im Zusammenhang mit Tätowierungen werden zwar seltener Komplikationen erfasst, allerdings findet man auch Beschreibungen über Entzündungen nach Anbringung von Tattoos: *„Ich wusste, dass ein Tattoo nicht in Frage kam, das letzte endete in einer Reaktion, die mich mit einigen sehr juckenden Hautlappen zurückließ."*[43] Bereits 1967 beobachtete Goldstein allergische Reaktionen der Haut nach Tätowierung. Long & Rickman (1994) bestätigten die Entstehung von Infektionen als Folge eines Tattoos. 1982 berichteten Fiumara & Capek sowie Fiumara & Eisen von einem deutlich erhöhten

Risiko, sich durch Brustwarzen- oder Genitalpiercings mit Krankheitserregern zu infizieren. Den Gefahren von Tattoos und Piercings widmete Reybold (1996) ein ganzes Buch. Insgesamt medizinische Bedenken gegen Body-Piercing äußerten Leviton et al. (1997) sowie Koenig und Carnes (1999). Samantha et al. (1998) wiesen besonders auf die Gefahr einer Infektion durch Körperpiercings hin. Javaid & Shibu (1999) schilderten eine Entzündung nach Brustwarzenpiercing bei einer Frau, die ohnehin schon ein Brustimplantat trug; sicherlich also keine besonders sinnvolle Kombination. Aber auch andere Autoren warnten vor der Komplikation einer Mastitis (Brustdrüsenentzündung) durch Piercings (Trupiano et al. 2001). Ebenso wiesen Armstrong (1998a, b) und auch Krause et al. (2000) auf diverse medizinische Probleme durch Piercings hin. Catalano (2000) zählte unterschiedliche Gesundheitsprobleme als Folge von Tätowierung und Piercing insbesondere im Kopfbereich auf, die nach Folz et al. (2000) bis zur Notwendigkeit einer Wiederherstellung durch plastische Gesichtschirurgie führen können.

A. Stirn (2003a) zitierte eine BBC-Meldung aus dem Jahr 1999, in der 95 % der Hausärzte berichteten, sie hätten bereits Patienten mit Komplikationen nach dem Setzen von Piercings gesehen. Stirn nannte weitere Studien, nach denen an einer Universitätsklinik in New York 17 % der Ärzte medizinische Komplikationen durch moderne BodMods behandelt hatten, insbesondere Blutungen, Gewebsschäden oder bakterielle Infektionen, besonders häufig bei Nabelpiercings. Mit 40 % war der Bauchnabel am häufigsten betroffen, in 35 % der Fälle das Ohr, 12 % die Nase, 5 % die Brustwarzen und 8 % gespaltene Zungen, Kinn, Genitalien und Augenbrauen (Horle & Kuba 2002). Allerdings muss berücksichtigt werden, dass Ohr- und Nabelpiercings auch weit häufiger gesetzt werden als andere Formen und alleine von daher eine höhere Wahrscheinlichkeit besteht, dass sie medizinisch auffällig werden. Was auch leicht vergessen wird, wenn man sich für ein Piercing am Ohr entscheidet, ist, dass wir uns zum Schlafen ja, wie man so schön sagt, „aufs Ohr legen". Im Schlaf wechselt man seine Lage automatisch und dann kann es mitten im schönsten Traum nachhaltig zwicken. Da es Ohrpiercings gibt, die Monate brauchen, bis sie verheilt sind, kann dies für eine lange Zeit ein bitterer Abschied vom geliebten Ausschlafen sein (s. z. B. Turkeltaub & Habal 1990; Simplot & Hoffman 2000).

Auch in Deutschland wurde auf das erhöhte Risiko einer Infektion als Folge von Tätowierung oder Piercing hingewiesen (Heudorf et al. 1998; Kaatz 2001). Piercings führten häufig zu Entzündungen des umliegenden Gewebes (Guiard-Schmidt et al. 2000). Bei Patienten, die wegen medizinischer Komplikationen nach Anbringung eines BodMods den Arzt aufsuchen mussten, handelte es sich überwiegend um bakteriell bedingte Entzündungen (78 %). In der Abheilungsphase kann es sehr schwierig sein, den gesamten Stichkanal wirklich keimfrei zu halten, und eingedrungene Bakterien finden in der frischen Wunde meist einen idealen Lebensraum, in dem sie sich munter vermehren. Insbesondere in Schleimhäuten (Nase, Mund, Genitalbereich) lassen sich Bakterien schlecht abtöten, sie wandern unter Umständen rasch in die Wunde des Stichkanals ein. Durch Desinfektion vernichtet man zwar diese schädlichen Bakterien, stört aber nachhaltig die gesamte Haut- bzw. Mundfauna, also auch die natürlicherweise dort existierenden, „guten" Bakterien, die Schutz bieten, werden vernichtet, was einer Ausbreitung von „schlimmen" Bakterien oft überhaupt erst Vorschub leistet.

Besondere Freude haben Ärzte an frischen Zungenpiercings, da diese ein hervorragendes Areal für die Entstehung einer Entzündung bilden: Eine ganze Fülle von medizinischen Veröffentlichungen handelt von den unterschiedlichsten Komplikationen (z.B. Scully & Chen 1994; Perkins et al. 1997; Keogh & O'Leary 2001; Akhondi & Rahimi 2002). Olsen (2001) beobachtete einen Abszess der Zunge nach entsprechendem Piercing. In einem Einzelfall wurde sogar die Entstehung eines Hirnabszesses mit einem Zungenpiercing in Verbindung gebracht (Martinelli & Cooney 2001). Aber auch das überwiegend als harmlos deklarierte Ohrpiercing führte in einem anderen Einzelfall zu einem toxischen Schock durch allergische Reaktion (McCarthy & Peoples 1988; Casper et al. 2004).

In der wissenschaftlichen Literatur sind einige, wenn auch extrem seltene Fälle beschrieben worden, in denen Frauen infolge eines Genitalpiercings mit aufsteigender Infektion steril wurden oder Männer nach Anlegen eines Piercings am Skrotum eine Infektion der Hoden bekamen und zeugungsunfähig wurden (Kaatz 2001). Besonders hoch war das Infektionsrisiko, wenn mit einem noch nicht vollständig verheilten Genitalpiercing zu früh wieder Geschlechtsverkehr durchgeführt wurde. Berichtet werden unter anderem auch die Besiedelung mit Feigwarzen-Condylomata (Altmann & Manglani 1997) sowie Entzündungen der Scheide (Vaginitis) durch Genitalpiercing (Amsel et al. 1983). Modest & Fangman (2002) schilderten, wie es durch Brustwarzenpiercing zu einem als Hyperprolaktinämie bezeichneten Syndrom kam, bei dem durch die Bruststimulation zu viel von dem Hormon Prolaktin freigesetzt wurde, was zu Galaktorrhoe (milchigem Ausfluss aus der Brust) und zur Amenorrhoe (Ausbleiben der Regelblutung) führen kann. Slawik et al. (1999) stellten einen Einzelfall vor, bei dem es infolge eines Genitalpiercings zum Priapismus gekommen war, einer Dauererektion ohne Gefühle sexueller Erregung, die unbehandelt langfristig zu Thrombose und Impotenz führen kann.

Ochsenfahrt und Co-Autoren (2001) beobachteten eine Endokarditis, eine Entzündung der Herzinnenhaut also, die u. a. zu Herzklappenfehlern führen kann und die hier in Zusammenhang mit einem Brustwarzenpiercing stand; Ramage et al. (1997) berichteten gar von infektiöser Endokarditis nach Nasenpiercing. Auch Strom et al. (1998), Tronel et al. (2001), Friedel et al. (2003), Raja et al. (2004) sowie Millar und Moore (2004) fanden in ihren Untersuchungen Korrelationen zwischen oralen Piercings und Endokarditis als Folge des Eindringens von Bakterien in die Blutbahn insbesondere auf dem Weg des frisch gesetzten Zungen- oder Lippenpiercings. Dahnert et al. (2004) gaben eine Übersicht über zehn Fälle aus der Literatur, bei denen durch Piercings oder Tattoos eine Entzündung des Herzens ausgelöst wurde; immerhin bei sechs der Patienten zwischen 13 und 30 musste deshalb eine Operation der Herzklappen durchgeführt werden.

Wenn es einem Streptococcus gelingt, in die Blutbahn einzudringen, kann es im allerschlimmsten Fall sogar zur lebensbedrohlichen Sepsis (Blutvergiftung) kommen. Nach amerikanischen Studien liegt das Risiko für schwere Komplikationen aber weit unter einem Prozent (Simplot & Hoffmann 2000). Gefährdet sind insbesondere Menschen, die sich unter eher unhygienischen Bedingungen und mit unsterilem Material ein BodMod selbst gemacht haben, und dies insbesondere im Genitalbereich. Hier ist die Peinlichkeit, mit einer Entzündung oder anderen Komplikationen zum Arzt gehen zu müssen, so groß, dass zunächst und meist über viel zu lange Zeit Selbstheilungsversuche durchgeführt werden, bis ernste Folgen auftreten.

Ein häufiges Problem selbst bei einfachen Piercings ist das Entstehen besonders schwulstigen, hervorstehenden Narbengewebes (Keloidbildung) bei Personen mit entsprechender Disposition (Buchwald et al. 1992), das dann später auch nur schwer zu entfernen ist (s. Kapitel 3.14 Skarifizierung).

Peate (2000), Larkin (2004) und auch Marenzi (2004) stellen jeweils die medizinischen Problemen in den Vordergrund, die Personen mit Piercings vor allem bei Notaufnahmen im Krankenhaus dem Personal bereiten, müssen die Schmuckstücke bei vielen diagnostischen Untersuchungen oder medizinischen Eingriffen doch von Ärzten oder Krankenschwestern entfernt werden. Nur ein winziger Bruchteil von Ärzten und Pflegepersonal wusste, wie man Piercings fachgerecht entfernt (Hadfield-Law 2001). In einer Studie von Khanna et al. (1999) mit 28 Notärzten konnten nur sechs richtig beschreiben, wie man ein normales Piercing-Schmuckstück öffnet und entfernt; bei Unfällen, die z. B. Intubation verlangen, kann dies durchaus entscheidend sein. Auch das Anlegen eines Harnkatheters bei notfallmäßig aufgenommenen Patienten wird durch Genitalschmuck oft problematisch. Ebenso kann die Geburt eines Kindes erschwert sein, wenn die Mutter im Schambereich Metallschmuck trägt. Brustwarzenpiercings sind darüber hinaus beim Stillen des Kindes eher unpraktisch. Eines der wesentlichsten Probleme, das bisher noch kaum beachtet wird, ist, dass für eine Magnet-Resonanz-Tomographie (MRT) restlos jedes Metall vom Körper entfernt werden muss, da es nicht nur das spätere Bild massiv verzerrt, sondern regelrecht vom Magnetfeld angezogen wird. Bei Unfällen z. B. mit inneren Verletzungen oder etwa bei Hirnblutungen kann hier im wahrsten Sinn des Wortes jede Sekunde zählen. Wenn dann erst ein Dutzend Piercing-Schmuckstücke gesucht, gefunden und entfernt werden müssen, bedeutet dies einen großen Nachteil für den Schwerverletzten.

Schließlich soll noch darauf hingewiesen werden, dass Piercingträger, je nachdem, wo der Schmuck sitzt und welche Form er hat, damit schon alleine beim An- oder Ausziehen, beim Sport und bei handwerklichen Arbeiten leicht hängen bleiben und sich das Metallteil dann im unangenehmsten Fall herausreißen können. Häufiger kommt es dabei zum Einreißen des Gewebes mit erneuter Entzündungsgefahr. Ein Betroffener mit weit über 20 Piercings an Hoden und Penis erzählte:

> *„Derart viele Intimpiercings schaffen auch Probleme. Fahrradfahren geht gar nicht mehr. Es fällt mir auch schwer, Unterhosen zu tragen. […] und auch der Umgang mit einem gepiercten Geschlechtsteil ist nicht ohne weiteres machbar. Das bedarf schon einer gewissen Sorgfalt."* (Feige & Krause 2004, 246)

Ein anderer Betroffener mit Genitalpiercings sagte:

> *„Vielmehr muss ich aufpassen, dass ich mit den Ringen nicht am Reißverschluss meiner Hose hängen bleibe. Das hat mich bereits zwei Ringe und ein Oetang gekostet. Autsch! Im Moment trage ich deshalb rechts an der Vorhaut nichts mehr, nur links. Mit dem rechten bin ich in der Abheilphase leider im Reißverschluss hängen geblieben."* (Feige & Krause 2004, 150)

Der größere Teil der Körpermodifikationen wird heute von berufsmäßigen Tätowierern oder Piercern durchgeführt, wobei im Allgemeinen recht gute hygienische Bedingungen gewährleistet sind, d. h. zum Stechen der Piercings werden fast ausnahmslos verpackte, neue Kanülen benutzt. Entsprechend einem Bericht der Pforzheimer Zeitung vom 02.07.2001 ist die Infektionsgefahr bei diesen Mini-Operationen entsprechend gering. Darüber hinaus werden die gepiercten oder tätowierten Personen sehr detailliert zur Nachsorge angeleitet. Insbesondere bei nicht professionell angefertigten Piercings und Tattoos zogen sich einige User eine Hepatitis zu (Ollero et al. 1992; Ko et al. 1992; Luksamijarulkul et al. 1995; Hayes et al. 2001; Alter 1999; Guiard-Schmid et al. 2000; Krause et al. 2000; Michault et al. 2000). In einer Studie allerdings wurde ein Zusammenhang zwischen Tätowierung und Hepatitis eindeutig verneint (Silverman 2000).

Lifson und Halcon (2001) stellten bei einer Befragung von 201 obdachlosen Jugendlichen fest, dass 20 % ein Tattoo und 18 % ein Piercing mit unsterilen Nadeln erhalten hatten, und wiesen auf das stark erhöhte Risiko für Krankheiten wie HIV oder Hepatitis hin. Brooks et al. (2003) fanden unter den von ihnen befragten 210 Jugendlichen immerhin 10 %, die zum Tätowieren oder zum Stechen eines Piercings unsterile Nadeln benutzt hatten; 2 % hatten zum Stechen sogar dieselbe Nadel benutzt wie ihre Freunde.

Ollero et al. (1992) und auch Ko et al. (1992) konnten Fälle einer Hepatitis-C-Infektion als Folge einer Tätowierung belegen. Auch Holsen et al.

(1993) und Michault et al. (2000) stellten Hepatitis durch Tattoos bei norwegischen Gefängnisinsassen fest. Braithwaite et al. (2001) fanden demgegenüber an 860 unselektierten Jugendlichen nur 2 % bzw. 1,5 %, die sich dieselben Nadeln geteilt hatten. Perkins und Mitarbeiter (1997) und auch Guiard-Schmid (2000) wiesen auf das Risiko hin, sich auf diesem Weg mit AIDS zu infizieren. Insbesondere bei Tätowierungen, die im Gefängnis angefertigt wurden, war das Risiko hoch, dass unsterile Nadeln benutzt und AIDS übertragen wurde (Doll 1988; Braithwaite et al. 1996). Weitere Studien berichteten, dass in Einzelfällen Tetanus, Tuberkulose und sogar Lepra übertragen wurde (Dyce et al. 2000; Martin et al. 2000; Mittal & Gupta 2002). Durch spezielle Aufklärungskampagnen versucht man heute, dieses Risiko abzuschwächen (Magura et al. 1994).

Henna-Tätowierungen können durch beigemischte Chemikalien folgenschwere Allergien auslösen, berichtete das britische Wissenschaftsmagazin New Scientist (Thiessen 2001). Die belasteten Tuschzeichnungen, die sich Touristen unter anderem an Stränden und Straßen in südlichen Urlaubsregionen auf die Haut malen lassen können, führen mitunter zu einer starken Überempfindlichkeitsreaktion. Schuld daran sei nicht die aus Pflanzen stammende Hennafarbe selbst, Ursache sei vielmehr die Chemikalie p-Phenylendiamin (PPD), die den Henna-Tätowierungen oft hinzugefügt wird, um sie dunkler zu machen. In zahlreichen Fällen hatten Mediziner schwere Hautreaktionen beobachtet. Die Überempfindlichkeit gegen PPD könne dabei langfristig bestehen bleiben, so dass die Betroffenen bei einem künftigen Kontakt wieder mit einer allergischen Reaktion rechnen müssten.

Play-Piercings: Play-Piercings bringen ein hohes Infektionsrisiko mit sich, da in der Regel nicht nur eine Nadel gesetzt wird, sondern etliche, und der Benutzer sich darüber im Klaren sein sollte, dass er jedes Mal eine kleine Wunde erzeugt, durch die Keime in den Körper eindringen können, auch wenn die Kanüle selbst steril ist. Abhängig davon, was man tut, nachdem man sich die Nadeln gesetzt hat, besteht außerdem ein weiteres Verletzungsrisiko bei sich selbst und ggf. bei anderen als Folge unbedachter Bewegungen. Auf einer entsprechenden Internetseite wurde daher mit Recht davor gewarnt, solche Spiele im Dunkeln zu treiben. Da oft Blut austritt, ist das Ansteckungsrisiko für Krankheiten wie AIDS hier besonders hoch, wenn die Nadeln zu zweit oder in einer Gruppe gesetzt werden. Mitunter werden daher kleine Korkstücken auf das scharfkantige Ende gesetzt, die allerdings in der Regel wiederum meist nicht besonders steril sind.

Wenn beim Einstechen der Nadel ein Blutgefäß verletzt wird, dann kann es vorkommen, dass die Wunde zunächst kaum blutet, jedoch sehr stark, sobald die Nadel wieder entfernt wird. In anderen Fällen kann es zur Bildung von Hämatomen kommen, d.h. zu Blutgerinnseln bzw. Blutblasen, die sich unter der Haut ausbreiten und blaue Flecke zurücklassen, die je nach Größe erst nach Tagen oder Wochen verschwinden.

Sewings: Sewing, das Vernähen von Körperteilen, birgt dieselben Risiken wie Piercings und Play-Piercings. „Kus" berichtet uns im Folgenden exemplarisch von einer Fülle von Problemen, die beim Zusammennähen seiner Lippen auftraten. Auch er nannte eigentlich kein Motiv, er hatte dies lediglich im Internet gesehen, wollte es auch mal ausprobieren und ein paar Fotos davon haben: Das erste Problem ergab sich bereits bei der Auswahl des richtigen Fadens. Angelschnur wurde erwogen, aber die, die es zu kaufen gab, war durchsichtig – man hätte sie auf den Fotos kaum sehen können – und so dünn, dass sie durchs Fleisch hätte schneiden können. Ein im Piercingstudio vorhandener Nylonfaden war wiederum so dick, dass man ihn nicht hätte verknoten können. Man entschied sich für normalen Baumwoll-Faden, der aber kaum richtig desinfiziert werden konnte. Im Piercingstudio wurden dann zunächst Markierungen angebracht, wo gestochen werden sollte. Das Ganze wurde per Video gefilmt. Insgesamt zehn Kanülen wurden von innen nach außen rund um den Mund herum eingestochen und zunächst stecken gelassen. Nach einem etwa zehn Minuten andauernden Versuch, den Faden durch eines der Löcher zu ziehen, stellte man fest, dass der Faden zu dick war, um ihn durch die Kanülen zu ziehen, und irgendwie geteilt werden musste. Weitere fünf Minuten dauerte es, den Faden auch nur durch die erste Kanüle zu ziehen und diese dann zu entfernen. Die Öffnung der dritten Nadel begann dann leider stark zu bluten, was die Arbeit des Piercers erheblich erschwerte. Das mit Speichel vermischte Blut rann in großen Mengen das Nähgarn hinunter und aus Versehen zerschnitt der Piercer den Faden an einer scharfkantigen Kanülenspitze, so dass dieser zu kurz war und nicht mehr durch die letzte Öffnung gezogen werden konnte. Inzwischen waren die Lippen stark angeschwollen und wund von dem Faden, der ständig hin und her gezogen worden war.[64]

Suspensionen: Bei den meisten Beschreibungen von Suspensionen entsteht der Eindruck, als wenn dies lediglich eine sehr positive, unglaublich bewusstseinserweiternde Erfahrung wäre, bei der das Einsetzen und Herausnehmen der Haken geradezu nebensächlich sei und eigentlich kaum Schmerzen verursachte. Immerhin müssen die Haken aber sehr tief sitzen, um jeweils einen Teil des Körpergewichts tragen zu können; dennoch spricht nur selten einer der Teilnehmer solcher Performances von den teilweise langwierigen Nachwirkungen.

Melinda zum Beispiel hatte das Pech, dass bei einer Aufhängung an vier Haken im Kniebereich die Haut einzureißen begann und sie schleunigst wieder heruntergelassen werden musste. Einer der anwesenden Piercer nähte die Wunde:

> „Nachdem man mich von dem Gerüst losgemacht hatte, half mir jemand in einen Nebenraum, wo mein Knie genäht werden sollte. Eine kleine Gruppe von Leuten beobachtete mich, als ich die Haken aus meinen Beinen drehte.

Mir lief ein Schauder den Rücken herunter, als ich sah, wie Fettgewebe aus der Wunde quoll. Die Öffnungen sahen eklig und schmerzhaft aus, was sie auch waren. Dann begann das Nähen und es war schlimmer als alles Vorangegangene. Die ersten Stiche ertrug ich, ohne zurückzuzucken, aber dann wurde es zu schmerzhaft, aber mehr als was anderes ärgerte ich mich. [...] Man gab mir später ein Skalpell und eine kleine Pinzette mit, um die Fäden in etwa einer Woche wieder herauszuziehen. Meine Knie waren äußerst wund und geschwollen, seitdem ich heruntergekommen war. Gehen war ein echtes Experiment und ich brauchte einige Zeit, bis es klappte. Die beiden nicht genähten Wunden bluteten weiterhin, also wackelte ich in den anderen Raum und bat Jason, mich zu verbinden. [...] Gegen drei Uhr am Morgen sagte ich Tschüss und Dankeschön. [...] Heute Morgen nahm ich eine Dusche und massierte die ganze Luft, die in meinen Knien zurückgeblieben war. Sie sind noch immer wund und fühlen sich eng an, aber das Gehen ist nicht mehr ganz so lästig." [94]

Suspensionen sind keinesfalls ungefährlich. In einem der Fallbeispiele wurde schon deutlich, dass eine Aufhängung im Brustbereich die Atmung massiv erschweren kann. Koops et al. (2005) berichten in einem forensischen Artikel über einen 28-jährigen Feuerwehrmann, der sich in einem autoerotischen Akt weibliche Unterwäsche und Schuhe angezogen und dann mit einer Seil- und Gurtvorrichtung aufgehängt hatte, die üblicherweise von Bergsteigern benutzt wird, um sich bei einem Sturz aufzufangen. Im Hängen quetschten die Gurte den Brustkorb des Mannes aber so stark zusammen, dass er erstickte. Da Suspensionen nicht alleine gemacht werden können, ist diese Gefahr möglicherweise dort nicht so bedeutsam wie bei alleine durchgeführten autoerotischen Aufhängungen.

Schönheitsoperationen: Welche medizinischen Gefahren auch bei den scheinbar „kleinen" Eingriffen wie Fettabsaugen lauern, ist vergleichsweise wenig untersucht. Gemäß einer Internet-Nachricht fand Prof. Steinau von der Ruhr-Universität Bochum heraus, dass zwischen 1998 und 2002 bei etwa 150.000 bis 200.000 Fettabsaugungen 67 Patienten mit lebensgefährlichen Infektionen, Lungenembolien oder durchstochenen Organen auf der Intensivstation landeten; es gab 19 Todesfälle.[152] Auf andere potenzielle Nebenwirkungen der plastischen Chirurgie ist zum Teil bereits weiter oben eingegangen worden. So können z.B. beim Gefäßlifting sichtbare Narben zurückbleiben; nach der Fettabsaugung sieht der Körper manchmal ungleichmäßig und stufig aus. Bei Busenoperationen und auch Operationen an den Augen ist in manchen Fällen die Symmetrie empfindlich gestört. Nicht jeder Operierte ist später mit dem Ergebnis ganz zufrieden. Leider gibt es hierüber keine offiziellen Zahlen.

Schönheitschirurgische Eingriffe haben auch psychisch nicht immer positive Folgen. Koot und Mitarbeiter wiesen 2003 in einer Studie nach, dass

Frauen mit kosmetischen Brustimplantaten erhöhte Selbstmordraten hatten und häufiger an Krebs starben.

Die Bundesärztekammer wendet sich derzeit zunehmend gegen die Verführungen der Schönheitschirurgie, da die Ärzte auf dem Beauty-Markt oft nicht im Sinne der allgemeinen Gesundheitsaufklärung handeln. Die Vermarktung schönheitschirurgischer Leistungen ist weit fortgeschritten, die Risiken der Eingriffe werden aber nach Ansicht der Ärztekammer zu stark nivelliert und den Patienten oft vermittelt, eine Veränderung des äußeren Erscheinungsbildes wäre weitgehend komplikationsfrei möglich. Auch ist wenigen Patienten bekannt, dass es Unterschiede gibt zwischen Fachärzten für Plastische Chirurgie, Fachärzten mit der Zusatzweiterbildung Plastische Operationen und Schönheitschirurgen.

Beschneidung: Die genitale Beschneidung insbesondere die Genitalverstümmelung von Mädchen bringt häufig massive medizinische Komplikationen mit sich. Verzin (1975) listet z. B. auf: Schock, Blutungen, Infektionen, Harnstau, Verletzungen der Harnröhre, Komplikationen durch Verletzung des Anus und Tod. Spätfolgen sind oft eine massive Verkrüppelung des weiblichen Genitals, Abszesse, wiederholte Infektionen des Urogenitalbereiches, Schmerzen beim Geschlechtsverkehr und diverse weitere gynäkologische Störungen, gravierende Orgasmusprobleme und multiple Schwierigkeiten im sexuellen Bereich. Insbesondere bei der Geburt kann das vernarbte äußere Geschlechtsteil große Probleme bereiten, da das Gewebe sich nicht dehnt und den Kopf des Kindes nicht durchlässt. Äußerst kritisch wird es ohnehin schon, wenn die Frau verheiratet wird und das zugenähte Geschlechtsteil nun vom Ehemann geöffnet werden muss. Üblicherweise versucht der Mann, sein Geschlechtsorgan in die winzige Öffnung hineinzupressen, die dann aufreißt und blutet. Gelingt dies nicht, was aufgrund von Verwachsungen oft der Fall ist, werden gar Messer, Scheren oder Rasierklingen zur Hilfe genommen, um den Verkehr zu ermöglichen. Dass die Frauen, die durch die verstümmelte Klitoris ohnehin Probleme haben, einen sexuellen Höhepunkt zu erreichen, künftig Sexualität als etwas Negatives empfinden, liegt auf der Hand. 1982 ging durch die Presse, dass englische Chirurgen insbesondere bei reichen, aus Afrika stammenden Familien noch Klitorisektomien an den Töchtern durchführten. Das Problem aus Sicht dieser Ärzte ist, dass diese Eingriffe ohnehin durchgeführt werden – wenn nicht von Chirurgen unter Narkose und sauberen hygienischen Bedingungen, dann von Scharlatanen unter zweifelhaften Umständen und mit entsprechenden Nebenwirkungen.

Auch bei der Beschneidung von Knaben kommt es mitunter zu Komplikationen, nicht selten mit lebenslanger Verkrüppelung des männlichen Gliedes, vereinzelt auch zu Todesfällen.

Cuttings und Selbstverletzung: Dass Selbstverletzungen jeder Art immer das Risiko bergen, weitaus schwerere Schäden zu verursachen, als der Betreffende einkalkulierte, dürfte jedem intuitiv klar sein. Problematisch ist, dass z. B. beim Cutting die Wunde mitunter immer wieder aufgekratzt wird, um hervorstehende Narben zu erzeugen. Hierdurch besteht fortlaufend die Gefahr, dass Erreger eindringen. Insbesondere bei häufigem selbstverletzendem Schneiden kommt es zu irreversiblen Langzeitfolgen, da das Narbengewebe nicht so biegsam und flexibel ist wie normale Haut; auch die Schweißabsonderung, die Durchblutung und normale Immunreaktionen können gestört sein. Eine Frau mit einer sehr hohen Anzahl von Cuttings berichtet:

> „Meine Narben schmerzen, wenn ich dusche, wenn ich gehe, wenn ich sitze. Manchmal reißen die Narben auf und ich blute durch meine Unterwäsche und muss meine Beine kreuzen, in Furcht und Scham, es könnte jemand bemerken. Sie tun jeden Moment weh und bilden eine konstante Erinnerung, dass irgendwas in meinem Kopf nicht richtig tickt."[87]

Cuttings sind irreversible Eingriffe in die Haut und jedem muss klar sein, dass es wenige Möglichkeiten gibt, sie wieder loszuwerden. Ein kanadischer Schüler gibt im folgenden Textauszug zu, einen bedauerlichen Fehler gemacht zu haben. An einem kanadischen Feiertag fand er eine Papier-Mohnblume mit Nadel zum Anstecken auf dem Boden; er hob sie auf und spielte damit herum. In der Schule wurde ein Videofilm gezeigt, den er als extrem langweilig empfand, und irgendwann kam er auf die Idee, sich mit eben dieser Nadel ein Herzsymbol in den Arm zu schnitzen. Er hatte natürlich weder etwas, um sie zu desinfizieren, noch um sie überhaupt zu reinigen. Drei Monate später gestand er zerknirscht ein:

> „Ich bin nicht gerade zufrieden mit dem Ergebnis. Ich kann es zwar tagsüber abdecken, aber am Abend ist es nun mal da. Es ist wie eine schlechte Freundin, die dich einfach nicht in Ruhe lassen will, verstehst du? [...] Es ist absolut nicht das, was ich den Rest meines Lebens an meinem Körper behalten will. [...] Mein Cutting entzündete sich, was niemals so richtig aufhörte. Ich vermute, dass es sich nur durch eine chirurgische Operation richtig entfernen lassen würde. [...] Aber ich habe wirklich schon ausreichend viel Schmerzen mit diesem Cutting gehabt."[114]

Im Internet fand sich auch die Selbstbeschreibung einer 18-Jährigen, die sich als Folge von Selbstverletzungen mit einer gebrauchten, schmutzigen Rasierklinge eine Hepatitis zugezogen hatte.[114]

Mitunter bilden sich durch Hautverletzungen so genannte Keloide, die durch Cutting, aber auch durch Piercings, zu tiefe Tätowierungen oder bei einer Skarifizierung entstehen können; bei Letzterem ist die Keloidbildung mitunter sogar erwünscht. Keloide sind wulstartige, harmlose Wucherungen der Haut, sie gehören zu den gutartigen Tumoren. In seltenen Fällen entstehen sie spontan, fast immer aber im Sinne einer überschießenden Narbenbildung nach einer Verletzung oder Verbrennung. Auch Akne- oder Operationsnarben können sich in Keloide umwandeln. Diese Wulstnarben heben sich durch ihre helle, oft leicht rote Farbe optisch von der restlichen Haut ab, sie ragen deutlich über die umliegende Haut hinaus und bilden Verdickungen. Dabei bleiben sie nicht auf das Gebiet der Narbe beschränkt, sondern wuchern mitunter auf gesunde Hautpartien über und können so große Flächen bedecken. Keloide können Schmerzen verursachen und gelegentlich jucken. Wulstnarben treten selten bei weißen, vermehrt aber bei asiatischen und schwarzhäutigen Menschen auf. Es besteht eine genetische Veranlagung zur Keloidbildung mit familiärer Häufung. Die Narbenwucherungen bilden sich nicht zurück. Sie können, besonders wenn sie ein Gelenk umschließen, zu funktionellen Einschränkungen führen: das Gelenk kann sich wegen der Wucherung nicht mehr frei bewegen. Weitaus problematischer ist oft das entstellende Aussehen. Die Betroffenen leiden sehr darunter, wenn die Wulstnarbe sich an einem ständig sichtbaren Körperteil wie etwa im Gesicht gebildet hat. Eine operative Entfernung ist problematisch, da es danach erneut zu einer manchmal sogar noch stärkeren Bildung der Wulstnarbe kommt.

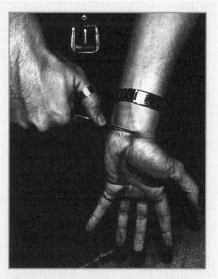

Abb. 100:
Cutting und selbstverletzendes Verhalten können durch Infektionen beträchtlich langwierigere Folgen haben, als der Betreffende geplant haben dürfte.
(Foto: George Crux, cruxbrasil@hotmail.com/stock.XCHNG[6])

Spaltungen und Amputationen: Zungen- oder Penisspaltungen ebenso wie die Selbstamputation eines Körperteils können schlimmstenfalls dazu führen, dass eine Person verblutet, wenn sie dabei eine große Arterie verletzt und infolge dieses Eingriffs in Panik gerät oder ohnmächtig wird. Da insbesondere Selbstamputationen eher alleine gemacht werden, besteht hier stets ein Risiko für einen letalen Ausgang. Ansonsten ist von Komplikationen und Nebenwirkungen auszugehen, wie sie bereits unter Piercings und Cuttings beschrieben wurden.

Benecke (1999) wies in seinem Artikel auf ethische Probleme hin. Er berichtete von einer 28-Jährigen, die sich von einem Chirurgen gegen Bezahlung eine Zungenspaltung machen ließ. Das ethische Dilemma für Mediziner, an die ein solcher Wunsch herangetragen wird, ist schwer zu lösen. Nach Beneckes Ansicht ist der Wunsch nach der betreffenden Körperveränderung oft so intensiv, dass die Betreffenden meist kaum mit sich reden lassen. Weigert der Arzt sich, die Operation durchzuführen, so wird diese meist unter hygienisch äußerst bedenklichen Bedingungen von der Person selbst oder von einem anderen Laien gemacht. Führt der Arzt eine solche Operation aber durch, so verstößt er nicht nur gegen eigene ethische Grundsätze, sondern unter Umständen drohen ihm Restriktionen durch Ärztekammer, Kassenärztliche Vereinigung oder, vielleicht noch schlimmer, er kommt mit diesen Praktiken in die Medien.

Andererseits können die Folgen selbstgemachter Körperveränderungen gravierend sein. Im Internet finden sich Beispiele, in denen Transsexuelle, denen mehrfach eine Geschlechtsanpassung verwehrt wurde, sich schließlich Penis und Hoden selbst abschnitten. Problematisch dabei ist sicherlich, dass der Chirurg sich zunächst einmal von der psychischen Gesundheit des Betreffenden überzeugen und die genaue Motivation erkunden müsste; damit sind Ärzte in der Alltagspraxis aber deutlich überfordert. Ein Ausweg ist häufig, durch Terminverzögerung den Betreffenden zumindest dazu zu bringen, noch einige Zeit über seinen Wunsch nachzudenken, und dann zu prüfen, ob dieser noch immer besteht. Denn abgesehen von Piercings lassen sich die meisten Körpermodifikationen nicht mehr rückgängig machen. Das sollte den Betreffenden von medizinischer Seite her klar und deutlich vor Augen geführt werden.

Im Internet findet man sehr detaillierte Anleitungen zu extremen Bod-Mods, bis hin zu genau ausgearbeiteten Anweisungen, Selbstamputationen durchzuführen. Die Handlungsanweisungen führen vom notwendigen Operationsbesteck über Tipps, wo man lokale Anästhetika via Internet kaufen kann, bis hin zu Ausreden für später. Unklar ist der eigentliche Sinn dieser Anweisungen. Einige sind offensichtlich von Betroffenen gestaltet worden, die sich bereits selbst Finger oder Zehen amputiert haben. Andere enthalten medizinisch außerordentlich fundierte Informationen vermutlich von Fachleuten. Dahinter steht möglicherweise die Abwägung, dass Menschen mit entsprechender Risikobereitschaft die Amputation sowieso irgendwann selbst durchführen werden und es besser ist, wenn sie es dann unter hygienischen Bedingungen, mit den richtigen Werkzeugen und einem Anästhetikum, Kompressen und ausreichend Verbandzeug tun, als wenn sie einfach drauflosschneiden, ohnmächtig werden und verbluten. Andererseits fragt sich, ob gefährdete Personen nicht durch derartige Homepages überhaupt erst auf die Idee kommen, so etwas zu tun; ob nebulöse Ideen hierdurch erst manifest werden und zu konkreten Handlungsplänen heranreifen. Möglicherweise sinkt die Hemmschwelle, wenn nachzulesen ist, wie man eine Selbstamputation einigermaßen gefahrlos und sogar mit vergleichsweise wenig Schmerzen durchführen kann; auch dieses Dilemma ist letztlich nicht zu lösen.

7 Body-Modification und Schmerz

Fast alle Arten der Body-Modification tun auf die eine oder andere Art weh und es erscheint daher sinnvoll, sich hier einmal etwas intensiver mit dem Schmerzerleben auseinander zu setzen. Schmerzinformationen werden auf verschiedenen Stufen verarbeitet. Rund drei Millionen Schmerzsensoren (Nozizeptoren), d. h. spezialisierte Nervenzellen, die auf Verletzungen des Gewebes reagieren, sind im Körper verteilt; besonders viele befinden sich an seiner Oberfläche. Bei Verletzungen, starkem Druck oder Kontakt mit hohen Temperaturen werden diese Sensoren erregt und schicken elektrische Signale über Nervenfasern ins Rückenmark, den Hirnstamm und schließlich in den Neokortex, wo der Schmerz eigentlich wahrgenommen wird.

Eine Verarbeitung der Schmerzsignale geschieht aber schon im Rückenmark; der Reflex des Zurückzuckens z. B. bei einem Stich oder beim Berühren einer heißen Oberfläche wird hier eingeleitet, lange bevor die Information überhaupt im Gehirn angekommen ist. Dieser Reflexbogen entzieht sich weitgehend der bewussten Kontrolle, daher ist es schwierig, bei einer plötzlichen Verletzung nicht zu zucken. Aktuelle Magnetresonanztomographie-Untersuchungen (MRT) zeigen darüber hinaus, dass bestimmte Regionen des Gehirns bei gleichen Schmerzreizen unterschiedlich stark aktiv sind. Damit entscheidet nicht nur die Reizintensität, sondern auch die Verarbeitung im Gehirn über die individuell empfundene Stärke der Pein.

Die Nozizeptoren sind polymodal, d. h. sie sprechen auf thermische, chemische und mechanische Reizung an, bei Entzündungen auch auf die Ausschüttung körpereigener Botenstoffe wie Histamin und Serotonin. Botenstoffe wie z. B. die Prostaglandine können die Erregungsschwelle herabsetzen, so dass es leichter zur Schmerzwahrnehmung kommt. Analgetika wiederum erhöhen diese Schwelle. Nozizeptoren nehmen nicht nur wahr, sie können durch Ausschüttung von Immunpeptiden in einem verletzten Gewebe auch das Entstehen einer Entzündung fördern.

Man unterscheidet drei Arten von Schmerz: Oberflächen-, Tiefen- und Eingeweideschmerz. Das Anbringen von Piercings und Tattoos erzeugt Oberflächenschmerz, der sich in zwei Phasen einteilen lässt: einem gut lokalisierbaren, „hellen" Schmerz folgt nach einer halben bis einer Sekunde ein „brennender" Schmerz, der schwer lokalisierbar ist und nur langsam abklingt. Außerdem kann es im Zuge von Entzündungen zu Juckreiz kommen, der durch die Ausschüttung von körpereigenem Histamin entsteht und leicht in Schmerz übergehen kann. Rührt die Schmerzempfindung dagegen von den Knochen, Gelenken oder Muskeln her, so spricht man von Tiefenschmerz, der sich eher „dumpf" anfühlt, noch schwieriger zu lokalisieren ist und meist ausstrahlt. Eine dritte Art ist der viszerale oder Eingeweideschmerz mit wellenförmig ablaufenden Krämpfen.

Beim gleichen Eingriff, etwa dem Setzen eines Lippenpiercings, empfinden zwei verschiedene Menschen keinesfalls denselben Schmerz; dieses Gefühl ist von einer Fülle unterschiedlicher Einflussgrößen abhängig, die nicht zuletzt psychosozial geformt werden. In der wissenschaftlichen Literatur werden folgende Faktoren für die Schmerzwahrnehmung als bedeutsam angesehen: erstens die somatische Dimension (Lokalisation und anatomisches Substrat der Qualen), zweitens die psychische Dimension (Persönlichkeit des Patienten und dessen biographischer Hintergrund) und drittens die soziale Dimension (z. B. Einfluss der beruflichen und sozialen Situation auf das Schmerzerleben).

Man sollte annehmen, dass das Anbringen von Piercings, Tattoos und anderen BodMods immer mit erheblichen Qualen verbunden ist. Dem scheint aber nicht so zu sein: die eine Hälfte der Berichte beklagt massive Pein, die andere behauptet, es habe kaum wehgetan. Die Gründe hierfür werden weiter unten diskutiert. Hier zunächst einige diskrepante Beispiele.

Über ein Zungenpiercing schrieb ein junger Mann:

„Ich hab' gar nichts gefühlt! Ich war so aufgedreht! Ich dachte, dass ich zucken und schreien würde, aber ich habe kein bisschen gespürt. Auf einer Skala von eins bis zehn, eins ist das Knie-Aufschürfen und zehn ein Knochenbruch, wäre das Zungenpiercing eine Null."

Allerdings wurde ihm, als er sofort danach aufzustehen versuchte, prompt schwarz vor Augen, ihm war schwindelig und er musste sich wieder hinsetzen.[26] Eine 17-Jährige aus Miami erzählte über ihr Brustwarzenpiercing:

„Das erste fühlte sich genau so an, wie du es dir vorstellst, wenn eine Nadel durch deinen Nippel geht, minus all dem Schmerz. Ich fühlte, wie das kalte Metall durchging, und ich muss sagen, es war mild unangenehm. Nicht schmerzhaft ... vielleicht sogar ein bisschen angenehm ... wenn du so was magst, dann war's dies definitiv wert."[32]

Chuck aus Indianapolis ließ sich einen Prinz Albert setzen und schrieb hinterher: *„Ich bin sicher, beim Zahnarzt ist es schlimmer."*[36] Ein Mädchen lief mit einem frisch gesetzten Hood (Genitalpiercing) über den Uni-Campus und meinte, dass die Qualen durch ihre unbequemen Stiefel beim Gehen größer gewesen seien als der Schmerz durch den genitalen Einstich.[44] In einigen Berichten findet man Hinweise, dass sogar hochsensible Körperteile nach dem Durchstechen zunächst mit einer gewissen Anästhesie reagieren. Ein Mädchen ließ sich einen Stich durch die Lippe setzen und berichtete über das Gefühl direkt danach: *„Meine Lippe war taub vor Schmerz und ich dachte alles sei vorbei und fing an, wie immer vor mich hin zu plappern."* Aber der Junge sagte so etwa: *„Psssssssst, Du hast noch immer die Nadel in Deiner Lippe!"*.[31] Nikki aus Philadelphia ließ sich ein Industrial am Ohr anbringen und schrieb das Folgende:

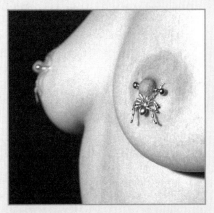

Abb. 101:
Bei Brustwarzenpiercings handelt es sich um eine der schmerzhaftesten Arten des Körperschmucks.
(Foto: Bianca Krause)

> *„Er stach die Nadel durch den oberen Teil meines Ohrs. Es tat weh!!! Wirklich schlimm!!! Aber der Schmerz verging schnell. Dann durchstach er den zweiten Teil und es tat weh!! Wirklich schlimm!!! Aber auch das verging schnell. Dann fragte er mich, ob der zweite mehr geschmerzt habe als der erste? Ich bejahte und er meinte, das sei es was die meisten Leute sagen würden ... Ich hatte das auch schon gelesen, dass der zweite schmerzhafter ist. Mein gesamtes Ohr fühlte sich danach völlig taub an. So taub, dass ich nicht mal hätte sagen können, ob ich überhaupt ein rechtes Ohr besitze. Aber das Taubheitsgefühl verschwand nach einiger Zeit und der Schmerz übernahm die Kontrolle."*[20]

Hardee et al. (2000) wiederum berichteten von einem Zungenpiercing, das mit einem Kreislaufkollaps endete. Nicht jeder erträgt also die mit dem Setzen des BodMods verbundene Aufregung ohne Weiteres. Im Gegensatz zu den obigen Beschreibungen gibt es auch Berichte, gemäß derer die Betroffenen starke Schmerzen verspürt haben. Eine 16-Jährige über ihr zweites Tattoo, eine Lilie auf dem Fuß:

> *„Der Schmerz erreichte schließlich eine Stufe, die alles überschritt, was ich mir hätte vorstellen können. Ich versuchte, mein Bestes zu geben, um nicht zu zappeln oder mich herumzuwinden, aber der Schmerz wurde unerträglich. [...] Die Bewegungen, die ich machte, waren meist unfreiwillig, es ist eine natürliche Reaktion, zurückzuweichen, obwohl ich mich wirklich anstrengte, es nicht zu tun. [...] Wir brachen es dann ab, nachdem ich mich entschieden hatte, dass ich es nicht länger ertragen konnte. [...] Während der ganzen Zeit, während er mich tätowiert hatte, war ein Mann im Nebenraum, der auch vor Schmerz stöhnte."*[120]

Auch das Zusammennähen des Mundes wird als extrem schmerzhaft geschildert. Vermutlich hätte es diesen Jugendlichen nicht geschadet, vorher in einem Anatomie-Lehrbuch nachzuschlagen, wo im Mundbereich die Nerven verlaufen. Mit einer Freundin zusammen hatte man einfach eine dicke, fünf Zentimeter lange Nähnadel und Zwirn gekauft. Der erste Stich ging von der Unterlippe durch den Mund und dann durch die Oberlippe wieder heraus und verursachte zunächst nur einen erträglichen, ziehenden Schmerz, der ein Taubheitsgefühl hinterließ. Nach dem zweiten Durchstechen tat es sogar noch etwas weniger weh, aber dann

> *„kam ein anderer, direkter Schmerz, ein viel schärferes Gefühl, als ich erwartet hatte; der Schmerz war direkt auf den Ort konzentriert, an dem die Nadel gerade hindurchging, aber auch auf die Lippen insgesamt."*

Die Lippen taten noch tagelang nach der Vernähung weh. Selbst sechs Monate später waren an den Einstichstellen noch immer kleine rosafarbene Narben zu sehen.[53]

Eine Schülerin, die bereits zwei Piercing hatte und sich nun, gegen den ausdrücklichen Willen der Eltern, ein Zungenpiercing setzen ließ:

> *„Der Schmerz dauerte nur eine Sekunde, dann nahm er die Nadel wieder raus und ersetzte sie durch den Barbell. Ich konnte hinterher nicht sprechen! Es tat so verdammt weh, meine Zunge zu bewegen, als wenn es die Zunge durchschneiden würde. Ich brachte meine Freundin dazu, mich nach Hause zu bringen, stürzte ein paar Schmerztabletten mit Wasser runter. Ich hab die Nacht nichts mehr gegessen. Nachdem ich endlich eingeschlafen war, pochte es noch immer, als ich wieder aufstand."* [25]

Viele Piercings können nur mit Hilfe von Klammern gestochen werden, die das weiche Gewebe zusammenhalten. Oft wird der durch die Klammer erzeugte Schmerz unangenehmer empfunden als der eigentliche Stich.

Die meisten haben Angst vor dem akuten Schmerz, der beim Piercen verursacht wird. Was mit etwas Voraussicht auch hätte erahnt werden können, sind die Schmerzen, die erst später auftreten, aber viel länger andauern. Eine 16-Jährige mit Piercing im Ohr konnte hierüber ausgiebig klagen:

> *„Ich will nicht lügen, es tat hinterher mehr weh. Mir ging's gut, als die Nadel durchging und der Schmuck eingesetzt wurde, aber als ich nach Hause ging, da pochte es und fühlte sich taub an. Vergiss es, Mann. Das war das übelste Ding und ist auch nach sechs Monaten immer noch schwierig."* [23]

Gerade Jugendliche machen sich auch wenig Gedanken darüber, dass einige Piercings vor allem in den Tagen unmittelbar nach der Anbringung bei vielen Alltagsbeschäftigungen rasante Probleme machen. Eine 18-Jährige mit einem frischen Labret durch die Lippe bemerkte entsetzt, dass es so gut wie unmöglich war, mit dem nagelneuen Ring im Mund etwas zu essen.[29]

Ganz offensichtlich hängt das subjektive Schmerzerleben eng mit der inneren Einstellung zusammen (Rachman & Arntz 1991; McGrath 1993). Hiermit befasst sich das „Komponentenmodell des Schmerzes"; es beruht auf der Gate-Control-Theorie von Melzack und Wall (1965), fortentwickelt von Melzack und Casey (1968). Dieses Modell besagt, dass Schmerz von entsprechenden Rezeptoren ausgeht, über Rückenmark, Thalamus und limbisches System bis zum Cortex verläuft und dort auf verschiedenen Ebenen verarbeitet wird. Man unterscheidet 1. die sensorisch-diskriminative Komponente, 2. die vegetative bzw. autonome Komponente, 3. die motorische, 4. die affektive bzw. emotionale und 5. die kognitiv-bewertende Komponente. Aus diesem Modell wird verständlich, dass Schmerz nicht nur eine sensorische Empfindung ist, die wehtut, sondern dass durch das Mitwirken der affektiven Komponente dem Schmerz auch andere Gefühlsqualitäten zugeordnet werden können und dass überdies durch die kognitive Komponente der Schmerz völlig unterschiedlich bewertet werden kann (Suls & Wan 1989; Arntz & Lousberg 1990; Arntz et al. 1991; Arntz 1996; Arntz & Hoppmans 1998).

Wie unterschiedlich die Schmerzerfahrung durch verschiedene Motivationen beeinflusst werden kann, zeigt der folgende Textauszug. Hier planten zwei Mädchen, sich dasselbe genitale Piercing setzen zu lassen; dabei hatte die eine wohl die führende Rolle, die andere eher die Mitläuferinnenrolle inne. Entsprechend unterschiedlich reagierten sie auch:

> „Ich war so aufgeregt, dass ich nicht schlafen konnte, meine Freundin dagegen war total pissig, weil sie Angst hatte, dass es wehtun würde, aber ich war voller Vorfreude. Endlich kam der große Tag und sie und ihr Freund nahmen mich mit. Auf dem Weg hat sie ständig gesagt, dass sie es nicht macht, aber sie hat es dann doch getan. Sie war total besorgt, ich dagegen war so glücklich, dass ich es laut aus dem Autofenster gebrüllt habe. [...] Das tatsächliche Piercen hat natürlich wehgetan, aber der Schmerz dauerte nur eine Sekunde, das war's dann. Ich hatte gedacht, wenn wir da rausgehen, würden wir mit den Schmerzen ringen. Ich hatte erwartet, das wirkliche Piercen würde viel schlimmer sein, als es in Wahrheit war, deswegen war ich so happy. Ich hörte, wie Kim laut ‚Autsch' schrie, und dachte: Oh, Nein! Sie klingt nicht sehr glücklich. Ich hab nicht mal ein Geräusch dabei gemacht, nur einen tiefen Atemzug. [...] Wir gingen dann raus und sagten Tschüß zu allen und bedankten uns. Ich konnte prima laufen. [...] Kim dagegen humpelte, als wenn sie ein steifes Bein hätte."[42]

Unterschiedliches Schmerzempfinden schildert auch ein junger Mann, der im Internet Bilder von Play-Piercings gesehen hatte und nun begierig war, das selbst einmal auszuprobieren. Er bestellte sich gleich eine Großpackung mit 300 Nadeln. Kaum war das Päckchen angekommen, wollte er es auch ausprobieren: „*Sobald ich sie hatte, war ich total aufgeregt, aber ich wusste nicht genau, was ich nun eigentlich damit tun sollte.*" Also entschied er sich, es erst einmal mit einer einzigen Kanüle zu versuchen, und bat seine Freundin, ihm diese oberhalb des Handgelenks in den Arm zu stechen. Stolz lief er dann ins Wohnzimmer, um ein Foto von seinem ersten Play-Piercing zu schießen. Danach ging er zurück ins Schlafzimmer, wo seine Freundin ihm die Nadel wieder entfernte, was etwas blutete. Er rannte erneut ins Wohnzimmer, um auch hiervon ein Bild zu machen. Damit war er zufrieden und entschied sich, dass es damit für einen Tag nun auch genug sei. Stolz, seine erste Nadel geschafft zu haben, ging er ins Schlafzimmer zurück, dort hatte sich inzwischen seine Freundin etliche Piercingnadeln selbst eingestochen. Er schrieb:

> „*Sie hatte die Nadeln richtig tief eingestochen und sie überkreuzt. Sie hat eine weitaus höhere Schmerztoleranz als ich und war eifrig dabei, sich noch mehr zu setzen. Aber ich nahm sie ihr weg, weil ich noch nicht bereit dazu war oder, genauer gesagt, ich war wohl etwas eifersüchtig, weil sie stärker als ich war. Blöd, nicht?*"[70]

Auch die Vorhersagbarkeit des Schmerzes spielt eine Rolle. Wenn man auf den Schmerz gefasst ist, dann kann man sich sowohl bewusst darauf konzentrieren wie auch versuchen, sich massiv abzulenken (Crombez et al. 1994). Ablenkungsmanöver bei schmerzhaften medizinischen Eingriffen werden insbesondere für Kinder empfohlen (s. z.B. Siegel & Peterson 1980; 1981; Rasnake & Linscheid 1989; Jacobsen et al. 1990; Harrison 1991; Manne et al. 1992; Sweet & McGrath 1998). Thomas und Rose (1991) wiesen auch auf ethnische Unterschiede im Schmerzerleben hin.

Eine kleine Studie zur Einschätzung des Schmerzes vor dem ersten Piercing führten von Baeyer et al. (1997) durch. 32 Mädchen zwischen fünf und elf Jahren wollten sich Löcher für Ohrstecker machen lassen und sollten vorher das Ausmaß der Schmerzen einschätzen. 69 % hatten den Schmerz beim Piercen des ersten Ohres mehr oder weniger unterschätzt. Nur 31 % gaben an, es sei weniger oder genauso viel Schmerz gewesen, wie sie erwartet hatten. Auf die Altersabhängigkeit des Schmerzerlebens wiesen u.a. Champion et al. (1993) sowie Christiano und Tarbell (1998) hin.

Schmerzwahrnehmung wird auch erlernt. Durch Zuwendung kann Schmerzverhalten im Sinne des sekundären Krankheitsgewinns belohnt werden und wird dann häufiger gezeigt. Unter einer Stress-Analgesie versteht man die kurzfristige Schmerzhemmung, die bei einem Schock oder unter starker psychischer Belastung auftreten kann, wie bereits in einigen Beispielen beschrieben. Sie beruht unter anderem auf der Ausschüttung von Stresshormonen, insbesondere Adrenalin und körpereigenen Opiaten. In einem Versuch wurden Probanden einer starken psychischen Belastung ausgesetzt, unter der auch ihr Schmerzempfinden nachweislich reduziert war. Als sie zu einem späteren Zeitpunkt denselben Raum betraten, kam es sogar ohne den Stress zu einer Verringerung der Schmerzempfindlichkeit. Auch Muskelanspannung reduziert die Schmerzwahrnehmung; viele chronisch kranke Patienten haben dadurch eine dauerhaft verspannte Muskulatur, die umgekehrt langfristig zur Aufrechterhaltung der Schmerzen führt (Ploghaus et al. 2003).

Insbesondere Schmerz, dessen Ausmaß man selbst kontrollieren kann, wird völlig anders interpretiert als solcher, dem man hilflos ausgeliefert ist. Megdalyn aus Ontario berichtete von einem Play-Piercing:

> *„Innerhalb einer Minute hatte ich drei 25er-Nadeln in meinem linken Unterarm. Es geschah ziemlich schnell. Ich bin mir nicht sicher, was genau ich erwartet hatte, aber ich bin sicher, dass ich gedacht habe, es würde viel mehr wehtun. [...] Ich hatte Schmerz erwartet, stattdessen fühlte ich Erstaunen. Menschen erleben immer schmerzhafte Situationen, körperlich, mental oder emotional. Dieser Schmerz hier unterlag meiner Kontrolle. Ich wurde verletzt, weil ich es mir so ausgesucht hatte. Ich konnte jederzeit damit aufhören. Ich konnte es auch schlimmer werden lassen. Ich dachte an die Dinge, die mich im Leben erschreckt hatten, Dinge, die mich im Leben betrübt gemacht haben. In diesem Moment schienen sie kein großes Problem darzustellen. Ich hatte das Gefühl, ich könnte im Leben alles durchstehen."* [76]

Einen ähnlichen Tenor hatte die Selbstbeschreibung von „modified mushroom". Sie hatte seit ihrem 10. Lebensjahr Phasen schwerer Depression, z. T. aber auch manische Zeiten übermäßiger Fröhlichkeit durchgemacht und irgendwann Erleichterung darin gefunden, sich selbst zu verletzen. Später entdeckte sie das Piercen und hatte schon im Alter von 12 Jahren ihre Brustwarzen und Ohren gepierct. In einer weiteren Phase der Depression entdeckte sie die Möglichkeit des Play-Piercings und berichtete darüber:

> *„Einer der Gründe, warum ich Play-Piercings so sehr liebe ist, dass ich den Schmerz dabei kontrollieren kann. Wenn es zu sehr weh tut, kann ich aufhören; wenn es nicht genug weh tut, kann ich die Nadel etwas tiefer reindrücken und etwas fester und mache ein paar mehr dahin, wo es wirklich schmerzt!"* [75]

Ploghaus und Kollegen beschrieben 2003 in einer Übersichtsarbeit die möglichen Auswirkungen der Schmerzerwartung auf das Schmerzerleben. Zu wissen, dass man gleich einen Schmerz erleiden wird, kann die Wahrnehmung erheblich modulieren. Die Autoren unterschieden Furcht und Ängstlichkeit als zwei unterschiedliche Sachverhalte:

Furcht als Erwartung mit hoher Sicherheit: Probanden, die genau wissen, dass sie gleich einen schmerzhaften Stimulus bestimmter Intensität erhalten werden, reagieren darauf mit Furcht. Diese Furcht aktiviert verschiedene Schutzsysteme aus dem Bereich Fight-and-Flight (Kampf und Flucht). Wenn beide Optionen nicht verfügbar sind, wird zu anderen Mechanismen gegriffen, um die Schmerzwahrnehmung zu minimieren, z. B. zu kognitiver Ablenkung. Ein hohes Ausmaß an Furcht aktiviert Schaltkreise zur Schmerzhemmung wie z. B. das opioide Analgesie-System, wodurch es zur Hypoanalgesie kommt, zu einem reduzierten Schmerzempfinden. Je präziser die Kenntnis über den zu erwartenden Schmerz, umso weniger tut es dann weh.

Ängstlichkeit als Erwartung mit hoher Unsicherheit: Probanden, die nicht genau wissen, ob ein schmerzhafter Reiz kommen wird, oder die das zwar wissen, aber keine Kenntnis über das Ausmaß der Schmerzen haben, reagieren mit massiver Ängstlichkeit. Im Gegensatz zur Furcht hat dieses Gefühl völlig andere, z. T. sogar gegensätzliche Auswirkungen. Die Aufmerksamkeit wird zunehmend auf körperliche Prozesse zentriert, die Schmerzwahrnehmung deutlich erhöht und es entsteht eine Hyperalgesie, ein erhöhtes Schmerzempfinden also, mit hoher Sensitivität. Erklärt wird dies mit der Theorie von Gray & McNaughton (2000), nach der sich der Körper bei hoher Unsicherheit auf das schlimmste denkbare Ereignis adaptiv vorbereitet; ein Prozess, der von hoher Ängstlichkeit begleitet wird.

Die beim Piercen oder Tätowieren einsetzenden Gefühle sind also nicht alleine durch den akuten Schmerz bedingt, sondern auch durch die kognitive und motivationale Bewertungen des Betreffenden. Darüber hinaus kann sich das Schmerzsystem verändern; so kommt es etwa infolge von chronischen Schmerzzuständen zu erheblichen Anpassungsprozessen. Wiederkehrende Schmerzen eines Körperteils führen zur Ausbildung eines spezifischen Schmerzgedächtnisses, das betroffene Gebiet neigt dann dazu, schon eine geringfügige Stimulation als Schmerz zu interpretieren. Auch Drogen verändern das System, die Einnahme von Opiaten oder das dauerhafte Schlucken von Schmerzmedikamenten verändert die Verschaltungen des Systems. Hierbei kommt es sowohl zu neurochemischen wie auch zu anatomischen Veränderungen.

Bei längeren Sitzungen für Tätowierung, Branding oder Cutting kann es mitunter offenbar ebenfalls zu einer Gewöhnung an den Schmerz kommen. Eine 16-Jährige, die im Tattoo-Studio wegen ihrer Minderjährigkeit wieder nach Hause geschickt wurde, wollte sich nun selbst ein Branding am Knöchel anzubringen. Sie sei ganz schön nervös gewesen, berichtete sie, weil sie keine Ahnung hatte, wie schmerzhaft das Ganze sein würde, immerhin wollte sie sich ja mit glühendem Metall die Haut verbrennen. Sie habe die Angst dann aber schließlich überwunden, da sie nicht zu den Leuten gehören würde, die etwas aus Angst vor Schmerz bleiben ließen. Mit einem roten Stift zeichnete sie also vorsichtig die Umrandung des Sterns auf ihren Knöchel und prüfte sie eingehend auf Ästhetik. Dann zündete sie ein Streichholz an und erhitzte damit eine Nadel:

> „Dann hab ich das Streichholz schnell ausgemacht und die Nadel auf die Haut gedrückt. Es hat zuerst ganz schön wehgetan. Ich stand etwas unter Schock, weil ich nicht genau wusste, was für eine Art von Schmerz/Gefühl mich erwarten würde. Also habe ich kurz aufgehört, dann aber damit weitergemacht, die Nadel zu erhitzen, weil sie nicht sehr lange heiß bleibt. Langsam zog ich die Linien des Sterns mit meiner Nadel nach. Nach einiger Zeit gewöhnte ich mich dran und der Schmerz war kein echtes Problem mehr."[112]

Stress vermindert die Schmerzwahrnehmung. Wie stark die Euphorie und das Ausblenden jeglichen Schmerzgefühls aus dem Bewusstsein vom Adrenalinspiegel abhängig ist, lässt sich sehr plastisch der Schilderung von Tara entnehmen. Sie wollte ein Play-Piercing haben und ging mit ihrem Freund in ein Piercingstudio. Am Anfang war sie aufgeregt und schilderte ihr Erleben folgendermaßen:

> „Sobald ich mein Hemd ausgezogen hatte, schwappte eine Riesenwelle völlig neuer Emotionen durch meinen Körper. [...] Er stippte die erste 20-Gauge-Nadel in irgendeine Flüssigkeit und sagte mir, ich solle tief durchatmen. Als ich fühlte, wie die Nadel durch mein Fleisch stach, kniff ich die Augen so fest zusammen, wie ich konnte, und quetschte die Hand meines Freundes, weil ich das Schlimmste erwartete, bloß um zu merken: Hey! Das fühlt sich gut an!"

Der Piercer setzte ihr eine Reihe von 17 Nadeln die rechte Seite des Rückens hinunter. Dann machte er eine Pause und rauchte eine Zigarette vor dem Eingang des Shops; in der Zwischenzeit entspannte sich Tara immer mehr und reduzierte einen Teil der Bevölkerung ihrer Tüte mit Gummibärchen. Als der Piercer dann links weitermachte, hatte sich ihr Erleben verändert:

> „Als ich den Einstich dieser Nadel durch meine Haut spürte, bemerkte ich, dass es sich nicht mehr so gut anfühlte wie bei den ersten Nadeln. Das Adrenalin, das ich beim Piercen der rechten Seite gespürt hatte, war verschwunden und ich fühlte jedes kleine bisschen, wenn die Nadel mich durchstieß."[79]

Darauf, dass Schmerz sich auch in Lust verwandeln kann, wird in Kapitel 14 genauer eingegangen. In Hinblick auf das Schmerzerleben spielen Menschen mit selbstverletzenden Verhaltensweisen eine ganz besondere Rolle.

220 Body-Modification und Schmerz

Abb. 102:
„Razorblade" – Zeichnung einer ehemaligen jungen Selbstverletzerin (mit freundlicher Genehmigung der Betroffenen)

Was empfinden diese Personen, wenn sie sich immer und immer wieder mit einer Rasierklinge den Arm oder Bauch aufritzen? Tut es ihnen gar nicht weh? Oder wollen sie den Schmerz gerade spüren und darunter leiden? Wie die folgenden Textauszüge zeigen, sind die Aussagen Betroffener hierzu aber sehr unterschiedlich.

14-jähriges Mädchen: *„Doch, es tut weh. In Wahrheit hasse ich das Gefühl, wenn die Klinge in mein Handgelenk schneidet. Aber der körperliche Schmerz ist nichts, verglichen mit dem seelischen Leid."* [141]

Eine 16-Jährige: *„Ich fühle gar keinen Schmerz, wenn ich mich schneide. Ich bin dann so ungeheuer wütend oder aufgeregt, dass mein Körper durch die Emotionen total taub für den Schmerz ist. Ich kann nichts fühlen. Aber hinterher fühle ich den Schmerz. Es ist ja dann gerade der Schmerz, durch den ich mich besser fühle. Der Schmerz, der mir die Erleichterung bringt."* [141]

Eine 18-Jährige: *„Nicht in dem Augenblick, wenn ich es mache. In dem Moment spüre ich ein überwältigendes Gefühl von Frieden und Stille. Hinterher tut es etwas weh, aber es ist ein positiver Schmerz – wie eine Erinnerung an etwas, was ich gemacht habe und was mich mit Stolz erfüllt."* [141]

Eine 26-Jährige. *„Ja. Das ist genau der Punkt. Aber es ist nicht wie der Schmerz bei einer Verletzung, es ist eher so ein weicher Schmerz, der mich beruhigt und durch den ich mich besser fühle."* [141]

Eine 27-Jährige: *„Kein Schmerz, nein. Nicht derselbe Schmerz jedenfalls, den man bei einer Verletzung spürt, die man sich nicht selbst zugefügt hat. Ich würde das viel mehr als tiefe Befriedigung bezeichnen, aber nicht als Schmerz."* [141]

Viele Beispiele deuten darauf hin, dass Selbstverletzer den Schmerz zwar spüren, er jedoch teilweise von anderen, sehr viel intensiveren Gefühlen abgedrängt wird und dann in der subjektiven Wahrnehmung keine Rolle mehr spielt. Bei anderen ist die Schmerzwahrnehmung verändert, sie nehmen ihn eher als etwas Beruhigendes, Warmes und Weiches wahr. Eine dritte Gruppe braucht offenbar den scharfen Schmerz, um geistige Klarheit zu erzeugen und in die Realität zurückzufinden. Weiter hinten in diesem Buch, wenn es um die Unterschiede zwischen Körpermodifizierung und Selbstverletzung geht, wird die Motivation von Menschen, sich selbst zu verletzen, ausführlicher besprochen.

8 Emotionen: Nervosität, Angst, Euphorie

Fast in jeder Selbstbeschreibung ist die Rede von starken Gefühlen der Angst und Nervosität vor dem Anbringen eines BodMods, andererseits auch von Glück, Euphorie und Stolz. Wahrscheinlich besteht der Reiz einer Körpermodifizierung großteils darin, dass man zunächst die Angst vor dem schmerzhaften Eingriff besiegen muss, um in den Besitz der Body-Art zu kommen.

Nach dem Modell des Appetenz-Aversions-Gradienten von Kurt Lewin wird die Freude auf ein besonderes Ereignis bereits sehr früh empfunden und steigt dann langsam, je näher der erwünschte Tag kommt. Die Angst setzt erst zu einem späteren Zeitpunkt ein, ihr Gradient steigt allerdings viel steiler an als derjenige der Vorfreude. Am Schnittpunkt der beiden Linien, wenn Angst und Freude gleich stark sind, kommt man zwangsläufig ins Grübeln. Jessica, eine 18-jährige Amerikanerin, wollte sich ein Labret stechen lassen. Auf dem Weg zum Piercingstudio fühlte sie sich folgendermaßen:

> *„Ich war so nervös, ich konnte kaum gerade gehen. [...] Ich war so nervös und erschreckt, aber gleichzeitig war ich entschlossen, es zu tun, ich war so nah dran und nichts konnte mich jetzt noch stoppen, nicht mal die Schmetterlinge, die da in meinem Magen Krieg miteinander führten."* [29]

Chuck aus Indianapolis wollte sich einen Prinz Albert anbringen lassen und machte folgende Emotionen durch:

> *„Ich musste zwei Stunden lang fahren und die ganze Zeit diskutierte ich mit mir selbst, ob ich's wirklich tun sollte. Bis heute hatte ich mir eigentlich keine großen Sorgen gemacht, aber wenn der ‚Judgement-Day' kommt, dann spielen deine Gedanken Tricks mit dir. Meine jedenfalls. [...] Aber ich glaube nicht, dass irgendjemand sich bei dem Gedanken wohl fühlt, dass sein Glied gleich ein zusätzliches Loch bekommen wird."* [36]

Für die meisten Menschen ist die Angst auf dem Weg zum Piercingstudio das Nervenaufreibendste; alles Übrige unternimmt dann ja eine erfahrene Fachkraft. Anders ist es, wenn sich jemand eine Body-Modification selbst machen will. Man sieht sich plötzlich mit der massiven Hemmung konfrontiert, den eigenen Körper zu verletzen.

Ein junger Mann wollte sich selbst ein rundes Branding auf die Brust

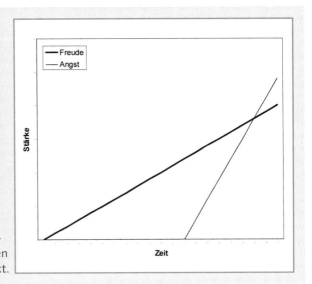

Abb. 103:
Appetenz-Aversions-Modell (nach Lück 2001): Die Freude auf ein bevorstehendes Ereignis wie etwa eine Hochzeit, eine Reise oder ein Piercing beginnt sehr früh und steigt linear an, je näher der Tag rückt. Kurz vorher erwacht jedoch die Angst, die dann sehr schnell ansteigt. Am Kreuzungspunkt der beiden Linien kommt es zum Konflikt.

machen. Er nahm den vorgesehenen Ring mit der Zange auf und hielt ihn in die Flamme eines Gaskochers. Als das Metall rotglühend war, wurde ihm plötzlich klar, was er da gerade vorhatte:

> *„Ich setzte mich dann erst mal hin; alles, was ich bei diesem ersten Versuch machen konnte, war, auf das heiße Eisen zu gucken, reichlich zu schwitzen und Panik zu spüren. Ich verfluchte mich selbst, weil ich so ein Idiot bin."*

Nach einiger Zeit überkam ihn wieder ein Funken von Mut, er stand erneut auf und erhitzte den Metallring nochmals, setzte sich wieder hin und bewegte das glühende Stück auf seine Brust zu. Er hatte das Brandzeichen rund 15 Zentimeter von seiner Brust entfernt, als das Gefühl der Hitze einsetzte und er spürte, wie es ihm schon jetzt die Haut versengte. Er zögerte zu lange und das Metall wurde wieder kalt, also ging er zurück zum Gaskocher. Beim nächsten Versuch schaffte er es, das Ding bis auf zehn Zentimeter an sich heranzubringen:

> *„Es war mir einfach unmöglich, den primitiven Überlebensinstinkt zu überwinden, ich konnte mir das Branding nicht selbst auf die Haut bringen, egal wie entschlossen ich war. Ich stand auf und schmiss das glühende Eisen in eine Waschschüssel, wo es dramatisch zischte und raste nach draußen, echt angekotzt von mir selbst."*

Ihm war nun klar, dass er einfach nicht fähig sein würde, sich das Branding selbst zu setzen, also bat er seinen besten Kumpel, der erst ablehnte und dann doch zustimmte. Als das Eisen wieder rot glühte, legte er sich auf sein Bett und sein Freund brachte den heißen Ring. Er lehnte sich zurück und hielt den Atem an:

> „Nichts auf dieser Welt hatte mich auf den Schmerz vorbereitet, der nun kam. Ich fühlte die Hitze des Eisens schon aus 20 Zentimeter Entfernung und es dauerte noch eine ganze Weile, weil er es erst in die richtige Position bringen musste, und dann BANG, er öffnete die Zange und ließ das Metall auf meine Brust fallen. Ich schrie auf und versuchte, still liegen zu bleiben, konnte es aber nicht, der Ring zischte auf meiner Haut und der Schmerz war von jenseits dieser Welt. Ich habe noch nie vorher etwas erlebt, das so schmerzhaft war."

Er hielt es keine zwei Sekunden aus, dann rollte er herüber, um den Ring loszuwerden, der ihm beim Runterrutschen die ganze Seite des Oberkörpers verbrannte. Der landete auf dem Bettzeug, das sofort Feuer fing. Er sprang auf und versuchte, den glühenden Ring mit der Zange aus dem brennenden Bettzeug herauszuholen und das Feuer zu löschen. Später, nach der Abheilung, konstatiert er, dass das Branding auch keinesfalls so gut aussah, wie er gehofft hatte: Die Narbe war sehr blass und schwer sichtbar, die Wunde brauchte mehr als drei Monate, um richtig abzuheilen. Das einzige Problem, das er für die Heilungsphase beschrieb, war, dass der Schorf jedes Mal aufplatzte, wenn er sich streckte. Die Narbe auf der Seite wo der Ring heruntergerutscht war, verschwand allmählich nach etwa sechs Monaten."[107]

„Uberkitty" aus North Carolina wollte sich die Lippe selbst piercen. Obwohl sie sich schon als Kind mit sieben oder acht Jahren Nähnadeln durch die Zehen gesteckt hatte und bereits mehrfach in Piercingstudios durchstochen worden war, hatte auch sie große Probleme, sich selbst zu durchlöchern:

> „Ich blickte in den Spiegel und platzierte die Nadel unterhalb meiner Unterlippe, dort, wo ein Labret normalerweise gestochen wird. Obwohl ich schon mehrfach professionell gepierct wurde, war dies das erste Mal innerhalb von sieben Jahren, dass ich mich selbst stechen wollte. Ich war total nervös und brachte es einfach nicht fertig, die Nadel einzustechen. Ich machte einen Moment lang Pause und versuchte es dann noch einmal. Wieder konnte ich es einfach nicht machen."[74]

Lassen ängstliche Menschen sich gar nicht oder seltener piercen oder tätowieren, während die wirklich Mutigen sehr viel Körperschmuck tragen? Mit Hilfe verschiedener psychologischer Fragebögen und dem bekannten Rorschach-Test versuchte von Wiederhold (1995) herauszufinden, ob vielfach gepierte Menschen eine geringere Ausprägung des Persönlichkeitsmerkmals „Ängstlichkeit" zeigen als nicht gepierste. Die Unterschiede zwischen den beiden Gruppen mit je 20 Teilnehmern waren jedoch gering; es zeigte sich lediglich ein kleiner Trend, dass die Gepiercten weniger ängstlich waren, aber keine statistisch auch nur annähernd bedeutsame Differenz. Die Anzahl von Piercings und Tattoos ist also, entgegen gängiger Meinung, absolut kein Beweis dafür, dass jemand mutig ist.

Eine wichtige Rolle spielt auch die Persönlichkeit des Piercers oder Tätowierers. Viele Berichte loben diese Personen und betonen, wie gut sie ihre Arbeit gemacht haben; oft werden das Studio und der Name des Piercers genannt. Besonders bei Piercings im Intimbereich spielt auch das Geschlecht desjenigen eine große Rolle, der das BodMod setzt.

Viele Betroffene verspüren zunehmend Angst, je näher der Termin der Anbringung eines BodMods rückt. Oft lässt sie aber auch nach, sobald die Prozedur begonnen hat. Einige wenige Menschen können allerdings offenbar ihre Angst vorher gut verdrängen, bis die Bewältigungsmechanismen brüchig werden. Im folgenden Beispiel einer ersten Suspension brach die Angst bei Danny, einem Jugendlichen aus Auckland, unvermittelt hervor und führte zu einer Reihe unangenehmer Begleiterscheinungen. Der Tag hatte nett begonnen, Danny und einige Freunde hatten eine Wanderung gemacht und zwei Stunden lang meditiert. Dann ging es los, man brachte ihm die Haken im Rücken an; hierbei, so sagte er, fühlte er erstaunlich wenig Schmerz. Die Haken wurden am Seil festgemacht und er wurde mit einer Winde nach oben gezogen. Er war in diesem Moment noch total zufrieden damit, wie absolut ruhig er blieb, doch dann passierte es:

> „Ich weiß nicht genau, was es war, aber es traf mich wie ein Zehn-Tonnen-Truck. Alles war wunderschön und dann völlig überraschend wurde mir schummerig und dann schwindelig und mir wurde klar, dass ich gleich anfangen würde zu kotzen."

Ihm war speiübel und das Letzte was er sah war, wie sein Freund Nick ihn anblickte. Er begann zu hyperventilieren und konnte plötzlich nichts mehr sehen: *„Hatte ich meine Augen zugemacht? Nein, sie waren offen, aber mein ganzes Gesichtsfeld war pechschwarz."* Sein Sehvermögen kam nicht wieder, aber was ihn noch mehr beunruhigte, war, dass seine Atmung noch schneller wurde, wodurch sich die Situation weiter zuspitzte. Komischerweise, so berichtete er, habe er plötzlich den Eindruck gehabt, er würde in eine Schneehöhle in der Arktis blicken. Jemand betätigte die Winde und ließ ihn langsam wieder herunter, während Nick ihn festhielt. Als nächstes verabschiedete sich seine Fähigkeit zu hören. Er konnte zwar noch irgendwie hören, was um ihn herum vorging, aber sein Denken hatte jede Klarheit verloren, er hatte keine Orientierung mehr und konnte nicht mehr verstehen, was gesagt wurde. Nick bombardierte ihn mit Fragen, aber das einzige, was er noch antworten konnte, war *„Ja"*, egal was man ihn gefragt hatte.

Auch im folgenden Beispiel eines Mädchens aus Richmond verlief die Suspension zunächst positiv:

„Dann kam der Augenblick, wo meine Füße vom Boden abhoben. Hier fehlen mir die Worte, aber ich fühlte mich ... glückselig. Ich war stolz auf mich selbst, ich hatte das Gefühl, ich könnte fliegen. [...] Ich spürte Freude ... Ich kann es nicht richtig erklären, es ist eines der Gefühle, das du entweder sofort verstehst, wenn man drüber redet, oder das du niemals verstehen wirst, egal was ich sage. Die Zeit schien stillzustehen, die Zeit schien zu schnell an mir vorbeizufließen, um etwas zu verstehen, die Zeit schien keine Bedeutung mehr zu haben."

Aber diese Euphorie nahm ein plötzliches Ende. Das Mädchen bekam ein seltsam leichtes Gefühl im Kopf und fühlte sich plötzlich krank. Sie bat, mit dem Schaukeln aufzuhören, und wurde heruntergelassen. Was dann folgte, sei schwierig, wieder aufzurufen, sie könne sich nur noch an einige Wahrnehmungsfragmente und Geräusche entsinnen: *„Ich begann, mich in der Magengegend sehr krank zu fühlen, ein mir gut bekanntes Gefühl, wenn mein Körper meint, dass irgendwas furchtbar falsch läuft."* Schließlich musste sie sich hinlegen. Man machte die Seile von den Haken ab und breitete Papier auf dem Fußboden aus, wo sie sich auf den Rücken legen sollte: *„Ja, auf den Rücken, auf die Haken! Das machte mich obendrein noch nervöser, aber verdammt, ich fühlte mich total schlecht, so dass mir alles egal war."* Obwohl ihr eiskalt war, schwitzte sie wie verrückt und fühlte sich gleichzeitig, als ob sie innerlich verbrannte. Sie konnte ihre Hände nicht mehr fühlen und jemand rubbelte eine Zeit lang darauf herum, bis sie sich wieder wärmer anfühlten. Sobald sie lag, ging es ihr etwas besser. Ihre Hörfähigkeit kehrte zurück und auch ihr Sehvermögen wurde wieder normal.[86]

Bei solchen Erfahrungen liegen Angst und vollkommene Glückseligkeit ganz nah beieinander. Vor der Anbringung eines BodMod hat jeder Angst, aber ähnlich wie nach einer bestandenen Prüfung, einer Rede vor großem Publikum, Bungeejumping oder anderen modernen Formen der Mutprobe kommt es zu einem Zustand höchster Euphorie, wenn man die Situation gemeistert hat. Aus unerfindlichen Gründen prägt sich dieser freudige Zustand mehr im Gehirn ein als die Angst davor und die Schmerzen dabei. Im Nachhinein berichten die meisten nur von den überwältigenden positiven Gefühlen unmittelbar nach der Anbringung, wie die folgenden Beispiele zeigen. Eine „bereits etwas ältere Frau" beim Setzen eines Piercings:

„Der scharfe Stich des Schmerzes war ungefähr eine Zehn für drei Sekunden und reduzierte sich dann auf ein Brennen. Aber ich war danach noch immer in Panik und brauchte Bestätigung von Amy, dass das Schlimmste vorbei war und der Schmerz sich von nun an reduzieren würde. Sie sagte: er würde,

und ich wurde sofort ruhiger und atmete wieder normal. Dann kickte die Euphorie ein und ich ging da hinaus und grinste wie ein Idiot, während andere Kunden mir verwundert nachschauten." [45]

„Pseudon" aus Hood River ließ sich einen Stab durch die Wangen bohren und erlebte dabei ebenfalls ein starkes Gefühl der Euphorie:

„Als ich in den Spiegel blickte, hörte alles andere auf, zu existieren, man kann es mit nichts vergleichen, was ich bis dahin gespürt hatte. In diesem Moment stand die Zeit völlig still, während sie im selben Augenblick mit unvorstellbarer Geschwindigkeit an mir vorbeirauschte. Das Gefühl war das einer Ganzheit, Einheit ... die ich nie zuvor so gespürt hatte. Ich weiß nicht, wie ich es beschreiben soll, aber noch in den nächsten Stunden hatte ich das Feeling eines göttlichen Ereignisses, das mir durch ein vorherbestimmtes Schicksal zuteil geworden war. Es war, als wenn ich das hätte tun müssen, obwohl ich das nicht wusste, bis ich es in Worte formte. Ein Gefühl von Déjàvu überwältigte mich mehrere Male, als wenn das Ganze schon einmal passiert wäre und ich nur noch eine alte Erinnerung wieder durchleben würde." [73]

Shamus Greenman äußerte hierzu im Internet:

„Die Welt versteht nicht mein Bedürfnis, mich zu piercen, ein Stück Metall durch mein Fleisch zu zwingen, um einen Körper zu bekommen, den die anderen als völlig in Ordnung ansehen... Sie werden niemals das Wissen verstehen können, das in dem Moment der Schmerzen kommt, wie die Welt in deinen Fokus rückt, wie die Stimmen plötzlich leise werden und das wahre Ich lebendig wird. Sie können den Rausch nicht verstehen, der dem Gefühl der Vervollkommnung folgt, wenn man in den Spiegel sieht und einen anderen Teil von sich selbst zum Leben erweckt hat." [59]

Dieser Zustand der Euphorie stellt sich auch bei Menschen ein, die sich z. B. durch Einritzen der Arme selbst verletzen, hält aber kürzer an und ist hinterher oft mit negativen Gefühlen der Schuld und Peinlichkeit belastet. Eine 37-jährige Frau, die sich bereits seit 23 Jahren selbst verletzt, berichtete hierzu:

„Beim Schneiden habe ich aber ein tiefes Gefühl von innerer Zufriedenheit, Kontrolle und Sieg. Später dann fühle ich mich wie Dreck." [144]

9 Motive für Body-Modfication

Menschen mit BodMods bilden natürlich keine einheitliche Gruppe, was bereits aus der trivialen Tatsache erklärbar ist, dass es sehr viele unterschiedliche Arten der Körpermodifizierung gibt. Für den Entschluss, die Qualen der Gewichtsabnahme, des Krafttrainings, des Piercens, Cuttings oder Tätowierens zu durchleiden, gibt es viele Gründe. Eine 18-Jährige bezeichnete das Piercingstudio als den Ort, *„wo Träume implantiert werden"*[29].

Am anderen Ende des Kontinuums gab es kritische Stimmen, die den Erwerb einer solchen Körperveränderung mit dem Verlust der Objektivität gleichsetzten (Kraytem et al. 1999). Sweetman (1999) wies darauf hin, dass beim Anlegen vieler BodMods beides erstrebenswert sei: der Prozess des Bekommens und das Resultat. Zbinden (1998) unterschied zweierlei Arten der Körpermodifikation: sichtbare, etwa im Gesicht, und unsichtbare, etwa an den Genitalien. Sichtbare Piercings und Tattoos sind Zeichen der Zugehörigkeit zu bestimmten Subkulturen und als Schmuck zu werten. Durch den Verlust vieler überkommener Werte unserer Zivilisation schaffen gerade Jugendliche sich ihre eigenen Symbole. BodMods bieten die Möglichkeit, aufzufallen, sich von der Gleichförmigkeit der menschlichen Gesellschaft abzuheben. Unsichtbare Körperveränderungen sind nach Zbinden anders motiviert: Bei Genitalpiercings stehen erotische Momente im Vordergrund. Vielfach geben die Betreffenden an, ihr Piercing sei „für sie selbst"; hier spielt die Suche nach intensiven Gefühlen eine Rolle. Für diese Menschen sind BodMods ein Teil der Selbstfindung. Fakir Musafar (1996) kam gar auf zwölf Motive für Körperveränderungen:

1. Übergangsrituale,
2. Eingehen einer lebenslangen Bindung,
3. Zeichen des Respekts für die Ahnen,
4. Symbol für Status, Zugehörigkeit, Mut oder Tapferkeit,
5. Einführung in die großen Mysterien einer verborgenen Welt,
6. Schutz vor bösen Geistern oder Energien,
7. Öffnung für gute Geister/Energien,
8. Wiederherstellung einer Balance von körperlicher/geistiger Energie,
9. Heilung kranker Körper (selbst oder andere),
10. Heilung verwundeter Seelen (selbst oder andere),

11. Wiederherstellung der Stammesordnung und Eintritt in eine Stammesgemeinschaft,
12. Verstärkung einer tribalen oder gemeinschaftlichen Bindung, besonders in Zeiten von Verunsicherung und Chaos.

Letztlich ist die Entscheidung für eine Body-Modification ein Geschehen, bei dessen Beurteilung mindestens zwei Dimensionen eine wichtige Rolle spielen:

1. Psyche: psychische Gesundheit vs. psychische Störung. Im ersten Fall wird eine Körperverschönerung z. B. gewünscht, weil sie der Attraktivitätserhöhung dient, im zweiten Fall als Selbsttherapie bei Minderwertigkeitsgefühlen, zum Zweck des Sensation-Seekings (siehe Kap. 9.5) bzw. Risikoverhaltens, oder es ist gar als selbstverletzendes Verhalten zu werten.

2. Ausmaß: geringfügige vs. massive Körperveränderung. Handelt es sich um ein kleines Piercing am Ohr oder um ein multiples Genitalpiercing; ein kleines Tattoo auf der Schulter oder eine Ganzkörpertätowierung; Gewichtsabnahme um einige Kilo oder Magersucht; unregelmäßiges Fitnesstraining oder systematisches Bodybuilding?

Das Spektrum der Motive ist aber noch viel breiter. Für das folgende Kapitel wurden viele unterschiedliche, von Betroffenen geäußerte Gründe gesammelt und systematisch geordnet.

9.1 Erhöhung der Attraktivität

Täglich bearbeiten nicht nur pubertierende Mädchen und Jungen, sondern auch erwachsene Frauen und Männer um der Schönheit willen ihren Körper: von Enthaarungen, Abmagerungskuren, Haarschnitten und Dauerwellen, Gesichtspeeling und Abreibungen mit Säure, dem Zurechtschneiden von Fingernägeln und Nagelhaut über Fettabsaugungen und das Herausschneiden von Gewebe bis hin zu Operationen an Brüsten und Nase (Kaplan 1991). Borkenhagen (2003) schrieb, die unablässige aktive Gestaltung und Formung des eigenen Körpers sei zum neuen moralischen Imperativ der individualisierten Gesellschaft geworden. Gut auszusehen scheint gleichbedeutend mit Sportlichkeit und Dynamik und gilt als Symbol für Erfolg. Dieser Schönheitskult betreffe nicht nur Frauen, auch Manager mit Bierbauch und Tränensäcken unter den Augen könne man sich immer weniger vorstellen.

Gutes Aussehen ist heute zum Grundbedürfnis geworden und spielt gerade für Teenager eine extrem wichtige Rolle (Byrne 1971; Feingold 1992; Marcoux 1999). Insbesondere Piercings und Tattoos sind vielfach eine simple Modeerscheinung, der sich viele anschließen (Craik 1994; Sweetman 1999; Willmott 2001; Beauregard 2001; Larkin 2004); die meisten wollen damit schlicht ihre körperliche Attraktivität steigern.

Das Selbstbewusstsein hängt bei vielen Menschen stark vom Aussehen ab; bei mangelnder körperlicher Attraktivität kommt es leicht zu negativen Gefühlen. Zum Beispiel werden Diäten selten aus rein gesundheitlichen Gründen gemacht, sondern so gut wie immer zwecks Steigerung der physischen Attraktivität. Während die Fettleibigkeit in manchen Kulturen ein Symbol für Reichtum, Wohlstand und Fruchtbarkeit war, wird sie heute praktisch mit Hässlichkeit gleichgesetzt. Eine übergewichtige Betroffene schrieb beispielsweise:

> „Also ich war immer schon ein Pummelchen. Dies ist natürlich eine Verniedlichung dessen, was ich wirklich war. In der Schule wurde ich Qualle genannt oder aber fette Kuh. Frust, bei dem Wort konnte ich mitreden."[127]

Warum wollen wir schlank sein? Wann ist ein Mensch schön? Was ist eigentlich attraktiv? Bis heute ist es der Wissenschaft nicht völlig gelungen, in Worte zu fassen, was genau der Mensch eigentlich als „schön" empfindet. Wir haben zwar ein intuitives Gefühl dafür, es lässt sich aber ungemein schwer quantifizieren. Zum Teil wird darauf hingewiesen, dass insbesondere symmetrische Gesichtsformen attraktiv gefunden werden, aber niemand hat wirklich zwei völlig identische Gesichtshälften; überdies kann ein unsymmetrischer Leberfleck, Ohrring oder ein Piercing gerade eine gewisse ästhetische Spannung erzeugen. Viele Forscher gehen davon aus, dass wir das Mittelmaß als schön empfinden: Legt man ganz viele Portraits eines Kulturkreises übereinander, so entsteht daraus ein Mittel, das von den meisten Menschen als schön eingestuft wird. Zugleich gibt es bestimmte, offenbar überindividuell gültige Schönheitsideale, bei Frauen etwa eine schmale Nase und volle Lippen, bei Männern ein markantes Kinn und ein V-förmiger Oberkörper.

Andererseits zeigen viele Abweichungen wie etwa eine aristokratische Nasenform, dass nicht die einzelnen Komponenten, sondern vielmehr deren Zusammenspiel zu einem ästhetischen Ganzen ausschlaggebend ist entsprechend der Prämisse der Gestaltpsychologen: Das Ganze ist mehr als die Summe seiner Teile. Auch ist Attraktivität einem kulturellen Wandel unterworfen. Noch im 19. Jahrhundert galten üppige, wohlgeformte Rundungen als Schönheitsideal, da sie bei Frauen Gebärfreudigkeit ausdrückten und bei Männern Wohlstand; heute dominiert das Schlankheitsideal. Von den Fanatikern der rein körperlichen Attraktivität kaum in Betracht gezogen wird, dass die psychische Ausstrahlung eines Menschen seine Physis weit in den Schatten stellen kann. Viele Schauspielerinnen und Schauspieler, die nicht dem Schönheitsideal vollständig entsprechen, haben es trotzdem zu beträchtlichem Ruhm gebracht, weil sie Charisma besitzen.

Insbesondere für Jugendliche spielt das rein körperliche Aussehen dennoch eine massive Rolle: zur Zeit der Identitätsfindung wird der Auseinandersetzung mit der eigenen Attraktivität unermesslich viel Zeit geopfert. Roth (2003) fasste die Ergebnisse umfangreicher Studien zu diesem Thema zusammen. Demnach äußerten sich weibliche Jugendliche generell unzufriedener hinsichtlich ihrer äußeren Erscheinung als männliche. Insbesondere mit den durch die Pubertät bedingten Veränderungen der Figur begannen viele Mädchen plötzlich, sich als übergewichtig einzuschätzen, während die Jungen zur selben Zeit aufgrund der einsetzenden Zunahme an Muskelmasse durchaus zufrieden waren. Roth zitierte eine Fülle empirischer Studien, die nachwiesen, dass insbesondere das Selbstwertgefühl Jugendlicher ganz direkt vom Aussehen abhängt: mehr als 80 % sagten, ein attraktives Äußeres sei eine wichtige Voraussetzung für soziale Akzeptanz in der Gruppe der Gleichaltrigen. Umgekehrt werden Jugendliche, die nicht so gut aussehen, eher abgelehnt, was ungünstige Kettenreaktionen auslösen kann. Da die Bewertung des eigenen Aussehens vom Feedback der anderen abhängt, stufen sich die Betroffenen im Extremfall selbst als „hässlich" ein und kapseln sich in der Folge immer mehr ab, um der Kränkung zu entgehen. So entstehen weitere soziale Defizite; Jugendliche, die sich selbst als nicht so attraktiv einschätzten, litten häufiger unter Gefühlen der Hoffnungslosigkeit, und depressive Jugendliche äußerten überwiegend auch Unzufriedenheit mit ihrem Aussehen. Allerdings ist dieses Gefühl lediglich ein Korrelat depressiver Erkrankungen, in der Regel aber nicht die einzige Ursache. Unter Jugendlichen mit negativer Bewertung des eigenen Aussehens fand man allerdings auch deutlich mehr Angsterkrankungen und neurotische Symptome.

Roth (1999) trennte nach einer Untersuchung von 12- bis 16-jährigen Jugendlichen per Clusteranalyse folgende drei Gruppen: 1. körperlich aktive Selbstbewusste, die ein hohes Vertrauen in die Kontrollierbarkeit des eigenen Körpers besaßen und eine hohe Zufriedenheit mit ihrem Körper zeigten; 2. körperlich Uninteressierte, die dem eigenen Körper und Aussehen kaum Beachtung schenken, und 3. Körper-Unintegrierte, die das Gefühl hatten, das eigene Aussehen ohnehin nicht selbst aktiv beeinflussen zu können und überwiegend unzufrieden mit ihrem Aussehen waren. Die letzte Gruppe zeigte die größte Belastung durch Angst, Depressivität und soziale Phobie.

Brähler et al. (2004) fragten 1.000 Personen aus Ost- und Westdeutschland, ob sie sich sehr mit ihrem Aussehen beschäftigten. Es fand sich ein deutlicher Geschlechts- und Altersunterschied. Frauen beschäftigten sich mehr mit ihrer physischen Attraktivität als Männer, und mit dem Alter lässt die Beschäftigung mit dem Aussehen allgemein nach. Junge Frauen waren entsprechend am stärksten an ihrem Erscheinungsbild interessiert.

Bei dem Versuch, die eigene Attraktivität durch BodMods zu erhöhen, zieht ein Körperschmuck oft den nächsten nach sich. Unter dem Titel „Endlich habe ich meine Balance erreicht" berichtete die 18-jährige Nikki aus Kalifornien:

„Also gut, es fing alles vor etwa einem Jahr an, als ich mich dafür entschied, mir die Lippe piercen zu lassen. [...] Eines Morgens legte ich mein Make-up auf, und als ich mein Gesicht wirklich mal intensiv betrachtete, wirkte es irgendwie nicht ausgeglichen. Mein kleiner Lippenstecker ließ mein Gesicht unsymmetrisch wirken. Das war der Moment, in dem ich mich entschied, dass ich meine Lippe erneut piercen lassen wollte, für die Seligkeit, die symmetrische Balance zu erreichen." [28]

Brooks et al. erfragten in ihrer 2003 veröffentlichten Studie unter anderem auch die Zufriedenheit der BodMod-Träger mit ihrem Körperschmuck. 55 % kreuzten an, dass sie lediglich „neutrale Gefühle" hinsichtlich ihrer Körperveränderung hatten, 45 % der Befragten waren „zufrieden"; 33 % waren sogar „stolz" und 15 % fühlten sich „attraktiv". 9 % gaben aber auch negative Gefühle an wie z. B. „Bedauern" (7 %), „Ärger" (3 %) und „Schuldgefühle" (1 %). In der letzten Gruppe hatten fünf Personen nur ein Piercing, zwei hatten zusätzlich noch eine Tätowierung, eine trug Piercing und Skarifizierung und eine Piercing, Skarifizierung und Branding (da Mehrfachnennungen möglich waren, addieren sich die Werte nicht auf 100 %).

Dieses Bedürfnis nach Selbstverschönerung gilt auch für Intimpiercings, die normalerweise außer dem Träger selbst und dessen Partner kaum jemand sieht. Feige und Krause berichteten die Aussage einer 22-Jährigen: *„Intimschmuck muss sein! Auf jeden Fall. Das gehört inzwischen zu meinem Schönheitsideal hinzu."* (Feige & Krause 2004, 78) Ein 30-Jähriger mit einem Prinz Albert erzählte: *„Mir gefällt mein Penis viel besser als vorher, also ohne Piercing. Das ist eine Verschönerung."* (Feige & Krause 2004, 82)

Cess, eine junge Frau, liebäugelte mit einem Genitalpiercing und begründete dies vielleicht etwas naiv:

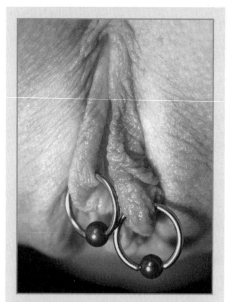

Abb. 104:
Obwohl es (fast) nie jemand sieht – auch diese Piercings der Labia minora dienen der Steigerung der körperlichen Attraktivität.
(Foto: Bianca Krause)

„Ich entschied mich dafür, an diesem Wochenende ein Piercing meiner beiden Schamlippen zu machen. Ich finde, Schamlippen sind generell irgendwie hässlich. Warum sollte ich meine nicht dekorieren? [...] Wenn du

dazu neigst, gelegentlich mal mit einem Jungen ins Bett zu hüpfen, dann ist es schön, zu wissen, dass er sich gerade an dich besonders erinnern wird. Es gibt Jungs, die dann in der Umkleidekabine zu ihren Kumpels sagen: ‚Oh Mann! Ich hab's mal mit 'nem Mädchen getrieben, die ihre Muschi gepierct hatte!'" [48]

9.2 Vorbilder, Gruppendruck und Nachahmung

Oft sind es Vorbilder, Idealtypen wie Filmstars oder Musiker, noch häufiger aber auch Leute aus dem engeren Freundeskreis, die den Anstoß dazu geben, sich ein BodMod zuzulegen (Armstrong et al. 2004). Soziale Kontakte zu haben ist eines der fundamentalsten menschlichen Bedürfnisse (Baumeister & Leary 1995), und Menschen verändern nicht nur ihre Einstellungen, sondern auch ihr Äußeres, um sich ihrem Freundeskreis anzupassen und eine Identifikation mit ihrer Gruppe aufzubauen (Deaux et al. 1999; Ellemers et al. 1999; Jetten et al. 2001). Identifikation mit der Gruppe und ein gewisser Gruppendruck, dasselbe Verhalten an den Tag zu legen wie die anderen, führt gerade bei Jugendlichen zu einer ganzen Fülle unvernünftiger, risikoreicher Verhaltensweisen. Raniseki und Sigelman (1992) zeigten dies zum Beispiel für den Drogengebrauch. Selbst was zunächst abgelehnt wird, kann peu à peu positiver beurteilt werden, wenn es der Freundeskreis gutheißt und kultiviert. Sarah aus Ontario berichtete:

„Branding war immer etwas, das ich als irgendwie krank empfand, genauer gesagt, ich fand es abstoßend... jedenfalls bis zu diesem Fest. Auf dem BME-Fest 2004 sah ich ein Mädchen mit echt großartigen, geschwungenen Brandings auf ihren Armen, leider hab ich keine Ahnung mehr, wie sie hieß. Ich fragte sie, wie man die gemacht hatte, und sie sagte, dass man das mit einem Kauterisierer gemacht habe. Als ich mit meinen Fingern über ihre Narben strich, dachte ich mir: Ich muss auch ein Branding haben." [110]

Dass Nachahmung sogar bei selbstverletzendem Verhalten eine wichtige Rolle spielen kann, zeigte eine Untersuchung von Matthews (1968). Auf einer psychiatrischen Station für Jugendliche hatte ein Mädchen begonnen, sich selbst zu schädigen, indem sie sich mit Nadeln stach. Kurz danach fing ein weiteres Mädchen mit demselben Verhalten an, sie ging sogar so weit, Nadeln, Nägel und Glasscherben zu schlucken. Wenig später zerschnitt sich ein Junge auf derselben Station die Hände. Schließlich hatte man innerhalb kurzer Zeit elf Heranwachsende mit selbstverletzenden Handlungen, die sich wettstreitartig in der Extremität ihrer Verhaltensweisen sogar noch gegenseitig zu übertreffen versuchten.

Rada und James berichteten 1982 über Nachahmung bei Strafgefangenen in einem Hochsicherheitstrakt, die diverse Arten der Selbstverletzung durchführten, um auf die Krankenstation verlegt zu werden. Hierzu gehörte das Trinken von Chemikalien und Reinigungsmitteln, Verschlucken von Rasierklingen, das Schlagen mit dem Kopf gegen Wände oder das Einführen spitzer Gegenstände in die Harnröhre. Einzelne Verhaltensweisen wurden sofort nachgeahmt und breiteten sich epedemieartig aus. Erst als das Personal sich entschloss, hierüber kein Wort mehr zu verlieren, wurden die Vorfälle deutlich seltener.

9.3 Erwachsen bzw. unabhängig werden

Ebenso wie in den 1950er und 60er Jahren viele Heranwachsende mit dem Rauchen angefangen haben, um erwachsener zu wirken, tun dies heutige Jugendliche durch Body-Art – eine 16-Jährige: *"Ich wollte wie ein Erwachsener behandelt werden und die Entscheidungen eines Erwachsenen fällen."*[120]

Auf die Funktion von Piercings gemäß der modernen Entwicklungspsychologie wies z. B. Beauregard (2001) hin; diese Art von Körperkunst vermöge über den künstlerischen Ausdruck hinaus, auch die Weiterentwicklung der persönlichen Identität darzustellen. Gerade Jugendliche empfinden den Körperschmuck auch als Zeichen sozialer Reifung. Ein Mädchen, das bereits andere Piercings hatte, entschied sich nun für einen Genitalschmuck und schrieb:

> *"Fast sofort danach realisierte ich, dass ich das Piercing am liebsten alleine machen lassen wollte. Ich bin vor ein paar Monaten bei meinen Eltern ausgezogen, und das Piercing ohne die Anwesenheit von Freunden machen zu lassen, schien mir irgendwie meine Unabhängigkeit zu symbolisieren. Das und vielleicht wollte ich mich auch selbst testen, da bin ich mir nicht sicher. Vielleicht wollte ich auch nur sehen, ob ich wirklich den Mut haben würde, etwas Gefährliches zu tun, ohne jede Rückendeckung."*[44]

9.4 Identitätsfindung, sich von der Masse abheben

> *"BodMods verändern mehr als das Aussehen deines Körpers oder wie er sich anfühlt, sie verändern das, was du im Kern deines Selbst bist. Eine Tätowierung kann die Art und Weise verändern, wie die Gesellschaft dich sieht, aber es verändert dich noch sehr viel tiefer. Du hast das Aussehen des Körpers, mit dem du geboren worden bist, für immer verändert."*[19] (Shamus, 35 Jahre alt)

Zu einer Zeit, als unsere Vorfahren noch nicht über laminierte Reisepässe mit Hologramm verfügten, wurden Informationen über die Identität mitunter einfach in die Haut gebrannt oder tätowiert. In manchen Stammesverbänden wurden Körpermodifizierungen zum Zweck der Identifikation eingesetzt. Die Griechen brandmarkten ihre Soldaten, die Römer kennzeichneten so ihre Sklaven. Auch Verbrecher bekamen oft solche Zeichen eingebrannt. Im alten Japan tätowierte man Verbrechern ihr Vergehen sogar auf die Stirn. Deserteure markierte die britische Armee mit einem „D" auf dem Unterarm. In deutschen Konzentrationslagern wurden den Insassen Nummern zur Identifikation eintätowiert. Heute tragen Mitglieder von Motorradgangs häufig Tattoos mit dem Namen oder Zeichen ihres Clubs.

Schon 1994 suchte Armstrong nach den Ursachen für Tätowierungen bei Heranwachsenden und fragte, ob diese eher als Zeichen der Identitätsfindung zu werten sind oder als abweichendes Verhalten. 1997, als die Piercingwelle am Ansteigen war, fand John Soyland als Hauptmotiv nicht etwa den Wunsch, außergewöhnlich auszusehen und aufzufallen, sondern ganz überwiegend, seiner Identität Ausdruck zu verleihen. Gerade für Heranwachsende ist das Finden einer sozialen Identität eine oft problematische Aufgabe, gleichzeitig versucht heute jeder, sich durch ein möglichst großes Maß an Individualität aus der grauen Masse hervorzuheben (Lemaine 1974; Peticolas et al. 2000). Offenbar erhöhen Tattoos, Piercing und andere Formen der Body-Art das Gefühl persönlicher Identität und der Selbstachtung (Giddens 1991; Luthanen & Crocker 1992; Ellemers & VanRijswijk 1997; Marcoux 1999; Benson 2000; Stirn 2003a, b; Armstrong et al. 2004a, b; Meland et al. 2004). Millner und Eichhold hatten schon 2001 bei einer Befragung von 79 gepiercten oder tätowierten Personen zwischen 18 und 55 Jahren als eines der wesentlichsten Motive die Suche nach Individualität festgestellt. Auch Brooks et al. (2003) unterstützten diesen Gedanken. Nach Befragung einer Stichprobe von 908 Schülern und Studenten stellten Armstrong et al. (2004a, b) „Einzigartigkeit" als eines der wichtigsten Kriterien für die Wahl eines bestimmten BodMods besonders hervor. Typische Aussagen in dieser Studien waren, man wolle damit seine Persönlichkeit ausdrücken, „ich selbst" und „einzigartig" sein, und habe es nun nicht mehr nötig, andere zu beeindrucken, und schließlich: dass BodMods dabei halfen, sich unabhängiger zu fühlen. In ihrer Untersuchung an 104 tätowierten und/oder gepiercten deutschen Individuen stellte Aglaja Stirn (2004) als wichtigste Motivation gleichfalls den Ausdruck von Individualität sowie die Identitätsgenerierung in den Vordergrund ihrer Betrachtungen. Die Illusion meist weiblicher Jugendlicher besteht nach Hirsch (2003) darin, durch die Manipulation des Körpers die eigene „Identitätsangst" beherrschen zu können. Eine Frau mit Genitalpiercing sagte entsprechend: *„Das ist etwas, was nicht jeder hat. In diesem Sinne wollte ich mich damit von anderen abheben."* (Feige & Krause 2004, 156) Ein junger Mann mit Zungenpiercing: *„Es ist ein guter Weg zu definieren, wer du bist."*[26]

Eine junge Schülerin mit Piercing der Brustwarzen: *„Ich habe meine Brustwarzen aus unterschiedlichen Gründen ausgewählt. Der erste und wichtigste war, weil es gar nicht zu meinem Charakter passte. Niemand* hätte erwartet, dass ich das tun würde. Ich bin keine Person, die das Risiko liebt, und dass ich mir die Brustwarzen machen ließ, hat mir erlaubt, jedem (und mir selbst) zu zeigen, dass ich aus der Norm heraustreten kann ..."[120]

Apryl, eine Schülerin mit einem Industrial quer im oberen Ohr: „Es sieht wunderbar aus und jeder findet es toll. Ich bin die Einzige in meiner Schule, die so einen Industrial hat."[22]

In einem als quälend langweilig empfundenen Leben suchen nach Ansicht von Feige und Krause (2004) viele Menschen nach Abwechslung, nach etwas, das ihrem Leben „etwas Würze" verleihen kann und wodurch sie sich vom Rest der Welt abheben können. Eine 27-jährige Duisburgerin meinte dazu:

„Ich überlege es mir im Vorfeld und lasse was an mir machen, wenn es ins Gesamtbild passt, mich verschönert, mich von der breiten Masse abhebt. Natürlich ist auch viel Selbstverliebtheit dabei, und auch eine Portion Stolz. Ich präsentiere meinen Körper auch gerne, vorausgesetzt, die Umgebung ist ansprechend." (Feige & Krause 2004, 194).

Ein 36-jähriger Krankenpfleger mit gespaltenem Penis: „Natürlich spielt auch die sexuelle Stimulation eine Rolle. Auch das Wissen, dass ich was habe, was die breite Masse nicht hat, ganz klar!" (S. 136).

9.5 Neugier, Mutprobe, Sensation-Seeking

Ein Jugendlicher mit dem Pseudonym „Paranoia": *„Probiere aus, was du nur kannst, weil, wenn du's nicht probierst, wirst du niemals wissen, wie es ist.* "[60] Hinter der scheinbaren Oberflächlichkeit dieser Mode, so schrieb Véronique Zbinden (1998), gibt es Indizien für einen tiefliegenden Mangel. Was aber sucht jemand in unserer Überflussgesellschaft? Gordon und Caltabiano (1997) nannten als einen der möglichen Gründe für das Anlegen eines BodMods die Langeweile der Jugendlichen in den Großstädten und das daraus resultierende Sensation-Seeking: die ständige Suche nach neuen Erfahrungen wie Bungeejumping, U-Bahn-Surfing, Steilwandklettern, Raserei mit dem Auto bzw. Motorrad oder das Ausprobieren von Drogen. Auch Copes und Forsyth (1993) nahmen an, dass ein großer Teil des risikoreichen Verhaltens Heranwachsender auf einem solchen Sensation-Seeking beruht. Durch externe Stimulation versuchen die Jugendlichen ihr „arousal", ihr Erregungsniveau, zu erhöhen. Nach Zuckermann (1994) muss allerdings noch eine gewisse Impulsivität im Verhalten hinzukommen, damit wirkliche Risikobereitschaft entsteht.

Roberti und Mitarbeiter (2004) stellten fest, dass die Experimentierfreudigkeit und die Suche nach einer Erhöhung des Arousals umso ausgeprägter waren, je jünger die Betreffenden ihr erstes Piercing erworben hatten.

Insbesondere Frauen mit vielen Piercings und Tattoos erreichten sehr hohe Werte in einem Fragebogen zum Sensation-Seeking. Dieses Ergebnis wird durch andere Studien gestützt; so hatten Copes und Forsyth (1993) bereits festgestellt, dass die meisten Menschen mit Tätowierungen sehr viel extravertierter waren als diejenigen ohne Tattoo und ständig nach externer Stimulation suchten.

Helen, eine Schülerin der letzten Highschool-Klasse, schrieb über ihr erstes Piercing auf einer Internetseite:

> „Was Schmerz angeht, bin ich ein hoffnungsloser Fall und spürte den blanken Terror vor der Prozedur. Warum zur Hölle wollte ich das eigentlich machen? Der Adrenalinrausch ist es wert!! Jedes Mal flippe ich total aus, aber ich bin immer extrem happy mit dem Ergebnis und spüre ein Highgefühl den Rest der Woche. Ich kann meine Schmerzen besiegen." [27]

Abb. 105:
Sinnbild der Kraft: Tattoos, Piercings, Brandings und Skarifizierungen sind auch eine moderne Mutprobe; die Träger beweisen damit, dass sie Schmerzen aushalten konnten. (Foto: Nadine Wegener/www.PixelQuelle.de)

Ein Mädchen aus Richmond, Virginia, über ihre Motivation, an einer Suspension teilzunehmen:

> „Ich musste beweisen, dass ich zäh genug bin, um so etwas auszuhalten. Jedenfalls bilde ich mir ein, das war es, was ich mir selbst beweisen wollte. Es war eine Suche nach mir selbst, die nicht mit der Suspension anfing und nicht mit der Suspension aufhörte; aber es war die Suspension, mit der sich diese Frage stellte, und es war die Suspension, die alle meine Fragen beantwortete." [86]

Ein 17-jähriges Mädchen aus Miami hatte sich ihre Brustwarzen piercen lassen:

> „Alles in allem war ich echt beeindruckt von mir selbst. Dies war mein erstes echtes Piercing... Einige meiner engsten Freundinnen dachten, ich würde ausflippen und kneifen. Aber ich hab es gemacht. Ich hab bewiesen, dass ich

> *ein Supergirl bin und den Schmerz ertragen kann. Ich hab nicht mal Piep gesagt oder geschrieen oder geheult oder irgendein anderes vorstellbares Geräusch gemacht, als ich gepierct wurde."* [32]

Einschränkend zum Zusammenhang zwischen Mutprobe und BodMods ist auf eine Studie von Roberti et al. (2004) zu verweisen, die an 210 College-Studenten keine besonders starke Korrelation zwischen Sensation-Seeking und der Anzahl von Piercings festgestellt hatten; lediglich mit der Anzahl von Tätowierungen bestand ein signifikanter Zusammenhang.

Menschen mit einer antisozialen Persönlichkeitsstörung, früher auch als „Psychopathen" bezeichnet, bilden eine Extremgruppe unter den Sensationssuchern. Die Betroffenen spüren ständig einen inneren Hunger nach Aufregung, Stimulation und neuen Erfahrungen, sie brauchen beständig „action" und verspüren auch in Stresssituationen kaum oder gar keine Angst. Aufgrund dieser Eigenschaften und der Tatsache, dass sie keine Empathie zeigen, d. h. sich in das Leid anderer Menschen gar nicht hineinversetzen können, werden sie oft straffällig. Sperrt man sie in die Justizvollzugsanstalt oder in eine geschlossene psychiatrische Klinik, so sind sie in ihrer Suche nach Aufregung stark eingeschränkt, was besonders oft dazu führt, dass sie sich Körperschmuck anlegen lassen oder auch selbstverletzende Handlungen durchführen. Letztere dienen hier aber meist nicht wie bei anderen Selbstverletzern der psychischen Entlastung, sondern verfolgen oft direkte Ziele, etwa eine Verlegung auf die Krankenstation oder in einen anderen Block, Zugriff auf Medikamente zu bekommen, Aufmerksamkeit erregen, im Mittelpunkt stehen usw. Wenn jemandem sein Aussehen mit multiplen Tattoos und Piercings völlig gleichgültig zu sein scheint, muss man wohl auch an diese Störung denken.

9.6 Protest, Rebellion

1992 hatte James Myers in mehreren Großstädten der amerikanischen Westküste Leute mit Piercings, Brandings und Cuttings befragt und als eines ihrer Motive gefunden, dass die BodMod-Träger andere damit schockieren wollten. Piercings und Tattoos haben zweifellos immer auch etwas von Rebellion gegen die konservative Gesellschaft. Ein Betroffener:

> *"Die Faszination begann in meiner Kindheit; die ersten Filme, die ich gesehen habe, waren Piraten- und Seeräubergeschichten [...]! Den Ohrring, den diese Piraten trugen, habe ich immer verbunden mit dem Begriff ‚Freiheit'. Er war ein Zeichen für Unabhängigkeit."* (Feige & Krause 2004, 246)

Aglaja Stirn (2003) fand zum Thema Tätowierungen als Ausdruck der Abgrenzung von der Mainstream-Gesellschaft bzw. der Identifikation mit einer speziellen Gruppe eine ältere Arbeit von Walter Bromberg, der schon 1935 davon ausging, dass bestimmte Gruppen Körperveränderungen wie die Tätowierung als Protest gegen gesellschaftliche Normen benutzen. Hein (2003) schrieb hierzu allerdings sehr treffend,

> „dass ein noch so gewagtes Muster auf der Haut den Wunsch nach einem Reihenhaus nicht ausschließt und sich unter den Exaltierten nicht wenige befinden, die im traditionellen Sinne auf beruflichen Erfolg und stabile private Verhältnisse blicken können."

Abb. 106:
Punks versuchen, mit ihrem Äußeren zu provozieren, häufig mit ungeahnter Kreativität. (Foto: b52/www.Pixel-Quelle.de)

Stirn (2001) meinte hierzu, dass die freiwillige Selbstverletzung gesellschaftlich provokant wirkt. Die Punks der 1970er Jahre waren die Ersten, die sich zur Abgrenzung von herkömmlichen Gesellschaftsstrukturen piercten, indem sie sich großformatige Sicherheitsnadeln durch Wangen, Lippen, Augenbrauen oder Ohrläppchen stießen. „Punk" war damals Ausdruck einer Wut gegen die konventionelle Gesellschaft. Auch heute noch wollen viele BodMod-Träger mit ihrem veränderten Aussehen Protest ausdrücken;

> eine 26-jährige Praktikantin: „Die Piercings waren für mich Rebellion, eine Art, etwas anderes auszudrücken und zu verkörpern. [...] Man gilt bei dem Großteil der Gesellschaft als verrückt oder sogar als jemand, der seine Zukunft und seinen Körper zerstört." (Feige & Krause 2004, 64)

Ein Piercer aus Amsterdam:

> „Da habe ich mich tätowiert und gepierct, um mich abzuheben, die Leute herauszufordern, die braven Leute zu schockieren. Normal war langweilig. Je mehr Leute reagierten, umso besser. Ich machte, was ich wollte." (S. 250)

Mitunter richtet sich der durch eine Body-Modification ausgedrückte Protest nicht nur gegen ein allgemeines Spießbürgertum, sondern auch gegen spezifische Zustände, die als Unrecht empfunden werden. Seit einigen Jahren häufen sich Zeitungsmeldungen, in denen Menschen sich aus Protest den Mund und mitunter auch die Augen zugenäht haben. Vorausgegangen sind hier meist Hungerstreiks, deren Ernsthaftigkeit damit unterstrichen wurde, dass die Protestierenden sich gegenseitig den Mund zunähten und damit praktisch gar keine feste Nahrung mehr aufnehmen konnten:

„Um ihrer Forderung nach beschleunigter Abwicklung ihres Asylverfahrens Nachdruck zu verleihen, hatten sich zwei Kurden den Mund zugenäht." [133]

„Der irakische Flüchtling Mohammed S. (28), der sich seit dem 30. Juli 2003 in einem Hungerstreik befindet, um gegen die s. E. ‚respektlose Behandlung' und Lebensbedingungen der Flüchtlinge in der landeseigenen Gemeinschaftsunterkunft in Neumünster zu protestieren […] und seine Umverlegung zu erreichen, hat nun die Form seines Protestes ausgeweitet und seinen Mund zugenäht." [132]

„Ein Asylbewerber aus Afghanistan hatte sich in einem Wiener Flüchtlingsheim aus Protest gegen eine mögliche Abschiebung seine Augen und seinen Mund teilweise zugenäht." [151]

„In Glasgow sind jetzt zwei Iraner bewusstlos ins Krankenhaus gebracht worden. Nachdem ihr Asylantrag abgelehnt worden war, hatten sie sich vor zwei Wochen den Mund zugenäht und befanden sich seither im Hungerstreik." [124]

„Mataram (Westnusatenggara): Drei Hungerstreikende, die sich den Mund zugenäht haben, mussten ins Krankenhaus, weil sie ohnmächtig geworden sind. (…) Sie protestieren damit gegen die UN-Flüchtlingskommisson UNHCR, die ihnen keinen Flüchtlingsstatus zuerkennt." [149]

9.7 Einen Lebensabschnitt markieren

Seit jeher werden unterschiedliche Arten des Körperschmucks benutzt, um den Übergang von einem Lebensabschnitt in einen anderen zu markieren. Viele Rituale antiker Kulturen kannten zum Beispiel Reifezeremonien, um den Übergang vom Kind zum vollwertigen, erwachsenen Mitglied der Stammesgemeinschaft zu zelebrieren. Die Rituale waren und sind fast immer schmerzhaft und als eine Art Mutprobe zu verstehen, in welcher der oder die Jugendliche zeigen soll, dass er oder sie es wert ist, in die Gemeinschaft der Erwachsenen aufgenommen zu werden.

Die meisten Körperkunstpraktiken, so Aglaja Stirn (2003), folgten traditionellen Regeln. In Nordindien wurden kurz nach der Geburt die Ohrläppchen des Kindes rituell durchstoßen, dem Einsetzen der Menstruation folgten bestimmte Tätowierungen; vor der Hochzeit wurden diese ergänzt und bei einer Schwangerschaft nochmals erweitert. So konnte man, besser als in jedem modernen Personalausweis, die Lebensgeschichte eines Menschen an seinem Körperschmuck ablesen. Auch Männer bekamen nach

A. Stirn in einigen Kulturen ihr Tattoo erst, wenn sie sich nach entsprechenden Prüfungen den Status eines Kriegers oder Jägers erworben hatten; bei jedem Feind, den sie besiegten, kam eine weitere Tätowierung hinzu, womit der Siegerstatus weithin sichtbar dokumentiert war; Erfolge standen einem im wahrsten Sinne des Wortes „ins Gesicht geschrieben". Erst viel später übernahmen Orden aus Blech diese Funktion. Manche Völker glaubten sogar, dass die Anzahl der Tätowierungen auch in der Nachwelt weiterhalf – und dass ohne Körpermarkierungen ein Dasein als rastloser Geist in der Zwischenwelt drohte.

Laut Stirn (2003) dienen auch in der modernen Tattoo-Piercing-Community Körpermodifikationen häufig der Erinnerung an eine spezielle Lebensphase mit negativem wie mit positivem Hintergrund und deren Verarbeitung, z. B. also Trennung, Tod, Trauma, Verlust, Krankheiten und Unfälle ebenso wie Liebe, Partnerschaft, Schulabschluss und andere Ereignisse. Auch Kaldera und Schwartzstein (2003) meinten, dass gerade Piercings an schwere Verluste wie an gute Erlebnisse erinnern können und den Gedanken wach halten, dass man etwas überlebt hat und dadurch stärker und erwachsener geworden ist. Mitunter entscheiden sich also Menschen für eine BodMod, um damit das Ende einer Entwicklung bzw. einen Neuanfang zu markieren; um symbolisch an eine Erfahrung zu erinnern. Hierzu einige Textauszüge:

„Es sind die Tage des Abiturs im Mai 1995 gewesen, kurz vor meiner mündlichen Geschichtsprüfung. Ich wollte mich äußerlich von meiner Schülerzeit abgrenzen, Signale setzen. Ich schockte meine Eltern, Noch-Lehrer und Mitschüler mit einer Ratzeputz-Igelfrisur und mehrfach metallbestückten Ohrläppchen. Ihre Verblüffung über die sonst eher stille, schüchterne, nichtselbstbewusste Tochter, Abiturientin und Außenseiterin, die sich oft nicht gewehrt hatte, wenn andere Schüler sie hänselten und manchmal sogar knufften, sehe ich noch heute vor mir." (Brandhurst 2004, 197)

„Man hat mich gefragt: ‚Wirst du es nicht irgendwann in der Zukunft bedauern, dass du alle diese Narben hast?' Meine Antwort ist ein eindeutiges Nein. Nicht mehr als das, was geschehen ist, und mich dazu gebracht hat, es zu tun. Narben sind Objekte der Schönheit und der Stärke, so sehe ich das. Ich habe den Sturm überlebt und jetzt ist da eine Markierung, um das zu beweisen." [92]

„Ich bin ein emotionaler Piercer, immer wenn etwas Großes in meinem Leben passiert, dann markiere ich es mit einem Piercing. Ich hatte mich gerade von meinem verlogenen Freund getrennt (wir waren ein Jahr oder etwas länger zusammen) und hatte das Gefühl, dass ich, wenn ich mir einen Conch machen lassen würde, diesen besonderen Punkt in meinem Leben markieren könne." [22]

9.8 Körperkontrolle

Ein Jugendlicher über Play-Piercings: *„Ich glaube wirklich, dass ich dadurch ein besseres Feeling für meinen Körper kriege – ich lerne alle Empfindungen besser kennen, gute und schlechte – ich kann mein wahres Selbst besser wahrnehmen."*[60]

Der Anspruch an den eigenen Körper als Statussymbol ist im letzten Jahrhundert stetig gestiegen (s. z. B. Brownell 1991b). Armstrong (1991) konnte zeigen, dass gerade karrierebewusste Frauen dazu neigten, sich eine Tätowierung zuzulegen, was als Ausdruck von Kampfbereitschaft und erhöhter Körperkontrolle interpretiert wurde. Das Ertragen von Qual in einer Gesellschaft, die jegliche Art von Schmerz vermeidet und mit Anästhetika oder Narkotika unterdrückt, stellt eine Handlung mit besonders hohem Symbolgehalt dar, insbesondere wenn dies öffentlich dargestellt wird. Gerade Jugendliche geben als wichtigste Motivation für Tattoos, Piercings, vor allem aber für die Teilnahme an Suspensionen, Feuerlaufen oder Play-Piercings an, sie möchten sich selbst besser kennen lernen – ihre Schmerzgrenzen austesten, prüfen, wie viel ihr Körper aushält, und dadurch mehr über sich selbst erfahren. Ein Mädchen setzte sich ein Play-Piercing in den Unterarm:

> *„Es tat verdammt weh. Vielleicht lag es daran, dass ich so schlecht geschlafen hatte. Obwohl es wehtat, war es nicht wirklich unangenehm – es erlaubte mir, meinen Körper sehr genau zu beobachten. Ich wusste nicht genau, wie er auf so viele Nadeln reagieren würde."*[68]

Für viele Magersüchtige – auch Anorexie ist ja eine Form der Body-Modification – ist Hungern eine Möglichkeit, sich selbst die völlige Kontrolle über ihren eigenen Körper zu beweisen. Patientinnen mit Anorexia nervosa, abgemagert bis aufs Skelett, besuchen Schwimmhallen, Saunas und öffentliche Badestrände, promenieren dort stolz auf und ab und glauben, dass die Menschen sie bewundernd anstarren, weil sie ihren eigenen Körper so gut im Griff haben; zumindest bei einem Teil der Menschen mit Body-Modifications spielt ein solches Denken auch eine wichtige Rolle. Denise, eine Frau aus Kalifornien, schrieb dazu:

> *„BodMods fand ich zunächst vor allem wegen des Kontrollaspekts sehr attraktiv – eine außergewöhnlich starke Kontrolle über meine Physis passt irgendwie in die mentale und spirituelle Vision, die ich habe. Unglücklicherweise merkte ich dann, dass der ganze Aspekt, BodMod als Möglichkeit der Selbstbeherrschung zu sehen, irgendwie auch den Beigeschmack von Selbstverletzung hatte."*[8]

9.9 Männlicher bzw. weiblicher wirken

Andere Modifizierte wünschen sich über die Attraktivitätserhöhung hinaus insbesondere, die geschlechtsspezifische Ausstrahlung zu erhöhen, ihre Maskulinität oder Feminität wirkungsvoll unterstreichen (Gurin & Townsend 1986; Butler 1990).

Obwohl in der Öffentlichkeit meist nicht sichtbar, gilt dies auch für Genitalpiercings. Ausschlaggebend scheint hier das innere Bild zu sein, das man von sich selbst hat. Eine Frau, die ursprünglich das Gefühl hatte, dass sie etwas älter ist und „da unten" nicht mehr so gut aussieht wie junge Mädchen, berichtete nach der Anbringung eines Genitalschmucks:

> „Das erste Mal in meinem Leben hatte ich das Gefühl, da unten ein hübsches kleines Ding zu haben, und ich hatte das Gefühl, dass meine Weiblichkeit um das Tausendfache angestiegen war, […] und würde den VCH jeder Frau empfehlen. Es ist ein total individuelles und feminines Piercing und es bringt dich dazu, dich als ganz besondere Frau zu fühlen."[45]

> Ein Versicherungskaufmann, 34 Jahre, mit Prinz Albert und Ring an der Peniswurzel: „Ich bin gewiss nicht exhibitionistisch, aber ich genieße es, durch die Sauna zu laufen, während die Leute gucken, und zu denken: Ja, siehste, ihr hättet auch gerne eines, aber ihr traut euch nicht." (Feige & Krause 2004, 176)

Jeffreys (2000) ging davon aus, dass solche Körperveränderungen gerade unter Feministinnen wie auch unter lesbischen Frauen und homosexuellen Männern eine wichtige Rolle spielen können. Diese wollen damit allerdings häufig auch gegenteilige Effekte erreichen, d.h. die Körperveränderung dient hier manchmal dazu, sich in seinem Aussehen eher dem anderen Geschlecht anzunähern.

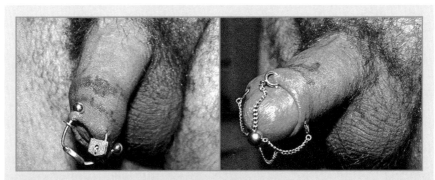

Abb. 107 und 108:
Eher spielerisches Piercing der Vorhaut – zur Steigerung der männlichen Ausstrahlung? (Fotos: Preuss 1983, 45)

9.10 Liebe und Liebeskummer

Manche Menschen, überwiegend Jugendliche, unterziehen sich Körperveränderungen aus Liebe. Ein Mädchen schrieb:

> „Meine Brustwarzen piercen zu lassen, war nicht nur ein Weg, um unser Vergnügen zu erhöhen (sobald sie abgeheilt waren) oder ihm zu erlauben, mich zärtlich zu quälen, sondern sie waren für mich auch eine Art, ihm meine Liebe und meine Ergebenheit zu beweisen und ihm zu zeigen, dass ich bereit war, meinen Körper für ihn zu verändern und damit unseren Bund als Paar zu vertiefen." [34]

Und ein junger Mann mit dem Pseudonym Orion: *„Es war unsere Art, unsere Bindung ins Fleisch einzugravieren; es ist viel intensiver, als wenn wir nur einen Ehering ausgetauscht hätten."* (Zbinden 1998, 101)

Barry berichtet, wie er mit seiner Freundin in romantischer Atmosphäre eine Selbstverletzung wie einen Liebesakt vollführte. Wie manche Paare einen erotischen Abend verbringen, stimmten beide sich auf das Schneiden ein. Sie steckten Kerzen an, Räucherstäbchen, spielten Ambientemusik und rauchten etwas Cannabis.

> „Und als sie sich dann schnitt, war ich dermaßen davon angetan, wirkte Sandy so entrückt und in sich gekehrt auf mich, so glücklich, dass das Schneiden wie ein Akt der Liebe war. Als würde man sich selbst befriedigen. Ich bat sie, mir auch zwei, drei Schnitte zuzufügen. [...] Sie tat es und es schmerzte. Nicht sehr, aber es tat weh. Allerdings verging der Schmerz, kaum dass das Blut hervorströmte und sich warm und weich auf meiner Haut verteilte. Das Gefühl ist sehr schwer zu beschreiben. Es ist, als würde ein Teil von einem selbst herausfließen; ein wohliges Schaudern, eine prickelnde Hitze." (Brandhurst 2004, 57)

Manche Menschen verewigen auch ihren Liebeskummer in ihrem Körper. Ein Mädchen berichtete, dass ihr Freund sie verlassen hatte, um irgendwo auf der anderen Seite der Welt ein völlig neues Leben zu beginnen. Sie schrieb:

> „Ich wollte ein Genitalpiercing, um zu unterstreichen, was er mir bedeutet hatte, und mich immer daran zu erinnern, dass wir etwas ganz Besonderes miteinander geteilt haben." [46]

9.11 Steigerung der Empfindungsfähigkeit

Insbesondere bei Piercings durch die Brustwarzen und das Genital kommt es mitunter zu einer Steigerung der Hautsensibilität (s. a. Moser et al. 1993). Dies erstaunt zunächst, da durch das Setzen des Piercings primär ja eher Gewebe geschädigt wird. Offenbar bewirkt die ständige Stimulation wie auch die zunehmende Fokussierung der Wahrnehmung auf die Empfindungen aus dem gepiercten Bereich dort eine Erhöhung der Sensibilität. Fallbeispiel eines jungen Mannes:

> „Brustwarzenringe machen das An- oder Ausziehen eines Hemdes zu einem sensorischen Akt, wenn sie liebevoll berührt werden, ist das sehr, sehr angenehm. [...] Ich weiß nicht, wie sich das bei Frauen anfühlt, aber ich fühle mich durch dieses Accessoire gewaltig verschönert und sensitiver." [33]

Auch Menschen, die sich selbst verletzen, tun dies oft, um sich selbst mehr zu spüren. Der folgende Text stammt von einer Schülerin, die sich schnitt:

> „Das erste Mal, dass ich mich selbst verletzte, war in der neunten Klasse und ich hatte damals das Gefühl, ich könnte nichts richtig machen. Wütend auf mich selbst nahm ich eine Schere und kratzte damit auf meinem Bauch herum. Es fühlte sich irgendwie gut an. Ich begann sofort, darüber nachzudenken, dass ich etwas Besseres brauche, um mich selbst zu schneiden. Viel später, in der elften Klasse oder so, lernte ich dann, wie man Lady-Shaver knackt und die Klinge da rausholt. Ich kann mich daran erinnern, wie ich die erste kurze Linie über meinen Bauch zog, präzise und dünn – und es blutete, während die Schere nur auf der Haut kratzen konnte. Ich war wie in Trance. Ich machte rund 40 kurze, kleine Schnitte, alle auf dem Bauch. Als ich sie mir ansah, sahen sie irgendwie schön aus. Ich hatte etwas aus meinem erbärmlichen, unperfekten Körper gemacht. Als ich mich auf den Bauch legte, konnte ich die Narben fühlen, meine Haut fühlte sich lebendiger an als jemals zuvor." [92]

9.12 Sexuelle Motive

Zbinden (1998) berichtet, schon das indische Kamasutra habe empfohlen, den „Lingam" auszuschmücken, es gäbe keine wirkliche Lust, wenn der Penis nicht perforiert sei; in Südindien sollen die Apadravyas vorherrschend sein, bei den Dayaks der Ampallang.

1995 beschrieb M. von Wiederhold in einem psychoanalytischen Aufsatz Piercing als eine Verbindung zwischen geistiger und fleischlicher Existenz, eine Äußerung des Körpers, der die unbewusste, destruktive Natur des Todestriebes in den Eros transformiere. Ein Großteil des Körperschmucks dient ohnehin vordringlich der Attraktivitätserhöhung, was an sich ja schon ein sexuelles Motiv ist. Vor allem bei Genitalpiercings steht eine Steigerung erotischer Gefühle im Vordergrund (Miller & Edenholm 1999; Feige & Krause 2004). Benecke (1999) zitierte eine Aussage, in der es ganz offen hieß: „*Wenn man mich fragt, warum das Piercen der empfindlichsten Körperteile so um sich greift, dann kann ich einfach nur sagen: Es macht das Ficken besser.*" Ferguson (1999) vertrat sogar die Ansicht, dass manche Frauen ihren ersten Orgasmus der Stimulation durch ein gepierctes Schmuckstück im Bereich der Klitoris oder der Klitorisvorhaut verdanken.

Unzählige Beispiele hierzu lassen sich dem Band von Feige und Krause (2004) über Intimpiercing entnehmen.

> Eine 22-jährige Krankenschwester berichtete z.B.: *„Ich nahm meine Sexualität plötzlich wahr, zumindest anders, als ich sie vorher wahrgenommen hatte. Das Brustwarzenpiercing war stimulierend. Richtig geil."*

> Eine 23-jährige Erotikdarstellerin mit Pubic und Klitorisvorhautpiercing: *„Manchmal ist das auch lustig, wenn ich im Bus sitze und die Kugel drückt drauf, dann fetzt das schon. Seit ich die beiden Piercings habe, bin ich glücklich und fühle mich wohl. Und bei Männern ist das immer wieder eine nette Überraschung."*

> Eine Piercerin sagte hierzu: *„Die Piercings, die waren schlicht und einfach – Sex! Und deswegen war das erste auch direkt das Klitorisvorhautpiercing; da waren keine nennenswerten optischen Überlegungen. Ich habe mir damals überhaupt keine Gedanken gemacht, wie es aussieht. Ich habe mir nur Gedanken gemacht, wie es sich anfühlt. Und es ist nett, wenn du mit jemand anderem ins Bett gehst, es ist aber auch nett, wenn du mit dir alleine bist."*

> Eine 26-Jährige erzählte: *„Wochen später wusste ich aber ganz genau: Es hat sich gelohnt! Die Kugel von meinem Klitorisvorhautpiercing sitzt genau auf meiner Klitoris. Nicht nur bei der Masturbation ist das von Vorteil, auch beim Treppensteigen reibt die Kugel auf meiner Klitoris."*

> Eine 19-jährige Gymnasiastin berichtete: *„Ich hatte über das Klitorisvorhautpiercing gelesen, es solle beim Sex den Reiz erhöhen. Und ich fand es sehr ästhetisch anzusehen. Der Schmerz? Der gehört dazu, das ist schön, irgendwie ... Bereut habe ich es zumindest nicht."*

> In einem Aufsatz zur Körperkunst schrieb Hein (2003): *„Mit Begriffen überfrachtet präsentiert sich denn auch eine mit Mitteln des Pornografischen operierende Kunst, die eigentlich dem unterdrückten Körper zu seinem Recht verhelfen will."*

Gerade bei genitalen Piercings oder Tattoos im Intimbereich überschneiden sich Kunst und Sexualität mit Pornographie und Perversion. Seitdem unseren Urahnen vor Jahrtausenden bewusst wurde, dass mit Geschlechtsverkehr unweigerlich das Zeugen von Kindern verbunden ist, war Sex immer eine eingeschränkte Handlung und damit etwas ganz Besonderes.

Im Zeitalter der Antikonzeptiva sind wir heute sexuell in mancher Hinsicht fast schon überfordert und der Intimverkehr mit einem Partner hat viel von der zauberhaften Mystik eines seltenen Ereignisses verloren. Hinzu kommt die ständige Überfütterung mit erotischem Material durch die Medien. Der Sexualtrieb des Menschen stumpft ab und, um ihn aufrecht zu erhalten und doch noch Lust zu spüren, werden immer drastischere Methoden notwendig. Hierzu gehören auch Körpermodifikationen. Zbinden (1998) stellte fest, dass die meisten Menschen, die sich ein Genitalpiercing anlegen lassen, schon jenseits der dreißig sind. Diese Menschen erhoffen sich in einer mit pornographischen Bildern überfrachteten Welt ganz klar von ihrem Körperschmuck eine Steigerung ihrer sexuellen Erregungsfähigkeit.

Abb. 109:
Multiple Genitalpiercings und ein Titanstab durch das Skrotum
(Foto: Bianca Krause)

Ein 48-jähriger Techniker und Motorradfahrer, er hatte bereits acht Piercingringe am Hoden und vier an der Eichel, erfuhr über das Internet von einem transscrotalen Piercing, einem Stab quer durch das Skrotum. Da er keinen Piercer fand, der ihm dieses zu stechen bereit war, unternahm er insgesamt drei Selbstversuche und schaffte es schließlich, dort einen 60 mm langen, 4 mm dicken Titanstab mit 25 mm großen Edelstahlkugeln an den Enden einzusetzen. Er berichtete:

> „Auch beim Sex möchte ich es nicht mehr missen. Alle Bewegungen des Penis werden direkt auf den Hodensack durch bis nach hinten übertragen, eine ungemein tolle Stimulans. [...] Meine Frau hat meine Piercings inzwischen auch akzeptiert. Ich wollte die Piercings haben, sie waren, mehr oder weniger, zur sexuellen Stimulation. Mit Erfolg. Ich hoffe zumindest, dass meine Frau auch etwas davon hat." (Feige & Krause 2004, 164).

Aber entgegen dem meist gewünschten Lustgewinn erschweren oder verhindern viele Arten des Genitalschmucks den normalen Geschlechtsverkehr sogar. Auch hier bietet der Band von Feige und Krause (2004) viele Beispiele.

So gab ein Mann mit mehreren Piercings im Penisbereich zu: *„Wobei, heute würde ich den Prinz Albert nicht mehr unbedingt empfehlen. Für die Frau ist er zweifellos angenehm, aber für den Mann kann das Erlebnis damit durchwachsen sein. Je nachdem, wie die Frau gebaut ist oder wie der Ring sich beim Sex um die Eichel legt, kann es für den Mann unangenehm werden. Und wenn der Mann keine Möglichkeit hat, im Sitzen zu pinkeln, hat er mit dem PA echt das Problem, dass er sich im Stehen vollpinkelt."*

Ein 33-jähriger Journalist berichtete von seinen Erfahrungen: *„Es war der Prinz Albert, der mir am sinnvollsten erschien. Meine Empfindungen hat er aber nicht steigern können. Beim Sex hat er sogar gestört, nicht nur mich, sogar meine Freundin."*

Eine 40-Jährige aus Dortmund: *„Wenn ich von anderen höre, dass die Brustwarze oder das Intimpiercing stimulierend für sie seien, nein, das ist es bei mir nicht. Momentan muss ich gestehen, dass die Piercings an einigen Stellen eine Überreizung darstellen. Ich bin relativ empfindlich an einigen Stellen, und ich überlege, ob ich das Intimpiercing nicht wieder herausnehme."*

Hier soll allerdings auch erwähnt werden, dass es einem Teil der Träger von Genitalpiercings aus beruflichen, seltener auch aus privaten Gründen schlicht nicht möglich ist, Piercings zu tragen, die äußerlich sichtbar sind; sie weichen dann einfach auf „versteckere Regionen" aus.

So schrieb ein 55-jähriger Mann: *„Ich dachte zunächst an ein Augenbrauenpiercing oder so etwas, aber ich arbeite in einer sehr professionellen Umgebung und hatte deswegen Bedenken. Ich begann daher, mich im Web umzuschauen, und kam dann auf Genitalpiercings."* [40]

9.13 Fetischismus, Exhibitionismus, Sadomasochismus

Der historische Einfluss der S/M-Szene auf die Entwicklung insbesondere des Körperschmucks im Intimbereich ist nicht zu unterschätzen. Einfache Materialien wie Seile, Ketten, Klammern und Lederriemen, ursprünglich für entsprechende Sexualspiele eingesetzt, wurden seit den 1970er Jahren zunehmend verfeinert und zu Schmuck verarbeitet, der dann auch Eingang in die Tattoo- und Piercing-Szene fand und sich mit dem Erbe der Ur-Punks vermischte. Ebenso wurde Bekleidung aus Latex, ursprünglich Fetische für perverse Spielchen, zunehmend salonfähig. Nachdem die Homosexuellen immer mehr an die Öffentlichkeit getreten sind, gibt es heute auch Bestrebungen seitens der S/M-Praktizierenden, es ihnen nachzutun, ihr Schattendasein zu verlassen und öffentlich zu ihrer sexuellen Orientierung zu stehen. So existiert z. B. seit einiger Zeit in England der „SM-Pride-Day" am 28. November (Zbinden 1998).

Einige BodMods fallen in den Bereich des Fetischismus, bei dem sexuelle Erregung wesentlich durch Objekte ausgelöst oder unterstützt wird. Venhaus (zit. n. Feige & Krause 2004) geht davon aus, dass solche Extremformen vorwiegend Männer ohne Geschlechtspartner praktizieren, die auf sich selbst fixiert sind; der praktische Nutzen spielt keine Rolle mehr, nur noch die Optik zählt. Ein 60-jähriger Betroffener mit Silikonimplantat im Hoden und weit über 20 Piercings im Genitalbereich berichtete freimütig:

> „Manche fragen mich, ob die vielen Piercings beim Sex stören. Sagen wir so: Ich bin nicht so ein sexversessener Typ, der unbedingt seine Befriedigung braucht. Ich komme auch wochen- oder sogar monatelang ohne aus, so dass ich nicht das Bedürfnis habe. [...] Ich denke, wenn man sich das Geschlechtsteil piercen lässt, noch dazu in diesem Umfang, dann verkehrt man früher oder später auch in Kreisen, die die Piercingleidenschaft teilen."
> (Feige & Krause 2004, 246)

Sadomaso-Szenarien bieten den Rahmen, bestimmte Verhaltensweisen auszuprobieren und dabei in einer kontrollierbaren Situation Grenzerfahrungen zu machen. In der Regel wird ein Stopp-Wort oder eine Geste vereinbart für den Punkt, ab dem die Grenze zwischen luststeigerndem Schmerz und solchem, der einfach nur noch wehtut, überschritten wird. Beginnend auf der Wellness-Ebene versucht man, die Schmerzgrenze immer ein wenig weiter zu verschieben und kombiniert das Erleben mit sexueller Erregung, was zur Folge hat, dass die Tortur noch intensiver werden darf, denn nun wird sie im Sinne einer Konditionierung sexuell stimulierend wahrgenommen. Ein S/M-Szenario kann eine Bühne für Erfahrungen bieten, die weit über den Alltagssex hinausgehen. Der „Sklave" (Sub) muss scheinbar gehorchen und Strafen ertragen. Das Handlungsschema wird wie in einem improvisierten Theaterstück vorgegeben und verhindert übliche Flucht- und Vermeidungsreaktionen, darüber hinaus erleichtert das Anlegen von Fesseln die Unterordnung. Die Teilnehmer sind aufgeregt und fühlen sich wie inmitten eines großen Abenteuers.

Zugleich kann es aber leicht schwierig werden, die Grenzen dessen zu definieren, was von beiden Seiten gewünscht und toleriert wird.

Das Erleben verändert sich, wenn der Schmerz gewünscht wird. Bei S/M-Spielen stellt „Sub" sich auf die Situation ein. Die dominante Person (Domina, Meister, Herr/Herrin) verändert in der Regel Intensität und Frequenz der Strafe so, dass Sub die Schwelle zum Unerträglichen berührt. Auch in diesem Randbereich kann der Sklave noch eine kurze Zeit lang spielen, dann aber gerät er tatsächlich an seine Grenze: Die Strafe ist unerträglich, man hält den Schmerz aber trotzdem aus. Der Sklave kann nun das Stoppwort benutzen und um Gnade bitten und die Szene hört auf, im überwiegenden Teil der Spiele kommt es aber auch zum Durchbruch, dem völligen Aufgeben jeglichen Widerstands. Für einen Moment verschwindet das

Bewusstsein. Es ist eine Art spirituelle Erfahrung, ähnlich derjenigen, die oben bei Suspensionen und Feuerlaufen beschrieben wurde. Körpereigene Endorphine werden ausgeschüttet, das Schmerzempfinden ist völlig betäubt, Sub ist „high" und erlebt in diesem Zustand oft den sexuellen Höhepunkt.

> Jewcy aus Alabama bei einem Play-Piercing: „Die erste Nadel ging durch und war reines Vergnügen [...]. Zu wissen, dass X die totale Kontrolle über meinen Körper hatte und dass die Macht, mich ins Verderben zu stürzen oder zu verschönern, ganz alleine in seinen Händen lag, war absolut unglaublich! [...] Die Rolle des Sub ist eine, die ich jedem empfehlen würde, in dessen Natur so etwas liegt."[77]

Ein 20jähriger aus der S/M-Szene beschrieb, dass er schon seit seiner Kindheit Interesse an Schmerz hatte und dabei das Gefühl bekam, dass es sein Denken klarer werden ließ. Zwei Jahre lang suchte er eine Domina und einen Meister auf, bei denen er den Sklaven spielte. Er berichtete von einem Erlebnis, das ihn besonders beeindruckt hatte: Er musste sich rücklings auf einen Stuhl setzen und der Herr begann ihm Nadeln an den Schultern einzustechen. Nach 30 Minuten hatte er bereits 30 Nadeln in seinem Rücken stecken, je 15 auf jeder Seite: „*Mit jeder Nadel, die mir in den Rücken gestochen wurde, machte der Schmerzen mich mehr und mehr high.*" Dann band die Herrin ihm eine schwarze Schnur mit roten Rändern durch die Piercingnadeln und schnürte es zu einem Korsett. Je mehr es zusammengezogen wurde, umso größer wurden Qual und Freude. Der Meister wollte dann die Sitzung beenden und die Nadeln entfernen, aber er als Sklave hatte noch nicht genug, er wollte mehr Schmerz, er wollte „*einen neuen Raum*" in seinem Kopf betreten. Der Herr nahm dann fünf der im Körper steckenden Nadeln auf einmal und hob sie an, so dass es blutete. Er, der Sklave, fühlte wie ihm das Blut den Rücken hinunterfloss. Dieses Gefühl des warmen Blutes ließ ihn in höhere Sphären fliegen. Im nächsten Augenblick, als der Meister fünf weitere Nadeln hochzog, bekam er sofort seinen Höhepunkt, die sexuelle Erregung war zu stark geworden.[80]

Bei Körperschmuck im Intimbereich spielt neben Sadomasochismus sicherlich auch Exhibitionismus als weiteres sexuell abweichendes Verhalten eine gewisse Rolle, da die Blicke in entsprechender Umgebung zwangsläufig auf den Körperschmuck gerichtet werden. Männer, die in der Sauna mit einem Prinz Albert auftauchen, dürfen sich derselben Neugier erfreuen wie Frauen mit einem Tattoo direkt über dem Schambein; ein 38-jähriger Unternehmensberater mit Prinz Albert in der Glans seines Penis:

> „Ich genieße es jetzt sehr, wenn ich im Fitness-Studio unter der Dusche stehe und die Leute ganz erstaunt gucken. Das mag ich sehr. Es gibt einem, nicht nur am Schwanz, sondern ganz allgemein vom Feeling her ein gutes Gefühl – auch Stolz!" (Feige & Krause 2004, 152)

9.14 Religiöse Motive

Seit Urzeiten glauben Menschen, sie könnten erzürnte Götter wie auch böse Dämonen besänftigen, indem sie ihnen Opfer darbringen. Hierzu gehört auch die Opferung des eigenen Körpers oder das Ertragen von Schmerz. Noch heute sind viele davon überzeugt, sie würden nur durch ein Opfer erreichen können, dass im Gebet vorgetragene Bitten erfüllt werden, etwa die Heilung von einer schweren Krankheit oder die Vermeidung eines anderen Schicksalsschlages. In frühen Kulturen herrschte sogar der Glaube vor, die Götter brauchten das Blut eines Opfers, um sich zu ernähren; auf die mythologischen Aspekte von Blutopfern wurde bereits ausführlich eingegangen. Sogar das Christentum fordert Körperveränderungen. So sagte Jesus Christus in Matthäus 18, 8–9:

> *„So aber deine Hand oder dein Fuß dich ärgert, so haue ihn ab und wirf ihn von dir. Es ist besser, dass du zum Leben lahm oder als ein Krüppel eingehst, denn dass du zwei Hände oder zwei Füße habest und werdest in das ewige Feuer geworfen."*

Goldenberg und Sata (1978) schilderten das Schicksal eines jungen Mannes, der von dem Matthäus-Zitat so überzeugt war, dass er zunächst probierte, sich seine Hand abzusägen und, als das nicht klappte, versuchte, sie mit einer Axt abzuschlagen. Auch hierzu war er nicht fähig. Schließlich schoss er sich in diese Hand und verlangte von den Ärzten die Amputation. In einer anderen Fallbeschreibung von Arons (1981) sägte sich ein 30 Jahre alter Schizophrener eine Hand ab und versteckte sie im Garten des Klinikgeländes. Auch er bezog seine Handlung auf diese biblische Textstelle.

Flagellation, die Selbst-Auspeitschung, ist eine Form der Selbstverletzung mit religiösem Hintergrund, die im Mittelalter sehr verbreitet war. Wenngleich sie stark mit dem frühen Christentum assoziiert wird, kam sie als Form der Selbstbestrafung schon weitaus früher vor. Das Verhalten diente dazu, schlechte Gedanken aus sich selbst auszutreiben, sich durch das Peitschen für Sünden zu bestrafen bzw. sich davon reinzuwaschen und Gott ein Opfer darzubringen. Um 1260 kam es in Italien zu einer regelrechten Flagellations-Epidemie, in der Tausende sich mit ledernen Peitschen selbst schlugen. Die Flagellanten wanderten dabei durch die Städte, wobei zunächst oft Priester voranzogen. Auf Kirchenplätzen zogen sie sich dann entweder völlig nackt aus oder behielten noch einen besonderen Schurz oder ein Tuch um, peitschten sich dann aus, beteten oder sangen dabei und beichteten ihre Sünden. Meist strömte Volk aus der jeweiligen Stadt oder dem Dorf herbei, als Schaulustige oder um teilzunehmen. Man glaubte, durch dieses Opfer Katastrophen fernhalten zu können, und die Anwohner brachten oft sogar ihre Kranken zu den Flagellanten, um Heilung zu erbitten.

Diese „Epidemie" breitete sich rasch aus, Deutschland war sogar eines der am längsten betroffenen Länder. Gewöhnlich sollten die Betreffenden sich 33 Tage lang zweimal täglich selbst züchtigen, die Zahl 33 rührt vom Lebensalter von Jesus Christus her. Als sich 1348 die Pest ausbreitete, hielt man dies erneut für eine Strafe Gottes für das sündige Leben der Menschheit, so dass es zu einer neuerlichen Welle der Flagellation kam. Diese wurde jedoch immer ungeregelter und chaotischer, Gruppen von fanatischen Flagellanten zogen durch das Land, fielen in Städte ein, schleppten Krankheiten wie die Pest mit sich und mussten ernährt werden. Das Flagellantentum wurde dadurch mehr und mehr zur Plage und auch zum Schrecken der übrigen Bevölkerung. Das Konzil zu Konstanz 1417 versuchte daraufhin, dem Treiben Einhalt zu gebieten. Dennoch setzte sich diese Bewegung noch bis etwa 1480 fort und flackerte auch später mehrfach wieder auf. Die letzten Flagellanten wurden schließlich sogar von der Inquisition der katholischen Kirche verfolgt und als Ketzer auf dem Scheiterhaufen verbrannt.

Eine weitere Sonderform religiös motivierter Körpermodifikationen sind Stigmata: Hautverfärbungen, Blutungen oder Narben an Händen und Füßen, die an die Wunden von Jesus Christus erinnern, als er ans Kreuz geschlagen wurde. Die ersten Menschen mit solchen Stigmata wurden noch vom Papst heilig gesprochen, später nahm das Phänomen dann aber überhand; aufgrund der allgemeinen Rückläufigkeit von Religiosität gibt es inzwischen wieder deutlich weniger Berichte. Das erste Auftreten wurde 1224 in dem Städtchen La Verna in Italien berichtet: Francis Bernadone hatte sein Leben dem Glauben geweiht und sein Vermögen zum Aufbau einer Kirche ausgegeben. Während eines Schubes von Malaria bekam er Fieberhalluzinationen und sah eine Vision von Jesus am Kreuz; bis zu seinem Tod, der zwei Tage später eintrat, hatte er blutende Wunden an denselben fünf Stellen wie Christus.

Nach diesem Vorfall gab es plötzlich immer mehr Menschen mit solchen Stigmata. Aus den folgenden 25 Jahren wurden 31 Fälle überliefert, bei einigen wurden auch Wunden der Dornenkrone entdeckt. Bis heute hat die Kirche rund 300 Beschreibungen dieser Erscheinung gesammelt. Seltsamerweise sind überwiegend Frauen betroffen (über 90 %). Die meisten konnten zweifelsfrei als absichtlich herbeigeführte Verletzungen erklärt werden. Favazza (1996) schilderte aber auch einige Fälle, in denen diese Überführung auch bei strenger Überwachungen nicht gelang; allerdings war es unmöglich, die Betroffenen rund um die Uhr vollständig zu beobachten, so dass es immer Freiräume gegeben hat, in denen sie sich die Wunden absichtlich beigebracht haben können. Einige Autoren vermuteten auch seltene Hauterkrankungen, die sich vorwiegend an Händen und Füßen zeigen; andere pochen auf eine psychosomatische Verursachung.

Alfred Lechler beschrieb 1933 den Fall der 26-jährigen Elisabeth K., die bei einer Predigt über die Kreuzigung selbst genau fühlte, wie ihr die Nägel durch Hände und Füße drangen. Lechler hypnotisierte sie daraufhin und suggerierte ihr, sie solle sich auf das Gefühl konzentrieren, wie Nägel in sie eingeschlagen werden. Am nächsten Tag hatte sie Wunden an diesen Stellen. Bei einem weiteren Versuch sollte sie sich hineinsteigern, blutige Tränen zu bekommen; auch dies soll gelungen sein.

In Amerika, wohl noch heute das Land der unbegrenzten Möglichkeiten, gibt es inzwischen sogar eine „Church of Body Modification", die von der Regierung als offizielle Religion anerkannt worden sein soll. Das Hauptstatement dieser Kirche lautet:

> „Unsere Körper sind unsere Tempel, die Hülle unserer persönlichen Träume und Erfahrungen, unseres Glaubens und Hoffens. Wir glauben ganz fest an das Geburtsrecht des Eigentums an unseren eigenen Körpern. [...] Zusammen erschaffen wir uns seine neue Welt nach unserer eigenen Kreation."

9.15 Spirituelle Bedeutung

Fast alle Formen des „modernen" Körperschmucks waren bereits in Kulturen des Altertums vorhanden, die meisten wurden in Verbindung mit religiösen Ritualen gesetzt und hatten eine spirituelle Bedeutung für den Betreffenden und seine Stammesgemeinschaft. In einer kulturübergreifenden Differenzierung in dem breiten Feld zwischen schamanistischen Ritualen, Performances moderner Künstler und Body-Modification, in welcher der Körper als Leinwand gesehen wird, beschrieb Aglaja Stirn (2003), dass sich auch in modernen westlichen Gesellschaften wieder tribale Strukturen bilden, die in mancher Beziehung denen alter Stammeskulturen ähnlich sind (s. auch Camphausen 1997). Auch in dem Kultbuch „Modern Primitives" von Wrobleski (1988) wurde darauf hingewiesen, dass in hoch technisierten Gesellschaftsformen noch viele Verhaltensweisen aus unserer archaischen Urzeit auftreten, die sich nicht zuletzt im Wortschatz widerspiegeln. So ist die Rede vom „Großstadtdschungel", „Börsenhai", vom „Baulöwen" und „Stadtindianer".

In den westlichen Kulturen gibt es Subgruppen, die Körperveränderungen in Ritualen zur Bewusstseinserweiterung durchführen. Einer der Wegbereiter dieses Kultes ist der 1930 in Süddakota geborene *„Fakir Musafar"*. In einem Interview sagte er:

> *„Diese Praktiken waren und sind eine Wiederholung dessen, was unsere Vorfahren und Urvölker vor Jahrtausenden bereits wussten – durch den Körper kann man den Geist erlangen. Durch schamanische Piercings, Tätowierungen, Beschneidungen und ähnliche Praktiken kann jeder in andere Bewusstseinswelten vorstoßen, mit ihnen unbekannte Welten erreichen, in denen Heilungen und unermessliche Veränderungen stattfinden. Durch diese Körperrituale begegnen wir Gott – Auge in Auge."* (zit. n. Feige & Krause 2004, 26)

Abb. 110:
Piercings und Tattoos sind nicht immer nur Schmuck, für viele Träger bedeuten sie rituelle Magie. (Foto: Manuel Farino / www.PixelQuelle.de)

Ein Mann mit dem Pseudonym Luciferrofocale bezeichnete sich im Internet als rituellen Magier. Piercing sei für ihn weder eine Modeerscheinung noch Rebellion, sondern Teil eines stetig weiterlaufenden Prozesses, sich selbst zu perfektionieren. Besonders sei er interessiert an der Selbsttransformation durch rituelle Methoden. Durch Piercing lässt sich seiner Ansicht nach eine spirituelle Welt erreichen. Die sensorische Überlastung durch das Piercen könne einen Menschen in einen perfekten Zustand bringen; er verglich dies mit einem Orgasmus. Eine Nadel durch ein Nervenbündel gestoßen zu bekommen, sei für ihn eine radikale Möglichkeit, sich „jetzt hier" zu fühlen. Hinter dem Piercing sollte eine wesentliche Vorstellung stehen, ein positives Statement für etwas, was einem wichtig ist. Diese Idee soll der Betreffende in einem Symbol, einem Siegel, einem Bild, einem Wort oder auch einem Klang ausdrücken. Hiermit umgehe man das Bewusstsein und stoße direkt ins Unbewusste vor. Beim Piercen solle man alle Ablenkungen ausschalten und sich auf die geistige Vorstellung des Symbols konzentrieren:

> *„Halte das Symbol fest im Auge deines Geistes. Die Nadel sticht ein. Rufe das Wort, höre den Klang oder sehe das Bild. Im kritischen Moment nimmt dein Unbewusstes den Abdruck des Siegels auf. Du programmierst dich selbst an dem Höhepunktpunkt dieser Erfahrung."* [66]

> Lee aus Winnipeg beschrieb, wie er das erste Mal an einem Piercing-Ritual teilnahm: *„Ich war sofort fasziniert. Ich lebe, um neue Erfahrungen zu machen, und musste nicht mal drüber nachdenken; ich war dabei."*

Der Piercer schlug ihm vor, ein Frenum zu setzen, was ihm aber wieder einige Bedenken machte, immerhin sollte sein Genital ja in einem Raum vor einer Gruppe von Leuten gepiercт werden, von denen er die meisten nicht kannte. Dennoch stimmte er zu. Man begann mit einer kollektiven Meditation, dann nahm sich jeder ein Musikinstrument und sie machten Musik: *„Ein paar Leute begann zu tanzen und du konntest fühlen, wie die Energie* *durch den Raum zu fließen begann.*" Dann begann das Piercing, man legte den Betreffenden auf einen Tisch, während die anderen dazu trommelten; das Trommeln wurde jedes Mal intensiver, wenn jemand durchstochen wurde. Er selbst hatte keine Ahnung, wann er an die Reihe kommen würde, und fühlte sich im Rhythmus der Musik völlig entspannt, bis der Piercer ihn aufforderte, nach vorne zu kommen, sich auszuziehen und auf den Tisch zu legen:

> „Ich schloss meine Augen, atmete tief durch und verlor mich selbst in der Musik. [...] Ich hörte, wie das Trommeln schneller wurde, spürte den Fluss der Energie und machte meinen Geist frei von allen Gedanken an den Schmerz. Ich wusste, dass es in der nächsten Sekunde passieren würde."

Er spürte einen leichten Druck und einen scharfen Schmerz, dachte aber, dass es nur die Klammer gewesen sei, und wartete auf die Nadel, bis man ihm sagte, alles sei schon vorbei.[61]

Ein 34-jähriger Piercer mit großflächigen Tätowierungen am ganzen Körper und diversen Piercings äußerte hierzu:

> „Unser Job ist, den Menschen bei der Gestaltung ihres Körpers behilflich zu sein. Die Anbringung von Körperschmuck bedeutet für den Träger durchaus auch ein Weiterkommen, eine Weiterentwicklung seiner Persönlichkeit. Das gilt auch für mich. Mit jeder Neuanbringung fühle ich mich kompletter, komme meinem Ziel näher." (Feige & Krause 2004, 102)

Auch Kaldera und Schwartzstein (2003) schildern in „urban primitive" diverse ritualisierte Praktiken bei der Körperveränderung. So beschrieb Tannin Schwartzstein, wie sie eine Frau vor einem Branding des Oberschenkels durch ein rituelles Bad auf diese Zeremonie vorbereitete; es sollte sowohl ihren Körper wie auch die Aura reinigen. Da die Frau früher sexuell missbraucht worden war, erschien es ihr besonders wichtig, den Ort des rituellen Bades vorher möglichst gut zu reinigen. Über die Reinigung sagte Schwartzstein:

> „Zuerst nahm ich die Reinigung des Bades in Angriff, das vorher von oben bis unten komplett sauber sein musste, und räucherte den Raum erst mit Drachenblut zur Reinigung und dann mit Weihrauch, um ihm Licht und solare Energie zu verleihen. Ich stellte eine große weiße Kerze auf dem Spülkasten der Toilette, weil es der am besten sichtbare Punkt im Zimmer war, und umgab sie mit frischen Blumen und Kunstblumen. Auf den vier Ecken der Wanne stellten wir abwechselnd blaue und weiße Votivkerzen auf – weiße für die Reinigung und die Farbe des Mondes und blaue für die Ruhe."

Eine der am stärksten ritualisierten Handlungen in diesem Bereich sind Suspensionen. Im folgenden Beispiel berichtete ein Jugendlicher, wie er mit seinem besten Freund zum ersten Mal eine Zeremonie durchführte, die der Vorbereitung auf eine Suspension dienen sollte:

> „Es war wunderbar für uns beide, für mich und für ihn. Ich war stolz, dass ich meinem Freund die Möglichkeit geben konnte, auf einen höheren Bewusstseinszustand zu wechseln. [...] Und er sagte mir später, das dies bis jetzt die wichtigste Erfahrung gewesen sei, die er jemals gehabt habe, er fühlte sich eins mit der Natur, während er dort stand und einen Zustand des inneren Friedens erreichte." [95]

> In einer anderen Aussage wurde behauptet: „Körperpiercing und Tätowierung sind geheiligte Rituale. Durch dieses Medium können wir unsere Körper beherrschen lernen und unsere Wünsche kontrollieren. Jede spirituelle Suche verlangt Opfer, wenn sie bedeutungsvoll sein soll. Der Schmerz durch Piercing oder Tattoo ist der Pfad der Transformation. Wenn es nicht schmerzen würde und nicht schwierig wäre, würde es nichts bedeuten. Für mich ist ein Tattoo Ausdruck meines Geistes und meiner Seele, wie auch ein wichtiger Schritt auf meiner Suche." [8]

Stimmen aus den Reihen der Wissenschaft tun diese „geheiligten Rituale" der modernen BodMod-Generation als blanken Unsinn ab. Sheila Jeffreys (2000) wies darauf hin, dass der Mythos bewusst von kommerziell orientierten Piercingstudios gefördert werde, die ja nun mal ihr Geld damit verdienen müssten, anderen Leuten Schmerzen zuzufügen. Dahinter stehe immerhin ein ganzer Industriezweig, der den nicht gerade billigen Körperschmuck verkauft. Mit den Zeremonien alter Völker oder traditionellen Initiationsriten hat dieser Modetrend nach Sheila Jeffreys Ansicht nichts mehr zu tun. Im Gegenteil komme es häufig zu Stigmatisierungen, da soziale Randgruppen auch heute noch deutlich öfter multipel gepierct oder an sichtbaren Stellen tätowiert sind als Angehörige der oberen sozialen Schichten. Die Betroffenen stigmatisierten sich also selbst. Sogar Fakir Musafar sah die Gefahr der Kommerzialisierung. Er warnte davor, das tiefgehende Bedürfnis von Menschen nach einer Body-Modification durch übereilte und nicht mehr umkehrbare Eingriffe aus finanziellen Gründen vorschnell zu befriedigen (Musafar 1996).

Dass der westliche Körperschmuck abgesehen von der historischen Herkunft mit alten Traditionen der Ureinwohner bestimmter Gebiete nur noch wenig zu tun hat, zeigte auch eine Studie von Ludvico und Kurland (1995). Hier wurde die Bedeutung der durch Skarifizierung hervorgerufenen Narben untersucht. Während das Anbringen von Schmucknarben in Afrika, Südamerika und auf den pazifischen Inseln als ein wichtiges Ritual galt, das den Übergang ins Erwachsenenalter markierte, war diese Technik in Nordamerika eher mit pathologischen Merkmalen und unangepasstem Sexualverhalten assoziiert.

9.16 Grenzerfahrungen

Schmerzhaften Erfahrungen entgehen wir im Leben nicht. Weder dem physischen Schmerz, dem man bei Unfällen oder bei Krankheit begegnet, noch dem psychischen Schmerz, den wir im menschlichen Miteinander zwangsläufig immer wieder erleben. Zwar tut unsere Gesellschaft viel für eine Rundumbetäubung: Wann immer ein Gefühl der Ungemütlichkeit aufkommen könnte, bieten jede Menge Spritzen, Tabletten, Alkohol, Stimulanzien oder andere Drogen Ablenkung. Man lebt im Bewusstsein der Unausweichlichkeit von Schmerz bei gleichbleibend heftigem Verlangen, dem eigentlich lieber auszuweichen. Dies bildet den Motivationshintergrund, sich auf Spiele mit Schmerz tiefer einzulassen – sie sind eine Art, den Stier bei den Hörnern packen, dem Drachen ins Gesicht sehen zu wollen; und an die (körperlichen) Grenzen zu gehen.

> Ein 43-jähriger Informatiker meinte hierzu: *„Für mich war dieses Piercing aber nicht einfach nur Schmuck, es war körperliche Erfahrung. Das war es bei mir schon immer. [...] Ich bin jemand, der Grenzen sucht, vor allem körperliche Grenzen. [...] Heute trage ich bereits 15 Intimpiercings. Und am Ende bin ich damit noch nicht. Grenzen habe ich mir keine gesetzt – die suche ich noch."* (Feige & Krause 2004, 212)

> Oji aus Edmonton (Alberta) spürte beim Anlegen eines Brandings durch eine Piercerin folgende Veränderung seines Bewusstseinszustandes: *„Meine Sinne waren schärfer als jemals zuvor. Jede Sekunde schien eine Ewigkeit anzudauern. [...] Ich war nicht erschöpft, aber der Zustand ist schwer zu beschreiben. Mein Verstand fühlte sich klarer und heller an, als ich jemals erwartet hätte."* [100]

> Eine Mann empfand nach dem Setzen eines Zungenpiercings: *„Es ist wie ein innerer Friede. Es gibt einem das einzigartige Gefühl, dorthin zurückzukehren, wo man hergekommen ist."* (Zbinden 1998, 103)

Bei einem Übermaß an Schmerz, den man eigentlich kaum noch ertragen kann, wechseln manche offenbar den Bewusstseinszustand und eine Art Trance tritt ein. Ein Mädchen berichtete von ihrer Teilnahme an einem Play-Piercing, bei dem Ringe durch ihren Rücken gezogen und dann mit einem Band zu einem Körperkorsett verbunden wurden. Irgendwann machte sie eine falsche Bewegung, bei der das Korsett sich zu stark zusammenzog, die Kugeln fast herausgerissen wurden, und sie explodiert förmlich vor überraschend massivem Schmerz:

> *„Es tat weh! Intensiver, weißer Schmerz und dann – Stille. Ich war ‚irgendwo' [...], ich kann nicht genau erklären, was ich gesehen und gefühlt habe, weil es kein Sehen und kein Gefühl mehr gab. [...] Es war unglaublich intensiv und ich bin mir nicht sicher, ob ich wirklich damit umgehen könnte und wie*

> *lange. John zog mich sehr schnell zurück – ich war nur für eine Sekunde da drüben. Aber ich habe einen flüchtigen Einblick gehabt. Ein Zustand anders als alles, was ich bisher erlebt habe. Ungefähr so, als wäre ich unabhängig von meinem Verstand und meinem Körper, so als wenn dort ein Nichts wäre, durch das mein Bewusstsein schwebte."* [57]

Ein Mädchen mit dem Künstlernamen „Princess of Pain" spielte in der Künstlershow „The Cut Throat Freak Show" in Phoenix. In einer ihrer Darbietungen legte sie sich auf ein Nagelbett. Sie schrieb, dass ihres im Gegensatz zu den meisten anderen nur etwa ein Zehntel der üblichen Anzahl von Nägeln hatte und daher wirklich schmerzte. Wenn sie sich auf die 50 Nägel gelegt und ausbalanciert hatte, bat sie jemanden aus dem Publikum, sich auf sie zu stellen:

> *„Ich kann spüren, wie die Nägel meine Rückenmuskeln trennen. Es schmerzt auf der Haut, aber zwingt die Muskulatur zur absoluten Ruhe. Das ist der Teil, den ich liebe. Die Entspannung gemischt mit Schmerz und Freude. Kein Adrenalin, keine Aufregung. Nur erzwungene totale Entspannung."*

Eines Abends wollte sie ihr Limit finden und bat noch eine zweite Person hinzu, sich auf sie zu stellen, und spürte, wie ein Nagel sich durch die Haut in ihren Po bohrte. Doch noch immer konnte sie den Schmerz ertragen und bat einen dritten Zuschauer auf die Bühne. Der hatte es schon schwerer, überhaupt noch Platz auf ihr zu finden, und platzierte seinen Fuß ungeschickt oberhalb ihres Busens, fast auf der Kehle. Sie spürte nun, wie sich ein weiterer Nagel in die Haut bohrte, genau in der Mitte ihres oberen Rückgrats, und bekam Angst, dass dadurch der Spinalkanal verletzt werden könnte. Sie entspannte sich weiter und versuchte, das Gewicht gleichmäßig auf die Nägel zu verteilen. Rund 175 Kilo standen auf ihr. Sie nannte es Willensstärke und Selbstkontrolle, dies auszuhalten. Nachdem die Zuschauer von ihr heruntergestiegen waren und sie sich aufgerichtet hatte, ging ein Raunen durch den Zuschauerraum, da ihr Rücken blutüberströmt war:

> *„Die Zuchauer drehten durch, manche schrieen, andere klatschten. Diese Leute sind krank. Sie lieben es, anderen zuzusehen, die Schmerzen haben. Ich liebe es, sie zu beobachten, wenn sie mich beobachten, wie ich den Schmerz durchstehe."* [52]

Colleen Ward wandte sich 1984 dem rituellen Trancezustand von Hindus in Malaysia zu. Durch bestimmte Techniken wie Fasten, das Durchstechen von Körperteilen und das Bombardement mit sich stetig wiederholenden Sprechgesängen und Musik kommt es bei den Betreffenden zu einem veränderten, tranceartigen Bewusstseinszustand. Die Eingrenzung des Bewusstseins ist verbunden mit gravierenden physiologischen Veränderungen etwa des Autonomen Nervensystems, wodurch ein Gefühl der Ekstase entsteht und Schmerz nicht mehr wahrgenommen wird.

Vergleichbare Daten fand Wolfgang Larbig (1982). In Felduntersuchungen und -experimenten wie auch in Laborerhebungen beschäftigte er sich mit der Schmerzverarbeitung bei verletzenden Ritualen: beim nordgriechischen Kult des Feuerlaufens und beim hinduistischen Haken-Hängeritual auf Sri Lanka. Im Labor wurde außerdem ein mongolischer Fakir untersucht, der sich einen Dolch durch die Zunge zu stechen pflegte. In allen Fällen zeigte sich vor oder während der Handlungen eine starke Verlangsamung der Hirnströme in den mit der Schmerzverarbeitung beschäftigten Hirnteilen; eine extrem erhöhte Aktivität der Thetawellen im EEG wurde als veränderter Bewusstseinszustand interpretiert. Nach Ansicht Larbigs kommt es möglicherweise zur Dissoziation zwischen Hirnaktivität bei gleichzeitig hoher Konzentration auf den Körper.

„Talyn" berichtet von einer Grenzerfahrung. Er war in einer extrem religiösen Familie aufgewachsen, hatte sich aber schon immer für Stammesriten interessiert. Seine strenge baptistische Erziehung hinderte ihn später daran, aus sich herauszukommen. In der Gruppe entschloss man sich, mit ihm einen Transformationsritus zu zelebrieren. Hierbei musste er sich nackt ausziehen und seine alte Kleidung wurde verbrannt. Dann wurde er in einen Kreis aus Feuer gestellt. Hinterher führte man ihn mit verbundenen Augen, fesselte ihn an den Knöcheln und hängte ihn dann, mit dem Kopf nach unten, an einen Baum. Dann schmierten fünf der anderen Teilnehmer Asche auf seine Haut und man stach ihn mit Dornen, bis sich das Blut mit der Asche vermischte. Danach ließ man ihn einige Zeit (scheinbar) alleine, bis er schließlich heruntergelassen und als ein völlig neuer Mensch begrüßt wurde.[31]

In ihrer tiefenpsychologisch fundierten Interpretation der modernen Body-Modification ging Maureen Mercury (2001) davon aus, dass ein erheblicher Teil der Betroffenen in der Körperveränderung die extreme physische Stimulation sucht. In dem Augenblick, in dem die Nadel eindringt, empfinden sie ein Hochgefühl. Ihrer Ansicht nach erhofften die meisten Leute von ihren Piercings, Tattoos, Brandings oder Implantaten, dabei eine sensorische Schwelle zu überschreiten, und sehen das Ereignis als Ritual einer Transformation. Mercury ging sogar noch einen Schritt weiter. Ihrer Ansicht nach bestehen viele Tätowierungen aus archetypischen Symbolen, die nach C. G. Jung einen Zugang zum Unbewussten erlauben. Piercings, an die richtige Stelle gesetzt, könnten eine ähnliche Wirkung haben wie Akupunktur und die Aktivierung von „Chakras". So gesehen kann man Body-Modifications auch als alternative Therapie oder gar als Versuch sehen, dem freudschen „Ich" das „Unbewusste" zugänglich zu machen.

Lilith, eine verheiratete Frau, suchte bei einem selbstverletzenden Cutting nach ihrer Grenze, um diese aufzubrechen und zu überwinden. Sie machte Selbstverletzungen, seitdem sie noch sehr klein war. Ihre Kindheit bezeichnete sie als traumatisch. Die Narben hätten ihr immer Schuldgefühle gemacht, aber seit vier Jahren sei ihr klar geworden, dass dieses Verletzen auch ein Übergangsritual zum Erwachsensein war. Der Glaube daran, dass sie irgendwie krank sei, weil sie so etwas mache, bringe sie dazu, sich schuldig zu fühlen, aber sie sei gleichzeitig zu sehr fasziniert davon, um aufzuhören. Eines Tages war sie in einem Zustand, in dem sie sich entschied, etwas wirklich Destruktives auszuprobieren:

> „Ich entfernte einen Teil der Haut von meinem linken Oberschenkel. Das abgetrennte Hautstück hatte etwa die Größe von einem Ei und ich entfernte die oberen vier Hautschichten. Das ist aber nur eine Schätzung, das Skalpell hat wohl an manchen Stellen noch tiefer geschnitten, und weil es unheimlich stark geblutet hat, kann ich es nicht genau sagen."

Sie hatte das nicht so geplant, sondern hatte sich einfach ins Badezimmer gesetzt und versucht, ihren Stress, ihre Depression und ihr Elend zu überwinden und eine zufällige Form in ihre Haut zu schneiden. Nachdem sie das Design fertig hatte, hätte sie aufgehört, wenn sie sich etwas entspannter gefühlt hätte, aber an dem Tag musste sie noch weiter gehen, eine weitere Grenze von sich überwinden:

> „Langsam, elend langsam löste ich die Haut Schicht für Schicht von dem Muskel. [...] Das ganze Messerblatt des Skalpells verschwand in der Wunde, es floss jede Menge Blut, aber ich spürte nur ein Kribbeln, keinen Schmerz, noch nicht jedenfalls! Ich fühlte, wie die Haut nachgab, das spornte mich noch mehr an, mit der Entfernung weiterzumachen. Ich glaube, mir wurde etwas schwindelig; ich weiß nicht mehr genau, aber ich kann mich noch erinnern, wie ich einen Augenblick lang aufhörte und auf mein Bein starrte. Da war jede Menge Blut, aber es schien mir nicht wirklich gefährlich. Ich schnitt weiter an dem Gewebe herum und hatte schon die Hälfte herausgeschnitten. Das war der Moment, als der Schmerz in mich schoss. Es brannte, fror und pochte gleichzeitig, es war Horror, aber ich biss die Zähne zusammen und heulte nicht."[93]

9.17 Body-Art: Body-Modification als Kunst

Eine Jugendliche schrieb, dass sie „*eigentlich nicht sehr viele*" BodMods habe. Ihr Ohrknorpel sei gepierct, ihr Nasenflügel, die Ohrläppchen und eine Brustwarze (bei der anderen sei das Piercing herausgewachsen). Außerdem habe sie sechs Tätowierungen: eine an jedem Knöchel, eine um jede Brustwarze herum, eine auf dem Rücken und eine neue auf dem Handrücken. Im Moment plane sie aber weiteren Körperschmuck: ein Nabelpiercing und drei tätowierte Muscheln auf ihrem Rücken. Außerdem

Abb. 111:
Der menschliche Körper diente schon immer als ein Kunstobjekt, mit dem sich Stimmungen ausdrücken lassen. (Foto: Natascha Jansen & Manfred Esser / www.PixelQuelle.de)

möchte sie noch ein Tattoo mit einem Kajak rechts unterhalb des Nabels. Aus ihrer Sicht sei der menschliche Körper eine leere Leinwand. Piercings und Tattoos seien Kunstwerke: *„Erst sie machen mich komplett. Sie befriedigen das Bedürfnis, sich selbst auszudrücken, ebenso wie Maler oder Schriftsteller sich kreativ betätigen.“*[84]

Mit unserem Körper können wir etwas ausdrücken. Nonverbale Kommunikation über Mimik, Gestik, Körperhaltung und Bewegung gehören zu den ursprünglichsten Formen, sich zu verständigen. Auch durch Körpermodifizierung „sagt" man etwas, drückt etwas aus. Nach Aglaja Stirn (2003b) haben viele Körperveränderungen auch künstlerische Aspekte.

Früher war die Kleidung eines der wesentlichsten Prestigeobjekte; heute sind die Unterschiede hier nicht mehr so groß und es ist schwierig, anhand der Bekleidung etwa zwischen der sozialen Schichtzugehörigkeit zu differenzieren; Markennamen spielen für sozial schlechter Gestellte oft eine größere Rolle als für Gutsituierte. Neben der Kleidung präsentiert man daher heute einen Körper, der durch Sport, Fettabsaugung, Brustvergrößerung, Schönheitsoperationen, Anabolika und andere Methoden gestylt wurde. Ada Borkenhagen (2003) wies darauf hin, dass der eigene Körper hierdurch nicht nur verkleidet, sondern sogar zum Kunstwerk wird, das nicht nur imaginiert, sondern sogar im wahrsten Sinne des Wortes „verkörpert" wird: Vermittels unterschiedlichster Techniken inszenieren besonders Frauen sich selbst als Kunstkörper, an dem vieles nicht mehr echt ist. Allerdings sei diese Illusion nicht primär für andere gedacht, sondern diene in erster Linie der eigenen gestaltenden Aktivität und Befriedigung. Hierdurch wachsen Gefühle der Selbstkontrolle und Selbstbemächtigung; die Bewun-

Abb. 112:
Körperkunst und
Kunstkörper
(Foto: Nicole /
www.PixelQuelle.de)

derung durch andere werde erst sekundär, als Bestätigung der eigenen Einstellungen, wichtig.

Auch A. Jones (1998) und Janet-Anne Beauregard (2001) stellten fest, dass viele Leute, die sich Körperveränderungen unterwerfen, dies als Kunst ansehen. In der Tat gibt es insbesondere unter Tätowierern anerkannte Künstler. Vor allem Menschen, deren Hautfläche mit sehr vielen Tätowierungen bedeckt ist, sehen sich dann als lebendes Kunstwerk. Auch A. Stirn (2004) erwähnte ein verändertes Kunstverständnis bei Trägern von Piercings und Tattoos. Inzwischen gibt es einen großen Markt für fotografische Bildbände, die solche Formen der Körperkunst präsentieren (Miller 1997). Ein 16-Jähriger: *„Ich persönlich finde, dass ein paar Stunden Schmerz es wert sind, für ein Kunstwerk geopfert zu werden, das man ein Leben lang behält."*[26] Eine 18-Jährige, die sich seit ihrem 15. Lebensjahr zunächst mit Stecknadeln, später mit glühenden Nadeln selbst stach, entwickelte daraus eine Körperkunst:

> *„Nachdem ich damit begonnen hatte, habe ich das so ziemlich jeden Tag gemacht. Bald fing ich dann an, kleine Zeichnungen oder Bildchen zu machen, statt bloß zufällige Löcher zu brennen. Mein erstes Kunstwerk war simpel, obwohl es das war, was mich am meisten entzückt hat. Ich hatte den Buchstaben T auf die Innenseite meines Handgelenks gebrannt. Jetzt, mit einigen zufällig verteilten Brandlöchern und dem T, brauchte ich mehr Dinge, um meinen Kopf zu erleichtern. Also begann ich ein neues Projekt. Neue Worte und Formen begannen, meine Arme und Teile meiner Beine zu bedecken. Ich begann mit einfachen Sternen und kurzen, einsilbigen Worten, die ich in komplexere Bilder und längere Sätze verwandelte. Aus dem kurzen „Lüge" wurde „Lügen vertreiben jeden Traum". Einfache Linien verband ich so, dass daraus Messer oder Gewehre wurden. Mein Körper ist voll von versteckten kleinen Narben auf meiner Haut."*[91]

Auch in dem folgenden Textauszug stand der künstlerische Aspekt im Vordergrund der Handlungen:

„Ich habe in den letzten paar Jahren eine ganze Menge Erfahrungen mit Skarifizierungen gesammelt, die ich mir selbst zu Hause gemacht habe. Meine Motivation ist nicht die von diesen gefühlsbetonten Teenagern, die sich selbst hassen. Ich finde, dass der menschliche Körper sehr schön ist, und ich bin ein Künstler in vielen Bereichen. Meine bevorzugte Leinwand ist aber meine eigene Haut. Neben Piercings finde ich Skarifizierungen irgendwie sehr befriedigend, vor allem da die Narben nicht gleich fertig sind, sondern viel Planung und Geduld benötigen. Erst wenn alles abgeheilt ist, habe ich ein gesundes Gefühl der Erfüllung und des Stolzes."[19]

Abb. 113:
Körperbemalung als Teil der Body-Art
(Foto: Win-D / www.PixelQuelle.de)

Immer mehr moderne Künstler beschäftigen sich mit Body-Art – ein weites Spektrum mit der gemeinsamen Grundlage, dass der eigene Körper dabei als Kunstobjekt eingesetzt wird: von den psychedelischen Körperbemalungen der Hippiegeneration über kunstvolle Ganzkörpertattoos bis hin zu Skarifizierungen.

Der Ausdruck „Body-Art" bezeichnet allerdings auch Performances, bei denen es oft grausam zugeht. Schon in den früher 1970er Jahren gab es Aufführungen der französischen Künstlerin Gina Pane, in der diese sich, ganz in Weiß gekleidet, mit einer Rasierklinge ein komplexes Gitternetz von Wunden beibrachte, ihre Arme mit Dornen zerstach oder sich vor dem Publikum die Augenbrauen zerschnitt und sich dann als künstlerisches Objekt präsentierte. Günter Brus legte sich mit weißbemaltem Körper auf Reißnägel, Gabeln, Scheren und Rasierklingen und zerschnitt sich die Haut am Schädel und am Schenkel. Diese selbstverstümmelnden Rituale sollten an Symbole des kollektiven Unbewussten erinnern und das Erbe des Faschismus exorzieren (Zbinden 1998). Chris Burden ließ sich auf dem Dach eines Autos festnageln. Ron Athey wurde mit Nadeln eine Dornenkrone direkt in die Haut des Schädels gestochen. Bob Flanagan nagelte 1989 im Rahmen einer künstlerischen Performance seinen Penis auf einem Holzbrett fest. Joe Lifto trat im Zirkus auf und hängte sich schwere Gewichte an seine Piercings, hob eine Autobatterie mit seinen Brustpiercings oder zwei Bügeleisen mit einem Penisring (Zbinden 1998). Im Zuge der sexuellen Revolution ist Nacktheit heute banal geworden und körperliche Selbstverletzung ist auch in der Kunst kein Tabu mehr. Heute weiß niemand genau, wo die Grenzen dessen sind, was bei Body-Art noch erlaubt ist und was nicht mehr.

Der australische Medienkünstler Stelarc (Stelias Arcadiou) ist einer der außergewöhnlichsten Vertreter der so genannten „kybernetischen Body-Art". In den 1960er Jahren experimentierte er bereits mit Simulationstechniken am Caulfield Institute of Technology und später am Royal Melbourne Institute of Technology. 1968 bis 1970 gestaltete er „Sensory Compartments", in denen der Benutzer bestimmten Licht-, Erschütterungs- und Geräuscheffekten ausgesetzt war. Stelarc führte unter anderem auch eine ganze Reihe von extremen Experimenten mit sensorischer Deprivation durch. Dabei waren seine Lippen zugenäht und er wurde zwischen zwei Brettern eingeklemmt. Diese Aktionen dauerten jeweils mehrere Tage. Er konnte in dieser Zeit nicht essen und trinken und auch nichts sehen und versuchte damit, die physischen Grenzen seines Körpers zu erkunden. Zwischen 1976 und 1989 machte er Suspensionen, bei denen sein Körper an ins Fleisch getriebenen Haken aufgehängt wurde; in Kopenhagen ließ er sich von einem Kran rund 60 Meter nach oben ziehen. Stelarc:

> „Auch die Begrenzungen des Körpers durch die Schwerkraft gehört dazu – das ist jene Seite, die bei meinen Aufhäng-Experimenten sehr wichtig war. Der Mensch lebt ja eigentlich nur in zwei Dimensionen. Alles, was er tut, auch sein eigener Körper, ist durch die Gesetze der Schwerkraft determiniert. Ich habe mit diesen Hänge-Aktionen versucht, die Gesetze der Schwerkraft aufzuheben." [145]

Später machte er Cyberpunk-Performances, bei denen er seinen Körper in einer Cyborg-Variante hinduistischer Mudras verrenkte. Dabei entfesselte er gleichzeitig ein Geräuschchaos, ließ Zwillingsstrahlen aus einem Laser die Wände entlanglaufen, Video-Shadows rauschten über Bildschirme. In Stelarcs kybernetischem Synergismus war er selbst in gleichem Maß die Erweiterung seines High-Tech Systems, das zur selben Zeit von ihm erweitert wurde. Eine weitere Idee war die einer „Dritten Hand", einer mechanischen Erweiterung seines Körpers. Stelarc konnte diese Prothese über Muskelimpulse steuern, die er zum Beispiel am Bein abgriff. In einer seiner Performances wurde aus Antwortzeiten eines Computers gegenüber verschiedenen Internetknoten ein Signal generiert, das seine dritte Hand steuerte. Schließlich wurde etwas Ähnliches auch mit Bildern aus dem Internet versucht. Nach Stelarcs Ansicht wurde das Internet so zu einer Art externem Nervensystem, das seinen Körper lenkte.

9.18 Derealisation und Depersonalisation

In der Kunst vermischen sich bekanntlich oft Genie und Wahnsinn. Tatsächlich gibt es einige psychopathologische Störungen, die den Betreffenden dazu bringen können, sich dem Thema Body-Modification immer wieder zuzuwenden.

Derealisation und Depersonalisation sind Bewusstseinszustände, in denen man entweder das Gefühl hat, was man erlebt, sei nicht wirklich, oder aber der eigene Körper würde nicht zu einem selbst gehören. Der Betreffende kann sich in extremen Zuständen auch als von seinem Körper völlig losgelöst fühlen und den Eindruck haben, er würde die Ereignisse von außerhalb seiner selbst beobachten; dies kann sehr erschreckend sein. Oder es scheint so, als würden nur einzelne Körperteile nicht mehr zu einem selbst gehören, Geräusche hören sich gedämpft an oder alles wirkt seltsam verändert. Der Sinn für die Umwelt ist jedoch unverändert und der Betroffene kann durchaus reden und Auskunft auf einfache Fragen geben. Mitunter wird Depersonalisation wie ein Traum erlebt, die Person tut dann alles nur noch mechanisch.

Derartig massiv sind Derealisationserlebnisse natürlich nur selten. Am frühen Montagmorgen können viele von uns leichte Anwandlungen von Depersonalisation haben. Aber auch beim Anlegen einer Körpermodifizierung kann es offenbar mitunter kurzfristig zu sehr extremen Erfahrungen kommen, die an Derealisation erinnern. Ein „Orion" äußerte über seine Gefühle bei einem Zungenpiercing:

> *„Zuerst habe ich gar keinen Schmerz empfunden (außer einem leichten Stich), sondern hatte ein sehr tiefes Gefühl: es war, als ob mein ganzer Stress und alle meine Ängste durch dieses Loch verschwunden wären. Ich hatte das Gefühl, mein Körper und mein Geist hätten sich getrennt und ich würde neben mir als Zuschauer stehen, [...] Das Piercing ist eine spirituelle Erfahrung, die mir gezeigt hat, dass man Körper und Geist trennen kann."*
> (Zbinden 1998, 103)

Dieses als „Depersonalisation" bezeichnete Gefühl kann durch psychedelische Drogen ausgelöst werden, kommt aber auch im Rahmen von Psychosen und anderen seelischen Störungen vor, insbesondere bei der Major Depression, bei Psychosen wie der Schizophrenie und bei der Borderline-Persönlichkeitsstörung. Es kann aber auch durch eine somatische Krankheit bedingt sein, etwa im Verlauf eines Fieberschubes. Cleveland (1956) beschrieb einen Mann, der mit 31 erfolglos versucht hatte, sich seine Hoden abzuschneiden, da er seine Genitalien ablehnte, als fremd und nicht zu sich gehörig empfand. In einer anderen Beschreibung hatte ein 22-Jähriger mit langer Vorgeschichte einer schizophrenen Erkrankung das Gefühl, eine Maschine zu sein; er hörte dann die Stimme Gottes, die ihm befahl, sich selbst zu kastrieren. Daraufhin schnitt er sich die Testis aus dem Hodensack und wollte auch noch seinen Penis abschneiden, allerdings hatte die auditorische Halluzination zu diesem Zeitpunkt aufgehört, so dass er nicht weitermachte (Goldfield & Glick 1973).

Depersonalisationsgefühle werden sehr häufig von Personen geschildert, die Selbstverletzungen durchführen. Benecke (1999) diskutierte die Frage, ob auch Body-Modifications eine Art der Selbsthilfe sind, um solche Zustände zu bekämpfen. Allem Anschein nach hilft der auftretende Schmerz den Betroffenen, wieder in die Realität zurückzufinden und den eigenen Körper wieder als „Selbst" zu spüren. Schmerz dient dazu, diese für den Betroffenen fürchterlichen Episoden der Derealisation oder Depersonalisation zu beenden und wieder ins Hier und Jetzt zurückzufinden.

Die Haut umschließt bekanntlich den Körper. Alles innerhalb dieser Grenze gehört zum eigenen Selbst, alles andere nicht. Bei einer Depersonalisation können die Patienten zwischen dem Selbst und dem Nicht-Selbst nicht mehr unterscheiden. Die Handlung, sich selbst zu verletzen, erscheint zunächst paradox, da durch die Öffnung des Körpers die Grenze ja eher noch zu verwischen scheint. Es ist aber offenbar so, dass die Betroffenen durch den Schmerz vielmehr fühlen, dass sie noch am Leben sind, und wieder spüren, wo ihr Körper aufhört und wo die Außenwelt anfängt. Die Selbstverletzung beendet solche Zustände der Depersonalisation mit einer geradezu erschreckenden Zuverlässigkeit. Favazza (1996) schrieb hierzu, die Heilung der selbst zugefügten Verletzungen symbolisiere für den Betroffenen auch eine Heilung seiner psychischen Wunden. Ein Thema, auf das später noch näher eingegangen wird, wenn es um die Abgrenzung zwischen Körperkunst und Selbstverletzung geht.

9.19 Körperdysmorphe Störungen

In den modernen westlichen Kulturen ist man heute sehr stark mit dem Aussehen beschäftigt. Tice (1992) ist der Ansicht, dass der Spiegel der eigenen Wahrnehmung hierbei leicht zum Vergrößerungsglas werden kann – *„The looking glass itself is also a magnifying glass"* –, das körperliche Mängel unter Umständen übermäßig kritisch abbildet. Bei den körperdysmorphen Störungen, auch „Hässlichkeitssyndrom" oder Body Dismorphic Disorder, richten sich alle Ängste und Befürchtungen eines Menschen auf irgendeines seiner körperlichen Merkmale, das dann subjektiv als extrem hässlich interpretiert wird. Die Störung beginnt meist in der Pubertät, wenn Hormonveränderungen die Jugendlichen dazu bringen, sich plötzlich übermäßig mit ihrem Aussehen zu befassen. Sie projizieren dann alle Probleme darauf, dass das soziale Umfeld sie wegen dieses scheinbaren körperlichen Mangels ablehnen würde. Schließlich kreist alles nur noch ums eigene Aussehen. Abweichungen, die im Grunde genommen unscheinbar sind, werden drastisch überbewertet. Dies können z. B. sein: Körpergröße, Form der Nase, Breite der Lippen, Größe der Hände oder Füße, Größe des Busens, eingebildete Körpergerüche, Falten, Hautflecke, Gesichtsbehaarung, Form des Körpers, Haarfarbe/-länge/-frisur, Behaarung der Arme und Unterschenkel, Dicke und Länge der Beine usw. Häufig schieben die Betreffenden das gesamte Missgeschick ihres bisherigen Lebens auf Merkmale, die man nicht ohne Weiteres sehen kann, etwa die Größe des Penis oder die Länge der Schamlippen. In dem folgenden Beispiel analysierte eine Betroffene ihre eigenen Denkmuster sehr treffend:

„Menschen, die unter körperdysmorphen Störungen leiden, haben einen extremen Sinn für Negativität. Wenn jeder Mensch auf der Welt mir sagen würde, dass ich wunderschön aussehe, aber eine einzige Person zu mir sagen würde, dass ich etwas müde wirke, dann würde ich im tiefsten Inneren meines Herzens fest davon überzeugt sein, hässlich auszusehen, weil ich schreckliche Ränder unter den Augen habe." [15]

Menschen mit körperdysmorphen Störungen suchen ständig Beweise, die ihnen zeigen, dass sie furchtbar aussehen. Oft funktionieren sie nach einer Alles-oder-Nichts-Denkensweise und können sich ohne Probleme selbst überzeugen, dass sie hässlich sind etwa wegen der großen Nase, auch wenn sie eine Superfigur haben, hübsche Augen und wunderschöne Haare. Wenn ihnen nur ein einziger Teil an sich hässlich vorkommt, dann sind sie eben generell hässlich.

Die körperdysmorphen Störungen sind im Grunde genommen nicht das eigentliche Problem, sie maskieren die wirkliche Ursache nur. Wie auch bei einer einfachen Erkältung die Symptome – kratzender Hals, verstopfte Nase und Husten – nicht das wahre Problem sind, sondern eine Immunreaktion, die den Betroffenen schützen soll. Körperdysmorphe Störungen entsprechen den Symptomen einer Erkältung: ein Bewältigungsmechanismus, der von den tatsächlichen Problemen ablenkt. Deswegen ist es wichtiger, die wahren Probleme, die sich hinter den körperdysmorphen Störungen verbergen, zu analysieren, als sich mit seinen sonderbaren Verhaltensweisen zu beschäftigen.

Typisch ist, entweder stundenlang vor dem Spiegel zu sitzen und völlig mit dem Aussehen beschäftigt zu sein oder aber Spiegel völlig zu meiden, da hierdurch der Ausbruch einer depressiven Attacke getriggert, also ausgelöst werden kann. Betroffene vermeiden es, auf Fotos abgelichtet zu werden, und falls dies doch geschieht, bilden sie sich ein, dass jeder, der dieses Bild sieht, sie hässlich und unsympathisch findet. Soziale Situationen werden meist vermieden; wenn der Mensch mit einer körperdysmorphen Störung teilnehmen muss, hat er oft das Gefühl, nicht dazuzugehören, glaubt, dass andere ihn oder sie nicht mögen, oder fühlt sich vom Rest der Menschheit abgetrennt. Das kann so weit gehen, dass manche ihr Heim gar nicht mehr verlassen. In der Regel versuchen sie, das, was sie für ihren körperlichen Mangel halten, so gut wie möglich zu kaschieren, indem sie dickes Make-up auflegen oder entsprechende Kleidung anziehen. Die meisten konzentrieren sich auf einen Körperteil, den sie an sich nicht mögen, und streben eine Operation oder eine andere Körperveränderung an. Doch auch nach einer Schönheitsoperation sind sie oft nur kurze Zeit zufrieden, dann entwickeln sie langsam eine neue negative Einstellung zu einem anderen Teil ihres Körpers. Bei manchen wechselt die Einstellung zu sich selbst aber auch. An einem Tag finden sie ihre Nase zu groß, am nächsten zu dünn, am dritten finden sie ihre Nase sogar attraktiv, glauben aber nun, im Verhältnis zum Becken zu schmale Schultern zu haben.

Während insgesamt etwa 1 % bis 4 % der Bevölkerung betroffen sind, ist das Vorkommen bei Patienten, die wegen einer Hauterkrankung in die dermatologische Sprechstunde kommen, drastisch höher. Harth et al. (2003) fassten unterschiedliche Studien zusammen und kamen auf Zahlen zwischen 11,9 % und 23,1 %; Gieler (2003) fand rund 10 %. Besonders häufig sind körperdysmorphe Störungen bei Frauen zwischen dem 35. und 50. Lebensjahr, bei Männern dagegen vor dem 35. Lebensjahr. Gieler (2003) wies insbesondere darauf hin, dass viele Betroffene parallel unter Depression oder sozialer Phobie, der Angst vor anderen Menschen, leiden. So wurde ein Fallbeispiel berichtet, in dem eine Frau schon in ihrer Jugend von den Mitschülern als „Pickelgesicht" ausgelacht wurde. Sie berichtete, ihr eigener Vater habe sie damit konfrontiert und zu ihr gesagt, sie müsse sich mit ihrer Hässlichkeit abfinden. Dies habe sie in tiefe Verzweiflung mit Selbstmordgedanken gestürzt.

Andere Forscher fanden einen hohen Zusammenhang mit Zwangsstörungen bei rund 32 % der körperdysmorphen Patienten. Gieler (1993) belegte dies mit dem eindrucksvollen Beispiel einer Betroffenen, die sich durch ständiges Blicken in den Spiegel laufend Sicherheit schaffen musste, ob ihr Gesicht noch in Ordnung war. Gieler sah als mögliche Ursache eine Störung des Serotoninsystems, da Antidepressiva, die diesen Botenstoff beeinflussen, in verschiedenen Studien auch einen heilsamen Effekt auf die körperdysmorphe Störung hatten. Dennoch hielt auch er die psychotherapeutische Arbeit mit diesen Patienten für vordringlich und empfahl vor allem die Suche nach dem zentralen Konflikt, der hinter dieser Symptomatik steht. Wie sehr die körperdysmorphe Störung von äußeren Faktoren abhängig ist, zeigte Gieler (2003) am Beispiel einer Frau, die jedes Mal einen Rückfall erlitt, wenn sie am Wochenende zu Hause war und ihre Familie besucht hatte. Hinterher war sie voller Ekel und Scham vor sich selbst und bemerkte Verschlechterungen ihres Aussehens.

Gabbay et al. (2002) sahen in körperlichen Krankheiten einen möglichen Auslöser für körperdysmorphe Störungen und beschrieben hierzu zwei Patienten: Ein 17-jähriger Junge erkrankte an der Bell-Lähmung des Gesichts (Fazialislähmung), in deren Verlauf er sich sozial völlig isolierte. Obwohl die Lähmung gut abheilte, untersuchte er hinterher stundenlang sein Gesicht und pulte an echten und eingebildeten Hautunebenheiten herum. Bei einem 22-jährigen Mann war der Auslöser für die körperdysmorphe Störung eine entzündliche Darmerkrankung. Er glaubte hinterher, dass seine Haut extrem trocken sei und dass die Leute in seiner Umgebung deswegen über ihn reden würden. Auch er checkte seine Haut stundenlang im Spiegel und zog sich immer weiter aus dem sozialen Leben zurück.

Ein Artikel von Harth et al. (2003) verweist darauf, dass der übermäßige Gebrauch von so genannten Lifestyle-Medikamenten bei Patienten mit körperdysmorphen Störungen besonders häufig zu finden ist, von Pharmaka also, die von gesunden Menschen zur Erlangung eines Schönheitsideals eingenommen werden und nicht der Behandlung von Kranken dienen. Hierzu gehört auch die Fehlanwendung wirksamer Präparate beim Gesunden mit dem ausschließlichen Ziel, die körperliche Attraktivität oder Leistungsfähigkeit zu verbessern. Die Autoren zählen hierzu z. B. Haarwuchsmittel, Potenzmittel (Missbrauch von Viagra bei Gesunden), Pharmaka zur Gewichtsreduktion (Appetitzügler), Anabolika, Somatropin (Wachstumshormon, das auch zum Muskelaufbau missbraucht werden kann), stimmungsaufhellende Psychopharmaka, Nootropika (Substanzen, die den Hirnstoffwechsel anregen), antriebssteigernde Mittel (z. B. Koffein, Epinephrin, Amphetamin), Drogen wie Ecstasy, Aphrodisiaika und auch Vitaminpräparate (besonders in Überdosierung).

Je nach Art der Body-Modification leiden sicherlich einige seiner Anhänger im Grunde genommen unter einer solchen körperdysmorphen Störung. Einige Betroffene schildern durchaus, dass sie ein bestimmtes Körperteil bis dahin als hässlich empfunden haben und nach dem Piercing, der Tätowierung oder einer anderen Veränderung nun schön finden und dass ihr Selbstbewusstsein dadurch gestiegen ist. Insbesondere wenn diese Personen zu Wiederholungstätern werden und die seelische Aufmunterung durch immer weiteren Körperschmuck anstreben, erhärtet sich der Verdacht einer körperdysmorphen Störungen, mit der aber im Grunde genommen oft nur tiefer sitzende Minderwertigkeitskomplexe kompensiert werden sollen.

Wie bereits mehrfach angedeutet, beziehen sich körperdysmorphe Störungen manchmal auch auf Körperteile, die kaum jemand zu sehen bekommt. Viele Männer leiden, weil sie glauben, ein zu kleines Glied zu haben, obwohl eine Vielzahl von Studien zeigt, dass die Größe des männlichen Penis mit sexueller Befriedigung kaum etwas zu tun hat. Auch manche Frauen steigern sich in den Gedanken hinein, ihre Vagina würde hässlich aussehen. „Laura" fand über ein Piercing ihre individuelle Lösung:

„Ich hab das Aussehen meiner Muschi nie gemocht, bis ich die Ringe bekommen habe. [...] Einer der Gründe, [...] dass ich mir mein Intimes da unten habe piercen lassen, war, dass ich es jetzt liebe, mich selbst anzusehen, seit das gemacht wurde [...]. Das war auch so eine Art Therapie für mich." [8]

Genau wie die Brustreduktion ist die Korrektur einer „Labienhypertrophie" (vergrößerte Schamlippen) ein Phänomen, das seinen Ursprung oft nur in einem unterentwickelten Selbstbewusstsein hat und mitunter durch den Geschäftssinn einiger Schönheitchirurgen ausgenutzt wird. Eine Psychotherapie und ein verständnisvoller Partner wären hier wohl in vielen Fällen der Lösung mit dem Skalpell vorzuziehen.

In ihrer Studie über körperdysmorphe Störungen prüften Veale et al. (2002), ob das ästhetische Bewusstsein der Betroffenen im Vergleich zu anderen Patienten erhöht ist; geprüft wurde dies durch Erfragung, ob eine künstlerische Ausbildung gemacht worden sei. Befragt wurden je 100 Patienten mit (a) körperdysmorpher Störung, (b) Depression, (c) posttraumatischer Belastungsstörung und (d) Zwangsstörung. Immerhin 20 % der körperdysmorphen Patienten hatten eine Ausbildung oder sogar eine Anstellung in einem künstlerischen Beruf, jedoch nur 4 % der depressiven Gruppe, kein Einziger der Posttraumagruppe und nur drei aus der Zwangsstörungsgruppe. Einer der Gründe für eine körperdysmorphe Störung ist daher aus Sicht dieser Autoren, dass die Betroffenen ein sehr hohes ästhetisches Bewusstsein besitzen und ein besonders kritisches Auge für Mängel; hierbei werde auch das eigene Aussehen besonders kritisch hinterfragt. Dies führt dazu, dass die Betroffenen besonders leicht Anhänger der einen oder anderen Art der Body-Modification werden.

Comer (1995) fragte, wer heute eigentlich nicht an einer körperdysmorphen Störung leidet, ist in unserer Kultur doch nahezu jeder ständig mit seinem Aussehen beschäftigt. Er zitiert aus verschiedenen amerikanischen Untersuchungen folgende Zahlen: 99 % der Frauen und 94 % der Männer würden gerne etwas an ihrem Aussehen verändern; 45 % der Frauen und 20 % Männer tragen unbequeme Schuhe, nur weil sie damit gut aussehen; in Amerika tragen 8 % der Frauen Schaumstoff-Füllungen in ihrem BH (diese Zahl von 1995 dürfte mittlerweile deutlich gestiegen sein), 4 % der Männer stopfen ihre Unter- oder Badehose aus. Wen wundert es da, dass Körperschmuck ein kaum aufzuhaltender Trend ist.

9.20 Body-Modification als Selbsttherapie

„Ich glaube, ich bin ein Feigling, wenn es sich um Piercings dreht [...]. Es ist nicht so, dass ich das tun möchte, ich muss es tun, ich glaube, es wird mir helfen, mich selbst weiterzuentwickeln und mehr Selbstvertrauen zu bekommen." [70]

Ein wesentliches Motiv mancher Anhänger der Körpermodifizierung scheint zu sein, damit bestimmte Probleme, mangelndes Selbstvertrauen, Schüchternheit, Ängste Depressionen oder negative Lebenserinnerungen zu bewältigen. Indem sie sich selbst zeigen, dass sie den Schmerz einer solchen Körperveränderung überstehen können, reift auch ihr Selbstvertrauen.

> So behauptete Tara aus Ontario nach einem Play-Piercing: „Das war möglicherweise die beste Erfahrung meines Lebens. Sie brachte eine Seite von mir zum Vorschein, die ich vorher nicht gekannt hatte. Ich habe seitdem sehr viel mehr Selbstvertrauen und viele Leute haben inzwischen zu mir gesagt, dass sie eine große Veränderung meiner Persönlichkeit wahrgenommen haben. Ich würde jedem empfehlen, das auch mal zu tun, vor allem, wenn du herausfinden willst, wer du wirklich bist. Und ich bin so stolz auf mich selbst ... Ich hab nicht einmal geheult dabei." [79]

> Ein 34-Jähriger sagte nach der Anbringung eines Prinz Albert: „Von dem Tag an hat sich alles verändert. Dieser kleine Ring hat mich komplett auf den Kopf gestellt, von der Ausstrahlung, vom Benehmen, vom ganzen Sein her. Ich bin selbstbewusster geworden – wesentlich!" (Feige & Krause 2004, 198).

> Eine andere Person: „Meine neueste Tätowierung ist auf Lateinisch und besagt: ‚Aut viam inveniam aut faciam', das bedeutet: Entweder werde ich einen Weg finden oder ich mache mir selbst einen. Dieses Tattoo zu planen half mir sehr, eine Depression zu überwinden, und es auf meiner Haut zu sehen brachte mir sichtbare Erleichterung und eine Bestätigung meiner Gefühle." [84]

Ein „Brent" schilderte ebenfalls im Internet eine starke rituelle Erfahrung beim Setzen eines Septumpiercings in einer der Gruppen von Fakir Musafar in San Francisco. Einer der wesentlichsten Gründe, an dieser Session teilzunehmen, war sein Wunsch, den Tod seiner Mutter zu verarbeiten. Die ganze Gruppe schlug die Trommeln, Weihrauch durchdrang die Luft und er legte sich auf eine Liege, so dass er an die Decke blickte; er hatte in den letzten Jahren viel meditiert und konnte seine Atmung daher beruhigen und sich auf sich selbst zentrieren, indem er die ganze äußere Welt ausblendete. Ein paar Sekunden später platzierte der Piercer die Nadel gegen seine Nasenscheidewand, Brent spürte die Hitze der Hände auf seiner Haut:

> „Ich konnte meinen Körper nicht mehr fühlen und ich glaube, ich habe fast so etwas wie eine Out-of-Body-Erfahrung gehabt. [...] Die Trommeln schlugen stärker, mein Atem kam stoßweise im Rhythmus der Drums und ich konnte meine Herzschläge spüren. Dann plötzlich spürte ich einen Ruck durch den ganzen Kopf. Im selben Augenblick sah ich meine Mutter über mir mit dem wunderschönsten Lächeln, das ich jemals auf ihrem Gesicht gesehen habe. Sie blickte mich an, wie nur eine Mutter ein Kind ansehen kann, auf das sie stolz ist. In diesem Augenblick begannen meine Tränen, zu fließen, mein Sehen wurde verschwommen und ich musste blinzeln. Mit diesem Zwinkern verschwand auch das Bild meiner Mutter."

Die letzte, belastende Erinnerung an die Mutter war lange Jahre die einer toten Person mit eingefallenen Gesichtszügen in einem Sarg gewesen. Nun war das innere Abbild diesem Bild des lächelnden Gesichts gewichen.[62]

„Titanium-Angel" berichtete, dass sie als Teenager mehrfach sexuell missbraucht worden war. Genau am 11. Jahrestag, nachdem dies begonnen hatte, ließ sie sich im Rahmen eines Play-Piercings ein Korsett machen, um damit ihren Körper für sich selbst zurückfordern. Diese Piercingsitzung sollte das Ende einer negativen und den Beginn einer positiven Entwicklung markieren. Während die Nadeln gestochen wurden, dachte sie immer wieder über ihre Vergangenheit nach. Irgendwann sagte der Piercer zu ihr: *„Denk dran, dies ist etwas, was du für dich tust und nicht für irgendetwas aus deiner Vergangenheit."* Daraufhin brachen die Tränen aus ihr heraus, Tränen, so sagte sie, die kein Therapeut jemals aus ihr herausbekommen habe:

> *„In diesem Moment fühlte ich mich sicher und geborgen und war bereit, die Tränen herauszulassen, die ich elf Jahre lang in mir verschlossen hatte. Ich war ganz ich selbst. Ich hatte das intensive Gefühl der Befreiung."*[63]

Schmerzhafte Körpermodifizierungen wurden schon vor Jahrtausenden von Medizinmännern für Heilungsprozesse eingesetzt. Stirn (2003b) berichtet, wie Schamanen im Himalaja sich absichtlich mit Spießen durch die Zunge oder die Wangen fahren, um Schutz für ihren Stamm zu erflehen. Auch zur Krankenbehandlung wurden solche Methoden eingesetzt: Der Schamane stellte sich anstelle des befallenen Individuums zur Verfügung und fügte sich selbst Wunden zu, um ein Blutopfer darzubringen.

Therapeutische Wirkung hat vermutlich auch das Gruppenerlebnis, das mit manchen Körperveränderungen verbunden ist. Benecke (1999) wies bereits darauf hin, dass insbesondere die extreme BodMod-Szene familienartige Züge trägt, in der es nur ausnahmsweise Einzelgänger gibt. Gerade die Außenseiter unserer Gesellschaft schließen sich umso fester zusammen, je höher die soziale Stigmatisierung ist. Dies wird mitunter auch gezielt durch spezielle Events unterstützt.

Body-Modification, insofern sie der Erhöhung der Attraktivität dient, kann tatsächlich psychotherapeutisch wirksam sein. Euler et al. (2003) zitierten eine Fülle von Untersuchungen, wonach schönen Menschen im Sinne eines so genannten Halo-Effektes automatisch noch weitere positive Merkmale zugeschrieben werden, die gar nicht zu beobachten waren. So glaubt man, dass attraktive Menschen einen schärferen Verstand besitzen, bessere zwischenmenschliche Fähigkeiten haben, leistungsfähiger und moralischer sind; dass sie ein besseres Leben führen, glücklicher verheiratet sind und lukrativere Jobs haben. Nach allgemeiner Einschätzung sind die Schönen freundlicher, anständiger und aufrichtiger. Untersuchungen von Gieler (1993) zufolge werden attraktive Menschen als glücklicher, empfindsamer, warmherziger, ausgeglichener und geselliger erlebt und haben einen besseren Ruf als die nicht so attraktiven Vergleichspersonen. Körperliche Attraktivität wird gleichgesetzt mit hoher Intelligenz und sozialer Kompetenz. Dadurch ist es wenig verwunderlich, dass schöne Menschen es im Leben oft leichter haben, ihnen mehr Vertrauen entgegengebracht wird und sie bevorzugt behandelt werden. So gesehen kann also alles, was die physische Attraktivität eines Menschen steigert, durch positives Feedback von Seiten der Umwelt langfristig auch das Selbstwertgefühl und durch die soziale Akzeptanz auch die Selbstsicherheit erhöhen – und dann tatsächlich einen therapeutischen Effekt haben.

Hierzu gibt es jedoch auch kritische Stimmen. Euler et al. (2003) zitieren Studien, nach denen bei „zu schönen" Menschen dieser Effekt auch umschlagen kann, außer ihrer körperlichen Attraktivität werden ihnen dann keinerlei anderen Qualitäten zugeschrieben, wie etwa in den klassischen Blondinenwitzen. Darüber hinaus gibt es Untersuchungen, die nachweisen, dass schöne Menschen nicht unbedingt glücklicher sein müssen als andere.

Gleichwohl nehmen viele Menschen eine Körperveränderung vor, die unter Gefühlen der Schüchternheit, einem geringen Selbstwertgefühl und Enttäuschung leiden (Armstrong 1991; Armstrong & McConell 1994; Armstrong et al. 1995; Armstrong & Pace-Murphy 1997). Nach Armstrong bieten Körperveränderung die Möglichkeit, das Selbstwertgefühl zu erhöhen und auch Akzeptanz bei anderen zu erzeugen, indem man mit dem Körperschmuck die Zugehörigkeit zu einer Peer-Gruppe anzeigt.

Aussagen wie *„Piercings können Wunden heilen, die man von außen nicht sehen kann"* unterstützen die Annahme, dass hier Elemente einer Selbsttherapie enthalten sind. Auch A. Stirn, die 2004 die Daten einer deutschen Studie veröffentlichte, bei der die Befragten zusätzlich mit dem Gießen-Test, einem Persönlichkeitsfragebogen, untersucht worden waren, ist der Ansicht, dass die Körperveränderungen von einem Teil der Betroffenen als *„Quasi-Therapie"* benutzt werden. Ein 31-Jähriger, der früher eigentlich nie Körperschmuck haben wollte, berichtete:

> *„Dass ich mir doch ein Piercing machen ließ, nun, das war, als ich mich von meiner Freundin trennte. Das war 2000. Da war mir klar: Irgendetwas muss sich ändern, ich möchte ein Zeichen, dass ein neuer Abschnitt in meinem Leben beginnt. [...] Durch meine Intimpiercings habe ich ein ganz anderes Gefühl bekommen, ich gehe ganz anders mit meinem Körper um."* (Feige & Krause 2004, 258)

Eine 18-Jährige, die seit ihrer Kindheit zu Selbstverletzungen neigte, sich selbst die Arme aufschnitt und mehr als 30 Piercings trug, nahm an einer Suspension teil. Sie berichtete unter dem Titel *„Wiedergeburt durch meinen Suizid"* das Folgende:

> „Seit der Nacht, in der ich das gemacht habe, geht's mir gut. Ich hab mir selbst gesagt: Damit war's das mit dem ‚schlechten' selbstverursachten Schmerz, den ich mir bisher eigenhändig angetan habe, und es ist auch genau so geblieben. Ich habe nicht mehr das Bedürfnis, mich selbst zu schneiden."[90]

Auch die 24-Jährige in dem folgenden Beispiel berichtete, dass sie durch Body-Modification eine Heilung erfahren hatte. Sie sagte, als sie noch Teenager war, sei sie *„nicht besonders freundlich zu sich selbst"* gewesen. Um sich nicht mit ihren Gefühlen auseinander setzen zu müssen, habe sie sich selbst geschnitten, hatte Essstörungen und betrieb Medikamentenmissbrauch. *„Mein Körper war mein Feind"*, so schrieb sie, *„ich wollte entkommen, ich wollte mich betäuben."* Inzwischen habe sie sich schon seit fünf Jahren nicht mehr selbst verletzt, keine Drogen mehr genommen und habe auch keine Ess-Störungen mehr. Sie hatte dabei bemerkt, dass es eine Korrelation gab zwischen der Anzahl der Body-Modifications und ihrer Selbstheilung. Wenn sie sich einen neuen Körperschmuck zulegte, dann hatte das für sie die Bedeutung, dass sie sich um sich selbst sorgte und sich für wertvoll hielt. Gerade die Nachsorge bringe sie dazu, sich intensiv um sich zu kümmern, sich zu bewundern und zu mögen. Das sei ein großer Kreislauf, so sagte sie: *„Piercings helfen dabei, mir selbst Geduld beizubringen."* Alle ihre Tattoos hatten eine bestimmte Bedeutung für sie. Tätowierungen, so sagte sie, hätten ihr durch einige sehr dunkle Zeiten im Leben hindurchgeholfen. Jedes Mal, wenn sie ein neues Tattoo bekam, habe sie sich sofort besser gefühlt:

> „Und das ist es, ich habe jetzt die Wahl. Ich habe mich entschieden, gesund zu sein. Ich habe die Entscheidung getroffen, mich nicht mehr selbst zu verletzen. Ich habe gewählt, mich jetzt durch die Kunst auf meiner Haut auszudrücken. Meine Kunst sind jetzt Tattoos und Piercings und nicht mehr Schnitte auf den Oberschenkeln. Und dafür bin ich wirklich dankbar."[85]

Auch Onega aus Richmond äußerte ähnliche Gefühle nach der ersten Suspension: *„Früher habe ich mich gehasst, ich habe viele Jahre meines Lebens damit vergeudet, mich selbst zu hassen, mich, meinen Körper und meinen Geist ... mein ganzes Wesen. Ich konnte nie richtig glücklich sein, weil ich so viel Wut spürte darüber, wie ich bin, und ich habe noch immer die Narben aus dieser Zeit auf meinem Körper und werde sie den Rest meines Lebens mit mir herumtragen müssen. Was diese Suspension mich gelehrt hat, habe ich erst realisiert, als ich Tage später auf dem Nachhauseweg von der Schule war. Ich dachte über mich selbst nach, über die Suspension, über die Leute dort, wie ich fast ohnmächtig geworden wäre und einen Schock gekriegt hätte ... und ich sagte laut: ‚Ich mag mich jetzt. Ich mag mich so, wie ich bin.' Als ich das sagte, war ich richtig geschockt, was hatte ich da gesagt? Ich mag mich jetzt?? Aber es war wahr."*[86]

Stirn berichtete 2002, dass gerade Frauen nach zerbrochenen Beziehungen ihren Körper wieder für sich selbst zurückfordern und sich dann häufig einen Genitalschmuck zulegen. Auch für Mädchen, die in der Kindheit oder Jugend Opfer von sexuellem Missbrauch geworden sind, scheint dies ihrer Ansicht nach eine Art von Selbsttherapie zu sein, um mit dem Gewesenen abzuschließen (s. auch: Lowery 1987; Gorey & Leslie 1997). Stirn schrieb hierzu, dass die Opfer sich quasi mit dem Aggressor identifizieren und sich in einer kontrollierten Situation selbst noch einmal wehtun und das Ganze damit verarbeiten.

Denise, eine Piercerin aus Kalifornien, erinnerte sich an folgende Geschichte.

„Eines der ersten professionellen Piercings mit sexuellem Hintergrund, die ich gemacht habe, war ausgerechnet bei einer Frau, die mal vergewaltigt worden war und davon dann sogar schwanger geworden ist. Als ich ihre Schamlippe durchstach, brüllte sie, aber eigentlich nicht wegen des körperlichen Schmerzes, es war eher so, als wenn sie den ganzen emotionalen Schmerz, der sich in ihr über drei Jahre hinweg angehäuft hatte, endlich rauslassen würde. Nachdem das Piercing vorbei war, hab ich mit ihr noch eine Tasse Tee getrunken, und da hat sie mir die ganze Geschichte erzählt. Danach ist sie noch einmal wiedergekommen und hat sich ein Zungenpiercing machen lassen. Das Genitalpiercing war für die Vergangenheit, das Zungenpiercing war einfach nur für sie selbst." [8]

9.21 Selbstzerstörung

Body-Modification muss aber nicht unbedingt therapeutische Wirkung haben; auch das Gegenteil kann der Fall sein. Einige Formen der Körperveränderung sind extrem, für den Betreffenden lebensbedrohlich und hinterlassen beträchtliche Schäden oder Entstellungen. Die Handlungen, welche die Betreffenden an sich selbst vornehmen, sind mitunter so grausam, dass dieses Verhalten in die Nähe eines Suizidversuchs rückt. Hierbei geht es nicht so sehr um die bereits beschriebenen Formen, sich momentane Erleichterung zu verschaffen, sondern mehr noch um einen Symptomkomplex, bei dem jemand durch eine Aneinanderreihung destruktiver Verhaltensweisen den eigenen Körper Stück für Stück zugrunde richtet. Dies geschieht fast immer auf dem Hintergrund einer depressiven Störung mit dem subjektiven Eindruck, ein lebensunwertes Leben zu führen, nur Ballast für die Umwelt oder ein Außenseiter zu sein, der von allen gehasst wird. Selbstzerstörung ist häufig auch assoziiert mit psychopathologischen Störungen, in erster Linie Schizophrenie, sie kommt aber auch bei Borderline vor und bei Störungen der Impulskontrolle.

Favazza (1996) berichtete von diversen Fällen, darunter z. B. eine Frau mit einer affektiven Psychose, die über einen Zeitraum von zwölf Jahren hinweg zahlreiche manische Phasen durchlebte, in denen sie unter anderem große Stücke aus ihrer Zunge herausbiss, sich an den Armen verwundete, sich die Vagina schwer verletzte, ihre Haut verbrannte und sich schließlich zum Erblinden brachte, indem sie versuchte, sich die Augen herauszureißen. Sie behauptete, dass Gott sie aufgefordert habe, sich selbst zu reinigen, indem sie Teile ihres Körpers zerstörte. Ein anderes Fallbeispiel behandelte das Schicksal einer 48-jährigen Witwe, die sich beschuldigte, eine große Sünderin zu sein. In psychotischem Zustand lief sie einmal nackt auf der Straße herum und fragte einen Pastor und andere Männer, ob man sie heiraten würde. Sie bildete sich ein, ihre Augen hätten gesündigt, da sie unzüchtige weltliche Dinge gesehen hätten, und entfernte sich schließlich beide Augäpfel. Später bat sie die Ärzte in der Klinik, man möge ihr die Beine abschneiden. Da auch Jesus Christus sein Blut geopfert habe, müsse auch sie ihren Körper opfern, um eine Heilige zu werden (Favazza 1996, 29)

Simpson analysierte 1973 die Geschichte einer 22-Jährigen. Sie war das Produkt einer unerwünschten Schwangerschaft und hatte sich als Kind von den Eltern stets abgelehnt gefühlt, die beide hart für die örtliche Kirchengemeinde arbeiteten. Zuhause gab es oft Streit zwischen ihrem Vater und ihrer Mutter, da diese den Geschlechtsverkehr als ekelerregend verweigerte. Mit 12 begann die Patientin zu masturbieren, indem sie sich einen Bleistift in die Vagina einführte, bekam aber Schuldgefühle und hatte Angst, sich zu verletzen. Als sie 15 war, legte ein Junge den Arm um ihre Schulter, daraufhin wurde ihr übel und sie musste erbrechen. Später litt sie unter diversen urogenitalen Störungen mit schweren Blutungen, Unterleibsschmerzen, urologischen Krankheiten und Zwischenblutungen. In den folgenden Jahren kam es immer wieder zu schweren Verhaltensstörungen. Sie war wegen Drogen-Überdosis in Behandlung und fügte sich immer wieder schwerste Selbstverletzungen zu.

Den „switch" von einer Störung in die andere untermalte Favazza (1996) sehr plastisch in der Fallbeschreibung von Frau „C", 24 Jahre alt, die im Alter von 13 Jahren begonnen hatte, sich selbst zu schneiden, weil sie wütend auf ihren alkoholkranken Vater war, der sie sexuell missbraucht hatte. Sie sagte, da sie es ihm nicht heimzahlen konnte, schnitt sie sich einfach selbst – und fühlte sich danach besser. Im weiteren Verlauf ihres Lebens hörte sie zwar mit dem Schneiden auf, entwickelte aber eine Sucht nach Alkohol und diversen anderen Drogen. Mit 23 Jahren musste sie dann wegen einer Magersucht das erste Mal im Krankenhaus untergebracht werden, da sie innerhalb kurzer Zeit 50 Pfund abgenommen hatte. Nach ihrer Entlassung wurde sie adipös und kehrte dann wieder zu massivem Alkoholgenuss zurück. Als sie deswegen erneut stationär aufgenommen wurde, begann sie wieder sich zu schneiden. In einem Gespräch mit ihrem Arzt gab sie später zu, dass das Schneiden, der Alkoholismus und die Verweigerung der Nahrungsaufnahme lediglich austauschbare Wege seien, um sich selbst zu verletzen. Das Schneiden sei jedoch der beste Weg, weil es verhindere, dass andere ihr zu nahe kämen, und ihr das Gefühl gebe, sie habe die Kontrolle über etwas. (Andererseits gab sie auch zu, dass sie eigentlich gar keine Kontrolle darüber hatte.)

Kaplan (1991) beschrieb einen Fall von Michael d'M'uzan (1972), in dem ein „Monsieur M." andere Männer dafür bezahlte, dass sie ihn verstümmelten. Sie folgten seinen detaillierten Anweisungen. Als Monsieur M. gegen Ende seines Lebens zu einer ärztlichen Konsultation erschien, war seine rechte Brust praktisch nicht mehr vorhanden: sie war mit heißen Eisen verbrannt und herausgerissen worden. Aus seinem Rücken waren Streifen herausgeschnitten worden. Er hatte sich an Haken aufhängen lassen, so dass er in der Luft schaukelte, während er von dem anderen Mann sexuell penetriert wurde. Flüssiges Blei hatte seinen Nabel in einen Krater verwandelt, sein Rektum war in die Form einer Vagina erweitert worden, in seine Hoden hatte man Nadeln von Schallplattenspielern gesteckt. Die Spitze seines Penis war mit einer Rasierklinge aufgeschnitten worden, um eine weitere Pseudovagina zu bilden. Mit Ausnahme von Gesicht und Händen war er am ganzen Körper tätowiert; auf seinem Gesäß standen ganze Sätze eintätowiert wie: *„Ich bin ein Stück Scheiße"* oder *„Ich bin eine Hure, fickt mich"* (Kaplan 1991, 395).

Cora, eine 30-jährige Grafikerin, berichtete, wie sie von ihrem Freund verlassen wurde und daran zerbrach. Sie begann ihren Körper und sich selbst zu zerstören: *„Ich habe den Menschen verloren, den andere ihr Leben lang suchen (...) Ich besaß ihn und konnte ihn dennoch nicht halten, deshalb begann ich mich zu bestrafen."* Sie bildete sich ein, es habe daran gelegen, dass sie zu dick war. Fortan verweigerte sie die Nahrungsaufnahme. Musste sie bei Einladungen doch etwas essen, steckte sie sich hinterher den Finger in den Hals:

> „Wenn ich alles aus mir herausgewürgt hatte und nur noch Magensäure in die Toilettenschale tropfte, wenn meine Augen aufquollen und voller Tränen standen, mein Gesicht rot vor Anstrengung war, dann betrachtete ich mich im Spiegel und es überkam mich Stolz. Das klingt für Außenstehende verrückt. Aber ich bildete mir ein, ihn damit zu verletzen. Ich glaubte ernsthaft, ich würde ihm damit wehtun, wenn ich mich selbst kaputtmachte. Vielleicht würde er dann aufhorchen. Einen Blick zurückwerfen – auf mich. Das war mein Gedanke."

Sie quälte sich nicht nur körperlich, sondern auch psychisch selbst, indem sie mit Zufallsbekanntschaften Geschlechtsverkehr ausübte; nachher fühlte sie sich schlecht und schmutzig. Sie entdeckte einen Weg, dieses Gefühl noch zu steigern: Sie reizte Männer, die sie kennen lernte, sexuell auf und versuchte dann, ihre Sachen zu packen und zu gehen. Häufig kam es dabei zu schweren gewalttätigen Übergriffen. Schließlich sagte sie sich auch von ihrer Familie los:

"Ich wollte mir ein weiteres Mal wehtun. Ich bin der Meinung, ich verdiene die Wärme nicht." Am Ende ihres Berichtes kam sie zu dem Resümee: *„Zauber, Träume, Phantasien – diese Wörter haben schon lange nichts mehr in meinem Leben zu suchen. Ich habe das Gefühl, dass ich meinem Leben nichts anderes als Leid abgewinnen kann. Ich kann einfach nicht aufhören, mich weiter zu bestrafen."* (Brandhurst 2004, 230ff)

10 Die Qual der Wahl: Das Was, Wo und Wie

Mit vielen Arten von Body-Modifications schließt man zwangsläufig einen Bund fürs Leben, den auch das Familiengericht nicht mehr lösen kann; entsprechend schwer fällt die Entscheidung.

Fast jeder, der sich ein BodMod zulegen möchte, spürt die Qual der Wahl, welche Art von Körperschmuck man haben möchte, wo er angebracht werden soll und wie das Ganze durchgeführt werden kann. Im einfachsten Fall wünschen pubertierende Mädchen sich dasselbe Nabelpiercing wie ihre beste Freundin. Auf der anderen Seite kann das Nachdenken darüber, was man sich in den Oberarm tätowieren lässt, Wochen oder Monate in Anspruch nehmen. Insbesondere, wenn man eine bleibende Körperveränderung wie eine Tätowierung oder Skarifizierung ins Auge gefasst hat, tut man gut daran, selbst nach der Entscheidung noch ein zweites und drittes Mal darüber nachzudenken: Wird dieses Symbol noch zu mir passen, wenn ich 40, 50 oder 60 Jahre alt bin? Das Zeichen, das man sich für den Rest seines Lebens auf der Haut anbringen lässt, soll, wie ein Jugendlicher schrieb, eine ganz persönliche Bedeutung haben oder das eigene Selbst repräsentieren.[114] Wenn man sich in der späten Adoleszenz das falsche Symbol auswählt, etwa ein Oben-ohne-Girl auf dem Unterarm oder ein Hakenkreuz auf dem Bizeps, kann das den Rest des Lebens Probleme machen, wenn man zum Beispiel als Oberstudienrat vor der Klasse steht oder das Amt des Bürgermeisters anstrebt. Wer weiß mit 18 schon, wohin das Leben einen mal verschlagen wird? Auch sich im Überschwang der Gefühle den Namen der ganz großen Liebe in den Arm zu ritzen, kann sich als dumme Handlung erweisen.

> *„Ich las in vielen Artikeln, dass Tätowierungen permanent sind und dein ganzes Leben da sein werden und dass die Tattoo-Künstler einem raten, etwas Originelles auszusuchen, etwas, was du wirklich magst, weil es da immer sein wird. Es sei denn natürlich, man versucht, es wegzumachen. Das war ein anderer Faktor. Ich habe mir auch viele Bilder von Tattoo-Entfernungen angesehen und die Fotos waren ernüchternd…"*[106]

Auch Axel im folgenden Auszug machte sich Gedanken darüber, welches BodMod er sich zulegen sollte. Ein Piercing kam für ihn gar nicht in Frage:

> *„Ich habe jede Menge Raufereien gesehen, wo jemand einen Teil seines Ohrläppchens verloren hat, aber Tattoos und Skarifizierungen haben mich schon immer fasziniert."*

Axel war seit jeher stolz auf seine skandinavische Herkunft; irgendwann stolperte er im Internet über „Asatru" und begann daraufhin, sich intensiv mit norwegischer Religion zu beschäftigen. Danach, so schrieb er, begann er, ihre Macht und ihre Nähe zu spüren. Insbesondere zu Odin fühlte er sich stark hingezogen und hatte irgendwann das Gefühl, diesem nordischen Gott einen Tribut zollen zu müssen, zu zeigen, wie viel Respekt er vor ihm habe. Er entschied daher, sich Odins Symbol auf die Haut tätowieren zu lassen.[105]

Auch will überlegt sein, wer das BodMod anbringen soll. Viele Körperveränderungen werden in Eigenregie durchgeführt, sie geraten dann oft etwas schief, schräg oder krumm und sind mit entsprechend gefährlichen medizinischen Nebenwirkungen und Komplikationen behaftet. Erfahrungsgemäß ist es immer besser, den professionellen Künstler aufzusuchen. Trotz der fehlenden Ausbildungsvorschriften für Tätowierer und Piercer sind die hygienischen Voraussetzungen hier in aller Regel einfach besser. Auch zwischen den Profis gibt es massive Unterschiede. Gerade die Tätowierer sind häufig große Künstler. Es ist nicht so ganz einfach, bizarre Vorlagen von einem Stück Papier so auf eine ziemlich unebene Körperoberfläche aufzubringen, dass der Eindruck eines regelrechten Kunstwerkes entsteht. Das kann der Laie nicht und es bedarf einer Menge Erfahrung. Da man diese Art von Körperschmuck nicht einfach wieder ablegen kann, sollte man sicherlich lieber etwas tiefer ins Portemonnaie greifen und sich zu einem guten Fachmann begeben, der sein Handwerk wirklich versteht und ein kleines Kunstwerk schafft, das man mit etwas Glück vielleicht selbst in 40 Jahren noch mag.

Die nächste Frage ist die nach der richtigen Körperstelle. Handelt es sich um ein Schmuckstück, mit dem man zur Not auch bei offiziellen Anlässen öffentlich herumlaufen kann? Piercings im Ohr und Nasenstecker werden zumindest bei Frauen inzwischen weitgehend vorurteilsfrei akzeptiert; insbesondere mit Tätowierungen im Gesichtsbereich stößt man indes leicht auf Ablehnung. Je nachdem, um welche Art von Körperschmuck es sich handelt, neigen viele Menschen daher dazu, eher Regionen zu wählen, die man auch verstecken kann. Das Tattoo am Oberarm verschwindet spurlos schon unter dem T-Shirt, um eines am Unterarm langfristig zu verstecken, muss man auch im Sommer ständig Langärmeliges tragen.

Bei einigen Usern setzt rasch ein Gewöhnungsprozess ein und sie werden immer nachlässiger mit den Positionen der Body-Arts auf dem Körper, insbesondere dann, wenn sie viel in Subgruppen verkehren, wo alle gepierct und tätowiert sind. Der eigene Maßstab verschiebt sich dann Stück für Stück und irgendwann kann der Betreffende die Reaktion der Gesellschaft auf sein Aussehen gar nicht mehr nachvollziehen – für ihn selbst und seine Clique ist es völlig in Ordnung, ein Tattoo im Gesicht zu tragen; für seinen Personalchef, den Rentner in der Straßenbahn und die Verkäuferin in der Bäckerei jedoch nicht unbedingt. Piercings sind hier natürlich praktikabler, da man sie notfalls herausnehmen kann; die Positionierung von Tätowierungen und Skarifizierungen muss man sich deutlich besser überlegen.

Je nach Art der Body-Modification muss man sich auch Gedanken darüber machen, ob man den Schmerz überhaupt erträgt. Das Schmerzerleben ist, wie bereits ausführlich dargestellt wurde, von Mensch zu Mensch sehr unterschiedlich und manche ertragen den Schmerz besser als andere, die beim Anblick des eigenen Blutes sofort ohnmächtig werden. Das einmalige, kurze „*Aua*!" beim Piercen ist hier anders zu bewerten als der deutlich längere Schmerz beim Tätowieren und dieser wiederum anders als der beim Anfertigen eines Cuttings, bei dem fast immer auch noch reichlich Blut fließt. An dieser Stelle ist überdies zu überlegen, ob und in welchem Ausmaß man das Anlegen des BodMods im Sinne einer Mutprobe hellwach durchstehen möchte oder ob man nicht doch besser zu Schmerztabletten oder anästhesierenden Cremes greift, die auch die postoperativen Nachwehen erträglicher werden lassen. – Oder vielleicht doch lieber nur eine Fastenkur mit Krafttraining zur Körperverschönerung? Aber auch Hungern ist unangenehm, und Muskelkater tut weh.

Der größere Teil der Leute, die sich BodMods zulegen, denkt lange Zeit darüber nach, sucht nach Informationen, spricht mit anderen, zögert die Entscheidung noch einmal hinaus und tut es dann erst nach reiflicher Überlegung. Es gibt aber auch die anderen, die sich Körpermodifikationen impulsiv, aus einer Laune heraus, setzen lassen oder selbst setzen. Dahinter stecken sicherlich sehr unterschiedliche Persönlichkeiten. In einer australischen Untersuchung an Jugendlichen ab 14 Jahren fanden Makkai und McAllister (2001), dass rund 8 % der Heranwachsenden mit einer Body-Modification sich diese unter Einfluss von Alkohol oder anderen Drogen zugelegt hatte. Brooks et al. (2003) kamen bei 90 Jugendlichen mit Körperschmuck auf einen vergleichbaren Wert, hier hatten sich fünf das BodMod unter Substanzeinfluss anbringen lassen; alle gaben an, damit den Schmerz besser zu ertragen. Lediglich ein einziger Heranwachsender gab zu, dass er schon die Entscheidung für das BodMod in berauschtem Zustand getroffen hatte.

Eine Sondergruppe, die ihre Handlungen überwiegend als impulsive Reaktionen durchführt, bilden Personen, die sich selbst verletzen. In einem psychisch sehr angespannten Zustand kommt es förmlich zur Explosion (Self 1990). Eine 19-Jährige erzählte:

> *„In mir ist es wie ein Vulkan. Die Lava drückt und drückt und muss irgendwie rauskommen, sonst würde ich explodieren. Dann mach ich es eben. Dabei denke ich vor allem an den Schmerz. Wenn der Vulkan ruhig ist, dann denke ich ständig darüber nach, was für ein kranker Mensch ich doch bin, dass ich so was mache. Ich kann mich daran erinnern, dass mich mal eine Lehrerin umarmt hat. Ich fand das gar nicht schlecht und sie hätte mich auch noch länger im Arm haben können, aber als ich an dem Tag nach Hause kam, schnitt ich mir sieben Mal in den Arm. Ich weiß nicht, warum, es ließ einfach mein Inneres explodieren."* [144]

Eine 16-Jährige, die sich seit zwei Jahren selbst verletzt hatte, beschrieb ihr Verhalten folgendermaßen: „Ich mache das, weil ich Leuten gegenüber nicht wütend werden kann, jedenfalls nicht an der Oberfläche. Jedes Mal, wenn ich blöd behandelt werde oder so was, werde ich einfach traurig. Aber irgendwann quillt das dann über und ganz plötzlich (das nächste Mal, wenn man mich anschreit oder wenn ich traurig werde usw.), dann schnappt irgendwas in mir ein. Dann renne ich nach oben, so schnell wie ich kann, und schneide mich, bis alles weg ist. Ich benutze unterschiedliche Methoden und experimentiere auch, schneide, steche, brenne usw. Im Moment kann ich mich dazu bringen, aufzuhören, wenn ich es muss; aber umgekehrt kann ich mich absolut nicht dazu bringen, mich selbst zu verletzen, wenn ich es nicht muss." [144]

11 Body-Modification und Sucht

11.1 Piercings, Tattoos & Co.

Brooks et al. (2003) schätzten, dass rund drei von vier BodMod-Besitzern mehr als eines haben. Roberti et al. (2004) fanden immerhin 11,6 % Männer und 12,5 % Frauen mit fünf und mehr Piercings. In dieser Untersuchung war die Anzahl von BodMods signifikant korreliert mit dem Vorhandensein psychosozialer Stressoren laut Fragebogen. Die Menge an Metall und Narbengewebe, das manche Personen schließlich auf ihrem Körper vereinen, kann schon beträchtlich sein. So berichtete ein 21-jähriger Bäckergeselle:

> *„Jetzt ist jede Seite der gespaltenen Zunge mit einem Piercing versehen. Irgendwann, nachdem ich 25 oder mehr Piercings hatte, ließ ich mir dann auch endlich das Unterlippenpiercing stechen. […] Zirka zehn bis 15 kommen noch; zehn ganz sicher! […] Wenn ich all diese Piercings habe, höre ich auf. Dann habe ich das Idealbild, das ich vor Augen habe, erreicht. Denn die Piercings sind für mich Schmuck. Und Ritual. Ich habe ja an mir auch Skalpellpiercings, Peelings, Zungenspaltung, sogar Brandings."* (Feige & Krause 2004, 186)

Piercings wie auch alle anderen Arten von BodMods sind schmerzhaft; dennoch tun die Leute es oft immer wieder. Offenbar bewerten manche die mit der Angst vor dem Schmerz verbundene Situation zumindest nachträglich als positives Erlebnis – sie sind stolz darauf, diese Mutprobe bestanden zu haben. Starke Adrenalin- und Endorphinausschüttungen wirken als große Belohnungen; nach dem Prinzip des operanten Konditionierens wird eine Verhaltensweise, für die man in irgendeiner Form belohnt wurde, später immer häufiger wiederholt.

Die Euphorie, die beim Setzen des Körperschmucks meist erlebt wird, ist bereits weiter oben dargestellt worden; hier einige Aussagen Betroffener. Nach dem Setzen eines Augenbrauenpiercings verließ eine Schülerin das Studio

> *„mit einem breiten Grinsen im Gesicht und pulsierendem Adrenalin in meinen Venen. Ich habe es gemacht, ich habe meine Angst vor dem Piercen besiegt! Und ich war süchtig. […] Momentan bin ich unentschieden zwischen einer Anzahl unterschiedlicher Möglichkeiten für mein nächstes Piercing. […] So endete der Beginn meiner Besessenheit."*[27]

Abb. 114 und 115:
Piercings und Tattoos: Wer erst einmal anfängt, scheint nicht genug davon bekommen zu können. (Foto links: Eglinski / stock.XCHNG[6]; rechts: Maik Freydank / stock.XCHNG[6])

Kelly aus Keene ließ sich ein Genitalpiercing machen und berichtete: *„Mein Gott, was für ein Gefühl von Schmerz, vergleichbar mit nichts, was ich vorher erlebt habe. Aber da war trotzdem auch noch was anderes: ein riesiges Gefühl der Befriedigung, dass ich es geschafft hatte!! Ich war so high vom Adrenalin, alles was ich danach noch tun konnte, war, wie ein Idiot zu brabbeln."*[43]

Sarah aus Ontario über ihr erstes Branding: *„Ich kann ehrlich sagen, dass der Ergebnis den Schmerz wert war, den ich ertragen musste. Ich hätte niemals etwas anderes getan, wenn ich die Chance hätte. Ich kann es kaum abwarten, noch ein Branding zu kriegen."*[110]

Es mutet seltsam an, dass die Personen sich im Nachhinein nur noch wenig an Angst und Schmerz beim Anbringen des Körperschmucks entsinnen können, dass aber das euphorische Gefühl dafür umso besser im Gedächtnis haften bleibt. Hier scheint sich gerade durch die vorangegangene Angst eine sehr rasche und sehr intensive operante Konditionierung zu ergeben. Magdalena, die sich schon zwei Piercings hat setzen lassen, spürte nach einem Jahr den Wunsch nach etwas Neuem und suchte zusammen mit ihrer Freundin wieder das Piercingstudio auf:

> „Wir gingen in das bekannte Studio und ein Lächeln schoss mir sofort ins Gesicht. Erinnerungen überfluteten mich, Gedanken an Adrenalin und Furcht gemischt mit Schmerz und Freude; ich wurde sehr erregt. [...] Ich bezahlte, setzte mich hin und begann, abzuwarten. Eine große Welle durchströmte meinen Körper, während ich in diesem wohlbekannten Stuhl saß. [...] Ich schloss meine Augen und fühlte nur noch. Es ist eine der seltsamsten Formen der Meditation, alles um dich herum abzublocken und dein Denken nur noch auf den Schmerz zu fokussieren, zu wissen, dass du es lieben wirst, so wie es aussehen wird."[21]

Stirn (2004) diskutiert in ihrer Studie an 104 deutschen Trägern von Piercings und Tattoos die Frage der „Sammelsucht". Anthropologisch gesehen ist der Mensch ein Sammler und es existieren kaum Personen, die nicht dazu neigen, Dinge aufzubewahren, die sie mögen. Familienfotos, Lieblingsbücher, Briefmarken, bis hin zu Bierdeckeln, Kaffeekannen, antiken Mikroskopen oder Brillen; es gibt fast nichts, was Menschen nicht leidenschaftlich sammeln: *„Der eine sammelt Ferraris, der andere asiatische Skulpturen. Okay, das ist eben mein Sammlertick: Tattoos und Piercings, alles klar!"* (Feige & Krause 2004, 144)

Das Anlegen von BodMods scheint zumindest bei manchen Menschen den Charakter einer Sammelsucht anzunehmen. Eine 22-jährige Krankenschwester mit Brustwarzenpiercing berichtete:

> „Manche Leute sagen: Piercings machen süchtig. Da ist was Wahres dran. Es ist die Vorfreude, das kurze Zittern, es tut kurz weh und in dem Moment tut es eigentlich gar nicht mehr weh, man denkt sich nur: Warum hat man sich so aufgeregt? Aber ich muss für mich selbst sagen: Ich habe elf Piercings, und elf ist schon eine ganze Menge." (Feige & Krause 2004, 78)

> Ein 41-jähriger Mechaniker berichtet: „Die Zeit war echt krass, irgendwie war ich wie weggetreten, auf meine Piercings konzentriert, ein richtiger Rausch, in dem nur die Frage galt: Wie viel geht noch? [...] Aber ich konnte nicht aufhören. Wie ich schon sagte: Die Piercings waren eine Sucht für mich geworden, und das Gefühl der Ringe in der Unterhose, die ja auch ein ganz schönes Gewicht zusammenbrachten, machten mich irgendwie stolz und selbstbewusster. Weil auch die wenigsten davon wussten. ‚Wenn die wüssten' war einer meiner Lieblingsgedanken." (Brandhurst 2004, 41)

Offensichtlich ergibt sich allmählich eine Veränderung der Einstellung, sobald man sich mit dem Thema auseinander setzt und sich zu den ersten Tätowierungen oder Piercings durchgerungen hat. Eine 24-jährige Studentin mit mehreren Tattoos und Piercings meinte hierzu bei Feige & Krause (2004):

> „Während ich mich mit dem Thema auseinander setzte, merkte ich, Piercingträger mit ein oder zwei Intimpiercings sehen sehr schön aus. Wenn sie

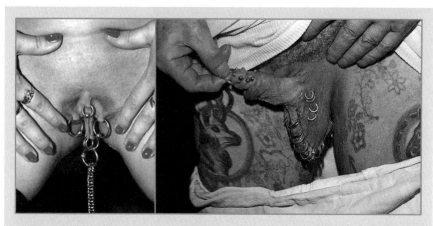

Abb. 116 und 117:
Sammelsucht? Extrem-Intim-Piercing bei Frauen und Männern.
(Foto links: Piercing extrem 2000, 13. Foto rechts: Bianca Krause)

allerdings 20 oder 30 Ringe tragen, ist es einfach nur noch krass. Wobei ich sagen muss, dass sich die Ansicht im Lauf der Zeit auch ändert. Wenn man sich erst einmal damit beschäftigt, merkt man, dass sich Grenzen verschieben. […] Andere Menschen gehen einkaufen oder zum Friseur, ich gehe zum Tätowierer oder zum Piercer. Wenn ich mich verändern will oder wenn ich etwas geschafft habe, auf das ich stolz bin, dann verändere ich meine äußere Hülle."

Etwas Ähnliches berichtete ein Piercer, der bereits eine großflächige Ganzkörpertätowierung besitzt: *„Und dann war es so wie mit Chips essen – man kann nicht damit aufhören! Kaum dass die Brustwarzenringe drin waren, war mir klar: Das ist mein Ding. Davon will ich mehr."* (Feige & Krause 2004, 44) Auch eine 30-jährige Röntgenassistentin sagte: *„Piercing ist für mich so etwas wie eine Sucht. Wie Chips essen. Man kann nicht aufhören."* (Feige & Krause 2004, 140).

Das Belohnungsprinzip als Erklärung für das stetige Wiederholen einer Handlung gilt auch für selbstverletzendes Verhalten. Eine 16-Jährige, die sich seit neun Monaten selbst schnitt, sagte:

„Meine Mutter hat mir letztens gesagt, wenn ich mich noch ein einziges Mal selbst schneide, dann tritt sie mir in den Hintern. Das hat mich wirklich verletzt, weil das Schneiden nämlich wie eine Sucht ist; es ist schwer, mit dem Schluck Bier aufzuhören, der einen zum Alkoholiker macht, aber es ist noch schwerer mit dem Schneiden aufzuhören. Ehrlich." [139]

Eine Aussage, die im Übrigen von Favazza (1996) bestätigt wurde. Frauen mit multiplen Formen der Selbstschädigung (Schneiden, Bulimie und Alkoholismus) meinten übereinstimmend, dass es am schwierigsten für sie gewesen sei, mit dem Cutting aufzuhören. Sehr nachvollziehbar wurde der Werdegang in dem folgenden Beispiel geschildert:

„Ich war ein Neuling; es waren nur zwei schnelle Schnitte an der Außenseite meines Unterschenkels, knapp unterhalb vom Knie. [...] Es fühlte sich gut an – keine große Sache, ich hatte schon schlimmere Verletzungen. [...] Zwei Tage später war ich wieder depressiv. Sofort wusste ich, dass ich mich wieder schneiden wollte. Ich ging sofort ins Bad, griff mir die Klinge für den Rasierer und schlitzte im selben Bereich die Haut auf. [...] Das Gefühl, wie die Haut wie ein offener Reißverschluss auseinander klaffte, zog durch meinen ganzen Körper. Für mich hatte das einen heilenden Effekt. [...] Ich merkte zu diesem Zeitpunkt noch nicht, wohin sich das Ganze entwickeln würde. [...] Es steigerte sich bis zu dem Punkt, an dem ich nicht mal mehr wusste, wo ich anfangen sollte, der Schmerz kam von allen Seiten. Ich schnitt aus Frustration. Ich schnitt, weil ich die Dinge nicht mehr unter Kontrolle hatte. Ich schnitt mich frei, durchlöcherte langsam meinen Körper, vielleicht um eines Tages meine Seele retten zu können. [...] Jeden Tag hatte ich einen neuen Grund, der mich dazu brachte, mich zu schneiden, etwas, was ich an diesem Tag verkehrt gemacht hatte. Warum habe ich diese Person angeglotzt? Schneide dich! Warum habe ich das bloß gesagt? Schneide dich! Warum habe ich ihn angerufen? Schneide dich! Warum habe ich das gemacht? Schneide dich! Frustration, weil ich mich selbst nicht mehr verstehen konnte. Kurze Schnitte, lange Schnitte, tiefe Schnitte, kleine Schnitte, Maschenlinien, Kurven, X-förmige Schnitte."[87]

Der Suchtcharakter zeigt sich auch darin, dass mitunter eine Sucht in die andere übergeht wie im folgenden Beispiel, in dem eine Magersüchtige von der Anorexie zum Cutting wechselte:

„Ich habe jahrelang dagegen angekämpft, magersüchtig zu sein, habe es aber immer nur knapp geschafft. Ich weiß nicht mehr genau, warum ich damals anfing, mich selbst zu schneiden, aber ich weiß genau, warum ich es heute mache. Ich spüre den Schmerz nicht wirklich und das Blut hilft mir; außerdem brauche ich es. Es schreit aus mir raus und dann kann ich nicht länger widerstehen. Vielleicht hätte ich wieder aufhören können, kurz nachdem ich angefangen habe, als ich noch jünger war, aber jetzt kann ich nicht mehr. Es macht süchtig."[14]

Mit den Jahren kommt häufig eine stolze Zahl unterschiedlicher Arten von Körperschmuck auf einer doch begrenzten Hautoberfläche zusammen. Dies schafft durchaus Probleme. Sehr offen hierüber ist folgender Bericht von „Cathy", die sich selbst als *„absolut durchschnittlich"* bezeichnete.

Zum Zeitpunkt ihres Berichts war sie 40 Jahre alt, Mutter und berufstätig. Sie schrieb, sie führe ein Doppelleben. Ihr äußeres Erscheinungsbild sei das jeder anderen Frau ihres Alters. Aber ihre innere Seite sei eine total andere Geschichte: Unter dem Schleier ihrer Kleidung habe sie ein riesiges Sortiment von Ringen und Tätowierungen. Was an ihr besonders ungewöhnlich sei, sei die Anzahl der Piercings. Im Moment trage sie insgesamt 20 solcher Schmuckstücke. 18 davon wurden in den letzten 9 Monaten gemacht. Am liebsten habe sie den Schmuck in Körperteilen, die man nicht sehen kann, sie nannte es *„ihr kleines Geheimnis"*.[5]

11.2 Runner's High

Man darf nicht vergessen, dass nicht nur Piercings und Tattoos süchtig machen können, sondern auch andere Körpermodifikationen. Sogar Sport kann zu einer regelrechten Abhängigkeit führen. Zunächst waren es vorwiegend Langstreckenläufer, die begeistert von dem euphorischen Zustand berichteten, den sie nach einer Phase extremer Anstrengung erleben. Sportwissenschaftler, Mediziner und Psychologen versuchen seit den 1960er Jahren, dem so genannten *„Runner's High"* auf den Grund zu gehen. Auch bei anderen Dauersportarten wie Schwimmen oder Langstreckenradfahren usw. tritt das Phänomen auf. Es kann nach langfristiger Belastung ein rauschartiger Zustand entstehen; manchmal auch das Gefühl, sich selbst wie in einem Film zu sehen. Schmerzende Muskeln verschwinden und einige Sportler glauben zu schweben. Viele Athleten nehmen die Natur um sich herum plötzlich viel intensiver wahr als zuvor. Körpereigene Endorphine machen es möglich. Diese Botenstoffe gehören zu den Neuropeptiden, sind chemisch verwandt mit Opiaten bzw. Morphinen und haben eine ähnliche Wirkung. In glücklichen, aber auch in extrem stressigen Situationen werden sie im Gehirn ausgeschüttet. Sie docken an speziellen Rezeptoren an, bewirken euphorische Stimmungen und unterdrücken auch die Schmerzwahrnehmung.

Normalerweise stellt der Körper Endorphine her, um um uns für die Aufnahme kalorienreicher Nahrung, für Fortpflanzungsverhalten oder für den Sieg über einen Feind zu belohnen. In Extremsituationen können Endorphine helfen Angst zu bewältigen und Schmerzen zu ertragen. Die körpereigenen Opiate sind entsprechend vor allem in jenen Arealen im Gehirn zu finden, die für Stimmungen und Empfindungen zuständig sind; auch das Immunsystem reagiert auf diese Botenstoffe. Endorphine werden aber auch bei starker körperlicher Belastung ausgeschüttet; erst nach etwa 20 Minuten hoher Dauerbelastung steigt der Endorphingehalt im Blut deutlich an. Die körpereigenen Opiate können Erschöpfungsschmerzen während eines Wettkampfes senken: Sie lösen eine Art Hochstimmung aus, in welcher der Langstreckenläufer trotz der Strapazen kaum noch Schmerzen spürt.

Abb. 118:
Längere sportliche Belastung führt zur Ausschüttung von körpereigenen Endorphinen, die richtiggehend „high" machen – und Menschen süchtig nach bestimmten Ausdauersportarten werden lassen können. (Foto: Hemera Technologies 2001)

Manche Psychologen (z. B. Markoff et al. 1982) sehen die Ursache für das Runner's High allerdings eher in der monotonen Harmonie des Laufens, durch die man langsam, im stetigen Rhythmus der sich gleichförmig wiederholenden Bewegungen, in einen Trancezustand abgleitet. Das Glücksgefühl kann jedenfalls süchtig machen: Immer wieder berichten Langstreckenläufer von Entzugserscheinungen und Depressionen, wenn sie aus gesundheitlichen Gründen längere Zeit mit dem Laufen aussetzen müssen. Unbestritten ist, dass Dauerlaufen das Selbstgefühl tiefgreifend beeinflussen kann. Daher werden Sportarten wie das Joggen mittlerweile in der Therapie von psychisch Kranken eingesetzt, insbesondere bei Depression.

11.3 Mager-, Fett- und Ess-Brech-Sucht

Eine weitere Körpermodifizierung, die ausgesprochen suchtartigen Charakter bekommen kann, ist das Zu- oder Abnehmen. Im Falle einer Fett- oder „Fresssucht" spricht man von Adipositas, Magersucht wird als Anorexie bezeichnet. Hinzu kommt noch ein Mischzustand, die Bulimie oder auch Ess-Brech- bzw. Fress-Kotz-Sucht.

Übergewicht ist für die meisten Menschen kein ersehnter Zustand, in unserer Zivilisation herrscht das Ideal des schlanken, jungen, dynamischen Menschen vor. Im Mittelalter noch galten die etwas rundlicheren „Rubensfrauen" als gebärfähiger und noch Mitte des 20. Jahrhunderts galt ein Bauchansatz beim Mann als Zeichen für Wohlstand.

Essen beinhaltet eine Menge psychologischer Faktoren, man spricht z. B. vom so genannten Kummerspeck. Alle Nahrungsmittel, insbesondere Kohlehydrate, führen im Gehirn zu einer Ausschüttung von Glücksbotenstoffen, daher kann Essen auch süchtig machen. Adipositas ist definiert als eine Vermehrung des Gewichtes durch eine übermäßige Ansammlung von Fettgewebe im Körper. Fett entsteht, wenn die Energiezufuhr den Energieverbrauch längerfristig übersteigt, wobei Frauen aus biologischen Gründen deutlich mehr zur Fettbildung neigen als Männer, nämlich um Energiereserven für die Schwangerschaften zu besitzen. Die Klassifizierung der Adipositas erfolgt mit Hilfe eines Körpermasseindex, dem so genannten Body-Maß-Index (BMI), der sich errechnet aus der Formel Körpergewicht (kg): Quadrat der Körperlänge (m²). Normalgewicht entspricht einem Wert von 18,5 bis 24; Übergewicht: 25,0 bis 29,9; Adipositas Grad I: 30,0 bis 34,9; Adipositas Grad II: 35,0 bis 39,9 und extreme Adipositas Grad III: ab 40.

Übergewicht bringt einige gesundheitliche Risiken mit sich. Je nach Körpergröße besteht bei Männern etwa ab einem Taillenumfang von mehr als 102 cm und bei Frauen ab einem Taillenumfang größer als 88 cm ein deutlich erhöhtes Risiko für Bluthochdruck, Gelenkverschleiß, Rückenschmerzen, Typ-II-Diabetes, Herz-Kreislauf-Störungen, Herzinfarkt, Schlaganfall u. a. Eine 38-jährige Frau berichtete von ihren gesundheitlichen Problemen durch das Übergewicht:

> *„Bei mir gab letztendlich ein Arzt den Ausschlag, dass ich mein Gewicht reduzieren muss und die Tatsache, dass die 90 kg fast voll waren. Ich hatte einen superhohen Blutdruck und es ging mir zwischenzeitlich wirklich schlecht. Mein Herz raste, mein Kopf schmerzte und klopfte und ich kam die Treppen nur noch mit Pusten und hochrotem Kopf hinauf."* [127]

Eine psychische Störung aus diesem Bereich wird als „Binge Eating" bezeichnet. „To binge" ist englisch und heißt übersetzt so viel wie „ein Gelage abhalten"; es kommt auch als „Binge Drinking" vor. Anfallsartig stopfen die Betroffenen phasenweise große Mengen hochkalorischer Nahrungsmittel in sich hinein. Hinterher plagen sie meist Schuldgefühle:

> *„Statt die Kekse langsam im Munde zergehen zu lassen, stopfe ich sie rein, weil ich ja weiß, dass diese mir im Grunde nur schaden. Wenn ich sie aber genießen würde, würde ich wahrscheinlich nur halb so viel davon essen, weil eben dieses berühmte Sättigungsgefühl eintreten würde, welchem ich eigentlich so keine Chance gebe."* [128]

Psychoanalytiker vermuten, dass Kinder heute statt Liebe, Zeit und Zärtlichkeit von ihren Eltern Süßigkeiten bekommen. Hat ein Kind sich wehgetan, so verhilft ein Lolli über den ärgsten Schmerz hinweg. Berge an Naschkram versüßen heute die Geburts- und Feiertage. Kinder verwechseln dadurch Zuwendung mit Essen und lernen, Frustrationen mit Nahrungsaufnahme auszugleichen. Jeder Stress löst dann Gedanken ans Essen aus. Jeder Streit, jede Enttäuschung, jeder Misserfolg wird mit der Aufnahme von Nahrung ausgeglichen, es kommt zu besagtem Kummerspeck. Die Psychoanalytiker sprechen hierbei von einer „oralen Fixierung":

„Angefangen hat alles Ende Juni. Da hat mein (jetziger) Ex mit mir Schluss gemacht. Das hat mich in ein riesiges Loch gezogen. Ich hatte auf einmal keine Motivation für überhaupt etwas in meinem Leben. Ich habe dabei leider auch all meine Fortschritte auf der Waage vergessen. Ich bin echt ein Frustesser, habe ich gemerkt. Ich habe in einer Woche Kuchen, Burger, Eis und alles weitere in mich reingestopft! Es war eklig. [...] Aber irgendwie ging es mir dabei besser. [...] Tja, ich kann nur sagen: Ich kann wieder ganz von vorne anfangen. Und ‚Schuld' daran hat ein Mann."[129]

Zunehmend wird der Hang zum Übergewicht auch als angeborene Erkrankung gesehen; die primäre Störung sitzt hierbei im Zentralnervensystem: Das 1994 entdeckte Eiweißhormon Leptin wird vom Fettgewebe produziert und teilt dem Gehirn mit, ob genügend Fettreserven vorhanden sind. Das Gehirn wird mit zunehmendem Alter offenbar unempfindlicher für Leptin und andere hormonelle Signale, die Sättigung signalisieren. Der Übergewichtige merkt dadurch gar nicht mehr, wann er genug gegessen hat, da sein ZNS ihm immer noch Hunger signalisiert.

Forschungen zeigten Mitte der 1990er Jahre, dass man Mäuse durch die Gabe von zusätzlichem Leptin dazu bringen konnte, kaum noch etwas zu essen, da das Leptin dem Gehirn Sättigung signalisiert (Halaas et al. 1995, Pelleymounter et al. 1995, Schwartz et al. 1996, Weigle et al. 1995). Messungen an dicken Menschen ergaben aber, dass diese nicht zu geringe, sondern eher erhöhte Leptinwerte im Blut aufwiesen. In einem Tierversuch an Ratten zeigte sich, dass sich die Empfindlichkeit der Nervenzellen im Gehirn in Abhängigkeit vom Leptinspiegel verändert: je nachdem, ob der Ratte wenig oder viel Nahrung zur Verfügung stand, verschob sich ihr Energiehaushalt von Sparflamme auf großzügiges Verheizen. Genau dies entspricht der Erfahrung von Millionen Menschen, die versuchen, mit den unterschiedlichsten Diäten abzunehmen. Sobald man versucht, schlank zu werden, und weniger Kalorien zu sich nimmt, beginnt der Körper, Energie zu sparen. Folgt dann wieder die normale Menge an Nahrungsmitteln, werden als Erstes die Fettpolster wieder gefüllt, man spricht deshalb auch vom Jojo-Effekt.

In weiteren Tierversuchen wurden Mäuse gezüchtet, die durch einen Erbdefekt überhaupt kein Leptin mehr produzieren können. Da das Sättigungssignal völlig ausbleibt, fressen diese Mäuse ohne Maß und Ziel. Dabei werden sie nicht nur fett und zuckerkrank, sondern auch fortpflanzungsunfähig, weil das Gehirn nie das Signal bekommt, der Körper verfüge über gefüllte Fettzellen – und es findet keine sexuelle Reifung statt, denn eine Schwangerschaft erfordert ein Minimum an Reserven, daher das grundsätzliche Plus an Fettgewebe bei Frauen. Magert eine Frau zu sehr ab, z. B. durch Magersucht, dann verliert sie vorübergehend ihre Fruchtbarkeit. Sogar die Pubertät beginnt bei dicken Kindern früher als bei mageren. Mäuse, die Extradosen an Leptin bekamen, blieben dagegen schlank und wurden frühzeitig geschlechtsreif, da ihr Gehirn das falsche Signal erhält, es seien viele Fettzellen vorhanden. Eine Hormontherapie mit Leptin ist aber bislang beim Menschen noch nicht möglich, die Fachleute halten es für viel zu gefährlich, in die komplexe Balance dieser Botenstoffe im Körper einzugreifen.

Jeder kennt das Phänomen: Hat man sich erst einmal dazu durchgerungen, eine Diät oder einfach „FDH" zu machen, kreisen die Gedanken nur noch ums Essen und man nimmt eher noch mehr zu sich als vorher; bei näherem Hinsehen entpuppt sich die stete Angabe *„Ich esse doch schon gar nichts mehr!"* als dezente Untertreibung. Zwar werden ganze Hauptmahlzeiten völlig ausgelassen oder auf ein Minimum reduziert, durch das Defizit im Energiehaushalt des Körpers kommt es aber zu regelrechten Heißhungerattacken, in denen dann scheinbar winzige, aber hochkalorische Mengen von Nahrungsmitteln wie Bonbons, Kekse, Müsliriegel usw. gegessen werden. Da der Körper zu diesem Zeitpunkt oft schon auf sein Sparprogramm umgeschaltet hat, reichen diese Mengen, um das ersehnte Abnehmen stagnieren zu lassen.

Angesichts der Vielzahl von Menschen, die gerne dünner sein möchten, ist es geradezu gemein, dass es andere gibt, die genau das gegensätzliche Problem haben. Sie können nicht zunehmen. Diese Störung wurde das erste Mal von Richard Morton (1689) mit der Bezeichnung „nervöse Schwindsucht" geschildert. Einhundert Jahre später erkannte der Franzose J. Naudeau die psychische Verursachung, als er den tödlich verlaufenden Fall eines jungen Mädchens beschrieb und die Magersucht auf den überbehütenden Einfluss der Mutter zurückführte. E. C. Lasègue (1873): Professor an der Universität in Paris, nannte die Erkrankung 1873 „hysterische Anorexie" und behauptete, dass durch das Hungern tiefer liegende emotionale Störungen verdeckt werden sollten. Auch er betonte die Bedeutsamkeit häuslicher Bedingungen. W. Gull (1874) prägte den noch heute gebräuchlichen Ausdruck „Anorexia nervosa" (Absatz nach McLeod 1987).

Gull beobachtete überdies, dass auf Phasen des Hungerns mitunter auch Phasen zwanghaften Essens folgten, eine Krankheit, die man heute als Bulimie oder Ess-Brech-Sucht bezeichnet. Beim Magersüchtigen löst ganz normale Nahrung einen unüberwindlichen Ekel aus. Setzt man diese Personen vor eine übliche Speise wie Currywurst mit Pommes frites, dann ist das für sie, als wenn man von einem afrikanischen Stammeshäuptling dazu eingeladen wird, lebende Raupen zu essen. Die Betroffenen nehmen dann nur winzige Speisemengen in den Mund, kauen minutenlang darauf herum und sind hinterher erpicht darauf, die Speise möglichst rasch wieder aus ihrem Körper herauszubekommen, ob nun durch Abführen oder durch Erbrechen. In ihrem Buch „Hungern, meine einzige Waffe" schildert Sheila MacLeod diesen Zustand:

„Gelegentlich wurde mir beim Anblick oder beim Geruch von Speisen übel, und bestimmte Gerüche wie die von Brot, Zucker oder Marmelade empfand ich als sehr intensiv. Doch wirklich abstoßend für mich war der Anblick anderer beim Essen. Es kam mir schockierend vor, dass sie sich öffentlich einer so groben, fast obszönen Tätigkeit widmeten, und ich sah ihnen mit faszinierter Abscheu zu." (MacLeod 1987)

Hauptsymptom der Magersucht ist das geringe Gewicht (mindestens 25 % unter dem Idealgewicht, das sich aus Körpergröße minus 100 minus 10 % bei Männern und minus 15 % bei Frauen errechnet). Sie kommt überwiegend bei Frauen vor, auf einen magersüchtigen Mann kommen rund 30 Frauen. Am häufigsten ist die Störung bei heranwachsenden Mädchen und jungen Frauen. Die Anorexie bleibt bei rund einem Drittel der Patienten lebenslang bestehen. Es kommt zur offenen oder verdeckte Weigerung, ausreichend Nahrung zu sich zu nehmen, und Ausweichen auf kalorienarme Speisen wie Gemüse, Obst und Fruchtsäfte. Anorektische Patientinnen vermeiden gemeinsame Mahlzeiten; aufgedrängte Nahrungsmittel werden versteckt oder weggeworfen; sie erbrechen, wenn sie zum Essen gezwungen wurden. Häufig ist ein Missbrauch von Abführmitteln, um die verhasste Nahrung rasch aus dem Körper zu entfernen; die Betroffenen neigen zu übermäßigen sportlichen Aktivitäten, die nicht selten zum Zusammenbruch führen, da das Verhältnis zwischen Kalorienverbrauch und Kalorienaufnahme völlig verschoben ist.

Magersucht wird, wie gesagt, noch immer als eine typisch weibliche Erkrankung angesehen und daher bei Männern oft erst viel zu spät, im fortgeschrittenen Stadium diagnostiziert. Im Unterschied zur weiblichen Magersucht beginnt die Krankheit bei Männern später, meist erst nach dem 17. Lebensjahr. Am Anfang stehen bei Männern oft Muskelaufbaudiäten und verschärftes Bodybuilding. Das dadurch angestrebte männliche Schönheitsideal ist allerdings ohne geregeltes Essverhalten nicht zu erreichen. Gerade durch den erhöhten Kalorienverbrauch beim Sport kommt es dann zu impulsiven Fressanfällen. Diese schambesetzte Erfahrung führt zu verstärkten Kontrollanstrengungen. Ein Teufelskreis entsteht, bei dem es schließlich nicht mehr um den Muskelaufbau, sondern nur noch um die Selbstdisziplin geht. Dies kann dann auch in Magersucht enden.

Die Anorexia nervosa ist durch einen absichtlich selbst herbeigeführten oder aufrechterhaltenen Gewichtsverlust charakterisiert. Beim so genannten Purging-Typ findet man zusätzlich Erbrechen und/oder Medikamentenmissbrauch insbesondere von Abführmitteln, ansonsten wird vom Non-Purging-Typ der Anorexia nervosa gesprochen. Der folgende Auszug schildert einen typischen Werdegang:

„Im Moment denke ich wieder die ganze Zeit nur ans Essen und versuche, mich hiermit ein bisschen abzulenken. Ich frage mich, ob ich Essstörungen

> *habe, und wenn ja, welche. Das hat vor ein paar Monaten richtig krass angefangen mit Nichts-mehr-Essen. Ich habe relativ schnell abgenommen, wobei ich hinzufügen muss, dass ich adipös war. Im Moment habe ich immer mehr Fressanfälle und erbreche mich danach. Vor ein paar Wochen habe ich mich nach dem Essen erbrochen und mein Gewicht ist stehen geblieben. Dann hab ich weiter abgenommen. Gestern hatte ich wieder einen Fressanfall und wollte danach erbrechen, aber es kam nicht hoch. Dann habe ich aus Frust weitergefressen. Dann kam nur ein Teil hoch und der Rest ist dringeblieben. Ich hatte total das schlechte Gewissen und konnte die ganze Nacht nicht schlafen. Durch den Fressanfall habe ich zugenommen. Wenn ich zunehme, bekomme ich öfters Angstzustände. Ist das normal? Ich kann mir das alles nicht mehr erklären. Heute habe ich noch nichts gegessen, kaum getrunken und wenn ich zunehme, traue ich mich nicht mehr raus und verletze mich selbst. Kann mir vielleicht jemand helfen oder versteht mich jemand??"* [137]

In der Literatur existieren unterschiedliche Modelle zur Erklärung der Magersucht. Es gibt keinen universellen Ansatz. Nachfolgend werden einige allgemein akzeptierte Theorien aufgeführt.

Die Systemtheorie betrachtet das System Familie als Ganzes und untersucht die Interaktion zwischen den Familienmitgliedern; die Magersüchtigen werden im Familienkontext betrachtet. Magersucht tritt häufig in Familien mit starken Bindungen auf, in denen bei unterschwelligen Streitigkeiten ein großes Harmoniebestreben herrscht. In solch einem Familiensystem haben Magersüchtige als Symptomträger womöglich die wichtige Funktion, mit ihrer Krankheit der Aufrechterhaltung des Familienzusammenhaltes sowie der Ableitung von Spannungen und Konflikten zu dienen.

Das psychoanalytische Modell versteht die Magersucht als eine Form der Abwehr sexueller Wünsche und als Möglichkeit, psychosexuelle Entwicklungskrisen in der Pubertät zu beenden, um damit in die scheinbar heile Kinderwelt zurückzukehren. Anzeichen dafür wären, dass der Körper seiner sekundären Geschlechtsmerkmale beraubt und seine sexuelle Signalwirkung reduziert wird. Ebenso bestätigt das Ausbleiben der Monatsblutung diese These. Sexuelle Regungen werden bei Magersüchtigen häufig nicht oder nur angstbesetzt wahrgenommen (Sacker & Zimmer 1987). Hirsch (2003) sah als eine der möglichen Ursachen die Abwehr eines bedrohlichen Mutterobjektes. Gerade für pubertierende Mädchen bedeutet die Ausbildung der typisch weiblichen Körperrundungen eine symbolische Verschmelzung mit der als böse erlebten Mutter. So schilderte Hirsch das Beispiel einer anorektischen Patientin, die sich verächtlich über ihre Mutter äußerte, *„die sich gierig und geifernd mit ihren großen Brüsten über die Wühltische der Kaufhäuser beugt"* (Hirsch 2003, 27). Die Psychoanalytiker gehen hierbei davon aus, dass Nahrungsaufnahme von Anbeginn mit der Mutter assoziiert ist; mit der Nahrung werde symbolisch die Mutter verinnerlicht. Die Magersüchtige versucht nun, diese Anteile wieder loszuwerden.

Das Hauptaugenmerk der Verhaltenstherapeuten liegt nicht nur auf der Veränderung des gestörten Essverhaltens, sondern auch auf einer Behandlung des Körperbildes. Viele Magersüchtige haben als „Pummelchen" mit dem Hungern angefangen. Durch ständige negative Bemerkungen von Verwandten und Freunden hat sich oft bei ihnen der Gedanke vertieft, zu dick zu sein, und sie haben Angst vor einer Gewichtszunahme entwickelt. Dann zu sehen, wie die Pfunde purzeln, und zu merken, dass man es schafft, den eigenen Körper zu beherrschen, ist eine positive Verstärkung. Wer sonst nicht viel Positives in seinem Leben hat, wird sich rasch an diese Belohnung klammern und das Abnehmen zum Lebensziel erheben. Darüber hinaus ist man nur in den ersten Tagen missgestimmt und übellaunig – auch die minimale Nahrungszufuhr bewirkt die Ausschüttung von Endorphin, durch das man dann fröhlicher und aufgedrehter wird. Möglicherweise versucht die Natur so, letzte Reserven zu mobilisieren, um doch noch an Nahrung zu kommen. Durch Hungern entstehen jedenfalls auch Glücksgefühle, was das Suchtverhalten begünstigt. Ferner finden magersüchtige Mädchen verstärkt Beachtung von ihren Eltern und dem näheren Bekanntenkreis, weil sie hungernd, krank und leidend aussehen. Dieser so genannte sekundäre Krankheitsgewinn führt ebenfalls zu einer Art Belohnung und verstärkt das Hungern:

> *„Hallo [...]. Ich denke, ich hab eine Essstörung, weil ich Aufmerksamkeit wollte und weil ich denke (leider immer noch), wenn ich nicht mager, dürre, abgehungert bin, beachtet mich keiner mehr, dann bin ich nix Besonderes mehr."* [134]

Typisch für Magersüchtige ist eine stark verzerrte Wahrnehmung des eigenen Körpers . Obwohl sie bereits massiv abgenommen haben, halten sie sich selbst noch immer für zu dick. Einige Beispiele aus einem Internetforum veranschaulichen diese Sichtweise:

> *„Ich hab jetzt erst kapiert, dass ich krank bin, und möchte auf der einen Seite auch wieder gesund werden. Gesund, aber dünn, eher mager!!! [...] In letzter Zeit schaffe ich es manchmal, ein paar Tage einigermaßen normal zu essen. Mein großes Problem ist aber, dass all die guten Vorsätze sofort wieder weg sind, wenn ich ein dünnes Mädchen sehe. Auf meiner Schule ist ein anderes magersüchtiges Mädchen und ich entwickle richtig Konkurrenzdenken gegen sie. [...] Ich weiß, dass diese Gedanken alle krank sind, aber ich kann mich dagegen nicht wehren. Erlebt ihr auch so etwas???? Das macht mich total verrückt, weil ich das selbst gar nicht will!! Eure verwirrte ice"*

> *„Hallo ice! Ja, da geht es mir genauso, ich würde mich dann am liebsten einsperren und nur noch dicke Menschen um mich haben. Und wenn ich dann mal zu meiner Mutter sage: ‚Boa, ist die dünn!', dann meint sie immer, dass ich noch dünner bin, aber das kann ich nicht glauben. Das ist halt unsere Wahrnehmung. [...] Alles Liebe: Deine Jana"*

> „Das kenn ich alles nur zu gut. Bei mir ist das auch so, dass alle um mich rum sagen, ich bin viel dünner als die anderen Mädchen, aber ich find mich dagegen nur fett. Ich kann gar nicht anders, als auf der Straße oder sonstwo nach anderen Mädchen zu gucken und mich mit ihnen zu vergleichen. Das zieht mich dann immer so runter, dass ich mir fest vornehme, wieder abzunehmen ... Am schlimmsten finde ich, wenn man sieht, dass die dünnen gesunden Mädchen alles essen, wozu sie Lust haben, und trotzdem so aussehen; ich kann nicht genussvoll essen." [137]

Die Essstörung von Patienten, die nach selbstauferlegten, strengen Ernährungsregeln untergewichtig werden, bezeichnet man als Orthorexia nervosa. Geprägt wurde der Begriff Orthorexia 1997 von dem US-amerikanischen Arzt Dr. Steven Bratman. Er bezeichnete damit eine übersteigerte Fixierung auf gesunde Nahrungsmittel. Für die Betroffenen – Bratman gehörte nach seinen Angaben früher selbst dazu – dreht sich das ganze Leben nur noch ums Essen mit dem Bedürfnis, stets nur das Richtige zu essen und Ungesundes zu vermeiden (Knight & Bratman 2004).

In dem Versuch, das Körpergewicht einigermaßen konstant zu halten, bei gleichzeitig ungebremster Lust am Essen, kommen manche Menschen regelmäßig auf die Idee, nach dem Genuss von kalorienreichen Mahlzeiten zu erbrechen. Man bezeichnet dies als Ess-Brech- bzw. Fress-Kotz-Sucht oder Bulimia nervosa, kurz Bulimie. Bei Banketten im antiken Rom wurde diese Technik angeblich häufiger angewandt, heute wird das Verhalten als psychische Störung interpretiert. Oft tritt es nach einer Phase der Magersucht auf; manche Patienten wechseln zwischen Anorexie und Bulimie hin und her. Insbesondere das wiederholte Erbrechen kann zu körperlichen Komplikationen führen: zu Elektrolytstörungen, Zahnschäden durch die Magensäure, kardialen Arrhythmien oder Muskelschwächen.

> „Als mein Übergewicht ein immer größeres Problem für mich wurde und die Diäten immer weniger halfen, habe ich meine eigene Diät erfunden. Mit ca. 14 habe ich das erste Mal gekotzt! Dass das irgendwie zu einem Problem werden könnte, war mir damals überhaupt nicht bewusst. Und das Schlimmste war: Ich hatte mit der neuen Methode auch noch großen Erfolg. Ich habe viel abgenommen, was meinem Umfeld natürlich sehr positiv auffiel. Ich war also dünner und anerkannter!? Die größte Bestätigung war für mich, dass ich genau zu der Zeit mit meinem damaligen Freund zusammenkam. Für mich war damit endgültig klar: dünner = hübscher = begehrenswerter = besser ...!? [...] Zum ersten Mal gemerkt, dass es nicht normal ist, was ich da mache, habe ich, als ich es meinem besten Freund erzählt habe. Er war so schockiert darüber, dass mich seine Reaktion sehr zum Nachdenken gebracht hat. [...] Mir wurde mein Problem seit diesem Gespräch immer bewusster und damit wurde es auch immer schlimmer. Mir ging es immer schlechter und es verging kein Tag ohne Essen und Kotzen; mein ganzer Tagesablauf hat sich danach gerichtet und ich hab mich im-

mer mehr zurückgezogen. Am schlimmsten war der Moment, als mir bewusst wurde, dass ich keine Kraft mehr habe. Die Krankheit war stärker als ich – ich fühlte mich als totaler Versager. Die Stimme in meinem Kopf war ständig da und hat mich kontrolliert. Sie hat mir alles verboten: Essen, Spaß, Entspannung ... Leben ...!? Und dazu kam, dass ich mich völlig unverstanden fühlte." [127]

In der Therapie versucht man, eine Normalisierung des Essverhaltens durch Einhalten strenger Pläne für die Nahrungsaufnahme zu erreichen. Darüber hinaus müssen die Ursachen der Essstörung bearbeitet werden. Fast immer ist auch ein Aufbau sozialer Kontakte notwendig und die Entwicklung von alternativen Taktiken im Umgang mit Zeiten der inneren Leere und Frustration. Eine Betroffene hatte sich endlich dazu aufgerafft, sich in Behandlung zu begeben, und schrieb:

„Essen kann zur Sucht werden, bei mir ist es der Fall. Essen ist für mich wie der Griff zur Zigarette. Beinahe jeder Mensch hat eine Sucht, der eine raucht, der andere piddelt an seiner Haut, der nächste kratzt sich ständig, wieder gibt es die Trinker oder gar die Rauschgiftsüchtigen. Ich bin esssüchtig und wisst ihr was, ich bin froh, dass ich es jetzt zugeben kann. Den ersten Schritt habe ich nämlich gemacht. Ich akzeptiere meine Sucht. Der nächste und zwar sehr lange wird sein, dass ich in eine Gruppentherapie gehen werde. Hier wird das Thema Essen, Kotzen, Waage, Gewicht und alles, was damit zusammenhängt, gar nicht erst angesprochen. Wir, ‚alle Essgestörten' sollen davon loskommen, nur an dieses eine Thema zu denken. Unser Leben soll auch aus anderen Dingen bestehen. Essen soll so werden wie das Schlafen, das Atmen, oder einfach auf die Toilette gehen. Wenn der Drang da ist, soll man ihm nachgeben, aber nicht mit dem Hintergrund: ist das zu fett, zu viel, zu ungesund?, sondern einfach zur Befriedigung des Hungergefühls. Wenn man satt ist, hört man auf, so als ob der Harndrang weg ist, und man sich die Hose wieder hochzieht. Schwer zu verstehen, dass man das eines Tages kann, aber nicht hoffnungslos." [127]

Wie bei Adipositas und Anorexie, so sieht man heute auch bei der verzerrten Körperwahrnehmung der Bulimiker eine enge Verbindung zur Depression, die in dem folgenden Gedicht einer anorektischen Patientin sehr nachfühlbar dargestellt wird:

„Endstation
Vorbei ...
gehasst, verdammt aus aller Welt
von allen Menschen
gehasst, verabscheut und verachtet ...
was ist bloß los mit dir ...?
wer bin ich?
was bin ich?

> sehe ich mich denn überhaupt noch?
> der Spiegel meiner tiefen Seele ist schon längst in zwei gesplittet…
> Hass kann ich nicht ertragen
> fange an zu essen
> zu fressen
> zu kotzen…
> Endstation."
> [136]

Bulimie überschneidet sich übrigens vielfach mit selbstverletzendem Verhalten. Favazza (1996) fasste diverse Studien zusammen. In einer der zitierten Arbeiten wurde berichtet, dass 15 von 23 Personen mit selbstschädigenden Verhaltensweisen Essstörungen hatten: entweder impulsives Überfressen oder Perioden schwerer Anorexie; sieben erbrachen häufig. In einer parallelisierten Kontrollgruppe berichteten nur zwei Personen von Problemen mit dem Essen (Rosenthal et al. 1972). Yaryura-Tobias und Neziroglu (1978) stellten durch Befragung von zwölf weiblichen Selbstverletzern fest, dass sechs in der Pubertät Anorexia nervosa hatten und drei sowohl Phasen von Anorexie wie auch von Bulimie. In einer anderen Untersuchung mit 15 erwachsenen Selbstverletzerinnen waren zwölf stark adipös und zwei anorektisch dünn; viele berichteten von extremen und rapiden Gewichtsschwankungen (Simpson & Porter 1981). Unter 68 Bulimikerinnen fanden Garfinkel et al. (1980) rund neun Prozent, die sich auch selbst verletzten. Coid et al. (1983) stellten fest, dass vier von sieben hospitalisierten Selbstverletzerinnen unter einer Essstörung litten. Yellowless (1985)fand, dass vier von 15 bulimischen Patienten sich absichtlich Wunden zufügten. Hall und McGill (1986) stellten das Fallbeispiel einer 22-Jährigen vor, die seit zehn Jahren eine als Trichotillomanie bezeichnete Verhaltensstörung zeigte, bei der sie sich ständig Haare aus den Augenbrauen, den Wimpern und dem Schambereich herausriss, und die seit einem Jahr zusätzlich eine Bulimia nervosa entwickelt hatte. Jacobs und Isaacs (1986) fanden bei 40 Personen mit Anorexie 35 %, die sich selbst verletzten bzw. einen Suizidversuch hinter sich hatten. In einer Gruppe von 84 Personen, die den für Menschen mit Essstörungen oft typischen Missbrauch von Abführmitteln betrieben, zeigten 40,5 % selbstverletzende Verhaltensweisen, in der 101 Personen umfassenden Kontrollgruppe ohne diese Abhängigkeit waren es dagegen nur 25,7 Prozent (Mitchell et al. 1986). Favazza und Conterio (1989a, b) untersuchten die Daten von 290 Frauen mit Selbstschädigung; die Hälfte von ihnen hatte in der Vorgeschichte eine Essstörung, 22 % berichteten von Bulimie, 15 % von Anorexie und 13 % von beidem. Weitere Studien schildern bei einzelnen Patienten eine massive Multimorbidität diverser psychischer Störungen. In einer Stichprobe von 32 Patientinnen mit der Diagnose „multiimpulsive Bulimie" fanden Fichter et al. (1994) 75 % Selbstverletzerinnen, 34 % mit Alkoholmissbrauch und 22 % Drogenabhängigkeit.

12 Normalität und Body-Modification

Dass Körperveränderungen und das Tragen von Körperschmuck nicht zwangsläufig mit psychischen Störungen korrelieren müssen, ergibt sich schon alleine aus den unterschiedlichen Arten der Body-Modification. Wenn jeder, der ins Fitnessstudio geht, ein Nasenpiercing trägt oder ein kleines Tattoo auf dem Schulterblatt hat, gleich für „verrückt" gehalten würde, hätten wir inzwischen kaum noch normale Menschen auf dieser Welt. Trotzdem gibt es viele Untersuchungen, die sich mit der Frage auseinander gesetzt haben, ob und in welchem Ausmaß BodMod-Träger psychische Abweichungen zeigen. Die Meinungen hierzu gehen beträchtlich auseinander.

Aus obigen Zahlen wird deutlich, dass in Subgruppen Jugendlicher bis zu 69 % gepierct sind; hier ist es also im statistischen Sinne geradezu *normal*, einen derartigen Körperschmuck zu tragen. Schon 1997 schrieb Andres Martin, dass Jugendliche sich Tätowierungen in erster Linie zulegen, um von anderen bewundert zu werden, nicht aber aus destruktiven Motiven wie etwa zum Zweck der Selbstverletzung. Ferguson (1999) unterstützte diese Annahme und wies z. B. darauf hin, dass 58 % der Personen mit Piercings verheiratet sind oder in lange andauernden Beziehungen leben. Forbes (2001) hatte 341 College-Studenten befragt und mit Lippas Big-Five-Persönlichkeitstest untersucht; er fand keine Unterschiede hinsichtlich der Persönlichkeitsstruktur und der Erfahrungen in der Kindheit zwischen Personen mit und ohne Body-Art. Entsprechend ließ sich bei Willmott (2001) kein Zusammenhang feststellen zwischen Body-Piercing und der sozialen Klasse, der Methode der Schwangerschaftsverhütung, der Anzahl der Geschlechtspartner oder dem Vorhandensein einer genitalen Infektion.

Frederick und Bradley (2000) prüften anhand mehrerer Persönlichkeitsmaße, inwiefern sich 53 tätowierte bzw. gepiercte Personen im Alter zwischen 16 und 39 Jahren von 48 unmodifizierten unterschieden. Das Ergebnis der Studie zeigte so gut wie keine Unterschiede; die tätowierte/gepiercte Gruppe lag insgesamt in einem völlig normalen Bereich.

Mayers und Mitarbeiter (2003) untersuchten Sportstudenten und olympische Elitesportler auf das Vorhandensein von Body-Art; aufgrund ihrer Erfahrungen können sie die Ansicht, dass das Tragen von Körperschmuck mit Verhaltensstörungen verbunden sei, absolut nicht unterstützen. Das Vorhandensein eines Tattoos oder Piercings dürfte nicht automatisch zu der

Annahme führen, der Betroffene bräuchte Hilfe oder Beratung. Auch Brooks et al. (2003) forderten, dass man Träger eines BodMods z. B. nicht automatisch als drogensüchtig etikettieren dürfe. In ihren Studien hatten sie festgestellt, dass mehr als die Hälfte der Träger von Körperschmuck eher ein unterdurchschnittlich großes Risiko für Alkohol- und Drogenkonsum aufwiesen. Auf der anderen Seite war immerhin einer von fünf Befragten völlig ohne Körperschmuck in einem Test über risikoreiches Verhalten (POSIT-ADS) hoch auffällig. Allerdings wiesen Brooks et al. in diesem Zusammenhang auf die *„problem behavior"*-Theorie hin (Jessor 1991), nach der Alkohol- und Drogengenuss und der Erwerb von Piercings und Tattoos nicht kausal voneinander abhängen, sondern korrelierende Merkmale einer insgesamt eher risikofreudigen Persönlichkeitsstruktur sind. Koch et al. (2004) gingen von der aus europäischer Sicht vielleicht etwas gewagten These aus, dass regelmäßige religiöse Betätigung ein Indikator für Normalität ist und fanden keine signifikante Korrelation zu der Anzahl von Piercings. Meland et al. (2004) stellten sogar fest, dass Teenager mit Body-Art besser in ihren Freundeskreis integriert waren.

Wenngleich der größere Teil der Träger von Körperschmuck in psychopathologischer Sicht also durchaus nicht als gestört einzustufen ist, gilt in vielen wissenschaftlichen Arbeiten BodMod auch als ein Indikator für höheres Risikoverhalten insbesondere Jugendlicher. M. Fisher (1991) ging davon aus, dass sich eine risikofreudige Persönlichkeitsstruktur in der Regel nicht nur in einer einzigen Handlung nachweisen lässt, sondern in einem Cluster ähnlicher Verhaltensweisen.

Schneider und Morris (1991) wiesen darauf hin, dass Jugendliche, die zu einem risikoreichen Verhalten neigen, häufiger Tattoos und Piercings trugen. Auch Armstrong und Pace (1997) stellten fest, dass Tätowierungen unter Jugendlichen als Zeichen einer höheren Risikofreudigkeit interpretiert werden müssen. Loimer und Werner hatten schon 1992 eine hohe Anzahl von Tätowierungen unter drogenabhängigen Jugendlichen festgestellt. In einer groß angelegten Studie von Greif et al. (1999) wurden 766 Studenten an insgesamt 18 Universitäten erfasst. Die Autoren kamen zu dem Schluss, dass gepiercte Personen häufiger zu impulsivem Verhalten neigen als tätowierte. Dasselbe Ergebnis fanden Braithwaite et al. (1999) sowie Burger und Finkel (2002). Drews et al. (2000) baten 235 College-Studenten, das eigene Verhalten auf einer Reihe von bipolaren Adjektiven einzustufen. Befragte mit Tätowierungen beurteilten sich selbst eher als abenteuerlustig, kreativ, individualistisch und risikobereit; sie rauchten darüber hinaus mehr Zigaretten und hatten häufiger Piercings. Insbesondere tätowierte Männer berichteten von mehr Sexualpartnern und häufigeren Gefängnisaufenthalten; tätowierte Frauen gaben eher Alkohol- und Drogengenuss wie auch Ladendiebstahl zu.

Houghton et al. (1996) stellten in einer australischen Untersuchung fest, dass tätowierte Schüler und Studenten erheblich mehr Schulprobleme hatten als ihre nicht tätowierten Altersgenossen. Willmott (2001) fand, dass Frauen mit Piercings deutlich häufiger rauchten als Frauen ohne derartigen Körperschmuck. Forbes (2001) beobachtete einen starken Zusammenhang mit Risikoverhalten, insbesondere häufigeren Alkohol- und Marihuanakonsum und geringere soziale Konformität. Auch Braithwaite et al. (2001) stellten fest, dass tätowierte Personen öfter zu Alkohol, Marihuana, Antidepressiva und Sedativa griffen; Piercing zeigte lediglich eine hohe Korrelation mit häufigerem Alkoholgenuss (s. auch Clements 1999). Carroll und Mitarbeiter (2002) kamen diesbezüglich zu dem Ergebnis, dass Jugendliche mit Piercings und/oder Tattoos häufiger Essstörungen hatten, öfter weiche wie auch harte Drogen einnahmen, eher zur Gewalttätigkeit neigten und mehr Suizidversuche unternommen hatten. Die Einnahme harter Drogen korrelierte hoch positiv mit der Anzahl der Piercings. Zur Gewalttätigkeit neigten vor allem Jungen mit Tattoos und Mädchen mit Piercings. Suizidversuche kamen vor allem bei Mädchen vor, die ihren Körperschmuck bereits sehr jung bekommen hatten.

Auch Brooks et al. (2003) fanden Zusammenhänge zu Risikoverhalten. Ein Drittel der Träger von BodMods berichteten von Problemen mit Substanzabhängigkeit, insgesamt war das Risiko um das 3,1-fache erhöht. Burger und Finkel fanden im Jahr 2002 bei einer Befragung von 117 Studenten gleichfalls ein höheres Risiko der BodMod-Gruppe in Hinblick auf ungeschützten Geschlechtsverkehr mit dem Lebensabschnittspartner wie auch mit völlig Fremden, erzwungenen Sex, Gebrauch illegaler Drogen und risikoreichen Umgang mit Alkohol. Ähnliche Korrelationen stellten Roberts et al. (2004) in einer Studien an insgesamt 4.337 Heranwachsenden im Alter zwischen 13 und 18 Jahren fest. Hier war Körperpiercing hochgradig assoziiert mit Drogen, frühem Geschlechtsverkehr, Rauchen, Marihuanagebrauch, Schule-Schwänzen, Weglaufen von Zuhause und suizidalen Tendenzen. Eine weitere Studie von Carroll und Anderson (2002) an 79 Mädchen im Alter zwischen 15 und 18 Jahren kam zu dem Ergebnis, dass die Wahrscheinlichkeit, ein Piercing oder Tattoo zu tragen signifikant mit dem Persönlichkeitsmerkmal Ärgerlichkeit/Wut („trait anger") korreliert war; eine Regressionsanalyse zeigte, dass dieser relativ stabile Persönlichkeitszug, verbunden mit höheren Werten im Beck Depressions-Inventar (Beck 1978; Beck, Steer & Garbin 1988) und der Body-Investment-Scale, einen guten Prädiktor für die Anzahl derartiger Körpermodifikationen bot. Roberti, Storch und Bravata publizierten 2004 eine Erhebung an 281 College-Studenten und stellten unter anderem fest, dass insbesondere bei Frauen, die eine traumatische Stresssituation wie z. B. körperlichen oder sexuellen Missbrauch durchlaufen hatten, eine größere Wahrscheinlichkeit zeigten, später eine hohe Anzahl von Tattoos und/oder Piercings zu tragen.

In einer Befragung unter 134 Lesern des Body-Art-Magazins stuften sich insgesamt knapp 20 % als masochistisch, sadistisch, fetischistisch, exhibitionistisch, narzisstisch oder zu gefährlichen Verhaltensweisen neigend ein (Ferguson 1999). Anfang der 1980er, als der Begriff „Genitalpiercing" in Deutschland noch ein Fremdwort war und man gerade begonnen hatte, sich an die Sicherheitsnadeln der Punks zu gewöhnen, gab es in den USA bereits eine eigene Zeitschrift für die Liebhaber derartigen Körperschmucks. Neil Buhrich publizierte 1983 einen wissenschaftlichen Artikel, nachdem bei 154 männlichen und sechs weiblichen Abonnenten dieser Zeitschrift sexuelle Abweichungen erfragt worden waren. Buhrich stellte eine hohe Korrelation zwischen Genitalpiercings mit Homosexualität, Sadomasochismus, Bondage und Fetischismus fest.

James Myers beschrieb 1992 Techniken wie Genitalpiercing, Branding und Cutting in verschieden Großstädten der amerikanischen Westküste und fand heraus, dass diese Leute großteils homo- oder bisexuell waren und/oder zu sadomasochistischen Sexualpraktiken neigten. Eine Verbindung zwischen Körperschmuck und Variationen des menschlichen Sexualverhaltens hatten auch Moser et al. 1993 festgestellt. Unter 292 Männern und 70 Frauen zwischen 22 und 76 Jahren, die Brustwarzenpiercings trugen, waren überdurchschnittlich viele Homosexuelle. Drei Viertel der Personen räumte einen Hang zu sadomasochistischen Praktiken ein und knapp die Hälfte berichtete, dass das Piercing eine wichtige Rolle dabei spiele.

Abb. 119:
Verschiedene wissenschaftliche Studien deuten an, dass Jugendliche mit Tätowierungen oft risikofreudiger sind als anderer Heranwachsende. (Foto: Andy White / stock.XCHNG[6])

Allerdings gilt zu beachten, dass diese Art von Körperschmuck damals vor allem in der Homosexuellenszene, kaum jedoch von der restlichen Bevölkerung getragen wurde; heute käme man sicherlich nicht mehr auf diese Zahlen.

Williams führte 1998 eine Studie über die Häufigkeit von Piercings und Tätowierungen bei 96 psychiatrischen Akutpatienten zwischen 18 und 64 Jahren durch. 7 % trugen mehrere Ohrringe, 3 % hatten Piercings an anderen Körperteilen, 16 % besaßen ein Tattoo – in der Kategorie mit Alkohol- und Drogengebrauch sogar 34 % – und 15 % hatten Anzeichen von Selbstverletzung. Insbesondere die Diagnose einer Persönlichkeitsstörung war in der Gruppe Piercing/Tattoo/Selbstverletzung häufig vertreten. Insgesamt waren Menschen mit Körperschmuck in der Gruppe akut psychiatrischer Patienten deutlich häufiger zu finden als in der Normalbevölkerung. Mit dem rasch anwachsenden Modetrend werden diese Daten mit den heutigen, wie gesagt, leider immer weniger vergleichbar.

Roberti und Mitarbeiter (2004) kamen aufgrund ihrer eigenen Untersuchungen zu dem Schluss, dass die große Anzahl von Körpermodifikationen in Gruppen psychiatrischer Patienten und bei Gefangenen vermutlich assoziiert ist mit der Exposition von mehr psychosozialen Stressoren.

Salvador Ceniceros (1998) untersuchte, ob eine Beziehung besteht zwischen Body-Modification und dem Spielen von russischem Roulett. Befragt wurden 20 psychiatrische Patienten mit Körperschmuck und 20 Kontrollpersonen (psychiatrische Patienten ohne Körperschmuck). In der Kontrollgruppe hatte noch niemand selbst russisches Roulett gespielt, 5 % hatten es schon einmal ohne Todesfall beobachtet und weitere 5 % kannten jemanden, der dabei gestorben war. In der gepiercten/tätowierten Gruppe hingegen hatten 10 % schon einmal selbst russisches Roulett gespielt, 20 % hatten zugesehen, wie eine andere Person dabei gestorben war, 35 % sahen zu, ohne dass ein Todesfall aufgetreten wäre, und 20 % kannten gar jemanden aus ihrem Freundeskreis, der sich dabei selbst erschossen hatte. Ceniceros fand außerdem eine umso größere Gewaltbereitschaft, je mehr und je „schlimmere" BodMods vorlagen. Bei Personen mit extremeren Body-Modifications, wie z. B. multiplen Genitalpiercings, stellte er darüber hinaus gehäuft selbstverletzendes Verhalten und Aufenthalte in psychiatrischen Kliniken fest.

Untersucht wurde außerdem, ob die Inanspruchnahme der Schönheitschirurgie mit psychischen Störungen zusammenhängt. Nach Mowlavi und Mitarbeitern (2000) begehren 2 % bis 15 % Schizophrene, 7 % mit körperdysmorpher Störung, 25 % mit narzisstischer und 12 % mit dependenter, also abhängiger Persönlichkeitsstörung eine Schönheitsoperation. Alle Angaben lagen deutlich über dem Bevölkerungsdurchschnitt. Castelló et al. (1998) gehen sogar davon aus, dass mindestens 30 % aller körperdysmorph gestörten Menschen bereits eine kosmetische Operation hinter sich haben. Ishigooka und Koautoren (1998) fanden bei 65,4 % der männlichen und 39,6 % der weiblichen Operationspatienten gar eine psychiatrische Diagnose. Nach Ansicht von Euler et al. (2003) ist insbesondere die körperdysmorphe Störung eine Kontraindikation zur Schönheitschirurgie, da es nach der Operation vielfach noch zu einer Verstärkung der Symptomatik kommt. So weist auch Bradbury (1994) darauf hin, dass Menschen mit psychischen Störungen nach der Operation unzufriedener sind und mehr Probleme bereiten; sie haben eigentlich ein psychisches und weniger ein körperliches Problem. Da sie den psychischen Anteil jedoch nicht sehen und auch nicht wahrhaben wollen, erhoffen sie sich, dass ihr Problem durch die Operation gelöst wird. Nach Millet und Laxenaire (1994) wollen sie durch die Operation nicht nur ihren Körper verändern, sondern ihr gesamtes Selbst.

Borkenhagen (2004) beschäftigte sich mit Selbstverletzung und Selbstverstümmelung bei einem neuen Typus der Körperinszenierung. Hinter diesem Verhalten vermutete sie charakteristische Identitätsprobleme und krankhafte Entgleisungen überwiegend aus dem Bereich der Borderline- und der narzisstischen Störungen. Roy (1978) verglich eine Gruppe von 29 stationär untergebrachten Selbstverletzern mit einer Kontrollgruppe und fand, dass Erstere signifikant introvertierter, neurotischer und feindlicher gestimmt waren, häufiger sadomasochistische Phantasien hatten, mehr Selbstmordversuche berichteten und in der Kindheit exzessivere körperliche Bestrafung erlebt hatten. Hillebrand und Mitarbeiter stellten in einer 1994 veröffentlichten Studie an 33 männlichen Selbstverletzern in einer forensischen Psychiatrie fest, dass diese im Schnitt jünger waren, sich verbal wie körperlich aggressiver verhielten, höhere Dosen an Neuroleptika benötigten und häufiger als persönlichkeitsgestört oder mental retardiert diagnostiziert worden waren als eine forensische Vergleichsgruppe ohne Selbstverletzungen.

13 Body-Modification und Selbstverletzung

*„Drowning in the dark blood of would-be brothers who,
beyond the pressing of fingers, those for whom
the slice is only the beginning, and a different kind
of light comes in, begs recognition and peace of mind."* [123]

Selbstverletzung ist nicht nur, wenn jemand sich selbst eine Wunde zufügt, sondern auch, wenn man es einer anderen Person erlaubt, einem Schmerzen zuzufügen, oder dies widerstandslos erträgt. Gemäß dieser Definition fielen auch unterschiedliche Arten der Körpermodifikation, die durch fremde Personen wie Piercer oder Tätowierer erfolgen, in diesen Bereich.

Dass Body-Modification überhaupt irgendeine Form von selbstverletzendem Verhalten darstellen könnte, wird von den meisten tätowierten und gepiercten Personen allerdings so vehement abgelehnt, dass man dabei mitunter schon fast an einen Abwehrmechanismus im psychoanalytischen Sinne denken könnte. Fakir Musafar bezeichnete die Bezeichnung „Selbstverletzung" für jegliche Arten der Körperveränderung als Vorurteil. Für ihn, so schrieb er, sei es immer ein Spiel gewesen, er prägte daher den Ausdruck „body play". Das, was die „modernen Primitiven" tun, sei keine Krankheit, sondern ein Ritual, eine körperliche Weiterentwicklung und keine Selbstverletzung (Musafar 1996).

Aus der bereits dargestellten Sammlung an möglichen Motiven wird in der Tat deutlich, dass die meisten sich diesen Körperschmuck sicherlich nicht anlegen, um sich selbst zu verletzen – im Gegenteil, der damit verbundene Schmerz wird meist als unangenehmes, aber unvermeidliches Übel angesehen. Für einen Teil der Betroffenen trifft dies gleichwohl nicht zu, offenkundig suchen diese den Schmerz; und die Übergänge sind breit und fließend. Viele, die sich in ihrer Jugend geschnitten haben, entdecken irgendwann, dass sie die mit den Schmerzen verbundene Erleichterung auch durch das Anlegen von Tätowierungen, Piercings, Brandings etc. haben können, wo die soziale Toleranz größer ist; während selbstverletzendes Verhalten meist schamhaft geheim gehalten wird und die Narben vor der Umwelt versteckt werden müssen, kann man mit Körperschmuck offen herumlaufen und Gleichgesinnte treffen. Für Einzelne ist das auch eine Therapie, da sie unter Umständen endlich eine Gruppe finden, in der andere sind, die ähnlich fühlen. Man kommt also nicht umhin, sich intensiv mit selbstverletzenden Handlungen zu befassen, wenn man die Motivation für eine Body-Modification umfassend analysieren will.

13.1 Arten und Motive der Selbstverletzung

Das unbestritten beste Buch über Selbstverletzung und inzwischen ein Klassiker ist Armando Favazzas „Bodies under Siege" (1996). Als der Autor 1987 das erste Manuskript fertig gestellt hatte und einen Verlag suchte, wurde er stetig abgewiesen. Insgesamt 15 Verlage hielten das Thema damals für nicht besonders relevant, einer der angesprochenen Verleger meinte sogar sarkastisch, der Text sei besser für ein Buch über Diät geeignet, zumindest sei ihm jedes Mal übel geworden, wenn er versucht habe, darin zu lesen.

Menninger hatte schon 1938 Selbstverletzungen nach deren Ursachen unterschieden in neurotische, psychotische, organische und religiöse. Favazza entwickelte 1996 eine sehr viel genauere Einteilung:

1. **Kulturell sanktionierte Selbstverletzungen:**
   - zum Zweck der Heilung;
   - zum Zweck der Spiritualität;
   - zum Zweck der sozialen Rangordnung.

2. **Pathologische Selbstverletzung:**
   - schwere Selbstverletzungen (z. B. Kastration, Amputation, Enukleation);
   - stereotype Selbstverletzungen (z. B. Kopf-Anschlagen);
   - moderate Selbstverletzungen (z. B. Haut-Aufschneiden oder Brennen).

Außerdem trennte Favazza folgende Arten selbstverletzender Verhaltensweisen:

(A) zwanghafte Selbstverletzungen (z. B. ständiges Haaredrehen und -ausreißen in Belastungssituationen oder auch aus Langeweile);
(B) episodische Selbstverletzungen (selten auftretendes Verhalten als Ventil für stark belastende Emotionen);
(C) wiederholte Selbstverletzungen (gewohnheitsmäßiges oder sogar suchtartiges selbstschädigendes Verhalten);
(D) impulsive Selbstverletzungen (ungesteuertes, meist der Logik widersprechendes, impulsives Verhalten, oft in Verbindungen mit Wutausbrüchen oder unkontrolliertem Essen).

Favazza sah in selbstverletzenden Handlungen eine morbide Form der Selbsthilfe. Bei Menschen, die diesen Impulsen kontrolliert folgen können, mag das Verhalten sogar nützlich sein. Die anderen jedoch erkaufen sich eine kurzzeitige Erleichterung zu einem viel zu hohen Preis. Auch Favazza wies vehement darauf hin, dass Menschen, die sich selbst verletzen, meist nicht den Tod zelebrieren, sondern dass es sich dabei vielmehr um einen Versuch handelt, zu überleben.

Dem „normalen Menschen" erscheint Selbstverletzung sinnlos und irrational, dennoch gibt es viele, die sich selbst schneiden, zum Teil hat dieses Verhalten sogar suchtartigen Charakter, wie wir in Kapitel 11 gesehen haben. Da Menschen niemals etwas ohne Grund tun, muss es auch dafür Motive geben. Folgende wurden in verschiedenen Studien von Betroffenen genannt (s. z.B. Liebling et al. 1997):

- Flucht vor Gefühlen der inneren Leere, der Depression und der Irrealität (Favazza 1996),
- Spannungsabbau,
- Erleichterung bei negativen Gefühlen,
- Kompensation von Ärger, wenn die Wut gegen andere nicht herausgelassen werden kann (Lehnert et al. 1994);
- Flucht aus einer Gefühllosigkeit (Alexithymie) – „besser den Schmerz spüren als gar nichts";
- spüren, dass man noch am Leben ist,
- in Situationen der Depersonalisation oder Dissoziation wieder in die Realität finden,
- Gefühl der Sicherheit und Einzigartigkeit,
- euphorische Gefühle hervorrufen,
- einen emotionalen Schmerz, den man anders nicht ausdrücken kann, durch körperlichen Schmerz ausdrücken;
- Kontrolle über eigene Handlungen haben,
- Kontrolle über andere haben (die das nicht verhindern können),
- anderen etwas über das innere Chaos mitteilen,
- Selbstverletzung als Hilfeschrei (McLane 1996),
- sexuelle Gefühle unterdrücken oder ausleben,
- Gefühle des Andersseins ausdrücken,
- Fortsetzung eines Missbrauchs, den man als Kind erlebt hat;
- Selbstbestrafung dafür, dass man etwas „Schlimmes" getan, gesagt oder gedacht hat;
- Ablenkung von Gedanken, die noch schmerzhafter sind als die Selbstverletzung,
- Schutz vor noch Schlimmerem (z.B. Suizid).

Abb. 120:
Selbstverletzendes Verhalten soll in Zuständen tiefster Verzweiflung ein Ventil zur Entlastung schaffen und die betroffene Person wieder in die Realität zurückbringen.
(Zeichnung: U. Herbert)

Die Vielzahl verschiedener Einzelmotive lässt sich grob drei großen Bereichen zuordnen:

1. Gefühlskontrolle: Selbstverletzung kann ein Versuch sein, das Gefühlsleben in turbulenten Situationen wieder ins Gleichgewicht zu bringen, auch sich bei hohem emotionalem und körperlichem Stress zu beruhigen. Der physische Schmerz lenkt von unerträglichen Gefühlen ab; mitunter kann dadurch ein Suizid verhindert werden. Angesichts einer sehr beschränkten Anzahl von Alternativen kann es besser sein, sich lediglich zu schneiden, als Selbstmord zu begehen. Eine 35-jährige Frau schnitt sich,

> „um mich davon abzuhalten, an Selbstmord zu denken. Um mich von dem inneren Schmerz zu befreien und ihn nach außen zu bringen. Um den Schmerz sichtbar zu machen, der im Inneren ist. Um mich den Schmerz außen fühlen zu lassen. Um das Gefühl einer inneren Leere zu überwinden."[144]

2. Kommunikation: Manche versuchen auch, anderen über die Selbstverletzung etwas mitzuteilen, was sie nicht aussprechen können. Letztlich ist die Manipulation der sozialen Umwelt durch das Schneiden massiver als bei Kommunikation durch Sprache. Bei Selbstschädigung muss das Umfeld reagieren. Es kann daher wichtig sein, zu verstehen, was der Betreffende mit der Handlung ausdrücken will. Eine Frau mit dem Internetpseudonym „Twofaced":

> „Das Schneiden bringt mein Innerstes nach außen. Meine Wunden sind Schreie der Qual, ein Ausdruck dessen, was ich mit Worten nicht sagen kann oder nicht sagen will. Ich verstecke die Narben, ich habe sie nicht gemacht, um Aufmerksamkeit zu erregen. Aber ganz tief in mir drin hoffe ich insgeheim, dass irgendwer sie vielleicht doch finden wird."[80]

3. Kontrolle und Selbstbestrafung: Sich selbst zu verletzen ist gerade bei Kindern oder Jugendlichen manchmal der einzige Bereich, über den sie selbst Kontrolle haben. Ein Teil der Betroffenen bestraft sich auch durch diese selbstschädigenden Handlungen. Oft spielt eine Art magisches Denken eine Rolle, dass der Betreffende glaubt, sich selbst oder Angehörige vor Bösem bewahren zu können, indem er sein eigenes Blut opfert. Eine 28-Jährige auf die Frage, warum sie sich schneidet:

> „Um mich dafür zu bestrafen, dass ich ein schlechter Mensch bin. Um den seelischen Schmerz körperlich zu spüren. Um den Schmerz zu sehen und zu spüren, dass er real ist. Um mich selbst zu verletzen und mit mir etwas Schlimmes zu machen. Um mir selbst zu zeigen, dass niemand mich mehr verletzen kann als ich selbst."[144]

Auf die Frage nach den Motiven für selbstverletzende Verhaltensweisen wurden bei Favazza und Conterio (1989b) in absteigender Häufigkeit folgende Gründe genannt: um sich selbst zu kontrollieren, wenn man ausflippt (72 %), um sich entspannter zu fühlen (65 %), um weniger depressiv zu sein (58 %), um in die Realität zurückzukehren (55 %), um Einsamkeit zu reduzieren (47 %), als Strafe für Sünden (40 %), weil „Stimmen" es befahlen (20 %) und wegen böser Geister (12 %).

54 % der Selbstverletzer bezeichneten ihre Kindheit als miserabel, 38 % als durchschnittlich und nur 8 % als glücklich (Favazza & Conterio 1989b). In der Kindheit kamen überdurchschnittlich häufig Scheidungen der Eltern oder Trennung des Kindes von Vater und/oder Mutter vor sowie Vernachlässigung. Missbrauch in der Kindheit wurde von insgesamt 62 % berichtet: 17 % erlitten sexuelle und 16 % körperliche Misshandlungen, 29 % erlitten beides. Als Lustobjekt wurden die Kinder nach Favazza (1996) in absteigender Häufigkeit von folgenden Personengruppen benutzt: Freund der Familie (43 %), Bruder (25 %), Vater (23 %), Onkel (13 %), Stiefvater (6 %), Mutter (6 %) und Großvater (4 %). Der Beginn der sexuellen Handlungen an dem Kind lag hier im Schnitt bei sieben Jahren, die durchschnittliche Dauer bei 24 Monaten. Körperliche Misshandlung setzte meist früher ein und dauerte mit rund fünf Jahren beträchtlich länger. Durchgeführt wurde sie am häufigsten von: Mutter (50 %), Vater (45 %), Bruder (16 %), Stiefvater (4 %), Schwester (3 %), Onkel (3 %) und andere Personen (16 %). Nach Ansicht von Kirmayer und Caroll (1987) gewöhnen sich Menschen, die in ihrer Kindheit immer wieder körperlich gezüchtigt wurden, an den Schmerz: er wird für sie zum Normalzustand, so dass sie oft im späteren Leben eher insensitiv für Schmerzempfindungen sind.

Greenspan und Samuel berichteten 1989 in einem Artikel von drei Frauen, die bis dahin völlig unauffällig gelebt hatten, aber selbstverletzendes Verhalten zu zeigen begannen, nachdem sie vergewaltigt worden waren; diese enge Verbindung wird vielfach von Betroffenen geschildert, so auch von einer 23-jährigen Frau, die sich seit rund sechs Jahren selbst verletzte:

> „Meine ersten Selbstverletzungen begannen während einer schwierigen Beziehung, die ich damals hatte. Ich war mit einem Mann zusammen, der mich auf die heiß-kalte Art behandelt hatte. In einer Nacht bemerkte er, dass mir einige schwarze Haare um meine Brustwarzen herum wuchsen, und hat mich damit total aufgezogen. Danach habe ich angefangen, nicht nur die Haare auf meinen Brüsten rauszureißen, sondern am ganzen Körper. Damals hab ich zwar rumgezupft, es ist aber noch kein Blut geflossen. Das begann erst ein paar Jahre später, nachdem ich von einem Mann, den ich kaum kannte, sexuell misshandelt worden bin. Irgendwie hat ein Schuldgefühl, das damit verbunden war, mich dann dazu gebracht, mich selbst zu verletzen."

Abb. 121:
Emotionale Verzweiflung kann zur Selbstverletzung führen
(Foto: stock.XCHNG [6])

Missbrauch ist nicht die einzige Ursache, die zu selbstschädigenden Handlungen führen. Typisch und zentral scheint jedoch die Idee einer 14-Jährigen: *„Ich mag den Gedanken, dass ICH es bin, die den Schmerz verursacht, und nicht jemand anderes.“*[144]

Favazza (1992; 1996; 1998) schätzte, dass rund 0,75 % der Bevölkerung sich mindestens einmal im Leben selbst verletzen, 97 % davon seien Frauen. Andere Studien nennen unterschiedliche Zahlen. Nach einer Internetumfrage soll die Relation Frauen zu Männern nur 85 : 15 sein, nach einer anderen 67 : 34 %. Dennoch sind Frauen eindeutig stärker vertreten. Zugleich führen Männer offenbar extremere Formen der Selbstverletzung durch (Belfiore & Dattilio 1990). Simpson und Porter (1981) untersuchten 20 Kinder und Jugendliche und fanden, dass sich die Mädchen häufiger die Arme und Brüste verletzten, sich mit Zigaretten verbrannten oder selbst schlugen, während Jungen typischerweise ihre Arme oder ihren Penis schnitten. Nach Rosenthal et al. (1972) sollen bei Frauen rund 60 % selbstverletzender Verhaltensweisen während der Menstruation auftreten; möglicherweise haben Frauen durch die Monatsregel ohnehin ein anderes Verhältnis zu Blut als Männer. Früher ging man gar davon aus, dass durch die Menstruation „schlechtes" Blut abgehe und der Körper dadurch gereinigt werde. Der Einfluss hormoneller Faktoren, die Stimmungsschwankungen auslösen können (man denke etwa an das prämenstruelle Syndrom), ist nicht zu unterschätzen. Er erhöht offenbar das Risiko, sich selbst zu verletzen, beträchtlich. Kaplan (1991) wies in diesem Zusammenhang darauf hin, dass die ersten Selbstverletzungen oft in den Monaten nach der ersten Menstruation auftreten.

Favazza (1996) entwarf das typische Bild einer Selbstverletzerin als weiblich, Ende 20 bis Anfang 30, selbstverletzendes Verhalten seit der Pubertät, Angehörige der Mittelschicht, hohe Intelligenz, gute Erziehung, Hintergrund eines körperlichen oder sexuellen Missbrauchs oder ein Zuhause mit mindestens einem alkoholkranken Elternteil, sowie häufig kombiniert mit einer Essstörung (Anorexie oder Bulimie). Womöglich erklärt sich der hohe Frauenanteil durch deren spezifische Sozialisation, die es Frauen auch heute noch nahe legt, Wut und Ärger nicht über Gewalttätigkeit nach außen hin auszuleben. Die Aggression gegen andere richtet sich dann nach innen und schließlich gegen sich selbst. Bei selbstverletzendem Verhalten denkt man zunächst an Schnitte auf den Armen, aber das Spektrum an Möglichkeiten ist sehr viel breiter:

- *„Einmal hab ich mich selbst mit dem Lockenstab verbrannt. Ein anderes Mal habe ich Linien durch mein Gesicht geritzt, die sahen so aus wie Tränen und oft, wenn ich keine Rasierklinge habe, dann steche ich mich selbst mit einem spitzen Bleistift."* [140]
- *„Ich verbrenne mich selbst, indem ich das Feuerzeug eine Zeit anmache und das heiße Metall dann gegen die Haut presse. Früher habe ich mich geschnitten, aber es macht dich süchtig und daher habe ich mir vorgenommen das nicht mehr zu tun."* [140]
- *„Ich war 15 als ich mit der Selbstverletzung angefangen habe. Am liebsten habe ich mich mit Stecknadeln in die Haut gestochen."* [91]
- *„Ich beiße mich selbst. Das mache ich aber erst seit ein paar Monaten."* [14]
- *„Ich schlage gegen harte Wände, bis meine Hände schwarz und blau sind und so angeschwollen, dass ich weder schreiben noch irgendwas anderes damit machen kann. Aber es ist ein gutes Gefühl, der Schmerz, weil ich mich darauf konzentrieren kann und nicht auf die Traurigkeit in meinem Herzen."* [140]
- *„Ich lasse ätzende Chemikalien auf meine Haut tropfen, schließe die Augen und warte ab wie lange ich das aushalten kann."* [140]
- *„Ich steche mich mit Stricknadeln in den Bauch (Nabel oder woanders). Ich schneide auch mit einem Skalpell (öffne den Nabel bis ich den Darm ein bisschen erkennen kann). Und ich blase auch mal mit einem Schlauch etwas Luft in den Bauch. Schraubenzieher und so in und durch den Abdomen. Viele kleine andere Verletzungen am Abdomen. Diese Selbstverletzungen vor anderen zu verbergen ist manchmal ziemlich hart, aber bis jetzt hab ich immer Schwein gehabt. Meist bereite ich eine notfallmäßige Rettungsmöglichkeit vor."* [140]
- *„Ich benutze stumpfe Objekte, zum Beispiel Pinzetten und drücke sie tief in die Haut. Ich benutze auch Stahlwolle, um große Bereiche meiner Haut wund zu scheuern. Ich mag es, herum zu experimentieren, aber meist komme ich wieder auf Stahlwolle zurück."* [140]
- *„Mit dem Strangulieren habe ich vor vier Jahren begonnen, als die Mühe zu groß wurde vor der Öffentlichkeit zu verbergen was ich bin. Manchmal habe ich den Tisch meiner eigenen Dinner-Party verlassen, mich selbst gewürgt, um dann weiter funktionieren zu können. Wenn ich mich selbst stranguliere, weiß ich, dass ich aufhören muss, wenn ich das Gleichgewicht verliere und anfange zu zucken."* [143]
- Eine weitere Methode, innere Verletzungen zu erzeugen ist es, scharfkantige Objekte zu verschlucken (Favazza 1996).

Bezüglich der Häufigkeit der durch Selbstverletzungen betroffenen Körperteile gibt es nach den Daten von Favazza und Conterio (1989) eine Reihenfolge, beginnend mit den Armen (74 %), über die Beine(44 %), Bauch (25 %), Kopf (23 %) Brust (18 %) bis zu den Genitalien (8 %).

Nach amerikanischen Zahlen (Favazza 1996) verteilen sich die unterschiedlichen Arten selbstverletzenden Verhaltens prozentual auf folgende Bereiche: 72 % Schneiden, 35 % Verbrennungen (Zigaretten, Feuerzeugflamme), 30 % Sich-selbst-Schlagen, 22 % Aufkratzen von Narben, 10 % Haar-Ausreißen, 8 % Knochenbrüche; 78 % der Betroffenen benutzten mehrere Methoden. Die Hälfte der Untersuchten war deswegen bereits in stationärer Behandlung gewesen, aber nur 14 % berichteten, hiervon profitiert zu haben. 64 % hatten eine ambulante Therapie hinter sich, hier gaben 29 % an, es habe ihnen geholfen. 38 % kamen mindestens einmal nach einer Selbstverletzung in die Notaufnahme eines Krankenhauses. Durchschnittlich wurden von jedem Befragten rund 50 Fälle der Selbstverletzung angegeben, zwei Drittel waren innerhalb des letzten Monats entsprechend aktiv gewesen; 57 % hatten bereits eine Überdosis Drogen oder Medikamente eingenommen, zur Hälfte bereits mehrfach, ein Drittel der Befragten glaubte, irgendwann in den kommenden fünf Jahren nicht mehr am Leben zu sein.

Obwohl selbstverletzendes Verhalten nach gängiger Meinung „Schlimmeres" verhüten soll, kommt es unter Selbstverletzern sehr häufig zu Suizidversuchen. Van der Kolk et al. (1991) stellten fest, dass 54 % der Betroffenen einen versuchten Selbstmord hinter sich hatten; bei der Folgeuntersuchung hatten 14 % einen oder mehrere weitere Versuche unternommen. In einer Studie von Favazza und Conterio (1989b) war bei einem Follow-up nach fünf Jahren ein Drittel aller Selbstverletzer tatsächlich verstorben.

Wilkins und Coid (1991) untersuchten die Häufigkeit von selbstverletzendem Verhalten in einem Gefängnis in London; 7,5 % der Insassen hatten eine einschlägige Vorgeschichte: 27 % davon hatten sich zwei- bis fünfmal, 32 % sechs- bis zehnmal, 19 % mehr als zehnmal und 15 % mehr als 50 Mal selbst verletzt. 76 % brauchten von der Idee bis zur Ausführung weniger als eine Stunde, es wird also eher selten lange geplant.

Weitere wissenschaftliche Studien (Favazza 1996) konnten zeigen, dass während des Selbstverletzens zwei Emotionen vorherrschend sind: Ärger und Angst. Das gleichzeitige Vorhandensein dieser im Grunde widersprüchlichen Gefühle führe dazu, dass der Selbstverletzer seinen Ärger nur an einer Person auslassen könne: an sich selbst. Die Entscheidung, sich selbst zu schneiden, fällt den Betreffenden jedoch nicht unbedingt leicht. Eine 17-Jährige erzählte:

> „Wenn ich ruhig bin, dann schneide ich mich vorsichtig, aber wenn ich die Ruhe verliere, wenn ich vom Adrenalin überrollt werde, fühle ich mich, als wenn ich ferngesteuert bin. Ich schreie und heule, springe auf, stampfe mit

den Füßen und schlage gegen die Wände. Ich versuche dabei, in meinem Kopf zu brüllen: Bitte nicht das verfluchte Skalpell!!! Aber es funktioniert nie. Ich gehe vor und zurück, aber jedes Mal gebe ich irgendwann auf." [141]

Zwischenmenschlicher Stress erhöht nach Ansicht von Herpertz (1995) den Grad der Dysphorie und der Spannung bis ins Unerträgliche. Die unangenehmen Gefühle spitzen sich bis zu einem kritischen Punkt zu und drohen schließlich, die Person förmlich zu überfluten, die sich durch die Selbstverletzung vorübergehend Erleichterung zu verschaffen sucht. Haines und Mitarbeiter führten 1995 eine Gruppe von Selbstverletzern und eine Kontrollgruppe durch eine angeleitete Imaginationssitzung mit vier unterschiedlichen Szenarien: Es galt, sich eine neutrale und eine aggressive Szene, einen unbeabsichtigten Unfall mit Verletzung und eine Selbstverletzung intensiv vorzustellen. Währenddessen wurden physiologische Parameter der Erregung gemessen. In den drei ersten Vorstellungen unterschieden sich die beiden Gruppen nicht. Während die Kontrollpersonen bei der Vorstellung einer Selbstverletzung rasch ein hohes Erregungsniveau erreichten und dieses bis zum Ende der Imagination bestehen blieb, stieg die Erregtheit bei den Selbstverletzern nur so lange an, bis die Person sich jeweils in der Vorstellung entschied, sich selbst Schnitte beizubringen; die Spannung nahm sofort deutlich ab und verminderte sich weiter, während diese Gruppe sich das Schneiden vorstellte. Das Ergebnis spricht dafür, dass Selbstverletzungen durchgeführt werden, weil sie auf diese Menschen ganz offensichtlich einen beruhigenden oder zumindest spannungsreduzierenden Effekt haben. Es ist damit nichts anderes als der Umgang mit belastenden Situationen bzw. Gefühlen bei Menschen, die keine anderen Taktiken gelernt haben. In der Tat berichten auch so gut wie alle Selbstverletzer, dass sie beim oder kurz nach dem Schneiden ein tiefes Gefühl der Ruhe überkommt.

Allerdings sind Selbstverletzer mit ihren Handlungen hinterher selten wirklich glücklich. Nach der kurzfristigen Spannungsreduktion wird ihnen schmerzhaft klar, dass ihr Verhalten nicht normal ist und sie ihren Körper zerstören; sie fühlen sich schuldig, können aber bei der nächsten Episode innerer Anspannung erneut nicht anders, da sie keine Alternativen gelernt haben. Darüber hinaus hat die Selbstverletzung eine Fülle sozialer Folgen, wenn sie erst mal entdeckt wird. Ein Teil der Leute wendet sich völlig von der Person ab, der andere Teil will sie in die psychiatrische Klinik stecken.

„Man hat mich aus dem Baseball-Team geschmissen, weil die Trainerin meinte, dass ich einen negativen Einfluss habe, aber sie hat das überhaupt nicht kapiert. Mich hat das fürchterlich verletzt." [114]

„Das Schlimmste war, als ich vor einem Jahr von meinem Job gefeuert wurde und man mich da öffentlich gedemütigt hat, sie haben über meine intimsten Dinge geredet. (...) Sie haben mich wie eine Kriminelle der schlimmsten Art behandelt, als sei ich total verrückt!" [114]

> „Damit ist eine Stigmatisierung verbunden. Die Leute denken, dass du suizidgefährdet bist oder nach Aufmerksamkeit suchst oder insgesamt verrückt und böswillig bist. Sie behandeln dich dann auf eine Art und Weise, dass du das Ganze nur noch ewig fortsetzen kannst."[114]

Durch die Selbstverletzung kommt es in der akuten Stresssituation zwar zu einer Entspannung. Langfristig wächst bei vielen der Betroffenen aber die Belastung durch die Narben, mit denen sie sich selbst stigmatisiert haben, und das für den Rest ihres Lebens:

> „Manchmal wünschte ich mir, ich könnte einen Kick kriegen, der mein Selbstbewusstsein hebt. Ich möchte schlank werden, meine Zähne machen lassen, meine Haare färben, etwas anderes sein als das, was ich bin. Dann fällt mir ein, dass ich über 500 Narben über meinem ganzen Körper verteilt habe, und durch nichts kann ich sie jemals wieder loswerden. Und wenn die Leute von mir verlangen, dass ich endlich damit aufhöre, dann frage ich sie, welchen Unterschied das denn jetzt noch machen soll?!"[114]

> „Ich hasse die Narben. Ich hasse sie!!! Oft wache ich mitten in der Nacht auf und blicke auf meine Arme, ich sehe sie und schäme mich, weil mein Körper nicht mehr perfekt ist. Ich wünschte, ich könnte die Uhr zurückdrehen auf den Zeitpunkt, bevor ich mit den Selbstverletzungen anfing. Manchmal lasse ich das Licht einfach aus und sage mir, dass ich das alles bloß geträumt habe, und dann mache ich das Licht an und sehe mir meine Arme an und glaube mir schon fast selbst. Aber dann sehe ich die Narben und fange an, zu weinen. Es ist so furchtbar."[114]

Die Spannungsreduktion durch die Selbstverletzung lässt sich auch physiologisch nachweisen. Sachsse und Kollegen (2002) prüften den nächtlichen Cortisolspiegel von Frauen, die selbstverletzendes Verhalten durchführen. Die Ausschüttung von Cortisol nimmt unter körperlicher und psychischer Belastung zu, es gehört mit zu den physiologischen Stressparametern. Wenn die Frauen sich am Tag vorher selbst verletzt hatten, war ihr Cortisolspiegel in der darauf folgenden Nacht signifikant geringer als sonst.

Ebenso wenig wie die Betroffenen erklären können, warum genau sie eigentlich mit den Selbstverletzungen anfangen, sind sie in der Lage, genau Auskunft darüber zu geben, woher sie wissen, wann sie wieder aufhören müssen. Nach einer gewissen Zeit oder einer bestimmten Anzahl von Schnitten ist das Bedürfnis irgendwie befriedigt und die Person fühlt einen Zustand von innerem Frieden und Ruhe. In einer Studie von Favazza und Conterio (1989b) spürten nur 10 % starke Schmerzen nach ihrem Tun, 23 % berichteten von erträglichen Schmerzen und 67 % fühlten wenig oder gar keinen Schmerz. In einer Studie (Buzan et al. 1995) wurde Naloxon, ein Medikament, das Opiate und Endorphine, die körpereigenen Glücksstoffe, hemmt, an Personen verabreicht, um zu prüfen, ob diese nun stärkeren

Schmerz spüren und von ihrem Verhalten ablassen würden. Aber Naloxon hatte keinen Effekt auf die Häufigkeit der Selbstverletzungen.

Wie bereits beim Akt des Verletzens selbst fühlt der Betroffene auch danach zwei unterschiedliche, ja widerstreitende Gefühle in sich: auf der einen Seite Ruhe, gesteigerten Realitätssinn und eine gewisse Euphorie, auf der anderen Seite aber auch Schuldgefühle, es wieder getan zu haben, die Kontrolle verloren zu haben und die Wunden nun vor anderen verstecken zu müssen. Eine 33-jährige Frau, die sich seit ihrem Teenageralter selbst verletzte, versuchte, diesen schwer fassbaren emotionalen Zustand zu beschreiben:

> *„Ich fühle nicht viel Schmerz, wenn ich mich schneide, aber etwas fühle ich schon. Und ich fühle mich besser, wenn ich es gemacht habe – so, als wenn ich eine gerechte Strafe bekommen hätte und das Leben ab jetzt neu beginnen kann. Hinterher, wenn ich mit dem Schneiden aufgehört habe, fühle ich mich irgendwie beschämt, aber ich bin emotional nicht mehr so aufgeregt. Ich assoziiere solche Verhaltensweisen mit Leuten, die in Gummizellen eingesperrt sind, und es verwirrt mich, dass ich so etwas auch mache. Gleichzeitig ist es so, dass die Wunden ja noch ein paar Tage lang wehtun und mich daran erinnern, was ich gemacht habe. Den Hauch von Schmerz noch Stunden oder Tage später zu spüren ist eine ständige Erinnerung daran, dass ich ‚meine Schulden bezahlt' habe, was auch immer das bedeuten mag (?). Der Prozess des Schneidens dauert zwischen einigen Minuten, manchmal aber auch den ganzen Abend. Meist bin ich dabei total aufgeregt, aber durch das Schneiden öffnen sich meine Gefühle."* [144]

13.2 Neurobiologie der Selbstverletzung

Selbstverletzungsverhalten hat auch eine neurobiologische Basis. Schon 1967 stellte Peters fest, dass hungernde Ratten, die Koffein bekommen hatten, stereotype Verhaltensweisen zeigten und sich selbst verletzten. Dies trat vorwiegend bei isolierten Tieren auf; in Gruppen wurden die Aggressionen überwiegend gegen andere Artgenossen gerichtet. Mueller und Hsaio (1980) erhöhten selbstverletzendes Verhalten durch Gabe von Pemolin, ein Pharmakon gegen Antriebsschwäche, Mueller et al. (1982) durch Amphetamin, Speed-Droge und Appetitzügler, und Lloyd und Stone (1981) durch Methylxantin, eine anregende, koffeinähnliche Substanz. Durch Gabe des Blutdruckmittels Clonidin ließ sich der Effekt von Koffein bzw. Amphetamin sogar noch potenzieren (Mueller & Nyhan 1983) und auch Clonidin alleine hatte Autoaggressionen bei Versuchstieren zur Folge (Bhattacharya et al. 1988).

Wesentlich für die Entwicklung selbstverletzender Verhaltensweisen ist die Deprivation in früher Kindheit. Wurden Affen im ersten Lebensjahr völlig isoliert aufgezogen, zeigten sie rasch beträchtliche Verhaltensstörungen mit stereotypen Bewegungen und Selbstverletzungen. Vermutlich dient das soziale Umfeld gleichaltriger Tiere auch dazu, Aggressionen spielerisch an anderen auslassen zu können. Besteht diese Möglichkeit nicht, so richten sich die Aggressionen nach innen, gegen den eigenen Körper.

Das Ungleichgewicht einer bestimmten Art von Botenstoffen, der Monoamiden, ist eng korreliert mit vielen psychischen Störungen wie Angst, Depression oder Schizophrenie. Zu den Monoamiden gehören Adrenalin und Noradrenalin, Dopamin und Serotonin. So wird Dopamin mit der Schizophrenie in Verbindung gebracht und Serotonin und Noradrenalin mit affektiven Störungen wie der Depression. Carlson und Andorn hatten 1986 in einem Tierversuch mit Mäusen beweisen können, dass ein reduzierter Serotoninspiegel zu einem Anstieg aggressiver Verhaltensweisen führte. Serotoninhemmer ließen die Aggression ansteigen; Medikamente, die den Serotoninspiegel erhöhen, führten dazu, dass die Tiere weniger aggressiv reagierten. Ein zu niedriger Serotoninspiegel wurde, in Zusammenhang mit einem gleichfalls zu niedrigen Noradrenalinspiegel, aber auch als einer der Hauptfaktoren hirnorganischer Veränderungen beim Vorliegen einer Depression identifiziert.

Serotonin spielt also auch eine Rolle bei aggressiver Impulsivität. Ein zu niedriger Serotoninspiegel kann zu Fremd- oder Autoaggressionen führen und hängt auch mit selbstverletzenden Verhaltensweisen zusammen (Coccaro et al. 1989; Simeon et al. 1992b; Markowitz & Coccaro 1995). Favazza (1992) und Zweig-Frank et al. (1994) äußerten daher den Verdacht, dass selbstverletzendes Verhalten etwas mit dem Serotoninstoffwechsel zu tun haben könnte, 2000 gelang der Arbeitsgruppe um Steiger der Beweis. Steiger untersuchte Frauen mit Bulimia nervosa und stellte fest, dass die serotonerge Funktion bei Frauen mit selbstverletzenden Handlungen deutlich geringer war als bei Bulimikerinnen, die sich selbst nicht schnitten. Insbesondere die Tatsache, dass Antidepressiva, die den Serotoninspiegel anheben, auch einen positiven Effekt auf Aggressivität und Selbstverletzungen haben, untermauert diese Annahme. Allerdings wies Favazza (1996) aufgrund eigener Erfahrungen darauf hin, dass diese therapeutische Wirkung sich oft nach einiger Zeit wieder verliert, die Patienten sich an das Medikament zu gewöhnen scheinen und die Autoaggressionen dann wieder auftraten. Andere Medikamente, die den Dopamin- oder GABA-Spiegel beeinflussen, hatten dagegen kaum eine Wirkung. Lediglich eine weitere Gruppe von Medikamenten, die so genannten „mood-stabilizer" (Stimmungs-Stabilisatoren), hat bei dieser Gruppe von Personen Erfolge gezeigt.

Buzan et al. (1995) wiesen auf das so genannte therapeutische Fenster hin, wonach bei Psychopharmaka viel nicht mit besser gleichzusetzen ist. Ein mental retardierter Patient, der sich bis zu 140-mal pro Tag selbst verletzte, bekam täglich 50 mg Naltrexon. Daraufhin reduzierten sich seine Handlungen auf zehnmal täglich. Um auch diesen Rest noch wegtherapieren zu können, wurde die Dosis auf 100 mg erhöht. Offenbar hatte man das therapeutische Fenster damit wieder verlassen, denn die autoaggressiven Verhaltensweisen stiegen wieder auf 120-mal.

Coccaro (1997) kam zu dem Schluss, dass Menschen mit normalem Serotoninspiegel auf schwere Frustrationen aggressiv reagieren, z. B. indem sie schreien oder mit Gegenständen um sich werfen. Leute mit zu niedrigem Serotoninspiegel dagegen neigen zur Selbstverletzung bis hin zum Suizid. Simeon et al. (1992b) unterstützen diese Annahme mit ihren Befunden, sie fanden in den Gehirnen verstorbener Selbstverletzer eine reduziere Anzahl von Bindungsstellen für Imipramin, einem bekannten Antidepressivum, welches auf das Serotoninsystem einwirkt. Stoff und Mitarbeiter (1987) und auch Birmaher und Kollegen (1990) stellten fest, dass Menschen, die zu impulsivem Verhalten und aggressiven Ausbrüchen neigen, ebenfalls eine reduzierte Anzahl von Bindungsstellen für Serotonin hatten. Von daher könnte es sich beim Hang zum Selbstverletzen lediglich um einen Sonderfall einer Störung handeln, die man als Verlust der Impulskontrolle bezeichnet. Hierzu gehören z. B. Kleptomanie, Spielsucht und zwanghaftes Haaredrehen (Trichotillomanie, s. Kaplan 1991).

Zur Therapie von Patienten mit Störungen der Impulskontrolle, die sich selbst schneiden, empfahlen Beck und Freeman (1993), als Überbrückungsmaßnahme ein weniger selbstzerstörerisches Verhalten einzuüben, etwa statt Zerschneiden nur Bemalen der Haut mit einem Stift. Gemessen an den von Betroffenen geäußerten Motiven wird dies aber meist wenig Abhilfe bringen. An anderer Stelle findet sich der Tipp, statt die Haut aufzuschneiden, mit einem kräftigen Gummiband darüberzuschnippen, um Schmerz auszulösen, ohne die Haut jedoch schwer zu verletzen. Dies könnte dem Verlangen, sich selbst zu spüren, zumindest etwas näher kommen als das bloße Bemalen mit roten Stiften. Eine Betroffene berichtete mir via E-Mail:

> *„Gern erzähle ich dir etwas über meine Schneiderei. Geschnitten habe ich mich meistens dann, wenn ich in einer für mich ausweglosen Situation war und nicht mehr weiter wusste. Z.B. wenn ich wieder mal schlechte Erlebnisse in Zusammenhang mit meiner Sozialphobie hatte. Irgendwann war ich dann an einem Punkt angelangt, an dem ich mich nicht mehr beruhigen konnte und mich so verletzt fühlte, dass ich zum Messer griff oder zu irgendetwas anderem, mit dem ich mich schneiden konnte. Wenn ich mich dann geschnitten hatte und das Blut sah und den Schmerz spürte, beruhigte ich mich langsam, bis ich schließlich sozusagen wieder auf Null angelangt war. Danach habe ich es natürlich bereut, dass ich mich geschnitten habe. Vor allen Dingen jetzt im Nachhinein, da ich viele Narben davon zurückbehalten habe. Die Narben sind ca. 4 bis 6 cm lang. Die tiefste ist 6 cm lang, 7 mm breit und als es frisch geschnitten war, war sie fast 1 cm tief. Diese Narbe ist auch die letzte, die ich mir zugefügt habe. Da sie so tief war, hat sie natürlich mächtig geblutet. So sehr, dass ich Angst bekam, dass es nicht mehr aufhören würde und ich zum Arzt müsste. Ich habe nicht ab-*

sichtlich so tief geschnitten. Vielmehr hat meine Wut den Druck an das Messer übertragen. Nachdem das passiert war, hab ich mich ernsthaft zusammengerissen und mir ein Gummiband ums Handgelenk gemacht. Immer wenn ich dann wieder das Gefühl hatte, mich schneiden zu müssen, hab ich das Gummiband schnippen lassen. Wenn ich kein Gummiband hatte, hab ich mich einfach gekniffen. Die Sozialphobie bin ich leider immer noch nicht los, aber wenigstens habe ich aufgehört, mich zu ritzen, und werde auch nicht wieder damit anfangen. Wenigstens ein Problem weniger. Manchmal habe ich natürlich trotzdem noch das Bedürfnis, mich zu schneiden, allerdings verwerfe ich diese Gedanken dann schnell und lenke mich mit Musik, Malen oder Schreiben ab."

Eine völlig andere Art von Botenstoffen, die hier eine Rolle spielen, sind Enkephaline aus der Gruppe der Neuropeptide, hierbei insbesondere der Glücksbote ß-Endorphin. Konicki und Schulz konnten 1989 nachweisen, dass der Enkephalinspiegel hoch positiv korreliert war mit der Stärke des selbstverletzenden Verhaltens. Dieser Stoff spielt vermutlich eine Rolle bei der geringen Schmerzempfindlichkeit der Selbstverletzer. Ein weiterer Botenstoff, der diesbezüglich bislang kaum untersucht wurde, ist GABA (Gamma-Amino-Buttersäure), ein hemmender Transmitter, der das Gehirn quasi vor Überlastung schützt und, ähnlich wie Alkohol, Ruhe und Entspannung vermittelt. Eine sehr große Anzahl von Rezeptoren des menschlichen Gehirns benutzten GABA zur Erregungsdämpfung, dennoch gibt es zu einem etwaigen Zusammenhang mit Body-Modification und selbstverletzendem Verhalten kaum Studien. Medikamente, welche die GABA-Funktion unterstützen, Tranquilizer etwa wie Benzodiazepine, scheinen indes bei Selbstaggression eher paradoxe Effekte zu haben (Eichelmann 1987).

Zwar ist man sich weitgehend einig, dass es eine Verbindung zwischen der Konzentration von Botenstoffen im Gehirn und selbstverletzendem Verhalten gibt, die Kausalität jedoch ist unklar. Haben ungünstige Lebensumstände dieses System von Botenstoffen langfristig verändert? Oder ist ein genetisch bedingt zu schwaches Serotoninsystem schuld daran, dass jemand später derartig abweichendes Verhalten zeigt?

In einzelnen Studien versuchte man, gemeinsame Persönlichkeitseigenschaften von Menschen zu finden, die zur Selbstverletzung neigen (Überblick bei Simeon et al. 1992b). Die Ergebnisse sind uneinheitlich, allein aus der oben aufgelisteten Reihe unterschiedlicher Motive wird schon klar, dass es sich hier nicht um eine einheitliche, homogene Gruppe handelt. Insgesamt fand man folgende mehr oder weniger typische Charaktereigenschaften: Selbstverletzer mögen sich selbst nicht; sie reagieren auf Zurückweisung übersensibel; sie neigen zu chronischer Verärgerung, meist über sich selbst; sie tendieren dazu, ihren Ärger zu unterdrücken; sie spüren ein hohes Maß an Aggression, das sie nicht ausleben können und nach innen richten; sie neigen zu impulsivem Verhalten und Kontrollverlust; sie agieren stark in Abhängigkeit vom augenblicklichen Gefühlszustand; sie haben wenig Zukunftspläne; sie leiden unter Depressionen und Suizidgedanken; sie haben chronifizierte Ängste; sie sind leicht irritierbar; sie schätzen ihre eigenen Fähigkeiten im Umgang mit Stress als gering ein; sie haben das Gefühl, nicht ausreichend Kontrolle über ihr eigenes Leben zu haben; sie vermeiden Problemsituationen; sie sehen sich selbst als wenig kraftvoll.

Deiter et al. (2000) gingen davon aus, dass die Betroffenen drei wichtige Funktionen nicht erworben haben: (a) die Fähigkeit, starke Emotionen zu ertragen, (b) die Fähigkeit, ein Selbstwertgefühl aufzubauen, und (c) die Fähigkeit, soziale Verbindungen mit anderen zu halten. Wenn Kinder, egal was sie tun, auf jedes Verhalten hin nur mit Beleidigungen, Bestrafungen und körperlicher Züchtigung erzogen werden, dann werden sie später nicht verstehen, Liebe und Zuwendung auszudrücken. Was auch immer diese Menschen später tun, sie werden stets das Gefühl haben, dass es nicht gut genug war und dass sie gegen Regeln verstoßen haben. Auf normale Kinder trifft dies sicherlich kaum zu, aber gerade die so genannten Schreikinder, hyperaktive, verhaltensgestörte, lern- oder anderswie behinderte Kinder lösen oft bei ihren Eltern negative Emotionen aus, die dann eine Kaskade in Gang setzen, in deren Verlauf die Eltern schließlich bald jedes Verhalten des Kindes bestrafen müssten. Für diese Kinder ist es subjektiv immer noch besser, von den Eltern angebrüllt oder gezüchtigt als gar nicht beachtet zu werden. Es findet eine Gleichsetzung statt von elterlicher Zuwendung mit Schmerz, die internalisiert wird. Später geben die Betroffenen sich diese Art der Zuwendung dann selbst.

Allerdings bestreitet ein Teil der Selbstverletzer vehement, als Kind schlecht behandelt worden zu sein. Möglicherweise reichte vielleicht hier auch schon die Tatsache, von den Eltern insgesamt zu wenig Beachtung und Liebe bekommen zu haben. Es muss nicht immer gleich eine massive physische Bestrafung sein, die Narben in der Kinderseele anrichtet. Etwa wenn beide Eltern berufstätig sind oder in Patchworkfamilien mit wechselseitigen Stiefelternbeziehungen, kommt es leicht vor, dass bestimmte Kinder sehr viel Beachtung finden und andere gar keine. Der Mensch ist ein Tier, das seit Jahrmillionen in kleinen Sippen lebt, wir brauchen den Kontakt zu anderen und der Zustand, nicht wahrgenommen zu werden, kann schlimmer sein als alles andere. Schon 1991 hatten Van der Kolk et al. darauf hingewiesen, dass neben sexuellem Missbrauch die simple Vernachlässigung von Kindern einer der wesentlichsten Prädiktoren für selbstverletzendes Verhalten ist (s. a. Bander et al. 1982). Diejenigen, die sich nicht einmal an das Gefühl erinnern konnten, von ihren Eltern geliebt worden zu sein, waren später am wenigsten fähig, ihr selbstzerstörerisches Verhalten zu kontrollieren.

Ein anderer Befund bei Menschen, die zu selbstverletzendem Verhalten neigen, ist, dass sie Problemen im Alltag eher aus dem Wege gehen. Sie verfügen nicht über die notwendigen Bewältigungs- oder Copingstrategien, um mit Stress zurechtzukommen, und haben wenig Kontrolle über unterschiedliche Alternativen, mit einer belastenden Situation umzugehen. Das Gefühl der allgemeinen Hilflosigkeit könnte eine Rolle dabei spielen, dass sie sich in eine Situation flüchten, in der sie die alleinige Kontrolle haben.

Simeon und Mitarbeiter verglichen in einer 1992 (b) veröffentlichten Studie der Columbia Universität in New York zwei Gruppen von je 26 Patienten mit Persönlichkeitsstörungen; die eine Gruppe neigte zum Selbstverletzen, die andere nicht. Bei den Selbstverletzern war die Symptomatik der Persönlichkeitsstörung sehr viel deutlicher ausgeprägt, sie zeigten mehr Bereitschaft zur Aggressivität und zu antisozialen Verhaltensweisen; das Ausmaß der Selbstverletzung war signifikant mit Impulsivität, chronischem Ärger und körperlich gefühlter Angst korreliert. Andererseits unterschieden die beiden Gruppen sich kaum in Bezug auf Depressivität und auch nicht auf einer Skala zum Sensation-Seeking. Zusammenfassend gehen diese Autoren davon aus, dass Selbstverletzungen insbesondere beim Vorliegen stark ausgeprägter Persönlichkeitsstörungen durchgeführt werden.

L. Johnstone (1997) kritisierte, dass Fachleute stets eine Verbindung sähen zwischen selbstverletzendem Verhalten und psychiatrischen Störungen. Einzelne Untersuchungen zeigten indes einen hohen Zusammenhang mit einer als „Dysphorie" bezeichneten psychischen Störung aus dem Formenkreis der Depression: Die Betroffenen sind praktisch ihr ganzes Leben lang überwiegend eher melancholisch gestimmt, leicht irritierbar durch andere, sie reagieren sehr empfindlich auf jede Zurückweisung und leben in einem beständigen Gefühl innerer Anspannung:

> „Die Ursachen, warum ich mich schneide, sind vielfältig. Damit begonnen habe ich, weil ich depressiv war, um ein paar Sachen aus meinem Kopf rauszukriegen, die in meinem Leben passiert waren. Als ich dann begann, immer mehr und mehr davon haben zu wollen, sogar wenn ich happy war, habe ich dann realisiert, dass mich das Schneiden glücklich macht [...]. Mein Plan, mich nicht mehr so oft zu schneiden, scheiterte dann aber, weil etwas Schreckliches passierte. Ich und meine Familie, wir waren in einen grauenvollen Verkehrsunfall verwickelt. Ich war monatelang nicht fähig, zu gehen. Das stürzte mich in eine schwere Depression, die auch dazu führte, dass ich mich wieder öfter schnitt. Mir schien, dass die Selbstverletzung das Einzige war, was mich überhaupt glücklich machen konnte."[108]

DeGree und Snyder (1985) gelang anhand der psychoanalytischen Theorie Alfred Adlers der Nachweis, dass traumatisierende Erfahrungen in der Kindheit später zu selbstverletzenden Verhaltensweisen führen können. Wird der Aggressionstrieb durch Einflüsse der Umwelt unterdrückt, so entsteht nach Adler Angst. Ein daraus resultierendes Minderwertigkeitsgefühl treibt den Menschen lebenslang zu kompensierenden Leistungen an. Nach Adler erklären sich nun die Unterschiede zwischen den Menschen dadurch, dass jeder aufgrund seiner sozialen Situation eine für ihn typische Art des Kompensierens ausbildet; hierzu kann auch Autoaggression, d. h. selbstverletzendes Verhalten, gehören.

Rooks et al. (2000) und auch Sarnecki (2001) sehen entsprechend Verbindungen zwischen Tattoos und Traumatisierungen, was den Kreis schließt und wieder auf die ursprüngliche Frage zurückführt: Besteht eine Verbindung zwischen Selbstverletzung und den schmerzhaften Formen der Body-Modification?

13.3 Unterschiede und Gemeinsamkeiten zwischen Body-Modification und Selbstverletzung

Ob überhaupt und wenn ja: in welchem Ausmaß Body-Modification auch als Ausdruck von Selbstverletzung interpretiert werden muss, ist auch in einschlägigen Kreisen ein heiß diskutiertes und umstrittenes Thema. Zum Teil wird BodMod hier als Möglichkeit gesehen, den Körper zu feiern, Selbstverletzung dagegen als Versuch, ihn zu zerstören. Die Unterschiede und Gemeinsamkeiten sind jedoch diffiziler und komplexer. Sicherlich gibt es eine kleine Gruppe Betroffener, die Tätowierungen, Piercings und andere Möglichkeiten der Body-Art als Selbstverletzung benutzen.

Doch wie bereits erwähnt, kann man keinesfalls davon ausgehen, dass jeder, der oder die sich ein Tattoo oder Piercing machen lässt, sich damit verletzen will. Ganz überwiegend wird der Schmerz ja als negativ und unangenehm beschrieben. Laura, eine Amerikanerin, die selbst ein Piercingstudio besitzt:

> *„Ich finde das Aussehen der funkelnden Metallstücke, die in meine wehrlosen Genitalien eingebettet sind, äußerst erotisch. Ein Teil dessen, was BodMod für mich so interessant macht, ist die reine Intensität der Erfahrung, und zwar trotz der Schmerzen und nicht wegen der Schmerzen."* [8]

Die meisten Menschen benötigen viel Zeit, um sich für eine Körperveränderung zu entscheiden, sie informieren sich, reden mit anderen, haben Angst vor dem Schmerz und zweifeln noch beim Betreten des Studios, ob ihre Entscheidung richtig ist. Dieses Verhalten lässt sich sicherlich nicht unter dem Aspekt der Selbstverletzung interpretieren, die meist in einem akuten Belastungszustand sehr rasch geschieht. Die Impulsivität des Verhaltens könnte also ein erstes Kriterium sein, Körperkunst von Körperverstümmelung zu unterscheiden. Besonders wenn BodMod-Handlungen aus seelischer Einsamkeit, Depression oder einem psychischen Schmerz heraus durchgeführt werden und vorrangig der Erleichterung von psychischem Druck dienen, kann man an Selbstverletzung als Motiv denken. Ähnliche Gedankengänge äußern durchaus auch die Betroffenen selbst:

> „Ich denke, ich fange mal mit der Bemerkung an, dass es eigentlich keine besonders gute Idee ist, sich selbst zu schneiden, aber wenn du total durcheinander bist und nicht mehr weißt, was du tun sollst, ist es schwierig, Cutting von einer anderen Body-Modification wie Tätowierung oder Piercing zu unterscheiden, weil das alles eine spezielle Bedeutung für dich hat." [87]
>
> „Gegenwärtig habe ich zwei Piercings und möchte gerne noch mehr haben. Ich verletze mich aber auch selbst durch Schnitte. Ich habe mal nachgedacht über die Beziehung zwischen den beiden und mir kam die Idee, dies als positive und negative Body-Modification zu bezeichnen; positiv ist zum Beispiel Piercing, wenn man es macht, um sich selbst zu verbessern, und dabei auch in Übereinstimmung mit seinen Leuten ist, negativ dagegen ist es, wenn man das Gefühl hat, man muss es tun, ohne dabei an sich selbst oder andere zu denken. [...] Mich zu schneiden mache ich nicht wegen anderen Leuten, sondern es bringt mich dazu, mich besser zu fühlen." [8]

Eine Vielzahl von Fallbeschreibungen verdeutlicht, dass die Übergänge fließend sind. Viele Selbstverletzer beginnen irgendwann, statt sich die Haut mit der Rasierklinge aufzuschlitzen, Muster, Buchstaben, Worte oder Bilder in die Haut zu schneiden. Andere entdecken über das Internet oder andere Medien die Body-Art der Skarifizierung und versuchen nun, ihre Selbstverletzung im Sinne einer psychoanalytischen Sublimierung in eine künstlerische Ausdrucksform zu verwandeln.

Rachel, eine Schülerin, die sich schon seit mehreren Jahren mit Schnitten selbst verletzte, entdeckte durch eine Freundin, die sich tätowieren lassen wollte, im Internet eine Seite über Skarifizierung. Sie schrieb:

> „Ich hatte keine Ahnung, dass es Leute gibt, die Dich professionell schneiden, bevor ich diese Webseite gesehen habe. Ich bin echt daran interessiert, so etwas auch zu bekommen, sobald ich 18 werde. Ich denke auch darüber nach, mir ein Tattoo und ein Lippenpiercing zuzulegen. Aber im Moment interessiert es mich vor allem, wohin mich diese Skarifizierung führt. Der Schmerz dabei erschreckt mich nicht; die Furcht davor habe ich verloren, seitdem ich mich selbst schneide. Narben bedeuten in meiner Welt Schönheit und dieses Denkmuster ist fest in meinem Geist, meinem Körper und meiner Seele verankert." [19]

Eine andere Selbstverletzerin entschied sich, statt wilder Schnitte sich das Wort MEIN in den Oberschenkel zu schneiden. Das sollte ihre Unabhängigkeit von jedem verdeutlichen, der über sie urteilte. Sozusagen ein Statement, das aussagte: *„Dies ist mein Körper. Liebe ihn oder lass ihn in Ruhe. Ich werde mich für überhaupt niemanden verändern, außer für mich selbst."*[115]

Ein Mädchen berichtete freimütig über ihre Selbstverletzungen im Alter zwischen 13 und 19 Jahren. Sie benutzte praktisch alles, was scharf war, um sich selbst zu schneiden oder auch zu brennen. Nachdem das sechs Jahre lang so gegangen war, fand sie sich in einer aussichtslosen Situation wieder. Sie hatte gerade herausgefunden, dass ihr Freund ein Verhältnis mit einer anderen hatte, sie hatte ihren Job verloren, weil sie depressiv war und andere gemobbt hatte. Sie beschloss, Suizid zu begehen, schluckte eine große Menge Schmerztabletten und schnitt sich die Pulsadern auf. Das Blut spritzte durch das ganze Zimmer und sie konnte im Inneren ihres Arms den Knochen sehen. Das aber brachte sie zur Vernunft, so schrieb sie, und weckte den Überlebensinstinkt. Sie rannte ins Bad und versorgte den Arm medizinisch.

„Wenn ich heute", so sagte sie, „den Drang verspüre, mich selbst zu verletzen, dann mache ich einen Termin für ein neues Tattoo oder Piercing und lebe meine Selbstverletzung in einer weitaus kontrollierteren und akzeptierten Weise aus." [98]

Sehr viel unglücklicher und eher wie ein Hilferuf klingt der folgende Bericht eines 14-Jährigen, der den umgekehrten Weg gegangen ist; über das Piercing hatte er die Selbstverletzung entdeckt:

„Ich bin 14 und habe meine Zunge, meine Nase und den Penis gepierct. Meine Mutter ist total gegen Piercings [...]. In der Vergangenheit habe ich mir selbst Schmerzen beigebracht und konnte damit eine Menge Ärger abbauen, ohne jemand anderem wehzutun. Seit ungefähr vier Monaten würde ich sagen, dass ich süchtig nach Schmerzen bin. Wenn ich wütend bin, ritze ich mir die Arme mit einer Rasierklinge oder einem Messer auf. Inzwischen sind meine Arme schon völlig vernarbt. Kürzlich hatte ich das Bedürfnis, mir noch viel mehr wehzutun. Manchmal denke ich, dass ich schon total verdreht in meinem Kopf bin, dass ich so was denke." [9]

Nur ein kleiner Teil der Selbstbeschreibungen beinhaltet auch erotische und andere sexuell orientierte Gefühle sowohl beim Beibringen der Selbstverletzung wie auch später bei der Betrachtung der Narben. Favazza (1996) stellte in einer Studie an 250 Personen mit selbstverletzenden Verhaltensweisen fest, dass nur 2 % sagten, sie seien bei diesen Handlungen „immer oder oft" sexuell erregt, weitere 3 % gaben an, dass sie bei der Selbstschädigung erotische Gefühle spürten. Dagegen nannten 20 % als Grund für ihre Verhaltensweise, sie wollten sich eher im Gegenteil von belastenden sexuellen Gefühlen befreien. Der weitaus größere Teil gab zu, die Körperveränderungen als Ventil für unangenehme Gefühle oder belastende Lebensumstände vorgenommen und den Schmerz als Befreiung erlebt zu haben oder als Halt in der Realität. Menschen, die sich selbst Verletzungen zufügen, spüren hinterher zwar zunächst ein Gefühl der Ruhe und Erleichterung. Dieser Zustand hält jedoch nicht lange an. Wenig später sind viele von ihnen beschämt, weil ihnen klar ist, dass ihre Verhaltensweisen nicht normal sind, dass sie wieder die Kontrolle verloren haben und dass sie die frischen Wunden nun vor anderen verbergen müssen. Das Umfeld reagiert entsprechend negativ, wenn die Selbstverletzung entdeckt wird. Zu den eigenen Schuldgefühlen kommt dann noch die Stigmatisierung hinzu:

> „Ich berührte meine Haut mit der Rasierklinge, ritzte eine feine Linie ein und ließ es bluten. Das brachte mich irgendwie zur Ruhe; schließlich konnte ich sogar einschlafen. Ich hoffte, dass mein Freund es nicht merken würde, aber er tat mir den Gefallen nicht. Er fragte, warum ich mich selbst verletzt habe. Ich fühlte mich durch diesen Ausdruck beleidigt und beschämt. Ich sagte ihm, dass ich nicht darüber reden wollte. Dann fragte er mich, womit ich mich selbst verletzt hätte. Ich war total wütend und ignorierte diese Frage völlig. Irgendwie dachte er wohl am nächsten Tag, dass dieselbe Frage mich nun weniger beleidigen würde, und er fragte nochmals. Er benutzte noch immer den Begriff ‚Selbstverletzung'. Ich fühlte mich nicht nur beschämt dadurch, ich fühlte mich auch schuldig." [88]

Ob es sich eher um eine Selbstverletzung oder um eine Körperverschönerung aus ästhetischen Gründen handelt, lässt sich meist aus dem anschließenden Verhalten der Betroffenen erkennen. BodMod-Träger zeigen ihre neueste Attraktion in der Regel mit gewissem Stolz ihren Freunden und Bekannten. Menschen, deren Selbstverletzungen psychopathologisch motiviert sind, verstecken ganz überwiegend ihre Narben. Werden sie doch damit konfrontiert, so erfinden sie häufig Ausreden, etwa sie hätten sich versehentlich verletzt oder seien überfallen worden.

Etliche derartige Fälle schilderte Susanne Bossenmayer (2003). Die Autorin beschrieb z. B. eine 19-jährige Zahnarzthelferin, die behauptete, im Juni 1996 in Tübingen auf ihrem Schulweg von einem Mann angesprochen worden zu sein, der sie kurzerhand auf eine Wiese gezogen und ihr T-Shirt mit einem Messer aufgeschnitten habe. Sie habe ihm dann zwischen die Beine treten können, woraufhin er geflüchtet sei. Der Mann sei ihr in den vorhergehenden Wochen häufiger aufgefallen, sagt sie, und sie habe das Gefühl gehabt, er habe sie verfolgt. Bei der medizinischen Untersuchung fanden sich parallele Einritzungen der Haut, die mit dem beschriebenen Tathergang nicht in Einklang zu bringen waren. Nach eingehender Konfrontation gestand sie schließlich, sich die Wunden mit einer Nähnadel selbst beigebracht zu haben. Als Motiv gab sie depressive Verstimmungen an. Sie habe auf ihre Situation aufmerksam machen wollen und hätte eigentlich Hilfe gesucht. Das Verfahren wegen Vortäuschung einer Straftat wurde in diesem Fall nach Zahlung einer Geldbuße eingestellt. In den meisten anderen der von Bossenmayer berichteten Fällen war der Betrug nicht so schnell aufgedeckt worden. Einmal war sogar ein von der Betroffenen frei erfundenes Phantombild in der örtlichen Zeitung erschienen.

Der negative, schuldhafte Anteil des Selbstverletzungsverhaltens lässt sich durch die meisten Body-Modifications vermeiden, da man hier ja durch die Verletzung ein kleines „Kunstwerk" auf dem eigenen Körper geschaffen hat, das man nicht mehr schamhaft verbergen muss, sondern unter Umständen sogar stolz zeigen kann. Somit überwiegen die positiven Anteile, das schlechte Gewissen nach der Handlung bleibt weitgehend aus:

> „Als ich noch jünger war, fragt mich bitte nicht nach dem Alter und so, war ich schön verrückt und, aus diesem oder jenen Grund, habe ich mit Selbstverletzungen angefangen (...) Nach einiger Zeit gingen mir diese dauernden Fragen nach den Narben auf meinem linken Unterarm aber echt auf die Nerven."

Sie begann mit einem grünen Stift die zufällig verteilten wilden Narben auf ihrem Arm zu verbinden und einen Schmetterling daraus zu malen. Nach einigen ernsthaften Überlegungen kam sie zu dem Schuss, dass ein solcher permanenter Schmetterling beträchtlich dekorativer wäre als das Areal der aufgeschlitzten Sünden aus ihrer Existenz als Teenager. Die einzige Kleinigkeit, die sie dafür noch erledigen musste, war, den Schmetterling auch tatsächlich anzubringen. Mit einer Rasierklinge schnitt sie das Muster in die Haut. Während der Arm heilte, trug sie nur langärmelige Kleidung. Etwa vier Wochen später hatte sie eine gleichmäßige Narbe in der Form eines Schmetterlings. Im Gegensatz zu den Narben bekam sie nun sogar viele Komplimente. Den meisten Bekannten erzählte sie sogar, dass die Skarifizierung von einem Profi gemacht worden sei, um überflüssige Fragen auf ein Minimum zu reduzieren.

> „Aber diejenigen, denen ich die Wahrheit gesagt habe, sind alle total beeindruckt, dass ich einen Schmetterling zeichnen kann, gar nicht davon zu reden, dass ich mir einen in den Arm geschnitzt habe."[113]

Auch „Megdalyn" hatte sich jahrelang selbst geschnitten. Warum Menschen an Play-Piercings teilnehmen, konnte sie nie verstehen, bis sie es selbst ausprobierte:

> „Jahrelang hatte ich mich geschnitten, wenn mich etwas durcheinander gebracht hatte. Play-Piercing fühlt sich wie eine vergleichbare Erleichterung an, aber auf einem sozial etwas akzeptierteren Niveau. Offensichtlich ist Play-Piercing natürlich kein übliches Verhalten, aber es ist etwas, das man auf eine offene und gesunde Weise machen kann. Ich glaube, was ich versuchen will, zu sagen, ist, dass es nicht dieselbe Scham und dasselbe Stigma mit sich bringt wie Cutting."[76]

Ganz richtig erkannte aber eine Betroffene, die sich früher selbst verletzt hatte und nun Play-Piercings durchführt:

> „Bin ich mir eigentlich sicher, dass ich ein Play-Piercing machen möchte, weil ich es mag und darüber ein positives Gefühl habe? Oder verfalle ich nur wieder in die alte Gewohnheit und fange wieder an, meinen Körper zu missbrauchen?"[67]

Auf der kalifornischen Internetseite „*Ambient*" äußerte ein Piercer die bereits geschilderte Beobachtung, dass sehr viele Menschen, die sich extremen Formen der Body-Modification unterziehen, eine schwere Kindheit mit Missbrauch in irgendeiner Form durchgemacht haben und Piercings wie auch Tattoos als Weg benutzen, um ihren Körper wieder für sich selbst zu beanspruchen. Gerade durch den Missbrauch als Kind könnten solche Personen an den Schmerz gewöhnt sein und ihn im späteren Leben als nicht so schlimm empfinden wie andere. Da bei solchen Kindern Beachtung durch die Eltern überdurchschnittlich häufig mit Strafe und körperlicher Züchtigung verbunden war, haben sie begonnen, Schmerz mit Zuwendung gleichzusetzen. Bei der Selbstverletzung könnte es sich damit dann lediglich um den Versuch handeln, sich selbst etwas Zuwendung und Beachtung zu schenken:

> „Ich bin eine reformierte Selbstverletzerin. So eine Art jedenfalls. Ich begann, mich selbst zu verletzen, zu einem Zeitpunkt, an den ich mich gar nicht mehr erinnern kann. (...) Ich schlug gegen Wände, bis meine Hand brannte und taub wurde. Ich haute meinen Kopf gegen eine Mauer. Biss mir in Lippen und Zunge, bis es blutete. Stach mich selbst. Das Ganze eskalierte, als ich Teenager war – ich nähte meine Finger zusammen mit Nadeln und einem Faden. Pulte an meiner Haut herum, bis es blutete. Ich trieb meinen Körper bis an seine Grenzen. Schließlich, in meiner späten Jugend, begann ich mit dem Schneiden."

Erst Jahre danach begann sie darüber nachzudenken, ob Skarifizierung ein Weg sein könnte, das frei zu lassen, was sie nur noch als Bürde empfand. Sie hoffte, dass sie sich auf diese Weise von ihrer Besessenheit würde lösen können. Sie entschied sich dafür, sich eine Skarifizierung in Form einer Spirale zu schneiden:

> „Das Leben setzt sich fort, dreht sich ständig im Kreis, ob mit mir oder ohne mich. (...) Die Spirale sollte mich auch daran erinnern, dass ich fähig bin, diese Dinge zu tun. Ich kann da durchkommen. Eine Erinnerung daran, dass das Leben weitergeht, egal wie sehr ich darin verwickelt bin. Und ich kann am Leben bleiben, kann weitermachen."[116]

14   Lust und Schmerz

„*Ich liebe es, zu sehen, wie ich selbst blute, es vermindert den Stress und…
es macht mich glücklich*", sagte ein 14-Jähriger über seine Selbstverletzungen.[144] Ein Jugendlicher mit Brustwarzenpiercing, Prinz Albert und Apadravya:

> „Ich bin kein Selbstverletzer und habe auch nicht mehr Freude am Schmerz als jeder normale Mensch. Na gut, das ist wohl so eine Art Lüge. Wir alle, die wir an Körpermodifizierung interessiert sind, erfreuen uns typischerweise an dem Schmerz wie auch an den Endorphinen, die mit der Veränderung kommen."[104]

Das Anbringen von Body-Arts ist immer mit Schmerzen verbunden; zugleich betonen viele gepiercte Personen, dass sie eigentlich im Leben eher ängstlich sind und sich vor Schmerzen fürchten. Weiter vorne wurde bereits die mit dem Anbringen eines BodMods verbundene „Mutprobe" erwähnt. Es gibt aber auch die Lust am Schmerz. Viele empfinden die eigentlich unangenehme Prozedur durchaus als erotisch und sexuell erregend. Ein Mädchen, das sich als Erinnerung an ihren Freund, der sie verlassen hatte, ein Genitalpiercing anbringen ließ, berichtete:

> „Ich spürte, wie die Nadel durchging, es war ein erstaunliches Rauschgefühl, die Empfindung war überwältigend, da war sofort eine Hitze, die sich rund um meine Klitoris konzentrierte, etwas weniger wäre lustvoll gewesen, aber dies war doch zu viel, aber ganz bestimmt nicht schmerzhaft. Ich mochte es, ich mochte es sogar sehr!"[46]

Zumindest ein Teil der Menschen mit BodMod will den Schmerz auch spüren. Ein 28-jähriger Student berichtete über das Anlegen eines Genitalringes:

> „Deshalb hatte ich mir das Stechen des Prinz Albert auch ganz anders vorgestellt. Offen gestanden: Es ging mir viel zu schnell. Das war gar nicht so, wie ich es haben wollte. [...] Ich hatte ja dank meiner Mutter auch die Mittel dazu, dass ich mir – wie andere Leute selbstzerstörerisch mit meinem Körper umgehen, um Druck abzulassen – durch den Schmerz, den ich mir durch die Piercings zusetzte, sehr viel Druck aus meinem Leben rausnehmen konnte." (Feige & Krause 2004, 94)

Derselbe Betroffene benutzte Schmerz auch zur sexuellen Stimulation:

„Und wenn ich mich heute sexuell stimulieren möchte durch das Stechen irgendwelcher Körperteile, dann ist das nur temporär. Das heißt, das wird nur beim Sex gemacht. Dann habe ich während des Fickens entweder einen Ring, den ich selbst hindurchziehe, oder nur die Nadel. Und darauf ist es beschränkt, dass man sich eine Nadel durch die entsprechenden Körperteile sticht ..." (Feige & Krause 2004, 94)

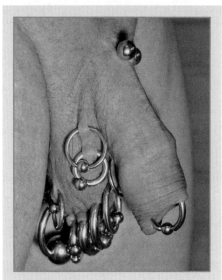

Abb. 122:
Es ist nicht ausgeschlossen, dass Menschen mit einer so großen Anzahl von Piercings im Genitalbereich die Tortur auch spüren möchten. Hier vermischen sich oft Lust und Schmerz. (Foto: Bianca Krause)

Oji aus Edmonton (Alberta) spürte beim Anlegen einer Skarifizierung durch eine Piercerin plötzlich ein stark erotisches Gefühl in sich aufsteigen:

„Ich konnte genau spüren, wie das Metall in das Fleisch meines Arms eindrang. [...] Ich spürte, wie ein Schauder mein Rückgrat hinunterlief, bis in meine Zehenspitzen, und sich dann zentrierte. Das war das erotischste Gefühl, das ich je hatte."

Die Piercerin fragte ihn, ob alles in Ordnung sei, und er antwortete, es sei mehr als O. K., er fühle sich phantastisch. Zu diesem Zeitpunkt war sie bei dem sechsten oder siebten Schnitt von insgesamt 15, die geplant waren. Er konnte sich nicht länger zurückhalten, so schrieb er, führte seine Hand nach unten und begann, sich zu reiben. Dabei sah er zu, wie die Piercerin seine Haut aufschnitt und kleine Stücke abtrennte. Er spürte keinen Schmerz, nur ein dumpfes Gefühl beim Abziehen der Haut. Es blutete wenig, unangenehm fand er, die Fettschicht zu sehen.

„Ich wünschte, ich könnte es besser beschreiben, aber es war, als wenn ich im Himmel wäre und man würde mich mit Ambrosia füttern. Wirklich, jedes Mal, wenn des Messer mir durch die Haut fuhr, erreichte ich ein neues Level erotischer Gefühle, ein Hochgefühl der Zufriedenheit, von dem ich nicht wusste, dass es existiert. Ich kann Tanya nur danken, dass sie so verständ-

nisvoll war und weitergemacht hat, während ich vor Erregung stöhnte und der Schauder in meinem Rücken sich so anfühlte, als hätte ich den stärksten Orgasmus, den ich jemals hatte." [100]

Einen Zusammenhang zwischen Lust und Schmerz bis hin zur Verletzung sieht auch Favazza (1996), der darauf hinweist, dass viele Menschen im Zustand der Erregung Schmerzen genießen und z. B. übergroße Dildos benutzen, sich heißes Wachs auf die Brüste tropfen oder auch mit Nadeln stechen. Favazza meinte, Verhaltensweisen wie milde Flagellation und Bondage müssten heutzutage ja schon fast als normales Sexualverhalten eingestuft werden; die extensive Zerstörung von Gewebe hielt er dagegen für pathologisch. Er schilderte hierzu das Beispiel eines seiner Patienten, dessen wichtigste sexuelle Betätigung das Masturbieren vor einem großen Spiegel war und der sich dabei selbst mit Drahtkabeln auspeitschte, den Penis mit einer Bürste schrubbte, die Hoden in einer Tür quetschte und sich mit Kerzenwachs Verbrennungen zufügte. Als Kind sei dieser Mann von seinen Eltern zu sexuellen Handlungen gezwungen worden, bei denen man ihm ähnliche Dinge angetan hatte.

Lange Zeit war die Frage offen, warum Menschen zu masochistischem oder selbstzerstörerischem Verhalten neigen (Masters et al. 1995; Becker & Hartmann 1997). Ein Erklärungsmodell ist die „Flucht-aus-dem-Selbst"-Theorie: Durch Befragung von sechs Menschen, die Sadomaso-Techniken praktizieren, konnte Iser (2000) nachweisen, dass alle Beteiligten bei der Durchführung von Praktiken wie Bondage (Fesseln des Partners), Auspeitschen und Schlagen, genitales Quälen, Piercen von Genitalien und Brustwarzen dabei nur noch ein fragmentiertes Bewusstsein besaßen, ihre kognitiven Funktionen nicht mehr völlig beherrschten und Dinge taten, die sie normalerweise als „pervers" verurteilt hätten.

Schmerz tut weh. Normalerweise jedenfalls. Was aber würde übrig bleiben, wenn die unangenehme Komponente der Schmerzen wegfiele? Sozusagen ein nicht schmerzender Schmerz? In dem klassischen Artikel aus dem Jahr 1928 beschrieben die beiden deutschen Wissenschaftler P. Schilder und E. Stengel einen älteren Patienten, der infolge einer Hirnfunktionsstörung Schmerz zwar spürte, aber nicht mehr als unangenehm empfand. Wenn man den alten Mann stach, schlug oder kniff, so erfolgte keine Fluchtreaktion mehr, obwohl der Gesichtsausdruck des Patienten auf Schmerzen schließen ließ. Er beurteilte den Schmerz gar als angenehm und wollte immer mehr davon haben. Die beiden Autoren bezeichneten dies mit dem Fachterminus Schmerzasymbolie.

Inzwischen wurde durch neuere Untersuchungen bekannt, dass Schmerzen auch das Belohnungszentrum des Gehirns aktivieren. Hierbei scheint insbesondere der Nucleus accumbens involviert zu sein, der u. a. auch durch Kokain stimuliert wird. Am aktivsten reagiert das „Lustzentrum" direkt, nachdem der Schmerz begonnen hat, dann wird der Nucleus accumbens aber wieder gedrosselt. Becerra et al. (2001) prüften im MRT die Reaktion auf kurze Temperaturreize an den Händen und stellten fest, dass das Belohnungszentrum unmittelbar auf den Schmerzreiz reagierte: der Nucleus accumbens im ventralen Striatum erhält Signale von präfrontalen Cortexarealen, vom Hippocampus und der Amygdala und ist ein Teil der limbischen Funktionsschleife zwischen Cortex und Basalganglien; vom Rückenmark aus werden die Schmerzimpulse über den Hirnstamm an den Thalamus und über das limbische System an die Großhirnrinde weitergeleitet. Bevor der Neocortex eine bewusste Wahrnehmung erzeugt, ist die emotionale Bewertung bereits geschehen.

Die Verarbeitung von Schmerzreizen im Gehirn geschieht über das aufsteigende Schmerzsystem. Wesentliche Schaltstellen sind der Tractus spinothalamicus, Thalamus und Cortex. Die eigentliche Verarbeitungsstelle für unsere Körperempfindungen ist der somatosensorische Cortex im Parietallappen. Wenn irgendein Punkt unseres Körpers gereizt wird, so spürt man dies streng genommen gar nicht an dem berührten Punkt, sondern im zugehörigen Areal der Großhirnrinde. Ist dieser Hirnbereich z. B. durch einen Schlaganfall oder einen Unfall mit Schädel-Hirn-Trauma zerstört worden, dann sind die Betroffenen unfähig, in bestimmten Teilen ihres Körpers noch irgendetwas zu spüren, selbst wenn der Körperteil völlig intakt geblieben ist. Eine halbseitig gelähmte Patientin, die lange Zeit vom Verfasser betreut wurde, legte einmal in der Küche ihre Hand auf eine Herdplatte, von der sie nicht wusste, dass sie eingeschaltet war. Erst durch den Geruch von angesengtem Fleisch wurde sie aufmerksam. Schmerz konnte sie auch hinterher in dieser Hand nicht spüren, da das zugehörige Hirnareal in ihrem zentralen Nervensystem (ZNS) nach einem Schlaganfall nicht mehr existierte. Umgekehrt kann man auch Schmerz spüren, obwohl gar keine Verletzung vorliegt, bei einer Neuritis etwa ist der Nerv selbst entzündet. Beim Phantomschmerz tut dem Betroffenen ein Körperteil weh, das lange vorher amputiert wurde.

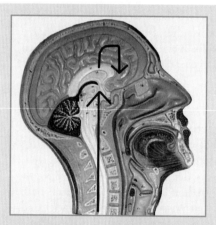

Abb. 123:
Schematische Darstellung. Das „aufsteigende Schmerzsystem" leitet Schmerzreize aus der Körperperipherie über das Rückenmark weiter ins Gehirn, wo die eigentliche Wahrnehmung stattfindet; das „absteigende Schmerzsystem" hat hemmende Aufgaben und kann Schmerzen abblocken. (Gehirnmodell: Firma Erler-Zimmer, Foto: E. Kasten)

Neben diesem aufsteigenden Schmerzsystem, das die Information von der Körperperipherie zum Gehirn weiterleitet, gibt es noch ein absteigendes, analgetisches System, das die Schmerzwahrnehmung reduzieren, den Schmerz also hemmen kann. Hierbei spielen insbesondere körpereigene Opiate eine Rolle. Zentrale Areale dieses schmerzhemmenden Systems sind das periaquäduktale Grau des Mesenzephalons, der obere Pons, die Formatio reticularis und der Nucleus raphe. Außerdem gibt es eine schmerzinhibitorische Komponente im Hinterhorn des Rückenmarks; hier können aus der Peripherie stammende Signale abgeblockt werden, bevor sie ins ZNS gelangen. Ein schmerzhemmender Einfluss ist z. B. akuter Stress; unter starker körperlicher oder psychischer Belastung kommt es zu einer Unterdrückung der Schmerzwahrnehmung. In Zeiten ohne solche Belastung tritt der Schmerz dafür umso mehr ins Bewusstsein. Dadurch spürt man direkt nach einem Unfall oft kaum den Schmerz, erst später dann in einer Ruhephase.

Die Schmerzwahrnehmung impliziert nicht automatisch deren negative Bewertung. Warum empfinden wir das sanfte Streicheln der Haut als angenehm, einen Stich aber als unangenehm? Und, noch komplizierter, warum empfinden manche Menschen auch Schmerz als lustvoll? Es gibt insbesondere aus der Sadomaso-Szene sehr viele Beschreibungen von lustvollen Schmerzerlebnissen. Oft reagieren die Betroffenen beim ersten Mal verwirrt, da diese beiden gegensätzlichen Gefühle in ihrer Vorstellungswelt nicht zusammenpassen. Brandhurst (2004) schilderte eine „Renate", die schon früher einmal von einem ihrer Partner beim Geschlechtsverkehr geschlagen worden war und dabei eine seltsame Erregungssteigerung gespürt hatte. Sie war darüber verwirrt und trennte sich wenig später von ihrem Partner. Ihr jetziger Mann gab ihr beim Sex, während sie auf ihm saß, plötzlich Schläge auf das Gesäß und sie äußert darüber später:

> „Wann immer ich ihn tief in mir aufnahm, entgegnete er mein Drängen mit einem Schlag. Irgendwann begann meine Haut, unter seinen Handflächen zu brennen. Doch wieder erregte es mich ungemein. Es brachte mich zu einem ungeahnten Höhepunkt, der mich zum Weinen brachte." (Brandhurst 2004, 152ff)

Erst Jahre später erfuhr sie zufällig, dass dieses als Flagellation bezeichnete Verhalten eine spezielle Form der Luststeigerung ist. Bei Brandhurst kommen noch andere Mitglieder der Sadomaso-Szene zu Wort. So sagt z. B. eine Babette:

> „Ich bin eindeutig schwerpunktmäßig masochistisch. Zwar liebe ich auch das Gefühl, gefesselt zu sein und gezwungen zu werden, aber was richtig anturnt, sind Schmerzen. Ideal ist, wenn beides zusammenkommt." (Brandhurst 2004, 66)

Heide: „Es war ja nicht damit getan, dass ich mich in der Rolle der Sklavin wohl fühlte, die gedemütigt und erniedrigt wurde. Ich wurde ja auch benutzt, manchmal sexuell, manchmal schmerzhaft. Es blieben zwar keine Wunden zurück, aber die Schläge auf den Po oder Klammern an den Schamlippen spürte ich manchmal noch einen halben Tag lang. Das war alles andere als unangenehm. Es gibt im SM dieses geflügelte Wort vom ‚süßen Schmerz'. Kann ein Schmerz süß sein? Ja. Er kann es." (Brandhurst 2004, 209)

Rolf: „Je öfter ich mich mit meinem Körper auseinander setzte [...], umso mehr merkte ich, dass es mir nicht nur gefiel, wenn ich meinen Schwanz schlicht mit der Hand stimulierte, sondern ein wenig – ich sage mal – härter zur Sache ging. Ich schlug mit der flachen Hand auf die Eichel, zerrte am Sack, während ich onanierte, manchmal hämmerte ich den erigierten Penis auf Stuhllehnen, klatschte mit dem Lineal drauf und kniff derweil mit der freien Hand an meinen Brustwarzen. [...] Heute weiß ich: Ich bin devot masochistisch. Ich mag es, wenn man mich fesselt, knebelt, mich behandelt, als wäre ich ein ungezogener Junge, und mir dann Dinge antut, die an der Grenze zwischen Lust und Schmerz liegen. [...] Das war manchmal hart an der Grenze. Wenn man so im Rausch ist, merkt man einige Dinge nicht." (Brandhurst 2004, 99ff)

Wie erklärt sich diese seltsame Paarung von Lust und Schmerz? Die reine Wahrnehmung von Ort und Stärke der Stimulierung eines Hautareals ist nur ein Bruchteil dessen, was im Gehirn abläuft. Durch komplexe Verschaltungen werden etliche andere Hirnteile parallel zum somatosensorischen Cortex aktiviert, darunter übrigens auch Systeme, die für die Selbstbelohnung verantwortlich sind. Nach Becerra et al. (2001) wird nach Darbietung eines schmerzhaften Reizes beim Menschen das klassische Schmerzsystem aktiviert: primärer somatosensorischer Cortex, vorderer Gyrus cinguli, Insel, Thalamus und periaquäduktales Grau. Allerdings reagieren diese Strukturen auch auf nicht schmerzhafte, sanfte Berührungen. Ob eine Wahrnehmung als angenehm, unangenehm oder schmerzhaft bewertet wird, scheint davon abzuhängen, welche Teile des Schmerzsystems aktiviert werden und wie stark diese in Relation zueinander erregt sind. Unklar ist daher inzwischen sogar, ob der als „unangenehm" empfundene Anteil der Schmerzen wirklich eine direkte, primäre Wahrnehmung oder eventuell nur ein sekundär bewertendes Gefühl ist (Fields 1999). Beim Schmerzerleben spielen also auch motivationale Faktoren eine erhebliche Rolle.

Verhalten, das in Erwartung positiver Folgen ausgeführt wird, wird vom so genannten Belohnungssystem des Gehirns mit der Auslösung angenehmer Gefühle gefördert. Wir essen Süßigkeiten, mögen Sex und freuen uns über bestandene Prüfungen, weil dieses System uns dabei mit euphorischen Gefühlen belohnt.

Die körpereigenen Glücks-Botenstoffe lassen sich auch durch Drogen ersetzen. In den meisten Studien geschah dies durch Verabreichung von Opiaten. Zunächst ging man davon aus, dass dieses Belohnungssystem nur auf angenehme Stimulation antwortet, erst neuerdings wurde postuliert, dass Schmerz und Euphorie lediglich entgegengesetzte Pole desselben Kontinuums sind und dass dasselbe System daher möglicherweise beides auslösen könnte. Zubieta und Mitarbeiter konnten 2001 nachweisen, dass auch während einer schmerzhaften Stimulierung signifikante Mengen an körpereigenen Opioiden im Nucleus accumbens ausgeschüttet werden. Dieser hat wiederum eine wichtige Funktion bei der Erzeugung einer absteigenden Analgesie, d. h. eines gewissen Taubheitsgefühls durch Blockierung der aus dem Rückenmark kommenden Schmerzreize. Opioide, also auch das körpereigene Endorphin, führen nicht nur zu euphorischen Gefühlen, sondern unterstützen auch Schmerzlosigkeit. Unter der Wirkung von Opiaten erreicht weniger Schmerzinformation das ZNS, die Wahrnehmung ist verändert, und das absteigende analgetische System wird aktiviert (insbesondere das periaquäduktale Grau).

In einem Versuch von Becerra et al. (2001) sollten Versuchspersonen ihre Hand in ein Gefäß legen, in dem sich entweder angenehm-warmes oder schmerzhaft-heißes Wasser befand; mittels funktioneller Magnet-Resonanz-Tomographie (fMRI) wurden dabei die Hirnfunktionen überwacht. Eines der ersten Ergebnisse war, dass in der unangenehmen Situation mehr als doppelt so viel Gehirnmasse aktiviert war als in der angenehmen. Allerdings waren nicht unbedingt andere Gehirnteile aktiviert – bei Schmerz werden offenbar dieselben Hirnteile erregt wie bei Lust.

Viele der hier zitierten Fallbeschreibungen berichten von unterschiedlichem Schmerzerleben je nach Phase der Reizung. Lassen sich solch „Zyklen" auch wissenschaftlich abgrenzen? Bereits oben wurde darauf hingewiesen, dass auf einen kurzen, hellen Schmerz meist ein länger andauernder, brennender folgt. Apkarian et al. (1999) stellten fest, dass das Schmerzerleben bei einem gleichförmigen, 25 Sekunden andauernden Schmerz zu Beginn der zweiten Hälfte am stärksten war. Nach einer kurzzeitig andauernden Spitze der Schmerzwahrnehmung fiel die Kurve dann langsam, aber stetig immer weiter ab.

Becerra et al. (2001) konnten anhand der Gehirnaktivität zwei deutlich längere Phasen der Reaktion auf Schmerz unterscheiden: Die erste dauerte etwa 1 bis 1,5 Minuten, die zweite war bedeutend länger und endete in einer gewissen Habituation an den Schmerz mit Abflachung der Signalintensitäten. In der Amygdala fand sich eine sehr starke frühe Aktivität; fast alle anderen Hirnteile zeigten nach einiger Zeit eine Gewöhnung an den Schmerz. Der größere Teil des Belohnungssystems reagierte stark in der frühen Schmerzphase. Die Autoren schlussfolgern daraus, dass verschiedene Hirnteile durch Schmerz aktiviert werden, die Stärke der jeweiligen Reaktion aber einen sehr unterschiedlichen zeitlichen Verlauf zeigt. Begleitet wurden die beiden Phasen durch Veränderungen des Blutflusses im Gehirn; auch

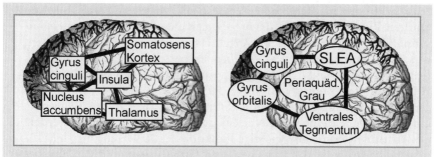

Abb. 124:
Schematische Darstellung der klassischen Schmerzareale (links) sowie des Belohnungssystems (rechts) des Gehirns (abgewandelt nach Becerra et al. 2001; Zeichnung aus Robinson, A.: Cunningham's Text-Book of Anatomy 1920, 585)

hier konnten zwei unterscheidbare Wellen voneinander abgegrenzt werden. Eine der Erklärungsmöglichkeiten scheint zu sein, dass diese beiden Phasen mit unterschiedlichen Schmerzkomponenten zusammenhängen. In der ersten Schmerzphase war das Belohnungssystem hochaktiv, in der zweiten eher das klassische Schmerzsystem. Hierbei bedeutet „Belohnungssystem" allerdings nicht zwangsläufig positive Gefühle, da man, wie gesagt, ja davon ausging, dass dieses System für beide gegensätzlichen Komponenten verantwortlich ist, für Schmerz wie für Euphorie.

Die Spätphase hing dann auch sehr viel mehr mit der bewussten Wahrnehmung und kognitiven Verarbeitung durch das ZNS zusammen. Im biologischen Sinn hat diese frühe Schmerzphase wahrscheinlich die Funktion, auch bei einer akuten Verletzung die Handlungsfähigkeit zu bewahren, um sich aus der Situation retten zu können. Erst etwas später setzt das eigentliche Schmerzerleben ein und dem Verletzten wird bewusst, wo genau und wie stark er verletzt wurde. Mitunter kommt es dann zum Schock mit massiven Kreislaufveränderungen und Übelkeit bis hin zu Desorientierung; einige der o. g. Berichte über Suspensionen stützen diese Theorie.

Nach den Ergebnissen von Becerra et al. (2001) ist das Belohnungssystem in der Spätphase der Schmerzwahrnehmung eigentlich kaum noch aktiv, was nicht mit dem Hochgefühl übereinstimmt, mit dem viele Personen das Piercingstudio verlassen. Das im zweiten Abschnitt dominante klassische Schmerzsystem bewirkt die Fokussierung der Aufmerksamkeit auf die Verletzung, somatosensorische Empfindungen und analgetische Funktionen. Dies heißt auch, dass der Schmerz als unangenehm empfunden wird, wobei der anteriore Gyrus cinguli eine Rolle spielt. Hierbei wird eine affektive von einer kognitiven Komponente unterschieden. Neuere Daten deuten darauf hin, dass die kognitive Bewertung offenbar in beiden Phasen aktiv ist, die affektive aber überwiegend erst in der Spätphase einsetzt. Bei der kognitiven Verarbeitung ist insbesondere das Frontalhirn von Bedeutung, das die aversive Wertigkeit einer Wahrnehmung analysieren und auch modifizieren kann. Nach Borsook und Becerra (2003) wurde schon in den 1970ern angenommen, dass Strukturen des Vorderhirns Schmerz unterdrücken können, der Nachweis im Tierversuch gelang aber erst 1998 durch B. H. Manning. Insbesondere der Nucleus accumbens ist in diese Anti-Nozizeption eng mit eingebunden.

Affektive und motivationale Anteile beeinflussen darüber hinaus über das limbische System das Schmerzerleben, hierbei insbesondere durch die Amygdala und den Hypothalamus, die beide auch in das absteigende Analgesie-System involviert sind. Wie stark die kognitive Komponente die Schmerzwahrnehmung beeinflussen kann, zeigt u. a. der Placeboeffekt. In mehreren Untersuchungen wurde festgestellt, dass der Glaube, ein starkes Schmerzmedikament eingenommen zu haben, signifikant zu einer Reduktion der Schmerzen führen kann (s. Borsook & Becerra 2003; Ploghaus et al. 2003). Hierbei spielen klassische Konditionierung, Erwartung und Angstreduktion eine Rolle. Schon alleine das Wissen, den Schmerz selbst beeinflussen zu können, reduziert in der Regel die subjektiv wahrgenommene Intensität. Auch durch hypnotische Suggestionen lässt sich das Schmerzerleben beeinflussen. Je nachdem, ob man den Versuchspersonen suggeriert hatte, dass ein experimenteller Reiz nur sehr wenig oder aber sehr stark schmerzhaft sein würde, kam es nicht nur zu Veränderungen im subjektiven Erleben, sondern auch zu Unterschieden der Aktivität verschiedener Hirnstrukturen, z. B. im rostralen anterioren Cingulum (s. Ploghaus 2003 et al.).

Zusammenfassend ist festzuhalten, dass Schmerzen zumindest teilweise dasselbe System beeinflussen, das auch bei (Selbst-)Belohnungen aktiv ist bzw. durch Drogen wie z. B. Morphine aktiviert wird. Euphorie/Lust und Dysphorie/Schmerz repräsentieren zwei Enden eines Kontinuums. Sie unterscheiden sich in Art und Ausmaß der Beeinflussung des Belohnungssystems, wobei die kognitive Komponente der Bewertung maßgeblich an der Modulierung des subjektiven Erlebens beteiligt sein dürfte. Bei Schmerzen, denen wir nach einem Unfall oder durch Krankheit hilflos ausgeliefert sind, überwiegt klar die extrem unangenehme Wahrnehmung; deutlich breiter wird das Spektrum erst bei Schmerzen, die wir aus eigener Entscheidung ertragen.

Dopamin ist einer der wichtigsten Transmitter im Belohnungssystem des Gehirns, nach heutiger Kenntnis signalisiert das Dopaminsystem aber lediglich ein *Bedürfnis* wie das nach Nahrung oder Sexualität. Für die Freude über die *Erfüllung* des Verlangens sind im Wesentlichen die Endorphine verantwortlich. Auch wird übrigens beim Essen scharfer Speisen ein Schmerzreiz ausgelöst, der dann im Gehirn zur Ausschüttung körpereigener Opiate führt, das so genannte „Chili-High". Durch diese Endorphine wird das Schmerzempfinden herabgesetzt. Genau wie Opium,

Morphium und Heroin erzeugen Endorphine über die Schmerzregulierung hinaus ein kurzfristiges Gefühl von Glück und Zufriedenheit. Das erklärt, warum viele Menschen geradezu süchtig nach scharfem Essen sind. In der Tat kann man durchaus auch nach einer Ausschüttung der körpereigenen Endorphine süchtig werden, diese werden ja bekanntlich auch bei körperlichen Hochleistungen aktiviert (siehe auch Kap. 11.2 Runner's High) und dienen biologisch vermutlich dazu, bei der Jagd oder auf der Flucht allerletzte Kraftreserven zu mobilisieren und den Schmerz nicht mehr wahrzunehmen. Auch Magersucht wird damit erklärt, dass Hungerzustände mit der Ausschüttung körpereigener Opiate verbunden sind. In der Tat ist sogar in so mancher Beschreibung der Anbringung einer Körperveränderung die Rede vom „High"-Sein. Im Folgenden einige typische Beispiele.

> Eine 38 Jahre alte Frau, die sich seit über 13 Jahren selbst verletzte: „Wenn ich es mache, dann zu meiner eigenen Befriedigung, ich spüre eine sofortige Erleichterung, als wenn man mir Valium oder so was injiziert hätte. Es hilft mir, das innere Chaos für eine Weile zu stoppen. Zweitens fühle ich mich dann realer und drittens ist es so eine Art Sucht."[144]

> Eine Frau, 36 Jahre alt, seit zehn Jahren Selbstverletzungsverhalten: „Beim Schneiden habe ich das Gefühl, ich sei in Wolken gepackt und bekomme ein ruhiges Gefühl der Erleichterung [...]. Alles hört auf und hinterher kann ich meist ruhig schlafen und fühle gar nichts mehr."[144]

> Ein 25-jähriger, gepiercter Werkzeugmacher: „Ich habe mir von meiner Piercerin kürzlich auch einen Backenspieß setzen lassen. [...] Ich sag's dir, das macht noch viel süchtiger. Das ist für den Kopf eine ganz verrückte Sache [...]. Da steckt so viel Euphorie in mir drin, ich könnte laut herumschreien [...]. Es ist auf jeden Fall ein süßer Schmerz." (Feige & Krause 2004, 228)

Dass das angenehme Gefühl beim Einstechen einer Nadel auch ein durch Belohnung erlerntes Verhalten sein kann, zeigt die Tatsache, dass viele Heroinsüchtige völlig fasziniert sind, zu sehen, wie eine Kanüle in die Haut eindringt, und schon alleine durch die Erwartungshaltung geradezu „high" werden können; man spricht entsprechend auch von „needle-freaks".

Die Schmerzbewertung wird bereits in der Kindheit erlernt. Kinder, die in den ersten acht Lebensmonaten vor allen schädigenden Einflüssen bewahrt wurden, lernen später nur schwer, angemessen mit gefährlichen Situationen umzugehen. Von Menschen mit masochistischen Neigungen wird angenommen, sie haben es als Zuwendung empfunden, von ihren Eltern Schläge zu bekommen, und dass dies für sie immer noch besser gewesen zu sein schien, als gar nicht beachtet zu werden. Eine Anhängerin der Soft-Sadomaso-Sexualität erzählt mir in einer E-Mail hierzu:

„Das einzige ‚Trauma', von dem ich in meiner Kindheit betroffen war, war, dass meine Mutter sich große Mühe dabei gegeben hat, mir das ‚Fummeln' (Masturbieren) abzugewöhnen. Ziemlich früh und ziemlich rigide, mit der Androhung, davon werde man ganz schlimm krank. Als ich dann mit fünf einen Leistenbruch hatte, meinte ich ernsthaft, das käme davon, die Ärzte wüssten das auch und alles, was im Krankenhaus geschah, hab ich sozusagen als ‚notwendige Folge' meiner Angewohnheit empfunden. Das einzig Wichtige daran ist eigentlich das mit der frühen sexuellen Aktivität. Weil es für das Weitere eine Rolle spielt. Ich war verliebt. Schon vor der Schulzeit. In meinen Cousin und wenigstens einen seiner vier Freunde im Dorf meiner Oma. Alle waren einige Jahre älter als ich und ich muss ihnen mitunter ziemlich auf die Nerven gefallen sein, weil ich ihnen ständig hinterhergekraxelt bin. Sie haben sich damit abgemüht, mich zu ärgern und loszuwerden. Konnte mich aber alles nicht schrecken. Hihi – nicht mal der ‚Marterpfahl'. Schön festgebunden, bis die Herrschaften geruhten, zurückzukehren. Sie haben auch gerne mal ‚Hauen' ausprobiert. Mit 'ner Haselnussrute oder anderem. Da wird sie wohl stattgefunden haben, die ‚Verknüpfung', denn ich war wirklich unsterblich verknallt in diese großen, starken (und mitunter recht gemeinen) Jungs. [...] Übrigens war's für mich die reine Befreiung, als ich mit 14 eine dreibändige Sigmund-Freud-Ausgabe in die Hände bekam, und darin lesen konnte, dass das, was ich mir bis dahin schon tausendmal hatte abgewöhnen wollen, ganz normal ist.

Das ‚Schlüsselerlebnis' ereignete sich vor ein paar Jahren in der fast legendären Zahnarztpraxis. (Von manchen Masochisten heißt es immer, sie könnten selbst Zahnärzte erotisieren, andere glauben nicht daran). Also, mir sollte ein Weisheitszahn extrahiert werden. Der Dussel von einem Zahnarzt reagierte überhaupt nicht, als ich ihm beim Piek-Test sagte, dass ich das da sehr wohl noch spüre, sondern setzte unverzüglich seine Zange an. Ich erspar mir jetzt die Einzelheiten der folgenden zwanzig Minuten. Ich hätte ihm auch vom Stuhl springen können. Dann hätte ich aber meine widerlichen Zahnschmerzen behalten müssen, bis ich bei einem anderen Arzt wieder ewig gewartet hätte ... Also hab ich das ‚Notprogramm' eingeschaltet und ihn kurzerhand zum Bestandteil meiner miesen erotischen Phantasien gemacht. Er wurde sozusagen zum Foltermeister. [...] Nach ca. drei oder vier Stunden ließ der Schmerz halbwegs nach. Aber die verwirrendste Erkenntnis an diesem Tag war nicht der ignorante Doc – sondern massive Feuchtigkeit im Schritt nach diesem Horror. Spätestens ab da war mir die Verbindung bewusst – aber es hat noch Jahre gedauert, bis ich mir dafür kein ‚schlechtes Gewissen' mehr gemacht hab. Die Hypothese von der ‚notwendigen' Steigerung der Reize im Medienzeitalter teile ich nicht. Seit ich SMler kenne, stelle ich immer wieder fest, dass sie gerade Schmerz gegenüber besonders sensibel sind (hätte ich früher auch einen merkwürdigen Gedanken gefunden). Die Aktiven ebenso wie die Passiven. Gerade wegen der intensiven sinnlichen Erfahrung. Jeder Masochist kennt auch sehr unerotischen Schmerz und manchmal ist es von der ‚Tagesform' abhängig, was er/sie grad Klasse findet und was nicht. Manchmal weiß man das vorher und manchmal stellt es sich erst in praxi heraus. Der Aktive muss das nach Möglichkeit rechtzeitig herausfinden, wenn das Ganze weiterhin Spaß machen soll. Das heißt, er muss genau beobachten, erspüren können, wie es seinem ‚Opfer' geht. Beide wissen jedenfalls sehr viel besser, was Schmerz ist, als jemand, der unentwegt vorm Fernseher oder dem Computerspiel hockt. Es sind Schmerztherapeuten und Menschenrechtler darunter, die ihre Sache deshalb besonders ernst nehmen, weil sie reale Schmerzerfahrung haben und sich nicht auf Filmberichte beschränken müssen. Weshalb man das tut? Nicht aus ‚Reizmangel'. Jedenfalls kann ich das bei mir ausschließen. Ich hatte in letzter Zeit genug sehr intensive Reize aller Art und bin sehr froh, dass da wieder ein bisschen Normalität und Ruhe eingekehrt ist. Und ich nehme viele kleine und eigentlich ‚belanglose' Dinge heute sehr viel intensiver wahr als vor der Geschichte. Vieles ist mir sehr viel wichtiger als früher. Ich mir auch. Deshalb mach ich das." (persönl. Mitteilung)

15 Schlussbetrachtungen

Die Möglichkeiten der Body-Modification haben bereits heute ein ungeahntes Ausmaß angenommen. Wie bereits in der Einleitung gesagt, hätte Ende der 70er Jahre, als die ersten Punks sich Sicherheitsnadeln durch die Wangen stießen, niemand vorhersagen können, dass 30 Jahre später bis zu 70 Prozent aller amerikanischen Jugendlichen gepierct sein würden. Seitdem hat die Entwicklung der Body-Art mehrere kreative Schritte durchlaufen. Einflüsse aus „primitiven" Gesellschaftsformen haben sich mit Formen moderner Kunst vermengt. Neben Skarifizierungen sind wahrscheinlich Implants der aktuellste Trend. Die Frage ist, wo diese Entwicklung enden wird – wenn überhaupt.

Im Internet ist die Abbildung des hier bereits zitierten „Lizardman" zu finden, der sich den Kopf mit Schuppen hat tätowieren lassen, die Zunge ist gespalten und die Zähne sind spitz zugefeilt. Das Ganze ist das Ergebnis eines schon über zehn Jahre andauernden Prozesses. Ein anderes Extrembeispiel ist Dennis Smith, der sich selbst als Tiger-Man bezeichnet. Er arbeitet als PC-Programmierer und steckt seit Jahren einen großen Teil seines Einkommens in Körpermodifikationen. Dennis Smith ist vom Kopf bis zu den Zehenspitzen mit schwarzen und orangefarbenen Streifen tätowiert und seine Zähne sind gleichfalls nadelspitz zugefeilt. Er hat dauerhaft implantierte Latex-Schnurrhaare und sich mittels plastischer Chirurgie die Lippen so umformen lassen, dass es aussieht, als hätte er ständig gefletschte Zähne. Seine Brille hat er gegen grüngefärbte Kontaktlinsen eingetauscht. Seine Fingernägel sind spitz zugefeilt und seine Hände so tätowiert, dass sie wie Tigerpranken aussehen. Er sagte, dass er sich nun mal wie ein Tiger fühle, und bekannte:

> *„Natürlich starren die Menschen hinter mir her, wenn ich die Straße langgehe, aber das ist ja der Effekt, den ich mir wünsche. Ich habe mich so lange mit einem Tiger verglichen, dass ich mich irgendwann dafür entschieden habe, einer zu sein. Es ist mein wahres Ich. So viele Männer ziehen sich heimlich Frauenkleidung an, ohne dass ihre Partnerinnen das wissen, andere spielen Cowboy oder an den Wochenenden Soldaten. Ich bin die ganze Zeit ein Tiger und ich liebe es. Meine ersten Tattoos habe ich vor 20 Jahren bekommen und inzwischen ist mein ganzer Körper ein Kunstwerk aus Streifen und Schatten. Ich bin total stolz drauf."* [122]

Abb. 125 und 126:
Zeichnungen von Lizardman (links) und Tigerman (rechts; Zeichnungen von U. Herbert, nach Fotos im Internet)

Sicherlich werden niemals alle Menschen mit solchen extremen Formen der Körperveränderung herumlaufen, aber die bisherige Entwicklung zeigt, wie schnell die Gesellschaft bereit ist, derartige Extremformen aufzugreifen und Modetrends daraus zu machen. In einer überbevölkerten, gleichmachenden Welt scheint alles recht zu sein, was die Individualität unterstreicht.

Nach Ada Borkenhagen (2003) zeigen Bodystyling, Bodybuilding, Tattoos, Piercings, Diät- und Fitnesstrend, dass der formbare Körper zu einem bedeutsamen Medium der Selbstinszenierung geworden ist. Die Arbeit am äußeren Erscheinungsbild ist ihrer Meinung nach für immer mehr Menschen längst zentraler Lebensinhalt geworden. Gilman (1999) geht davon aus, dass Schönheitsoperationen schon in wenigen Jahrzehnten Normalität sein werden. Das Aussehen wird dadurch immer weniger zu einer „Gabe Gottes", sondern vielmehr Ergebnis einer freien Willensentscheidung (Borkenhagen 2003). Gemäß einer Mitteilung im Internet sind Dinge wie Schamlippenlifting, Venushügelverschönerung oder Jungfernhäutchenkorrektur in Kalifornien angeblich fast schon normal. Im „Laser Vaginal Rejuvenation Institute" wird Frauen jeden Alters zu einer Designervagina verholfen. In einem Katalog können Interssierte aus einer Fülle von Modellen wählen, wie sie „da unten" gerne aussehen möchten.

Es bleibt eine Frage der persönlichen Vorliebe, ob man so etwas als notwendig, nützlich oder völlig absurd ansieht. Die natürlichen Grenzen des menschlichen Körpers sind schon durch das, was die heutigen BodMods ermöglichen, weit überschritten. Mit dem Voranschreiten medizinischer, neurochirurgischer und gentechnischer Methoden ist vielleicht nicht ausgeschlossen, dass es irgendwann Menschen geben wird, die sich ein zweites Paar Arme einpflanzen lassen oder die sich neben dem vorhandenen noch ein gegengeschlechtliches Geschlechtsteil einoperieren lassen, um so zum künstlichen Zwitter zu werden. Nicht auszuschließen ist auch, dass sich angesichts der finanziellen Probleme unseres Gesundheitssystems immer mehr Fachärzte mit Körpermodifizierung beschäftigen und diese unter Umgehung der kassenärztlichen Restriktionen gegen bares Geld an Interessierte verkaufen werden. Ärzte aus Ländern der Dritten Welt sind diesbezüglich offenbar nicht so zögerlich wie solche, die an bundesdeutsche Vorschriften gebunden sind. Dinge, die in einem Piercingstudio nicht denkbar wären, könnten in Ländern der Dritten Welt durchaus im Rahmen einer richtigen Operation durchgeführt werden. In den 1960er Jahren schuf der amerikanische Comiczeichner Robert Crumb, dessen Originalbilder heute zu unglaublich hohen Sammlerpreisen verkauft werden, eine Figur, die statt einer Nase einen Penis im Gesicht trug. Da die Funktionalität offensichtlich bei vielen extremen BodMods gar keine Rolle mehr spielt, wird vielleicht auch das eines Tages möglich sein...

Die Möglichkeiten der plastischen Chirurgie erscheinen heute geradezu unbegrenzt, einziges Limit ist nur noch die Größe des persönlichen Geldbeutels. Auf der Werbeseite von www.darkage.co.uk heißt es auch sehr treffend: *„Unter einer Glatze müssen nur noch die Armen leiden."* Doch können nicht nur Haare entfernt oder transplantiert werden. Das Beispiel von Michael Jackson beweist, dass sich auch die natürliche Hautfarbe einer Person permanent ändern lässt. Ebenso wie man einen dunklen Hauttyp durch Ausbleichen der Pigmente aufhellen kann, lässt sich bei einem Weißen auch eine permanente Sonnenbräune erzeugen. Auf Wunsch lässt sich schon heute problemlos jede andere Hauttönung eintätowieren, bis hin zu dauerhaft gesund wirkenden rosa Wangen.

Mit größeren Eingriffen lässt sich sogar die Körpergröße eines Menschen bis zu etwa 7,5 Zentimeter verringern oder vergößern. Mehr Fülle an bevorzugten Körperteilen lässt sich durch Fetteinspritzungen oder Implantate erreichen. Dies können auch Eigenspenden sein, bei denen man Gewebe an der Stelle entnimmt, wo es die Ästhetik stört, und dort einpflanzt, wo es die Attraktivität erhöht. Ebenso kann überschüssiges Fett abgesaugt sowie über Implants nicht nur ein fülliger Busen oder größerer Penis, sondern auch der optische Eindruck von mehr Muskelmasse erzeugt werden. Mit Bioskulpturen lässt sich bereits heute das Aussehen einer Person völlig verändern. Durch plastische Operationen kann man Haare, Größe, Gewicht, Hautfarbe und sogar die Augenform und -farbe verändern bis hin zum Eindruck einer völlig anderen ethnischen Zugehörigkeit. Plastische

Abb. 127:
Auf einer Internetseite von bmezine.com behaupten Zwillinge namens Ryan und Dave, sie hätten einen Teil des Ringfingers vom einen amputiert und dem anderen zur Fingerverlängerung angenäht. Natürlich handelt es sich hierbei nur um einen schlechten Scherz – alleine die Verbindung der Arterien und Venen zur Blutversorgung sicherzustellen verlangte mikrochirurgische Fähigkeiten unter dem Operationsmikroskop, die über die Kenntnisse eines Piercers weit hinausgehen. Dennoch weiß niemand, wann solche Phantasien Wirklichkeit werden könnten.
(U. Herbert, nach einer Fotomontage im Internet)

Chirurgen in Amerika bieten noch mehr an. Unter dem Begriff „Copycat" wird aus einer Person, die einem VIP ähnlich sieht, ein völlig identisch wirkender Doppelgänger erzeugt. Angeblich haben ja viele hochstehende Politiker jemanden, der sie in gefährlichen Situationen vertritt. Aber auch der Mann auf der Straße könnte, die entsprechende Investitionsbereitschaft vorausgesetzt, damit erreichen, ebenso auszusehen wie ein bekannter Filmstar. Verständlicherweise sind hier natürliche Grenzen gesetzt. Aus einem zwei Meter großen männlichen Fleischberg lässt sich keine Marylin-Monroe-Nachahmung zaubern.

Die moderne Medizin macht nicht nur Transplantationen möglich, sondern auch den Ersatz ganzer Organ- und Körperteile durch Prothesen. Veronique Zbinden nannte die moderne Mischung von alten Stammesriten und neuzeitlichem Titanschmuck den „Techno-Zulu-Krieger" (1998, 9). Eine Medizin, die schon heute einen beträchtlichen Teil des menschlichen Körpers gegen mechanische Ersatzteile austauschen kann, geht zunehmend in Richtung eines „Maschinenmenschen". Techno-Mutanten und die von dem Schweizer Künstler H. R. Giger gesprühten Bio-Mechanoiden rücken in eine vorstellbare Zukunft. Der menschliche Körper wird immer austauschbarer und auch hier weiß niemand, wo diese Entwicklung enden wird. Was uns ausmacht und nicht ersetzbar sein wird, ist letztlich nur das menschliche Gehirn. In der psychoanalytisch orientierten Abhandlung „Vergötterte Körper" schreibt O. Decker hierzu:

„Die Prothesenmedizin folgt dem Programm der Erlösung von Leiden und Tod: Sie verspricht die Auferstehung des Fleisches ohne Transzendenz. Sie hebt aber nicht den Mangel auf, sondern die Bedingung der Möglichkeit zur

Lust. Statt einer Versöhnung der Natur mit sich selbst kommt es zum Rückfall in vorgeschichtliche Bewusstlosigkeit. Mit dem prothetisierten Körper wird mit aller Macht die Fleischwerdung Gottes versucht, um den Preis des sinnlichen Weltbezugs." (Decker 2003, 22)

In einer Manuskriptvorfassung für dieses Buches stand noch, dass die Möglichkeit einer Gesichtstransplantation derzeit an moralisch-ethischen Bedenken scheitert. Inzwischen ist diese Textpassage von der Realität überholt worden. Im Januar 2006 stellte sich eine 38-jährige Französin aus der Stadt Valenciennes nahe der belgischen Grenze den Medien vor (www.aerzteblatt.de/v4/news/news.asp?id=23017, 6.2.06). Die Frau hatte im bewusstlosen Zustand im Mai 2005 durch Bisse ihres Hundes beide Lippen, ihre Nase und fast das gesamte Kinn verloren. Seither konnte sie weder sprechen noch richtig essen. Ärzte hatten ihr Ende November 2005 Teile des Gesichts einer hirntoten Spenderin übertragen. Trotz einer ersten Abwehrreaktion nahm ihr Körper das fremde Gewebe gut an. Chirurg Bernard Devauchelle sagte, sie könne immer besser sprechen und inzwischen normal essen und trinken. Sie stricke ohne Unterlass und halte sich auf einem Heimtrainer fit, habe aber auch bereits wieder angefangen zu rauchen

Im Prinzip könnte mit einer Gesichtstransplantation auch anderen Menschen geholfen werden, deren Gesicht durch einen Unfall, Brandwunden oder Krebs entstellt ist. Doch trotz des medizinischen Nutzens bleiben Bedenken. Die meisten Menschen können sich damit abfinden, dass Herz, Nieren oder andere Organe nach dem Tode entnommen und anderen Menschen eingepflanzt werden. Etwas anderes ist es jedoch, das gesamte Gesicht zu transplantieren. Eine komplette Verpflanzung des Gesichts eines Verstorbenen wollen die Ärzte daher erst durchführen, wenn diese grundsätzlichen Fragen erörtert und geklärt wurden.

Eine neue Technologie, die in Zukunft noch weitaus mehr Möglichkeiten eröffnen wird, ist das „Breeding" (engl. Brüten), das Heranzüchten von körpereigenem oder fetalem Gewebe, das dann an beliebigen Körperstellen implantiert werden kann. Bereits jetzt lassen sich bestimmte Arten von Körperzellen entnehmen, außerhalb des Körpers vermehren bzw. zum Wachstum anregen und dann als Eigenspende in den Körper zurückgeben. Da es sich um körpereigenes Gewebe handelt, bleiben Abstoßungsreaktionen völlig aus. Bestimmte Stammzellen von ungeborenen (z. B. abgetriebenen) Föten sind omnipotent, d. h. sie können sich abhängig von gezielten Einflussgrößen in fast jede gewünschte Art von Körpergewebe entwickeln und vermehren. Bislang ist die Gewinnung solcher Stammzellen extrem teuer und auch mit einer Fülle ethischer Probleme behaftet. Letztlich ist ja nicht auszuschließen, dass in Zukunft Spermien und Eizellen entnommen, künstlich befruchtet und im Reagenzglas gezüchtet werden, bis der Fötus ausreichendes Wachstum gezeigt hat, um dann, ähnlich einer Legebatterie

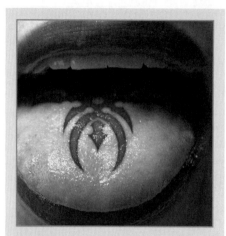

Abb. 128:
Um in der Menge der BodMod-Anhänger heute noch aufzufallen, muss man schon etwas ganz Besonderes machen. Hier hat sich ein Mädchen ihr Lieblings-Emblem auf die Zunge tätowieren lassen.
(Foto: Bob Smith/stock.XCHNG[6])

für Hühner, solches Zellmaterial zu entnehmen. Technisch möglich sind diese Abläufe schon heute, sie scheitern aber an gesetzlichen Vorschriften und moralischen Einwänden. Letztlich weiß aber niemand, wohin uns diese Entwicklung eines Tages führen wird. Mit einem solchen „Breeding" ließe sich praktisch jedes gewünschte Aussehen erzeugen – Phantasiefiguren wie aus Star-Treck könnten Realität werden.

Wie in allen Bereichen des menschlichen Lebens dehnen einige Menschen die Grenzen immer weiter aus, um sie dann zu überschreiten. Bislang gibt es innerhalb der Internationalen Klassifikationen mentaler Störungen noch keinen Diagnoseschlüssel, der sich mit Dingen wie der Ganzkörpertätowierung oder mit Extremformen des Genitalpiercings beschäftigt. Aber sind Menschen mit modifiziertem Körper überhaupt krank? Ted Brownings Kinofilm „Freaks" (1932) stellte das Bild von Menschen mit von der Norm abweichendem Körper schon vor über 70 Jahren auf den Kopf. Intrigen, Liebeleien und Freundschaft zwischen den Darstellern einer Wanderausstellung bilden die Handlung dieses „Horrorfilms", in dem „missgestaltete" Menschen die Hauptrollen spielten: Zwergwüchsige, geistig behinderte Spitzköpfe, eine Frau mit Bart, ein siamesischer Zwilling, ein Mann ohne Unterleib und einer, der nur aus Kopf und Torso besteht. Diese „Freaks" waren keine Hollywood-Illusionen, sondern sahen tatsächlich so aus. Das Entsetzen der Kritiker war groß und der Film wurde prompt zensiert, in Großbritannien sogar verboten. Inzwischen ist er als Meisterwerk rehabilitiert. Das eigentlich Außergewöhnliche an diesem Horrorfilm ist, dass die gutaussehenden, normalen, gesunden Menschen hier die Bösen sind, die monsterhaften, Missgebildeten hingegen für Würde, Anstand und Liebe stehen.

Und das ist vielleicht auch das Hauptanliegen dieses Buches: ein Plädoyer, die Psyche eines Menschen niemals alleine danach zu beurteilen, wie sein Körper aussieht.

16 Anhang

Richtlinien der Arbeitsgemeinschaft wissenschaftlich-medizinischer Fachgesellschaften AWMF bezüglich der Anforderungen der Hygiene beim Tätowieren und Piercen

1. Präambel
Das Tätowieren und Piercen ist neben anderen gesundheitlichen Risiken insbesondere mit dem Risiko einer Infektion verbunden. Deshalb sind die gleichen hygienischen Anforderungen zu stellen wie bei vergleichbaren, aber medizinisch indizierten Eingriffen, obwohl Piercing nach Ansicht der Rechtsabteilung der Bundesärztekammer keine ärztliche Tätigkeit ist. Dies ergibt sich aus dem obersten ärztlichen Gebot „primum nihil nocere" sowie auch eindeutig aus dem Gelöbnis des Weltärztebundes. Diese Empfehlung soll aber dem öffentlichen Gesundheitsdienst und bei gerichtlichen Auseinandersetzungen den Juristen Hilfestellung bei der Beurteilung hygienischer Belange bieten. Das herkömmliche „Ohrlochstechen" soll nicht unter der Thematik „Piercing" subsummiert werden, weil hierbei im Allgemeinen der Hygienestandard (sterile Nadeln, Hautdesinfektion) eingehalten wird.

2. Ausbildung
Der Piercer oder Tätowierer (in der Folge als Durchführender bezeichnet) muss über ein ausreichendes medizinisches Wissen verfügen, um den Eingriff sachgerecht durchführen und auf Komplikationen adäquat reagieren zu können.

3. Beratung
Der Kunde ist ausführlich und umfassend über alle Risiken und Folgen des jeweiligen Eingriffs zu informieren sowie nach stattgehabten oder noch bestehenden Infektionserkrankungen, Allergien oder sonstigen wesentlichen Vorerkrankungen zu befragen. Die Zugehörigkeit zu etwaigen Risikogruppen muss geklärt werden, insbesondere ob eine akute oder chronische Infektion mit durch Blut übertragbaren Erkrankungen wie Hepatitis oder AIDS besteht. Die Beratung hat sich zu erstrecken auf: (a) mögliche körperliche Folgen (z.B. chronische Entzündungen, Funktionsstörungen); (b) Infektionsgefahren; (c) Implantatmaterialien; (d) Maßnahmen der Nachsorge. Die Beratung ist zu dokumentieren.

4. Räumliche Anforderungen
Aus der Art der genannten Tätigkeiten ergeben sich die gleichen Anforderungen, wie sie auch beim ambulanten Operieren gefordert werden:

4.1 Der Eingriffsraum ist von anderen Warte- oder Durchgangsräumen durch Türen abzutrennen.
4.2 Neben dem Eingriffsraum muss mindestens ein weiterer Raum als Büro und Wartezone vorhanden sein.
4.3 Für die Entsorgung und Aufbereitung benutzter Instrumente ist ein separater Raum notwendig. Eine Instrumentenaufbereitung im Eingriffsraum ist nicht statthaft.

4.4 Die Einrichtung des Eingriffsraumes ist auf das Notwendigste zu beschränken. Alle Einrichtungsoberflächen wie die von Behandlungsstuhl oder Behandlungsliege, aber auch die der Arbeitsflächen, Wände bis zu einer Höhe von 2 m und Fußböden müssen nass zu reinigen und zu desinfizieren sein.

4.5 Handwaschbecken sind vorzugsweise in einem Nebenraum zu installieren. Ist dies nicht möglich, ist das Waschbecken so weit entfernt von der Behandlungseinheit zu installieren, dass keine zusätzliche Infektionsgefahr durch Spritzwasser oder Verbreitung insbesondere von Nasskeimen besteht. Waschplätze sind mit Wandspendern für Händedesinfektionsmittel, Flüssigseife und Einmalhandtüchern sowie einem Abwurf für die Handtücher auszustatten.

4.6 Tiere dürfen sich zu keinem Zeitpunkt in dem Eingriffsraum aufhalten.

5. Vorbereitung des Kunden

5.1 Das Eingriffsgebiet ist so weit freizulegen, dass eine Kontamination durch Kleidungsstücke zuverlässig vermieden wird.

5.2 Der unmittelbare Eingriffsbereich und seine Umgebung sind zu desinfizieren, nötigenfalls vorher zu reinigen. Zur Hautdesinfektion ist ein Präparat aus der aktuellen Desinfektionsmittelliste der DGHM oder ein durch andere vergleichbare Prüfverfahren für wirksam befundenes Präparat zu verwenden.

5.3 Bei der Desinfektion ist eine satte Benetzung der Haut bzw. Schleimhaut mit dem Präparat erforderlich. Die erforderliche Einwirkzeit ist einzuhalten und ist abhängig von Präparat und Einsatzort. Bezüglich der Einwirkzeit sind die Angaben des Herstellers bzw. die der DGHM- oder vergleichbarer Listen zu beachten.

6. Vorbereitung des Durchführenden

6.1 Von seiner Kleidung, insbesondere von den Ärmeln, darf keine Infektionsgefahr ausgehen.

6.2 Eine hygienische Händedesinfektion vor dem Eingriff ist obligat. Bei größeren Eingriffen, insbesondere bei der Implantation unter die Haut, ist eine chirurgische Händedesinfektion notwendig.

6.3 Es sind sterile Handschuhe zu tragen. Je nach Umfang des Eingriffs und einer möglichen Kontamination mit Blut oder anderen infektiösen Körperflüssigkeiten (Speichel, Urin) muss ein flüssigkeitsdichter Kittel (ggf. steril), eine Nase und Mund vollständig bedeckende Gesichtsmaske und eine das Haar umschließende OP-Haube getragen werden.

7. Vorbereitung des Eingriffs

7.1 Alle Materialien und Implantate müssen steril, verträglich und dürfen nicht allergisierend sein.

7.2 Sterilverpackungen sind sachgerecht und erst unmittelbar vor Benutzung zu öffnen und auf steriler Unterlage abzulegen.

7.3 Die benötigten Instrumente und Implantate müssen auf einer sterilen und trockenen Unterlage bereitgestellt werden.

7.4 Lokalanästhetika dürfen erst unmittelbar (!) vor der Injektion/Infiltration aufgezogen werden; die Verschlussstopfen von Mehrfachstechampullen sind vor jeder Punktion wegen der möglichen Kontamination an der Durchstichstelle zu desinfizieren und bei wiederholter Entnahme im Kühlschrank zwischzulagern. Nach spätestens 24 Stunden Zwischenlagerung sind etwaige Reste zu verwerfen.

7.5 Die Aspiration der Medikamente aus den Ampullen bzw. Durchstichfläschchen erfolgt mit gesonderter Einmalkanüle und nicht mit der Einmalkanüle, mit welcher injiziert wird. Einmalspritzen dürfen nur einmal aufgezogen, d. h. nur einmal benutzt werden.

7.6 Injektions- und Infiltrationstechnik müssen den chirurgischen und hygienischen Anforderungen entsprechen.

8. Nach dem Eingriff
8.1 Je nach Bedarf ist ein Verband oder Wundschnellverband anzulegen.
8.2 Das während des Eingriffs angefallene Verbrauchsmaterial ist sofort vorschriftsgemäß zu entsorgen (Vorschrift der Berufsgenossenschaften, VBG 103 § 13, bzw. die Vorschriften der entsprechenden Organisationen in Österreich, der Schweiz und Skandinavien nach dem jeweils aktuellen Stand). Dabei ist sicherzustellen, dass dritte Personen sich dabei nicht verletzen oder mit Körperflüssigkeiten, insbesondere mit Blut, kontaminieren können.
8.3 Die Dokumentation des Eingriffs ist in geeigneter Form und dauerhaft zu führen, die Dokumente sind 10 Jahre aufzubewahren.
8.4 Eine adäquate Nachsorge und Behandlung ggf. mit Überweisung zu einer entsprechenden Klinik oder Praxis bei Komplikationen muss jederzeit, auch nachts, sichergestellt sein.

9. Desinfektion
9.1 Nach jedem Eingriff sind alle möglicherweise verschmutzten bzw. kontaminierten Oberflächen von Raum und Einrichtungsgegenständen vorschriftsmäßig in Form einer Wischdesinfektion mit einem DGHM-gelisteten Flächendesinfektionsmittel zu desinfizieren. Das Scheuer-Wisch-Verfahren mit einem aldehydischen und nachgewiesen wirksamen Desinfektionsmittel ist Methode der Wahl.
9.2 Mindestens täglich sind alle Flächen inkl. Türen und Wände bis zu einer Höhe von 2 m desinfizierend zu reinigen.
9.3 Instrumente sind möglichst maschinell aufzubereiten. Bei manueller Desinfektion sind die Instrumente vor der Reinigung (!) mit einem vorzugsweise aldehydischen und nachgewiesen wirksamem Wirkstoff zu desinfizieren.
9.4 Es muss sichergestellt sein, dass alle hygienisch relevanten inneren und äußeren Oberflächen der Instrumente durch Reinigung und Desinfektion erreicht werden.
9.5 Die Effektivität der Aufbereitung ist vierteljährlich einer mikrobiologisch-hygienischen Kontrolle durch das Gesundheitsamt zu unterziehen.

10. Sterilisation
10.1 Alle steril benötigten Instrumente und Implantate sind vor Gebrauch sachgerecht zu sterilisieren, sofern sie nicht steril geliefert und verpackt zur Verfügung stehen. Die Verwendung von sterilem Einmalmaterial wird empfohlen.
10.2 Vor der Sterilisation sind alle mehrfach zu verwendenden Instrumente und Materialien zu desinfizieren und rückstandsfrei zu reinigen. Dabei ist wie bei der Desinfektion sicherzustellen, dass alle hygienisch relevanten inneren und äußeren Oberflächen zugänglich sind und erreicht werden. Verschmutzte oder feuchte bzw. nasse Instrumente nach der Sterilisation sind als unsteril zu betrachten.
10.3 Es sind validierte Sterilisationsverfahren einzusetzen. Die laufende Überprüfung muss vierteljährlich erfolgen.
10.4 Nach der Dampfsterilisation muss das Sterilgut einschließlich Verpackung trocken sein. Feuchtes Sterilgut nach abgeschlossener Sterilisation ist als unsteril zu betrachten und darf nicht eingesetzt werden.
10.5 Die Funktion des Instrumentes nach der Sterilisation muss gewährleistet sein.
10.6 Die Sterilgutlagerung hat trocken und staubfrei bei Einhaltung der Lagerfristen, die durch die Art der Verpackung bestimmt werden, zu erfolgen. Bei defekter oder feuchter Sterilgutverpackung ist das Material oder das Instrument als unsteril zu betrachten.
10.7 Die Durchführung der Sterilisation ist nachvollziehbar zu dokumentieren, die Dokumente sind mindestens 10 Jahre aufzubewahren.

11. Kleidung
Die Kleidung des Durchführenden soll diesen schützen und darf den Kunden nicht gefährden.

11.1 Schutzhandschuhe sind zu tragen, wenn der Kontakt mit Körperflüssigkeiten, insbesondere Blut oder anderen potentiell infektiösen Materialien, nicht ausgeschlossen werden kann (Vorschriften der Berufsgenossenschaften, VBG 103 §7, bzw. die Vorschriften der entsprechenden Organisationen in Österreich, der Schweiz und Skandinavien nach dem jeweils aktuellen Stand). Der Operateur muss sterile OP-Handschuhe tragen.
11.2 Die Handschuhe sind nach jedem Eingriff zu wechseln.
11.3 Die Handschuhe müssen ausreichend dicht und entsprechend der mechanischen Beanspruchung reißfest sein. Ggf. kann das Anlegen von 2 Paar Handschuhen die Sicherheit deutlich erhöhen.
11.4 Haare sind mit einem geeigneten Kopfschutz vollständig zu verdecken. Langes Kopfhaar ist zusammenzubinden.
11.5 Bei größeren Eingriffen sind mehrlagige Gesichtsmasken über Mund und Nase zu tragen. Nach Benutzung ist die Gesichtsmaske sofort zu verwerfen und eine hygienische Händedesinfektion durchzuführen.
11.6 Schutzkittel/-schürzen sind zu tragen, wenn mit einer entsprechenden Verschmutzung zu rechnen ist.

12. Entsorgung
Benutzte Instrumente und Gegenstände, die nicht wiederverwendet werden sollen oder dürfen (Einmalmaterial), sind sicher zu entsorgen. Spitze oder scharfe Gegenstände müssen in stich-, schnitt- und bruchfesten verschlossenen Behältern entsorgt werden. Bei der Entsorgung muss eine Gefährdung Dritter ausgeschlossen sein. Die gesetzlichen Vorschriften bezüglich Sammlung, Lagerung und Transport von Abfall sind zu beachten.

13. Hygieneplan
Es ist ein Hygieneplan zu erstellen. Er muss Angaben über die erforderlichen Maßnahmen zur Reinigung, Desinfektion und Sterilisation, zur Ver- und Entsorgung, zum Personalschutz sowie Angaben darüber enthalten, welche Personen mit der Durchführung und Überwachung der einzelnen Maßnahmen beauftragt sind.[150]

Rechtliche Aspekte

1. Piercing und Tätowierung
Piercing und Tätowierung werden im Falle eines Rechtsstreites juristisch mit einem medizinischen bzw. operativen Eingriff gleichgesetzt. Prinzipiell dürfte das Piercen eigentlich sogar nur von Personen mit medizinischer Ausbildung durchgeführt werden (z.B. Ärzte, Krankenschwestern, Heilpraktiker). Die Rechtslage ist dahingehend jedoch noch nicht endgültig geklärt.

Im rechtlichen Sinne stellt Piercing und Tätowierung eine vorsätzliche Körperverletzung dar und ist nur deshalb straffrei, weil die betreffende Person in den Eingriff einwilligt (schriftliche Einverständniserklärung erforderlich!). Der Einwilligung muss eine Aufklärung über die Risiken vorausgehen. Unabdingbare Voraussetzung ist die Urteilsfähigkeit des Klienten. Jugendliche unter 18 Jahren benötigen die Einwilligung der Erziehungsberechtigten, bei unter 16-Jährigen müssen die Eltern beim Piercen sogar anwesend sein.

Die Einhaltung des Seuchen- und Hygienegesetzes in Piercingstudios wird routinemäßig, d.h. in unregelmäßigen Kontrollen durch das Gesundheitsamt, überprüft. Unregelmäßig deshalb, damit man sich nicht auf solch eine Kontrolle vorbereiten kann.

Ein Piercer darf keine Spritzen mit örtlichen Betäubungsmitteln verabreichen. Unterbleibt eine umfassende Aufklärung (auch hinsichtlich der erforderlichen Nachsorge), kann der Piercer bei Komplikationen regresspflichtig werden. Ebenso kann er belangt werden, wenn er offensichtlich gegen medizinische oder hygienische Regeln verstößt.

Nicht einwilligungsfähig ist, wer offensichtlich vorübergehend oder dauerhaft nicht selbständig entscheidungsfähig ist (z. B. durch Alkohol, Drogen, Geistesschwäche, Demenz oder psychische Störungen). Hier nützt dann ggf. auch der unterschriebene Vertrag nichts, wenn dieser unter starker geistiger Einschränkung unterzeichnet wurde. Das Piercen oder Tätowieren darf daher nicht durchgeführt werden, wenn der Kunde betrunken ist oder offensichtlich unter Drogeneinfluss steht.

2. Zwangseinweisung bei selbstverletzenden Verhaltensweisen

Bei erheblicher Fremd- oder Eigengefährdung (auch Suizidgefahr) kann als letzte Möglichkeit eine zwangsweise Einlieferung in eine geschlossene psychiatrische Klinik durchgeführt werden. Zwangseinweisung bedeutet Freiheitsberaubung und bedarf einer richterlichen Entscheidung. Die Zwangseinweisung kann auch unter einfacher körperlicher Gewalt (Fesselung, zwangsweiser Transport) notwendig sein, in diesem Fall muss die Polizei hinzugezogen werden.

Die zwangsweise Unterbringung eines Menschen in einem Krankenhaus ist nur in eng umrissenen Grenzen zulässig. In jedem Bundesland wird die gesetzliche Grundlage im Psychisch-Kranken-Gesetz (PsychKG) geregelt. Einzige hinreichende Begründung ist die akute und erhebliche Eigen- oder Fremdgefährdung, wenn zur Abwehr der Gefahr kein anderes Mittel zur Verfügung steht. Auch bei schweren, eventuell lebensbedrohlichen Formen von selbstverletzendem Verhalten besteht daher die Möglichkeit einer Zwangseinweisung und einer Fixierung, dies stellt jedoch das äußerste Mittel dar.

In diesem Fall kann die örtliche Ordnungsbehörde die sofortige Unterbringung in einer geschlossenen psychiatrischen Klinik ohne vorherige gerichtliche Entscheidung vornehmen, wenn ein ärztliches Zeugnis über einen entsprechenden Befund vorliegt, der nicht älter als vom Vortage ist. Das ärztliche Zeugnis muss eine Beschreibung der Erkrankung, eine Diagnose und eine Begründung für die akute Eigen- oder Fremdgefährdung enthalten. Zeugnisse sind grundsätzlich von Ärztinnen oder Ärzten auszustellen, die auf dem Gebiet der Psychiatrie und Psychotherapie weitergebildet oder auf dem Gebiet der Psychiatrie erfahren sind. Sie haben die Betroffenen persönlich zu untersuchen und die Notwendigkeit einer sofortigen Unterbringung schriftlich zu begründen. Will die örtliche Ordnungsbehörde in der Beurteilung der Voraussetzungen für eine sofortige Unterbringung von einem vorgelegten ärztlichen Zeugnis abweichen, hat sie den Sozialpsychiatrischen Dienst der unteren Gesundheitsbehörde zu beteiligen. Nimmt die örtliche Ordnungsbehörde eine sofortige Unterbringung vor, ist sie verpflichtet, unverzüglich beim Amts- bzw. ggf. auch beim Vormundschaftsgericht einen Antrag auf Unterbringung zu stellen. In diesem Antrag ist darzulegen, warum andere Hilfsmaßnahmen nicht ausreichen und eine gerichtliche Entscheidung nicht möglich war. Ist die Unterbringung und deren sofortige Wirksamkeit nicht bis zum Ablauf des auf den Beginn der sofortigen Unterbringung folgenden Tages durch das Gericht angeordnet, so sind die Betroffenen zu entlassen.

Da es sich bei der Einweisung um eine ordnungsbehördliche Aufgabe und nicht um eine Leistung der gesetzlichen Krankenversicherung handelt, kommen für den einweisenden Arzt lediglich eine Abrechnung nach dem Sachverständigen- und Zeugenentschädigungsgesetz oder der GOÄ in Betracht. Die Kosten des Zeugnisses haben die Ordnungsbehörden der Kreise bzw. kreisfreien Städte zu tragen, nicht aber die Krankenkassen.

Die Behandlungsbedürftigkeit eines psychischen oder somatischen Leidens stellt alleine keinen Grund für eine Zwangsunterbringung dar, ebenso wenig ein wirtschaftlicher

Schaden, eine einfache Störung der öffentlichen Ordnung oder die Verwahrlosung des Betreffenden. Auch die fehlende Bereitschaft, sich ärztlich behandeln zu lassen, rechtfertigt keine Unterbringung.

Eine Meldepflicht für selbstverletzende Verhaltensweisen gibt es nicht. Ärzte und therapeutisch tätige Personen sind hier an ihre Schweigepflicht gebunden. Abweichungen gibt es lediglich für Gefangene oder psychiatrische Patienten in Kliniken; die Pflicht, derartige Verhaltensweisen mitzuteilen, besteht hier aber nur innerhalb der Einrichtung.

Gefangene und psychiatrische Patienten, bei denen die Gefahr des Selbstmordes oder der Selbstverletzung besteht, sind besonders sorgfältig zu beaufsichtigen. Sie sollen in der Regel nicht mit Arbeiten beschäftigt werden, bei denen sie gefährliche Werkzeuge in die Hand bekommen. Ärzte und Pflegepersonal können juristisch belangt werden, wenn sie hier ihrer besonderen Aufsichtspflicht nicht nachkommen.

Selbstmordversuche und Selbstverletzungen sind in Deutschland nicht strafbar. Eigenverantwortlich gewollte und verwirklichte Selbstgefährdungen fallen nicht unter den Tatbestand eines Körperverletzungsdelikts, wenn das mit der Gefährdung bewusst eingegangene Risiko sich realisiert.

Auch eine Zweitperson, welche eine solche Gefährdung veranlasst, ermöglicht oder fördert, macht sich daher nicht wegen eines Körperverletzungs- oder Tötungsdelikts strafbar. Da die Teilnahme an einer vorsätzlichen Selbsttötung oder auch an einer vorsätzlichen Selbstverletzung prinzipiell straflos ist, kann die Mitwirkung an einer vorsätzlichen Selbstgefährdung ebenfalls nicht strafbar sein.

Das Gesetz regelt hier nicht das Dilemma eines Therapeuten, der von schweren selbstverletzenden Verhaltensweisen seines Klienten oder Patienten erfährt.

3. Juristische Grundsätze bei Genitalverstümmelung

Die Genitalverstümmelung an Mädchen und Frauen ist heute in vielen afrikanischen Ländern verboten. Hierzu gehören Ägypten, Äthiopien, Guinea-Bissau, Simbabwe, Senegal, Tansania, Togo und Uganda. Darüber hinaus gibt es gesetzliche Verbote in folgenden Immigrantenländern: in zwei Bundesstaaten der USA (Minnesota, North Dakota), in zwei Staaten Australiens (New South Wales und Südaustralien), Großbritannien und Schweden. In Dänemark, Deutschland, Finnland, den Niederlanden, Österreich, der Schweiz und Frankreich ist die Genitalverstümmelung strafbar nach den jeweiligen Vorschriften über die Körperverletzung bzw. Kindesmisshandlung.

Die Beschneidung erfüllt den Straftatbestand der gefährlichen Körperverletzung nach § 223a StGB, da sie mittels eines Messers durchgeführt wird. Strafbar machen sich hier die Personen, welche die Beschneidung durchführen, aber auch die Eltern, die sie zulassen. Als Strafrahmen sieht das Gesetz eine Freiheitsstrafe von drei Monaten bis zu fünf Jahren vor. Sofern ein Arzt die Beschneidung vornimmt, kommt auch ein Berufsverbot nach § 70 StGB in Betracht.

Die Körperverletzung ist auch dann nicht nach § 224 StGB gerechtfertigt, wenn das Mädchen oder die Frau in sie einwilligt. Darüber hinaus können sich die Eltern nach § 170 d StGB wegen der Verletzung der Fürsorgepflicht gegenüber ihren Töchtern strafbar machen. Als Strafrahmen kommt eine Freiheitsstrafe von bis zu drei Jahren oder eine Geldstrafe in Betracht. Schließlich können sich diejenigen, die zu einer Beschneidung auffordern, wegen Anstiftung nach § 26 StGB oder die dabei behilflich sind wegen Beihilfe nach § 27 StGB strafbar machen.

Es handelt sich sowohl bei der gefährlichen Körperverletzung als auch bei der Verletzung der Fürsorgepflicht um Delikte, die die Staatsanwaltschaften von Amts wegen zu verfolgen haben. Das heißt, es kommt nicht darauf an, ob eine der betroffenen Mädchen oder Frauen einen Strafantrag stellt oder eine Strafanzeige erstattet. Vielmehr können auch andere Personen, die von den strafbaren Handlungen Kenntnis haben, sich an die Polizei oder Staatsanwaltschaft wenden.

Nehmen Ausländer oder Ausländerinnen die Beschneidungen vor, können sie (sofern sie hierfür rechtskräftig verurteilt worden sind) nach den jeweils in Betracht kommenden ausländerrechtlichen Vorschriften aus Deutschland ausgewiesen bzw. abgeschoben werden.

Genitale Verstümmelung kann eine politische Verfolgung im Sinne des Artikel 16a GG sein und einen Rechtsanspruch auf Gewährung von Asyl in der Bundesrepublik Deutschland begründen. Sofern sich Mädchen und Frauen in Deutschland aufhalten und ihre Aufenthaltserlaubnis abgelaufen ist, steht ihnen nach den ausländerrechtlichen Vorschriften ein Abschiebeschutz zu, wenn insbesondere die konkrete Gefahr besteht, dass sie für den Fall der Rückreise genital verstümmelt werden würden. In der Beratung von Betroffenen kommt es daher darauf an, solche konkreten Umstände zu ermitteln und den zuständigen Ausländerbehörden zur Kenntnis zu bringen.

Glossar

Acrotomophilie: Vorliebe für einen behinderten Partner mit amputiertem Arm oder Bein
Adipositas: Fettsucht
Ampallang: Intimpiercing, das horizontal durch die Eichel gestochen wird
Anabolika: Muskelaufbaupräparat auf der Basis des Hormons Testosteron
Anorexie (Anorexia nervosa): Magersucht
Anti-Helix: Piercing durch den hinteren Teil des oberen Ohrrandes
Anti-Tragus: Piercing gegenüber vom Tragus in der unteren Knorpelfalte direkt über dem Ohrläppchen
Apadravya: vertikal durch die Eichel gestochenes Piercing, meist zwischen dem Ansatz des Vorhautbändchens und der Eicheloberseite
Apotemnophilie: Wunsch nach Amputation eines Körperteils (meist Finger, Zehe, Arm oder Bein)
Äußere Labia: Piercing durch die großen Schamlippen
Austin-Bar: horizontales Piercing durch die Nasenspitze (d.h. weder Septum noch Innenräume der Nase)
Autoklav: Sterilisationsgerät für Instrumente mit Überdruck und erhöhter Temperatur

Ball Closure Ring (BCR): Klemmkugelring; ringförmig gebogener Piercingschmuck, der durch eine zwischen die Enden geklemmte Kugel verschlossen wird
Bananabell: Piercingschmuck; wie Barbell, nur mit leicht gebogenem Stab, der an jedem Ende mit einer Kugel verziert ist
Bar: stabförmiges Piercing
Barbell: Piercingschmuck; gerader Stab, an beiden Enden jeweils mit einer Kugel versehen (auch Kugelhantel genannt)
Bauchnabelbanane: leicht gebogenes Barbell, bei dem die Kugeln in der Regel unterschiedlich groß sind
Beadings: Kugel- oder Stab-Implantate zum Einsetzen unter die Haut
Bio-Tattoo: Art der Tätowierung, die nach einigen Jahren verschwinden oder verblassen soll
Blackwork: schwarze Tätowierung
Blood-Plays: Blutspiele; das Erzeugen von Wunden, um mit dem ausgetretenen Blut zu malen, sich zu schminken usw.
Blow-out: Bei nicht ausreichend tiefer Tätowierung zerläuft die Tinte nach außen und macht Schatten
BodMod: Szenewort für Body-Modification
Body Identity Integrity Disorder (BIID): Störung der Körperidentität; häufig bei Personen, die eine Amputation anstreben
Body-Art: Körperkunst
Bodysuit: den ganzen Körper bedeckende Tätowierung (ohne Hände, Füße und Kopf)
Bondage: Fesselungsspiele (z.B. mit Seilen, Ketten oder Hand- und Fußfesseln); Praktik des Sadomasochismus
Branding: Brandzeichen; das Anbringen linienförmiger Verbrennungen mittels heißer Metallstücke o.Ä., um so aus den Narben ein Bild zu erzeugen
Braunüle: Venen-Verweilkanüle
Bridge-Piercing: Piercingschmuck über dem Nasenbein, zwischen den Augen
Bulimie (Bulimia nervosa): Ess-Brech- bzw. Fress-Kotz-Sucht

Cheek-Piercing: Piercing durch die Wange
Chili-High: leicht euphorische Gestimmtheit durch den Genuss scharfer Speisen
Christina: vertikales Piercing am oberen Berührungspunkt der äußeren Schamlippen
Circular Barbell (CBB): Rundhantel, kreisförmig gebogenes Barbell

Coma Suspension: Aufhängung im Rahmen einer spirituellen Performance mittels an der Körperoberseite durch die Haut gebohrter Haken
Conch: Ohrknorpelpiercing; innerer oder äußerer Conch
Cover-up: Überstechen einer älteren Tätowierung
Cross-Dressing: sich wie das andere Geschlecht kleiden, ohne dabei zu übertreiben (vgl. Transvestitismus)
Cutting: Schneiden; teils zum Erzeugen von Schmucknarben (Skarifizierung), teils auch bei Selbstverletzungen oder im Rahmen von Blood-Plays (Blutspielen)

Daith-Piercing: Piercing durch die Knorpelbrücke im Inneren der Ohrmuschel
Dehnen: Aufdehnen von Piercingöffnungen, um größere Schmuckstücke einsetzen zu können
Dermabrasion: Abschleifen der Haut, um Tattoos zu entfernen
Drag-Queen/Drag-King: Person, die sich völlig übersteigert wie das andere Geschlecht kleidet (s. Transvestitismus)
Drosselgrube: Piercing am Hals
Dydoes: Piercings durch den Eichelkranz bei beschnittenen Männern

Earlobe: klassisches Piercing durch das Ohrläppchen
Endorphine: Hormone, die der Körper bei Glück, beim Essen, beim Verliebtsein, aber auch bei Stress oder Schmerz ausschüttet; sind auch für den „Kick" nach dem Piercing verantwortlich und erhöhen die Schmerztoleranz
Enlarging Crescent: Dehnungssichel; sichelförmiges, gebogenes und konisch gearbeitetes Material zum Aufdehnen von Piercingöffnungen
Eskimo: Piercing durch die Unterlippe
Eyebrow: Augenbrauenpiercing

Flesh Tunnel: Fleisch-Tunnel; stark geweitete Piercing-Öffnung
Foreskin: Piercing vorn am Rand der Vorhaut
Fourchette: Piercing am unteren Ende des Scheideneingangs, wo die kleinen Schamlippen zusammenlaufen
Frenum: Piercing unterhalb des Vorhautbändchens (Frenum) in Richtung Penisschaft

Gauge: in den USA verwendete Maßeinheit für die Größe eines Piercingschmucks oder einer Nadel; 0 Gauge entsprechen 8 mm; 30 Gauge entsprechen 0,3 mm
Gender Identitiy Disorder (GID): Störung der Geschlechtsidentität (Transidentität, Transsexualität)
Genital Beadings: Kugel- oder Stabimplantate, meist im Schaft des Penis („Yakuza Beads")
Guiche: Piercing horizontal durch das hintere Ende des Hodensacks

Hafada: Ringe am Hodensack
Handweb: Piercing in der Hautfalte zwischen Daumen und Zeigefinger
Helix: Piercing durch den äußeren Knorpelrand des Ohrs
Henna-Tattoo: Hautbemalung mit dem Saft der Mehndi-Pflanze
Hermaphrodit: Person mit männlichem und zugleich weiblichem Genital (siehe auch: Intersexualität)
Hypospadiasis: (auch Subincision) Öffnen der Harnröhre mit einem scharfkantigen Werkzeug und Spaltung des Penis an der Unterseite

Implant: Implantierung von Kugeln oder Stäben durch eine kleine Öffnung direkt unter die Haut
Industrial: Piercing (langer Barbell) durch zwei Löcher im oberen Teil des Ohres
Infibulation: weibliche Genitalverstümmelung (Schamlippen, Klitoris)

Inner Conch: Piercing in der inneren Ohrmuschel
Innere Labia: Piercing der inneren Schamlippen
Intersexualität: das Vorhandensein von männlichem und weiblichem Genital (siehe auch: Hermaphrodit)
Irezumi: japanische Tätowierung

Kauterisator/Kauterer: elektrisches Gerät, mit dem sich durch Branding Schmucknarben erzeugen lassen
Klitorispiercing: Piercing direkt durch die Klitoris
Klitoris-Vorhautpiercing: meist horizontaler Ring durch die Haut oberhalb der Klitoris
Knee-Suspension: Aufhängung im Rahmen einer spirituellen Performance an über den Knien durch die Haut gebohrten Haken
Körperdysmorphe Störung (Dismorphophobia): starke gedankliche Fixierung, ein bestimmter Körperteil sei hässlich

Labret: Piercing unter der Unterlippe
Labret Stud: Lippenstecker
Laserentfernung: das Entfernen etwa von Tätowierungen durch Lasertechnik
Lippenbandpiercing: Piercing meist des oberen Lippenbandes an der Innenseite der Oberlippe
Lobe-Piercing: Piercing am äußeren Ohrrand

Madonna (auch Marilyn- und Monroe-Piercing): Schmuck an der Stelle, an der der entsprechende Star einen Schönheitsfleck (Muttermal) hat
Medison: Piercing am Halsansatz oberhalb des Brustbeins
Medusa: Piercing in der Mitte der Oberlippe
Mehndi: indische Bemalung mit Henna

Nipple: Brustwarzenpiercing
Nostril: Nasenpiercing seitlich an einem der Nasenflügel
Nostril Stud: Nasenstecker
Nullifikation: genitale Verstümmelung, so dass keinerlei geschlechtliche Merkmale mehr erkennbar sind

Oetang: Piercing vorn am Rand der Vorhaut
O-Ring: kleine Gummiringe zum Halten von meist zylinderförmigem Schmuck oder der Dehnsichel
Orbital: Ohrknorpelpiercing, bei dem ein Ring durch zwei in einem bestimmten Abstand gepiercte Löcher führt
Orchiektomie: Eintfernung eines oder beider Hoden
Outer Conch: Piercing in der äußeren Ohrmuschel

Piercing Needles: abgeschrägte Hohlnadeln, eigentlich für medizinische Zwecke (Injektionen), aber auch zum Piercen geeignet
Play-Piercing: Einstechen von Nadeln unter die Haut zu „spielerischen" Zwecken
Plug: Schmuckzylinder mit gleichmäßigem Durchmesser oder in der Mitte sich etwas verjüngend
Prinz Albert: Piercing durch die Eichel; der Ring führt ein Stück durch die Harnröhre und kommt neben dem Vorhautbändchen wieder hervor
Prinzessin Albertina: Piercing vertikal durch die Haut zwischen Harnröhre und Vagina
Pubic: horizontal am oberen Penisansatz oder oberhalb der Schamlippen gestochenes Piercing, auch Bauchdeckenring genannt
Punchen: Herausstanzen von Gewebe für eine Piercing-Öffnung, besonders bei Knorpel

Retainer: kaum sichtbarer Offenhalter einer Piercing-Öffnung, um ein Zuwachsen zu verhindern, solange der Metallschmuck längere Zeit abgelegt werden muss
Ring-Öffnungszange: Spezialwerkzeug zum Öffnen und Wiederverschließen von Klemmkugelringen (BCR)
Rook: Piercing in der oberen Knorpelfalte des Ohrs
Runner's High: leicht euphorische Bewusstseinsveränderung durch Ausdauersport

Saline-Injektionen: das Aufblähen weicher Körperteile (meist im Genitalbereich) durch das Injizieren von Kochsalzlösung
Scrumper: Piercing im Oberlippenbändchen
Septumpiercing: Piercing am unteren Ende der Nasenscheidewand
Sewing: das Zunähen von Körperöffnungen (z. B. des Mundes) oder das Anbringen von Schmucknähten auf der Haut
Skarifikation: Einschneiden der Haut, meist mit einem Skalpell, um Schmucknarben zu bilden; um den Effekt zu verstärken häufig mit mehrfachem Nachscheiden oder Abkratzen des Schorfes
Snug: Ohrknorpelpiercing
Spike: nadelförmiger Piercingschmuck von wenigen bis etwa 30cm Größe aus Metall, Knochen, Bambus, Stacheln usw., z. B. für ein Septumpiercing
Strike Branding: das Erzeugen von Schmucknarben mit erhitzten Metallstücken
Subincision: siehe Hypospadiasis
Suicide Suspension: Aufhängung im Rahmen einer spirituellen Performance an auf Höhe der Schulterblätter durch die Haut gebohrten Haken
Superman Suspension: Aufhängung im Rahmen einer spirituellen Performance an entlang der gesamten Rückseite durch die Haut gebohrten Haken
Surface Bar: Piercing-Schmuckstück in Form einer großen Heftklammer hat, also am Ende eines Stabes jeweils um 90° gebogen
Suspension: das Aufhängen von Personen an durch die Haut gebohrten Haken; meist in Verbindung mit Ritualen und Performances zur Bewusstseinserweiterung
Sutures: siehe Sewing

Taper: gerade Dehnungssichel; Einführungsstift
Tätowiermaschine: spritzt mit einer Geschwindigkeit von mehreren hundert Stichen pro Minute Farbe in die Haut
Tattoo-Entfernung: möglich durch Hautabschleifung oder Lasertherapie
Temptoos: siehe Bio-Tattoos
Tongue: Piercing in der Mitte der Zunge
Tragus: Piercing durch den Knorpel direkt vor dem Gehörgang
Transgender: Person, die mit gegengeschlechtlicher Bekleidung und Aussehen lebt; mitunter auch als Oberbegriff für Transvestitismus und Transidentität
Transidentität: betroffene Person: Transident; mangelnde Übereinstimmung zwischen genetisch-anatomischem Geschlecht und psychischem Selbstverständnis; häufig mit Wunsch nach einer Geschlechtsumwandlung
Transsexualität: alter Begriff für Transidentität
Transvestit: Person, die sich gegengeschlechtlich kleidet; i. e. S. mit sexueller Erregung verbunden
Travestie: künstlerische Shows, in denen eine Person das andere Geschlecht nachahmt, ohne unbedingt ein Transvestit oder Transident sein zu müssen
Triangle: horizontales Piercing an der Hinterseite des Klitorisschaftes
Tribal: geschwungene, tätowierte Symbole, die an Stammeszeichen aus Afrika oder Runen erinnern

Umgekehrter Prinz Albert: Piercing von der Harnröhre vertikal durch die Mitte der Oberseite der Eichel
Uvula: Piercing durch das Gaumenzäpfchen

Venum Piercings: symmetrisch und paarweise platzierte Lippen- oder Zungenpiercings
Vertical Chest Suspension: Aufhängung im Rahmen einer spirituellen Performance an im Brustbereich durch die Haut gebohrten Haken
Vertikales Labret: Piercing von unterhalb der Lippe hin zur Lippenmitte (ins Lippenrot)
Vertikales Vorhautpiercing: vertikal durch die Klitorisvorhaut verlaufendes Piercing für einen Ring mit direktem Kontakt zur Klitoris
Vorhautpiercing: Piercing durch die Vorhaut der Eichel oder durch die Klitorisvorhaut

Wannabe: (von engl. „want to be") Person, die anders sein möchte, meist bezogen auf die Amputation eines Körperteils

Zirkumzision: Beschneidung der Vorhaut an der Eichel
Zungenpiercing: vertikales Piercing, meist in der Mitte der Zunge

Literatur

Aboseilf S, Gomez R & McAninch JW: Genital self-mutilation. Journal of Urology. 1993; 150(4): 1143–1146.
Acor AA: An employer's perceptions of persons with body art and an experimental test regarding eyebrow piercing. Dissertation Abstracts. 2001; 61(17-B): 3885.
Akhondi H, Rahimi AR: Haemophilus aphrophilus endocarditis after tongue piercing. Emergency Infection Diseases. 2002; 8: 850–851.
Albert S: Piercing. Hamburg: Sexologisches Institut 1997.
Alexander HB: The world's rim: Great mysteries of the North American Indians. Lincoln: University of Nebraska Press 1967.
Alora MB, Arndt KA & Taylor CR: Scaring following Q-switched laser treatment of „double tattoo". Archives of Dermatology. 2000; 136: 269–270.
Alter MJ: Hepatitis C virus infection in the United States. Journal of Hepatology. 1999; 31: 88–91.
Altman JS & Manglani KS: Recurrent condyloma acuminatum due to piercing of the penis. Cutis. 1997; 60: 237–238.
Alves J: Transgressions and transformations: Initiation rites among urban Portuguese boys. American Anthropologist. 1991; 94: 894–928.
Amsel R, Totten PA, Spiegel CA, Chan KC, Eshenbach D & Holmes KK: Non-specific vaginitis: diagnostic criteria and microbial and epidemiologic associations. American Journal Medicine. 1983; 74: 14–22.
Anderson RR: Tattooing should be regulated. New England Journal of Medicine. 1992; 326: 207.
Angis J: Tattoos in women. Plastic Reconstructive Surgery. 1977; 60: 22–37.
Apkarian AV, Darbar A, Kraus BR, Gelnar, PA & Szeverenyi NM: Differentiating cortical areas related to pain perception from stimulus identification: temporal analysis of fMRI activity. Journal Neurophysiology. 1999; 81: 2956–2963.
Arkin RM & Baumgardner AH: Self-handicapping. In JH Harvey & GW Weary (Eds), Attribution: Basic issues and applications (169–202). New York: Academic Press 1985.
Armstrong ML: Career-oriented women with tattoos. Image: Journal of Nursing Scholarship. 1991; 23: 215–220.
–: Adolescents and tattoos: marks of identity or deviancy? Dermatology Nursing. 1994; 6: 119–124.
–: You pierced what? Pediatric Nursing. 1996; 22: 236–238.
–: Body piercing: A clinical look. Office Nurse. 1998a; 11(3): 26–29.
–: A clinical look at body piercing. Reg. Nurse. 1998b; 619: 26–29.
–, Fell PR: Body art: regulatory issues and the NEHA Body Art Model Code. Journal of Environmental Health. 2000; 62: 25–30.
–, Gabriel DC: Tattoos on women: marks of distinction or abomination? Dermatology Nursing. 1993; 5: 107–116.
–, Kelly L: Tattooing, body piercing, and branding are on the rise: perspectives for school nurses. Journal School Nursing. 2001; 17: 12–23.
–, McConnell C: Promoting informed decision-making about tattooing for adolescents. Journal of School Nursing. 1994a; 10: 27–30.
–, –: Tattooing in adolescents more common than you think: The phenomenon and risks. Journal of School Nursing. 1994b; 10: 22–29.
–, Murphy KP: Tattooing: Another adolescent risk behavior warranting health education. Applied Nursing Research. 1997; 10(4): 181–189.
–, Pace-Murphy K: Tattooing: Another adolescent risk behavior warranting health education. Applied Nursing Research. 1997; 10: 181–189.

–, Ekmark E & Brooks B: Body piercing: Promoting informed decision making. Journal of School Nursing. 1995; 11(2): 20–25.
–, Owen DC, Roberts AE et al.: College students and tattoos: The influence of image, identity, friends, and family. Journal Psychosocial Nursing. 2002; 40: 1–8.
–, Roberts AE, Owen DC & Koch JR: Towards building a composite of college student influences with body art. Comprehensive Pediatric Nursing. 2004a; 27(4): 277–295.
–, –, –, –: Contemporary college students and body piercing. Journal Adolescent Health. 2004b; 35(1): 58–61.
–, Stuppy DJ, Gabriel DC & Anderson RR: Motivation for tattoo removal. Archives of Dermatology. 1996; 132: 412–416.
Arntz A: Why do people tend to overpredict pain? On the asymmetries between underpredictions and overpredictions of pain. Behavior Research and Therapy. 1996; 34: 545–554.
–, Hopmans M: Underpredicted pain disrupts more than correctly predicted pain, but does not hurt more. Behavior Research and Therapy. 1998; 36: 1121–1129.
–, Lousberg R: The effects of underestimated pain and their relationship to habituation. Behavior Research and Therapy. 1990; 28: 15–28.
–, van den Hout MA, van den Berg G & Meijboom A: The effects of incorrect pain expectations on acquired fear and pain responses. Behavior Research and Therapy. 1991; 29: 547–560.
Arons BS: Self-mutilation: Clinical examples and reflections. American Journal of Psychotherapy. 1981; 25: 550–558.
Arts SE, Abu-Saad HH & Champion GD: Age-related response to lignocaine-prilocaine (EMLA) emulsion and effect of music distraction on the pain of intravenous cannulation. Pediatrics. 1994; 93: 797–801.
Axenfeld T: Über Luxation, Zerstörung und Herausreißen des Augapfels als Selbstzerstümmelung bei Geisteskranken. Zeitschrift für Augenheilkunde. 1899; 1: 128–151.

Bach-Y-Rita G: Habitual violence and self-mutilation. American Journal Psychiatry. 1974; 131: 1918–1020.
Balakrishnan C & Papini R: Removal of unwanted tattoos. British Journal of Plastic Surgery. 1991; 44: 471.
Bammann K & Stöver H (Hrsg.): Tätowierungen im Strafvollzug. Hafterfahrungen, die unter die Haut gehen. Oldenburg: bis-Berlag, 2006.
Bander KW, Fein E & Bishop G: Evaluation of child sexual abuse programs. In SM Sgroi (ED), Handbook of clinical intervention in child sexual abuse (345–376). Lexington, MA: Lexington Books 1982.
Banks BA, Silverman RA, Schwartz RH & Tunnessen WW: Attitudes of teenagers toward sun exposure and sunscreen use. Pediatrics. 1992; 89: 40–42.
Bassiouny MA, Deem LP, Deem TE: Tongue piercing: a restorative perspective. Quintessence International. 2001; 32: 477–481.
Baumeister RF & Leary MR: The need to belong: Desire for interpersonal attachment as a fundamental human motive. Psychological Bulletin. 1995; 117: 497–529.
Beauregard JA: Embodied identities: College women's perspectives on body piercing using developmental models of psychology. Dissertation Abstracts. 2001; 62(2-B): 1138.
Becerra L, Breiter HC, Wise R, Gonzalez RG & Borsook D: Reward circuitry activation by noxious thermal stimuli. Neuron. 2001; 32(5): 927–946.
Beck AT: Beck Depression Inventory: Suggestions for use. Philadelphia: Center for Cognitive Therapy 1978.
Beck AT & Freeman A: Kognitive Therapie der Persönlichkeitsstörung. München: Beltz – Psychologie Verlags Union 1993.
–, Steer RA & Garbin MG: Psychometric properties of the Beck Depression Inventory: Twenty-five years of evaluation. Clinical Psychology Review. 1988; 8: 77–100.

Becker H & Hartmann U: Genital self-injury behaviour – Phenomenologic and differential diagnosis considerations from the psychiatric viewpoint. Fortschritte der Neurologie Psychiatrie. 1997; 65(2): 71–78.

Becker M, Hofner K, Lassner F, Pallua N & Berger A: Replantation of the complete external genitals. Plastic and Reconstructive Surgery. 1997; 99(4): 1165–1168.

Becker S, Bosinski HAG, Clement U, Eicher W, Goerlich TM, Hartmann U, Kockott G, Langer D, Preuss WF, Schmidt G, Springer A & Wille R: Behandlung und Begutachtung von Transsexuellen. Psychotherapeut. 1997; 42: 256–262.

Beilin LM & Gruenberg J: Genital self-mutilation by mental patients. Journal Urology. 1948; 59: 635–641.

Belfiore PJ & Dattilio FM: The Behaviour of Self Injury: A brief review and analysis. Behavioural Disorders. 1990; 16:23–31

Bell S: Tattooed: a participant observer's exploration of meaning. Journal of Popular Culture. 1999; 22: 53–58.

Benecke M: Body Modification: Freiwillige massive Selbstbeschädigung im Kontext einer modernen westlichen Jugendsubkultur. 78. Jahrestagung der Deutschen Gesellschaft für Rechtsmedizin 1999a.

–: First report of non-psychotic self-cannibalism (autophagy), tongue splicing and scar patterns (scarification) as an extreme form of cultural body modification in a Western civilization. American Journal of Forensic Medicine and Pathology. 1999b; 20(3): 281–285.

Bensler JM & Paauw: Apotemnophilia masquerading as medical morbidity. South Medical Journal. 2003; 96(7): 674–676.

Benson S: Inscriptions of the self: Reflections on tattooing and piercing in contemporary Euro-America. In J Caplan (ED), Written on the body (234–254). Princeton, NJ: Princeton University Press 2000.

Benthall J & Polhemus T (Eds): The body as a medium of expression. New York: EP Dutton 1975.

Benzech M, Bourgeois M, Boukhabza D & Yesavage D: Cannibalism and vampirism in paranoid schizophrenia. Journal Clinical Psychiatry. 1981; 42: 290.

Beresford TP: The dynamics of aggression in an amputee. General Hospital Psychiatry. 1980; 3: 219–225.

Bhanganada K, Chayavatana T, Pongnumkul C, Tonmukayakul A, Sakolsatayadorn P, Komaratat K & Wilde H: Surgical management of an epidemic of penile amputations in Siam. American Journal of Surgery. 1983; 146(3): 376–382.

Bhattacharya SK, Jaiswal AK, Mukhopadhyay M & Datla KP: Clonidine-induced automutilation in mice as a laboratory model for clinical self-injurious behavior. Journal Psychiatric Research. 1988; 22: 43–50.

Birmaher B, Stanley M, Greenhill L, Twomey J, Gavrilescu A & Rabinovich H: Platelet imipramine binding in children and adolescents with impulsive behaviour. Journal American Academ. Child Adolescence Psychiatry. 1990; 29: 914–18.

Birmingham L, Mason D & Grubin D: The psychiatric implications of visible tattoos in an adult male prison population. Journal of Forensic Psychiatry. 1999; 10: 687–695.

Blacker KH & Wong N: Four cases of autocastration. Archives General Psychiatry. 1963; 8: 169–176.

Blanchard M: Post-bourgeois tattoo: Reflections on skin writing in late capitalist societies. In L Taylor (ED), Visualizing theory: Selected essays from VAR 1990–1994 (287–300). New York: Routledge 1994.

Blanco-Davila F: Beauty and the body: the origins of cosmetics. Plastic Reconstruction Surgery. 2000; 105: 1196–1204.

Blom DE: Embodying borders: human body modification and diversity in Tiwanaku society. Journal of Anthropological Archeology. 2005; 24: 1–24

Bordo S: Unbearable weight. Feminism, Western culture and the body. Berkeley: California University Press 1994.
Borkenhagen A: Pygmalions Töchter: Weibliche Selbstinszinierung mittels Schönheits-Chirurgie. In A Stirn, O Decker & E Brähler (Hrsg.), Körperkunst und Körpermodifikation. Psychosozial. 2003; 94(4): 45–54.
–: Selbstverletzung als Form spätmoderner Körperinszenierung? In M Hermer & HG Klinzing (Hrsg.), Nonverbale Prozesse in der Psychotherapie (191–197). Tübingen: DGVT 2004.
Borsook D & Becerra L: Pain imaging: future applications to integrative clinical and basic neurobiology. Advanced Drug Delivery Reviews. 2003; 55: 967–986.
Bosinski HAG, Sohn M, Löffler D & Jakse G: Aktuelle Aspekte der Begutachtung und Operation Transsexueller. Deutsches Ärzteblatt. 1994; 91: 552–555.
Bossenmayer S: Selbstbeschädigung unter besonderer Berücksichtigung von Selbstbeschädigung in Haft. Inaugural-Dissertation. Eberhard-Karls-Universität Tübingen 2003.
Botchway C & Kuc I: Tongue piercing and associated tooth fracture. Journal of the Canadian Dental Association. 1998; 64: 803–805.
Bourgeois M: Genital self-mutilation. Contracept Fertil Sex. 1984; 12(4): 597–601.
Bowman KM & Engle B: Medico-legal aspects of transvestism. American Journal Psychiatry. 1957; 113: 583–588.
Bradbury E: The psychology of aesthetic plastic surgery. Aesthetic Plastic Surgery. 1994; 18: 301–305.
Bradley JM: A case of a self-made eunuch. Weekly Bulletin St. Louis Medical Society. 1933; 28: 133–154.
Brähler E, Felder H & Schumacher J: Wenn der Körper zur Last wird – Zum Einfluss von Alter, Geschlecht und Epoche auf körperliche Beschwerden. In A. Stirn, O Decker & E Brähler (Hrsg.): Körperkunst und Körpermodifikation. Psychosozial. 2003; 94(4): 103–118.
–, Stirn A & Brosig B: Verbreitung von Körperschmuck und Inanspruchnahme von Lifestylemedizin in Deutschland. Ergebnis zweiter Repäsentativerhebungen in Deutschland 2002 und 2003: http://www.uni-leipzig.de/~medpsy/pdf/presse_tat too_lifestyle.pdf, 2004
Braithwaite R, Hammett T & Mayberry R: Prisons and AIDS. San Francisco: Jossey-Bass 1996.
–, Robillard A, Woodring T, et al.: Tattooing and body piercing among adolescent detainees: Relationship to alcohol and other drug use. Journal of Substance Abuse. 2001; 13: 5–16.
–, Stephens T, Sterk C & Braithwaite K: Risks associated with tattooing and body piercing. Journal Public Health Policy. 1999; 20: 459–470.
Brandhurst C: Extrem! 2. Aufl. Berlin: Schwarzkopf & Schwarzkopf, 2004.
Branscombe NR, Ellemers N, Spears R & Doosje B: The context and content of social identity threats. In N Ellemers, R Spears & B Doosje (Eds), Social identity: Context, commitment, and content (35–58). Oxford UK: Blackwell 1999.
Brener ND, Collins JL, Kann L Warren CW & Williams BI: Reliability of the youth risk behavior survey questionnaire. American Journal of Epidemiology. 1995; 141 (6): 575–580.
Brenner I: Upper-extremity self-amputation in a case of dissociative identity disorder. Journal Clinical Psychiatry. 1999; 60(10): 705–706.
Bromberg W: Psychological motives in tattooing. Archives of Neurology. 1935; 33: 228–232.
Brooks TL, Woods ER, Knight JR & Shrier LA: Body modification and substance use in adolescents: Is there a link? Journal of Adolescent Health. 2003; 32: 44–49.
Brown K: Blood-letting in bulimia nervosa. British Journal Psychiatry. 1993; 163: 129.

Brown DE, Edwards JW & Moore RP: The penis inserts of Southeast Asia: an annotated bibliography with an overview and comparative perspectives. Berkeley: Center for South and Southeast Asia Studies/University of California 1988.
Brown R & Williams J: Group identification: The same thing to all people? Human Relations. 1984; 37: 547–564.
Brownell KD: Dieting and the search for the perfect body: Where physiology and culture collide. Behavior Therapy. 1991a; 22: 1–12.
–: Personal responsibility and control over our bodies: When expectation exceeds reality. Health Psychology. 1991b; 10: 303–310.
Buchwald C, Holme-Nierlsen L & Rosborg J: Keloids of the ear. ORL Journal of Otorhinolaryngology. 1992; 54: 108–110.
Buck C.: Das Bein war einfach kein Teil von mir. Stern-Magazin Wissenschaft. 2000, S. 172
Buhrich N (1983). The association of erotic piercing with homosexuality, sadomasochism, bondage, fetishism, and tattoos. Archives of Sexual Behaviour. 1983; 12: 167–171.
Burger TD & Finkel D: Relationship between body modification and very high-risk behaviors in a college population. College Student Journal. 2002; 36(2): 203–213.
Burton J: Culture and the human body. Prospect Heights, IL: Waveland Press 2001.
Burton-Bradley BG: Cannibalism for cargo. Journal Nervous Mental Disorder. 1976; 163: 428–431.
Buschan G: Illustrierte Völkerkunde. Stuttgart: Strecker & Schröder 1910.
Butler J: Gender trouble: Feminism and the subversion of identity. New York: Routledge 1990.
–: Bodies that matter: On the discursive limits of sex. New York: Routledge 1993.
Buzan RI, Dubovsky SL, Treadway JT & Thomas MI: Opiate antagonists for recurrent self-injurious behavior in three mentally retarded adults. Psychiatric Services. 1995; 46: 511–512.
Byrne D: The attraction paradigm. New York: Academic Press 1971.

Califia P & Califia P: Modern primitives, latex shamans, and ritual S/M Public Sex (231–241). In Califia, P: Public Sex: The Culture of Radical Sex (231–241). Pittsburgh, PA: Cleis Press 1993.
Camphausen RC: Return of the tribal: A celebration of body adornment. Rochester VT: Park Street Press 1997
Carlson MA & Andorn AC: [3H]clonidine binds at multiple high affinity states in human prefrontal cortex. European Journal Pharmacology. 1986; 123(1): 73–78.
Carroll L & Anderson R: Body piercing, tattooing, self-esteem, and body investment in adolescent girls. Adolescence. 2002; 37(147): 627–637.
Carroll ST, Riffenburgh RH, Roberts TA & Myhre EB: Tattoos and body piercing as indicators of adolescent risk-taking behaviours. Pediatrics. 2002; 109(6): 1021–1027.
Casper C, Groth W & Hunzelmann N: Sarcoidal-type allergic contact granuloma: A rare complication of ear piercing. American Journal of Dermatopathology. 2004; 26(1): 59–62.
Castelló JR, Barros J & Chinchilla A: Body dysmorphic disorder and aesthetic surgery: Case report. Aesthetic Plastic Surgery. 1998; 22: 329–331.
Catalano J: When the body is the canvas, safety counts: tattoos and piercings can pose health risks. In: www.APBnews.com, 17.03.2000.
Catlin G: O-Kee-Pa, a religious ceremony and other customs of the Mandabns. New Haven and London: Yale University Press 1967.
Cazazza M: Monte Cazazza. In V Vale & A Juno (Eds), Re/Search #12: Modern primitives (127–132). San Francisco: Re/Search Publications 1989.
Ceniceros S: Tattooing, body piercing, and Russian roulette. Journal of Nervous & Mental Disease. 1998; 186: 503–4.

Champion GD, Arts S & Abu-Saad HH: Age-related responses to brief sharp physiological (needle) pain in children. Abstracts: 7th World Congress on Pain (512–513). Seattle: IASP Publications 1993.

Christensen W: A fashion for ecstasy: ancient Maya body modifications. In Vale V, Juno A (Eds), Modern primitives: an investigation of contemporary adornments and ritual (79–91). San Francisco: Re-Search 1989.

Christiano B & Tarbell SE: Brief report: Behavioral correlates of postoperative pain in toddlers and preschoolers. Journal of Pediatric Psychology. 1998; 23: 149–154.

Clark RA: Self-mutilation accompanying religious delusions: A case report and review. Journal Clinical Psychiatry. 1981; 42: 243–245.

Clements R: Prevalence of alcohol-use disorders and alcohol-related problems in a college student sample. Journal of American College Health. 1999; 48(3): 111–118.

Cleveland SE: Three cases of self-castration. Journal Nervous Mental Disease. 1956; 123: 386–391.

Coccaro EF, Siever LJ & Klar HM: Serotonergic studies in patients with affective and personality disorders: correlates with suicidal and impulsive aggressive behavior. Archives General Psychiatry. 1989; 46: 587–599.

–, Astill JL, Szeeley PJ & Malkowica DE: Serotonin in personality disorders. Psychiatric annals. 1990; 20: 587–592.

Coid J, Allolio B & Rees CH: Raised plasma metenkephalin in patients who habitually mutilate themselves. Lancet. 1983; Sept.: 545–546.

Colapinto J: Der Junge, der als Mädchen aufwuchs. Düsseldorf: Walter 2000.

Coles J, Vögele C, Hilbert A & Tuschen-Caffier B: Fasten und (Über-)Essen: Auswirkungen von Jojo-Diäten auf Parameter der kardialen sympatho-vagalen Balance. Zeitschrift für Klinische Psychologie und Psychotherapie. 2005; 34(2): 95–103.

Comer RJ: Klinische Psychologie. Dt. Übersetzung von G. Sartory und J. Metsch. Heidelberg: Spektrum 1995.

Conacher GN & Westwood GH: Autocastration in Ontario federal penitentiary inmates. British Journal Psychiatry. 1987; 150: 565–566.

–, Villeneuve D & Kane G: Penile self-mutilation presenting as rational attempted suicide. Canadian Journal of Psychiatry. 1991; 36(9): 682–685.

Copes JH & Forsyth CJ: The tattoo: A social psychology explanation. International Review of Modern Sociology. 1993; 23: 83–89.

Craik J: The faces of fashion: Cultural studies in fashion. London: Routledge 1994.

Crocker J & Major B: Social stigma and self-esteem: The self-protective properties of stigma. Psychological Review. 1989; 96: 608–630.

Crocombe R: The rituals in wider perspective. In Sahadeo M, Stella SM, Lal B, Seruvakula S & Crocombe R: Holy torture in Fidji (59–64). Sydney: Pacific Publications 1974.

Crombez G, Baeyens F & Eelen P: Sensory and temporal information about impending pain: the influence of predictability of pain. Behavior Research and Therapy. 1994; 32: 611–622.

Dahnert I, Schneider P & Handrick W: Piercing und Tattoos bei Patienten mit kongenitalen Herzkrankheiten. Zeitschrift für Kardiologie. 2004; 93(8): 618–623.

Darwin C: On the Origin of Species by Means of Natural Selection, or the Preservation of Favoured Races in the Struggel for Live. London, 1859

Dawson RT: Drugs in sport – the role of the physician. Journal of Endocrinology. 2001; 170: 55ff.

De Moor, RJ, De Witte AM & De Bruyne MA: Tongue piercing and associated oral and dental complications. Endodontics and Dental Traumatology. 2000; 16: 232–237.

Deaux K: Social identification. In ET Higgins & AW Kruglanski (Eds), Social psychology: Handbook of basic principles (777–798). New York: Guilford 1996.

Deaux K, Reid A, Mizrahi K & Cotting D: Connecting the person to the social: The functions of social identification. In TR Tyler, RM Kramer & OP John (Eds), The psychology of the self (91–113). Mahwah NJ: Lawrence Erlbaum 1999.

Decker O: Vergötterte Körper. In A Stirn, O Decker & E Brähler (Hrsg.): Körperkunst und Körpermodifikation. Psychosozial. 2003; 94(4): 13–24.

DeGree CE & Snyder CR: Adler's psychology (of use) today: Personal history of traumatic life events as a self-handicapping strategy. Journal of Personality & Social Psychology. 1985; 48: 1512–1519.

Deiter PJ, Nicholls SS & Pearlman LA: Self-injury and self capacities: assisting an individual in crisis. Journal Clinical Psychology. 2000; 56(9): 1173–1191.

DeMello M: „Not just for bikers anymore": popular representations of American tattooing. Journal of Popular Culture. 1995; 29: 37–52.

–: Bodies of inscription: a cultural history of the modern tattoo community. Durham and London: Duke University Press 2000.

Department of Health/Welsh Office: Regulation of skin piercing: a consultation paper. London: Department of Health/Welsh Office 1996.

Department of Health: Regulation of skin piercing businesses. London: Department of Health 1998.

Derfner J: America's hottest new disease: Self-amputation. Atlantic Monthly, Dec. 2000.

Dirie W: Desert Flower. London: Virago Press 1999.

D M'uzan M: Un cas de masochisme pervers. In La sexualité perverse. Paris: Payot. 1972, 16–18.

Doll DC: Tattooing in prison and HIV infection. Lancet. 1988; 1 (8575–8576): 66–67.

Doosje B & Ellemers N: Stereotyping under threat: The role of group identification. In R Spears, PJ Oakes, N Ellemers & S A Haslam (Eds), The social psychology of stereotyping and group life (257–272). Oxford UK: Blackwell 1997.

Dreßler W: Angebot und Nutzerstrukturen bei kommerziellen Fitnessstudios – eine soziologisch-empirische Untersuchung in Fitnessstudios und Sportvereinen. Dissertation, Heinrich-Heine-Universität Düsseldorf, 2002.

Drews DR, Allison CK & Probst JR: Behavioral and self-concept differences on tattooed and non-tattooed college students. Psychological Report. 2000; 86: 475–481.

Dubovsky SL: „Exprimental" self-mutilation. American Journal Psychiatry. 1975; 135: 1240–1241.

–, Groban S: Congenital absence of sensation. Psychoanalytic Study Child. 1978; 30: 49–73.

Dupeyrat A: Savage Papua. New York: Dutton 1954.

Dyce O, Bruno JR, Hong D, Silverstein K, Brown MJ, Mirza N: Tongue Piercing. The New ‚Rusty Nail'? Head and Neck, October 2000, 22(7):728–32

Eibl-Eibesfeldt I: Die Biologie des menschlichen Verhaltens. Weyarn: Seehamer 1997.

Eichelmann B: Neurochemical and psychopharmacological aspects of aggressive behavior. In HY Meltzer (ED), Psychopharmacology: The third generation of Progress. New York: Raven 1987.

Eicher W: Transsexualität – standards of care. Zentralblatt Gynäkologie. 1992; 117: 61–64.

Ellemers N & Van Rijswijk W: Identity versus social opportunities: The use of group level and individual level identity management strategies. Social Psychology Quarterly. 1997; 60: 52–65.

–, Kortekaas P & Ouwerkerk JW: Self-categorization commitment to the group and group self-esteem as related but distinct aspects of social identity. European Journal of Social Psychology. 1999; 29: 371–389.

Engelmann ER, Polito G & Perley J: Traumatic amputation of the penis. Journal Urology. 1974; 112: 774–778.

Esman AH: A case of self-castration. Journal Nervous Mental Disease. 1954; 120: 79–82.
Eubancs V: Zones of dither: Writing the postmodern body. Body & Society. 1996; 2 (3): 73–88.
Eugenides J: Middlesex. New York: Picador 2002.
Euler S, Brähler E & Brosig B: Das Dorian Gray-Syndrom. In A Stirn, O Decker & E Brähler (Hrsg.): Körperkunst und Körpermodifikation. Psychosozial. 2003; 94(4): 73–90.
European Parliament Official newsletter of the European Communities no. L188/1. Brussels 1994. (siehe: www.modernnature.de/gesetze.html)
Evans SC, Whittle T & Rous SN: Self-emasculation. Journal Urology. 1977; 118: 775–776.
Everaerd W: A case of apotemnophilia: A handicap as sexual preference. American Journal of Psychiatry. 1983; 37(2): 285–293.

Fanton L, Schoendorff P, Achache P, Miras A & Malicier D: False rape: a case report. American Journal Forensic Med. Pathology. 1999; 20(4): 374–377.
–, Schoendorff P, Rebut D, Yapo-Ette E & Malicier D: The frog and the scorpion: sadomasochistic injury. Journal of Clinical Forensic Medicine. 2001; 8: 225–227.
Farrow JA, Schwartz RH & Vanderlecuw J: Tattooing behavior in adolescence. A comparison study. American Journal of Diseases of Children. 1991; 145: 184–187.
Favazza AR: Repetitive self-mutilation. Psychiatric Annals 1992; 22(2), 60–63.
–: Bodies under Siege: Self-mutilation and body modification in culture and psychiatry. 2nd ed. Baltimore MD: Johns Hopkins University Press 1996
–: The coming of age of self-mutilation. Nerv Mental Disease. 1998; 186(5): 259–268.
–, Conterio K: Female habitual self-mutilators. Acta Psychiatrica Scandinavia. 1989a; 79: 283–289.
–, –: The plight of chronic self-mutilators. Community Mental Health Journal. 1989b; 24: 22–30.
–, Strong M: Introduction. A Bright Red Scream: Self-mutilation and the Language of Pain. New York: Viking 1998
Featherstone M: The body in consumer culture. In M Featherstone, M Hepworth, & BS Turner (Eds), The body: Social process and cultural theory (170–196). Thousand Oaks CA: Sage 1991.
–: Body modification: An introduction. Body and Society. 1999; 5: 1–13.
Feige M & Krause B: Piercing intim – mein kleines Geheimnis. Berlin: Schwarzkopf & Schwarzkopf 2004.
–, –: Tattoo- & Piercing-Lexikon. Berlin: Schwarzkopf & Schwarzkopf 2000.
Feingold A: Good-looking people are not what we think. Psychological Bulletin. 1992; 111: 304–341.
Feldman MD: More on female genital self-mutilation. Psychosomatics. 1988; 29(1): 141.
Fels E & Pillai-Vetschera T: Hijras – Das dritte Geschlecht Indiens. Frauen-Solidarität. 2001; 78(4): 18ff
Ferguson H: Body piercing. British Medical Journal. 1999; 319: 1627–1629.
Fichter MM, Quadflieg N & Rief W: Course of multi-impulsive bulimia. Psychological Medicine. 1994; 24: 592–604.
Fields HL: Pain: an unpleasant topic. Pain. 1999; 6: 61–69.
Fischer-Dückelmann A: Die Frau als Hausärztin. Ein ärztliches Nachschlagebuch für die Frau. Stuttgart: Süddeutsches Verlags-Institut 1911.
Fisher M: Risky behavior comes in clusters. Family Planning Perspectives. 1991; 23(6): 1–6.
Fiumara J & Eisen R: The titillating penile ring. Sexual Transmitted Diseases. 1982; 10: 43–44.
Fiumara MJ, Capek M: The „Brustwarze" or nipple ring. Sexual Transmitted Diseases. 1982; 9: 138–139.

Folz BJ, Lippert BM, Kuelkens C & Wernaer JA: Hazards of piercing and facial body art: a report of three patients and literature review. Annual Plastic Surgery. 2000; 45: 374–381.
Forbes GB: College students with tattoos and piercings: motives, family experiences, personality factors, and perception by others. Psychological Reports. 2001; 89(3): 774–786.
Frable DE, Platt L & Hoey S: Concealable stigmas and positive self-perceptions: Feeling better around similar others. Journal of Personality and Social Psychology. 1998; 74: 909–922.
Frederick CM & Bradley KA: A different kind of normal? Psychological and motivational characteristics of young adult tattooers and body piercers. North American Journal of Psychology. 2000; 2(2): 379–391.
French AP & Nelson HL: Genital self-mutilation in women. Archives General Psychiatry. 1972; 27: 618–620.
Fried RI: The psychodynamics of tattooing: A review. Cleveland Clinical Quarterly. 1983; 50: 239–242.
Friedel JM, Stehlik J, Desai M & Granato JE: Infective endocarditis after oral body piercing. Cardiology Review. 2003; 11(5): 252–255.
Friedenthal A: Das Weib im Leben der Völker. 2. Aufl. Berlin: Verlagsanstalt für Literatur und Kunst 1911.

Gabbay V, O'Dowd MA, Weiss AJ & Asnis GM: Body dysmorphic disorders triggered by medical illness? American Journal Psychiatry. 2002; 159: 493.
Gard C: Think before you ink. Current Health 2. 1999; 25 (6): 24–25.
Garfinkel PE, Moldofsky H & Garner DM: The heterogenity of anorexia nervosa. Archives General Psychiatry. 1980; 37: 1036–1040.
Giddens A: Modernity and self-identity: Self and society in the late modern age. Cambridge: Polity Press 1991.
Gieler U: Unreine Haut und Psyche. Haut. 1993; 7: 1–6.
–: Psychodynamische Diagnostik und Therapie der körperdysmorphen Störungen. In A Stirn, O Decker & E Brähler (Hrsg.): Körperkunst und Körpermodifikation. Psychosozial. 2003; 94(4): 55–64.
Gilman S: Making the body beautiful. A culture history of aesthetic surgery. Princeton: University Press 1999.
Goldenberg E & Sata LS: Religious delusions and self-mutilation. Current concepts in psychiatry. 1978; Sept/Oct: 2–5.
Goldfield MD & Glick IA: Self-mutilation of the female genitalia. Diseases Nervous System. 1973; 31: 843–845.
Goldman R: Circumcision: The hidden trauma. Boston: Vanguard Publications 1997.
Goldney RD & Simpson IG: Female genital self-mutilation, dysorexia and the hysterical personality: The Caenis Syndrome. Canadian Psychiatric Association. 1975; 20(6): 435–441.
Goldstein N: Mercury-cadmium sensitivity in tattoos. Annals of Intern. Medicine. 1967; 67: 984–989.
Gordon WR & Caltabiano ML: Urban-rural differences in adolescent self-esteem, leisure boredom, and sensation-seeking as predictors of leisure-time usage and satisfaction. Adolescence. 1997; 31 (124): 883–902.
Gorey KM & Leslie DR: The prevalence of child sexual abuse: Integrative review adjustment for potential response and measurement biases. Child Abuse and Neglect. 1997; 21: 391–398.
Gößler R, Vesely C & Friedrich MH: Selbstkastration eines psychotischen Patienten. Eine entwicklungspsychopathologische Betrachtung. Psychiatrische Praxis. 2002; 29: 214–217.

Gould GM & Pyle WL: Anomalies and curiosities of medicine. New York: Scribner's 1956.
Gray JA & McNaughton N: The neuropsychology of anxiety. Oxford University Press 2000.
Green E & Green A: Beyond biofeedback. New York: Melroyd Lawrence 1977.
Greenspan GS & Samuel SE: Self-cutting after rape. American Journal Psychiatry. 1989; 146(6):789–90.
Greif J, Hewitt W & Armstrong ML: Tattooing and body piercing. Body art practices among college students. Clinical Nursing Research. 1999; 8: 368–385.
Greilsheimer H & Groves JE: Male genital self-mutilation. Archives General Psychiatry. 1979; 36: 441–446.
Griffin JA: Is a cannibal a criminal? Melanesian Law Journal. 1971; 1: 79–81.
Groesz LM, Levine MP & Murnen SK: The effect of experimental presentation of thin media images on body satisfaction: a meta-analytic review. International Journal of Eating Disorders. 2002; 31: 1–16.
Grumet GW: Psychodynamic implications of tattoos. American Journal of Orthopsychiatry. 1983; 53: 482–492.
Guiard-Schmid JB, Picard H, Slama L et al.: Piercing and its infectious complications: a public health issue in France. Presse Med. 2000; 29: 1948–1956.
Guinness World Records – Guinness Buch der Rekorde. Hamburg: Guinness 2002.
Gurin P & Townsend A: Properties of gender identity and their implications for gender consciousness. British Journal of Social Psychology. 1986; 25: 139–148.

Habek D, Barbir A, Galovic J & Habek JC: Autosectio of the prolapsed uterus and vagina. European Journal Gynecology Reproductive Biology. 2002; 103(1): 99–100.
Hadfield-Law L: Body piercing: issues for A&E nurses. Accident and Emergency Nursing. 2001; 9: 14–19.
Hage JJ, Bloem JJAM & Suliman HH: Review of the literature on techniques for phalloplasty with emphasis on the applicability in female-to-male transsexuals. Journal Urology. 1993; 150: 1093.
Hahn DS & Hahn DS: A case of penis amputation. Korean Med. Journal. 1967; 12: 113–116.
Haines J, Williams CL & Brain CL: Psychopathology of incarcerated self-mutilators. Canadian Journal Psychiatry. 1995; 40(9): 514–522.
Halaas JL, Gajiwala KS, Maffei M, Cohen SL, Chait BT, Rabinowitz D, Lallone R L, Burley SK & Friedman JM: Weight-reducing effects of the plasma-protein encoded by the obese gene. Science. 1995; 269: 543–46
Hall DC, Lawson BZ & Wilson LG: Command hallucinations and self-amputation of the penis and hand during a first psychotic break. Journal Clinical Psychiatry. 1981; 42: 322–324.
–, McGill JC: Hypnobehavioral treatment of self-destructive behavior: Trichotillomania and bulimia in the same patient. American Journal Clinical Hypnosis. 1986; 29: 39–46.
Hall-Smith P & Bennett J: Tattoos: A lasting regret. British Medical Journal. 1991; 303: 397.
Hanley JM, Pierce JL & Gayton WF: Positive attitudes towards sun tanning and reported tendency to engage in lifestyle behaviors that increase risk to skin cancer. Psychological Reports. 1996; 79: 417–418.
Hardee PS, Mallya LR & Hutchinson IL: Tongue piercing resulting in hypotensive collapse. British Dent. Journal. 2000; 24: 57–58.
Harris DL: Cosmetic surgery – where does it begin? British Journal Plastic Surgery. 1982; 35: 281–286.
Harris RN & Snyder CR: The role of uncertain self-esteem in self-handicapping. Journal of Personality & Social Psychology. 1986; 51: 451–458.

Harrison A: Preparing children for venous blood sampling. Pain. 1991; 45: 299–306.
Harth W, Wendler M & Linse R: Lifestyle-Medikamente: Definition und Kontraindikation bei körperdysmorphen Störungen. In A Stirn, O Decker & E Brähler (Hrsg.): Körperkunst und Körpermodifikation. Psychosozial. 2003; 94(4): 37–44.
Hausen BM, Kaatz M, Jappe U, Stephan U, Heidbreder G: Henna/p-Phenylendiamin-Kontaktallergie: Folgenschwere Dermatosen nach Henna-Tätowierungen. Deutsches Ärzteblatt. 2001; (27): A-1822
Hayes MO & Harkness GA: Body piercing as a risk factor for viral hepatitis: an integrative research review. American Journal Infectous Control. 2001; 29: 271–274.
Hebdige D: Subculture: The meaning of style. London: Routledge 1979.
Hein PU: Kunstkörper und Körperkunst – Identifikationsstrategien im säkularisierten Alltag. In A Stirn, O Decker & E Brähler (Hrsg.): Körperkunst und Körpermodifikation. Psychosozial. 2003; 94(4): 65–72.
Hellwald F von: Die Erde und ihre Völker. 2. Aufl. Stuttgart: W. Spemann 1877.
Hemera Technologies: The big box of art. Koch Media 2001.
Hemphill RE: A case of genital self-mutilation. British Journal Medical Psychology. 1951; 24: 291–295.
Hendricks WM: Complications of ear piercing: treatment and prevention. Cutis 1991; 48: 386.
Herpertz S: Self-injurious behaviour. Psychopathological and nosological characteristics in subtypes of self-injurers. Acta Psychiatrica Scandinavia. 1995; 91(1): 57–68.
–, Sass H & Favazza A: Impulsivity in self-mutilative behavior: psychometric and biological findings. Journal Psychiatry Research. 1997; 31(4):451–465.
–, Steinmeyer SM, Marx D, Oidtmann A & Sass H: Significance of aggression and impulsivity for self-mutilative behavior. Pharmacopsychiatry. 1995; 28(2): 64–72.
Heudorf U, Kutzke G & Seng U: Tattooing and body piercing – experiences from public health infection surveillance by a public health office. Gesundheitswesen. 1998; 62: 219–224.
Hewitt K: Mutilating the body: identity in blood and ink. Bowling Green: Bowling Green State University Popular Press 1997.
Higgins SP, Estcourt CS & Bhattacharvya MN: Urethral rupture in a homosexual male following avulsion of a „Prince Albert" penile ring. International Journal Sexual Transmitted Diseases & AIDS. 1995; 6: 54–55.
Hillebrand M, Krystal JH, Sharpe KS & Foster HG: Clinical predictors of self-mutilation in hospitalized forensic patients. Journal Nervous Mental Disease. 1994; 182: 9–13.
Hirsch M: Der eigene Körper als Symbol? Gießen: Psychosozial 2002.
–: Psychodynamische und psychotherapeutische Aspekte bei Ess-Störungen aus psychoanalytischer Sicht. In A Stirn, O Decker & E Brähler (Hrsg.): Körperkunst und Körpermodifikation. Psychosozial. 2003; 94(4): 25–36.
Hirschfeld M: Sexuelle Zwischenstufen. Das männliche Weib und der weibliche Mann. Bonn: Marcus & Weber 1922.
–: Sexualpathologie. Bonn: Marcus & Webers 1917.
Hofstadler B & Buchinger B: KörperNormen – KörperFormen. Männer über Körper, Geschlecht und Sexualität. Eine qualitative Untersuchung. Gesellschaftswissenschaftliche Forschungsberichte Forschungsbericht 09. Cultural studies. bm:bwk, Abt. Gesellschaftswissenschaften 2001.
Hogbin HI: The island of menstruating men. Scranton, PA: Chandler 1970.
Holmstrom D: Thinking about a tattoo? Better think again. Christian Science Monitor. 1998; 91(24): 17.
Holsen DS, Harthu S & Myrmel H: Prevalence of antibodies to hepatitis C virus and association with intravenous drug abuse and tattooing in a national prison in Norway. European Journal of Clinical Microbiology and Infectious Diseases. 1993; 12: 673–676.

Hong CC & Ediger RD: Self-mutilation of the penis in C57BL/6N mice. Laboratory Animals. 1978; 12: 55–57.
Horle S & Kuba GB: Case report on complications following eyebrow piercing. Ophthalmology. 2002; 99: 200–202.
Houghton S, Durkin K & Carroll A: Children's and adolescents' awareness of the physical and mental health risks associated with tattooing: A focus group study. Adolescence. 1995; 30: 971–988.
–, –, Turbett A: Public health aspects of tattooing among Australian adults. Australian Journal of Public Health. 1995; 19: 425–427.
–, –, Parry E, Turbett Y & Odgers P: Amateur tattooing and beliefs among high school adolescents. Journal of Adolescent Health. 1996; 19: 420–425.
Hunter A & Kennard AB: Mania operativa: An uncommon, unrecognized cause of body limb amputation. Canadian Journal Surgery. 1982; 85: 96–98.
Hussein JN, Fatooki LJ, Al-Dargazelli S & Almuchtar N: The deliberately caused bodily damage phenomena: Mind, body, energy, or what? Amman, Jordan: Paramann Programme Laboratories 1993.

Iser MA: Escape from the self: theory of sexual masochism. Dissertation Abstracts. 2000; 61(2-B): 1085.
Ishigooka J, Iwao M, Suzuki M, Fukuyama Y, Murasaki M & Miura S: Demographic features of patients seeking cosmetic surgery. Psychiatry and Clinical Neuroscience. 1998; 52: 283–287.

Jacobs BW & Isaacs S: Pre-pubertal anorexia nervosa. Journal Child Psychology Psychiatry. 1986; 27: 237–250.
Jacobsen P, Manne S, Gorfinkle K, Schorr O, Rapkin B & Redd WH: Analysis of child and parent activity during painful medical procedures. Health Psychology. 1990; 9: 559–576.
Jäger F, Schulze S & Hohlfeld P: Female genital mutilation in Switzerland: a survey among gynaecologists. Swiss Medicine Weekly. 2002; 132(19–20): 259–264.
Jamieson RA: Self-mutilation in China. British Medical Journal. 1882; 1: 397–398.
Jarrar K, Wolff E & Weidner W: Langzeitergebnisse nach Geschlechtsangleichung bei männlichen Transsexuellen. Urologe. 1996; 35: 331–337.
Javaid M & Shibu M: Breast implant infection following nipple piercing. British Journal Plastic Surgery. 1999; 52: 676–677.
Jeffreys S: Body art and social status: Cutting, tattooing and piercing from a feminist perspective. Feminism and Psychology. 2000; 10(4): 409–429.
Jessor R: Risk behavior in adolescence: A psychosocial framework for understanding and action. Journal Adolescent Health. 1991; 12: 597–605.
Jetten J, Spears R & Manstead AS: Intergroup norms and intergroup discrimination: Distinctive self-categorization and social identity effects. Journal of Personality and Social Psychology. 1996; 71: 1222–1233.
–, Branscombe NR, Schmitt M & Spears R: Rebels with a cause: Group identification as a response to perceived discrimination from the mainstream. Personality and Social Psychology Bulletin. 2001; 27(9): 1204–1213.
Jilek WG, Jilek-Aall L: Initiation in Papua-New Guinea. Papua-New Guinea Medical Journal. 1976; 21: 252–263.
Joeger F, Schulze S & Hohfeld P: Female genital mutilation in Switzerland: a survey among gynecologists. Swiss Medical Weekly. 2002; 132: 259–264.
Johnsthone L: Self-injury and the Psychiatric Response. Feminism & Psychology. 1997; 7(3): 421–426.
Jones A: Body Art/Performing the Subject. Minneapolis: University of Minnesota Press 1998.

Jones EE & Berglas S: Control of attributions about the self through self-handicapping strategies: The appeal of alcohol and the role of under-achievement. Personality and Social Psychology Bulletin. 1978; 4: 200–206.

Kaatz M: Ein Trend und seine Komplikationen: Piercing. Kosmetische Medizin 2001; 4: 188–193.

Kaldera R & Schwartzstein T: Urban primitive – Heidentum in der Großstadt. Engerda: Arun 2003.

Kalin NH: Genital and abdominal self-surgery. Journal of the American Medical Association. 1979; 241: 2188–2189.

Kaplan LJ: Weibliche Perversionen. Hamburg: Hoffmann & Campe 1991.

Kato Y, Kaneko S, Iguchi M & Kuriti T: Strangulation of the penis by a ring. Hinyoikka Kiyo. 1987; 33: 1672–1675.

Kenyon HR & Hyman RM: Total autoemasculation. Journal of the American Medical Association. 1953; 151: 207–210.

Keogh IJ & O'Leary G: Serious complication of tongue piercing. Journal Laryngology Otology 2001; 15: 233–234.

Khanna R, Kumar SS, Raju BS & Kumar AV: Body piercing in the accident and emergency department. Journal of Accident & Emergency Medicine. 1999; 16: 418–421.

Kilmer SL, Lee MS, Grevelink JM, Flotte TJ & Anderson RR: The Q-switched Nd: YAG laser (1064 nm) effectively treats tattoos: A controlled dose-response study. Archives of Dermatology. 1993; 129: 971–978.

Kirmayer LJ & Carroll J: A neurobiological hypothesis on the nature of chronic self-mutilation. Integrative Psychiatry. 1987; 5: 212–213.

Knight D & Bratman S: Health Food Junkies: The Rise of Orthorexia Nervosa – The Health Food Eating Disorder. Broadway Books, 2004.

Ko YC, Ho MS, Chiang TA, Chang SJ & Chang PY: Tattooing as a risk of hepatitis C virus infection. Journal of Medical Virology. 1992; 38: 288–291.

Kobayashi T, Osawa T & Kato S: Upper-extremity self-amputation in a case with schizophrenia. Eur. Psychiatry. 2002; 17: 172–173.

Koch JR, Roberts AE, Armstrong ML & Owen DC: Religious belief and practice in attitudes toward individuals with body piercing. Psychological Report. 2004; 95(2): 583–586.

Koenig LM & Carnes M: Body piercing medical concerns with cutting-edge fashion. Gen. International Medicine. 1999; 14(6): 379–385

Konicki E & Schulz C: Rationale for clinical trials of opiate antagonists in treating patients with personality disorder and self-injurious behavior. Psychopharmacology Bulletin. 1989; 25: 556–563.

Koops E, Janssen W, Anders S & Püschel K: Unusual phenomenology of autoerotic fatalities. Forensic Science International. 2005; Vol. 147 Suppl. Issue: 65–67.

Koot VCM, Peeters PHM, Granath F, Grobbee DE & Nyren O: Total and cause specific mortality among Swedish women with cosmetic breast implants: prospective study. British Medical Journal. 2003; 326: 527–528.

Korn K: Body adornment and tattooing: Clinical issues and state regulations. Physician Assistant. 1996; 5: 85–100.

Krafft-Ebing R v: Lehrbuch der Psychiatrie. Stuttgart: Ferdinand Enke 1890.

Krafft-Ebing R v: Psychopathia Sexualis. New York: Pioneer Publications 1953.

Krakow A: The tattoo book. New York: Warner 1994

Kramer A: Der Kult der Schädeldeformationen. Mysteria3000. 2006

Krasucki C, Kemp R & David A: A case study of female genital self-mutilation in schizophrenia. British Journal of Medical Psychology. 1995; 68(2): 179–186.

Krause H, Bremerich A & Sztraka M: Complications following piercing in the oral and facial region. Mund Kiefer Gesichtschirurgie. 2000; 4: 21–24.

Kraytem A, Uldry P & Lopez-Linchi JV: Tattoos, body piercing and thrush: a lesson on the harmful effect of lost objectivity. Mayo Clinic Proceedings. 1999; 74: 844.
Kunz H-R, Schneider W, Spring H, Trischler T & Inauen EU: Krafttraining. Stuttgart: Thieme 1990.
Kushner AW: Two cases of auto-castration due to religious delusions. British Journal Med. Psychology. 1967; 40: 293–298.

Lal B & Seruvakula S: Walking through fire. In M Sahadeo, SM Stella, B Lal, S Seruvakula & R Crocombe (Eds): Holy torture in Fidji (41–58). Sydney: Pacific Publications 1974.
Lansner E: Piercing policy. Newsweek. 1998; 131: 10.
Larbig W: Schmerz und Schmerzbehandlung. Stuttgart: Kohlhammer 1982.
Larkin M: Tattooing in the 90ies. FDA Consumer. 1993; 28–33.
Larkin BG: The ins and outs of body piercing. AORN Journal 2004; 79(2): 343–346.
Lasch C: Narzissmus und Alter. In AB Renger (Hrsg.), Mythos Narziss (226–228). Leipzig: Reclam 1999.
Lautman V: The new tattoo. New York: Abbeville Press 1994.
Leary MR & Jones JL: The social psychology of tanning and sunscreen use: Self-presentational motives as a predictor of health risk. Journal of Applied Social Psychology. 1993; 23: 1390–1406.
Lechler A: Das Rätsel von Konnersreuth im Lichte eines neuen Falles von Stigmatisation. München: Elberfeld 1933.
Lehnert KL, Overholser JC & Spirito A: Internalized and externalized anger in adolescent suicide attempters. Journal of Adolescent Research. 1994; 9: 105–119.
Lemaine G: Social differentiation and social originality. European Journal of Social Psychology. 1974; 4: 17–52.
Lemonick MD: Body Art. Time Magazine. 1999: 29.11.: 70–76.
Lennon S: Genital self-mutilation in acute mania. Med. Journal Australia. 1963; 50: 79–81.
Leo J: The „modern primitives". US News and World Report. 1995; 119 (31.7.): 16.
LeVay S: Keimzellen der Lust. Heidelberg: Spektrum Akademischer Verlag 1994.
Leviton R, Reilly J & Storm B: Body piercing – EMS concerns. Emergency 1997; 2: 18–20.
Lewis NDC: Additional observations on the castration reaction in males. Psychoanalytic Review. 1931; 18: 146–165.
–: The psychobiology of the castration reaction. Psychoanalitic Review. 1927; 14: 420–446
Liebling H, Chipchase H & Velangi R: Why do women harm themselves? – Surviving special hospitals. Feminism & Psychology. 1997; 7(3): 427–37.
Lifson AR & Halcon LL: Substance abuse and high-risk needle-related behavior among homeless youth in Minneapolis: implications for prevention. Journal Urban Health. 2001; 78(4): 690–698.
Lincoln B: Emerging from the Chrysalis. Cambridge: Harvard University Press 1981.
Link BG, Mirotznik J & Cullen FT: The effectiveness of stigma coping orientations: Can negative consequences of mental illness labeling be avoided? Journal of Health & Social Behavior. 1991; 32: 302–320.
Lloyd HGE & Stone TW: Chronic methylxanthine treatment in rats. Pharmacol. Biochem. Behavior. 1981; 14: 827–830.
Loimer N & Werner E: Tattoos and high-risk behavior among drug addicts. Medical Law. 1992; 11: 167–174.
Lommel A: Vorgeschichte und Naturvölker – Höhlenmalereien, Tomens, Schmuck, Masken, Keramik, Waffen. Gütersloh: Bertelsmann 1967.
London LS & Caprio FS: Sexual deviations. Washington: Linear Press 1950.

Long GE & Rickman LS: Infectious complications of tattoos. Clinical Infectious Diseases. 1994; 18: 610–619.
Lotz J: Punks – the colourful misery. In Groening C (ED), Decorated skin: a world survey of body art (234–235). London: Thames and Hudson 1997.
Lowery M: Adult survivors of childhood incest. Journal of Psychosocial Nursing & Mental Health Services. 1987; 25: 27–31.
Lowry FH & Koivakis TL: Autocastration by male transsexuals. Canadian Psychiatric Association Journal. 1971; 16: 399–405.
Lück HE: Kurt Lewin. Weinheim: Beltz-Verlag, 2001.
Ludvico R & Kurland JA: Symbolic or not-so-symbolic wounds: The behavioral ecology of human scarification. Ethology and Sociobiology. 1995; 16(2): 155–172.
Luksamijarulkul P, Maneesri P & Kittigul L: Hepatitis B seroprevalence and risk factors among school-age children in a low socioeconomic community. Asia Pacific Journal of Public Health 1995; 8: 158–161.
Luthanen R & Crocker J: A collective self-esteem scale: Self-evaluation of one's social identity. Personality and Social Psychology Bulletin. 1992; 18: 302–318.

MacLeod S: Hungern, meine einzige Waffe. München: Droemer 1987.
MacRae DG: The body and social metaphor. In J Benthall & T Polhemus (Eds), The body as a medium of expression. New York: EP Dutton 1975.
Magura S, Kang S & Shapiro J: Outcomes of intensive AIDS education for male adolescent drug users in jail. Journal of Adolescent Health. 1994; 15: 457–463.
Makkai T & McAllister I: Prevalence of tattooing and body piercing in the Australian community. Communicable Diseases Intelligence. 2001; 25: 67–72.
Malloy D: Body piercings. In: Vale V, Juno A (Eds) Modern primitives: an investigation of contemporary adornments and ritual. San Francisco: Re-Search. 1989; 25–26.
Man RA de, Bosman A, Stevens-Schretzmeijer M & Niesters (Eds): Two patients with acute hepatitis B from the same piercing salon. Nederlandse Tijdschrift Geneeskd. 1999; 143: 2129–2130.
Mann RJ & Peachy R: Sarcoidial tissue reaction – another complication of ear piercing. Clinical Journal Experimental Dermatology. 1983; 8: 199–200.
Manne SL, Bakeman R, Jacobsen PB, Gorfinkle K, Bernstein D & Redd WH: Adult-child interaction during invasive medical procedures. Health Psychology. 1992; 11: 241–249.
Manning BH: A lateralized deficit in morphine antinociception after unilateral inactivation of the central amygdala. Journal Neuroscience. 1998; 18: 9453–9470.
Marcoux D: Cosmetics, skin care, and appearance in teenagers. Seminars in Cutaneous Medicine and Surgery. 1999; 18(3): 244–249.
Marenzi B: Body piercing: a patient safety issue. Journal of Perianesthetic Nursing. 2004; 19(1): 4–10.
Markoff RA, Ryan P & Young T: Endorphins and mood-changes in long-distance runnings. Med. Science Sports and Exercise. 1982, 14: 11–15.
Markowitz PI & Coccaro EF: Biological studies of impulsivity, aggression, and suicidal behavior. In E Hollander & DJ Stein (Eds): Impulsivity and Aggression. New York: John Wiley & Sons 1995.
Martin A: On teenagers and tattoos. Journal of the American Academy of Child and Adolescent Psychiatry. 1997; 36: 860–861.
Martin T & Gattaz WF: Psychiatric aspects of male genital self mutilation. Psychopathology. 1991; 24(3): 170–178.
Martin V, Cyla JA, Bolea A & Castilla J: Mycobacterium tuberculosis and human immunodeficiency virus co-infection in intravenous drug users on admission to prison. International Journal of Tuberculosis and Lung Disease. 2000; 4: 41–46.
Martinelli RA & Cooney E: Brain abscess linked to tongue piercing. Paper presented at

the 39th annual meeting of the Infectious Diseases Society of America, San Francisco. Yale News Release, 2001; 12.12.

Master V & Santucci R: An American hirja: a report of a case of genital self-mutilation to become India's third sex. Urology. 2003; 62(6): 1121.

Master VA, McAnich JW & Santucci RA: Genital self-mutilation in the Internet. Journal Urology. 2000; 164(5): 1656.

Masters WH, Johnson VE & Kolodny RC: Human sexuality. 5th edn. New York: Harper Collins 1995.

Matthews PC: Epidemic self-injury in an adolescent unit. International Journal Social Psychiatry. 1968; 14: 125–133.

Mayers LB, Judelson DA, Moriarty BW & Rundell KW: Prevalence of body art (body piercing and tattooing) in university undergraduates and incidence of medical complications. Mayo Clinic Proceedings. 2002; 77: 29–34.

Mayers LB, Moriatry BW, Judelson DA & Rundell KW: Tattooing and body piercing. Pediatrics. 2003; 111: 1126.

McCarthy V & Peoples WM: Toxic shock syndrome after ear piercing. Pediatric Infectous Disease Journal 1988; 71: 741–742.

McGrath PA: Psychological aspects of pain perception. In NL Schechter, CB Berde & M Yaster (Eds), Pain in Infants, Children, and Adolescents (39–63). Baltimore: Williams & Wilkins 1993.

McLane J: The voice on the skin: Self-mutilation and Merleau-Ponty's theory of language. Hypatia. 1996; 11 (4): 107–118.

Meland E, Breidablik HJ, Vik LJ & Ekeland TJ: Teenagers with piercing and tattooing. Tidsskrift Norweg. Laegeforen. 2004; 124: 1760–1763.

Melzack R., Wall PD: Pain mechanisms: A new theory. Science. 1965; 150:971–979

– & Casey K.: Sensory motivational and central control determinants of pain: A new conceptual model. In D. Kenshalo (Ed.), The Skin Senses (pp. 423–443), Springfield: Thomas, 1968.

Menninger K: Man against himself. New York: Hartcourt Brace World 1938.

Mercury M: Pagan fleshworks: A depth psychological study of contemporary body modification. Dissertation Abstracts. 2001; 62(3-B): 1589.

Meyer R & Daverio PJ: One-stage phalloplasty without sensory deprivation in fernale transsexuals. World Journal Urology. 1987; 5: 9–14.

–, Kesselring UK: One-stage reconstruction of the vagina with penile skin as an island flap in male transsexuals. Plastic and Reconstructive Surgery. 1980; 66: 401–405.

Meyer-Holzapfel M: Abnormal behavior in zoo animals. In FW Fox: Abnormal Behavior in Animals (476–503). Philadelphia: Saunders 1968.

Michael KD & Beck R: Self-amputation of the tongue. International Journal Psychoanalytic Psychotherapy. 1973; 2: 93–99.

Michault A, Faulques B, Sevadjan B, Troalen D, Marais A & Barau G: Prevalence of hepatitis A, B, C virus markers in Reunion (south hospital and Saint Pierre prison). Bulletin de la Societe de Pathologie Exotique. 2000; 93: 34–40.

Millar BC & Moore JE: Antibiotic prophylaxis, body piercing and infective endocarditis. Journal Antimicrobiology Chemotherapy. 2004; 53(2): 123–126.

Miller J: The body art book. New York: Berkeley 1997.

Miller L & Edenholm M: Genital piercings to enhance sexual satisfaction. Obstetical Gynecology. 1999; 93: 837.

Millet F & Laxenaire M: La demande en chirurgie esthétique: entre fantasme et réalite. Annales Médico-Psychologiques. 1994: 152: 242–245.

Millner V & Eichold BH: Body piercing and tattooing perspectives. Clinical Nursing Research. 2001; 10(4): 424–441.

Mineo M, Jolley T & Rodriguez G: Leech therapy in penile replantation: A case of recurrent penile self-amputation. Urology. 2004; 63(5): 981–983.

Mintz IL: Autocannibalism: A case study. American Journal Psychiatry. 1964; 120: 1017.
Mishra B & Kar N: Genital self-amputation for urinary symptom relief or suicide? Indian Journal of Psychiatry. 2001; 43(4): 342–344.
Mitchell JE, Boutacoff CI, Hatsukami D, Pyle RI & Ekert ED: Laxative abusus as a variant of bulimia. Journal Nervous Disease. 1986; 174: 174–176.
Mittal RR & Gupta S: Inoculation leprosy subsequent of ear-piercing. Indian Journal of Dermatology. 2002; 42: 109–110.
Modest GA, Fangman JW: Nipple piercing and hyperprolactinemia. New England Journal of Medicine. 2002; 347: 1626–1627.
Money J: Sittlicher Mut kontra prüde Moral. Sexualmedizin. 1977; 11: 962ff.
–, DePriest M: Three cases of genital self-surgery and their relationship to transsexualism. Journal Sexuality Research. 1976; 12: 283–294.
–, Sirncoe KW: Acrotomophilia, sex and disability: New concepts and case report. Sexuality and Disability. 1986; 7(12): 43–50.
–, Jobaris R & Furth G: Apotemnophilia: Two cases of a self-demand amputation as a paraphilia. Journal Sexual Research. 1977; 13: 115–125.
Moreland RL & Levine JM: Socialization in small groups: Temporal changes in individual-group relations. Advances in Experimental Social Psychology. 1982; 15: 137–192.
Moser C, Lee J & Christensen P: Nipple piercing: An exploratory-decriptive study. Journal of Psychology and Human Sexuality. 1993; 2: 51–61.
Mosher DL, Oliver WA & Dolgan J: Body image in tattooed prisoners. Journal of Clinical Psychology. 1967; 23: 31–32.
Moudfid K, Joual A, Debbagh A, Bennani S & ElMrini M: Genital self-mutilation. Report of three cases. Prog Urol. 2004; 14(4): 540–543.
Mowlavi A, Lille S, Andrews K, Yashar S, Schoeller T, Weschelberger G & Anderson R: Psychiatric patients who desire aesthetic surgery: Identifying the problem patient. Annals of Plastic Surgery. 2000; 44: 97–106.
Mueller K & Hsaio S: Pemoline-induced self-biting in rats and self-mutilation in the deLange syndrome. Pharmacol. Biochem. Behaviour. 1980; 13: 627–631.
–, Nyhan WI: Clonidine potentiates drug induced self-injurious behaviour in rats. Pharmacol. Biochem. Behavior. 1983; 18: 891–894.
–, Saboda S, Palmour R & Nyhan WI: Self-injourious behavior produced in rats by daily caffeine and continous amphetamine. Pharmacol. Biochem. Behavior. 1982; 17: 613–617.
Muldoon KA: Body piercing in adolescents. Journal of Pediatric Health Care. 1997; 11: 298–301.
Mummendey A & Schreiber H: Social comparison similarity and ingroup favouritism: A replication. European Journal of Social Psychology. 1984; 14: 231–233.
Murota-Kawano A, Tosaka A & Ando M: Autohemicastration in a man without schizophrenia. International Journal Urology. 2001; 8(5): 257–259.
Murphy D, Murphy M & Grainger R: Self-castration. Irish Journal Medi. Science. 2001; 170(3): 195.
Musafar F: Body Play: State of grace or sickness? In A Favazza: Bodies under siege (325–334). Baltimore/London: John Hopkins University Press 1996.
Myers J: Nonmainstream body modification: Genital piercing, branding, burning, and cutting. Journal of Contemporary Ethnography. 1992; 21: 267–306.
Myers WC, Nguyen M: Autocastration as a presenting sign of incipient schizophrenia. Psychiatr. Serv. 2001; 52(9): 1258.

Nakaya M: On background factors of male genital self-mutilation. Psychopathology. 1996; 29(4): 242–248.
Nye R: The Life and Death of My Lord Gilles De Rais. Abacus Books, 1991

Ochsenfahrt C, Friedl R, Hannekum A & Schumacher BA: Endocarditis after nipple piercing in a patient with a bicuspid aortic valve. Annals of Thoracic Surgery. 2001; 1: 1365–66.
Ollero M, Merino D, Pujol E, Marquez P, Gimeno A & Angulo C: Tattoos and hepatitis C virus infection. International Conference on AIDS. 1992; 8: 180.
Olsen JC: Lingual abscess secondary to body piercing. Journal Emergency Medicine. 2001; 20: 409.
Osburg S & Weitze C: Begutachtungen über 10 Jahre Transsexuellengesetz. Recht und Psychiatrie. 1993; 11: 94–102.
Ovid: Ars amatoria – Liebeskunst. Leipzig: Reclam, 1992.
Ovid: Metarmorphosen. Köln: Anaconda-Verl., 2005.

Pabis R, Mirla MA & Tozmans S: A case study of autocastration. American Journal Psychiatry. 1980; 137: 626–627.
Parkin JR & Eagles JM: Bloodletting in bulimia nervosa. British Journal Psychiatry. 1993; 162: 246–248.
Peate I, Body piercing: could you answer your patient's queries? British Journal Nursing. 2000; 9: 2163–2168.
Pelleymounter MA, Cullen MJ, Baker MB, Hecht R, Winters D, Boone T & Collins F: Effects of the obese gene-product on body weight regulation in ob/ob mice. Science. 1995; 269: 540–43
Perkins CS, Meisner J & Harrison J: Complication of tongue piercing. British Dental Journal 1997; 182: 147–47.
–, Schiff S, Steger KA & Craven DE: Tattoos in persons infected with human immunodeficiency virus. New insights into an old art. Infectious Diseases in Clinical Practice. 1997; 6: 543–547.
Perovic SV & Djordjevic M: Metoidioplasty: a variant of phalloplasty in female transsexuals. BJU International. 2003; 92: 981–985.
Peters JM: Caffeine-induced hemorrhagic automutilation. Archives International Pharmacodynamics. 1967; 169: 139–146.
Peticolas T, Tilliss TS & Cross-Poline GN: Oral and perioral piercing: a unique form of self-expression. Journal Contemporary Dentistry Practice. 2000; 1: 30–46.
Pfäfflin F: Zu den somatischen Voraussetzungen für Personenstandsänderungen bei Frau-zu-Mann-Transsexuellen. Psychiatrie. 1993; 11: 108–114.
Phelan MP & Hunt SA: Prison gang members' tattoos as identity work: the visual communication of moral careers. Symbolic Interaction. 1998; 21(3): 277–298.
Piercing extrem – Stahlharter Körperschmuck. Flensburg CSV-Publishing (Stephenson-Verlag, Orion) 2000. (ohne Autorenangabe)
Pinhas L, Toner BB, Ali A, Garfinkel PE & Stuckless N: The effects of the ideal of female beauty on mood and body satisfaction. International Journal of Eating Disorders. 1999; 25: 223–226.
Ploghaus A, Becerra L, Borras C & Borsook D: Neural circuitry underlying pain modulation: expectation, hypnosis, placebo. Trends in cognitive science. 2003; 7(5): 197–200.
Pönicke J, Albacht B & Leplow B: Kognitive Veränderungen beim Fasten. Zeitschrift für Klinische Psychologie und Psychotherapie. 2005; 34(2): 86–93.
Preuss R: Sexuelle Sensationen. Flensburg: Stephenson 1983.
Price SS & Lewis MW. Body piercing involving oral sites. Journal of the American Dentistry Association. 1997; 128: 1017.
Puschel K, Hildebrand E, Hitzer K & Al-Hashimy S: Selbstverletzung als Versicherungsbetrug. Unfallchirurgie. 1998; 24(2): 75–80.
Putnins A: „At risk" youths and tattoos. Youth Studies. 1997; 16(2): 13–15.

Rachman S & Arntz A: The overprediction and underprediction of pain. Clinical Psychology Review. 1991; 11: 339–355.
Rada RT & James W: Urethral insertion of foreign bodies: A report of contagious self-mutilation in a maximum-security hospital. Archives General Psychiatry. 1982; 39: 423–429.
Raja SG, Shad SK & Dreyfus GD: Body piercing: a rare cause of mitral valve endocarditis. Journal Heart Valve Disease. 2004; 13(5): 854–856.
Ralston A: Im Canyon. Berlin: Ullstein 2005.
Ramage IJ, Wilson N, Thomson RB: Fashion victim: infective endocarditis after nasal piercing. Archives of Diseases in Childhood. 1997; 77: 187.
Rand CSW & Wright BA: Continuity and change in the evaluation of ideal and acceptable body sizes across a wide age span. International Journal of Eating Disorders. 2000; 28: 90–100.
Raniseki JM & Sigelman CK: Conformity, peer pressure, and adolescent receptivity to treatment for substance abuse: A research note. Journal of Drug Education. 1992; 22: 185–194.
Rasnake LK & Linscheid TR: Anxiety reduction in children receiving medical care: Developmental considerations. Journal of Developmental and Behavioral Pediatrics. 1989; 10: 169–175.
Raymond JG: The transsexual empire. New York: Teachers' College Press 1994.
Read PP: Alive: The story of the Andes survivors. Philadelphia: JB Lippincott 1974.
Reichl RB & Dailey JC: Intraoral body piercing: A case report. General Dentistry. 1996; 44: 346–347.
Reitzenstein, F v: Das Weib bei den Naturvölkern – Eine Kulturgeschichte der primitiven Frau. Berlin: Neufeld & Henius 1923.
Reybold L: Everything you need to know about the dangers of tattooing and body piercing. New York: The Rosen Publishing Group 1996.
Ritter T: Say no to circumcision. Aptos: Hourglass Publishing 1992.
Roberti JW, Storch EA & Bravata EA: Sensation seeking, exposure to psychosocial stressors and body modifications in a college population. Personality and Individual Differences. 2004; 37: 1167–1177.
Roberts TA, Auinger P & Ryan SA: Body piercing and high risk behavior in adolescents. Journal of Adolescent Health. 2004; 34(3): 224–229.
Robinson A: Cunningham's textbook of anatomy. Edinburg, Glasgow & London: Henry Frowde & Hodder & Stoughton 1920.
Roheim G: Psychoanalysis of primitive cultural types. International Journal Psychoanalysis. 1932; 13: 1–224.
Rooks JK, Roberts DJ & Scheltema K: Tattoos: their relationship to trauma, psychopathology, and other myths. Minnesota Medicine. 2000; 83(7): 24–27.
Rosenthal RJ, Rinzler C, Walsh R & Klausner E: Wrist-cutting syndrome: The meaning of a gesture. American Journal Psychiatry. 1972; 128: 1363–1368.
Roth M: Die Beziehung zwischen Körperbild-Struktur und psychischen Störungen im Jugendalter. Zeitschrift für Klinische Psychologie. 1999; 28: 121–129.
–: Das Körperbild im Jugendalter. In A Stirn, O Decker & E Brähler (Hrsg.): Körperkunst und Körpermodifikation. Psychosozial. 2003; 94(4): 91–102.
Roy A: Self-mutilation. British Journal Med. Psychology. 1978; 51: 201–203.
Russell EFL: The Scourge of the Swastika. London: Cassell 1954.

Sachsse U, von der Heyde S, Huether G: Stress Regulation and Self-Mutilation. American Journal Psychiatry. 2002; 159: 672.
Sacker IM & Zimmer MA: Support for weight loss: Dying to be thin. New York: Warner Books 1987.

Sackett GP: Abnormal behaviour in laboratory-reared rhesus monkeys. In MW Fox (ed.), Abnormal Behavior in Animals. Philadelphia: Saunders 1968, 293–331.
Sacks O: Der Mann, der seine Frau mit einem Hut verwechselte. Reinbek: rowohlt 1988.
Sahadeo M, Stella SM: Dancing on knives, boiling in oil and piercing the body with steel. In Sahadeo M, Stella SM, Lal B, Seruvakula S & Crocombe R: Holy torture in Fidji (9–39). Sydney: Pacific Publications 1974.
–, Stella SM, Lal B, Seruvakula S & Crocombe R: Holy torture in Fidji. Sydney: Pacific Publications 1974.
Samantha S, Tweeten M & Rickman LS: Infective complications of body piercing. Clinical Infectious Diseases. 1998; 26: 735–40.
Sanders CR: Customizing the body: the art and culture of tattooing. Philadelphia, PA: Temple University Press 1989.
Sarnecki J: Trauma and tattoo. American Association Anthropology Journal. 2001; 12: 35–42.
Schilder P & Stengel E: Schmerzasymbolie. Zeitschrift für die Gesamte Neurologie und Psychiatrie. 1928; 113: 143–158.
Schlozman SC: Upper-extremity self-amputation and replanation: Two case reports and a review of the literature. Clinical Psychiatry. 1998; 59(12): 681–686.
Schneider D & Morris J: Risk-taking behaviors of college students. Environment and Behavior 1991; 23: 5575–5591.
Schneider SF, Harrison SI & Siegel BL: Self-castration by a man with cyclic changes in sexuality. Psychosomatic Medicine. 1965; 27: 53–70.
Schorsch E: Sexuelle Deviationen: Ideologie, Klinik, Kritik. In E Schorsch und G Schmidt (Hrsg.), Ergebnisse zur Sexualforschung. Köln: Wissenschaftsverlag 1975, 48–92.
Schulz H: Hantel-, Kraft- und Fitnesstraining. Köln: Buch und Zeit Verlagsgesellschaft 1991.
Schwartz MW, Baskin DG, Bukowski TR, Kuijper JL, Foster D, Lasser G, Prunkard DE, Porte D, Woods SC, Seeley RJ & Weigle DS: Specificity of leptin action on elevated blood-glucose levels and hypothalamic neuropeptide-Y-gene-expression in ob/ob mice. Diabetes. 1996; 45: 531–535
Schweitzer I: Genital self-amputation and the Klinsor syndrome. Australian and New Zealand Journal of Psychiatry. 1990; 24(4): 566–569.
Schwentke R: Tattoo. München: Universum Film 2003.
Scully C & Chen M: Tongue piercing (oral body art). British Journal of Oral & Maxillofacial Surgery. 1994; 32: 37–38.
Self EA: Situational influences on self-handicapping. In RL Higgins, CR Snyder & S Berglas (Eds), Self-handicapping: The paradox that isn't (37–68). New York: Plenum 1990.
Sheldon S & Wilkinson S: Female genital mutilation and cosmetic surgery: regulating non-therapeutic body modification. Bioethics. 1998; 12(4): 263–285.
Shelley WB: Abstract of discussion on congenital absence of pain. Archives Dermatology. 1962; 85: 338–339.
Shimizu A & Mizuta I: Male genital self-mutilation: A case report. British Journal of Medical Psychology. 1995; 68: 187–189.
Siegel LJ & Peterson L: Stress reduction in young dental patients through coping skills and sensory information. Journal of Consulting and Clinical Psychology. 1980; 46: 499–507.
–, –: Maintenance effects of coping skills and sensory information on young children's response to repeated dental procedures. Behavior Therapy. 1981; 12: 530–535.
Silva JA, Leong GB & Weinstock R: A case of skin and ear self-mutilation. Psychosomatics. 1989; 30: 228–230.
Silverman AL, Sekhon JS, Saginaw SJ, Wiedbrauk D, Balasubramaniam M & Gordon

SC: Tattoo application is not associated with an increased risk for chronic viral hepatitis. American Journal of Gastroenterology. 2000; 95: 1312–1315.

Silverstein E: Der Mann, den sie Pferd nannten. Kinofilm 1969.

Simeon D, Stanley B & Frances A: Self-mutilation in personality disorders. American Journal Psychiatry. 1992a; 149: 221–226.

–, –, –, Mann JJ, Winchel R & Stanley M: Self-mutilation in personality disorders: psychological and biological correlates. American Journal Psychiatry. 1992b; 149(2): 221–226.

Simon B, Loewy M, Sturmer S, Weber U, Freytag P, Habig C, Kampmeier C & Spahlinger P: Collective identification and social movement participation. Journal of Personality and Social Psychology. 1998; 74: 646–658.

Simplot TC & Hoffman H: A comparison between cartilage and soft tissue ear piercing complications. American Journal Otolaryngology. 2000; 19: 305–310.

Simpson CA & Porter GL: Self-mutilation in children and adolescents. Bulletin Menniger Clinic. 1981; 45: 428–438.

Simpson MA: Female genital self-mutilation. Archives General Psychiatry. 1973; 29: 808–810.

Sinclair E: Case of persistent self-mutilation. Journal Mental Science, 1886–1887; 32: 44–46.

Skalauskas T: 2 Fallberichte. www.quietpoly.com/quietpoly/june2003/hist-selfamputation-tonysaka.html.

Slawik S, Pearce I & Pantelides M: Body piercing: an unusual cause of priapism. British Journal of Urology International. 1999; 84: 377.

Slawson PF & Davidson PW: Hysterical self-mutilation of the tongue. Archives General Psychiatry. 1964; 11: 581–588.

Smith AMA & Rosenthal DA: Adolescents' perceptions of their risk environment. Journal of Adolescence. 1995; 18: 229–245.

Sohn M, Bosinski HAG, Gouzoulis E, Ebel, H et al.: Interdisziplinäre Konzepte zur operativen Geschlechtstransformation Transsexueller. Urologe 1996; A 35: 26–35.

Soyland J: Speaking the decorated body. In L Yardley (ED), Material discourses of health and illness (217–231). Routledge: Taylor & Francis 1997.

Sperry K: Tattoos and tattooing: Part I History and methodology. American Journal of Forensic Medicine and Pathology. 1991; 12: 313–319.

–: Tattoos and tattooing Part II: Gross pathology histopathology, medical complications, and applications. American Journal of Forensic Medical Pathology. 1992; 13(1): 7–17.

Standage KF, Moore JA & Cole MG: Self-mutilation of the genitalia by a female schizophrenic. Canadian Psychiatric Association. 1974; 19: 17–20.

Steele C: A threat in the air: How stereotypes shape intellectual identity and performance. American Psychologist. 1997; 52: 613–629.

Steidele A:. In Männerkleidern. Das verwegene Leben der Catharina Margaretha Linck alias Anastasius Lagrantinus Rosenstengel, hingerichtet 1721. Köln, Weimar und Wien: Böhlau 2004.

Steiger H, Young SN, Kin NM, Koerner N, Israel M, Lageix P & Paris J: Implications of impulsive and affective symptoms for serotonin function in bulimia nervosa. Psychological Medicine. 2001; 31(1): 85–95.

Steward SM: Bad boys and tough tattoos: a social history of the tattoo with gangs, sailors, and street corner punks 1950–1965. New York: Harrington Park Press 1990.

Stewart GR: Ordeal by hunger. The story of the Donner Party. Camebridge: Riverside Press 1960.

Stirn A: Vom Initiationsritual zur geschmückten Haut. Tätowierungen im Spiegel von Stammestraditionen und neuem Kunstverständnis. Psychotherapie und Sozialwissenschaft. 2001; 3/4: 283–305.

–: Trauma und Tattoo. Piercing, Tätowierung und verwandte Formen der Körpermodifikation zwischen Selbstfürsorge und Selbstzerstörung bei traumatisierten Menschen. Psychotraumatologie 5/02, Psychotraumatologie. 2002; 2: 45.

–: Body piercing: medical consequences and psychological motivations. The Lancet. 2003a; 361: 1205–1215.

–: Körperkunst und Körpermodifikation – Interkulturelle Zusammenhänge eines weltweiten Phänomens. In A Stirn, O Decker & E. Brähler (Hrsg.): Körperkunst und Körpermodifikation. Psychosozial. 2003b; 94(4): 7–12.

–: Motivation von Tätowierten und Gepiercten für die Körpermodifikationen. Ergebnisse einer ersten deutschen Fragebogenerhebung. Zeitschrift für Klinische Psychologie, Psychiatrie und Psychotherapie. 2004; 52(1): 43–58.

–, Decker O & Brähler E: Editorial. In A Stirn, O Decker & E Brähler (Hrsg.): Körperkunst und Körpermodifikation. Psychosozial. 2003; 94(4): 5–6.

–, Decker O & Brähler E (Hrsg.): Körperkunst und Körpermodifikation. Gießen: Psychosozial 2003.

Stoff DM, Pollock L, Vitiello B, Behar D & Bridger WH: Reduction of (3H)-imipramine binding sites on platelets of conduct-disordered children. Neuropsychopharmacology. 1987; 1: 55–62.

Strom BL, Abrutyn E & Berlin JA: Dental and cardiac risk factors for infective endocarditis: a population-based, case-central study. Annuals International Medicine. 1998; 129: 761–769.

Strong M & Favazza A: A bright red scream: Self-mutilation and the language of pain. New York: Viking 1998.

Stuppy DJ, Armstrong ML, Casals-Ariet C: Attitudes of healthcare providers and students towards tattooed people. Journal of Advanced Nursing. 1998; 27: 1165–1670.

Suk JH & Son BK: A study on male genital self-mutilation. Neuropsychiatry. 1980; 19: 97–104.

Suls J & Wan CK: Effects of sensory and procedural information on coping with stressful medical procedures and pain: A meta-analysis. Journal of Consulting and Clinical Psychology. 1989; 57: 372–379.

Swartz MK: Body piercing in adolescents. Journal of Pediatric Health Care/Official Publication of National Association of Pediatric Nurse Associates & Practitioners. 1997; 11: 298–301.

Sweet SD & McGrath PJ: Physiological measures of pain. In GA Finley & PJ McGrath (Eds), Measurement of pain in infants and children. Progress in Pain Research and Management. 1998; 10: 59–81.

Sweetman P: Anchoring the (postmodern) self? Body modification, fashion and identity. Body and Society. 1999; 5: 51–76.

Tavcar R, Dernovsek MZ & Zvan V: Self-amputation of left hand: a case report. Journal Clinical Psychiatry. 1999; 60(11): 793–794.

Taylor CR, Gange RW, Dover JS, Flotte TJ, Gonzalez E, Michaud N & Anderson R: Treatment of tattoos by Q-switched rub laser: A dose response study. Archives of Dermatology. 1990; 126: 893–899.

Thierfelder C, Hatz Ch & Kessler C: Migrantinnen mit genitaler Verstümmelung in der Schweiz. Schweizerische Rundschau für Medizin. 2003; 31/32: 1307–1314

Thiessen T: Henna tattoos can cause severe skin reactions. New Scientist, Nr. 2304, 15 August 2001, 16.

Thomas C: Bildband (ohne weitere Angaben zu Verlag und Jahr). München: D. Staudenmaier.

Thomas VJ & Rose FD: Ethnic differences in the experience of pain. Social Science and Medicine. 1991; 32: 1063–1066.

Thompson JN & Abraham TK: Male genital mutilation after paternal death. British Medical Journal. 1983; 287: 727–728.
Tice DM: Self-concept change and self-presentation: The looking glass self is also a magnifying glass. Journal of Personality & Social Psychology. 1992; 63: 435–451.
Tinklepaugh DL: The self-mutilation of the male macacus rhesus monkey. Journal Mammol. 1928; 9: 293–300.
Tope WD: State and territorial regulation of tattooing in the United States. Journal of American Academy of Dermatology. 1995; 32: 791–799.
Tronel H, Chaudemanche H, Pechier N, Doutrelant L & Hoen B: Endocarditis due to Neisseria mucosa after tongue piercing. Clinical Microbiolog. Infections 2001; 7: 275–276.
Trupiano JK, Sebek BA, Goldfarb J, Levy L R, Hall G S & Procop GW: Mastitis due to Mycobacterium abscessus after body piercing. Clinical Infectious Diseases. 2001; 33: 131–34.
Turkeltaub SH & Habal MB: Acute Pseudomonas chondritis as a sequel to ear piercing. Annuals of Plastic Surgery. 1990; 24: 279–82.
Turner BS: Recent developments in the theory of the body. In F Featherstone, M Hepworth, & BS Turner (Eds), The body: Social process and cultural theory. Newbury Park CA: Sage 1991, 2–35.
Tweeten SM & Rickman LS: Infectious complications of body piercing. Clinical Infectious Diseases. 1998; 26: 735–740.
– & Rickman LS: Staph aureus is the most common pathogen in body-piercing infections. Modern Medicine. 1998; 66(5): 41.

Vago T: Skoptsi, a cult of self-castrators. Harefuah. 2000; 138(2): 167–168.
Vale V & Juno A: Modern primitives: an investigation of contemporary adornments and ritual. San Francisco: Research. 1989.
Van der Kolk BA, Perry C & Herman JL: Childhood origins of self-destructive behavior. American Journal Psychiatry. 1991; 148: 1165–1173.
Veale D, Ennis M & Lambrou C: Possible association of body dysmorphic disorder with an occupation or education in art or design. American Journal Psychiatry. 2002; 159: 1788–1790.
Verzin JA: Sequels of female circumcision. Tropical Doctor. 1975; 5: 163–169.
von Baeyer CL, Carlson G & Webb L: Underprediction of pain in children undergoing piercing. Behaviour Research and Therapy. 1997; 35(5): 399–404.
von Wiederhold M: A symbolic voice. A psychoanalytic view of contemporary body modification. Dissertation Absracts. 1995; 56(5–B): 2890.

Wakefield PL, Frank A & Meyers RW: The hobbyist: A euphemism for self-mutilation and fetishism. Bulletin Menniger Clinic. 1977; 41: 539–552.
Ward C: Thaipusam in Malaysia: A psycho-anthropological analysis of ritual trance, ceremonial posessions and self-mortification practices. Ethos. 1984; 12(4): 307–334.
Wassersug RJ, Zelenietz SA & Squire GF: New age eunuchs: motivation and rationale for voluntary castration. Arvives Sexual Behavior. 2004; 33(5): 433–442.
Wechselberger G, Pulzl P & Kronberger P: Testicle replacement by a brandy bottle – self-mutilation. Wiener Klinische Wochenschrift. 2003; 31: 115–116.
Weigle DS, Bukowski TR, Foster DC et al.: Recombinant ob protein reducesw feeding and body weight in the ob/ob mouse Journal Clinical Investigation. 1995; 96: 2065–2070
Weitze C & Osburg S: Empirical data on epidemiology and application of the German transsexuals act during its first ten years. International Journal of Transgenderism. 1997; 2(1).

Wilkins J & Coid J: Self-mutilation in female remanded prisoners I: An indicator of severe psychopathology. Criminal Behavior Mental Health. 1991; 1: 247–267.
Williams K: Tattoos, scars, body adornment and dishevelment in an acute psychiatric population. Psychiatric Bulletin. 1998; 22(2): 94–96.
Willmott FE: Body piercing: Lifestyle indicator or fashion accessory? International Journal of Sexually Transmitted Diseases & AIDS. 2001 12: 358–360.
Winner LF: Eternal ink. Christianity Today. 1999; 43: 79.
Wise TN, Dietrich AM & Segal E: Female genital self-mutilation: Case reports and literature review. Journal of Sex and Marital Therapy. 1989; 15(4): 269–274.
Wocjik D: Punk and neo-tribal body art. Jackson: University Press of Mississippi 1995.
Wolter J: Body-Piercing und Tattoo – Kunst oder Kultur, die IN und UNTER die Haut geht. 3. Aufl. Flensburg: Stephenson 2005.
Wright J: Modifying the body: piercing and tattoos. Nursing Standards. 1995; 10: 27–30.
Wroblewski C: Modern Primitives. Von der Ästhetik der Verweigerung. Wien: C Brandstätter 1988.

Yang JG & Bullard MJ: Failed suicide or successful male genital self-amputation? American Journal of Psychiatry. 1993; 150(2): 350–351.
Yaryura-Tobias JA & Neziroglu F: Compulsions, aggression, and self-mutilation: A hypothalamic disorder? Orthomolecular Psychiatry. 1978; 7: 114–117.
Yellowless AJ: Anorexia and bulimia in anorexia nervosa. British Journal of Psychiatry. 1985; 146: 648–652.

Zbinden V: Piercing – archaische Riten und modernes Leben. Engerda: Arun 1998.
Zermann DH & Schubert J: Strangulation of the scrotum. Scandinavian Journal Urology Nephrology 1997; 31: 401–412.
Ziegler B & Zoschke B: Body piercing. Rastatt: Pabel Moewig. 1997: 12–33.
Ziolko HU & Hoffmann I: Genitale Selbstverletzung bei Frauen. Psychiatrische Klinik. 1977; 10(4): 214–232.
Zolondek U, Stelling R & Hohmann H: Development of public health regulations for tattooing and piercing and their realisation. Gesundheitswesen. 1998; 60: 170–172.
Zubieta JK, Smith YR, Bueller JA, Xu Y, Kilbourn MR, Jewett DM, Meyer CR, Koeppe RA & Stohler CS: Regional mu opioid receptor regulation of sensory and affective dimensions of pain. Science. 2001; 293: 311–315.
Zuckerman M: Sensation seeking: A comparative approach to a human trait. Behavioral and Brain Sciences. 1994; 7: 413–471
Zweifler M & Glasberg SB: An outcome-based study of aesthetic surgery in a clinic setting. Annals of Plastic Surgery. 2000; 44: 355–360.
Zweig-Frank H, Paris J & Guzder J: Psychological risk factors and self-mutilation in male patients with BPD. Canadian Journal Psychiatry. 1994; 39(5): 266–268.

Verzeichnis der Internetseiten
(Erhebungszeitraum: Januar 2004 bis Juni 2005)

[1] http://en/wikipedia.org/wiki/Skoptzy
[2] http://geocities.com/WestHollywood/3304/ (Claudi)
[3] http://rr-server.de/index.php5?d=109 (RRIPLEY.de „Die Darwin Awards")
[4] http://spc.bodymodification.com/experiences/implants.kt/ (Kevin)
[5] http://spc.bodymodification.com/profiles/MCAT (Cathy, 40 J.)
[6] http://sxc.hu (Stock.XCHNG)
[7] http://www.4ftm.de/penoid.daverio[2.php (Manuel)
[8] http://www.ambient.ca/bodmod/mutilate.html (Laura & Denise)
[9] http://www.ambient.ca/bodmod/mutilate.html (Tommy S.)
[10] http://www.ampulove.com
[11] http://www.ampulove.com/wannabe/cuttings
[12] http://www.ampulove.com/wannabe/wannabecases/guillotine_arm01.htm (South side man)
[13] http://www.ampulove.com/wannabe/whosebody.htm (S. H., a female ex-wannabe)
[14] http://www.angelfire.com/zine2/pamela/mystory.html (Jennifer)
[15] http://www.bddcentral.com/description5.htm
[16] http://www.beepworld.de/members10/alex_home/index.htm (Alexandra)
[17] http://www.bmeworld.com/amago/bodmod (Erik Sprague alias Lizardman)
[18] http://www.bmeworld.com/smooth/01_0[1.htm (Tom)
[19] http://www.bmezine.com
[20] http://www.bmezine.com/pierce/01-ear/A50110/earextre.html (Kimberley, Philadelphia)
[21] http://www.bmezine.com/pierce/01-ear/A50110/earneedl.html (Maynards Magdalena, Hamilton, ON)
[22] http://www.bmezine.com/pierce/01-ear/A50110/earpanif.html (Apryl, Mohegan, New York)
[23] http://www.bmezine.com/pierce/01-ear/A50110/earyougo.html (Shan, Balboa, California)
[24] http://www.bmezine.com/pierce/02-tongue/A50110/tnghellp.html (Mike, Cleveland, OH)
[25] http://www.bmezine.com/pierce/02-tongue/A50110/tngpainf.html (Joey, Oshawa, Ontario)
[26] http://www.bmezine.com/pierce/02-tongue/A50127/tngblack.html (Michael Aubrey, Broadripple Indiana)
[27] http://www.bmezine.com/pierce/04-eyebrow/A50110/eyethebe.html (Helen, Surfers' Paradise Australia)
[28] http://www.bmezine.com/pierce/05-lips/A50110/lipfint6.html (Nikki, Cotati, CA)
[29] http://www.bmezine.com/pierce/05-lips/A50110/lipmygre.html (snarfypoo, Savannah, GA)
[30] http://www.bmezine.com/pierce/05-lips/A50110/lipprett.html (Aurial, Northridge, California)
[31] http://www.bmezine.com/pierce/05-lips/A50430/lipmyrit.html (Talyn)
[32] http://www.bmezine.com/pierce/08-nipple/A50110/nipiaman.html (anonymous, Miami)
[33] http://www.bmezine.com/pierce/08-nipple/A50110/nipthede.html (J-dog, Greensboro, NC)
[34] http://www.bmezine.com/pierce/08-nipple/A50127/nippainw.html (beckolyn, Eugene, OR)

[35] http://www.bmezine.com/pierce/09-male (anonymous, Christchurch, Neuseeland)
[36] http://www.bmezine.com/pierce/09-male (Chuck, Indianapolis, IN)
[37] http://www.bmezine.com/pierce/09-male/apa/A50110/apainapi.html (Doldrums, east Lansing, MI)
[38] http://www.bmezine.com/pierce/09-male/apa/A50110/apapatur.html (Tommy, Bay area)
[39] http://www.bmezine.com/pierce/09-male/apa/A50110/apawowwa.html
[40] http://www.bmezine.com/pierce/09-male/apa/A50225/apapainl.html (anonymous, Vancouver, B.C.)
[41] http://www.bmezine.com/pierce/09-male/other/A41124/othpubic.html (Plug, Zürich)
[42] http://www.bmezine.com/pierce/10-female (Amanda, Perth, WA)
[43] http://www.bmezine.com/pierce/10-female/hood/A50110/hoddontl.html (Kelly, Keene, NH)
[44] http://www.bmezine.com/pierce/10-female/hood/A50110/hodmycli.html (lordhumongous, New Orleans, LA)
[45] http://www.bmezine.com/pierce/10-female/hood/A50127/hodpoked.html (RadGrrl, Salem, Oregon)
[46] http://www.bmezine.com/pierce/10-female/hood/A50127/hodthepl.html (tiny tears, Camden, London, UK)
[47] http://www.bmezine.com/pierce/10-female/inner/A20131/innlabia.html (anonymous)
[48] http://www.bmezine.com/pierce/10-female/inner/A50110/innselfp.html (Cess, Washington, DC)
[49] http://www.bmezine.com/ritual/A11115/cltinner.html (fangrrl, N/A)
[50] http://www.bmezine.com/ritual/A11115/ritpleas.html (darkncrazy)
[51] http://www.bmezine.com/ritual/A20206/cltpierc.html (anonymous)
[52] http://www.bmezine.com/ritual/A20314/ritmybed.html (princess of pain, Tempe, AZ)
[53] http://www.bmezine.com/ritual/A20322/ritshhhh.html (anonymous)
[54] http://www.bmezine.com/ritual/A20717/cltpubli.html (archangel11, East Coast, US)
[55] http://www.bmezine.com/ritual/A20816/ritwhate.html (Giina, Winnipeg, MB)
[56] http://www.bmezine.com/ritual/A21114/ritmeine.html (anonym)
[57] http://www.bmezine.com/ritual/A30306/ritcorse.html (anonymous, portland, OR)
[58] http://www.bmezine.com/ritual/A30314/rit702ne.html (Vodin, Winnipeg, Kanada)
[59] http://www.bmezine.com/ritual/A30412/cltyou.html (Shamus Greenman, N/A)
[60] http://www.bmezine.com/ritual/A30412/ritplayp.html (Paranoia)
[61] http://www.bmezine.com/ritual/A30422/ritfirst.html (far2canadian, Winnipeg, Kanada)
[62] http://www.bmezine.com/ritual/A30517/ritpierc.html (Vodin, San Francisco)
[63] http://www.bmezine.com/ritual/A30517/ritpulli.html (Titanium Angel, The Wirral, U. K.)
[64] http://www.bmezine.com/ritual/A30811/ritdumbf.html (Kus)
[65] http://www.bmezine.com/ritual/A31001/ritsewyo.html (bizarroboy/ferg, Japan)
[66] http://www.bmezine.com/ritual/A31203/ritenter.html (luciferrofocale, N/A)
[67] http://www.bmezine.com/ritual/A31203/ritmyf9f.html (Asurfael)
[68] http://www.bmezine.com/ritual/A31203/ritmysec.html (Asurfael)
[69] http://www.bmezine.com/ritual/A31203/ritthird.html (Asurfael)

[70] http://www.bmezine.com/ritual/A40319/ritplayp.html
(Devoured by Envy, Bristol, UK)
[71] http://www.bmezine.com/ritual/A40406/ritfaces.html
(Trillianphoenix, St. Paul, MN)
[72] http://www.bmezine.com/ritual/A40412/ritpoked.html (Jennifer, Indiana)
[73] http://www.bmezine.com/ritual/A40602/ritarodt.html (pseudon, Hood River)
[74] http://www.bmezine.com/ritual/A40602/ritplayi.html
(Uberkitty, North Carolina)
[75] http://www.bmezine.com/ritual/A40624/ritrelie.html
(modified mushroom, N/A)
[76] http://www.bmezine.com/ritual/A40805/ritthefi.html
(.megdalyn, Mississauga, Ontario)
[77] http://www.bmezine.com/ritual/A40814/ritfirst.html
(Jewcy, Gulf Shores, Alabama)
[78] http://www.bmezine.com/ritual/A40825/ritalitt.html (Steffy, Miami)
[79] http://www.bmezine.com/ritual/A40901/ritawhol.html (Tara Gagnon, Ontario)
[80] http://www.bmezine.com/ritual/A40913/ritthest.html (anonymous)
[81] http://www.bmezine.com/ritual/A40922/ritfindi.html (LoveIsunity, N/A)
[82] http://www.bmezine.com/ritual/A40922/ritselfp.html
(anonymous, Sydney, Australien)
[83] http://www.bmezine.com/ritual/A41117/cltgrowi.html (Tovie, N/A)
[84] http://www.bmezine.com/ritual/A41202/cltinpra.html (zencalm3, N/A)
[85] http://www.bmezine.com/ritual/A41210/cltheali.html (zencalm, N/A)
[86] http://www.bmezine.com/ritual/A41216/ritmomas.html
(Onega, Richmond VA)
[87] http://www.bmezine.com/ritual/A50110/ritdefin.html (twofaced, N/A)
[88] http://www.bmezine.com/ritual/A50110/ritguilt.html (Sieben, N/A)
[89] http://www.bmezine.com/ritual/A50110/ritmyfir.html
(vanreece, Auckland, Neuseeland)
[90] http://www.bmezine.com/ritual/A50110/ritrebir.html
(Jessica Bastings, Joplin, Missouri)
[91] http://www.bmezine.com/ritual/A50110/ritthere.html (SuperFlyGirl63)
[92] http://www.bmezine.com/ritual/A50118/ritcutti.html (anonymous)
[93] http://www.bmezine.com/ritual/A50118/ritfromd.html (Lilith Blackrose)
[94] http://www.bmezine.com/ritual/A50205/ritthese.html (Melinda, Warren MI)
[95] http://www.bmezine.com/ritual/A50218/ritourgi.html
(]]]]xheartburnx]]]], Kalmthout, Antwerpen, Belgien)
[96] http://www.bmezine.com/scar/A20211/scrmynee.html (ripper, Virginia)
[97] http://www.bmezine.com/scar/A20405/scrmybes.html (spike, Milton, Keynes)
[98] http://www.bmezine.com/scar/A20405/scrmybes.html (traumatised)
[99] http://www.bmezine.com/scar/A20822/scrthebr.html (Ella, Kanada)
[100] http://www.bmezine.com/scar/A30412/scrbrand.html (oji, Edmonton, Alberta)
[101] http://www.bmezine.com/scar/A30614/scrwhyiw.html (Anyechka)
[102] http://www.bmezine.com/scar/A40406/scrartan.html (Oni, East coast, US)
[103] http://www.bmezine.com/scar/A40510/scraform.html
(Gravedigger's daughter, Longwood, FL)
[104] http://www.bmezine.com/scar/A40524/scritski.html (justme, Oklahoma)
[105] http://www.bmezine.com/scar/A40612/scratrib.html (Axel Faaborg)
[106] http://www.bmezine.com/scar/A41117/scrmyfir.html (Natasha)
[107] http://www.bmezine.com/scar/A41202/scrhowno.html
(twysted, Bedfordshire, England)
[108] http://www.bmezine.com/scar/A41210/scrmycut.html (Kim)
[109] http://www.bmezine.com/scar/A50110/scrcutti.html (Columbia)

[110] http://www.bmezine.com/scar/A50110/scrhotst.html (Sarah, Ottawa, Ontario)
[111] http://www.bmezine.com/scar/A50110/scrimpul.html (JinnaL, Kanada)
[112] http://www.bmezine.com/scar/A50110/scrmysel.html (Yudit, New York)
[113] http://www.bmezine.com/scar/A50118/scrilove.html (evergleam)
[114] http://www.bmezine.com/scar/A50127/scrsensi.html
[115] http://www.bmezine.com/scar/A50211/scramemo.html (Jennah)
[116] http://www.bmezine.com/scar/A50218/scrspira.html (Ananke)
[117] http://www.bmezine.com/scar/A50225/scrmybli.html (Nikki, LaCrosse, WI)
[118] http://www.bmezine.com/scar/bme-scar-exp-s2-001.html (personal quiet, Boston)
[119] http://www.bmezine.com/spc/experiences/deid/
[120] http://www.bmezine.com/tattoo/A50127/tatforth.html (Jessica, Burland Street, Ottawa)
[121] http://www.bodylanguage.net/web/victoria.html (Victoria)
[122] http://www.dailyrecord.co.uk und http://www.ananova.com
[123] http://www.dangerousbehaviour.com/Disturbing_News/self-harm
[124] http://www.de.indymedia.org vom 0[5.0[3.2004
[125] http://www.diaeten-sind-doof.de/diaet/index.shtml?http://www.diaeten-sind-doof.de/diaet/beitrag/powter1[5.html (Tina)
[126] http://www.diaeten-sind-doof.de/diaet/index.shtml?http://www.diaeten-sind-doof.de/diaet/beitrag/karriere2[2.html (Silvia)
[127] http://www.diaeten-sind-doof.de/diaet/index.shtml?http://www.diaeten-sind-doof.de/diaet/beitrag/karriere7.html (Monika)
[128] http://www.diaeten-sind-doof.de/diaet/index.shtml?http://www.diaeten-sind-doof.de/diaet/beitrag/bewegung5.html (Tin@)
[129] http://www.diaeten-sind-doof.de/diaet/index.shtml?http://www.diaeten-sind-doof.de/diaet/beitrag/karriere13.html (Undine)
[130] http://www.diaeten-sind-doof.de/diaet/index.shtml?http://www.diaeten-sind-doof.de/diaet/beitrag/zu_duenn.html (Birgit)
[131] http://www.Fisting-Lesbians.com
[132] http://www.frsh.de/presse/pe_2_09_0[3.htm (Flüchtlingsrat Schleswig-Holstein vom 2.09.2003)
[133] http://www.germnews.de/archive/gn/1998/01/1[6.html (German News vom 1[6.0[1.199,)
[134] http://www.hungrig-online.de/cgi-bin/ultimatebb.cgi?ubb=get_topic;f=4;t=007772 (Schnurzelchen)
[135] http://www.islaminstitut.de/index.php?templateid=artikel&id=71 (Institut f. Islamfragen)
[136] http://www.magersucht.de/erfahrung/lyrik17.php
[137] http://www.magersucht.de/forum.php
[138] http://www.mdr.de/fakt/aktuell/806337.html
[139] http://www.palace.net/~llama/psych/qcout.html (Mädchen, 16 J.)
[140] http://www.palace.net/~llama/psych/qhow.html
[141] http://www.palace.net/~llama/psych/qpain.html
[142] http://www.palace.net/~llama/psych/qstop.html
[143] http://www.palace.net/~llama/psych/qt.html (Frau, 23 J.)
[144] http://www.palace.net/~llama/psych/qwhy.html
[145] http://www.peshawar.ch/tech/mm-stelarc.htm
[146] http://www.transgender-transsexuell.de/" \o http://www.transgender-transsexuell.de/ (Alexandra)
[147] http://www.transident.ch/Ne-TS-Gesch-02.shtml
[148] http://www.turkischweb.com/D-ISLAM/Koran.htm
[149] http://www.umwaelzung.de/aarchiv/aaktuell448[0.html

[150] http://www.uni-duesseldorf.de/WWW/AWMF/ll/029-024.htm
[151] stern shotnews vom 19.04.2004
[152] http://www.zdf.de/ZDFde/inhalt/12/0,1872,2206956,00.html, 28.10.2004

Sachregister

5-Alpha-Reduktase 131
Abszess 201
Acrotomophilia 156, 160f, 167
Adipositas 289f, 297
Adoniskomplex 42
Adrenalin 27, 83, 216, 219, 283, 316
AIDS 204, 345
Ainufrauen 44
Airbrush-Tattoo 48
Aischa Quandischa 30
Akupunktur 57
Alexithymie 307
Allergie 47, 51, 204
Alloatemnophilia 156
Alpha-Hydrox-Säure 91, 95
Alter beim 1. Piercing 185
– 1. Tattoo 185
Altern 181f
Amenorrhoe 201
Ampallang 53, 245
Amphetamin 315
Amputation 150–168
–, Risiken 209
Amygdala 330, 333
Anabolika 41f, 195, 216, 269
Analgesie 333
–, System 218, 331
Anästhesie 212f
Androgene 41
Angeldust 173
Angelschnur-Methode 106
Ängstlichkeit 217f, 225
Anorexia 38, 85f, 242, 287f, 292f, 296f, 311
Anti-Aging 90
Antiandrogene 120, 137
Antidepressiva 268, 301, 316
antisoziale Persönlichkeit 238
Anti-Tragus 50
Antropophagie 174f
Apadravya 53, 196, 199, 245, 327
Apotemnophilia 155–168
Appetenz-Aversions-Gradient 222f

Arbeitslosigkeit 186
Arcadiou, Stelias 264
Archetypische Symbole 259
Arousal 236
Ars amatoria 33f
Asexuelle 130f
Asomatognosie 162
Athey, Ron 263
Attraktivitätserhöhung 229–232
Augenbrauenpiercing 54, 188
Ausbildung ,Tätowierer 46
–, Piercer 51
Ausdauersport 195
Autoaggression 147, 315
autoerotisch 206

Backenstab 61
Bad, rituelles 255
Basalganglien 330
Belohnungssystem 330, 332
Berufsunfähigkeit 150
Beschneidung 6, 11, 19, 108–114, 128f, 207, 253
–, Risiken 207
Besenreiser 95
Bibelzitate 109, 141f, 172, 173, 176, 251
Biggerexie 42f
BIID 166f
Binge-Eating 290
Bioskulpturen 341
Bio-Tattoos 46f
Bleaching 93
Blendung 170
Blood-Plays 84–86
Blut 84–86
Blutopfer 85
Blut-trinken 179
BMI 290
Body Dismorphic Disorder 266
Body Integrity Disorder 166f
Body-Art 263
Bodybuilding 38f
–, Risiken 194

Sachregister

Body-Mass-Index 290
Body-Suspension s. Suspension
Bondage 88, 302, 329
Borderline-Störung 304
Botulintoxin 91, 98, 133
Brandes, Bernd 177
Branding 79–81, 223f
Breeding 343
Breitenstein, Bernd 40
Bridge 52
Brit Mila 108
Brustentfernung 125
Brustimplantate 97
Brustreduktion 97
Brustveränderung 96f
Brustwarzen-Piercing 52, 199–202, 212f, 246, 285, 302, 327
Bulimie 86, 289, 292, 296–298
Bundesärztekammer 51, 207, 345
Bundesseuchengesetz 45
Burden, Chris 263
Busenschnur 70

Caenis-Syndrom 149
Calamistrum 34
Chakras 259
Chest-Suspension 88
China 69
Chirurgie, ästhetische 96
–, plastische 90f
Christina-Piercing 53
Church of Body Modification 253
Cingulum 335
Clonidin 315
Coma Suspension 87
Coming-out 123
Cook, James 17f
Cool-Branding 82
Cool-down 41
Copycat 342
Cortisol 314
Cross-Dressing 118f
Crumb, Robert 341
Crusoe, Robinson 173
Cutting 74f, 82–84
– bei Selbstverletzung 83
–, Risiken 208
Cyberpunk 264
Cyborg 264

Dahmer, Jeffrey Lionel 176
Daith 50
Damenbart 94

Dämonologie 49
Darwin Award 146
Darwin, Charles 18
Dauererektion 201
De Rais, Gilles 85
Dehnsichel 62
Dehnung, Piercing 62–65
–, Risiken 199
Denke, Karl 175
Denken, magisches 308
Depersonalisation 265f, 307
Depilator 94
Deprivation 316
Derealisation 265f
Derwisch 29
Designervagina 340
Dianabol 41
Diäten 35–38, 95, 183, 193, 230, 291f, 296, 306, 340
Dihydrotestosteron 94, 131
Dismorphophobia 154f
Dissoziation 307
Dokumentenanalyse 15
Domina 249
Dopamin 316, 335
Dorian-Gray-Syndrom 182
Drag-Queen / Drag-King 119
Drogen 60, 147, 172, 218, 233, 236, 257, 265, 269, 274, 276, 281, 298, 300–302, 312, 332, 335
Dünnsein 38
Dura Gram Puja 25
Dysautonomie 151
Dysphorie 313, 320, 335

Eichel-Spaltung 108
Einbeinige 164
Einverständniserklärung 51
Elektrokauterisator 80
Elektrolyse 94
Empfindungsfähigkeit 245
Endokarditis durch Piercing 201f
Endorphin 37, 56, 60, 250, 283, 288f, 295, 314, 318, 327, 333, 335f
Enkephaline 318
Entfernung, Tattoo 47
Enthaarung 35
Enukleation 169–172
Epilierung 35
Erektionsprothese 125
Erregung, sexuelle 114, 120, 145, 163, 168, 201, 247, 249f, 323
Ess-Brech-Sucht 289, 296

Essen, bewusstes 36
Eunuch 135, 141
Euphorie 219, 222–227, 283f, 315, 333–336
Eva-über-Adam-Prinzip 131
Exhibitionismus 163, 248–250
Exzision 113
Eyliner (Tattoo) 46

Fakir 259
Fakir Musafar 23, 68, 228, 253, 256, 271, 305
Fasten (Risiken) 193
FDH 292
Facelifting 91
Feintunneltechnik 95
Feminität 243
Fetischismus 119, 157, 248f, 302
Fettabsaugen 95–99, 206
–, Risiken 206
Feuerlaufen 28f, 89
Fidschi-Inseln 26
Figur, attraktive 39
Fingeramputation 151f
Fitness 38–41, 195, 229, 250, 299, 340
Fixierung, orale 290
Flachkopf-Indianer 104
Flagellation 251f, 329
Flanagan, Bob 263
Fleischtunnel / Flesh tunnel 50, 62–65
Flucht-aus-dem-Selbst-Theorie 329
Fourchette 53
Freaks 344
Freeze-Branding 82
Frenum 53
Fress-Kotz-Sucht 296
Fresssucht 289
Frisur 33f
Furcht 217f, 285, 322
Füße 69f

GABA 318
Galaktorrhoe 201
Gall, Franz Joseph 105
Ganzkörpertätowierung 43, 187, 229, 286, 344
Gate-Control-Theorie 215
Gebisssanierung 100
Gefühlskontrolle 308
Gender Identity Disorder 120
Genital Beadings 70
Genitalbeschneidung 108–113
Genitalpiercing 52, 183, 192, 196f, 199–203, 212, 228f, 232, 235, 243f, 246–248, 275, 284, 302f, 327, 344
–, Heilung 196
Genitalrasur 35
Genitalverstümmelung 19, 108–113, 134, 145, 148f, 207
Geschichte 17f
Geschlechtsanpassung 112, 114–133, 140, 166, 210
Geschlechtstransformation 124
Geschlechtsunterschiede 186, 231
Geschlechtszugehörigkeit 116
Gesichtstransplantation 343
Gestaltpsychologen 230
Gesundheitsamt 45, 50
Gewalttätigkeit 301
Gewichtsabnahme 192
Gewichtsreduktion (Risiken) 193
GIDNOS 120
Giger, H.R. 342
Gogh, Vincent van 152
Grenzerfahrungen 257f
Gruppendruck 233
Guiche 53
Gulagulas 28
Gyrus cinguli 332, 334

Haarentfernung 94
Haarmann, Friedrich 175
Haarwuchsmittel 94
Hadra 30
Hafada 53, 192
Hamadscha 30
Hämatome 58, 95, 204
Harnröhren-Spaltung 107
Hässlichkeitssyndrom 266
Häufigkeit 149, 170, 183–186, 302, 309, 312, 315
Hautbemalung 32
Hautsensibilität 245
Heilungszeiten (Piercing) 54
Heißhungerattacken 292
Helix 50
Hell's Angels 45
Henna-Tattoo 47f, 204
–, Risiken 204
Hepatitis 51, 203f, 208, 345
Hermaphrodit 130
Herrin 249
high 89, 250, 264, 284, 288f, 335f, 352
Hilfeschrei 307
Hippies 21f, 34, 263
Hippocampus 330

Hirja 135f
Hirschfeld, Magnus 116f
HIV (durch Piercing) 203
Hodenverlängerung 65
Homosexualität 24, 64, 115. 117, 120, 123, 136f, 139–142, 173, 176, 243, 248, 302
Hormonbehandlung 124
Hughes, Bart 105
Hyaluronsäure 92
Hyperalgesie 218
Hyperhidrose 98
Hyperprolactinämie 201
Hyperventilation 225
Hypoanalgesie 218
Hypospadiasis 20, 106
Hysterektomie 125

Identität 115, 234
Identitätsfindung 234–236
Immunreaktionen 196
Implants / Implantate 68, 70–73, 97–99, 101–103, 125f, 169, 188, 200, 207, 228, 249, 259, 339, 341, 343, 345f
Impotenz 42, 59, 135, 201
Impulsivität 236, 281, 300, 316, 320f
Impulskontrolle 171, 275, 317
Indianer 19, 32, 65, 87, 104, 114, 151f, 253
Indien 19, 21, 25, 48f, 69, 87, 110, 135f, 240, 245
Individualität 33, 92, 235, 340
Industrial 50, 213, 236
Infektion 20, 51, 54, 59, 87f, 98, 110, 113, 167, 198–209, 299, 345
Infektionshygiene-Verordnung 45
Infibulation 111–114
Inka 104
Inkontinenz 138
Intersexuell 130, 145
Intimpiercing 31, 192, 203, 232, 246, 248, 257, 273, 285
–, Bedeutung 31
Intimrasur 35
Intimschmuck 23, 232
Irezumi 44
Irokesenschnitt 34

Jackson, Michael 99, 341
Jennifer-Syndrom 182
Jojo-Effekt 193
Jungfernhäutchen-Wiederherstellung 98, 340
Jungfräulichkeit 112

Kampfbereitschaft 242
Kannibalismus 174–179
Kastration 134–150
–, freiwillige 148
Kauterisieren 80f
Keloidbildung 78, 82, 202, 208f
Keratectomie 93
Keratomileusis 93
Kieferorthopädie 101
Klitoris 19, 53, 58, 111–115, 124–126, 130f, 148, 207, 246, 327
Klitorisvorhautpiercing 246
Klitorisektomie 112f, 207
Knochenbrüche 106
Knochenveränderungen 103f
Kommerzialisierung 256
Komplikationen 51, 95, 100, 110, 113, 141, 193–210, 280, 296, 345
Komponentenmodell d. Schmerzen 215
Kopfformung 104f
Körperbemalung 32, 263
Körperdysmorphe Störung 100, 124, 154f, 266–270, 303
Körpergewicht 35–40, 87, 205, 290, 296
Körperkontrolle 242
Körperkunst 260f
Körper-Unintegrierte 231
Korsett 57, 68f, 115, 250, 257, 272
Krafttraining 38f–41, 194, 228, 281
Krafttraining, Risiken 194
Krankheitsgewinn 169, 216, 295
Kreislaufkollaps 213
Kreuzbiss 101
Kriegsbemalung 32
Krokodilmenschen 103
Kroll, Joachim 175
Kummerspeck 289f
Kunst 44f, 79, 84, 86, 120, 180, 187, 191, 234, 240, 246, 260–266, 274, 280, 321, 325, 339
Kunstkörper 261f
Kürten, Peter 175
Kurzsichtigkeit 93

Langeweile 236
Laser-Ablation 91
Laser-Peeling 91
Lasik 93
Latex 248
Lebensabschnitt markieren 240
Leistungsfähigkeit 39
Leptin 291f
Liebeskummer 244

Lifestyle-Kult 182
Lifestyle-Medikamente 182, 269
Lifting 15, 91, 206, 340
Lifto, Joe 263
Limbisches System 335
Lingam 135, 245
Lipopulsing 95
Lippenauffüllung 92
Lippenpflock 19, 49
Lippenpiercing, Bedeutung 31
Lippenteller 63
Lizardman 72f, 102, 339f
Lobe 50
LSD 172
Lust (und Schmerz) 219
Lustzentrum 329

Magerkeitsideal 37
Magersucht 229, 242, 276, 289, 291–296, 336
Magnetresonanztomographie 202
Make-up 33
–, permanentes 46
Malloy, Dough 23
Mania operative 169
Mann-Frau-Anpassung 125
Maskulinität 243
Mastektomie 125
Masturbation 67f, 110, 112, 136, 139, 142, 157, 246
Mehndis 47
Meiwes, Armin 177
Membrum virile 115
Menschenfresserei 174f
Menstruation b. Selbstverletzung 310
– bei Männern 85
Metamorphose 177
Methylxantin 315
Metoidioplastik 126f
Middlesex 132
Mikropenis 130
Mikropigmentierung 46
Missbrauch 42, 195, 269, 274, 293, 298
Missbrauch, sexueller 172, 275f, 307, 309f, 319, 326
Modern Primitives 13, 23f, 253
Mohel 108
Monoamine 316
Mood-stabilizer 316
Motive 228f
Muskeldysmorphie 42
Muskelmasse 40
Muskelsucht 42

Nabelpiercing 20, 31, 52, 189, 200, 260, 279
–, Risiken 200
–, Bedeutung 31
Nadelkissen, menschliches 61
Nähte 73f
Nandrolon 41
Nasenkorrekturen 92
Nasenpiercing 49, 188, 201, 299
Nebennierenhyperplasie 133
Needle-Blades 88
Needle-Freaks 60, 336
Neocortex 330
Nervosität 222–227
Neuroleptika 153
Neuropathie 150
Neuseeland 43
Non-Purging-Typ 293
Nozizeptoren 211
Nucleus accumbens 329f, 333f
Nullifikation 134–149

Odin 280
Ödipus 170
Oetang 53, 203
Ohr-Amputation 152
Ohrkorrektur 92
Ohrpflock 49
Ohr 11, 19, 21, 23, 45, 48–54, 61–64, 92, 169, 184, 196, 200f, 213, 216, 229, 236, 238f, 260, 279, 280, 302, 345
Ohrpiercing (Risiken) 200
O-Kee-Pa 87
Opiate 216, 218, 288, 314, 333, 335f
Orchiektomie 124, 134
Orgasmus 112, 125, 127, 146, 160, 207, 246, 254, 329
Origines 139
Orthorexia nervosa 296
Östrogene 120
Ost-West-Unterschiede 186, 231
Ötzi 17
Ovarektomie 125
Ovid 33, 177
Ozeanien 43

Pain-Junkies 56
Pane, Gina 263
Peitsche 27
Penektomie 134
Penisneid 135
Penis-Piercing 19f
Penisspaltung 15, 106, 209

Penistraining 67
Penisverdickung 68
Penisverlängerung 65–68
–, operativ 67
Peniswachstum, Medikamente 67
Penoid 125
Perlenimplantat 71f
Personenstandsänderung 124
Persönlichkeitsstörungen 137, 170, 320
Persönlichkeitstests 299f
Phantomschmerz 330
Pharao 20, 32f
Phenyciclidin 173
Phenylendiamin 204
Phimose 109
Phrenologie 105
Pickelgesicht 268
Picking 75f
Piercing 48–55
–, Arten 52
–, Häufigkeit 183f
–, Risiken 195f
–, Schmuck 54
–, transscrotales 247
Placeboeffekt 30, 335
Plastik-Bell-Methode 109
Plastische Chirurgie 67f, 90f, 96–100, 103, 124, 133, 155f, 166, 182, 200, 206, 339–341
Play-Piercing 56–62
– Risiken 204
Polynesien 18, 43
Polyneuropathie 150
PPD 204
Priapismus 201
Primitive, moderne 12–14, 23f, 253, 305
Prinz Albert 20, 53, 197f, 212, 222, 232, 243, 248, 250, 271, 327
–, Risiken 197, 198f
Propecia 94
Protest 238f
Psychopathen 238
Psychosen 137, 144, 170, 265
Pubic 53, 246
Punchen 54
Punks 13f, 21–24, 34, 44f, 239, 248, 302, 339
Purging-Typ 293

Rais, Gilles de 85
Ralson, Aaron 150
Rebellion 238–240
Reflex 211

Reifezeremonie 240
Reinfibulation 113
Religion 141, 251f, 280
Rezirkumzision 112
Rhinoplastik 92
Riley-Day-Syndrom 150
Risiken, Piercing 52f
–, Tattoo 47f
Risikofreudigkeit 300f
Rocker 21, 45
Rook 50
Rorschach-Test 224f
Runner's High 288
Russisch Roulette 303

Sadomaso 24, 58, 120, 145, 150, 248f, 329, 331, 336f
Sagawa, Issei 176
Saline-Injektionen 73
Sammelsucht 285
Sandow, Eugen 40
Schädelform 104
Schamane 272
Schamhaar 34f
Schamlippenlifting 340
Schamlippenpiercing 53, 58, 61
–, Risiken 197
Schamlippen-Verlängerung 19f, 65
Schamlippen-Verkleinerung 98
Schiwa 135
Schizophrenie 137, 140–154, 170f, 176, 251, 265, 275, 303, 316
Schlange Gottes 27
Schlankheitswahn 37
Schlupfwarze 97
Schmerz 46, 83f, 211–221, 281, 305, 327–339
– bei Selbstverletzung 314
–, fehlender 151
–, genitaler 138
Schmerzasymbolie 329
Schmerzhemmung 216, 331
Schmerzsystem 330, 334
Schmerzwahrnehmung 212
Schmiss 78
Schmucknarben 74f
Schönheitchirurgie 303
–, Risiken 206f
Schönheitsoperationen 90f
Schuldgefühle 324
Schuleschwänzen 301
Schwangerschaftsmale 95
Schweißbildung 98

Schwellkörperentfernung 125
Selbstamputation 150f
–, Anleitung 210
–, genitale 138
Selbstbelohnung 332
Selbstbestrafung 308
Selbstbewusstsein 230
Selbst-Kannibalismus 173f
Selbstkastration 138f
Selbst-Piercing 224f
Selbsttherapie 270f
Selbsttransformation 254
Selbstverletzung 305–326
–, Arten 306, 312
– bei Essstörung 297
– Gründe 309
–, Häufigkeit 310, 312
–, Körperteile 312
–, Schmerz 220f
Selbstverstümmelung, genitale 134f
Selbstvertrauen 271
Selbstzerstörung 275f
Sensation-Seeking 236f
Sensory Compartment 264
Sepsis 202
Septum 52
Serienmörder, 175
Serotonin 211, 268, 316–318
Sewing 73f
–, Risiken 205
Sex-swap 120
Sexualdrang 139
Shemale 120
Silikonhoden 126
Silikonimplantat 249
Silokon-Gel 95
Skarifizierung 74f
–, Häufigkeit 183f
–, Risiken 195f
Skinheads 34
Sklave 12, 63, 79, 114, 134, 235, 249f
Sklerotherapie 95
Skoptsi / Skoptzy 136
Smegma 110
Smith, Dennis 339
Snug 50
Somatosensorischer Cortex 330, 334
Sonnentanz 19, 23, 87
Spaltung v. Körperteilen 106f
–, Risiken 209
Spirituelle Bedeutung 253
Sprachtraining 133
Stanozolon 41

Stelarc 264
Stigmata (relig.) 252
Stigmatisierung 187f, 192f, 314
Stimme 133
Straffung 96
Strangulieren 311
Stress 27, 39, 60, 216f, 219, 238, 260, 265, 283, 288, 290, 301, 303, 308, 313f, 319f, 327, 331
– und Schmerz 219
Stretching-Games 60f
Stretchingsystem (Penis) 67
Striatum 330
Strike-Branding 79f
Subincision 106
Sucht 283f
Sufi 28f, 30
Suggestion 335
Suizid / Suizidversuch 130, 137f, 145, 153, 156, 167, 273, 275, 298, 301, 307f, 312, 314, 317, 319, 323, 349
Suizidrisiko 156
Sun-Dance 87
Sunna 109
Sunna-Beschneidung 113
Superman-Suspension 87
Superzision 109
Surface Bar 55f
Suspension 19, 56, 87–90, 205f, 225f, 237, 242, 250, 255f, 264, 273f, 334
–, Bondage 88
–, Risiken 205f
Sutures 73f
Suva-Zeremonie 27f
Switch (Selbstverletzung) 276
Switch (Sex) 120

Tahiti 18
Talisman 31
Tanzen auf Messern 28f
Tatau 18, 43, 75
Tätowierung 42–48
–, Häufigkeit 183f
–, Risiken 195f, 199
Tattoos 42–48
Techno-Zulu-Krieger 342
Tennisellbogen 194
Testosteron 41, 94, 116, 120, 129, 131, 133f, 143
Thalamus 330, 334
Tigerman 340
Tod 182
Totenriten 32

Tragus 50
Trainingsmotive 39
Trance 18, 28f, 245, 257f, 289
Transformationsritus 259
Transgender 114
Transi 140
Transplantation 94
Transsexuelle 114, 210
Transvestit 114–123, 133, 137
Travestie 119f
Trepanation 106
Tulip-System 95
Tumeszenztechnik 95

Übergewicht 36–40, 95, 230f, 289–296
Ultrafibration 95
Ultraschalltechnik 95
Unterspritzen 92
Up-and-down-Prinzip 66
Urban primitive 31

Vagina dentata 152
Vagina, rektale 140
Vakuumpumpen 66
Vampir 175
Vaskulösität 41
Verbrennungen 28, 78–82, 86, 180, 312, 329
Verkleidungstrieb 117
Verödung 95
Viagra 269
Vogelauge 31
Vorbilder 233f
Vorhaut 19, 53, 58, 65f, 68, 108–113, 128, 203, 243
Vorhautentfernung 111

Vorstellungsgespräch 188
Vorurteile 187

Wahnvorstellungen 142
Wahrnehmungsverzerrung 295
Wannabes 155f, 163–168
Wechseljahre 133
Wechseltraktion 66
Wehrkraftzersetzung 150
Weight-Watcher 36
Wilde, Oscar 182
Workout 39
Wulstnarben 209

Yakuza Beads 70

Zahnfeilung 102
Zahnimplantate 101
Zahnveränderungen 100
Zahnweißung 93
Zeugungsunfähigkeit durch Piercing 201
Zirkumzision 19, 109f
Zufriedenheit mit BodMods 232
Zungen-Amputation 152f
Zungenpiercing 31, 52, 106, 178, 184, 187, 189, 197f, 201, 212–214, 235, 257, 265, 275
–, Bedeutung 31
–, Risiken 197f
Zungenspaltung 106f
Zungen-Tattoo 344
Zwangsstörungen 268

Julian Paul Keenan
Das Gesicht im Spiegel

Auf der Suche nach dem Ursprung
des Bewusstseins
Unter Mitarbeit von Gordon G. Gallup Jr.
und Dean Falk
Aus dem Amerikanischen von Ulrike Bischoff
2005. 214 Seiten. 13 Abb.
ISBN (978-3-497-01781-2) kt

Wenn wir in den Spiegel blicken, offenbart sich eine wichtige Leistung unseres Gehirns: Wir erkennen uns selbst. Dieses sog. Ichbewusstsein hat sich evolutionär entwickelt und bestimmt unser alltägliches Verhalten und Zusammenleben. Mitgefühl, Manipulation, Lebenserinnerungen und Zukunftsvisionen setzen diese Fähigkeit voraus.

Wie entwickelt sich das Ichbewusstsein bei Kindern? Besitzen auch Tierarten ein Ichbewusstsein? Welche Aktivitäten im Gehirn führen dazu, dass wir uns selbst erkennen? Wie verändert sich das Bewusstsein, wenn diese Gehirnregionen beschädigt sind? Wie ist die Fähigkeit, sich seiner Gedanken bewusst zu sein, verknüpft mit dem Gedächtnis und unserem Einfühlungsvermögen in das Denken und Handeln anderer Menschen?

Auf der Suche nach Antworten erfährt der Leser von spannenden Forschungen mit dem Spiegeltest und bildgebenden Verfahren. In der Primatenforschung, der Verhaltensbeobachtung von Kindern und in Fallstudien von Patienten mit Hirnverletzungen zeigt sich, wie das Ichbewusstsein entsteht und wie es beeinträchtigt werden kann.

www.reinhardt-verlag.de

Rüdiger Lorenz
Salutogenese

Grundwissen für Psychologen, Mediziner,
Gesundheits- und Pflegewissenschaftler
Mit einem Geleitwort von
Hilarion G. Petzold
2., durchges. Auflage 2005. 208 Seiten.
14 Abb.
ISBN (978-3-497-01790-4) kt

Weshalb bleiben manche Menschen gesund, wenn andere krank werden? Auf der Suche nach einer Antwort auf diese Frage entwickelte Aaron Antonovsky das Konzept der „Salutogenese". Lange Zeit hatte sich die Medizin vorwiegend mit der „Pathogenese", also dem, was krank macht, beschäftigt. Antonovsky untersuchte stattdessen, was den Menschen selbst unter widrigen Bedingungen gesund hält – mit weitreichenden Konsequenzen für die medizinische Forschung und Praxis.

Anschaulich stellt der Autor die theoretischen Bausteine des Salutogenese-Konzeptes dar und ordnet sie kritisch ein. Er gibt einen Überblick über den Stand der Forschung und zeigt, welche Bedeutung das Konzept für andere aktuelle Forschungsgebiete (Säuglingsforschung, Entwicklungspsychologie, Emotionsregulation) hat.

Als Konzept der Gesundheitsförderung und Prävention ist Salutogenese vor allem für die Praxis relevant, insbesondere für die Psychotherapie. Zahlreiche Fallbeispiele illustrieren, wie man das Salutogenese-Konzept in der Psychotherapie fruchtbar machen, Ressourcen nutzen und Selbstheilungskräfte fördern kann.

www.reinhardt-verlag.de

Marc D. Feldman
Wenn Menschen krank spielen

Münchhausen-Syndrom und
artifizielle Störungen
Aus dem Amerikanischen von Andreas Nohl
2006. 279 Seiten.
ISBN (978-3-497-01836-9) kt

Die angenehmen Seiten einer ungefährlichen Krankheit kennen wir alle: Zuwendung, Pflege, Mitleid. Manche Menschen „spielen" jedoch krank, um Aufmerksamkeit zu erhalten: Sie leiden am sog. Münchhausen-Syndrom. Ein Elternteil kann auch die Erkrankung eines Kindes vortäuschen, weil er in der aufopfernden Pflege Anteilnahme und Machtgewinn erfährt. Was haben Menschen erlitten und erlebt, dass vorgetäuschte Krankheit für sie zum Heilmittel wird?

Mit detektivischem Geschick analysiert Marc Feldman zahlreiche Patientengeschichten. Anschaulich beschreibt er die Symptome. Er gibt Hinweise, wie man „echte" von „falschen" Patienten unterscheiden lernt und wie man die tatsächlichen Probleme hinter der Maskerade aus Erfindung und Manipulation aufdeckt und behandelt.

Eine fachliche Pionierleistung und ein fesselnder Streifzug durch eine ebenso bizarre wie faszinierende Welt menschlicher Verhaltensweisen!

www.reinhardt-verlag.de

Die UTB-Buchreihe „Soziale Arbeit im Gesundheitswesen"

Hrsg. von Hans Günther Homfeldt und Albert Mühlum

Band 1
A. Mühlum / N. Gödecker-Geenen
Soziale Arbeit in der Rehabilitation
2003. 171 S. 21 Abb. 2 Tab.
UTB-S (978-3-8252-2473-8) kt

Band 2
S. Sting / C. Blum
Soziale Arbeit in der Suchtprävention
2003. 167 S.
UTB-S (978-3-8252-2474-5) kt

Band 3
H. Weiß / G. Neuhäuser / A. Sohns
Soziale Arbeit in der Frühförderung und Sozialpädiatrie
(Soziale Arbeit im Gesundheitswesen; 3)
2004. 176 Seiten. 9 Abb. 5 Tab.
UTB-S (978-3-8252-2548-3) kt

Band 4
J.-C. Student / A. Mühlum / U. Student
Soziale Arbeit in Hospiz und Palliative Care
2004. 171 S. 6 Abb. 4 Tab.
UTB-S (978-3-8252-2547-6) kt

Band 5
H. Ansen / N. Gödecker-Geenen / H. Nau
Soziale Arbeit im Krankenhaus
2004. 149 S. 10 Abb. 3 Tab.
UTB-S (978-3-8252-2561-2) kt

Band 6
R. Steen
Soziale Arbeit im Öffentlichen Gesundheitsdienst
2005. 159 S.
UTB-S (978-3-8252-2654-1) kt

Band 7
B. Geißler-Piltz / A. Mühlum / H. Pauls
Klinische Sozialarbeit
2005. 171 S.
UTB-S (978-3-8252-2697-8) kt

Band 8
M. Dörr
Soziale Arbeit in der Psychiatrie
2005. 166 S.
UTB-S (978-3-8252-2696-1) kt

Band 9
P. Franzkowiak
Präventive Soziale Arbeit im Gesundheitswesen
2006. 162 S. 2 Abb. 11 Tab.
UTB-S (978-3-8252-2737-1) kt

Band 10
M. Greuèl / H. Mennemann
Soziale Arbeit in der Integrierten Versorgung
2006. 153 S. 13 Abb.
UTB-S (978-3-8252-2760-9) kt

ℝ⁄ reinhardt
www.reinhardt-verlag.de

Fritz Riemann
Grundformen der Angst

Eine tiefenpsychologische Studie
36. Auflage 2004. 213 Seiten.
ISBN (978-3-497-00749-3) kt

In diesem Buch entwirft der Autor, ausgehend von den Grundängsten der menschlichen Existenz, eine Charakterkunde, die den fachgebundenen Rahmen sprengt und Lesern aller Schichten Einsicht in die psychoanalytische Praxis gewährt.

Seine „Grundformen" – schizoide, depressive, zwanghafte und hysterische Persönlichkeiten – sind fester Bestandteil der Psychologie geworden.

www.reinhardt-verlag.de

Rasso Bruckert
**ganz unvollkommen
perfect – imperfect**

Akt und Körperbehinderung | Nude
Photography and Physical Disability
Hrsg. von der Wheel-it AG | Edited by
Wheel-it AG
2003. 109 Seiten. 67 Fotos.
Fadenheftung. Franz. Broschur
ISBN (978-3-497-01685-3)

Menschen mit Behinderung – das ist das zentrale Thema im Werk des Fotografen Rasso Bruckert. Ob in der Sport- oder Portraitfotografie, im Akt oder der dokumentarischen Darstellung, immer geht es ihm um die ganz eigene Ästhetik des behinderten Körpers. „Mein Körper ist individuell und ungewöhnlich, keinesfalls hässlich." Diese Einstellung eines Journalisten im Rollstuhl hat Rasso Bruckert zum Leitmotiv seines künstlerischen Schaffens gemacht.
Im Studio fotografiert Bruckert Menschen im Portrait und Akt. Dort ist auch die Serie „ganz unvollkommen" entstanden, Fotos zum Thema Akt und Körperbehinderung. Diese Fotoserie wurde bereits mehrfach ausgestellt und hat für Diskussionsstoff im besten Sinne gesorgt.

Die Serie wurde nun für den vorliegenden Bildband neu zusammengestellt und durch weitere Aktfotos ergänzt. Mit kurzen Texten untermalt zeigen die Aktfotos einfühlsam und gleichzeitig offen die Ästhetik und die Erotik der Menschen mit einer Körperbehinderung.

ɐV reinhardt
www.reinhardt-verlag.de